大臣・長官（令和5年9月13日発足 令和6年1月31日現在）

法務大臣
小泉龍司

外務大臣
上川陽子

財務大臣※1
鈴木俊一

厚生労働大臣
武見敬三

農林水産大臣
坂本哲志

経済産業大臣※2
齋藤 健

内閣官房長官※5
林 芳正

デジタル大臣※6
河野太郎

復興大臣※7
土屋品子

経済安全保障担当大臣※11
高市早苗

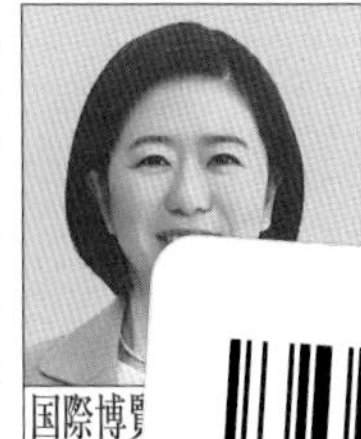

国際博覧
自見

※1～12の

国会の勢力分野

（令和6年2月1日現在）

（政　党　別）　（　）内は女性議員で、内数です。

（衆議院）	政党名	（参議院）		
		令元	令4	計
258（21）	自由民主党	53(11)	63(13)	116(24)
94（13）	立憲民主党	21(9)	16(8)	37(17)
41（5）	日本維新の会	8(1)	12(3)	20(4)
32（4）	公明党	14(2)	13(2)	27(4)
10（2）	日本共産党	7(3)	4(2)	11(5)
7（1）	国民民主党	5(1)	5(2)	10(3)
4（0）	教育無償化を実現する会	1(1)	0	1(1)
3（2）	れいわ新選組	2(1)	3(0)	5(1)
1（0）	社会民主党	1(1)	1(1)	2(2)
0	参政党	0	1(0)	1(0)
12（0）	無所属（諸派を含む）	11(2)	6(3)	17(5)
3	欠員	1	0	1
465（48）	計	124(32)	124(34)	248(66)

※衆参の正副議長は無所属に含む

（会　派　別）

（衆議院）	会派名	（参議院）		
		令元	令4	計
259（21）	自由民主党	53(11)	63(13)	116(24)
96（13）	立憲民主党	22(10)	18(10)	40(20)
45（5）	日本維新の会・教育無償化を実現する会	9(2)	12(3)	21(5)
32（4）	公明党	14(2)	13(2)	27(4)
10（2）	日本共産党	7(3)	4(2)	11(5)
7（1）	国民民主党	6(1)	5(2)	11(3)
4（0）	有志の会	—	—	—
3（2）	れいわ新選組	2(1)	3(0)	5(1)
—	沖縄の風	1(0)	1(0)	2(0)
—	NHKから国民を守る党	1(0)	1(0)	2(0)
6（0）	無所属	8(2)	4(2)	12(4)
3	欠員	1	0	1
465（48）	計	124(32)	124(34)	248(66)

（注）自由民主党は衆院で「自由民主党・無所属の会」、参院で「自由民主党」。立憲民主党は衆院で「立憲民主党・無所属」、参院で「立憲民主・社民」。国民民主党は衆院で「国民民主党・無所属クラブ」、参院で「国民民主党・新緑風会」。

国会関係所在地電話番号一覧

■ 総理大臣官邸　〒100-0014 千, 永田町2-3-1　☎3581-0101

■ 衆議院　〒100-8960 千, 永田町1-7-1　☎3581-5111

議長公邸	〒100-0014	千, 永田町2-18-1	☎3581-1461
副議長公邸	〒107-0052	港, 赤坂8-11-40	☎3423-0311
赤坂議員宿舎	〒107-0052	港, 赤坂2-17-10	☎5549-4671
青山議員宿舎	〒106-0032	港, 六本木7-1-3	☎3408-4911

■ 参議院　〒100-8961 千, 永田町1-7-1　☎3581-3111

議長公邸	〒100-0014	千, 永田町2-18-2	☎3581-1481
副議長公邸	〒106-0043	港, 麻布永坂町25	☎3586-6741
麹町議員宿舎	〒102-0083	千, 麹町4-7	☎3237-0341
清水谷議員宿舎	〒102-0094	千, 紀尾井町1-15	☎3264-1351

■ 衆議院議員会館

第一議員会館	〒100-8981	千, 永田町2-2-1	☎3581-5111（大代） ☎3581-4700（夜間）
第二議員会館	〒100-8982	千, 永田町2-1-2	☎3581-5111（大代） ☎3581-1954（夜間）

■ 参議院議員会館

参議院議員会館	〒100-8962	千, 永田町2-1-1	☎3581-3111（大代） ☎3581-3146（夜間）

国立国会図書館	〒100-8924	千, 永田町1-10-1	☎3581-2331
憲政記念館	〒100-0014	千, 永田町1-1-1	☎3581-1651

要覧アプリ
配信中！
左記IDにて登録

目　　次

目　次

第2次岸田第2次改造内閣・大臣・秘書官(令和5年9月13日発足)

	大臣		秘書官	秘書官室
内閣総理大臣	岸田文雄	衆(自)	嶋田隆	3581-0101
総務大臣	松本剛明	衆(自)	梅津徳之	5253-5006
法務大臣	小泉龍司	衆(自)	原田祐一郎	3581-0530
外務大臣	上川陽子	衆(自)	西谷康祐	3580-3311(代)
財務大臣 内閣府特命担当大臣 (金融) デフレ脱却担当	鈴木俊一	衆(自)	鈴木俊太郎	3581-0101 3581-2716
文部科学大臣	盛山正仁	衆(自)	西口卓司	5253-4111(代)
厚生労働大臣	武見敬三	参(自)	田中真一	3595-8226
農林水産大臣	坂本哲志	衆(自)	山室絢	3502-8111(代)
経済産業大臣 原子力経済被害担当 GX実行推進担当 産業競争力担当 ロシア経済分野協力担当 内閣府特命担当大臣 (原子力損害賠償、 廃炉等支援機構)	齋藤健	衆(自)	清水道郎	3501-1601 1602
国土交通大臣 水循環政策担当 国際園芸博覧会担当	斉藤鉄夫	衆(公)	城戸一興	5253-8019
環境大臣 内閣府特命担当大臣 (原子力防災)	伊藤信太郎	衆(自)	熊谷守広	3580-0241
防衛大臣	木原稔	衆(自)	篠田了	5269-3240
内閣官房長官 沖縄基地負担軽減担当 拉致問題担当	林芳正	衆(自)	宮本賢一	3581-0101
デジタル大臣 デジタル行財政改革担当 デジタル田園都市国家構想担当 行政改革担当 国家公務員制度担当 内閣府特命担当大臣 (規制改革)	河野太郎	衆(自)	盛純二	4477-6775(代)
復興大臣 福島原発事故再生総括担当	土屋品子	衆(自)	佐々木太郎	6328-1111(代)
国家公安委員会委員長 国土強靭化担当 領土問題担当 内閣府特命担当大臣 (防災、海洋政策)	松村祥史	参(自)	下四日市郁夫	3581-1739
内閣府特命担当大臣 (こども政策、少子化対策 若者活躍、男女共同参画) 女性活躍担当 共生社会担当 孤独・孤立対策担当	加藤鮎子	衆(自)	両角真之介	5253-2111(代)
経済再生担当 新しい資本主義担当 スタートアップ担当 感染症危機管理担当 全世代型社会保障改革担当 内閣府特命担当大臣 (経済財政政策)	新藤義孝	衆(自)	小仁熊旬	5253-2111(代)
経済安全保障担当 内閣府特命担当大臣 (クールジャパン戦略、知的財産戦略、科学技術政策、宇宙政策、経済安全保障)	高市早苗	衆(自)	髙市知嗣	5253-2111(代)
内閣府特命担当大臣 (沖縄及び北方対策、消費者及び食品安全、地方創生、アイヌ施策) 国際博覧会担当	自見はなこ	参(自)	江頭清輝	5253-2111(代)

(令和6年1月31日現在)

副大臣・大臣政務官・事務次官一覧

省庁	副大臣	副大臣室	大臣政務官	大臣政務官室	事務次官
デジタル庁	石川昭政 衆(自)	4477-6775	土田 慎 衆(自)	4477-6775	
復興庁	高木宏壽 衆(自)		平沼正二郎 衆(自)		角田 隆
	平木大作 参(公)	6328-1111	本田顕子 参(自)	6328-1111	
	堂故 茂 参(自)		吉田宣弘 衆(公)		
			尾﨑正直 衆(自)		
内閣府	井林辰憲 衆(自)		神田潤一 衆(自)		田和 宏
	工藤彰三 衆(自)		古賀友一郎 参(自)		
	古賀 篤 衆(自)		平沼正二郎 衆(自)		
	石川昭政 衆(自)		土田 慎 衆(自)		
	岩田和親 衆(自)	5253-2111	石井 拓 衆(自)	5253-2111	
	上月良祐 参(自)		吉田宣弘 衆(公)		
	堂故 茂 参(自)		尾﨑正直 衆(自)		
	滝沢 求 参(自)		国定勇人 衆(自)		
	鬼木 誠 衆(自)		三宅伸吾 参(自)		
総務省	渡辺孝一 衆(自)	5253-5111	西田昭二 衆(自)		内藤尚志
	馬場成志 参(自)		長谷川淳二 衆(自)	5253-5111	
			船橋利実 参(自)		
法務省	門山宏哲 衆(自)	3581-1940	中野英幸 衆(自)	3592-7833	川原隆司
外務省	辻 清人 衆(自)	5501-8007	高村正大 衆(自)		岡野正敬
	柘植芳文 参(自)	5501-8010	深澤陽一 衆(自)	3580-3311(代)	
			穂坂 泰 衆(自)		
財務省	赤澤亮正 衆(自)	3581-2714	瀬戸隆一 衆(自)	3581-7600	茶谷栄治
	矢倉克夫 参(公)	3581-2713	進藤金日子 参(自)	3581-7622	
文部科学省	あべ俊子 衆(自)	5253-4111	安江伸夫 参(公)	5253-4111	藤原章夫
	今枝宗一郎 衆(自)		本田顕子 参(自)		
厚生労働省	濵地雅一 衆(公)	5253-1111	塩崎彰久 衆(自)	5253-1111	大島一博
	宮﨑政久 衆(自)		三浦 靖 参(自)		
農林水産省	鈴木憲和 衆(自)	3591-2722	高橋光男 参(公)	3591-5730	横山 紳
	武村展英 衆(自)	3591-2051	舞立昇治 参(自)	3591-5561	
経済産業省	岩田和親 衆(自)	3501-1603	石井 拓 衆(自)	3501-1222	飯田祐二
	上月良祐 参(自)	3501-1604	吉田宣弘 衆(公)	3501-1221	
国土交通省	國場幸之助 衆(自)	5253-8020	石橋林太郎 衆(自)	5253-8976	和田信貴
	堂故 茂 参(自)	5253-8021	こやり隆史 参(自)	5253-8023	
			尾﨑正直 衆(自)	5253-8024	
環境省	八木哲也 衆(自)	3580-0247	朝日健太郎 参(自)	3581-4912	和田篤也
	滝沢 求 参(自)		国定勇人 衆(自)	3581-3362	
防衛省	鬼木 誠 衆(自)	5229-2121	松本 尚 衆(自)	5229-2122	増田和夫
			三宅伸吾 参(自)	3267-0336	
内閣官房副長官	村井英樹 衆(自)	3581-0101			
	森屋 宏 参(自)	5532-8615			
	栗生俊一	3581-1061			

衆・参各議院役員等一覧

第213回国会(令和6年1月26日～6月23日)(1月26日現在)

【衆議院】

議長	額賀福志郎(無)
副議長	海江田万里(無)

常任委員長

内閣	星野剛士(自)
総務	古屋範子(公)
法務	武部新(自)
外務	勝俣孝明(自)
財務金融	津島淳(自)
文部科学	田野瀬太道(自)
厚生労働	新谷正義(自)
農林水産	野中厚(自)
経済産業	岡本三成(公)
国土交通	長坂康正(自)
環境	務台俊介(自)
安全保障	小泉進次郎(自)
国家基本政策	根本匠(自)
予算	小野寺五典(自)
決算行政監視	小川淳也(立)
議院運営	山口俊一(自)
懲罰	中川正春(立)

特別委員長

災害対策	後藤茂之(自)
倫理公選	石田真敏(自)
沖縄北方	佐藤公治(立)
拉致問題	小熊慎司(立)
消費者問題	秋葉賢也(自)
東日本大震災復興	髙階恵美子(自)
原子力問題調査	平将明(自)
地域活性化・こども政策・デジタル社会形成	谷公一(自)

憲法審査会会長	森英介(自)
情報監視審査会会長	岩屋毅(自)
政治倫理審査会会長	田中和徳(自)
事務総長	岡田憲治

【参議院】

議長	尾辻秀久(無)
副議長	長浜博行(無)

常任委員長

内閣	阿達雅志(自)
総務	新妻秀規(公)
法務	佐々木さやか(公)
外交防衛	小野田紀美(自)
財政金融	足立敏之(自)
文教科学	高橋克法(自)
厚生労働	比嘉奈津美(自)
農林水産	滝波宏文(自)
経済産業	森本真治(立)
国土交通	青木愛(立)
環境	三原じゅん子(自)
国家基本政策	浅田均(維教)
予算	櫻井充(自)
決算	佐藤信秋(自)
行政監視	川田龍平(立)
議院運営	浅尾慶一郎(自)
懲罰	松沢成文(維教)

特別委員長

災害対策	竹内真二(公)
ODA・沖縄北方	藤川政人(自)
倫理選挙	豊田俊郎(自)
拉致問題	松下新平(自)
地方創生・デジタル社会	長谷川岳(自)
消費者問題	石井章(維教)
東日本大震災復興	野田国義(立)

調査会長

外交・安全保障	猪口邦子(自)
国民生活・経済及び地方	福山哲郎(立)
資源エネルギー・持続可能社会	宮沢洋一(自)

憲法審査会会長	中曽根弘文(自)
情報監視審査会会長	有村治子(自)
政治倫理審査会会長	野村哲郎(自)
事務総長	小林史武

(カッコ内は会派名。自＝自由民主党・無所属の会(衆院)、自由民主党(参院)、立＝立憲民主党・無所属(衆院)、立憲民主・社民(参院)、維教＝日本維新の会・教育無償化を実現する会、公＝公明党、無＝無所属)

衆議院

●凡例　記載内容は原則として令和6年2月1日現在。

選挙区　選挙当日有権者数 投票率　　選挙得票数・得票率
（比は比例代表との重複立候補者、比当は比例代表での当選者）

選挙区割

ふり　がな **氏　名**	党派*（会派） 出身地 勤続年数（うち[参]年数）	当選回数 生年月日 （初当選年）

略　歴　（**現職はゴシック**。但し大臣・副大臣・政務官、委員会及び党役職のみ。）

〒　地元　住所　　☎
〒　東京　住所　　☎

●編集要領

○住所に宿舎とあるのは議員宿舎、会館とあるのは議員会館。
○**党派名、自民党派閥名（[　]で表示）を略称で表記した。**

自…自由民主党
立…立憲民主党
維…日本維新の会
公…公明党
共…日本共産党
国…国民民主党
教…教育無償化を実現する会
れ…れいわ新選組
社…社会民主党
無…無所属
[麻]…麻生派
[茂]…茂木派
[無]…無派閥
（　）内は会派名
•自民…自由民主党・無所属の会
•立憲…立憲民主党・無所属
•有志…有志の会

○常任委員会

内閣委員会……………………**内閣委**
総務委員会……………………**総務委**
法務委員会……………………**法務委**
外務委員会……………………**外務委**
財務金融委員会………………**財金委**
文部科学委員会………………**文科委**
厚生労働委員会………………**厚労委**
農林水産委員会………………**農水委**
経済産業委員会………………**経産委**
国土交通委員会………………**国交委**
環境委員会……………………**環境委**
安全保障委員会………………**安保委**
国家基本政策委員会……**国家基本委**
予算委員会……………………**予算委**
決算行政監視委員会……**決算行監委**
議院運営委員会………………**議運委**
懲罰委員会……………………**懲罰委**

○特別委員会

災害対策特別委員会……………………**災害特委**
政治倫理の確立及び公職選挙法改正に関する特別委員会……**倫選特委**
沖縄及び北方問題に関する特別委員会……………**沖北特委**
北朝鮮による拉致問題等に関する特別委員会……**拉致特委**
消費者問題に関する特別委員会……………**消費者特委**
東日本大震災復興特別委員会……………………**復興特委**
原子力問題調査特別委員会……………………**原子力特委**
地域活性化・こども政策・デジタル社会形成に関する特別委員会…**地・こ・デジ特委**

○審査会

憲法審査会……………………………**憲法審委**
情報監視審査会……………………**情報監視審委**
政治倫理審査会……………………………**政倫審委**

※所属の委員会名は、1月26日現在の委員部資料及び議員への取材に基づいて掲載しています。
※勤続年数・年齢は令和6年2月末現在
＊新…当選1回の議員、前…直近の衆議院解散により衆議院議員を失職した人、元…衆議院議員の経験があり、直近の衆議院議員総選挙に落選した人、あるいは、出馬しなかった人
（注）比例代表で復活当選した議員の小選挙区名を〈　〉内に示した。

衆議院議員・秘書名一覧

議員名	党派（会派）	選挙区	政策秘書名 第1秘書名 第2秘書名	館別 号室	直通 FAX	略歴頁
じろう あかま二郎	自 [麻]	神奈川14	鈴木久恵 飯田則恭 神﨑慶子	1 421	3508-7317 3508-3317	86
としこ あべ俊子	自 [無]	比例 中国	——— 野瀬健悟 小賀智子	1 514	3508-7136 3508-3436	148
あずみ じゅん 安住淳	立	宮城5	泉貴仁 遠藤裕美 髙木万莉子	1 1003	3508-7293 3508-3503	61
あだち やすし 足立康史	維	大阪9	斉藤巧 川口元気 植田まゆみ	1 1016	3508-7100 3508-6410	129
あべ つかさ 阿部司	維	比例 東京	——— 國井百合子 津田郁也	2 321	3508-7504 3508-3934	101
あべ ともこ 阿部知子	立	神奈川12	小林わかば 嘉藤敦 横山弓彦	1 424	3508-7303 3508-3303	86
あべ ひろき 阿部弘樹	維	比例 九州	——— ——— ———	2 1102	3508-7480 3508-3360	166
あいさわ いちろう 逢沢一郎	自 [無]	岡山1	——— 藤井章文 足立輝	1 505	3508-7105 3508-0319	143
あおやぎ ひとし 青柳仁士	維	大阪14	小島英治 綾田剛樹 田邉慶一郎	1 723	3508-7609 3508-3989	130
あおやぎよういちろう 青柳陽一郎	立	比例 南関東	仲長武男 高久正信 宮下佳織	2 1013	3508-7245 3508-3515	90
あおやま しゅうへい 青山周平	自 [無]	比例 東海	佐藤彰 中田大亮 大須賀竜也	2 616	3508-7083 3508-3089	119
あおやま やまと 青山大人	立	比例 北関東	——— 竹神裕輔 ———	2 201	3508-7039 3508-3839	77
あかぎ まさゆき 赤木正幸	維	比例 近畿	——— 佐藤秋則 戸谷太郎	2 506	3508-7505 3508-3935	137
あかざわ りょうせい 赤澤亮正	自 [無]	鳥取2	来間誠司 石丸徳幸 宮本明彦	2 1022	3508-7490 3508-3370	142
あかば かずよし 赤羽一嘉	公	兵庫2	治井邦弘 川元揚二郎 御影まき	2 414	3508-7079 3508-3769	132
あかみね せいけん 赤嶺政賢	共	沖縄1	竹内真 佐々木森夢 新庄沙穂	1 1107	3508-7196 3508-3626	162
あきば けんや 秋葉賢也	自 [茂]	比例 東北	高嶋佳恵 西憲太郎 五十嵐隆	1 823	3508-7392 3508-3632	64
あきもと まさとし 秋本真利	無	比例 南関東	——— ——— ———	1 1209	3508-7611 3508-3991	88
あさかわ よしはる 浅川義治	維	比例 南関東	持丸優 碓井慎一 森幸恵	2 803	3508-7197 3508-3627	91

※内線電話番号は、第1議員会館は5＋室番号、6＋室番号（3～9階は5、6のあとに0を入れる）、
第2議員会館は7＋室番号、8＋室番号（2～9階は7、8のあとに0を入れる）

議員名	党派(会派)	選挙区	政策秘書名 第1秘書名 第2秘書名	館別 号室	直通 FAX	略歴頁
あさの さとし 浅野 哲	国	茨城5	森田亜希人 大川一弘 田中洋和	1 406	3508-7231 3508-3231	68
あずま くによし 東 国幹	自 [茂]	北海道6	武末和仁 森川沙織 吉原正浩	2 1020	3508-7634 3508-3264	54
あぜもと しょうご 畦元将吾	自 [無]	比例 中国	竹重吉晃 若林仁美 若林俊輔	1 501	3508-7710 3508-3343	148
あそう たろう 麻生太郎	自 [麻]	福岡8	佐々木隆 藤島誠治 原口勇人	1 301	3508-7703 3501-7528	156
あまり あきら 甘利 明	自 [麻]	比例 南関東	河野一郎 伊田雅彦 ――	2 514	3508-7528 3502-5087	88
あらい ゆたか 荒井 優	立	比例 北海道	荻野あおい 秋元恭兵 運上一平	2 602	3508-7602 3508-3982	57
あらかき くにお 新垣邦男	社	沖縄2	塚田大海志 久保睦美 喜屋武幸容	2 711	3508-7157 3508-3707	163
い いがらし きよし 五十嵐 清	自 [茂]	比例 北関東	上野忠彦 田子貴章 濱﨑絵美子	2 915	3508-7085 3508-3865	76
いさか のぶひこ 井坂信彦	立	兵庫1	佐藤利信 万谷智昭 髙山晃一	2 1216	3508-7082 3508-3862	131
いで ようせい 井出庸生	自 [麻]	長野3	高橋澄江 井出泰生 竹内充	2 721	3508-7469 3508-3299	107
いの としろう 井野俊郎	自 [茂]	群馬2	川崎陽子 城下正 齊田直樹	2 921	3508-7219 3508-3219	70
いのうえ しんじ 井上信治	自 [麻]	東京25	臼井悠人 岩﨑百合子 竹本美紀	1 317	3508-7328 3508-3328	99
いのうえ たかひろ 井上貴博	自 [麻]	福岡1	伊藤茂雄 大谷明治 野口賢三	1 323	3508-7239 3508-3239	155
いのうえ ひでたか 井上英孝	維	大阪1	石橋映子 広瀬能久 小田優子	1 404	3508-7333 3508-3333	127
いばやし たつのり 井林辰憲	自 [麻]	静岡2	福井正直 島克之 前島密	1 919	3508-7127 3508-3427	113
いはら たくみ 井原 巧	自 [無]	愛媛3	松田貢一 藤岡尊典 相原顕久	2 207	3508-7201 3508-3201	152
いさ しんいち 伊佐進一	公	大阪6	湯浅憲一 小西泰夫 小菅瑞人	1 1004	3508-7391 3508-3631	128
いとう のぶひさ 伊東信久	維	大阪19	永田千寿 武田昌也 舩冨則夫	1 916	3508-7243 3508-3513	131
いとう よしたか 伊東良孝	自 [無]	北海道7	魚住純也 児玉雅裕 大志保夕里奈	1 623	3508-7170 3508-7177	54
いとう しゅんすけ 伊藤俊輔	立	比例 東京	東恭弘 ―― 月原大輔	2 1122	3508-7150 3508-3640	100

議員名	党派(会派)	選挙区	政策秘書名 第1秘書名 第2秘書名	館別 号室	直通 FAX	略歴頁
いとうしんたろう 伊藤信太郎	自 [麻]	宮城4	大谷津篤 熊谷守広 田中貴美子	2 205	3508-7091 3508-3871	60
いとうただひこ 伊藤忠彦	自 [無]	愛知8	上田恵利 宮島隆志 渡部祐太	2 222	3508-7003 3508-3803	116
いとうたつや 伊藤達也	自 [茂]	東京22	山中真喜子 内川直樹 福井裕康	2 524	3508-7623 3508-3253	98
いとうわたる 伊藤渉	公	比例 東海	中島勉 村本豊 北澤匡貴	1 921	3508-7187 3508-3617	122
いけしたたく 池下卓	維	大阪10	上野寿朗 森田弘之 栄田孝弘	1 907	3508-7454 3508-3284	129
いけだよしたか 池田佳隆	無	比例 東海	柿沼和宏 丹羽葉子 坂本舞	2 511	3508-7616 3508-3996	120
いけはたこうたろう 池畑浩太朗	維	比例 近畿	野崎敏雄 及川智義 ―――	2 509	3508-7520 3508-3950	137
いしいけいいち 石井啓一	公	比例 北関東	杉戸研介 藤田勝利 高橋成典	1 411	3508-7110 3508-3229	77
いしいたく 石井拓	自 [無]	比例 東海	藤原陽子 小林哲三 嶋田光紗	2 209	3508-7031 3508-3813	119
いしかわあきまさ 石川昭政	自 [無]	比例 北関東	大塚敬史 石川浩久 益子侑也	2 1014	3508-7159 3508-3709	76
いしかわかおり 石川香織	立	北海道11	亀井政貴 高桑浩 岡本鎌	2 512	3508-7512 3508-3942	55
いしだまさとし 石田真敏	自 [無]	和歌山2	山崎勝紀 今西康仁 上泰治	2 313	3508-7072 3581-6992	135
いしばしげる 石破茂	自 [無]	鳥取1	吉村麻央 瀬淵資水 谷長正彦	2 515	3508-7525 3502-5174	142
いしばしりんたろう 石橋林太郎	自 [無]	比例 中国	田丸志野 植村恭明 吉岡広小路	1 1221	3508-7901 3508-3409	147
いしはらひろたか 石原宏高	自 [無]	比例 東京	佐藤紀人 夏目勧嗣 星野顕仁	1 813	3508-7319 3508-3319	100
いしはらまさたか 石原正敬	自 [無]	比例 東海	市川淀内幸 髙島篤史 加藤駿	1 910	3508-7706 3508-3321	120
いずみけんた 泉健太	立	京都3	田中栄一 野本菜生 西村文希	1 817	3508-7005 3508-3805	126
いずみだひろひこ 泉田裕彦	自 [無]	比例 北陸信越	横山絵理 早智敬 高坂朋孝	2 914	3508-7640 3508-3270	109
いちたにゆういちろう 一谷勇一郎	維	比例 近畿	――― 鈴木薫 黒島友梨	2 507	3508-7300 3508-3373	137
いちむらこういちろう 市村浩一郎	維	兵庫6	康本昭赫 渡智恵子 ―――	2 1203	3508-7165 3508-3715	133

※内線電話番号は、第1議員会館は5＋室番号、6＋室番号（3～9階は5、6のあとに0を入れる）、
第2議員会館は7＋室番号、8＋室番号（2～9階は7、8のあとに0を入れる）

議員名	党派(会派)	選挙区	政策秘書名 第1秘書名 第2秘書名	館別 号室	直通 FAX	略歴頁
いなだともみ 稲田朋美	自 [無]	福井1	小野隼人 坪田三和 池端美紗	2 1115	3508-7035 3508-3835	106
いなつひさし 稲津久	公	北海道10	布川和義 一戸康男 谷内直樹	2 413	3508-7089 3508-3869	55
いなとみしゅうじ 稲富修二	立	比例 九州	―――― 神山洋介 古屋伴朗	2 1004	3508-7515 3508-3945	165
いまえだそういちろう 今枝宗一郎	自 [麻]	愛知14	田淵雄三 ―――― ――――	1 422	3508-7080 3508-3860	118
いまむらまさひろ 今村雅弘	自 [無]	比例 九州	無津呂智臣 木下明仁 ――――	2 1210	3508-7610 3597-2723	163
いわたかずちか 岩田和親	自 [無]	比例 九州	峯崎恭輔 ―――― ――――	2 206	3508-7707 3508-3203	164
いわたにりょうへい 岩谷良平	維	大阪13	三好新治 森本愛 森田一也	1 906	3508-7314 3508-3314	130
いわやたけし 岩屋毅	自 [無]	大分3	山口明浩 岩屋恒久 青木隆幸	2 1209	3508-7510 3509-7610	160
うえすぎけんたろう 上杉謙太郎	自 [無]	比例 東北	高橋洋樹 大見祐子 佐々木洋	2 1111	3508-7074 3508-3764	65
うえだえいしゅん 上田英俊	自 [茂]	富山2	大瀧幸雄 濱瀬浩晃 藤井開	2 811	3508-7061 3508-3381	105
うえのけんいちろう 上野賢一郎	自 [無]	滋賀2	原島潤 浅山禎信 野中みゆき	1 621	3508-7004 3508-3804	124
うきしまともこ 浮島智子	公	比例 近畿	―――― 柏木淳 竹本佳恵	2 820	3508-7290 3508-3740	139
うめたにまもる 梅谷守	立	新潟6	瀧澤直樹 岡村祐子 杉山直人	2 403	3508-7403 3508-3883	105
うらのやすと 浦野靖人	維	大阪15	藤鷹英雄 大河内国光 池側純司	1 405	3508-7641 3508-3271	130
うるまじょうじ 漆間譲司	維	大阪8	長嶋雅代 川面篤志 高田祐也	1 912	3508-7298 3508-3508	128
えさきてつま 江﨑鐵磨	自 [無]	愛知10	若山慎司 栗本実樹男 江﨑琢磨	2 1002	3508-7418 3508-3898	117
えだけんじ 江田憲司	立	神奈川8	大塚亜紀子 町田融哉 望月高徳	2 610	3508-7462 3508-3292	85
えとあきのり 江渡聡徳	自 [麻]	青森1	鈴木貴司 高渕正賢 齊藤晃一	2 1021	3508-7096 3508-3961	58
えとうたく 江藤拓	自 [無]	宮崎2	三野晃 川合賢二 小西尊秀	2 1207	3508-7468 3591-3063	161
えり 英利アルフィヤ	自 [麻]	千葉5 補	―――― ―――― ――――	1 1122	3508-7436 3508-3916	81

う　え

お

議員名	党派(会派)	選挙区	政策秘書名 第1秘書名 第2秘書名	館別 号室	直通 FAX	略歴頁
えとうせいしろう 衛藤征士郎	自 [無]	大分2	衛藤　孝 増村幸成 金高桃子	1 1101	3508-7618 3595-0003	160
えだのゆきお 枝野幸男	立	埼玉5	枝野佐智子 三吉弘人 沼田陽司	1 804	3508-7448 3591-2249	72
えんどうたかし 遠藤　敬	維	大阪18	山中栄一 下条潤彌 淵上翔香	1 415	3508-7325 3508-3325	131
えんどうとしあき 遠藤利明	自 [無]	山形1	須藤孝治 帯刀　亮 矢野圭一	1 703	3508-7158 3592-7660	62
えんどうりょうた 遠藤良太	維	比例 近畿	松尾和弥 ―― 加藤紘生	1 516	3508-7114 3508-3225	137
くれは おおつき紅葉	立	比例 北海道	竹岡正博 冨田　学 下山大輔	1 820	3508-7493 3508-3320	57
おがわじゅんや 小川淳也	立	香川1	坂本広明 青木武史 原田佳枝	2 1005	3508-7621 3508-3251	151
おぐましんじ 小熊慎司	立	福島4	荻野妙子 廣岡　久 代田秀一	1 808	3508-7138 3508-3438	63
おぐらまさのぶ 小倉將信	自 [無]	東京23	齋藤佳伸 横田哲弥 遠藤敦人	1 814	3508-7140 3508-3440	98
おざとやすひろ 小里泰弘	自 [無]	比例 九州	金子達也 合春文憲 上赤修道	1 811	3508-7247 3502-5017	165
おざわいちろう 小沢一郎	立	比例 東北	宇田川　勲 川邊嗣治 小湊敬太	1 605	3508-7175	65
おだわらきよし 小田原　潔	自 [無]	東京21	潮　麻衣子 吉田直哉 伊集院　聡	2 1007	3508-7909 3508-3273	98
おのたいすけ 小野泰輔	維	比例 東京	岩本優美子 大竹　等 門馬一樹	1 513	3508-7340 3508-3340	101
おのでらいつのり 小野寺五典	自 [無]	宮城6	鈴木　敦 加美山不可史 佐藤丈寛	2 715	3508-7432 3508-3912	61
おぶちゆうこ 小渕優子	自 [無]	群馬5	石川幸子 輕部順子 渡部慎也	2 823	3508-7424 3592-1754	71
おざきまさなお 尾﨑正直	自 [無]	高知2	栗原雄一郎 北村　強 池田誠二	2 901	3508-7619 3508-3999	153
おみあさこ 尾身朝子	自 [無]	比例 北関東	滝　誠一郎 ―― 塩澤正男	2 1201	3508-7484 3508-3364	75
おちたかお 越智隆雄	自 [無]	比例 東京	渡辺晴彦 米山淳子 大野圭介	1 1105	3508-7479 3508-3359	100
おがたりんたろう 緒方林太郎	無 (有志)	福岡9	大歳はるか 髙橋伊織 森　晶俊	2 617	3508-7119 3508-3426	157
おおいし 大石あきこ	れ	比例 近畿	―― ―― ――	2 417	3508-7404 3508-3884	140

※内線電話番号は、第1議員会館は5＋室番号、6＋室番号（3～9階は5、6のあとに0を入れる）、
第2議員会館は7＋室番号、8＋室番号（2～9階は7、8のあとに0を入れる）

議員名	党派(会派)	選挙区	政策秘書名 第1秘書名 第2秘書名	館別 号室	直通 FAX	略歴 頁
おおおか としたか 大岡敏孝	自 [無]	滋賀1	岸田郁子 石橋広行 冨迫佳代	1 619	3508-7208 3508-3208	124
おおかわら 大河原まさこ	立	比例 東京	鈴木智 権藤良嗣 久野茂	1 517	3508-7261 3508-3531	101
おおぐし ひろし 大串博志	立	佐賀2	及川昭広 北島一夫 北島智孝	1 308	3508-7335 3508-3335	158
おおぐし まさき 大串正樹	自 [無]	比例 近畿	―――― 森本猛史 大澤一功	1 616	3508-7191 3508-3621	138
おおぐち よしのり 大口善徳	公	比例 東海	山中基司 山内克則 久保田由美	2 308	3508-7017 3508-8552	122
おおしま あつし 大島敦	立	埼玉6	稲垣雅由 永井紀明 加藤幸一	1 420	3508-7093 3508-3380	73
おおつか たく 大塚拓	自 [無]	埼玉9	松井晴子 佐藤由美 大場隆三郎	1 710	3508-7608 3508-3988	73
おおにし けんすけ 大西健介	立	愛知13	乾ひとみ 倉嶋弘夫 伊関延元	1 923	3508-7108 3508-3408	117
おおにし ひでお 大西英男	自 [無]	東京16	亀本正城 山下誠治 吉田晃樹	2 510	3508-7033 3508-3833	97
おおの けいたろう 大野敬太郎	自 [無]	香川3	奴賀裕行 横田飛真 大谷まゆみ	1 1211	3508-7132 3502-5870	151
おおさか せいじ 逢坂誠二	立	北海道8	谷口真弓 野村宗平 浜谷優香	2 517	3508-7517 3508-3947	55
おかだ かつや 岡田克也	立	三重3	金指良樹 安野啓子 村上幸司	1 506	3508-7109 3502-5047	119
おかもと こ 岡本あき子	立	比例 東北	村田実 家藤義人 鈴木清美	1 711	3508-7064 3508-3844	65
おかもと みつなり 岡本三成	公	東京12	坂本友明 佐藤希美子 宮木正雄	1 1005	3508-7147 3508-3637	96
おくした たけみつ 奥下剛光	維	大阪7	平松大輔 馬場慶次郎 池内沙織	1 721	3508-7225 3508-3414	128
おくの しんすけ 奥野信亮	自 [無]	比例 近畿	水野元晴 木口善行 平岡史行	2 1001	3508-7421 3508-3901	138
おくの そういちろう 奥野総一郎	立	千葉9	平木雅己 中野あかね 泉武人	1 1119	3508-7256 3508-3526	82
おちあい たかゆき 落合貴之	立	東京6	星野菜穂子 加藤功一 下野克治	2 606	3508-7134 3508-3434	94
おにき まこと 鬼木誠	自 [無]	福岡2	大森一毅 平山康樹 濵崎耕太郎	1 715	3508-7182 3508-3612	155
か かとう あゆこ 加藤鮎子	自 [無]	山形3	宮川岳 ―――― ――――	1 705	3508-7216 3508-3216	62

議員名	党派(会派)	選挙区	政策秘書名 第1秘書名 第2秘書名	館別 号室	直通 FAX	略歴頁
かとう かつのぶ 加藤勝信	自 [茂]	岡山5	杉原洋平 加藤則和 稾原雄尚	2 1104	3508-7459 3508-3289	144
かとう りゅうしょう 加藤竜祥	自 [無]	長崎2	山岸直嗣 横山真 羽根里奈	2 1106	3508-7230 3508-3230	158
かさい こういち 河西宏一	公	比例 東京	田邊清二 石井敏之 海野奈保子	2 503	3508-7630 3508-3260	101
かいえだ ばんり 海江田万里	無	比例 東京	落合友子 三雲崇正 上村大	1 609	3508-7316 3508-3316	101
かきざわ みと 柿沢未途		東京15	（令和6年2月1日辞職）			96
かさい あきら 笠井亮	共	比例 東京	向直也 中平智之 河田洋之	2 621	3508-7439 3508-3919	102
かじやま ひろし 梶山弘志	自 [無]	茨城4	木村義人 宇留野洋治 石黒理恵子	2 903	3508-7529 3508-7714	68
かつまた たかあき 勝俣孝明	自 [無]	静岡6	新井裕志 土倉隆太 栗林康彦	1 920	3508-7202 3508-3202	114
かつめ やすし 勝目康	自 [無]	京都1	柴田真次 柳幸博史 綾部繁	2 615	3508-7615 3508-3995	125
かどやま ひろあき 門山宏哲	自 [無]	比例 南関東	中村寿城 石原裕久 竹脇亮太	2 1121	3508-7382 3508-3512	89
かねこ えみ 金子恵美	立	福島1	中川誠一郎 来山佳子 ——	2 710	3508-7476 3508-3356	63
かねこ しゅんぺい 金子俊平	自 [無]	岐阜4	塚本信二 藤掛友裕 滝村尚人	2 913	3508-7060 3502-5853	112
かねこ やすし 金子恭之	自 [無]	熊本4	白石剛嗣 中村浩実 大串穂尭	2 410	3508-7410 3504-8776	160
かねこ ようぞう 金子容三	自 [無]	長崎4 補	—— —— 小寺紀彰	2 714	3508-7627 3508-3257	159
かねだ かつとし 金田勝年	自 [無]	比例 東北	工藤衛 小田嶋希実 大高洋志	2 1009	3508-7053 3508-8815	65
かねむら りゅうな 金村龍那	維	比例 南関東	岩松健 上垣敬祐 廣畑昌邦	2 421	3508-7411 3508-3891	90
かまた 鎌田さゆり	立	宮城2	横田ひろ子 渡邊敬信 友常えり	1 313	3508-7204 3508-3204	60
かみかわ ようこ 上川陽子	自 [無]	静岡1	西谷康祐 村松潮見 藤田知士	2 305	3508-7460 3508-3290	112
かみや ひろし 神谷裕	立	比例 北海道	長内勇人 倉本さやか 松家哲宏	2 801	3508-7050 3508-3960	57
かめおか よしたみ 亀岡偉民	自 [無]	比例 東北	亀岡まなみ —— 岡崎雄旭	1 1006	3508-7148 3508-3638	64

※内線電話番号は、第1議員会館は5＋室番号、6＋室番号（3～9階は5、6のあとに0を入れる）、
第2議員会館は7＋室番号、8＋室番号（2～9階は7、8のあとに0を入れる）

議員名	党派(会派)	選挙区	政策秘書名 第1秘書名 第2秘書名	館別 号室	直通 FAX	略歴頁
かわさき 川崎ひでと	自 [無]	三重2	長嶺友之 笹井貴与彦 永田真巳	1 702	3508-7152 3502-5173	118
かんだけんじ 神田憲次	自 [無]	愛知5	菅野照友旭 ―― ――	1 1124	3508-7253 3508-3523	115
かんだじゅんいち 神田潤一	自 [無]	青森2	黒保浩介 貝吹敦志 藍澤奈緒子	2 812	3508-7502 3508-3932	58
かんなおと 菅直人	立	東京18	―― 岡戸正典 金子裕弥	1 512	3508-7323 3595-0090	97
かんけいちろう 菅家一郎	自 [無]	比例 東北	佐原正純 大高孝一 大西勇太	1 503	3508-7107 3508-3407	64
き きはらせいじ 木原誠二	自 [無]	東京20	川上昌克 西倉賢二 島﨑正也	1 915	3508-7169 3508-3719	98
きはらみのる 木原稔	自 [茂]	熊本1	北岡浩二 佐藤尚之 勝久卓治	2 1116	3508-7450 3508-3970	159
きむらじろう 木村次郎	自 [無]	青森3	村田尚也 山本幸之助 今岡陽子	2 809	3508-7407 3508-3887	59
きらしゅうじ 吉良州司	無 (有志)	大分1	尾﨑美加 ―― ――	2 707	3508-7412 3508-3892	160
きいたかし 城井崇	立	福岡10	襲田憲右 早見はるみ 緒方文則	1 807	3508-7389 3508-3509	157
きうちみのる 城内実	自 [無]	静岡7	安田年一 古田潤 南谷幸代	2 623	3508-7441 3508-3921	114
きかわだひとし 黄川田仁志	自 [無]	埼玉3	石井あゆ子 川内昂哉 久永智徳	1 816	3508-7123 3508-3423	72
きくたまきこ 菊田真紀子	立	新潟4	鈴木明久 中村紀之 金子直起	2 802	3508-7524 3508-3954	104
きしのぶちよ 岸信千世	自 [無]	山口2 補	小林憲史 吉永隆史 中村友彦	1 1203	3508-1203 3508-3237	146
きしだふみお 岸田文雄	自 [無]	広島1	浮田義晴 下岸征史 杉浦岳志	1 1222	3508-7279 3591-3118	144
きたがみけいろう 北神圭朗	無 (有志)	京都4	―― 三ツ谷菜採 千葉一真	2 519	3508-7069 3508-3849	126
きたがわかずお 北側一雄	公	大阪16	橋本勝之 岡本章 矢野博之	1 508	3508-7263 3508-3533	130
きんじょうやすくに 金城泰邦	公	比例 九州	大西章英 上地貴大 饒平名広武	1 801	3508-7153 3508-3703	166
く くどうしょうぞう 工藤彰三	自 [麻]	愛知4	原澤直樹 酒井雄司 後藤英樹	2 218	3508-7018 3508-3818	115
くさかまさき 日下正喜	公	比例 中国	山田一成 木口勇二 濱岡貴史	2 920	3508-7021 3508-3821	149

	議　員　名	党派(会派)	選挙区	政策秘書名 第1秘書名 第2秘書名	館別 号室	直通 FAX	略歴 頁
	くしぶちまり 櫛渕万里	れ	比例 東京繰	森島貴浩 赤木善美 林一鵬	2 416	3508-7063 3508-3383	102
	くにさだいさと 国定勇人	自 [無]	比例 北陸信越	久国ちぐさ 赤堀大 松川徹也	1 1220	3508-7131 3508-3431	109
	くにしげとおる 國重徹	公	大阪5	山西博之 松元晋輔 福本彰律	2 716	3508-7405 3508-3885	128
	くにみつ 国光あやの	自 [無]	茨城6	越智章 川又智佐子 ――	2 304	3508-7036 3508-3836	68
	くまだひろみち 熊田裕通	自 [無]	愛知1	山口伸夫 伊藤歩 田辺理絵	2 508	3508-7513	114
け	げんばこういちろう 玄葉光一郎	立	福島3	浜秀夫 佐藤周幸 佐藤彰洋	1 819	3508-7252 3591-2635	63
	げんまけんたろう 源馬謙太郎	立	静岡8	落合照子 森口俊尚 杉山幸生	1 624	3508-7160 3508-3710	114
こ	こいずみしんじろう 小泉進次郎	自 [無]	神奈川11	千場香名女 沼口祐季 ――	1 314	3508-7327	85
	こいずみりゅうじ 小泉龍司	自 [無]	埼玉11	原田祐一郎 松村重章 菊地綾子	2 1107	3508-7121 3508-3351	74
	こじまとしふみ 小島敏文	自 [無]	比例 中国	山本秀一 鎌倉正樹 久松一枝	1 1206	3508-7192 3508-3622	147
	こてらひろお 小寺裕雄	自 [無]	滋賀4	新井勝美 吉田幸司 望月隼也	1 601	3508-7126 3508-3419	125
	こばやししげき 小林茂樹	自 [無]	比例 近畿	吉川英里 大田誠 堀川力	2 501	3508-7090 3508-3870	138
	こばやしたかゆき 小林鷹之	自 [無]	千葉2	竹内仁美 藤原隆太 田中正憲	1 417	3508-7617 3508-3997	80
	こばやしふみあき 小林史明	自 [無]	広島7	小川麻理亜 平盛豊 宮越真帆	1 1205	3508-7455 3508-3630	146
	こみやまやすこ 小宮山泰子	立	比例 北関東	有本和雄 八木昭次 川上偉策	1 607	3508-7184 3508-3614	77
	こもりたくお 小森卓郎	自 [無]	石川1	―― 髙谷均 寺西秀樹	1 812	3508-7179 3508-3609	106
	こやまのぶひろ 小山展弘	立	静岡3	安田幸祐 伊藤健 羽田えみ	1 1113	3508-7270 3508-3540	113
	こがあつし 古賀篤	自 [無]	福岡3	井上貴文 宮崎勇士 村井章子	2 216	3508-7081 3508-3861	155
	ごとうしげゆき 後藤茂之	自 [無]	長野4	小林勇郎 波多野泰史 三沢泰敏	1 704	3508-7702 3508-3452	108
	ごとうゆういち 後藤祐一	立	神奈川16	藤巻浩 細野康輔 日沼勇	2 814	3508-7092 3508-3962	87

※内線電話番号は、第1議員会館は5＋室番号、6＋室番号（3～9階は5、6のあとに0を入れる)、
第2議員会館は7＋室番号、8＋室番号（2～9階は7、8のあとに0を入れる)

議員名	党派 (会派)	選挙区	政策秘書名 第1秘書名 第2秘書名	館別 号室	直通 FAX	略歴 頁
こうの たろう 河野太郎	自 [麻]	神奈川15	矢野裕一 嶋津眞悟 加藤睦美	2 1103	3508-7006 3500-5360	86
こうづ 神津たけし	立	比例 北陸信越	堀内由理 上條研一 新海泳大	2 204	3508-7015 3508-3815	110
こうむら まさひろ 高村正大	自 [麻]	山口1	上田将祐 江村和剛 荒木亨尊	1 701	3508-7113 3502-5044	146
こくば こうのすけ 國場幸之助	自 [無]	比例 九州	渡邊純一 市川宏明 篠宮智明	2 1016	3508-7741 3508-3061	164
こくた けいじ 穀田恵二	共	比例 近畿	山内聡 窪田則子 元山小百合	2 620	3508-7438 3508-3918	140
こしみず けいいち 輿水恵一	公	比例 北関東	藤村達彦 ― 葛西正矩	2 307	3508-7076 3508-3766	77
こんどう かずや 近藤和也	立	比例 北陸信越	宮崎直広 川田樹希 辻森敏純	2 819	3508-7605 3508-3985	109
こんどう しょういち 近藤昭一	立	愛知3	笘米地真理 成川正之 坂野達也	2 402	3508-7402 3508-3882	115
ささき はじめ 佐々木紀	自 [無]	石川2	田辺暢 道券正明 横山大助	2 301	3508-7059 6273-3012	106
さとう こうじ 佐藤公治	立	広島6	神戸淳司 松前良司 門永健次	1 1022	3508-7145 3508-3635	146
さとう しげき 佐藤茂樹	公	大阪3	浮田広宣 清水信明 斎藤良憲	1 908	3508-7200 3508-3510	127
さとう つとむ 佐藤勉	自 [無]	栃木4	佐藤圭 武正和 須崎司	2 902	3508-7408 3597-2740	70
さとう ひでみち 佐藤英道	公	比例 北海道	服部正利 川島公謙 向田貴	2 717	3508-7457 3508-3287	57
さいとう てつお 斉藤鉄夫	公	広島3	稲田隆則 小堀信明 小片明博	1 412	3508-7308 3501-5524	145
さいとう 斎藤アレックス	教	比例 近畿	伊藤直子 安持英太郎 大﨑俊英	2 405	3508-7637 3508-3267	140
さいとう けん 齋藤健	自 [無]	千葉7	― 安藤辰生 安藤晴彦	1 822	3508-7221 3508-3221	81
さいとう ひろあき 斎藤洋明	自 [麻]	新潟3	田中悟 長谷川智希 若狭健太	1 407	3508-7155 3508-3705	104
さかい まなぶ 坂井学	自 [無]	神奈川5	李燁明 勝間田将 山藤卓人	2 1119	3508-7489 3508-3369	84
さかもと てつし 坂本哲志	自 [無]	熊本3	― 山本心太 北里久則	2 702	3508-7034 3508-3834	159
さかもとゆうのすけ 坂本祐之輔	立	比例 北関東	今井省吾 黒澤幸司 長野拓馬	2 1221	3508-7449 3508-3969	77

議員名	党派(会派)	選挙区	政策秘書名 第1秘書名 第2秘書名	館別 号室	直通 FAX	略歴頁
さくらい しゅう 櫻井 周	立	比例 近畿	藤井千幸 桐山直也 齋藤尚光	2 409	3508-7465 3508-3295	139
さくらだ よしたか 櫻田義孝	自 [無]	比例 南関東	上野 剛 小田原暁史 井田 翔	2 1117	3508-7381 3508-3501	89
ささがわ ひろよし 笹川博義	自 [茂]	群馬3	茂木和幸 小礒守正 二宮正導	2 316	3508-7338 3508-3338	71
さわだ りょう 沢田 良	維	比例 北関東	楠田真悟 宮川文吾 高野みずほ	2 323	3508-7526 3508-3956	78
し しい かずお 志位和夫	共	比例 南関東	浜田 文 松井朋子 井岡 弘	1 1017	3508-7285 3508-3735	91
しおかわ てつや 塩川鉄也	共	比例 北関東	山本陽子 岡田里志 浅野宝子	2 905	3508-7507 3508-3937	78
しおざき あきひさ 塩崎彰久	自 [無]	愛媛1	清水洋之 川崎晶子 溝江義一	1 1102	3508-7189 3508-3619	151
しおのや りゅう 塩谷 立	自 [無]	比例 東海	渡辺桃子 山田泰志 岡本直哉	2 1211	3508-7632 3508-3262	120
しげとく かずひこ 重徳和彦	立	愛知12	畔柳智章 柴川裕太 磯谷陽子	2 909	3508-7910 3508-3285	117
しな たけし 階 猛	立	岩手1	河村匡庸 前田哲朗 平子 圭	2 203	3508-7024 3508-3824	59
しのはら ごう 篠原 豪	立	神奈川1	中山真吾 毛呂武史 大城知恵	2 608	3508-7130 3508-3430	83
しのはら たかし 篠原 孝	立	比例 北陸信越	岡本匡広 沓掛洋介 原田峻佑	1 719	3508-7268 3508-3538	109
しばやま まさひこ 柴山昌彦	自 [無]	埼玉8	増井一朗 大塚隆浩 渡邊洋平	2 822	3508-7624 3508-7715	73
しまじり あいこ 島尻安伊子	自 [茂]	沖縄3	宮城一郎 下地太一 伊波広貴	1 1111	3508-7265 3508-3535	163
しもじょう 下条みつ	立	長野2	小川昌昭 百瀬秀則 白澤孝之	1 806	3508-7271 3508-3541	107
しもむら はくぶん 下村博文	自 [無]	東京11	榮 友里子 中村恭平 河野雄紀	2 622	3508-7084 3597-2772	95
しょうじ けんいち 庄子賢一	公	比例 東北	早坂 光 松野博志 九鬼秀俊	2 1224	3508-7474 3508-3354	66
しらいし よういち 白石洋一	立	比例 四国	沼田忠典 ——— ———	2 720	3508-7244 3508-3514	153
しんたに まさよし 新谷正義	自 [茂]	広島4	麻生満理子 ——— 香川 淳	2 805	3508-7604 3508-3984	145
しんどう よしたか 新藤義孝	自 [茂]	埼玉2	——— ——— ———	1 810	3508-7313 3508-3313	72

※内線電話番号は、第1議員会館は5+室番号、6+室番号（3～9階は5、6のあとに0を入れる)、第2議員会館は7+室番号、8+室番号（2～9階は7、8のあとに0を入れる)

	議員名	党派（会派）	選挙区	政策秘書名 第1秘書名 第2秘書名	館別 号室	直通 FAX	略歴頁
す	すえまつよしのり 末松義規	立	東京19	奥村真弓 ―― 小西美海	2 1008	3508-7488 3508-3368	97
	すがよしひで 菅義偉	自 ［無］	神奈川2	黄瀬周作 新田章文 長田拓也	2 1113	3508-7446 3597-2707	83
	すぎたみお 杉田水脈	自 ［無］	比例 中国	嘉悦彩 ―― 長本好政	2 907	3508-7029 3508-3829	148
	すぎもとかずみ 杉本和巳	維	比例 東海	杉田亜貴子 早川茂 津下鉄平	1 414	3508-7266 3508-3536	122
	すずきあつし 鈴木敦	教	比例 南関東	岩渕宏美 前田泰蔵 森永咲	2 1123	3508-7286 3508-3736	91
	すずきえいけい 鈴木英敬	自 ［無］	三重4	寺西弘行 岡田充晴 中川尚昭	1 614	3508-7269 3508-3539	119
	すずきけいすけ 鈴木馨祐	自 ［麻］	神奈川7	―― 黒田幸輝 藤田芳紀	1 423	3508-7304 3508-3304	84
	すずきしゅんいち 鈴木俊一	自 ［麻］	岩手2	清川健二 島田秀治 堀間悟	1 1001	3508-7267 3508-3543	59
	すずきじゅんじ 鈴木淳司	自 ［無］	愛知7	安芸仁 三治敦司 神﨑里美	1 1110	3508-7264 3508-3534	116
	すずきたかこ 鈴木貴子	自 ［茂］	比例 北海道	―― ―― ――	1 1202	3508-7233 3508-3233	56
	すずきのりかず 鈴木憲和	自 ［茂］	山形2	田中辰明 佐藤愛美 後藤理徳	1 416	3508-7318 3508-3318	62
	すずきはやと 鈴木隼人	自 ［茂］	東京10	丸山響 唐橋新哉 菊池秀明	2 1215	3508-7463 3508-3293	95
	すずきようすけ 鈴木庸介	立	比例 東京	加藤義直 岡崎隆浩 橋本祥平	1 1216	3508-7028 3508-3828	100
	すずきよしひろ 鈴木義弘	国	比例 北関東	山川英郎 木内慎一 柘野洋子	1 713	3508-7282 3508-3732	78
	すみよしひろき 住吉寛紀	維	比例 近畿	岡田誠 橋本淳 穐田佳久	2 303	3508-7415 3508-3895	136
せ	せとたかかず 瀬戸隆一	自 ［麻］	比例 四国繰	中村みゆき 久米昭弘 秋山和輝	1 1112	3508-7712 3508-3241	153
	せきよしひろ 関芳弘	自 ［無］	兵庫3	髙谷理恵 守内一誠 山形浩昭	1 603	3508-7173 3508-3603	132
そ	そらもとせいき 空本誠喜	維	比例 中国	―― 髙山智秀 伊藤真二	2 1202	3508-7451 3508-3281	149
た	りょう たがや亮	れ	比例 南関東	前田正志 後藤一輝 菅沼奏子	2 415	3508-7008 3508-3808	91
	たじまかなめ 田嶋要	立	千葉1	田中伸一 宮崎活二 菊池亮孔	1 1215	3508-7229 3508-3411	80

議員名	党派(会派)	選挙区	政策秘書名 第1秘書名 第2秘書名	館別号室	直通 FAX	略歴頁
たどころよしのり 田所嘉徳	自 [無]	比例 北関東	中山嘉隆 永井昌儀 中川太一	1 716	3508-7068 3508-3848	76
たなかかずのり 田中和徳	自 [麻]	神奈川10	細田将史 矢作真樹子 菅谷英彦	1 1010	3508-7294 3508-3504	85
たなかけん 田中健	国	比例 東海	矢島光弘 小原洋樹 鈴木輝明	1 712	3508-7190 3508-3620	123
たなかひでゆき 田中英之	自 [無]	比例 近畿	葛城直樹 湯浅剛 秋本貴法	2 604	3508-7007 3508-3807	138
たなかりょうせい 田中良生	自 [無]	埼玉15	森幹郎 福山真樹 森本一吉	2 521	3508-7058 3508-3858	75
たのせたいどう 田野瀬太道	自 [無]	奈良3	沖浦功一 木之下秀樹 杉岡宏基	2 314	3508-7071 3591-6569	135
たばたひろあき 田畑裕明	自 [無]	富山1	西村寛一郎 高原理 岩佐秀典	2 214	3508-7704 3508-3454	105
たむらたかあき 田村貴昭	共	比例 九州	村高芳樹 山口佳織 川邉隆史	2 712	3508-7475 3508-3355	166
たむらのりひさ 田村憲久	自 [無]	三重1	中村敏幸 世古丈人 ―	1 902	3508-7163 3502-5066	118
たいらまさあき 平将明	自 [無]	東京4	若林継啓 山森寛之 津野仁美	1 914	3508-7297 3508-3507	94
たかいちさなえ 高市早苗	自 [無]	奈良2	蓮実守 木下剛志 木下守	1 903	3508-7198 3508-7199	135
たかがいえみこ 髙階恵美子	自 [無]	比例 中国	佐々木由美 池田和正 ―	2 1208	3508-7518 3508-3948	148
たかぎけい 髙木啓	自 [無]	比例 東京	杉浦貴和子 ― 石渡勇吾	2 310	3508-7601 3508-3981	99
たかぎつよし 髙木毅	自 [無]	福井2	小泉あずさ ― 望月ますみ	1 1008	3508-7296 3508-3506	107
たかぎひろひさ 高木宏壽	自 [無]	北海道3	川村康博 近藤千晴 田井中知也	2 217	3508-7636 3508-3024	53
たかぎようすけ 高木陽介	公	比例 東京	亀岡茂一 高野正史 天野明美	2 1023	3508-7481 5251-3685	101
たかとりしゅういち 髙鳥修一	自 [無]	比例 北陸信越	勝野淳一 丸山秀一 山下和明	1 1214	3508-7607 3508-3987	108
たかはしちづこ 高橋千鶴子	共	比例 東北	栫浩一 水野希美子 小谷祥司	2 904	3508-7506 3508-3936	66
たかはしひであき 高橋英明	維	比例 北関東	川西宏知 板倉勝教 津田賢伯	2 808	3508-7260 3508-3530	78
たかみやすひろ 高見康裕	自 [茂]	島根2	小牧雅一 曽田昇 吉本賢一郎	2 520	3508-7166 3508-3716	143

※内線電話番号は、第1議員会館は5＋室番号、6＋室番号（3～9階は5、6のあとに0を入れる）、第2議員会館は7＋室番号、8＋室番号（2～9階は7、8のあとに0を入れる）

議員名	党派(会派)	選挙区	政策秘書名 第1秘書名 第2秘書名	館別 号室	直通 FAX	略歴頁
たけうち ゆずる 竹内 譲	公	比例 近畿	包國嘉介 山本大樹 田原功一	2 1223	3508-7473 3508-3353	139
たけい しゅんすけ 武井俊輔	自 [無]	比例 九州	小松隆仁 小浦拓也 清水寛幸	2 1017	3508-7388 3508-3718	164
たけだ りょうた 武田良太	自 [無]	福岡11	平嶺孔貴 矢野崇志 天野統郎	1 610	3508-7180 3508-3610	157
たけべ あらた 武部 新	自 [無]	北海道12	後藤秀一 小澤陽平 寒澤晶一	2 1010	3508-7425 3502-5190	56
たけむら のぶひで 武村展英	自 [無]	滋賀3	留川浩一 饗場貴子 ——	1 602	3508-7118 3508-3418	125
たちばなけいいちろう 橘 慶一郎	自 [無]	富山3	吉田 貢 檜物豊成 中 里枝	1 622	3508-7227 3508-3227	105
たなはし やすふみ 棚橋泰文	自 [麻]	岐阜2	古田恭弘 和波佐江子 長島卓己	2 713	3508-7429 3508-3909	111
たに こういち 谷 公一	自 [無]	兵庫5	磯 篤志 津野田雄輔 渡辺浩司	2 810	3508-7010 3502-5048	132
たにがわ 谷川とむ	自 [無]	比例 近畿	早川加寿裕 家門 保 岩元貴治	1 1104	3508-7514 3508-3944	139
たにがわ やいち 谷川弥一		長崎3	（令和6年1月24日辞職）			158
たまき ゆういちろう 玉木雄一郎	国	香川2	井山 哲 門脇永子 廣瀬雅洋	1 706	3508-7213 3508-3213	151
つ つしま じゅん 津島 淳	自 [茂]	比例 東北	浅田裕之 清水 眞 石田 純	2 1204	3508-7073 3508-3033	64
つかだ いちろう 塚田一郎	自 [麻]	比例 北陸信越	—— 石川祐也 ——	1 302	3508-7705 3508-3455	109
つじ きよと 辻 清人	自 [無]	東京2	—— —— ——	1 522	3508-7288 3508-3738	93
つちだ しん 土田 慎	自 [麻]	東京13	—— 平野友紀子 島村純子	1 1020	3508-7341 3508-3341	96
つちや しなこ 土屋品子	自 [無]	埼玉13	—— 豊田典子 高橋昌志	1 402	3508-7188 3508-3618	74
つつみ 堤 かなめ	立	福岡5	黛 典子 那須敬子 的野優貴子	2 312	3508-7062 3508-3039	156
つのだ ひでお 角田秀穂	公	比例 南関東	江端功一 鈴木 隆 大倉沙織	2 309	3508-7052 3508-3852	91
て てづか よしお 手塚仁雄	立	東京5	土橋雄宇 柿澤雄太 上田秀麿	1 802	3508-7234 3508-3234	94
てらた まなぶ 寺田 学	立	比例 東北	井川知雄 島田 真 堀江 淳	1 1014	3508-7464 3508-3294	65

議員名	党派(会派)	選挙区	政策秘書名 第1秘書名 第2秘書名	館別 号室	直通 FAX	略歴頁
てらだ みのる 寺田 稔	自 [無]	広島5	迫田 誠 山本 譲 中坂智明	1 1213	3508-7606 3508-3986	145
と どい とおる 土井 亨	自 [無]	宮城1	山田朋広 佐藤 聖 佐藤友香	1 1120	3508-7470 3508-3350	60
とがし ひろゆき 冨樫博之	自 [無]	秋田1	山田修市 田中基樹 大澤 薫	2 1019	3508-7275 3508-3725	61
とかい きさぶろう 渡海紀三朗	自 [無]	兵庫10	中嶋規人 加茂朋章 石橋友子	1 1109	3508-7643 3508-3613	134
とくなが ひさし 徳永久志	教	比例 近畿	中原靖子 塚本茂樹 岡屋京佑	2 609	3508-7250 3508-3520	140
な なかがわ たかもと 中川貴元	自 [麻]	比例 東海	四反田淳子 中川穂南 ――	2 701	3508-7461 3508-3291	120
なかがわ ひろまさ 中川宏昌	公	比例 北陸信越	大久保智広 藤田正純 増田美香	1 922	3508-3639 3508-7149	110
なかがわ まさはる 中川正春	立	比例 東海	―― ―― 福原 勝	1 519	3508-7128 3508-3428	121
なかがわ やすひろ 中川康洋	公	比例 東海	加賀友啓 石井 隆 畑 和憲	2 919	3508-7038 3508-3838	122
なかがわ ゆうこ 中川郁子	自 [麻]	比例 北海道	―― 岩田尚久 ――	1 309	3508-7103 3508-3403	56
なかじま かつひと 中島克仁	立	比例 南関東	山本 健 朝田満仁 ――	2 723	3508-7423 3508-3903	90
なかじま ひでき 中嶋秀樹	維	比例 近畿繰	内ケ崎雅俊 竹内絵理 甲斐隆志	1 321	3508-7305 3508-3305	137
なかそね やすたか 中曽根康隆	自 [無]	群馬1	加藤佑介 大山 充 井上里穂	2 923	3508-7272 3508-3722	70
なかたに かずま 中谷一馬	立	比例 南関東	風間良明 藤居芳明 梶尾 明	1 509	3508-7310 3508-3310	89
なかたに げん 中谷 元	自 [無]	高知1	豊田圭三 北原 仁 山田 亮	2 1222	3508-7486 3592-9032	152
なかたに しんいち 中谷真一	自 [茂]	山梨1	神園 健 古郡拓也 矢島優妃	2 215	3508-7336 3508-3336	87
なかつか ひろし 中司 宏	維	大阪11	鈴木裕子 守田順一 木本研二朗	1 905	3508-7146 3508-3636	129
なかにし けんじ 中西健治	自 [麻]	神奈川3	平林 悟 阿部裕子 矢口真希子	1 303	3508-7311 3508-3377	83
なかね かずゆき 中根一幸	自 [無]	比例 北関東	犬飼俊郎 ―― ――	2 1206	3508-7458 3508-3288	76
なかの ひでゆき 中野英幸	自 [無]	埼玉7	菅野文盛 菊池 豪 金澤 將	2 220	3508-7220 3508-3220	73

※内線電話番号は、第1議員会館は5＋室番号、6＋室番号（3～9階は5、6のあとに0を入れる）、
第2議員会館は7＋室番号、8＋室番号（2～9階は7、8のあとに0を入れる）

議員名	党派(会派)	選挙区	政策秘書名 第1秘書名 第2秘書名	館別 号室	直通 FAX	略歴頁
なかの ひろまさ 中野洋昌	公	兵庫8	小谷伸彦 能村清人 山田友崇	1 722	3508-7224 3508-3415	133
なかむら きしろう 中村喜四郎	立	比例 北関東	谷中勝一 岡野功 神谷良輝	2 411	3508-7501 3508-3931	77
なかむら ひろゆき 中村裕之	自 [麻]	北海道4	高橋知久 栗原巧 川仁伸一	2 406	3508-7406 3508-3886	54
なかやま のりひろ 中山展宏	自 [麻]	比例 南関東	松本達也 白谷武士 上田千鶴	2 311	3508-7435 3508-3915	89
ながおか けいこ 永岡桂子	自 [麻]	茨城7	大越貴陽 矢部憲司 小池寿伴太郎	1 714	3508-7274 3508-3724	69
ながさか やすまさ 長坂康正	自 [麻]	愛知9	茶谷滋 長坂隆廣 今川徳治	1 1007	3508-7043 3508-3863	116
ながしま あきひさ 長島昭久	自 [無]	比例 東京	及川哲央 花咲宏基 野木大史	1 510	3508-7309 3508-3309	100
ながつま あきら 長妻昭	立	東京7	梶護 花見和美 中原翔太	2 706	3508-7456 3508-3286	94
ながとも しんじ 長友慎治	国	比例 九州	川添由香子 渕上将弘 本部仁俊	2 912	3508-7212 3508-3212	167
【に】 にかい としひろ 二階俊博	自 [無]	和歌山3	二階俊樹 二階伸康 小川珠美	2 223	3508-7023 3502-5037	136
にき ひろぶみ 仁木博文	自 [麻]	徳島1	小笠原博信 岩田元宏 前川千恵子	2 213	3508-7011 3508-3811	150
にわ ひでき 丹羽秀樹	自 [無]	愛知6	杉山健太郎 池真一 舟橋千尋	2 916	3508-7025 3508-3825	116
にしおか ひでこ 西岡秀子	国	長崎1	―― 高瀬千義 ――	2 1124	3508-7343 3508-3733	158
にしだ しょうじ 西田昭二	自 [無]	石川3	―― 奥村淳 土倉豊	1 523	3508-7139 3508-3439	106
にしの だいすけ 西野太亮	自 [無]	熊本2	鹿島圭子 中村直哉 生山敬之	1 913	3508-7144 3508-3634	159
にしむら あきひろ 西村明宏	自 [無]	宮城3	谷弘三 高木哲哉 小平美芙衣	2 324	3508-7906 3508-3873	60
にしむら ちなみ 西村智奈美	立	新潟1	高田一喜 佐藤真一 山田朋洋	2 404	3508-7614 3508-3994	103
にしむら やすとし 西村康稔	自 [無]	兵庫9	佐藤汀 田中実 橋山慎太郎	1 611	3508-7101 3508-3401	133
にしめ こうさぶろう 西銘恒三郎	自 [無]	沖縄4	大城和人 西銘浩平 末吉達俊	2 317	3508-7218 3508-3218	163
【ぬ】 ぬかが ふくしろう 額賀福志郎	無	茨城2	藤井剛 ―― 秋山太三	2 824	3508-7447 3592-0468	67

	議員名	党派(会派)	選挙区	政策秘書名 第1秘書名 第2秘書名	館別 号室	直通 FAX	略歴 頁
ね	ねもと たくみ 根本　匠	自 [無]	福島2	六角陽佳 林　美奈子 小松慎太郎	2 1213	3508-7312 3508-3312	63
	ねもとゆきのり 根本幸典	自 [無]	愛知15	― 川越憂貴 若林由利	2 906	3508-7711 3508-3300	118
の	のだせいこ 野田聖子	自 [無]	岐阜1	半田　亘 東海林和子 中森美恵子	1 504	3508-7161 3591-2143	111
	のだよしひこ 野田佳彦	立	千葉4	河井淳一 田窪照美 山本勇介	1 821	3508-7141 3508-3441	80
	のなか あつし 野中　厚	自 [茂]	比例 北関東	柴田昭彦 山崎洋平 中林真里	1 419	3508-7041 3508-3841	75
	のま たけし 野間　健	立	鹿児島3	久本芳孝 潟野修一 上薗雅登	2 601	3508-7027 3508-3827	162
は	はせがわじゅんじ 長谷川淳二	自 [無]	愛媛4	安藤　明 山下芳公 松岡隆太朗	2 703	3508-7453 3508-3283	152
	はなしやすひろ 葉梨康弘	自 [無]	茨城3	池田芳宏 鎌田総太郎 葉梨　徹	1 1117	3508-7248 3508-3518	68
	ばばのぶゆき 馬場伸幸	維	大阪17	― 小寺一輝 山口剛士	1 511	3508-7322 3508-3322	131
	ばばゆうき 馬場雄基	立	比例 東北	髙井章博 成田寅記 ―	2 821	3508-7631 3508-3261	65
	はぎうだこういち 萩生田光一	自 [無]	東京24	牛久保敏文 秋山里佳 鈴木脩介	2 1205	3508-7154 3508-3704	99
	はしもと がく 橋本　岳	自 [茂]	岡山4	矢吹彰康 藤村　健 高坂隆行	2 306	3508-7016 3508-3816	144
	はとやまじろう 鳩山二郎	自 [無]	福岡6	立井尚友 江刺家孝臣 上田峻也	2 221	3508-7905 3580-8001	156
	はまだやすかず 浜田靖一	自 [無]	千葉12	大堀将和 小暮眞也 永田実和子	2 315	3508-7020 3508-7644	82
	はまちまさかず 濵地雅一	公	比例 九州	吉田直樹 水町康博 濱田幸光	1 803	3508-7235 3508-3235	165
	はやさか あつし 早坂　敦	維	比例 東北	常澤正史 吉田英紀 長谷奈都美	2 704	3508-7414 3508-3894	66
	はやし もとお 林　幹雄	自 [無]	千葉10	渡辺淳一 津田康平 山野巧磨	1 612	3508-7151 3502-5016	82
	はやし ゆみ 林　佑美	維	和歌山1 補	鍵山　仁 ― 豊岡嶺侃	1 315	3508-7315 3508-3315	135
	はやし よしまさ 林　芳正	自 [無]	山口3	河野恭子 小平　均 田辺憲治	1 1201	3508-7115 3508-3050	147
	はらぐちかずひろ 原口一博	立	佐賀1	池田　勝 坂本裕二朗 山﨑康弘	1 307	3508-7238 3508-3238	157

※内線電話番号は、第1議員会館は5＋室番号、6＋室番号（3～9階は5、6のあとに0を入れる）、
第2議員会館は7＋室番号、8＋室番号（2～9階は7、8のあとに0を入れる）

議員名	党派(会派)	選挙区	政策秘書名 第1秘書名 第2秘書名	館別 号室	直通 FAX	略歴頁
ばんの ゆたか 伴野 豊	立	比例 東海	大坪 俊一 三島 且成 古俣 泰浩	2 910	3508-7019 3508-3819	121
ひ ひらい たくや 平井卓也	自 [無]	比例 四国	寺井 慶 荒井 淳 須永映里子	1 1024	3508-7307 3508-3307	153
ひらぐち ひろし 平口 洋	自 [茂]	広島2	庄司 輝光 湯浅 路子 廣瀬 典子	2 804	3508-7622 3508-3252	145
ひらさわ かつえい 平沢勝栄	自 [無]	東京17	植原 和紀 釜台 薫 藤澤 翔一	1 1115	3508-7257 3508-3527	97
ひらぬましょうじろう 平沼正二郎	自 [無]	岡山3	福井 慎二 高原 秀明 平沼 広子	2 614	3508-7251 3508-3521	144
ひらばやし あきら 平林 晃	公	比例 中国	西岡 稔 堀池 克己 児玉 秀幸	1 507	3508-7339 3508-3339	149
ふ ふかざわ よういち 深澤陽一	自 [無]	静岡4	村上 泰史 遠藤 敏郎 重坂 雅之	1 1223	3508-7709 3508-3243	113
ふくしげ たかひろ 福重隆浩	公	比例 北関東	掛川 信一 上原 政雄 西口 香	1 909	3508-7249 3508-3519	78
ふくしま のぶゆき 福島伸享	無 (有志)	茨城1	赤川 貴大 渡邉 雄司 稲葉 勇二	2 419	3508-7262 3508-3532	67
ふくだ あきお 福田昭夫	立	栃木2	齋藤 孝明 羽瀬 広大 高橋 歩夢	1 708	3508-7289 3508-3739	69
ふくだ たつお 福田達夫	自 [無]	群馬4	―― 堤 岳志 石井 琢郎	1 1103	3508-7181 3508-3611	71
ふじい ひさゆき 藤井比早之	自 [無]	兵庫4	―― 堀 支津子 原田 祐成	1 615	3508-7185 3508-3615	132
ふじおか たかお 藤岡隆雄	立	比例 北関東	財満慎太郎 土澤 康敏 浅津 敦史	1 608	3508-7178 3508-3608	76
ふじた ふみたけ 藤田文武	維	大阪12	吉田 直樹 中川 慎也 松田 泰志	1 312	3508-7040 3508-3840	129
ふじまき けんた 藤巻健太	維	比例 南関東	吉田 新 ―― 石井 嘉隆	2 320	3508-7503 3508-3933	90
ふじまる さとし 藤丸 敏	自 [無]	福岡7	原野 隆博 松尾 昭宏 廣松 金悟	2 211	3508-7431 3597-0483	156
ふじわら たかし 藤原 崇	自 [無]	岩手3	―― ―― ――	2 1015	3508-7207 3508-3721	59
ふとり ひでし 太 栄志	立	神奈川13	梶原 博之 末吉 弘孝 藤原 和人	1 409	3508-7330 3508-3330	86
ふなだ はじめ 船田 元	自 [無]	栃木1	盛 未来 山本 光雄 間嶋 秀樹	2 605	3508-7156 3508-3706	69
ふるかわ なおき 古川直季	自 [無]	神奈川6	荒井 大樹 ―― 小林 大蔵	2 1114	3508-7523 3508-3953	84

議員名	党派(会派)	選挙区	政策秘書名 第1秘書名 第2秘書名	館別 号室	直通 FAX	略歴頁
ふるかわもとひさ 古川元久	国	愛知2	阪口祥代 加藤麻紀子 横田大	2 1006	3508-7078 3597-2758	115
ふるかわやすし 古川　康	自 [茂]	比例 九州	澁田聡士 小松康剛 岩本英雄	2 813	6205-7711 3508-3897	164
ふるかわよしひさ 古川禎久	自 [無]	宮崎3	西田育生 田中千代 杉尾亮太郎	2 612	3508-7612 3506-2503	161
ふるやけいじ 古屋圭司	自 [無]	岐阜5	渡辺一博 友江惇 梶田誉穣	2 423	3508-7440 3592-9040	112
ふるやのりこ 古屋範子	公	比例 南関東	深澤貴美子 中島順一 高野清志	2 502	3508-7629 3508-3259	91
ほ ほさかやすし 穂坂　泰	自 [無]	埼玉4	酒井慶太 小池夕妃 神谷健太	2 908	3508-7030 3508-3830	72
ほしのつよし 星野剛士	自 [無]	比例 南関東	宇野沢典子 齋藤猛昭 佐藤輝一	2 708	3508-7413 3508-3893	88
ほそだけんいち 細田健一	自 [無]	新潟2	楠原浩祐 山田孝枝 和田慎太郎	2 1220	3508-7278 3508-3728	104
ほそだひろゆき 細田博之		島根1	（令和5年11月10日死去）			143
ほそのごうし 細野豪志	自 [無]	静岡5	佐藤公彦 髙木いづみ 眞野卓	1 620	3508-7116 3508-3416	113
ほりいまなぶ 堀井　学	自 [無]	比例 北海道	岩坂香 石川裕丈 笹嶋隆廣	2 408	3508-7125 3508-3425	56
ほりうちのりこ 堀内詔子	自 [無]	山梨2	渡辺明秀 鈴木紀子 志村さおり	2 407	3508-7487 3508-3367	88
ほりばさちこ 堀場幸子	維	比例 近畿	師岡孝明 嶋田愛子 野田静香	2 422	3508-7422 3508-3902	137
ほりいけんじ 掘井健智	維	比例 近畿	三品耕作 原沙矢香 西原茜	2 806	3508-7088 3508-3868	136
ほんじょうさとし 本庄知史	立	千葉8	細見一雄 芳野泰崇 矢口すみれ	2 1219	3508-7519 3508-3949	81
ほんだたろう 本田太郎	自 [無]	京都5	髙森眞由美 小谷典仁 西地康宏	2 210	3508-7012 3508-3812	126
ま まぶちすみお 馬淵澄夫	立	奈良1	片岡新 馬淵錦之介 岩井禅	1 1217	3508-7122 3508-3051	134
まえはらせいじ 前原誠司	教	京都2	村田昭一郎 木元俊大 齋藤博史	1 809	3508-7171 3592-6696	125
まきよしお 牧　義夫	立	比例 東海	北村礼文 成瀬厚子 宮本正隆	1 305	3508-7628 3508-3258	121
まきしま 牧島かれん	自 [麻]	神奈川17	――― ――― ―――	1 322	3508-7026 3508-3826	87

※内線電話番号は、第1議員会館は5＋室番号、6＋室番号（3～9階は5、6のあとに0を入れる）、
第2議員会館は7＋室番号、8＋室番号（2～9階は7、8のあとに0を入れる）

議員名	党派(会派)	選挙区	政策秘書名 第1秘書名 第2秘書名	館別 号室	直通 FAX	略歴頁
まきはらひでき 牧原秀樹	自 [無]	比例 北関東	末廣慎二 細田孝子 ———	1 1116	3508-7254 3508-3524	76
まつき 松木けんこう	立	北海道2	岡本征弘 梶浦宜明 櫻井知英	1 324	3508-7324 3508-3324	53
まつしま 松島みどり	自 [無]	東京14	福田健 高山就造 染谷優佳	1 709	3508-7065 3508-3845	96
まつのひろかず 松野博一	自 [無]	千葉3	山﨑岳久 小澤貴仁 伊藤孝行	1 502	3508-7329 3508-3329	80
まつばらじん 松原仁	無 (立憲)	東京3	関根勉 高池慶太 伊藤賢	2 709	3508-7452 3580-7336	93
まつもとたけあき 松本剛明	自 [麻]	兵庫11	——— 清瀬博文 大路渡	1 707	3508-7214 3508-3214	134
まつもとひさし 松本尚	自 [無]	千葉13	高野雅樹 椎名麗 廣田美代	1 1009	3508-7295 3508-3505	83
まつもとようへい 松本洋平	自 [無]	比例 東京	柏原隆宏 関泰章 ———	1 1011	3508-7133 3508-3433	99
み						
みきけえ 三木圭恵	維	比例 近畿	森山秀樹 渡壁勇樹 ———	2 1105	3508-7638 3508-3268	136
みたぞのさとし 三反園訓	無 (自民)	鹿児島2	牛嶋賢太 松本克彦 杉田伸治	2 924	3508-7511 3508-3941	162
みたにひでひろ 三谷英弘	自 [無]	比例 南関東	伊地知理美 楠本喜満 今津英幸	2 1120	3508-7522 3508-3952	88
みつばやしひろみ 三ッ林裕巳	自 [無]	埼玉14	志村賢一 清水貴博 佐藤亮平	2 522	3508-7416 3508-3896	75
みのべてるお 美延映夫	維	大阪4	——— ——— ———	1 1019	3508-7194 3508-3624	127
みのりかわのぶひで 御法川信英	自 [無]	秋田3	石毛真理子 佐藤春男 鈴木由希	1 901	3508-7167 3508-3717	62
みさきまき 岬麻紀	維	比例 東海	——— 飯塚将史 宇佐見紀子	2 705	3508-7409 3508-3889	122
みちしただいき 道下大樹	立	北海道1	佐藤陽子 市橋修太 伊藤孝介	2 516	3508-7516 3508-3946	53
みどりかわたかし 緑川貴士	立	秋田2	小池恵里子 長崎朋典 阿部義人	2 202	3508-7002 3508-3802	61
みやうちひでき 宮内秀樹	自 [無]	福岡4	上原雅人 赤司圭介 櫻井康晴	1 604	3508-7174 3508-3604	155
みやざきまさひさ 宮﨑政久	自 [茂]	比例 九州	今井時右衛門 大澤真弓 ———	2 722	3508-7360 3508-3071	164
みやざわひろゆき 宮澤博行	自 [無]	比例 東海	藤谷洋平 鈴木翔士 石川美由紀	1 1021	3508-7135 3508-3435	120

議員名	党派(会派)	選挙区	政策秘書名 第1秘書名 第2秘書名	館別 号室	直通 FAX	略歴頁
みやじたくま 宮路拓馬	自 [無]	鹿児島1	田中彰吾 木村颯 粕谷訓史	1 311	3508-7206 3508-3206	161
みやしたいちろう 宮下一郎	自 [無]	長野5	天野健太郎 髙橋達之 尾関正行	1 1207	3508-7903 3508-3643	108
みやもとたけし 宮本岳志	共	比例 近畿	田村幸恵 隅田清美 古山潔	1 1108	3508-7255 3508-3525	140
みやもととおる 宮本徹	共	比例 東京	坂間和史 松尾勝哉 川野純平	1 1219	3508-7508 3508-3938	102
む むとうようじ 武藤容治	自 [麻]	岐阜3	野村真一 小檜山千代久 伊藤康男	2 1212	3508-7482 3508-3362	112
むたいしゅんすけ 務台俊介	自 [麻]	比例 北陸信越	―― 村瀬元良 五十嵐佐江子	1 403	3508-7334 3508-3334	109
むねきよこういち 宗清皇一	自 [無]	比例 近畿	佐藤博之 川中健司 蓮岡牧生	1 310	3508-7205 3508-3205	138
むらいひでき 村井英樹	自 [無]	埼玉1	二宮尚徳 尾﨑裕太 相馬大作	1 911	3508-7467 3508-3297	71
むらかみせいいちろう 村上誠一郎	自 [無]	愛媛2	佐藤洋一 田丸勇野人 小野礼二	1 1224	3508-7291 3502-5172	152
も もてぎとしみつ 茂木敏充	自 [茂]	栃木5	駒林裕康 近藤真幸 田代美和	2 1011	3508-1011 3508-3269	70
もとむらのぶこ 本村伸子	共	比例 東海	綿貫隆 奥村千尋 田畑知代	1 1106	3508-7280 3508-3730	122
もりしまただし 守島正	維	大阪2	小林倫明 奥田豊一 安本五郎	1 720	3508-7112 3508-3412	127
もりやままさひと 盛山正仁	自 [無]	比例 近畿	伊藤雅子 中谷昌子 戸井田真太郎	1 904	3508-7380 3508-3629	139
もりえいすけ 森英介	自 [麻]	千葉11	坂本克実 西谷昭彦 伊橋裕樹	1 1210	3508-7162 3592-9036	82
もりたとしかず 森田俊和	立	埼玉12	木沢良一 渡辺裕樹 橋本光弘	2 1003	3508-7419 3508-3899	74
もりやまひろゆき 森山浩行	立	比例 近畿	牧井有子 ―― 小澤愛子	2 613	3508-7426 3508-3906	140
もりやまひろし 森山裕	自 [無]	鹿児島4	森山友久美 池田和弘 船迫作章	1 515	3508-7164 3508-3714	162
や やぎてつや 八木哲也	自 [無]	愛知11	蜷川徹 大﨑さきえ 伊藤由紀	2 319	3508-7236 3508-3236	117
やたがわはじめ 谷田川元	立	比例 南関東	濱松真 上垣亜希 髙栖久美	1 1208	3508-7292 3508-3502	90
やらともひろ 屋良朝博	立	比例 九州繰	弦間洋子 山内信之助 屋嘉比真奈美	1 824	3508-7904 3508-3743	165

※内線電話番号は、第1議員会館は5＋室番号、6＋室番号（3～9階は5、6のあとに0を入れる）、第2議員会館は7＋室番号、8＋室番号（2～9階は7、8のあとに0を入れる）

議員名	党派(会派)	選挙区	政策秘書名 第1秘書名 第2秘書名	館別 号室	直通 FAX	略歴 頁
やす おか ひろ たけ 保岡宏武	自 [無]	比例 九州	水村元彦 篠原昌幸 齋藤顕	1 815	3508-7633 3508-3263	164
やな かず お 簗和生	自 [無]	栃木3	―― 根本陽子 矢作裕美	1 717	3508-7186 3508-3616	69
やなぎもと あきら 柳本顕	自 [麻]	比例 近畿	熊谷志保 阪本聖二 細川佑紀	1 320	3508-7902 3508-3537	138
やま おか たつ まる 山岡達丸	立	北海道9	根岸庸夫 森本秀規 菊地悟	1 306	3508-7306 3508-3306	55
やま ぎし いっ せい 山岸一生	立	東京9	平野隆志 土屋奈々 草深比呂至	1 1013	3508-7124 3508-3424	95
やまぎわだい しろう 山際大志郎	自 [麻]	神奈川18	倉持佳代 吉野哲平 小原孝行	1 613	3508-7477 3508-3357	87
やま ぐちしゅんいち 山口俊一	自 [麻]	徳島2	横田泰隆 小杉誠 塩田保正	2 412	3508-7054 3503-2138	150
やま ぐち すすむ 山口晋	自 [茂]	埼玉10	鈴木邦彦 鈴木勝 山口弘三	2 1108	3508-7430 3508-3910	74
やま ぐち つよし 山口壮	自 [無]	兵庫12	山口文生 三木祥平 杉山麻美子	2 603	3508-7521 3508-3951	134
やま ざき まこと 山崎誠	立	比例 南関東	黒須裕章 松島尚彦 鈴木友美	1 401	3508-7137 3508-3437	90
やま さき まさ やす 山崎正恭	公	比例 四国	室岡利雄 山内大志 吉良修一	2 1024	3508-7472 3508-3352	154
やま した たか し 山下貴司	自 [茂]	岡山2	福島拓 荻野大介 横山和生	2 719	3508-7057 3508-3857	143
やま だ かつ ひこ 山田勝彦	立	比例 九州	藤田真信 高柳政也 大窪浩章	2 401	3508-7420 3508-3550	165
やま だ けん じ 山田賢司	自 [麻]	兵庫7	荻野浩次郎 佐々木達二 ――	1 617	3508-7908 3508-3957	133
やま だ み き 山田美樹	自 [無]	東京1	中島貴彦 鈴木あきらこ 野川達弥	2 917	3508-7037 3508-3837	93
やま のい かず のり 山井和則	立	京都6	吉澤直樹 宮地俊之 山下恵理子	1 805	3508-7240 3508-8882	126
やま もと ごう せい 山本剛正	維	比例 九州	大塚伸一 松田晃二 三上康太	2 302	3508-7009 3508-3809	166
やま もと さ こん 山本左近	自 [麻]	比例 東海	―― 福尾江里佳 ――	1 304	3508-7302 3508-3302	121
やまもと 山本ともひろ	自 [無]	比例 南関東	瀬戸芳明 本間義一 松本雄飛	2 1110	3508-7193 3508-3623	89
やま もと ゆう じ 山本有二	自 [無]	比例 四国	前田真二郎 松村雄太 石本和憲	1 316	3508-7232 3592-9069	153

	議員名	党派(会派)	選挙区	政策秘書名 第1秘書名 第2秘書名	館別 号室	直通 FAX	略歴頁
ゆ	ゆはらしゅんじ 湯原俊二	立	比例 中国	——— ——— ———	1 1023	3508-7129 3508-3429	148
	ゆのきみちよし 柚木道義	立	比例 中国	——— ——— ———	2 1217	3508-7301 3508-3301	148
よ	よしかわたける 吉川　赳	無	比例 東海	古賀真理 大塚謙一 木下　航	2 816	3508-7228 3508-3551	120
	よしかわはじめ 吉川　元	立	比例 九州	伊藤　剛 高野眞也 市丸敬子	2 505	3508-7056 3508-3856	165
	よしだくみこ 吉田久美子	公	比例 九州	岩野武彦 大澤ミチル 立津伸城	2 504	3508-7055 3508-3855	166
	よしだしんじ 吉田真次	自 [無]	山口4 補	中平大開 徳本美佐 島村朋子	1 1212	3508-7172 3508-3602	147
	よしだつねひこ 吉田統彦	立	比例 東海	兒玉篤志 深井稔公 村中隆之	2 322	3508-7104 3508-3404	121
	よしだともよ 吉田とも代	維	比例 四国	——— 上薮弘治 相原絵美子	2 424	3508-7001 3508-3801	154
	よしだとよふみ 吉田豊史	無	比例 北陸信越	木村隆志 吉田幹広 ———	2 1112	3508-7434 3508-3914	110
	よしだのぶひろ 吉田宣弘	公	比例 九州	新沼裕司 柴田康一 森　正雄	1 1114	3508-7276 3508-3726	166
	よしだ 吉田はるみ	立	東京8	——— ——— ———	2 607	3508-7620 3508-3250	95
	よしのまさよし 吉野正芳	自 [無]	福島5	野地　誠 石川貴文 佐々木孟男	2 624	3508-7143 3595-4546	64
	よしいえひろゆき 義家弘介	自 [無]	比例 南関東	佐々木由 髙橋愼一 田中　翔	1 1204	3508-7241 3508-3511	89
	よねやまりゅういち 米山隆一	立	新潟5	橋口猛志 山﨑悦朗 小浦友資	2 724	3508-7485 3508-3365	104
り	りゅうひろふみ 笠　浩史	立	神奈川9	今林　正 花輪智史 津田武彦	1 408	3508-3420 3508-7120	85
わ	わせだ 早稲田ゆき	立	神奈川4	稲見　圭 永瀬康俊 江川晋一郎	2 1012	3508-7106 3508-3406	84
	わだゆういちろう 和田有一朗	維	比例 近畿	——— 藤島雄平 ———	2 807	3508-7527 3508-3973	136
	わだよしあき 和田義明	自 [無]	北海道5	菅谷康子 西嶋哲也 田口知佳	1 410	3508-7117 3508-3417	54
	わかばやしけんた 若林健太	自 [無]	長野1	浜　謙一 渡邉一聖 齊藤拓麿	1 1002	3508-7277 3508-3727	107
	わかみやけんじ 若宮健嗣	自 [茂]	比例 東京	荒木田聡 山口拓也 田崎陽介	2 523	3508-7509 3508-3939	100

※内線電話番号は、第1議員会館は5+室番号、6+室番号（3～9階は5、6のあとに0を入れる）、
第2議員会館は7+室番号、8+室番号（2～9階は7、8のあとに0を入れる）

議員名	党派(会派)	選挙区	政策秘書名 第1秘書名 第2秘書名	館別 号室	直通 FAX	略歴頁
わしおえいいちろう 鷲尾英一郎	自 [無]	比例 北陸信越	横山卓司 竹内和美 植木毅	2 208	3508-7650 3508-3062	108
わたなべこういち 渡辺孝一	自 [無]	比例 北海道	朝比奈正倫 原田竜爾 澁谷皇将	1 520	3508-7401 3508-3881	56
わたなべしゅう 渡辺周	立	比例 東海	大塚敏弘 山田幸宣 増山敬一	2 1109	3508-7077 3508-3767	121
わたなべそう 渡辺創	立	宮崎1	荻山明美 谷口浩太郎 竹内絢	1 1015	3508-7086 3508-3866	161
わたなべひろみち 渡辺博道	自 [茂]	千葉6	井本昇 大森亜希 ――	1 1012	3508-7387 3508-3701	81
わにぶちようこ 鰐淵洋子	公	比例 近畿	高坂友和 上松満義 中村久美子	1 924	3508-7070 3508-3850	139

衆議院第１議員会館３階

議員	室		室	議員
藤田文武 維　大阪12区 3508-7040　当2	312		313	鎌田さゆり 立　宮城2区 3508-7204　当3
宮路拓馬 自[無]　鹿児島1区 3508-7206　当3	311	喫煙室	314	小泉進次郎 自[無]　神奈川11区 3508-7327　当5
宗清皇一 自[無]　比 近畿 3508-7205　当3	310	WC(男) WC(女)	315	林　佑美 維　和歌山1区 3508-7315　補当1
中川郁子 自[麻]　比 北海道 3508-7103　当3	309		316	山本有二 自[無]　比 四国 3508-7232　当11
大串博志 立　佐賀2区 3508-7335　当6	308	EVホール	317	井上信治 自[麻]　東京25区 3508-7328　当7
原口一博 立　佐賀1区 3508-7238　当9	307		318	議員会議室 (国民)
山岡達丸 立　北海道9区 3508-7306　当3	306		319	防災備蓄室
牧　義夫 立　比 東海 3508-7628　当7	305	EVホール	320	柳本　顕 自[麻]　比 近畿 3508-7902　当1
山本左近 自[麻]　比 東海 3508-7302　当1	304		321	中嶋秀樹 維　比 近畿 3508-7305　繰当1
中西健治 自[麻]　神奈川3区 3508-7311　当1	303	EV	322	牧島かれん 自[麻]　神奈川17区 3508-7026　当4
塚田一郎 自[麻]　比 北陸信越 3508-7705　当1	302	WC(男) WC(女)	323	井上貴博 自[麻]　福岡1区 3508-7239　当4
麻生太郎 自[麻]　福岡8区 3508-7703　当14	301		324	松木けんこう 立　北海道2区 3508-7324　当6

国会議事堂側

衆議院第１議員会館４階

議員	室	中央	室	議員
斉藤鉄夫 公　広島3区 3508-7308　当10	412		413	防災備蓄室
石井啓一 公　比 北関東 3508-7110　当10	411	喫煙室	414	杉本和巳 維　比 東海 3508-7266　当4
和田義明 自[無]　北海道5区 3508-7117　当3	410	WC(男) WC(女)	415	遠藤敬 維　大阪18区 3508-7325　当4
太栄志 立　神奈川13区 3508-7330　当1	409		416	鈴木憲和 自[茂]　山形2区 3508-7318　当4
笠浩史 立　神奈川9区 3508-3420　当7	408	EVホール	417	小林鷹之 自[無]　千葉2区 3508-7617　当4
斎藤洋明 自[麻]　新潟3区 3508-7155　当4	407		418	議員会議室 (自民)
浅野哲 国　茨城5区 3508-7231　当2	406		419	野中厚 自[茂]　比 北関東 3508-7041　当4
浦野靖人 維　大阪15区 3508-7641　当4	405	EVホール	420	大島敦 立　埼玉6区 3508-7093　当8
井上英孝 維　大阪1区 3508-7333　当3	404		421	あかま二郎 自[麻]　神奈川14区 3508-7317　当5
務台俊介 自[麻]　比 北陸信越 3508-7334　当4	403	EV	422	今枝宗一郎 自[麻]　愛知14区 3508-7080　当4
土屋品子 自[無]　埼玉13区 3508-7188　当8	402	WC(男) WC(女)	423	鈴木馨祐 自[麻]　神奈川7区 3508-7304　当5
山崎誠 立　比 南関東 3508-7137　当3	401		424	阿部知子 立　神奈川12区 3508-7303　当8

国会議事堂側

衆議院第1議員会館5階

議員	室		室	議員
菅 直人 立 東京18区 3508-7323 当14	512		513	小野泰輔 維 比 東京 3508-7340 当1
馬場伸幸 維 大阪17区 3508-7322 当4	511	喫煙室	514	あべ俊子 自[無] 比 中国 3508-7136 当6
長島昭久 自[無] 比 東京 3508-7309 当7	510	WC(男) WC(女)	515	森山 裕 自[無] 鹿児島4区 3508-7164 当7
中谷一馬 立 比 南関東 3508-7310 当2	509		516	遠藤良太 維 比 近畿 3508-7114 当1
北側一雄 公 大阪16区 3508-7263 当10	508	EVホール	517	大河原まさこ 立 比 東京 3508-7261 当2
平林 晃 公 比 中国 3508-7339 当1	507		518	議員会議室 (維新)
岡田克也 立 三重3区 3508-7109 当11	506		519	中川正春 立 比 東海 3508-7128 当9
逢沢一郎 自[無] 岡山1区 3508-7105 当12	505	EVホール	520	渡辺孝一 自[無] 比 北海道 3508-7401 当4
野田聖子 自[無] 岐阜1区 3508-7161 当10	504		521	防災備蓄室
菅家一郎 自[無] 比 東北 3508-7107 当4	503	EV	522	辻 清人 自[無] 東京2区 3508-7288 当4
松野博一 自[無] 千葉3区 3508-7329 当8	502	WC(男) WC(女)	523	西田昭二 自[無] 石川3区 3508-7139 当2
畦元将吾 自[無] 比 中国 3508-7710 当2	501		524	議員予備室

国会議事堂側

衆議院第1議員会館6階

議員	所属・選挙区	電話・当選回数	号室
林 幹雄	自[無] 千葉10区	3508-7151 当10	612
西村康稔	自[無] 兵庫9区	3508-7101 当7	611
武田良太	自[無] 福岡11区	3508-7180 当7	610
海江田万里	無 比 東京	3508-7316 当8	609
藤岡隆雄	立 比 北関東	3508-7178 当1	608
小宮山泰子	立 比 北関東	3508-7184 当7	607
			606
小沢一郎	立 比 東北	3508-7175 当18	605
宮内秀樹	自[無] 福岡4区	3508-7174 当4	604
関 芳弘	自[無] 兵庫3区	3508-7173 当5	603
武村展英	自[無] 滋賀3区	3508-7118 当4	602
小寺裕雄	自[無] 滋賀4区	3508-7126 当2	601

号室	議員	所属・選挙区	電話・当選回数
613	山際大志郎	自[麻] 神奈川18区	3508-7477 当6
614	鈴木英敬	自[無] 三重4区	3508-7269 当1
615	藤井比早之	自[無] 兵庫4区	3508-7185 当4
616	大串正樹	自[無] 比 近畿	3508-7191 当4
617	山田賢司	自[麻] 兵庫7区	3508-7908 当4
618	議員会議室（立憲）		
619	大岡敏孝	自[無] 滋賀1区	3508-7208 当4
620	細野豪志	自[無] 静岡5区	3508-7116 当8
621	上野賢一郎	自[無] 滋賀2区	3508-7004 当5
622	橘 慶一郎	自[無] 富山3区	3508-7227 当5
623	伊東良孝	自[無] 北海道7区	3508-7170 当5
624	源馬謙太郎	立 静岡8区	3508-7160 当2

喫煙室 WC(男) WC(女) EVホール EV

国会議事堂側

衆議院第１議員会館７階

議員	室	室	議員
田中　健 国　比 東海 3508-7190　当1	712	713	鈴木義弘 国　比 北関東 3508-7282　当3
岡本あき子 立　比 東北 3508-7064　当2	711	714	永岡桂子 自[麻]　茨城7区 3508-7274　当6
大塚　拓 自[無]　埼玉9区 3508-7608　当5	710	715	鬼木　誠 自[無]　福岡2区 3508-7182　当4
松島みどり 自[無]　東京14区 3508-7065　当7	709	716	田所嘉徳 自[無]　比 北関東 3508-7068　当4
福田昭夫 立　栃木2区 3508-7289　当6	708	717	簗　和生 自[無]　栃木3区 3508-7186　当4
松本剛明 自[麻]　兵庫11区 3508-7214　当8	707	718	議員会議室 （公明）
玉木雄一郎 国　香川2区 3508-7213　当5	706	719	篠原　孝 立　比 北陸信越 3508-7268　当7
加藤鮎子 自[無]　山形3区 3508-7216　当3	705	720	守島　正 維　大阪2区 3508-7112　当1
後藤茂之 自[無]　長野4区 3508-7702　当7	704	721	奥下剛光 維　大阪7区 3508-7225　当1
遠藤利明 自[無]　山形1区 3508-7158　当9	703	722	中野洋昌 公　兵庫8区 3508-7224　当4
川崎ひでと 自[無]　三重2区 3508-7152　当1	702	723	青柳仁士 維　大阪14区 3508-7609　当1
高村正大 自[麻]　山口1区 3508-7113　当2	701	724	防災備蓄室

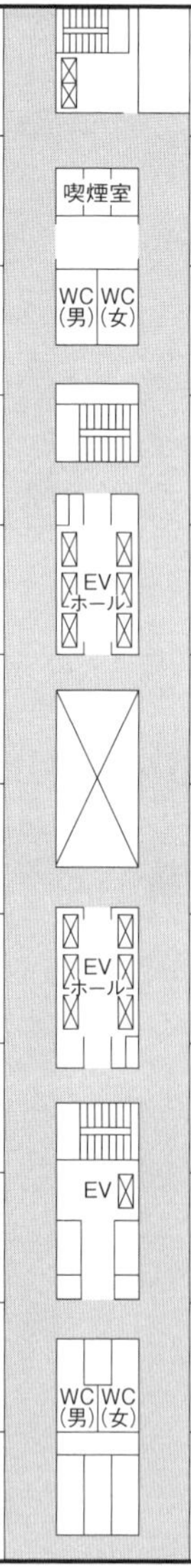

喫煙室
WC(男)　WC(女)
EVホール
EVホール
EV
WC(男)　WC(女)

国会議事堂側

衆 会館

衆議院第１議員会館８階

議員	部屋	部屋	議員
小森卓郎 自[無] 石川1区 3508-7179 当1	812	813	石原宏高 自[無] 比 東京 3508-7319 当5
小里泰弘 自[無] 比 九州 3508-7247 当6	811	814	小倉將信 自[無] 東京23区 3508-7140 当4
新藤義孝 自[茂] 埼玉2区 3508-7313 当8	810	815	保岡宏武 自[無] 比 九州 3508-7633 当1
前原誠司 教 京都2区 3508-7171 当10	809	816	黄川田仁志 自[無] 埼玉3区 3508-7123 当4
小熊慎司 立 福島4区 3508-7138 当4	808	817	泉 健太 立 京都3区 3508-7005 当8
城井 崇 立 福岡10区 3508-7389 当4	807	818	議員会議室 （立憲）
下条みつ 立 長野2区 3508-7271 当5	806	819	玄葉光一郎 立 福島3区 3508-7252 当10
山井和則 立 京都6区 3508-7240 当8	805	820	おおつき紅葉 立 比 北海道 3508-7493 当1
枝野幸男 立 埼玉5区 3508-7448 当10	804	821	野田佳彦 立 千葉4区 3508-7141 当9
濵地雅一 公 比 九州 3508-7235 当4	803	822	齋藤 健 自[無] 千葉7区 3508-7221 当5
手塚仁雄 立 東京5区 3508-7234 当5	802	823	秋葉賢也 自[茂] 比 東北 3508-7392 当7
金城泰邦 公 比 九州 3508-7153 当1	801	824	屋良朝博 立 比 九州 3508-7904 繰当2

喫煙室　WC(男)　WC(女)　EVホール　EV

国会議事堂側

㊥会館

衆議院第１議員会館９階

議員	室		室	議員
漆間譲司 維　大阪8区 3508-7298 当1	912		913	西野太亮 自[無] 熊本2区 3508-7144 当1
村井英樹 自[無] 埼玉1区 3508-7467 当4	911	喫煙室	914	平　将明 自[無] 東京4区 3508-7297 当6
石原正敬 自[無] 比 東海 3508-7706 当1	910	WC(男) WC(女)	915	木原誠二 自[無] 東京20区 3508-7169 当5
福重隆浩 公　比 北関東 3508-7249 当1	909		916	伊東信久 維　大阪19区 3508-7243 当3
佐藤茂樹 公　大阪3区 3508-7200 当10	908	EV ホール	917	防災備蓄室
池下　卓 維　大阪10区 3508-7454 当1	907		918	議員会議室 (自民)
岩谷良平 維　大阪13区 3508-7314 当1	906		919	井林辰憲 自[麻] 静岡2区 3508-7127 当4
中司　宏 維　大阪11区 3508-7146 当1	905	EV ホール	920	勝俣孝明 自[無] 静岡6区 3508-7202 当4
盛山正仁 自[無] 比 近畿 3508-7380 当5	904		921	伊藤　渉 公　比 東海 3508-7187 当5
高市早苗 自[無] 奈良2区 3508-7198 当9	903	EV	922	中川宏昌 公 比 北陸信越 3508-3639 当1
田村憲久 自[無] 三重1区 3508-7163 当9	902	WC(男) WC(女)	923	大西健介 立　愛知13区 3508-7108 当5
御法川信英 自[無] 秋田3区 3508-7167 当6	901		924	鰐淵洋子 公　比 近畿 3508-7070 当2

国会議事堂側

衆議院第１議員会館10階

議員	室	中央	室	議員
渡辺博道 自[茂] 千葉6区 3508-7387 当8	1012		1013	山岸一生 立 東京9区 3508-7124 当1
松本洋平 自[無] 比 東京 3508-7133 当5	1011	喫煙室	1014	寺田学 立 比 東北 3508-7464 当6
田中和徳 自[麻] 神奈川10区 3508-7294 当9	1010	WC(男) WC(女)	1015	渡辺創 立 宮崎1区 3508-7086 当1
松本尚 自[無] 千葉13区 3508-7295 当1	1009		1016	足立康史 維 大阪9区 3508-7100 当4
髙木毅 自[無] 福井2区 3508-7296 当8	1008	EVホール	1017	志位和夫 共 比 南関東 3508-7285 当10
長坂康正 自[麻] 愛知9区 3508-7043 当4	1007		1018	議員会議室（維新）
亀岡偉民 自[無] 比 東北 3508-7148 当5	1006		1019	美延映夫 維 大阪4区 3508-7194 当2
岡本三成 公 東京12区 3508-7147 当4	1005	EVホール	1020	土田慎 自[麻] 東京13区 3508-7341 当1
伊佐進一 公 大阪6区 3508-7391 当4	1004		1021	宮澤博行 自[無] 比 東海 3508-7135 当4
安住淳 立 宮城5区 3508-7293 当9	1003	EV	1022	佐藤公治 立 広島6区 3508-7145 当4
若林健太 自[無] 長野1区 3508-7277 当1	1002	WC(男) WC(女)	1023	湯原俊二 立 比 中国 3508-7129 当2
鈴木俊一 自[麻] 岩手2区 3508-7267 当10	1001		1024	平井卓也 自[無] 比 四国 3508-7307 当8

国会議事堂側

衆議院第１議員会館 11 階

議員	号室	号室	議員
瀬戸隆一 自[麻] 比 四国 3508-7712 繰当3	1112	1113	小山展弘 立 静岡3区 3508-7270 当3
島尻安伊子 自[茂] 沖縄3区 3508-7265 当1	1111	1114	吉田宣弘 公 比 九州 3508-7276 当3
鈴木淳司 自[無] 愛知7区 3508-7264 当6	1110	1115	平沢勝栄 自[無] 東京17区 3508-7257 当9
渡海紀三朗 自[無] 兵庫10区 3508-7643 当10	1109	1116	牧原秀樹 自[無] 比 北関東 3508-7254 当5
宮本岳志 共 比 近畿 3508-7255 当5	1108	1117	葉梨康弘 自[無] 茨城3区 3508-7248 当6
赤嶺政賢 共 沖縄1区 3508-7196 当8	1107	1118	議員会議室 (共用)
本村伸子 共 比 東海 3508-7280 当3	1106	1119	奥野総一郎 立 千葉9区 3508-7256 当5
越智隆雄 自[無] 比 東京 3508-7479 当5	1105	1120	土井亨 自[無] 宮城1区 3508-7470 当5
谷川とむ 自[無] 比 近畿 3508-7514 当3	1104	1121	議員予備室
福田達夫 自[無] 群馬4区 3508-7181 当4	1103	1122	英利アルフィヤ 自[麻] 千葉5区 3508-7436 補当1
塩崎彰久 自[無] 愛媛1区 3508-7189 当1	1102	1123	防災備蓄室
衛藤征士郎 自[無] 大分2区 3508-7618 当13	1101	1124	神田憲次 自[無] 愛知5区 3508-7253 当4

喫煙室　WC(男)　WC(女)　EVホール　EV

国会議事堂側

衆議院第1議員会館12階

議員	所属	選挙区	電話	当選	室
吉田真次	自[無]	山口4区	3508-7172	補当1	1212
大野敬太郎	自[無]	香川3区	3508-7132	当4	1211
森　英介	自[麻]	千葉11区	3508-7162	当11	1210
秋本真利	無	比 南関東	3508-7611	当4	1209
谷田川　元	立	比 南関東	3508-7292	当3	1208
宮下一郎	自[無]	長野5区	3508-7903	当6	1207
小島敏文	自[無]	比 中国	3508-7192	当4	1206
小林史明	自[無]	広島7区	3508-7455	当4	1205
義家弘介	自[無]	比 南関東	3508-7241	当4	1204
岸　信千世	自[無]	山口2区	3508-1203	補当1	1203
鈴木貴子	自[茂]	比 北海道	3508-7233	当4	1202
林　芳正	自[無]	山口3区	3508-7115	当1	1201

室	議員	所属	選挙区	電話	当選
1213	寺田　稔	自[無]	広島5区	3508-7606	当6
1214	髙鳥修一	自[無]	比 北陸信越	3508-7607	当5
1215	田嶋　要	立	千葉1区	3508-7229	当7
1216	鈴木庸介	立	比 東京	3508-7028	当1
1217	馬淵澄夫	立	奈良1区	3508-7122	当7
1218	議員会議室（自民）				
1219	宮本　徹	共	比 東京	3508-7508	当3
1220	国定勇人	自[無]	比 北陸信越	3508-7131	当1
1221	石橋林太郎	自[無]	比 中国	3508-7901	当1
1222	岸田文雄	自[無]	広島1区	3508-7279	当10
1223	深澤陽一	自[無]	静岡4区	3508-7709	当2
1224	村上誠一郎	自[無]	愛媛2区	3508-7291	当12

喫煙室　WC(男)　WC(女)　EVホール　EV

国会議事堂側

衆議院第２議員会館２階

室	氏名	所属	選挙区	電話	当選
212	特別室				
211	藤丸　敏	自[無]	福岡7区	3508-7431	当4
210	本田太郎	自[無]	京都5区	3508-7012	当2
209	石井　拓	自[無]	比 東海	3508-7031	当1
208	鷲尾英一郎	自[無]	比 北陸信越	3508-7650	当6
207	井原　巧	自[無]	愛媛3区	3508-7201	当1
206	岩田和親	自[無]	比 九州	3508-7707	当4
205	伊藤信太郎	自[麻]	宮城4区	3508-7091	当7
204	神津たけし	立	比 北陸信越	3508-7015	当1
203	階　猛	立	岩手1区	3508-7024	当6
202	緑川貴士	立	秋田2区	3508-7002	当2
201	青山大人	立	比 北関東	3508-7039	当2
213	仁木博文	自[麻]	徳島1区	3508-7011	当2
214	田畑裕明	自[無]	富山1区	3508-7704	当4
215	中谷真一	自[茂]	山梨1区	3508-7336	当4
216	古賀　篤	自[無]	福岡3区	3508-7081	当4
217	高木宏壽	自[無]	北海道3区	3508-7636	当3
218	工藤彰三	自[麻]	愛知4区	3508-7018	当4
219	防災備蓄室				
220	中野英幸	自[無]	埼玉7区	3508-7220	当1
221	鳩山二郎	自[無]	福岡6区	3508-7905	当3
222	伊藤忠彦	自[無]	愛知8区	3508-7003	当5
223	二階俊博	自[無]	和歌山3区	3508-7023	当13

訴追委員会事務室　訴追委員会委員長次室兼資料室　訴追委員会委員長室　訴追委員会会議室　訴追委員会事務局長室

EV　喫煙室　WC(男)　WC(女)　EVホール

国会議事堂側

衆議院第2議員会館3階

氏名	所属	選挙区	電話	当選	号室
堤　かなめ	立	福岡5区	3508-7062	当1	312
中山展宏	自[麻]	比 南関東	3508-7435	当4	311
髙木　啓	自[無]	比 東京	3508-7601	当2	310
角田秀穂	公	比 南関東	3508-7052	当2	309
大口善徳	公	比 東海	3508-7017	当9	308
輿水恵一	公	比 北関東	3508-7076	当3	307
橋本　岳	自[茂]	岡山4区	3508-7016	当5	306
上川陽子	自[無]	静岡1区	3508-7460	当7	305
国光あやの	自[無]	茨城6区	3508-7036	当2	304
住吉寛紀	維	比 近畿	3508-7415	当1	303
山本剛正	維	比 九州	3508-7009	当2	302
佐々木　紀	自[無]	石川2区	3508-7059	当4	301

号室	氏名	所属	選挙区	電話	当選
313	石田真敏	自[無]	和歌山2区	3508-7072	当7
314	田野瀬太道	自[無]	奈良3区	3508-7071	当4
315	浜田靖一	自[無]	千葉12区	3508-7020	当10
316	笹川博義	自[茂]	群馬3区	3508-7338	当4
317	西銘恒三郎	自[無]	沖縄4区	3508-7218	当6
318	議員会議室（れいわ）				
319	八木哲也	自[無]	愛知11区	3508-7236	当4
320	藤巻健太	維	比 南関東	3508-7503	当1
321	阿部　司	維	比 東京	3508-7504	当1
322	吉田統彦	立	比 東海	3508-7104	当3
323	沢田　良	維	比 北関東	3508-7526	当1
324	西村明宏	自[無]	宮城3区	3508-7906	当6

喫煙室　WC(男)　WC(女)　EVホール　EVホール　EV　WC(男)　WC(女)

国会議事堂側

衆議院第２議員会館４階

議員	室		室	議員
山口俊一 自[麻] 徳島2区 3508-7054 当11	412		413	稲津久 公 北海道10区 3508-7089 当5
中村喜四郎 立 比 北関東 3508-7501 当15	411	喫煙室	414	赤羽一嘉 公 兵庫2区 3508-7079 当9
金子恭之 自[無] 熊本4区 3508-7410 当8	410	WC(男) WC(女)	415	たがや亮 れ 比 南関東 3508-7008 当1
櫻井周 立 比 近畿 3508-7465 当2	409		416	櫛渕万里 れ 比 東京繰 3508-7063 当2
堀井学 自[無] 比 北海道 3508-7125 当4	408	EVホール	417	大石あきこ れ 比 近畿 3508-7404 当1
堀内詔子 自[無] 山梨2区 3508-7487 当4	407		418	議員会議室 （立憲）
中村裕之 自[麻] 北海道4区 3508-7406 当4	406		419	福島伸享 無(有志) 茨城1区 3508-7262 当3
斎藤アレックス 教 比 近畿 3508-7637 当1	405	EVホール	420	防災備蓄室
西村智奈美 立 新潟1区 3508-7614 当6	404		421	金村龍那 維 比 南関東 3508-7411 当1
梅谷守 立 新潟6区 3508-7403 当1	403	EV	422	堀場幸子 維 比 近畿 3508-7422 当1
近藤昭一 立 愛知3区 3508-7402 当9	402	WC(男) WC(女)	423	古屋圭司 自[無] 岐阜5区 3508-7440 当11
山田勝彦 立 比 九州 3508-7420 当1	401		424	吉田とも代 維 比 四国 3508-7001 当1

国会議事堂側

衆議院第２議員会館５階

議員	室		室	議員
石川香織 立　北海道11区 3508-7512　当2	512		513	
池田佳隆 無　比 東海 3508-7616　当4	511	喫煙室	514	甘利　明 自[麻] 比 南関東 3508-7528　当13
大西英男 自[無] 東京16区 3508-7033　当4	510	WC(男) WC(女)	515	石破　茂 自[無] 鳥取1区 3508-7525　当12
池畑浩太朗 維　比 近畿 3508-7520　当1	509		516	道下大樹 立　北海道1区 3508-7516　当2
熊田裕通 自[無] 愛知1区 3508-7513　当4	508	EVホール	517	逢坂誠二 立　北海道8区 3508-7517　当5
一谷勇一郎 維　比 近畿 3508-7300　当1	507		518	議員会議室 （自民）
赤木正幸 維　比 近畿 3508-7505　当1	506		519	北神圭朗 無(有志) 京都4区 3508-7069　当4
吉川　元 立　比 九州 3508-7056　当4	505	EVホール	520	高見康裕 自[茂] 島根2区 3508-7166　当1
吉田久美子 公　比 九州 3508-7055　当1	504		521	田中良生 自[無] 埼玉15区 3508-7058　当5
河西宏一 公　比 東京 3508-7630　当1	503	EV	522	三ッ林裕巳 自[無] 埼玉14区 3508-7416　当4
古屋範子 公　比 南関東 3508-7629　当7	502	WC(男) WC(女)	523	若宮健嗣 自[茂] 比 東京 3508-7509　当5
小林茂樹 自[無] 比 近畿 3508-7090　当3	501		524	伊藤達也 自[茂] 東京22区 3508-7623　当9

国会議事堂側

衆議院第２議員会館６階

議員	室	室	議員
古川禎久 自[無] 宮崎3区 3508-7612 当7	612	613	森山浩行 立 比 近畿 3508-7426 当3
柿沢未途 無 東京15区 3508-7427 当5	611	614	平沼正二郎 自[無] 岡山3区 3508-7251 当1
江田憲司 立 神奈川8区 3508-7462 当7	610	615	勝目康 自[無] 京都1区 3508-7615 当1
徳永久志 教 比 近畿 3508-7250 当1	609	616	青山周平 自[無] 比 東海 3508-7083 当4
篠原豪 立 神奈川1区 3508-7130 当3	608	617	緒方林太郎 無(有志) 福岡9区 3508-7119 当3
吉田はるみ 立 東京8区 3508-7620 当1	607	618	議員会議室 (共用)
落合貴之 立 東京6区 3508-7134 当3	606	619	防災備蓄室
船田元 自[無] 栃木1区 3508-7156 当13	605	620	穀田恵二 共 比 近畿 3508-7438 当10
田中英之 自[無] 比 近畿 3508-7007 当4	604	621	笠井亮 共 比 東京 3508-7439 当6
山口壯 自[無] 比 近畿 3508-7521 当7	603	622	下村博文 自[無] 東京11区 3508-7084 当9
荒井優 立 比 北海道 3508-7602 当1	602	623	城内実 自[無] 静岡7区 3508-7441 当6
野間健 立 鹿児島3区 3508-7027 当3	601	624	吉野正芳 自[無] 福島5区 3508-7143 当8

喫煙室　WC(男)　WC(女)　EVホール　EVホール　EV　WC(男)　WC(女)

国会議事堂側

衆議院第２議員会館７階

議員	室	中央	室	議員
田村貴昭 共 比 九州 3508-7475 当3	712		713	棚橋泰文 自[麻] 岐阜2区 3508-7429 当9
新垣邦男 社(立憲) 沖縄2区 3508-7157 当1	711	喫煙室	714	金子容三 自[無] 長崎4区 3508-7627 補当1
金子恵美 立 福島1区 3508-7476 当3	710	WC(男) WC(女)	715	小野寺五典 自[無] 宮城6区 3508-7432 当8
松原　仁 無(立憲) 東京3区 3508-7452 当8	709		716	國重　徹 公 大阪5区 3508-7405 当4
星野剛士 自[無] 比 南関東 3508-7413 当4	708	EV ホール	717	佐藤英道 公 比 北海道 3508-7457 当4
吉良州司 無(有志) 大分1区 3508-7412 当6	707		718	議員会議室 (自民)
長妻　昭 立 東京7区 3508-7456 当8	706		719	山下貴司 自[茂] 岡山2区 3508-7057 当4
岬　麻紀 維 比 東海 3508-7409 当1	705	EV ホール	720	白石洋一 立 比 四国 3508-7244 当3
早坂　敦 維 比 東北 3508-7414 当1	704		721	井出庸生 自[麻] 長野3区 3508-7469 当4
長谷川淳二 自[無] 愛媛4区 3508-7453 当1	703	EV	722	宮崎政久 自[茂] 比 九州 3508-7360 当4
坂本哲志 自[無] 熊本3区 3508-7034 当7	702	WC(男) WC(女)	723	中島克仁 立 比 南関東 3508-7423 当4
中川貴元 自[麻] 比 東海 3508-7461 当1	701		724	米山隆一 立 新潟5区 3508-7485 当1

国会議事堂側

衆議院第２議員会館８階

議員	室	室	議員
神田潤一 自[無] 青森2区 3508-7502 当1	812	813	古川康 自[茂] 比 九州 6205-7711 当3
上田英俊 自[茂] 富山2区 3508-7061 当1	811	814	後藤祐一 立 神奈川16区 3508-7092 当5
谷公一 自[無] 兵庫5区 3508-7010 当7	810	815	
木村次郎 自[無] 青森3区 3508-7407 当2	809	816	吉川赳 無 比 東海 3508-7228 当3
高橋英明 維 比 北関東 3508-7260 当1	808	817	防災備蓄室
和田有一朗 維 比 近畿 3508-7527 当1	807	818	議員会議室 （立憲）
掘井健智 維 比 近畿 3508-7088 当1	806	819	近藤和也 立 比 北陸信越 3508-7605 当3
新谷正義 自[茂] 広島4区 3508-7604 当4	805	820	浮島智子 公 比 近畿 3508-7290 当4
平口洋 自[茂] 広島2区 3508-7622 当5	804	821	馬場雄基 立 比 東北 3508-7631 当1
浅川義治 維 比 南関東 3508-7197 当1	803	822	柴山昌彦 自[無] 埼玉8区 3508-7624 当7
菊田真紀子 立 新潟4区 3508-7524 当7	802	823	小渕優子 自[無] 群馬5区 3508-7424 当8
神谷裕 立 比 北海道 3508-7050 当2	801	824	額賀福志郎 無 茨城2区 3508-7447 当13

喫煙室　WC（男）　WC（女）　EVホール　EV

国会議事堂側

衆議院第２議員会館９階

議員	号室
長友慎治 国 比 九州 3508-7212 当1	912
議員予備室	911
伴野 豊 立 比 東海 3508-7019 当6	910
重徳和彦 立 愛知12区 3508-7910 当4	909
穂坂 泰 自[無] 埼玉4区 3508-7030 当2	908
杉田水脈 自[無] 比 中国 3508-7029 当3	907
根本幸典 自[無] 愛知15区 3508-7711 当4	906
塩川鉄也 共 比 北関東 3508-7507 当8	905
高橋千鶴子 共 比 東北 3508-7506 当7	904
梶山弘志 自[無] 茨城4区 3508-7529 当8	903
佐藤 勉 自[無] 栃木4区 3508-7408 当9	902
尾﨑正直 自[無] 高知2区 3508-7619 当1	901

号室	議員
913	金子俊平 自[無] 岐阜4区 3508-7060 当2
914	泉田裕彦 自[無] 比 北陸信越 3508-7640 当2
915	五十嵐 清 自[茂] 比 北関東 3508-7085 当1
916	丹羽秀樹 自[無] 愛知6区 3508-7025 当6
917	山田美樹 自[無] 東京1区 3508-7037 当4
918	議員会議室 (自民)
919	中川康洋 公 比 東海 3508-7038 当2
920	日下正喜 公 比 中国 3508-7021 当1
921	井野俊郎 自[茂] 群馬2区 3508-7219 当4
922	防災備蓄室
923	中曽根康隆 自[無] 群馬1区 3508-7272 当2
924	三反園 訓 無(自民) 鹿児島2区 3508-7511 当1

喫煙室 WC(男) WC(女) EVホール EVホール EV WC(男) WC(女)

国会議事堂側

衆議院第2議員会館10階

議員	室		室	議員
早稲田ゆき 立　神奈川4区 3508-7106　当2	1012		1013	青柳陽一郎 立　比 南関東 3508-7245　当4
茂木敏充 自[茂] 栃木5区 3508-1011　当10	1011	喫煙室	1014	石川昭政 自[無] 比 北関東 3508-7159　当4
武部　新 自[無] 北海道12区 3508-7425　当4	1010	WC(男) WC(女)	1015	藤原　崇 自[無] 岩手3区 3508-7207　当4
金田勝年 自[無] 比 東北 3508-7053　当5	1009		1016	國場幸之助 自[無] 比 九州 3508-7741　当4
末松義規 立　東京19区 3508-7488　当7	1008	EVホール	1017	武井俊輔 自[無] 比 九州 3508-7388　当4
小田原　潔 自[無] 東京21区 3508-7909　当4	1007		1018	議員会議室 (公明)
古川元久 国　愛知2区 3508-7078　当9	1006		1019	冨樫博之 自[無] 秋田1区 3508-7275　当4
小川淳也 立　香川1区 3508-7621　当6	1005	EVホール	1020	東　国幹 自[茂] 北海道6区 3508-7634　当1
稲富修二 立　比 九州 3508-7515　当3	1004		1021	江渡聡徳 自[麻] 青森1区 3508-7096　当8
森田俊和 立　埼玉12区 3508-7419　当2	1003	EV	1022	赤澤亮正 自[無] 鳥取2区 3508-7490　当6
江﨑鐵磨 自[無] 愛知10区 3508-7418　当8	1002	WC(男) WC(女)	1023	高木陽介 公　比 東京 3508-7481　当9
奥野信亮 自[無] 比 近畿 3508-7421　当6	1001		1024	山崎正恭 公　比 四国 3508-7472　当1

国会議事堂側

衆議院第2議員会館11階

議員	部屋		部屋	議員
吉田豊史 無 比 北陸信越 3508-7434 当2	1112		1113	菅　義偉 自[無] 神奈川2区 3508-7446 当9
上杉謙太郎 自[無] 比 東北 3508-7074 当2	1111	喫煙室	1114	古川直季 自[無] 神奈川6区 3508-7523 当1
山本ともひろ 自[無] 比 南関東 3508-7193 当5	1110	WC(男) WC(女)	1115	稲田朋美 自[無] 福井1区 3508-7035 当6
渡辺　周 立 比 東海 3508-7077 当9	1109		1116	木原　稔 自[茂] 熊本1区 3508-7450 当5
山口　晋 自[茂] 埼玉10区 3508-7430 当1	1108	EVホール	1117	櫻田義孝 自[無] 比 南関東 3508-7381 当8
小泉龍司 自[無] 埼玉11区 3508-7121 当7	1107		1118	議員会議室 (自民)
加藤竜祥 自[無] 長崎2区 3508-7230 当1	1106		1119	坂井　学 自[無] 神奈川5区 3508-7489 当5
三木圭恵 維 比 近畿 3508-7638 当2	1105	EVホール	1120	三谷英弘 自[無] 比 南関東 3508-7522 当3
加藤勝信 自[茂] 岡山5区 3508-7459 当7	1104		1121	門山宏哲 自[無] 比 南関東 3508-7382 当4
河野太郎 自[麻] 神奈川15区 3508-7006 当9	1103	EV	1122	伊藤俊輔 立 比 東京 3508-7150 当2
阿部弘樹 維 比 九州 3508-7480 当1	1102	WC(男) WC(女)	1123	鈴木　敦 教 比 南関東 3508-7286 当1
	1101		1124	西岡秀子 国 長崎1区 3508-7343 当2

国会議事堂側

衆議院第２議員会館 12 階

議員	室		室	議員
武藤容治 自[麻] 岐阜3区 3508-7482 当5	1212		1213	根本 匠 自[無] 福島2区 3508-7312 当9
塩谷 立 自[無] 比 東海 3508-7632 当10	1211	喫煙室	1214	防災備蓄室
今村雅弘 自[無] 比 九州 3508-7610 当9	1210	WC(男) WC(女)	1215	鈴木隼人 自[茂] 東京10区 3508-7463 当3
岩屋 毅 自[無] 大分3区 3508-7510 当9	1209		1216	井坂信彦 立 兵庫1区 3508-7082 当3
髙階恵美子 自[無] 比 中国 3508-7518 当1	1208	EVホール	1217	柚木道義 立 比 中国 3508-7301 当6
江藤 拓 自[無] 宮崎2区 3508-7468 当7	1207		1218	議員会議室 (自民)
中根一幸 自[無] 比 北関東 3508-7458 当5	1206		1219	本庄知史 立 千葉8区 3508-7519 当1
萩生田光一 自[無] 東京24区 3508-7154 当6	1205	EVホール	1220	細田健一 自[無] 新潟2区 3508-7278 当4
津島 淳 自[茂] 比 東北 3508-7073 当4	1204		1221	坂本祐之輔 立 比 北関東 3508-7449 当3
市村浩一郎 維 兵庫6区 3508-7165 当4	1203	EV	1222	中谷 元 自[無] 高知1区 3508-7486 当11
空本誠喜 維 比 中国 3508-7451 当2	1202	WC(男) WC(女)	1223	竹内 譲 公 比 近畿 3508-7473 当6
尾身朝子 自[無] 比 北関東 3508-7484 当3	1201		1224	庄子賢一 公 比 東北 3508-7474 当1

国会議事堂側

衆議院議員写真・略歴・宿所一覧

第49回総選挙（小選挙区比例代表並立制）
（令和3年10月31日施行／令和7年10月30日満了）

議　長	額賀福志郎（ぬかがふくしろう）	秘書	平川　大輔 田中　翔太	☎3581-1461
副議長	海江田万里（かいえだばんり）	秘書	清家　弘司 落合　友子	☎3423-0311

勤続年数は**令和6年2月末現在**です。

北海道１区　450,946　投 59.13

札幌市（中央区、北区の一部（P169参照）、南区、西区の一部（P169参照））

当118,286　道下大樹　立前（45.3）
比106,985　船橋利実　自前（41.0）
比35,652　小林　悟　維新（13.7）

道下大樹（みちしただいき）　**立**前　当2
北海道新得町　S50・12・24
勤6年6ヵ月　（初／平29）

法務委、総務委、党国対副委員長、党税調事務局長、北海道議、道議会民進党政審会長、衆議院議員秘書、中央大／48歳

〒060-0042　札幌市中央区大通西5丁目昭和ビル5F　☎011（233）2331

北海道２区　460,828　投 52.60

札幌市（北区（1区に属しない区域）（P169参照）、東区）

当105,807　松木謙公　立前（44.7）
比89,745　高橋祐介　自新（37.9）
比41,076　山崎　泉　維新（17.4）

松木けんこう（まつき）　**立**前　当6
北海道札幌市　S34・2・22
勤14年11ヵ月　（初／平15）

環境委、沖北特委、沖北特委員長、党選対委員長代理、決算行監委長、農水大臣政務官、官房長官・労働大臣秘書、青山学院大学／65歳

〒001-0908　札幌市北区新琴似8条9丁目2-1　☎011（769）7770
〒168-0063　杉並区和泉3-31-12

北海道３区　474,944　投 56.24

札幌市（白石区、豊平区、清田区）

当116,917　高木宏寿　自元（44.7）
比当112,535　荒井　優　立新（43.0）
比32,340　小和田康文　維新（12.4）

高木宏壽（たかぎひろひさ）　**自**元［無］　当3
北海道札幌市　S35・4・9
勤7年3ヵ月　（初／平24）

復興副大臣、党生活安全関係団体委員長、党内閣第一部会長代理、内閣府大臣政務官兼復興大臣政務官、道議、慶大法／63歳

〒062-0020　札幌市豊平区月寒中央通5-1-12　☎011（852）4764
〒100-8982　千代田区永田町2-1-2、会館　☎03（3508）7636

北海道4区	363,778 投61.14	当109,326 中村裕之 自前(50.2)
		比当108,630 大築紅葉 立新(49.8)

札幌市(西区(1区に属しない区域)(P169参照)、手稲区)、小樽市、後志総合振興局管内

なか むら ひろ ゆき
中村裕之 自前[麻] 当4
北海道 S36・2・23
勤11年4ヵ月 (初/平24)

文科委理、国交委、原子力特委理、党水産部会長代理、党文科部会長、農水副大臣、文科大臣政務官、道議、道PTA連会長、JC、道庁、北海学園大/63歳

〒047-0024 小樽市花園1-4-19 ☎0134(21)5770
〒107-0052 港区赤坂2-17-10、宿舎 ☎03(5549)4671

北海道5区	467,864 投60.22	当139,950 和田義明 自前(50.6)
		比111,366 池田真紀 立前(40.3)
		16,758 橋本美香 共新(6.1)
		8,520 大津伸太郎 無新(3.1)

札幌市(厚別区)、江別市、千歳市、恵庭市、北広島市、石狩市、石狩振興局管内

わ だ よし あき
和田義明 自前[無] 当3
大阪府池田市 S46・10・10
勤8年 (初/平28補)

党女性局次長、防衛大臣補佐官、内閣府副大臣、内閣府大臣政務官、党遊説局長、党国防副部会長、三菱商事、早大商/52歳

〒004-0053 札幌市厚別区厚別中央3条5丁目8-20 ☎011(896)5505
〒100-8981 千代田区永田町2-2-1、会館 ☎03(3508)7117

北海道6区	415,008 投56.86	当128,670 東国幹 自新(55.5)
		比93,403 西川将人 立新(40.3)
		比9,776 斉藤忠行 N新(4.2)

旭川市、士別市、名寄市、富良野市、上川総合振興局管内

あずま くに よし
東 国幹 自新[茂] 当1
北海道名寄市 S43・2・17
勤2年5ヵ月 (初/令3)

農水委、法務委、災害特委、沖北特委、党地方組織・議員総局次長、道議会議員、旭川市議、衆院議員秘書、東海大学/56歳

〒079-8412 旭川市永山2条4丁目2-19 ☎0166(40)2223
〒107-0052 港区赤坂2-17-10、宿舎

北海道7区	253,134 投56.19	当80,797 伊東良孝 自前(58.0)
		比45,563 篠田奈保子 立新(32.7)
		12,913 石川明美 共新(9.3)

釧路市、根室市、釧路総合振興局管内、根室振興局管内

い とう よし たか
伊東良孝 自前[無] 当5
北海道 S23・11・24
勤14年8ヵ月 (初/平21)

衆沖北特委理、党総務会総務、党北海道総合開発特委員長、地方創生特委長、農水副大臣(2回目)、水産部会長、農水委員長、副幹事長、沖北特委筆頭理、財務政務官、釧路市長、道議、市議、道教育大/75歳

〒085-0021 釧路市浪花町13-2-1 ☎0154(25)5500
〒100-8981 千代田区永田町2-2-1、会館 ☎03(3508)7170

北海道8区 361,180 投 60.08

当112,857 逢坂誠二 立前(52.7)
比101,379 前田一男 自元(47.3)

函館市、北斗市、渡島総合振興局管内、檜山振興局管内

おおさか せいじ
逢坂誠二 立前 当5
北海道ニセコ町 S34・4・24
勤16年7ヵ月 (初/平17)

憲法審野党筆頭幹事、内閣委、原子力特委、党代表代行、道連代表、総理補佐官、総務大臣政務官、ニセコ町長、薬剤師、行政書士、北大／64歳

〒040-0073 函館市宮前町8-4 ☎0138(41)7773
〒100-8982 千代田区永田町2-1-2、会館 ☎03(3508)7517

北海道9区 381,776 投 58.92

当113,512 山岡達丸 立前(51.5)
比当106,842 堀井 学 自前(48.5)

室蘭市、苫小牧市、登別市、伊達市、胆振総合振興局管内、日高振興局管内

やまおか たつまる
山岡達丸 立前 当3
東京都 S54・7・22
勤9年10ヵ月 (初/平21)

経産委、党副幹事長(総務局長兼務)、ハラスメント対策委員会事務局長、NHK記者、慶大経／44歳

〒053-0021 北海道苫小牧市若草町1丁目1-24 ☎0144(37)5800
〒100-8981 千代田区永田町2-2-1、会館 ☎03(3508)7306

北海道10区 284,648 投 64.80

当96,843 稲津 久 公前(53.9)
比当82,718 神谷 裕 立前(46.1)

夕張市、岩見沢市、留萌市、美唄市、芦別市、赤平市、三笠市、滝川市、砂川市、歌志内市、深川市、空知総合振興局管内、留萌振興局管内

いなつ ひさし
稲津 久 公前 当5
北海道芦別市 S33・2・9
勤14年8ヵ月 (初/平21)

党幹事長代理、中央幹事、政調会長代理、北海道本部代表、元厚生労働副大臣、元農水政務官、元道議、専修大／66歳

〒068-0024 岩見沢市4条西2-4-2 ☎0126(22)8511
〒107-0052 港区赤坂2-17-10、宿舎

北海道11区 283,874 投 63.51

当91,538 石川香織 立前(51.8)
比当85,336 中川郁子 自元(48.2)

帯広市、十勝総合振興局管内

いしかわ かおり
石川香織 立前 当2
神奈川県 S59・5・10
勤6年6ヵ月 (初/平29)

予算委、国交委、消費者特委、党副幹事長、前党青年局長、元日本BS11アナウンサー、聖心女子大／39歳

〒080-0028 帯広市西18条南5丁目47-5 ☎0155(67)7730
〒107-0052 港区赤坂2-17-10、宿舎

北海道12区 286,186 投59.82

当97,634 武部 新 自前(58.4)
比55,321 川原田英世 立新(33.1)
14,140 菅原 誠 共新(8.5)

北見市、網走市、稚内市、紋別市、宗谷総合振興局管内、オホーツク総合振興局管内

たけべ あらた
武部 新 自前[無] 当4
北海道 S45・7・20
勤11年4ヵ月 (初/平24)

衆院法務委員長、農林水産副大臣、環境兼内閣府大臣政務官、衆院議事進行係、党農林部会長、早大法、シカゴ大院／53歳

〒090-0833 北見市とん田東町603-1 ☎0157(61)7711

比例代表 北海道 8人 北海道

すずき たかこ
鈴木貴子 自前[茂] 当4
北海道帯広市 S61・1・5
勤10年10ヵ月 (初/平25補)

自民党副幹事長、前外務副大臣、元防衛大臣政務官、元NHK長野放送局番組制作ディレクター、カナダオンタリオ州トレント大学／38歳

〒085-0018 釧路市黒金町7-1-1
クロガネビル3F ☎0154(24)2522

わたなべ こういち
渡辺孝一 自前[無] 当4
北海道 S32・11・25
勤11年4ヵ月 (初/平24)

総務副大臣、総務大臣政務官、防衛大臣政務官、農水委理事、党副幹事長、岩見沢市長、歯科医、東日本学園大／66歳

〒068-0004 岩見沢市4条東1-7-1
北商4-1ビル1F ☎0126(25)1188
〒107-0052 港区赤坂2-17-10、宿舎

ほりい まなぶ
堀井 学 自前[無] 当4(初/平24)
北海道室蘭市 S47・2・19
勤11年4ヵ月 〈北海道9区〉

農水委、経産委、地・こ・デジ特委、内閣府副大臣、予算委理、党文科部会長代理、外務大臣政務官、道議、王子製紙、専修大商／52歳

〒059-0012 登別市中央町5-14-1 ☎0143(88)2811
〒107-0052 港区赤坂2-17-10、宿舎 ☎03(5549)4671

なかがわ ゆうこ
中川郁子 自元[麻] 当3(初/平24)
新潟県 S33・12・22
勤7年3ヵ月 〈北海道11区〉

外務委理、党内閣第一部会長代理、党生活安全関係団体委員長、水産総合調査会副会長、農林水産大臣政務官、三菱商事、聖心女子大学／65歳

〒080-0802 帯広市東2条南13丁目18 ☎0155(27)2611

衆 略歴 北海道・比例北海道

おおつき紅葉（くれは）

立新　当1(初/令3)
北海道小樽市　S58・10・16
勤2年5ヵ月　〈北海道4区〉

総務委、法務委、消費者特委、党国対委員長補佐、党政調会長補佐、フジテレビ政治部記者、英国バーミンガムシティ大／40歳

〒047-0024　小樽市花園2-6-7
プラムビル5F　☎0134(61)7366

荒井　優（あらい　ゆたか）

立新　当1(初/令3)
北海道　S50・2・28
勤2年5ヵ月　〈北海道3区〉

経産委、復興特委、党政調会長補佐、人材局長、ソフトバンク(株)社長室、高校校長、早大／49歳

〒062-0933　札幌市豊平区平岸3条10-1-29 酒井ビル　☎011(826)3021
〒107-0052　港区赤坂2-17-10、宿舎　☎03(5549)6471

神谷　裕（かみや　ひろし）

立前　当2(初/平29)
東京都豊島区　S43・8・10
勤6年6ヵ月　〈北海道10区〉

農水委、沖北特委筆頭理事、党政調副会長、参院議員秘書、衆院議員秘書、国務大臣秘書官、日鰹連職員、帝京大／55歳

〒068-0024　北海道岩見沢市4条西4丁目12　☎0126(22)1100

佐藤英道（さとう ひでみち）

公前　当4
宮城県名取市　S35・9・26
勤11年4ヵ月　(初/平24)

予算委理、党厚労部会長、厚生労働・内閣府副大臣、議運委理事、農水政務官、党団体渉外委員長、中央幹事、国交部会長、創大院／63歳

〒060-0001　札幌市中央区北1条西19丁目
緒方ビル4F　☎011(688)5450
〒100-8982　千代田区永田町2-1-2、会館　☎03(3508)7457

比例代表　北海道　8人

有効投票数　2,569,130票

政党名	当選者数	得票数	得票率
	惜敗率 小選挙区		惜敗率 小選挙区
自民党	4人	863,300票	33.60%

当①鈴木　貴子 前
当②渡辺　孝一 前
当③堀井　学 前(94.12) 北9
当③中川　郁子 元(93.22) 北11
③船橋　利実 前(90.45) 北1
③前田　一男 元(89.8) 北8
③高橋　祐介 新(84.8) 北2
⑭鶴羽　佳子 新
⑮長友　隆典 新

【小選挙区での当選者】
③高木　宏寿 元　北3
③中村　裕之 前　北4
③和田　義明 前　北5
③東　国幹 新　北6
③伊東　良孝 前　北7
③武部　新 前　北12

立憲民主党　3人　682,912票　26.58%

当①大築　紅葉 新(99.36) 北4
当①荒井　　優 新(96.25) 北3
当①神谷　　裕 前(85.41) 北10
①池田　真紀 前(79.58) 北5
①西川　将人 新(72.59) 北6
①川原田英世 新(56.66) 北12
①篠田奈保子 新(56.39) 北7
⑬原谷　那美 新
⑭秋元　恭兵 新
⑮田中　勝一 新

【小選挙区での当選者】
①道下　大樹 前　北1
①松木　謙公 前　北2
①逢坂　誠二 前　北8
①山岡　達丸 前　北9
①石川　香織 前　北11

公明党　1人　294,371票　11.46%

当①佐藤　英道 前
②荒瀬　正昭 前

その他の政党の得票数・得票率は下記のとおりです。
(当選者はいません)

政党名	得票数	得票率
日本維新の会	215,344票	8.38%
共産党	207,189票	8.06%
れいわ新選組	102,086票	3.97%
国民民主党	73,621票	2.87%
支持政党なし	46,142票	1.80%
NHKと裁判してる党弁護士法72条違反で	42,916票	1.67%
社民党	41,248票	1.61%

青森県1区　342,174　投 51.84

青森市、むつ市、東津軽郡、上北郡(野辺地町、横浜町、六ヶ所村)、下北郡

当91,011　江渡聡徳　自前(52.4)
比64,870　升田世喜男　立元(37.4)
17,783　斎藤美緒　共新(10.2)

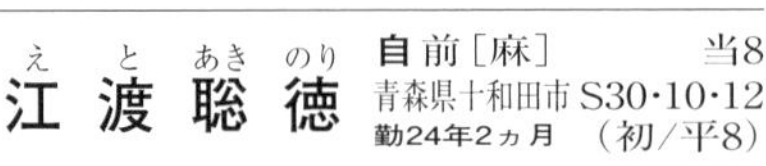

江渡聡徳(えとあきのり)

自前[麻]　当8
青森県十和田市 S30・10・12
勤24年2ヵ月　(初/平8)

安保委、原子力特委、党総務、防衛大臣、安保委員長、防衛副大臣、短大講師、日大院/68歳

〒030-0812　青森市堤町1-3-12　☎017(718)8820
〒107-0052　港区赤坂2-17-10、宿舎

青森県2区　389,510　投 53.56

八戸市、十和田市、三沢市、上北郡(七戸町、六戸町、東北町、おいらせ町)、三戸郡

当126,137　神田潤一　自新(61.5)
比65,909　高畑紀子　立新(32.1)
12,966　田端深雪　共新(6.3)

神田潤一(かんだじゅんいち)

自新[無]　当1
青森県八戸市　S45・9・27
勤2年5ヵ月　(初/令3)

内閣府大臣政務官(経済再生、金融庁担当)、日本銀行職員、金融庁出向、日本生命出向、マネーフォワード執行役員、東大経、イェール大学院/53歳

〒031-0081　八戸市柏崎1-1-1　☎0178(51)8866

青森県3区 347,625 投 53.29

当118,230 木村次郎 自前(65.0)
比63,796 山内 崇 立新(35.0)

弘前市、黒石市、五所川原市、つがる市、平川市、西津軽郡、中津軽郡、南津軽郡、北津軽郡

木村次郎（きむら じろう）
自前[無] 当2
青森県藤崎町 S42・12・16
勤6年6ヵ月 (初/平29)

議運委、農水委、原子力特委、政倫審委、防衛大臣政務官、国土交通大臣政務官、党国防副部会長、女性局次長、青森県職員、中央大／56歳

〒036-8191 青森県弘前市親方町43-3F ☎0172(36)8332
〒107-0052 港区赤坂2-17-10、宿舎 ☎03(5549)4671

岩手県1区 293,290 投 58.81

当87,017 階 猛 立前(51.2)
比62,666 高橋比奈子 自前(36.9)
20,300 吉田恭子 共新(11.9)

盛岡市、紫波郡

階 猛（しな たけし）
立前 当6
岩手県盛岡市 S41・10・7
勤16年9ヵ月 (初/平19補)

予算委、財金委、党「次の内閣」財務金融大臣、総務大臣政務官、民進党政調会長、弁護士、銀行員、東大法／57歳

〒020-0021 盛岡市中央通3-3-2 菱和ビル6F ☎019(654)7111
〒107-0052 港区赤坂2-17-10、宿舎

岩手県2区 369,175 投 60.28

当149,168 鈴木俊一 自前(68.0)
比66,689 大林正英 立新(30.4)
3,548 荒川順子 N新(1.6)

宮古市、大船渡市、久慈市、遠野市、陸前高田市、釜石市、二戸市、八幡平市、滝沢市、岩手郡、気仙郡、上閉伊郡、下閉伊郡、九戸郡、二戸郡

鈴木俊一（すずき しゅんいち）
自前[麻] 当10
岩手県 S28・4・13
勤30年11ヵ月 (初/平2)

財務・金融担当大臣、党総務会長、東京オリパラ大臣、環境大臣、外務副大臣、衆外務・厚労・復興特委員長、早大／70歳

〒020-0668 岩手県滝沢市鵜飼狐洞1-432 ☎019(687)5525
〒100-8981 千代田区永田町2-2-1、会館 ☎03(3508)7267

岩手県3区 377,117 投 61.71

当118,734 藤原 崇 自前(52.1)
比当109,362 小沢一郎 立前(47.9)

花巻市、北上市、一関市、奥州市、和賀郡、胆沢郡、西磐井郡

藤原 崇（ふじわら たかし）
自前[無] 当4
岩手県西和賀町 S58・8・2
勤11年4ヵ月 (初/平24)

党青年局長、法務委、財金委、復興特委、財務大臣政務官、内閣府兼復興大臣政務官、明治学院大学法科大学院修了／40歳

〒024-0091 岩手県北上市大曲町2-24 ☎0197(72)6056
〒100-8982 千代田区永田町2-1-2、会館 ☎03(3508)7207

宮城県1区 439,697 投 54.60

仙台市(青葉区、太白区(本庁管内))

当101,964	土井　亨	自前	(43.4)
比当96,649	岡本章子	立前	(41.2)
23,033	春藤沙弥香	維新	(9.8)
13,174	大草芳江	無新	(5.6)

土井　亨（どい　とおる）

自前[無]　当5
宮城県　S33・8・12
勤15年3ヵ月　(初/平17)

国交委、党所有者不明土地等に関する特別委員長、党情報調査局長、国交副大臣、復興副大臣、国交政務官、党国対副委長、党財金部会長、副幹事長、県議3期、東北学院大/65歳

〒980-0011　仙台市青葉区上杉1-1-30-102　☎022(262)7223

宮城県2区 455,409 投 53.62

仙台市(宮城野区、若林区、泉区)

当116,320	鎌田さゆり	立元	(49.0)
比当115,749	秋葉賢也	自前	(48.7)
比5,521	林マリアゆき	N新	(2.3)

鎌田さゆり（かまた）

立元　当3
宮城県　S40・1・8
勤7年　(初/平12)

法務委次席理事、震災復興特委理、党災害・緊急事態局東北ブロック副局長、党政調副会長、東北学院大学/59歳

〒981-3133　仙台市泉区泉中央1-34-6-2F　☎022(771)5022
〒100-8981　千代田区永田町2-2-1、会館　☎03(3508)7204

宮城県3区 286,936 投 57.71

仙台市(太白区(秋保総合支所管内(秋保町湯向、秋保町境野、秋保町長袋、秋保町馬場、秋保町湯元))、白石市、名取市、角田市、岩沼市、刈田郡、柴田郡、伊具郡、亘理郡

当96,210	西村明宏	自前	(59.3)
比60,237	大野園子	立新	(37.1)
5,890	浅田晃司	無新	(3.6)

西村明宏（にし　むら　あき　ひろ）

自前[無]　当6
福岡県北九州市　S35・7・16
勤17年1ヵ月　(初/平15)

党国対委員長代行、国家基本委筆頭理事、環境大臣、内閣府特命担当大臣、内閣官房副長官、国交・内閣府・復興副大臣、国交委長、党筆頭副幹事長、経産・国交部会長、早大院/63歳

〒981-1231　宮城県名取市手倉田字諏訪609-1　☎022(384)4757
〒100-8982　千代田区永田町2-1-2、会館　☎03(3508)7906

宮城県4区 237,478 投 57.15

塩竈市、多賀城市、富谷市、宮城郡(七ヶ浜町、利府町)、黒川郡(大和町、大衡村)、加美郡

当74,721	伊藤信太郎	自前	(56.5)
比30,047	舩山由美	共新	(22.7)
比当27,451	早坂　敦	維新	(20.8)

伊藤信太郎（い　とう　しん　た　ろう）

自前[麻]　当7
東京都港区　S28・5・6
勤19年2ヵ月　(初/平13補)

環境大臣、党国際局長、復興特委員長、環境委員長、外務副大臣、外務政務官、慶大院、ハーバード大院/70歳

〒985-0021　宮城県塩釜市尾島町24-20　☎022(367)8687
〒100-8982　千代田区永田町2-1-2、会館　☎03(3508)7091

宮城県５区　252,373 投 57.34

当81,033　安 住　淳　立前(56.9)
比64,410　森下千里　自新(43.1)

石巻市、東松島市、大崎市(松山・三本木・鹿島台・田尻総合支所管内)、宮城郡(松島町)、黒川郡(大郷町)、遠田郡、牡鹿郡、本吉郡

安住　淳（あずみ　じゅん）

立前　当9
宮城県　S37・1・17
勤27年7ヵ月　(初/平8)

党国対委員長、懲罰委長、民進党国対委員長、財務大臣、政府税調会長、防衛副大臣、衆安保委員長、党幹事長代行、NHK記者、早大/62歳

〒986-0814　石巻市南中里4-1-18　☎0225(23)2881
〒100-8981　千代田区永田町2-2-1、会館　☎03(3508)7293

宮城県６区　253,730 投 57.38

当119,555　小野寺五典　自前(83.2)
24,072　内藤隆司　共新(16.8)

気仙沼市、登米市、栗原市、大崎市(第5区に属しない区域)

小野寺五典（おのでら　いつのり）

自前[無]　当8
宮城県気仙沼市　S35・5・5
勤22年5ヵ月　(初/平9補)

予算委員長、党安全保障調査会長、防衛大臣、党政調会長代理、外務副大臣、外務大臣政務官、東北福祉大客員教授、県職員、松下政経塾、東大院/63歳

〒987-0511　登米市迫町佐沼字中江1-10-4 中江第一ビル2F．1号　☎0220(22)6354
〒107-0052　港区赤坂2-17-10、宿舎

秋田県１区　261,956 投 58.18

当77,960　冨樫博之　自前(51.9)
比当72,366　寺田　学　立前(48.1)

秋田市

冨樫博之（とがし　ひろゆき）

自前[無]　当4
秋田県秋田市　S30・4・27
勤11年4ヵ月　(初/平24)

党内閣第二部会長、内閣委理、経産委、復興特委、倫選特委、復興副大臣、総務大臣政務官、秋田県議会議長、衆院秘書、秋田経済大/68歳

〒010-1427　秋田市仁井田新田3-13-20　☎018(839)5601
〒107-0052　港区赤坂2-17-10、宿舎

秋田県２区　258,568 投 61.23

当81,845　緑川貴士　立前(52.5)
比当73,945　金田勝年　自前(47.5)

能代市、大館市、男鹿市、鹿角市、潟上市、北秋田市、鹿角郡、北秋田郡、山本郡、南秋田郡

緑川貴士（みどりかわ　たかし）

立前　当2
埼玉県　S60・1・10
勤6年6ヵ月　(初/平29)

農水委理事、党秋田県連代表、秋田朝日放送アナウンサー、早大/39歳

〒017-0897　秋田県大館市三ノ丸92　☎0186(57)8614
〒100-8982　千代田区永田町2-1-2、会館　☎03(3508)7002

秋田県3区 320,409 投 55.89

当134,734 御法川信英 自前(77.9)
38,118 杉 山 彰 共新(22.1)

横手市、湯沢市、由利本荘市、大仙市、にかほ市、仙北市、仙北郡、雄勝郡

御法川信英（みのりかわのぶひで）
自前[無] 当6
秋田県 S39・5・25
勤17年1ヵ月 (初/平15)

党国対委員長代理、災害対策特別委員長、国土交通・内閣府・復興副大臣、財務副大臣、外務政務官、慶大、コロンビア大院／59歳

〒014-0046 秋田県大仙市大曲田町20-32 ☎0187(63)5835
〒107-0052 港区赤坂2-17-10、宿舎

山形県1区 303,982 投 61.59

当110,688 遠藤利明 自前(60.0)
比73,872 原田和広 立新(40.0)

山形市、上山市、天童市、東村山郡

遠藤利明（えんどうとしあき）
自前[無] 当9
山形県上山市 S25・1・17
勤27年5ヵ月 (初/平5)

党中央政治大学院学院長、党総務会長、党選対委員長、東京五輪担当相、党幹事長代理、文科副大臣、建設政務次官、中大法／74歳

〒990-2481 山形市あかねヶ丘2-1-6 ☎023(646)6888
〒107-0052 港区赤坂2-17-10、宿舎 ☎03(5549)4671

山形県2区 313,967 投 65.71

当125,992 鈴木憲和 自前(61.8)
比77,742 加藤健一 国新(38.2)

米沢市、寒河江市、村山市、長井市、東根市、尾花沢市、南陽市、西村山郡、北村山郡、東置賜郡、西置賜郡

鈴木憲和（すずきのりかず）
自前[茂] 当4
山形県南陽市 S57・1・30
勤11年4ヵ月 (初/平24)

農林水産副大臣、党青年局長、外務大臣政務官、党外交部会長代理、党農林部会長代理、農水省、東大法／42歳

〒992-0012 米沢市金池2-1-11 ☎0238(26)4260
〒100-8981 千代田区永田町2-2-1、会館 ☎03(3508)7318

山形県3区 287,642 投 65.74

当108,558 加藤鮎子 自前(58.1)
66,320 阿部ひとみ 無新(35.5)
12,100 梅 木 威 共新(6.5)

鶴岡市、酒田市、新庄市、最上郡、東田川郡、飽海郡

加藤鮎子（かとうあゆこ）
自前[無] 当3
山形県鶴岡市 S54・4・19
勤9年4ヵ月 (初/平26)

内閣府特命担当大臣、党厚労部会長代理、国土交通大臣政務官、環境兼内閣府大臣政務官、コロンビア大院、慶大／44歳

〒997-0026 鶴岡市大東町17-23(自宅) ☎0235(22)0376
〒107-0052 港区赤坂2-17-10、宿舎

福島県1区 404,405 投60.61

当123,620 金子恵美 立前(51.1)
比当118,074 亀岡偉民 自前(48.9)

福島市、相馬市、南相馬市、伊達市、伊達郡、相馬郡

金子恵美（かねこえみ）

立前 当3(初/平26)※1
福島県保原町(現伊達市) S40・7・7
勤15年5ヵ月(参6年1ヵ月)

党会計監査、党「次の内閣」ネクスト農水大臣、党震災復興本部事務局長、復興特委、農水委、県連代表、内閣府政務官兼復興政務官、参議員、福島大院／58歳

〒960-8253 福島市泉字泉川34-1 ☎024(573)0520
〒100-8982 千代田区永田町2-1-2、会館 ☎03(3508)7476

福島県2区 347,250 投55.06

当102,638 根本 匠 自前(54.6)
比当85,501 馬場雄基 立新(45.4)

郡山市、二本松市、本宮市、安達郡

根本 匠（ねもとたくみ）

自前[無] 当9
福島県 S26・3・7
勤27年6ヵ月 (初/平5)

国家基本政策委員長、党復興本部長、予算委員長、党中小企業調査会長、厚労大臣、党金融調査会長、復興大臣、総理補佐官、経産委員長、内閣府副大臣、厚生政務次官、建設省、東大／72歳

〒963-8012 郡山市咲田1-2-1-103 ☎024(932)6662
〒100-8982 千代田区永田町2-1-2、会館 ☎03(3508)7312

福島県3区 264,121 投64.05

当90,457 玄葉光一郎 立前(54.2)
比当76,302 上杉謙太郎 自前(45.8)

白河市、須賀川市、田村市、岩瀬郡、西白河郡(泉崎村、中島村、矢吹町)、東白川郡、石川郡、田村郡

玄葉光一郎（げんばこういちろう）

立前 当10
福島県田村市 S39・5・20
勤30年10ヵ月 (初/平5)

安保委、復興特委、決算行監委長、外相、国家戦略担当・内閣府特命担当大臣、民主党政調会長、選対委長、県議、上智大／59歳

〒962-0832 須賀川市本町3-2 ☎0248(72)7990
〒100-8981 千代田区永田町2-2-1、会館 ☎03(3508)7252

福島県4区 237,353 投64.68

当76,683 小熊慎司 立前(51.0)
比当73,784 菅家一郎 自前(49.0)

会津若松市、喜多方市、南会津郡、耶麻郡、河沼郡、大沼郡、西白河郡(西郷村)

小熊慎司（おぐましんじ）

立前 当4(初/平24)※2
福島県 S43・6・16
勤13年10ヵ月(参2年6ヵ月)

拉致特委員長、外務委、参院議員、福島県議、会津若松市議、専大法学部／55歳

〒965-0835 会津若松市館馬町2-14 ニューパークハイツ1F ☎0242(38)3565
〒100-8981 千代田区永田町2-2-1、会館 ☎03(3508)7138

※1 平19参院初当選　※2 平22参院初当選

福島県5区 320,273 投48.00

当93,325 吉野正芳 自前(62.7)
55,619 熊谷　智 共新(37.3)

いわき市、双葉郡

吉野正芳（よしの まさよし）

自前［無］ 当8
福島県いわき市 S23・8・8
勤23年10ヵ月（初/平12）

党復興本部長代理、復興大臣、政倫審会長、農林水産委・震災復興特委・原子力特委・環境委各委員長、環境副大臣、文科政務官、早大／75歳

〒970-8026 いわき市平尼子町2-26NKビル ☎0246(21)4747
〒107-0052 港区赤坂2-17-10、宿舎

比例代表 東北 13人

青森、岩手、宮城、秋田、山形、福島

津島　淳（つしま じゅん）

自前［茂］ 当4
東京都 S41・10・18
勤11年4ヵ月（初/平24）

衆財務金融委員長、法務副大臣、国交兼内閣府政務官、党国土交通部会長、財務金融・内閣第一部会長代理、学習院大／57歳

〒038-0031 青森市三内字丸山381 ☎017(718)3726
〒100-8982 千代田区永田町2-1-2、会館 ☎03(3508)7073

秋葉賢也（あきば けんや）

自前［茂］ 当7(初/平17)
宮城県 S37・7・3
勤19年 〈宮城2区〉

消費者問題特委員長、厚労委、元復興大臣、党政調副会長、内閣総理大臣補佐官、環境委長、厚労・復興副大臣、総務大臣政務官、松下政経塾、中大法、東北大院法／61歳

〒981-3121 仙台市泉区上谷刈4-17-16 ☎022(375)4477
〒100-8981 千代田区永田町2-2-1、会館 ☎03(3508)7392

菅家一郎（かんけ いちろう）

自前［無］ 当4(初/平24)
福島県 S30・5・20
勤11年4ヵ月 〈福島4区〉

環境委理、復興副大臣、環境大臣政務官兼内閣府大臣政務官、会津若松市長、県議、市議、会社役員、早大／68歳

〒965-0872 会津若松市東栄町5-19 ☎0242(27)9439

亀岡偉民（かめおか よしたみ）

自前［無］ 当5(初/平17)
福島県 S30・9・10
勤15年3ヵ月 〈福島1区〉

予算委、倫選特委、倫選特委員長、拉致特委長、党総裁補佐、復興副大臣、文科兼内閣府副大臣、文科委員長、早大教育(野球部)／68歳

〒960-8055 福島市野田町5-6-25 ☎024(533)3131
〒100-8981 千代田区永田町2-2-1、会館 ☎03(3508)7148

かねだかつとし
金田勝年
自前［無］ 当5（初/平21）※
秋田県 S24・10・4
勤26年10ヵ月（参12年2ヵ月）〈秋田2区〉

予算委、災害特委、党総務会長代行、予算委員長、法務大臣、財務金融委員長、外務副大臣、農林水産政務次官、大蔵主計官、一橋大／74歳

〒016-0843 能代市中和1-16-2 ☎0185(54)3000
〒107-0052 港区赤坂2-17-10、宿舎 ☎03(5549)4671

うえすぎけんたろう
上杉謙太郎
自前［無］ 当2（初/平29）
神奈川県 S50・4・20
勤6年6ヵ月 〈福島3区〉

外務委、文科委、地・こ・デジ特委理事、震災復興特委、外務大臣政務官、議員秘書、県3区支部長、早大／48歳

〒961-0075 白河市会津町93 県南会津ビル ☎0248(21)9477

おかもとあきこ
岡本あき子
立前 当2（初/平29）
宮城県 S39・8・16
勤6年6ヵ月 〈宮城1区〉

総務委、地・こ・デジ特委理、党政調副会長、子ども若者応援本部事務局長、党ジェンダー平等推進本部事務局長、仙台市議、NTT、東北大／59歳

〒980-0811 仙台市青葉区一番町2-5-12-3F ☎022(395)4781
〒100-8981 千代田区永田町2-2-1、会館 ☎03(3508)7064

てらたまなぶ
寺田　学
立前 当6（初/平15）
秋田県横手市 S51・9・20
勤18年5ヵ月 〈秋田1区〉

政倫審筆頭幹事、法務委理、内閣総理大臣補佐官、三菱商事社員、中央大／47歳

〒010-1424 秋田市御野場1-1-9 ☎018(827)7515
〒100-8981 千代田区永田町2-2-1、会館 ☎03(3508)7464

おざわいちろう
小沢一郎
立前 当18（初/昭44）
岩手県旧水沢市 S17・5・24
勤54年6ヵ月 〈岩手3区〉

自由党代表、生活の党代表、国民の生活が第一代表、民主党代表、自由党党首、新進党党首、自民党幹事長、官房副長官、自治相、慶大／81歳

〒023-0814 奥州市水沢袋町2-38 ☎0197(24)3851
〒100-8981 千代田区永田町2-2-1、会館 ☎03(3508)7175

ばばゆうき
馬場雄基
立新 当1（初/令3）
福島県 H4・10・15
勤2年5ヵ月 〈福島2区〉

財金委、環境委、議運委、震災復興特委理、三井住友信託銀行、松下政経塾、コミュニティ施設事業統括、慶大法／31歳

〒963-8014 郡山市虎丸町6-18 虎丸ビル201 ☎024(953)8109
〒100-8982 千代田区永田町2-1-2、会館 ☎03(3508)7631

※平7参院初当選

しょうじ けんいち
庄子賢一
公新 当1
宮城県仙台市 S38・2・8
勤2年5ヵ月 (初/令3)

党中央幹事、党東北方面本部長、内閣委理、決算行監委、復興特委理、宮城県議会議員5期、広告代理店、東北学院大/61歳

〒983-0852 仙台市宮城野区榴岡4-5-24-502 ☎022(290)3770
〒100-8982 千代田区永田町2-1-2、会館 ☎03(3508)7474

たかはし ちづこ
高橋千鶴子
共前 当7
秋田県 S34・9・16
勤20年5ヵ月 (初/平15)

党衆議院議員団長、障害者の権利委員会責任者、党国交部会長、党幹部会委員、国交委、復興特委、地・こ・デジ特委、弘前大/64歳

〒980-0021 仙台市青葉区中央4-3-28
朝市ビル4F ☎022(223)7572
〒107-0052 港区赤坂2-17-10、宿舎 ☎03(5549)4671

はやさか あつし
早坂 敦
維新 当1(初/令3)
宮城県 S46・3・11
勤2年5ヵ月 〈宮城4区〉

文科委、復興特委理、会社役員、児童指導員、仙台市議、東北高校/52歳

〒981-3304 宮城県富谷市ひより台2-31-1-202 ☎022(344)6115
〒107-0052 港区赤坂2-17-10、宿舎

比例代表 東北 13人 有効投票数 4,120,670票

政党名	当選者数	得票数	得票率
	惜敗率 小選挙区		惜敗率 小選挙区

自民党 6人 1,628,233票 39.51%

当①津島 淳 前
当②秋葉 賢也 前(99.51)宮2
当②菅家 一郎 前(96.22)福4
当②亀岡 偉民 前(95.51)福1
当②金田 勝年 前(90.38)秋2
当②上杉謙太郎 前(84.35)福3
②森下 千里 新(75.78)宮5
②高橋比奈子 前(72.02)岩1
㉔前川 恵 元
㉕入野田 博 新
【小選挙区での当選者】
②江渡 聡徳 前 青1
②神田 潤一 新 青2
②木村 次郎 前 青3
②鈴木 俊一 前 岩2
②藤原 崇 前 岩3
②土井 亨 前 宮1
②西村 明宏 前 宮3
②伊藤信太郎 前 宮4
②小野寺五典 前 宮6
②冨樫 博之 前 秋1
②御法川信秀 前 秋3
②遠藤 利明 前 山1
②鈴木 憲和 前 山2
②加藤 鮎子 前 山3
②根本 匠 前 福2

立憲民主党 4人 991,504票 24.06%

当①岡本 章子 前(94.79)宮1
当①寺田 学 前(92.82)秋1
当①小沢 一郎 前(92.11)岩3
当①馬場 雄基 新(83.30)福2
①升田世喜男 元(71.28)青1
①原田 和広 新(66.74)山1
①大野 園子 新(62.61)宮3
①山内 崇 新(53.96)青3
①高畑 紀子 新(52.25)青2
①大林 正英 新(44.71)岩2

⑱佐野　利恵 新
⑲鳥居　作弥 新
⑳内海　　太 新
【小選挙区での当選者】
①階　　猛 前　　岩1
①鎌田さゆり 元　　宮2
①安住　　淳 前　　宮5
①緑川　貴士 前　　秋2
①金子　恵美 前　　福1
①玄葉光一郎 前　　福3
①小熊　慎司 前　　福4

公明党　1人　456,287票　11.07%

当①庄子　賢一 新
②佐々木雅文 新
③曽根　周作 新

共産党　1人　292,830票　7.11%

当①高橋千鶴子 前
②舩山　由美 新　　宮4
③藤本　友里 新

日本維新の会　1人　258,690票　6.28%

当①早坂　　敦 新(36.74)宮4
▼①春藤沙弥香 新(22.59)宮1

その他の政党の得票数・得票率は下記のとおりです。
(当選者はいません)

政党名	得票数	得票率
国民民主党	195,754票	4.75%
れいわ新選組	143,265票	3.48%
社民党	101,442票	2.46%
NHKと裁判してる党弁護士法72条違反で	52,664票	1.28%

茨城県1区　402,090　投51.29

当105,072　福島伸享　無元(52.1)
比当96,791　田所嘉徳　自前(47.9)

水戸市(本庁管内、赤塚・常澄出張所管内)、下妻市の一部(P169参照)、笠間市(笠間支所管内)、常陸大宮市(御前山支所管内)、筑西市、桜川市、東茨城郡(城里町)

ふくしま のぶゆき
福島伸享
無元(有志)　当3
茨城県　S45・8・8
勤8年7ヵ月　(初/平21)

国土交通委、震災復興特委、筑波大学客員教授、東京財団ディレクター、内閣官房参事官補佐、経産省、東大／53歳

〒310-0804　水戸市白梅1-7-21　☎029(302)8895
〒107-0052　港区赤坂2-17-10、宿舎

茨城県2区　355,390　投49.80

当110,831　額賀福志郎　自前(64.5)
比61,103　藤田幸久　立元(35.5)

水戸市(第1区に属しない区域)、笠間市(第1区に属しない区域)、鹿嶋市、潮来市、神栖市、行方市、鉾田市、小美玉市(本庁管内、小川総合支所管内)、東茨城郡(茨城町、大洗町)

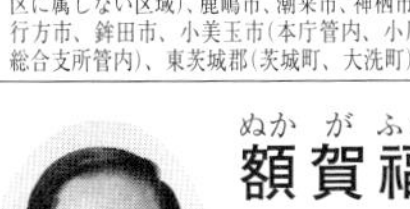

ぬかがふくしろう
額賀福志郎
無前　当13
茨城県行方市　S19・1・11
勤40年5ヵ月　(初/昭58)

衆議院議長、財務大臣、防衛庁長官、経済財政担当大臣、自民党政調会長、党税調顧問、党震災復興本部長、早大／80歳

〒311-3832　行方市麻生3287-32　☎0299(72)1218
〒100-8982　千代田区永田町2-1-2、会館　☎03(3508)7447

▼は小選挙区の得票が有効投票総数の10分の1未満で、復活当選の資格がない者

茨城県3区 389,521 投53.52

龍ヶ崎市、取手市、牛久市、守谷市、稲敷市、稲敷郡、北相馬郡

当109,448	葉梨康弘	自前	(53.6)
比63,674	梶岡博樹	立新	(31.2)
比31,100	岸野智康	維新	(15.2)

葉梨康弘（はなし やすひろ）

自前［無］ 当6
東京都 S34・10・12
勤17年1ヵ月 （初/平15）

総務委、国家基本委、懲罰委、情報監視審査会、党国対副委員長、法務大臣、党政調会長代理、農林水産副大臣、東大法/64歳

〒302-0017 取手市桑原1108 ☎0297(74)1859

茨城県4区 268,147 投52.81

常陸太田市、ひたちなか市、常陸大宮市(第1区に属しない区域)、那珂市、久慈郡

当98,254	梶山弘志	自前	(70.5)
比25,162	武藤優子	維新	(18.0)
比16,018	大内久美子	共新	(11.5)

梶山弘志（かじやま ひろし）

自前［無］ 当8
茨城県常陸太田市 S30・10・18
勤23年10ヵ月 （初/平12）

党幹事長代行、経済産業大臣、地方創生大臣、国交副大臣・政務官、国交・災対特委員長、党選対委員長代理、政調会長代理、元JAEA職員、日大/68歳

〒313-0013 常陸太田市山下町1189 ☎0294(72)2772
〒100-8982 千代田区永田町2-1-2、会館

茨城県5区 241,755 投53.30

日立市、高萩市、北茨城市、那珂郡

当61,373	浅野　哲	国前	(48.5)
比当53,878	石川昭政	自前	(42.6)
8,061	飯田美弥子	共新	(6.4)
3,248	田村　弘	無新	(2.6)

浅野　哲（あさの さとし）

国前 当2
東京都 S57・9・25
勤6年6ヵ月 （初/平29）

党国対委員長代理、エネルギー調査会長、議運委、内閣委、原子力特委、衆議員秘書、(株)日立製作所、日立労組、青学院修了/41歳

〒317-0071 茨城県日立市鹿島町1-11-13 友愛ビル ☎0294(21)5522
〒100-8981 千代田区永田町2-2-1、会館 ☎03(3508)7231

茨城県6区 454,712 投53.62

土浦市、石岡市、つくば市、かすみがうら市、つくばみらい市、小美玉市(第2区に属しない区域)

当125,703	国光文乃	自前	(52.5)
比当113,570	青山大人	立前	(47.5)

国光あやの（くにみつ）

自前［無］ 当2
山口県 S54・3・20
勤6年6ヵ月 （初/平29）

党外交副部会長、総務大臣政務官、医師、厚労省職員、長崎大医学部、東京医科歯科大院、UCLA大学院/44歳

〒305-0045 つくば市梅園2-7-1 コンフォートつくば101 ☎029(886)3686
〒100-8982 千代田区永田町2-1-2、会館 ☎03(3508)7036

茨城県7区 303,353 投53.71

古河市、結城市、下妻市(第1区に属しない区域)、常総市、坂東市、結城郡、猿島郡

当74,362 永岡桂子 自前(46.5)
比当70,843 中村喜四郎 立前(44.3)
比14,683 水梨伸晃 維新(9.2)

永岡桂子（ながおか けいこ）

自前[麻] 当6
東京都 S28・12・8
勤18年7ヵ月 (初/平17)

党選対委員長代理、文科委筆頭理事、文部科学大臣、党副幹事長、文科・厚労各副大臣、文科・消費者特各委員長、農水政務官、学習院大法／70歳

〒306-0023 古河市本町2-7-13 ☎0280(31)5033
〒100-8981 千代田区永田町2-2-1、会館 ☎03(3508)7274

栃木県1区 434,814 投52.42

宇都宮市(本庁管内、平石・清原・横川・瑞穂野・城山・国本・富屋・豊郷・篠井・姿川・雀宮地区市民センター管内、宝木・陽南出張所管内)、下野市の一部(P169参照)、河内郡

当102,870 船田元 自前(46.2)
比66,700 渡辺典喜 立新(29.9)
比43,935 柏倉祐司 維元(19.7)
9,393 青木弘 共新(4.2)

船田元（ふなだ はじめ）

自前[無] 当13
栃木県宇都宮市 S28・11・22
勤37年10ヵ月 (初/昭54)

憲法審幹事、文科委、消費者特委、党消費者問題調査会長、裁判官弾劾裁判所裁判長、経企庁長官、慶大院／70歳

〒320-0047 宇都宮市一の沢1-2-6 ☎028(666)8735
〒100-8982 千代田区永田町2-1-2、会館 ☎03(3508)7156

栃木県2区 262,690 投53.75

宇都宮市(第1区に属しない区域)、栃木市(西方総合支所管内)、鹿沼市、日光市、さくら市、塩谷郡

当73,593 福田昭夫 立前(53.4)
比当64,253 五十嵐清 自新(46.6)

福田昭夫（ふくだ あきお）

立前 当6
栃木県日光市 S23・4・17
勤18年7ヵ月 (初/平17)

総務委、決算行政監視委、地・こ・デジ特委、党県連代表、総務大臣政務官、栃木県知事、今市市長、東北大／75歳

〒321-2335 日光市森友781-3 ☎0288(21)4182
〒107-0052 港区赤坂2-17-10、宿舎

栃木県3区 241,014 投52.07

大田原市、矢板市、那須塩原市、那須烏山市、那須郡

当82,398 簗和生 自前(67.4)
比39,826 伊賀央 立新(32.6)

簗和生（やな かずお）

自前[無] 当4
東京都 S54・4・22
勤11年4ヵ月 (初/平24)

内閣委、安保委、災害特委、安全保障委員長、文部科学副大臣、国交政務官兼内閣府政務官、党農林部会長、農水・国交・経産委理、慶大、東大院修／44歳

〒324-0042 栃木県大田原市末広2-3-17 ☎0287(22)8706

栃木県4区 402,456 投55.37

当111,863 佐藤　勉 自前(51.1)
比当107,043 藤岡隆雄 立新(48.9)

栃木市(大平・藤岡・都賀・岩舟総合支所管内)、小山市、真岡市、下野市(第1区に属しない区域)、芳賀郡、下都賀郡

さとう つとむ
佐藤　勉
自前[無] 当9
栃木県壬生町 S27・6・20
勤27年7ヵ月 (初/平8)

国家基本委理、党総務会長、国家基本政策委員長、議院運営委員長、党国会対策委員長、総務大臣、日大／71歳

〒321-0225 下都賀郡壬生町本丸2-15-20 ☎0282(83)0001

栃木県5区 284,314 投50.99

当108,380 茂木敏充 自前(77.4)
31,713 岡村恵子 共新(22.6)

足利市、栃木市(第2区及び第4区に属しない区域)、佐野市

もてぎ としみつ
茂木敏充
自前[茂] 当10
栃木県足利市 S30・10・7
勤30年10ヵ月 (初/平5)

党幹事長、元外務大臣、経済財政政策担当大臣、党政調会長、経産大臣、金融・行革大臣、科技・IT大臣、東大、ハーバード大院／68歳

〒326-0053 足利市伊勢4-14-6 ☎0284(43)3050
〒100-8982 千代田区永田町2-1-2、会館 ☎03(3508)1011

群馬県1区 378,869 投52.97

当110,244 中曽根康隆 自前(56.3)
比42,529 宮崎岳志 維元(21.7)
24,072 斎藤敦子 無新(12.3)
18,917 店橋世津子 共新(9.7)

前橋市、桐生市(新里・黒保根支所管内)、沼田市、渋川市(赤城・北橘行政センター管内)、みどり市(東支所管内)、利根郡

なかそね やすたか
中曽根康隆
自前[無] 当2
東京都 S57・1・19
勤6年6ヵ月 (初/平29)

自由民主党青年局長代理、防衛大臣政務官兼内閣府大臣政務官、参議院議員秘書、JPモルガン証券(株)、慶大／42歳

〒371-0841 前橋市石倉町3-10-5 ☎027(289)6650
〒100-8982 千代田区永田町2-1-2、会館 ☎03(3508)7272

群馬県2区 322,971 投50.66

当88,799 井野俊郎 自前(54.0)
比50,325 堀越啓仁 立前(30.6)
25,216 石関貴史 無元(15.3)

桐生市(第1区に属しない区域)、伊勢崎市、太田市(藪塚町、山之神町、寄合町、大原町、六千石町、大久保町)、みどり市(第1区に属しない区域)、佐波郡

いの としろう
井野俊郎
自前[茂] 当4
群馬県 S55・1・8
勤11年4ヵ月 (初/平24)

党国対副委員長、防衛副大臣兼内閣府副大臣、法務大臣政務官、弁護士、市議、明大法／44歳

〒372-0042 伊勢崎市中央町26-2 ☎0270(75)1050
〒106-0032 港区六本木7-1-3、宿舎

群馬県3区 303,475 投53.62

太田市(第2区に属しない区域)、館林市、邑楽郡

当86,021	笹川博義	自前	(54.6)
比67,689	長谷川嘉一	立前	(43.0)
3,737	説田健二	N新	(2.4)

ささがわ ひろよし
笹川博義
自前[茂] 当4
東京都 S41・8・29
勤11年4ヵ月 (初/平24)

党法務部会長、衆議院農水委員長・議事進行係、環境副大臣・政務官、党総務・副幹事長、県議、明大中退/57歳

〒373-0818 群馬県太田市小舞木町270-1 ☎0276(46)7424
〒100-8982 千代田区永田町2-1-2、会館 ☎03(3508)7338

群馬県4区 295,511 投56.39

高崎市(本庁管内、新町・吉井支所管内)、藤岡市、多野郡

当105,359	福田達夫	自前	(65.0)
比56,682	角倉邦良	立新	(35.0)

ふくだ たつお
福田達夫
自前[無] 当4
東京都 S42・3・5
勤11年4ヵ月 (初/平24)

経産委、党筆頭副幹事長、党中小企業調査会事務局長、党税調幹事、党総務会長、防衛政務官、総理秘書官、商社員、慶大法/56歳

〒370-0073 高崎市緑町3-6-3 ☎027(365)1192
〒100-8981 千代田区永田町2-2-1、会館 ☎03(3508)7181

群馬県5区 303,298 投56.42

高崎市(第4区に属しない区域)、渋川市(第1区に属しない区域)、富岡市、安中市、北群馬郡、甘楽郡、吾妻郡

当125,702	小渕優子	自前	(76.6)
38,428	伊藤達也	共新	(23.4)

おぶち ゆうこ
小渕優子
自前[無] 当8
群馬県 S48・12・11
勤23年10ヵ月 (初/平12)

党選挙対策委員長、国家基本委、経産大臣、文科委長、財務副大臣、内閣府特命担当大臣、成城大、早大院修了/50歳

〒377-0423 吾妻郡中之条町大字伊勢町1003-7 ☎0279(75)2234
〒100-8982 千代田区永田町2-1-2、会館 ☎03(3508)7424

埼玉県1区 465,306 投55.48

さいたま市(見沼区の一部(P169参照)、浦和区、緑区、岩槻区)

当120,856	村井英樹	自前	(47.6)
比96,690	武正公一	立元	(38.1)
比23,670	吉村豪介	維新	(9.3)
11,540	佐藤真実	無新	(4.5)
1,234	中島徳二	無新	(0.5)

むらい ひでき
村井英樹
自前[無] 当4
埼玉県さいたま市 S55・5・14
勤11年4ヵ月 (初/平24)

内閣官房副長官、内閣総理大臣補佐官、党国対副委員長、内閣府大臣政務官、党副幹事長、財務省、ハーバード大院、東大/43歳

〒330-0061 さいたま市浦和区常盤9-27-9 ☎048(711)3241
〒100-8981 千代田区永田町2-2-1、会館 ☎03(3508)7467

埼玉県2区 470,538 ㊋50.35	当121,543 新藤義孝 自前(52.8)
	比当57,327 高橋英明 維新(24.9)
	51,420 奥田智子 共新(22.3)

川口市の一部(P169参照)

しんどう よしたか
新藤義孝 自前[茂] 当8
埼玉県川口市 S33・1・20
勤25年9ヵ月 (初/平8)

経済再生大臣、裁判官訴追委員長、衆憲法審査会与党筆頭幹事、党政調会長代行、総務大臣、経産副大臣、明大/66歳

〒332-0034 川口市並木1-10-22 ☎048(254)6000
〒100-8981 千代田区永田町2-2-1、会館 ☎03(3508)7313

埼玉県3区 462,607 ㊋51.88	当125,500 黄川田仁志 自前(53.6)
	比100,963 山川百合子 立前(43.1)
	7,534 河合悠祐 N新(3.2)

草加市、越谷市の一部(P170参照)

きかわだ ひとし
黄川田仁志 自前[無] 当4
神奈川県横浜市 S45・10・13
勤11年4ヵ月 (初/平24)

党国防部会長、党海洋小委事務局長、外務委員長、内閣府副大臣、外務大臣政務官、松下政経塾、米メリーランド大学院修了/53歳

〒343-0813 越谷市越ケ谷1-4-3 イハシ第一ビル1階 ☎048(962)8005
〒100-8981 千代田区永田町2-2-1、会館 ☎03(3508)7123

埼玉県4区 386,796 ㊋54.49	当107,135 穂坂泰 自前(52.3)
	比47,863 浅野克彦 国新(23.3)
	34,897 工藤薫 共新(17.0)
	11,733 遠藤宣彦 無元(5.7)
	3,358 小笠原洋輝 無新(1.6)

朝霞市、志木市、和光市、新座市

ほさか やすし
穂坂泰 自前[無] 当2
埼玉県志木市 S49・2・17
勤6年6ヵ月 (初/平29)

外務大臣政務官、外務委、環境大臣政務官兼内閣府大臣政務官、志木市議、青山学院大/50歳

〒351-0011 埼玉県朝霞市本町1-10-40-101 ☎048(458)3344
〒100-8982 千代田区永田町2-1-2、会館 ☎03(3508)7030

埼玉県5区 397,522 ㊋56.58	当113,615 枝野幸男 立前(51.4)
	比当107,532 牧原秀樹 自前(48.6)

さいたま市(西区、北区、大宮区、見沼区(大字砂、砂町2丁目、東大宮2~4丁目)、中央区)

えだの ゆきお
枝野幸男 立前 当10
栃木県 S39・5・31
勤30年10ヵ月 (初/平5)

前党代表、民進党憲法調査会長、経済産業大臣、内閣官房長官、行政刷新大臣、沖縄・北方担当大臣、党幹事長、政調会長、弁護士、東北大/59歳

〒330-0846 さいたま市大宮区大門町2-108-5 永峰ビル2F ☎048(648)9124

埼玉県6区 443,180 投55.32

当134,281 大島 敦 立前(56.0)
比当105,433 中根一幸 自前(44.0)

鴻巣市(本庁管内、吹上支所管内)、上尾市、桶川市、北本市、北足立郡

おおしま あつし
大島 敦
立前 当8
埼玉県北本市 S31・12・21
勤23年10ヵ月 (初/平12)

憲法審査会委、経産委、党企業・団体交流委員長、懲罰委長、内閣府副大臣、総務副大臣、日本鋼管・ソニー生命社員、早大/67歳

〒363-0021 桶川市泉2-11-32 天沼ビル ☎048(789)2110
〒100-8981 千代田区永田町2-2-1、会館 ☎03(3508)7093

埼玉県7区 436,985 投52.63

当98,958 中野英幸 自新(44.2)
比当93,419 小宮山泰子 立前(41.7)
比31,475 伊勢田享子 維新(14.1)

川越市、富士見市、ふじみ野市(本庁管内)

なかの ひでゆき
中野英幸
自新[無] 当1
埼玉県 S36・9・6
勤2年5ヵ月 (初/令3)

法務大臣政務官、法務委、前内閣府大臣政務官兼復興大臣政務官、埼玉県議会議員(3期)、日大中退/62歳

〒350-0055 川越市久保町5-3 ☎049(226)8888
〒107-0052 港区赤坂2-17-10、宿舎 ☎03(5549)4671

埼玉県8区 365,768 投56.69

当104,650 柴山昌彦 自前(51.6)
98,102 小野塚勝俊 無元(48.4)

所沢市、ふじみ野市(第7区に属しない区域)、入間郡(三芳町)

しばやま まさひこ
柴山昌彦
自前[無] 当7
愛知県名古屋市 S40・12・5
勤20年 (初/平16補)

党政調会長代理、県連会長、教育・人材力強化調査会長、幹事長代理、文部科学大臣、首相補佐官、総務副大臣、外務政務官、弁護士、東大法/58歳

〒359-1141 所沢市小手指町2-12-4 ユーケー小手指101 ☎04(2924)5100
〒100-8982 千代田区永田町2-1-2、会館 ☎03(3508)7624

埼玉県9区 404,689 投55.44

当117,002 大塚 拓 自前(53.4)
比80,756 杉村慎治 立新(36.8)
21,464 神田三春 共新(9.8)

飯能市、狭山市、入間市、日高市、入間郡(毛呂山町、越生町)

おおつか たく
大塚 拓
自前[無] 当5
東京都 S48・6・14
勤15年3ヵ月 (初/平17)

党選対副委員長、党政調副会長、安保委員長、国防部会長、内閣府副大臣、法務政務官、三菱銀、慶大法、ハーバード大院/50歳

〒358-0003 入間市豊岡1-2-23 清水ビル2F ☎04(2901)1112

埼玉県10区 328,163 投58.19	
東松山市、坂戸市、鶴ヶ島市、比企郡	当96,153　山口　晋　自新(51.6) 比当90,214　坂本祐之輔　立元(48.4)

やまぐち　すすむ
山口　晋
自新[茂]　当1
埼玉県川島町　S58・7・28
勤2年5ヵ月　(初/令3)

衆院農水委、文科委、災害特委、党国会対策委員、青年局次長、行革推進本部幹事、衆院議員秘書、一橋大院修了、国立シンガポール大院修了／40歳

〒350-0227　坂戸市仲町12-10　☎049(282)3773

埼玉県11区 351,863 投52.87	
熊谷市(江南行政センター管内)、秩父市、本庄市、深谷市、秩父郡、児玉郡、大里郡	当111,810　小泉龍司　自前(61.9) 比49,094　島田　誠　立新(27.2) 19,619　小山森也　共新(10.9)

こいずみりゅうじ
小泉龍司
自前[無]　当7
東京都　S27・9・17
勤19年11ヵ月　(初/平12)

法務大臣、元大蔵省銀行局調査室長、東大法／71歳

〒366-0051　深谷市上柴町東3-17-19　☎048(575)3030

埼玉県12区 369,482 投55.52	
熊谷市(第11区に属しない区域)、行田市、加須市、羽生市、鴻巣市(第6区に属しない区域)	当102,627　森田俊和　立前(51.0) 比当98,493　野中　厚　自前(49.0)

もりたとしかず
森田俊和
立前　当2
埼玉県熊谷市　S49・9・19
勤6年6ヵ月　(初/平29)

環境委筆頭理事、会社役員、埼玉県議、早大大学院／49歳

〒360-0831　埼玉県熊谷市久保島1003-2　☎048(530)6001

埼玉県13区 400,359 投52.43	
春日部市の一部(P170参照)、越谷市(第3区に属しない区域)(P170参照)、久喜市(本庁管内、菖蒲総合支所管内)、蓮田市、白岡市、南埼玉郡	当101,149　土屋品子　自前(49.4) 比86,923　三角創太　立新(42.5) 16,622　赤岸雅治　共新(8.1)

つちやしなこ
土屋品子
自前[無]　当8
埼玉県春日部市　S27・2・9
勤24年3ヵ月　(初/平8)

復興大臣、党総務会副会長、党食育調査会長、厚生労働副大臣、環境副大臣、外務委員長、消費者特委員長、聖心女子大／72歳

〒344-0062　春日部市粕壁東2-3-40-101　☎048(761)0475
〒100-8981　千代田区永田町2-2-1、会館　☎03(3508)7188

埼玉県14区 442,310 投50.08

春日部市(第13区に属しない区域)、久喜市(第13区に属しない区域)、八潮市、三郷市、幸手市、吉川市、北葛飾郡

当111,262 三ツ林裕巳 自前(51.6)
比当71,460 鈴木義弘 国元(33.1)
33,062 田村 勉 共新(15.3)

三ッ林裕巳(みつばやしひろみ)

自前[無] 当4
埼玉県 S30・9・7
勤11年4ヵ月 (初/平24)

法務委、厚労委、議運委、党国対副委員長、内閣府副大臣、厚労委員長、党副幹事長、日本歯科大特任教授、日大客員教授、医師、日大医学部/68歳

〒340-0161 埼玉県幸手市千塚490-1 ☎0480(42)3535

埼玉県15区 422,917 投53.65

さいたま市(桜区、南区)、川口市の一部(P170参照)、蕨市、戸田市

当102,023 田中良生 自前(45.9)
比71,958 高木錬太郎 立前(32.4)
比当48,434 沢田 良 維新(21.8)

田中良生(たなかりょうせい)

自前[無] 当5
埼玉県 S38・11・11
勤15年3ヵ月 (初/平17)

総務委理事、党総務、内閣府・国土交通副大臣、党経済産業部会長、経済産業大臣政務官、党副幹事長、立教大/60歳

〒336-0018 さいたま市南区南本町1-14-5-104 ☎048(844)3131
〒100-8982 千代田区永田町2-1-2、会館 ☎03(3508)7058

比例代表 北関東 19人 茨城、栃木、群馬、埼玉

尾身朝子(おみあさこ)

自前[無] 当3
東京都 S36・4・26
勤9年4ヵ月 (初/平26)

文科委理、総務委、沖北特委、党総務会副会長、総務副大臣、外務大臣政務官、党情報・通信関係団体委員長、NTT、東大法/62歳

〒371-0852 前橋市総社町総社3137-1 ☎027(280)5250
〒100-8982 千代田区永田町2-1-2、会館 ☎03(3508)7484

野中 厚(のなかあつし)

自前[茂] 当4(初/平24)
埼玉県 S51・11・17
勤11年4ヵ月 〈埼玉12区〉

農林水産委員長、農林水産副大臣、党総務、党国土・建設関係団体委員長、農水大臣政務官、党国対副委員長、埼玉県議、慶大/47歳

〒347-0001 埼玉県加須市大越2194 ☎0480(53)5563
〒100-8981 千代田区永田町2-2-1、会館 ☎03(3508)7041

まき　はら　ひで　き
牧原秀樹
自前［無］　当5(初/平17)
東京都　S46・6・4
勤15年3ヵ月　**〈埼玉5区〉**

法務委筆頭理、予算委理、党厚労部会長、経産副大臣、内閣委員長、厚労副大臣、環境政務官、青年局長、弁護士、東大法／52歳

〒338-0001　さいたま市中央区上落合2-1-24
三殖ビル5F　☎048(854)0808
〒100-8981　千代田区永田町2-2-1、会館 ☎03(3508)7254

た　どころ　よし　のり
田所嘉徳
自前［無］　当4(初/平24)
茨城県　S29・1・19
勤11年4ヵ月　**〈茨城1区〉**

党副幹事長、法務副大臣、法務政務官、党総務部会長、労働関係団体委員長、法務・自治関係団体委員長、白鷗大法科大学院／70歳

〒310-0804　水戸市白梅2-4-12　☎029(353)6822
〒100-8981　千代田区永田町2-2-1、会館　☎03(3508)7068

いし　かわ　あき　まさ
石川昭政
自前［無］　当4(初/平24)
茨城県日立市　S47・9・18
勤11年4ヵ月　**〈茨城5区〉**

デジタル副大臣兼内閣府副大臣、党経済産業部会長、経済産業兼内閣府兼復興大臣政務官、國學院大学院修了／51歳

〒317-0076　茨城県日立市会瀬町4-5-17　☎0294(51)5887

い　が　らし　きよし
五十嵐　清
自新［茂］　当1(初/令3)
栃木県小山市　S44・12・14
勤2年5ヵ月　**〈栃木2区〉**

衆農水委、法務委、震災復興特委、党農水・環境団体委副委長、国際協力調査会事務局次長、元栃木県議会議長、豪州ボンド大／54歳

〒322-0024　栃木県鹿沼市晃望台25　☎0289(60)8811
〒100-8982　千代田区永田町2-1-2、会館　☎03(3508)7085

なか　ね　かず　ゆき
中根一幸
自前［無］　当5(初/平17)
埼玉県鴻巣市　S44・7・11
勤15年3ヵ月　**〈埼玉6区〉**

国交委、原子力特委、党ITS推進・道路調査会幹事長、原子力特委長、国交委員長、内閣府副大臣、外務副大臣、党総務部会長、党国交部会長、専大院法／54歳

〒365-0038　埼玉県鴻巣市本町3-9-28　☎048(543)8880
〒100-8982　千代田区永田町2-1-2、会館　☎03(3508)7458

ふじ　おか　たか　お
藤岡隆雄
立新　当1(初/令3)
愛知県　S52・3・28
勤2年5ヵ月　**〈栃木4区〉**

総務委、地・こ・デジ特委理、党政調会長補佐、党栃木県連代表代行、金融庁課長補佐、大阪大／46歳

〒323-0022　小山市駅東通り2-14-22　☎0285(37)8214

なかむら きしろう
中村喜四郎
立前 当15(初/昭51)
茨城県 S24・4・10
勤44年10ヵ月 **〈茨城7区〉**

国家基本委、建設大臣、自民党国対副委長、政調副会長、科技庁長官、建設委長、日大／74歳

〒306-0400 猿島郡境町1728 ☎0280(87)0154
〒107-0052 港区赤坂2-17-10、宿舎 ☎03(5549)4671

こみやまやすこ
小宮山泰子
立前 当7(初/平15)
埼玉県川越市 S40・4・25
勤20年5ヵ月 **〈埼玉7区〉**

国交委、復興特委、党国土交通・復興部門長、ネクスト国交・復興大臣、元農水委員長、埼玉県議、衆議員秘書、NTT社員、慶大商、日大院修了／58歳

〒350-0043 川越市新富町1-18-6-2F ☎049(222)2900

さかもとゆうのすけ
坂本祐之輔
立元 当3(初/平24)
埼玉県東松山市 S30・1・30
勤7年3ヵ月 **〈埼玉10区〉**

文科委理、地・こ・デジ特委、武蔵丘短大客員教授、元科技特委長、民進党副代表、埼玉県体育協会長、東松山市長、日大／69歳

〒355-0016 東松山市材木町20-9 ☎0493(22)3682
〒100-8982 千代田区永田町2-1-2、会館 ☎03(3508)7449

あおやまやまと
青山大人
立前 当2(初/平29)
茨城県土浦市 S54・1・24
勤6年6ヵ月 **〈茨城6区〉**

文科委、消費者特委理、茨城県議、世界史講師、土浦YEG顧問、消防団員、土浦一高、慶大経／45歳

〒300-0815 土浦市中高津1-21-3
村山ビル2F ☎029(828)7011

いしいけいいち
石井啓一
公 当10
東京都 S33・3・20
勤30年10ヵ月 (初/平5)

党幹事長、党茨城県本部顧問、埼玉県本部顧問、国土交通大臣、党政調会長、財務副大臣、東大工／65歳

〒340-0005 草加市中根3-34-33 ☎048(951)7110
〒107-0052 港区赤坂2-17-10、宿舎

こしみずけいいち
輿水恵一
公元 当3
山梨県 S37・2・4
勤7年3ヵ月 (初/平24)

党国対委員長代理、党地方議会局長、議運委理、倫選特委、総務大臣政務官、さいたま市議、キヤノン、青学大／62歳

〒336-0967 さいたま市緑区美園4-13-5
ドルフィーノ浦和美園202

ふく しげ たか ひろ
福重隆浩
公新 東京都 勤2年5ヵ月
当1 S37・5・3 (初/令3)

党群馬県本部代表、党地方議会局次長、国際局次長、労働局次長、厚労委、決算行監委理、震災復興特委、群馬県議、創価大／61歳

〒370-0069 高崎市飯塚町457-2 3F ☎027(370)5650
〒100-8981 千代田区永田町2-2-1、会館 ☎03(3508)7249

さわ だ りょう
沢田　良
維新 東京都江東区 勤2年5ヵ月
当1(初/令3) S54・9・27 〈埼玉15区〉

財金委、復興特委、参議員秘書、浦和北ロータリー会員、日大校友会埼玉県支部常任幹事、日大芸術学部／44歳

〒336-0024 さいたま市南区根岸2-22-16 1F
☎048(767)8045

たか はし ひで あき
高橋英明
維新 埼玉県川口市 勤2年5ヵ月
当1(初/令3) S38・5・10 〈埼玉2区〉

国交委、沖北特委理、政倫審委、川口市議、武蔵大経済学部、中央工学校／60歳

〒337-0847 川口市芝中田2-9-6 ☎048(262)5808

しお かわ てつ や
塩川鉄也
共前 埼玉県日高市 勤23年10ヵ月
当8 S36・12・18 (初/平12)

党幹部会委員、党国会議員団国対委員長代理、衆院国対副委員長、内閣委、議運委、倫選特委、日高市職員、都立大／62歳

〒330-0835 さいたま市大宮区北袋町1-171-1 ☎048(649)0409
〒100-8982 千代田区永田町2-1-2、会館 ☎03(3508)7507

すず き よし ひろ
鈴木義弘
国元 埼玉県三郷市 勤7年3ヵ月
当3(初/平24) S37・11・10 〈埼玉14区〉

経産委、消費者特委、復興特委、(故)土屋義彦参院議員秘書、元埼玉県議、日本大学理工学部／61歳

〒341-0044 三郷市戸ヶ崎3-347 ☎048(948)2070

比例代表　北関東　19人
有効投票数 6,172,103票

政党名	当選者数	得票数	得票率
	惜敗率 小選挙区		惜敗率 小選挙区
自民党	7人	2,172,065票	35.19%

当①尾身　朝子 前
当②野中　　厚 前(95.97)埼12
当②牧原　秀樹 前(94.65)埼5
当②田所　嘉徳 前(92.12)茨1

当②石川　昭政 前(87.79) 茨5
当②五十嵐　清 新(87.31) 栃2
当②中根　一幸 前(78.52) 埼6
㉜河村　建一 新
㉝神山　佐市 前
㉞西川　鎭央 新
㉟上野　宏史 前
㊲佐藤　明男 前
㊳鈴木　聖二 新
㊴小川　雅幸 新

【小選挙区での当選者】
②葉梨　康弘 前 茨3
②梶山　弘志 前 茨4
②国光　文乃 前 茨6
②永岡　桂子 前 茨7
②船田　元 前 栃1
②簗　和生 前 栃3
②佐藤　勉 前 栃4
②茂木　敏充 前 栃5
②中曽根康隆 前 群1
②井野　俊郎 前 群2
②笹川　博義 前 群3
②福田　達夫 前 群4
②小渕　優子 前 群5
②村井　英樹 前 埼1
②新藤　義孝 前 埼2
②黄川田仁志 前 埼3
②穂坂　泰 前 埼4
②柴山　昌彦 前 埼8
②大塚　拓 前 埼9
②山口　晋 新 埼10
②小泉　龍司 前 埼11
②土屋　品子 前 埼13
②三ツ林裕巳 前 埼14
②田中　良生 前 埼15
㊱中野　英幸 新 埼7

立憲民主党　5人　1,391,148票　22.54%

当①藤岡　隆雄 新(95.69) 栃4
当①中村喜四郎 前(95.27) 茨7
当①小宮山泰子 前(94.40) 埼7
当①坂本祐之輔 元(93.82) 埼10
当①青山　大人 前(90.35) 茨6
①三角　創太 新(85.94) 埼13
①山川百合子 前(80.45) 埼3
①武正　公一 元(80.00) 埼1
①長谷川嘉一 前(78.69) 群3
①高木錬太郎 前(70.53) 埼15
①杉村　慎治 新(69.02) 埼9
①渡辺　典喜 新(64.84) 栃1
①梶岡　博樹 新(58.18) 茨3
①堀越　啓仁 前(56.67) 群2
①藤田　幸久 元(55.13) 茨2
①角倉　邦良 新(53.80) 群4
①伊賀　央 新(48.33) 栃3
①島田　誠 新(43.91) 埼11
㉓石塚　貞通 新
㉔船山　幸雄 新
㉕高杉　徹 新

【小選挙区での当選者】
①福田　昭夫 前 栃2
①枝野　幸男 前 埼5
①大島　敦 前 埼6
①森田　俊和 前 埼12

公明党　3人　823,930票　13.35%

当①石井　啓一 前
当②輿水　恵一 元
当③福重　隆浩 新
④村上　知己 新

日本維新の会　2人　617,531票　10.01%

当①沢田　良 新(47.47) 埼15
当①高橋　英明 新(47.17) 埼2
①柏倉　祐司 元(42.71) 栃1
①宮崎　岳志 元(38.58) 群1
①伊勢田享子 新(31.81) 埼7
①岸野　智康 新(28.42) 茨3
①武藤　優子 新(25.61) 茨4
▼①水梨　伸晃 新(19.75) 茨7
▼①吉村　豪介 新(19.59) 埼1

共産党　1人　444,115票　7.20%

当①塩川　鉄也 前
②梅村早江子 元
③大内久美子 新 茨4

国民民主党　1人　298,056票　4.83%

当①鈴木　義弘 元(64.23) 埼14
①浅野　克彦 新(44.68) 埼4

【小選挙区での当選者】
①浅野　哲 前 茨5

その他の政党の得票数・得票率は下記のとおりです。
(当選者はいません)

政党名	得票数	得票率
れいわ新選組	239,592票	3.88%
社民党	97,963票	1.59%
NHKと裁判してる党弁護士法72条違反で	87,702票	1.42%

▼は小選挙区の得票が有効投票総数の10分の1未満で、復活当選の資格がない者

千葉県1区 430,513 投54.51

千葉市(中央区、稲毛区、美浜区)

当128,556 田嶋 要 立前(56.3)
比当99,895 門山宏哲 自前(43.7)

たじま かなめ
田嶋 要

立前 当7
愛知県 S36・9・22
勤20年5ヵ月 (初/平15)

党NC経産大臣、経産委、原子力特委、経産政務官、原子力災害現地対策本部長、NTT、世銀IFC投資官、米ウォートンMBA、東大法/62歳

〒260-0015 千葉市中央区富士見2-9-28
第1山崎ビル6F ☎043(202)1511

千葉県2区 460,509 投54.65

千葉市(花見川区)、習志野市、八千代市

当153,017 小林鷹之 自前(62.0)
比69,583 黒田 雄 立元(28.2)
比24,052 寺尾 賢 共新(9.8)

こばやし たかゆき
小林鷹之

自前[無] 当4
千葉県 S49・11・29
勤11年4ヵ月 (初/平24)

憲法審幹事、復興特委理事、経産委、国交委、党組織運動副本部長、経済安全保障大臣、防衛大臣政務官、財務省、ハーバード大院、東大法/49歳

〒276-0033 千葉県八千代市八千代台南1-3-3
山萬八千代台ビル1F ☎047(409)5842
〒100-8981 千代田区永田町2-2-1、会館 ☎03(3508)7617

千葉県3区 336,241 投52.36

千葉市(緑区)、市原市

当106,500 松野博一 自前(61.9)
比65,627 岡島一正 立前(38.1)

まつの ひろかず
松野博一

自前[無] 当8
千葉県 S37・9・13
勤23年10ヵ月 (初/平12)

前内閣官房長官、情報監視審査会長、党総務会長代行、党雇用問題調査会長、文科大臣、厚労政務官、松下政経塾、ライオン(株)、早大法/61歳

〒290-0072 市原市西国分寺台1-16-16 ☎0436(23)9060
〒107-0052 港区赤坂2-17-10、宿舎 ☎03(5549)4671

千葉県4区 463,083 投52.69

船橋市(本庁管内、二宮・芝山・高根台・習志野台・西船橋出張所管内、船橋駅前総合窓口センター管内(丸山1~5丁目に属する区域を除く。))

当154,412 野田佳彦 立前(64.5)
比84,813 木村哲也 自前(35.5)

のだ よしひこ
野田佳彦

立前 当9
千葉県船橋市 S32・5・20
勤27年1ヵ月 (初/平5)

党最高顧問、元民進党幹事長、内閣総理大臣、財務大臣、財務副大臣、懲罰委長、党幹事長代理、党国対委長、県議、松下政経塾、早大/66歳

〒274-0077 船橋市薬円台6-6-8-202 ☎047(496)1110
〒107-0052 港区赤坂2-17-10、宿舎

千葉県5区 450,365 投54.07

（総選挙の結果はP168参照）

補選（令和5.4.23）

当50,578 英利アルフィヤ 自新（30.6）
45,635 矢崎堅太郎 立新（27.6）
24,842 岡野純子 国新（15.0）
22,952 岸野智康 維新（13.9）
12,360 斉藤和子 共元（7.5）
6,561 星健太郎 無新（4.0）
2,463 織田三江 政女新（1.5）

市川市（本庁管内の一部（P170参照）、行徳支所管内）、浦安市
令和4年12月21日 薗浦健太郎議員辞職

英利アルフィヤ（えり）

自新［麻］ 補当1
福岡県北九州市 S63・10・16
勤11ヵ月 （初／令5補）

法務委、財金委、消費者特委、党国対委、党女性局・青年局次長、党広報戦略局次長、国連事務局本部、日本銀行、ジョージタウン大学外交政策学部・院卒／35歳

〒272-0021 市川市八幡3-14-3 シロワビル202 ☎047（702）8520
〒100-8981 千代田区永田町2-2-1 会館 ☎03（3508）7436

千葉県6区 369,609 投52.99

当80,764 渡辺博道 自前（42.5）
比当48,829 藤巻健太 維新（25.7）
32,444 浅野史子 共新（17.1）
28,083 生方幸夫 無前（14.8）

市川市（第5区に属しない区域）、松戸市（本庁管内、常盤平・六実・矢切・東部支所管内）

渡辺博道（わたなべひろみち）

自前［茂］ 当8
千葉県 S25・8・3
勤24年3ヵ月 （初／平8）

党財務委員長、党再犯防止推進特別委員長、復興大臣、党経理局長、原子力特委長、地方創生特委長、厚労委長、総務委長、経産副大臣、早大、明大院／73歳

〒270-2241 松戸市松戸新田592 ☎047（369）2929
〒100-8981 千代田区永田町2-2-1 会館 ☎03（3508）7387

千葉県7区 434,040 投54.54

当127,548 斎藤健 自前（55.0）
比71,048 竹内千春 立新（30.6）
比28,594 内山晃 維元（12.3）
4,749 渡辺晋宏 N新（2.0）

松戸市（第6区に属しない区域）、野田市、流山市

齋藤健（さいとうけん）

自前［無］ 当5
東京都港区 S34・6・14
勤14年8ヵ月 （初／平21）

経済産業大臣、法務大臣、農水大臣、党団体総局長、環境政務官、経産省課長、埼玉県副知事、ハーバード大院／64歳

〒270-0119 千葉県流山市おおたかの森北1-5-2 セレーナおおたかの森2F ☎04（7190）5271

千葉県8区 423,866 投56.16

当135,125 本庄知史 立新（59.7）
比当81,556 桜田義孝 自前（36.0）
9,845 宮岡進一郎 無新（4.3）

柏市（本庁管内、田中・増尾・富勢・光ケ丘・豊四季台・南部・西原・松葉・藤心出張所管内、柏駅前行政サービスセンター管内）、我孫子市

本庄知史（ほんじょうさとし）

立新 当1
京都府 S49・10・22
勤2年5ヵ月 （初／令3）

内閣委、倫選特委理、憲法審委、党副幹事長、千葉県連副代表、副総理・外務大臣秘書官、衆議院議員政策秘書、東大法学部／49歳

〒277-0863 柏市豊四季949-9-101 ☎04（7170）2680

千葉県9区 407,331 投53.01

当107,322 奥野総一郎 立前(51.1)
比当102,741 秋本真利 自前(48.9)

千葉市(若葉区)、佐倉市、四街道市、八街市

おくの そういちろう
奥野総一郎

立前 当5
兵庫県神戸市 S39・7・15
勤14年8ヵ月 (初/平21)

予算委理、総務委理、憲法審委、党役員室長、党千葉県連代表、沖北特委長、総務省調査官、東大法/59歳

〒285-0845 佐倉市西志津1-20-4 ☎043(461)8609

千葉県10区 341,141 投53.28

当83,822 林 幹雄 自前(47.3)
比当80,971 谷田川元 立前(45.7)
10,272 梓 まり 諸新(5.8)
2,173 今留尚人 無新(1.2)

銚子市、成田市、旭市、匝瑳市、香取市、香取郡、山武郡(横芝光町の一部(P170参照))

はやし もとお
林 幹雄

自前[無] 当10
千葉県銚子市 S22・1・3
勤30年10ヵ月 (初/平5)

党地方創生実行統合本部長、党経理局長、党幹事長代理、経産大臣、議運委長、党航空特委長、党総務会長代理、国務大臣国家公安委長、沖・北・防災担当大臣、国交委長、国交副大臣、運輸政務次官、日大芸/77歳

〒288-0046 銚子市大橋町2-2 ☎0479(23)1093
〒100-8981 千代田区永田町2-2-1、会館

千葉県11区 351,570 投51.38

当110,538 森 英介 自前(64.4)
30,557 椎名史明 共新(17.8)
比当30,432 多ケ谷 亮 れ新(17.7)

茂原市、東金市、勝浦市、山武市、いすみ市、大網白里市、山武郡(九十九里町、芝山町、横芝光町(第10区に属しない区域))、長生郡、夷隅郡

もり えいすけ
森 英介

自前[麻] 当11
東京都 S23・8・31
勤34年3ヵ月 (初/平2)

憲法審査会長、党労政局長、政倫審会長、憲法審査会長、法務大臣、厚労副大臣、川崎重工社員、工学博士、東北大/75歳

〒297-0016 茂原市木崎284-10 ☎0475(26)0200

千葉県12区 380,864 投52.20

当123,210 浜田靖一 自前(64.0)
比56,747 樋高 剛 立元(29.5)
12,530 葛原 茂 共新(6.5)

館山市、木更津市、鴨川市、君津市、富津市、袖ケ浦市、南房総市、安房郡

はまだ やすかず
浜田靖一

自前[無] 当10
千葉県富津市 S30・10・21
勤30年10ヵ月 (初/平5)

党国対委員長、国家基本委、情報監視審査会長、防衛大臣、予算委員長、党幹事長代理、国対委員長、専修大/68歳

〒292-0066 木更津市新宿1-3柴野ビル2F ☎0438(23)5432
〒100-8982 千代田区永田町2-1-2、会館 ☎03(3508)7020

衆 略歴 千葉

千葉県13区　416,857 投54.49

当100,227　松本　尚　自新(45.1)
比79,687　宮川　伸　立前(35.8)
比42,473　清水聖士　維新(19.1)

船橋市(豊富・二和出張所管内、船橋駅前総合窓口センター管内(丸山1～5丁目に属する区域に限る。))、柏市(第8区に属しない区域)、鎌ケ谷市、印西市、白井市、富里市、印旛郡

松本　尚（まつもと ひさし）

自新[無]　当1
石川県金沢市　S37・6・3
勤2年5ヵ月　(初/令3)

防衛大臣政務官、救急・外傷外科医、日本医科大学千葉北総病院副院長、同大学特任教授、千葉県医師会顧問、MBA、金沢大医学部／61歳

〒270-1345　印西市船尾1380-2　☎0476(29)5099
〒107-0052　港区赤坂2-17-10、宿舎

神奈川県1区　427,922 投53.99

当100,118　篠原　豪　立前(45.0)
76,064　松本　純　無前(34.2)
比当46,271　浅川義治　維新(20.8)

横浜市(中区、磯子区、金沢区)

篠原　豪（しのはら ごう）

立前　当3
神奈川県横浜市　S50・2・12
勤9年4ヵ月　(初/平26)

安保委筆頭理事、党政調副会長、党外交・安保PT事務局長、党県政策委員長、横浜市議、早大院／49歳

〒235-0016　横浜市磯子区磯子3-6-23
アイランドビル1F　☎045(349)9180
〒100-8982　千代田区永田町2-1-2、会館　☎03(3508)7130

神奈川県2区　436,066 投56.00

当146,166　菅　義偉　自前(61.1)
比92,880　岡本英子　立元(38.9)

横浜市(西区、南区、港南区)

菅　義偉（すが よしひで）

自前[無]　当9
秋田県　S23・12・6
勤27年7ヵ月　(初/平8)

前内閣総理大臣、前党総裁、内閣官房長官、党幹事長代行、総務大臣、総務副大臣、経産・国交各政務官、横浜市議、法政大／75歳

〒232-0017　横浜市南区宿町2-49　☎045(743)5550
〒100-8982　千代田区永田町2-1-2、会館　☎03(3508)7446

神奈川県3区　442,398 投52.64

当119,199　中西健治　自新(52.5)
比68,457　小林丈人　立新(30.2)
23,310　木佐木忠晶　共新(10.3)
15,908　藤村晃子　無新(7.0)

横浜市(鶴見区、神奈川区)

中西健治（なかにし けんじ）

自新[麻]　当1(初/令3)※
東京都　S39・1・4
勤13年10ヵ月(参11年5ヵ月)

決算行監委筆頭理事、憲法審委、財務副大臣、参財政金融委員長、党財金部会長、元JPモルガン証券副社長、東大法／60歳

〒221-0822　横浜市神奈川区西神奈川2-2-1
日光堂ビル2F　☎045(565)5520

※平22参院初当選

神奈川県4区 332,708 投61.70

横浜市(栄区)、鎌倉市、逗子市、三浦郡

当66,841 早稲田夕季 立前(33.0)
63,687 浅尾慶一郎 無元(31.5)
比当47,511 山本朋広 自前(23.5)
比16,559 高谷清彦 維新(8.2)
7,790 大西恒樹 無新(3.8)

わせだ
早稲田ゆき 立前 当2
東京都渋谷区 S33・12・6
勤6年6ヵ月 (初/平29)

予算委、厚労委、地・こ・デジ特委、党政調副会長、神奈川県議、鎌倉市議、日本輸出入銀行、早大/65歳

〒248-0012 神奈川県鎌倉市御成町5-41-2F ☎0467(24)0573

神奈川県5区 467,198 投56.05

横浜市(戸塚区、泉区、瀬谷区)

当136,288 坂井 学 自前(53.5)
比当118,619 山崎 誠 立前(46.5)

さかい まなぶ
坂井 学 自前[無] 当5
東京都府中市 S40・9・4
勤15年3ヵ月 (初/平17)

党政調副、党花博特委員長、総務委、党総務、前内閣官房副長官、財金委員長、総務兼内閣府副大臣、財務副大臣、党国交部会長、国交兼復興政務官、松下政経塾十期生、東大法/58歳

〒244-0003 横浜市戸塚区戸塚町142
鈴木ビル3F ☎045(863)0900

神奈川県6区 381,141 投55.88

横浜市(保土ヶ谷区、旭区)

当92,405 古川直季 自新(44.3)
比当87,880 青柳陽一郎 立前(42.1)
比28,214 串田誠一 維前(13.5)

ふるかわなおき
古川直季 自新[無] 当1
神奈川県横浜市 S43・8・31
勤2年5ヵ月 (初/令3)

総務委、文科委、倫選特委、党国対委、横浜市会議員、衆議院議員秘書、横浜銀行員、明治大政経、明治大院/55歳

〒241-0825 横浜市旭区中希望が丘199-1 ☎045(391)4000

神奈川県7区 449,449 投57.58

横浜市(港北区、都筑区の一部(P170参照))

当128,870 鈴木馨祐 自前(50.9)
比当124,524 中谷一馬 立前(49.1)

すずきけいすけ
鈴木馨祐 自前[麻] 当5
東京都 S52・2・9
勤15年3ヵ月 (初/平17)

財金委理事、党政調副会長、外務副大臣、財務副大臣、党青年局長、国土交通政務官、予算・議運理、法務委員長、大蔵省、(ジョージタウン大学院)、在ニューヨーク副領事、東大法/47歳

〒222-0033 横浜市港北区新横浜3-18-9
新横浜ICビル102号室 ☎045(620)0223
〒100-8981 千代田区永田町2-2-1、会館 ☎03(3508)7304

衆 略歴 神奈川

神奈川県8区 427,843 投59.37	当130,925 江田憲司 立前(52.6)
	比当117,963 三谷英弘 自前(47.4)

横浜市(緑区、青葉区、都筑区(荏田東町、荏田東1～4丁目、荏田南町、荏田南1～5丁目、大丸)

えだ けんじ
江田憲司
立前 当7
岡山県 S31・4・28
勤19年8ヵ月 (初/平14補)

財金委、決算行政監視委員長、党代表代行、民進党代表代行、維新の党代表、桐蔭横浜大客員教授、首相・通産相秘書官、ハーバード大客員研究員、東大/67歳

〒227-0062 横浜市青葉区青葉台2-9-30 ☎045(989)3911

神奈川県9区 338,241 投59.47	当83,847 笠浩史 立前(42.4)
	比当68,918 中山展宏 自前(34.9)
	比24,547 吉田大成 維新(12.4)
	20,432 斎藤温 共新(10.3)

川崎市(多摩区、宮前区(神木本町1～5丁目)、麻生区)

りゅう ひろ ふみ
笠　浩史
立前 当7
福岡県 S40・1・3
勤20年5ヵ月 (初/平15)

文科委、国家基本委、政倫審委、党国対委員長代理、科技特委長、文科副大臣、文科政務官、民主党幹事長代理、衆議運委筆頭理事、テレビ朝日政治部記者、慶大文/59歳

〒214-0014 川崎市多摩区登戸1644-1
新川ガーデンビル1F ☎044(900)1800

神奈川県10区 470,746 投55.04	当104,832 田中和徳 自前(41.4)
	比当69,594 金村龍那 維新(27.5)
	比48,839 畑野君枝 共前(19.3)
	比当30,013 鈴木敦 国新(11.8)

川崎市(川崎区、幸区、中原区の一部(P170参照))

た なか かず のり
田中和徳
自前[麻] 当9
山口県下関市 S24・1・21
勤27年7ヵ月 (初/平8)

政倫審会長、党交通安全対策特委長、党税調副会長、党幹事長代理、復興大臣、党組織運動本部長、財務副大臣、財金委長、法大/75歳

〒210-0846 川崎市川崎区小田6-11-24 ☎044(366)1400

神奈川県11区 374,938 投52.21	当147,634 小泉進次郎 自前(79.2)
	38,843 林伸明 共新(20.8)

横須賀市、三浦市

こいずみしんじろう
小泉進次郎
自前[無] 当5
神奈川県横須賀市 S56・4・14
勤14年8ヵ月 (初/平21)

安全保障委員長、党国対副委長、党総務会長代理、元環境大臣、党厚労部会長、筆頭副幹事長、農林部会長、コロンビア大院修了/42歳

〒238-0004 横須賀市小川町13 宇野ビル3F ☎046(822)6600
〒100-8981 千代田区永田町2-2-1、会館☎03(3508)7327

神奈川県12区 406,623 投56.14			
当95,013	阿部知子	立前	(42.4)
比当91,159	星野剛士	自前	(40.7)
比37,753	水戸将史	維元	(16.9)

藤沢市、高座郡

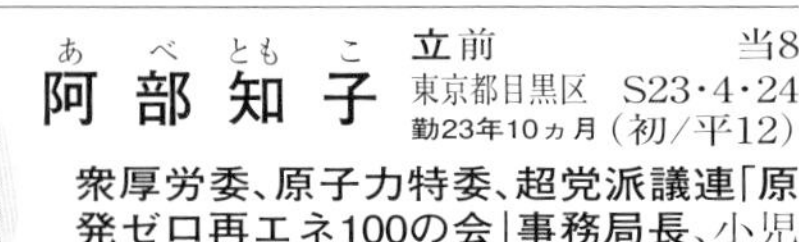

阿部知子（あべともこ）

立前 当8
東京都目黒区 S23・4・24
勤23年10ヵ月 (初/平12)

衆厚労委、原子力特委、超党派議連「原発ゼロ再エネ100の会」事務局長、小児科医、東大医学部／75歳

〒251-0025 藤沢市鵠沼石上1-13-13
藤沢共同ビル1F ☎0466(52)2680

神奈川県13区 471,671 投55.77			
当130,124	太　栄志	立新	(51.1)
比当124,595	甘利　明	自前	(48.9)

大和市、海老名市、座間市の一部(P170参照)、綾瀬市

太　栄志（ふとりひでし）

立新 当1
鹿児島県大島郡知名町 S52・4・27
勤2年5ヵ月 (初/令3)

内閣委、倫選特委、衆議院議員秘書、米ハーバード大国際問題研究所員、ウィルソン・センター研究員、中大法、中大院／46歳

〒242-0017 大和市大和東3-7-11
大和東共同ビル101 ☎046(244)3203

神奈川県14区 460,744 投56.02			
当135,197	赤間二郎	自前	(53.8)
比116,273	長友克洋	立新	(46.2)

相模原市(緑区の一部(P171参照)、中央区、南区の一部(P171参照))

あかま二郎（じろう）

自前[麻] 当5
神奈川県相模原市 S43・3・27
勤15年3ヵ月 (初/平17)

国交委筆頭理事、国交委長、党総務部会長、内閣府副大臣、総務副大臣、総務政務官、副幹事長、県議、立教大、マンチェスター大学院／55歳

〒252-0239 相模原市中央区中央2-11-10 ☎042(756)1500
〒100-8981 千代田区永田町2-2-1、会館 ☎03(3508)7317

神奈川県15区 473,497 投57.32			
当210,515	河野太郎	自前	(79.3)
比46,312	佐々木克己	社新	(17.5)
8,565	渡辺マリコ	N新	(3.2)

平塚市、茅ヶ崎市、中郡

河野太郎（こうのたろう）

自前[麻] 当9
神奈川県小田原市 S38・1・10
勤27年7ヵ月 (初/平8)

デジタル大臣、党広報本部長、ワクチン担当大臣、規制改革・行政改革・沖北対策担当大臣、防衛大臣、外務大臣、国家公安委員長、富士ゼロックス、ジョージタウン大／61歳

〒254-0811 平塚市八重咲町26-8 ☎0463(20)2001
〒100-8982 千代田区永田町2-1-2、会館 ☎03(3508)7006

神奈川県16区 466,042 投55.35

当137,558 後藤祐一 立前(54.6)
比当114,396 義家弘介 自前(45.4)

相模原市(緑区(第14区に属しない区域)、南区(第14区に属しない区域)(P171参照))、厚木市、伊勢原市、座間市(相模が丘1～6丁目)、愛甲郡

後藤祐一(ごとう ゆういち)

立前 当5
神奈川県相模原市 S44・3・25
勤14年8ヵ月 (初/平21)

議運委理事、国家基本委理事、倫選特委、党国対副委員長、県連選対委員長、党役員室長、経産省課長補佐、東大法/54歳

〒243-0017 厚木市栄町2-4-28-212 ☎046(296)2411
〒106-0032 港区六本木7-1-3、宿舎

神奈川県17区 424,659 投56.98

当131,284 牧島かれん 自前(55.3)
比89,837 神山洋介 立元(37.9)
16,202 山田 正 共新(6.8)

小田原市、秦野市、南足柄市、足柄上郡、足柄下郡

牧島かれん(まきしま)

自前[麻] 当4
神奈川県 S51・11・1
勤11年4ヵ月 (初/平24)

党副幹事長、党ネットメディア局長、前デジタル大臣、第51代党青年局長、元内閣府政務官、ICU大(Ph. D)、GW大修士/47歳

〒250-0862 小田原市成田178-1 ☎0465(38)3388
〒100-8981 千代田区永田町2-2-1、会館 ☎03(3508)7026

神奈川県18区 451,301 投57.25

当120,365 山際大志郎 自前(47.7)
比90,390 三村和也 立元(35.8)
比41,562 横田光弘 維新(16.5)

川崎市(中原区(第10区に属しない区域)(P171参照)、高津区、宮前区(第9区に属しない区域)(P171参照))

山際大志郎(やまぎわだいしろう)

自前[麻] 当6
東京都 S43・9・12
勤17年1ヵ月 (初/平15)

党コロナ対策本部長、経産委筆頭理事、経済再生・コロナ担当大臣、経産副大臣、内閣府大臣政務官、獣医学博士、東大院/55歳

〒213-0001 川崎市高津区溝口2-14-12 ☎044(850)8884
〒100-8981 千代田区永田町2-2-1、会館 ☎03(3508)7477

山梨県1区 424,441 投59.49

当125,325 中谷真一 自前(50.5)
比当118,223 中島克仁 立前(47.6)
4,826 辺見信介 N新(1.9)

甲府市、韮崎市、南アルプス市、北杜市、甲斐市、中央市、西八代郡、南巨摩郡、中巨摩郡

中谷真一(なかたに しんいち)

自前[茂] 当4
山梨県甲府市 S51・9・30
勤11年4ヵ月 (初/平24)

党国対副委員長、党総務、経産副大臣兼内閣府副大臣、外務大臣政務官、元自衛官、元参議院議員秘書、防大/47歳

〒400-0064 山梨県甲府市下飯田3-8-29 ☎055(288)8220
〒106-0032 港区六本木7-1-3、宿舎

山梨県２区 262,259 投62.31

富士吉田市、都留市、山梨市、大月市、笛吹市、上野原市、甲州市、南都留郡、北都留郡

当109,036 堀内詔子 自前(67.9)
比44,441 市来伴子 立新(27.7)
7,027 大久保令子 共新(4.4)

ほりうちのりこ
堀内詔子
自前[無] 当4
山梨県笛吹市 S40・10・28
勤11年4ヵ月 (初/平24)

環境委理、厚労委、消費者特委、党女性活躍推進特別委員長、党副幹事長、元ワクチン接種推進担当大臣、東京オリパラ担当大臣、環境副大臣兼内閣府副大臣、厚労大臣政務官、学習院大院／58歳

〒403-0007 富士吉田市中曽根1-5-25 ☎0555(23)7688
〒100-8982 千代田区永田町2-1-2、会館 ☎03(3508)7487

比例代表 南関東 22人 千葉、神奈川、山梨

ほしのつよし
星野剛士
自前[無] 当4(初/平24)
神奈川県藤沢市 S38・8・8
勤11年4ヵ月 〈神奈川12区〉

衆議院内閣委員長、内閣府副大臣、経産兼内閣府兼復興政務官、産経新聞記者、神奈川県議、NYエルマイラ大、日大法／60歳

〒251-0052 藤沢市藤沢973 相模プラザ第三ビル1F ☎0466(23)6338
〒100-8982 千代田区永田町2-1-2、会館 ☎03(3508)7413

あまりあきら
甘利明
自前[麻] 当13(初/昭58)
神奈川県厚木市 S24・8・27
勤40年5ヵ月 〈神奈川13区〉

党税調顧問、党幹事長、選対委員長、政調会長、予算委員長、労働大臣、経済産業大臣、行革大臣、経済再生大臣、慶大／74歳

〒252-0303 相模原市南区相模大野6-7-9-1F ☎042(765)0011
〒100-8982 千代田区永田町2-1-2、会館 ☎03(3508)7528

あきもとまさとし
秋本真利
無前 当4(初/平24)
千葉県 S50・8・10
勤11年4ヵ月 〈千葉9区〉

決算行監委、外務大臣政務官、自民党副幹事長、党再エネ議連事務局長、党国対副委員長、国土交通大臣政務官、法政大法／48歳

〒264-0021 千葉市若葉区若松町360-21 ☎043(214)3600

みたにひでひろ
三谷英弘
自前[無] 当3(初/平24)
神奈川県藤沢市 S51・6・28
勤8年6ヵ月 〈神奈川8区〉

厚労委理事、文科委、復興特委、党遊説局長、党ネットメディア局次長、党国際局次長、弁護士、東大法学部／47歳

〒227-0055 横浜市青葉区つつじが丘10-20 ラポール若野 2F ☎045(532)4600

よしいえひろゆき
義家弘介
自 前［無］ 当4(初/平24)※
長野県 S46・3・31
勤16年9ヵ月(参5年5ヵ月)〈神奈川16区〉

党政調副会長、文科委、拉致特委、法務副大臣、文科副大臣、文科政務官、党副幹事長、党財金部会長、参院議員、教育再生会議担当室長、横浜市教育委員、高校教諭、明治学院大学／52歳

〒243-0014 厚木市旭町1-15-17 ☎046(226)8585

なかやまのりひろ
中山展宏
自 前［麻］ 当4(初/平24)
兵庫県 S43・9・16
勤11年4ヵ月 **〈神奈川9区〉**

内閣委理、財金委、消費者特委、国土交通副大臣、外務大臣政務官、内閣委理、ルール形成戦略議連事務局長、東大先端研上級研究員、早大院中退／55歳

〒214-0014 川崎市多摩区登戸2663
東洋ビル5F ☎044(322)8600

かどやまひろあき
門山宏哲
自 前［無］ 当4(初/平24)
千葉県千葉市 S39・9・3
勤11年4ヵ月 **〈千葉1区〉**

法務副大臣、元党副幹事長、元法務大臣政務官、弁護士、元千葉家裁家事調停委員、中央大学法学部／59歳

〒260-0013 千葉市中央区中央4-13-31
高嶋ビル101 ☎043(223)0050
〒106-0032 港区六本木7-1-3、宿舎

やまもと
山本ともひろ
自 前［無］ 当5(初/平17)
京都府京都市 S50・6・20
勤15年3ヵ月 **〈神奈川4区〉**

内閣委、党文科部会長、防衛副大臣・内閣府副大臣、松下政経塾員、米ジョージタウン大客員研究員、関西大、京大院修／48歳

〒247-0056 鎌倉市大船1-22-2 つるやビル301
☎0467(39)6933

さくらだよしたか
櫻田義孝
自 前［無］ 当8(初/平8)
千葉県柏市 S24・12・20
勤24年3ヵ月 **〈千葉8区〉**

自民党千葉県連会長、国交委、拉致特委、国務大臣、文科副大臣、内閣府副大臣、外務政務官、千葉県議、柏市議、明大商／74歳

〒277-0814 柏市正連寺373-3 ☎04(7132)0881
〒100-8982 千代田区永田町2-1-2、会館 ☎03(3508)7381

なかたにかずま
中谷一馬
立 前 当2(初/平29)
神奈川県川崎市 S58・8・30
勤6年6ヵ月 **〈神奈川7区〉**

内閣委、決算行監委、地・こ・デジ特委、党政調副会長、党デジタル政策PT座長、県議、デジタルハリウッド大大学院／40歳

〒223-0061 横浜市港北区日吉2-6-3-201 ☎045(534)9624
〒107-0052 港区赤坂2-17-10、宿舎

※平19参院初当選

やたがわ　はじめ
谷田川　元
立前　当3(初/平21)
千葉県香取市　S38・1・17
勤8年5ヵ月　**〈千葉10区〉**

国交委理、決算行監委理、憲法審委、党政調副会長、千葉県議4期、山村新治郎衆院議員秘書、松下政経塾、早大政経／61歳

〒287-0001　香取市佐原ロ2164-2　☎0478(54)5678

あおやぎようい ちろう
青柳陽一郎
立前　当4(初/平24)
神奈川県横浜市保土ケ谷区　S44・8・29
勤11年4ヵ月　**〈神奈川6区〉**

議運委理事、決算行監委、党神奈川県代表、NPO法人ICAジャパン会長、元国務大臣秘書、早大院、日大法／54歳

〒240-0003　横浜市保土ケ谷区天王町1-9-5
第7瀬戸ビル1F　☎045(334)4110
〒100-8982　千代田区永田町2-1-2、会館　☎03(3508)7245

なかじま かつ ひと
中島克仁
立前　当4(初/平24)
山梨県　S42・9・27
勤11年4ヵ月　**〈山梨1区〉**

厚労委筆頭理事、ほくと診療所院長、韮崎市立病院、山梨大学病院第一外科、帝京大医学部、医師／56歳

〒400-0858　山梨県甲府市相生1-1-21　☎055(242)9208
〒107-0052　港区赤坂2-17-10、宿舎

やま ざき　まこと
山崎　誠
立前　当3(初/平21)
東京都練馬区　S37・11・22
勤9年10ヵ月　**〈神奈川5区〉**

内閣委、経産委理、原子力特委、党政調副会長、党環境エネルギーPT事務局長、横浜市議2期、横浜国大院博士課程単位取得／61歳

〒244-0003　横浜市戸塚区戸塚町121-2F　☎045(438)9696
〒100-8981　千代田区永田町2-2-1、会館　☎03(3508)7137

かねむら りゅう な
金村龍那
維新　当1(初/令3)
愛知県名古屋市　S54・4・6
勤2年5ヵ月　**〈神奈川10区〉**

文科委理、決算行監委、拉致特委、党国対副委員長、神奈川維新の会代表、会社役員、児童福祉施設代表、衆議員秘書、専修大法中退／44歳

〒210-0836　川崎市川崎区大島上町18-1
サニークレイン201　☎044(366)8680

ふじ まき けん た
藤巻健太
維新　当1(初/令3)
英国ロンドン　S58・10・7
勤2年5ヵ月　**〈千葉6区〉**

財金委、沖北特委、参院議員秘書、みずほ銀行、慶大経済／40歳

〒271-0092　千葉県松戸市松戸1836
メグロビル1F　☎047(710)0523
〒100-8982　千代田区永田町2-1-2、会館　☎03(3508)7503

あさ かわ よし はる
浅川義治
維新 当1(初/令3)
神奈川県横浜市 S43・2・23
勤2年5ヵ月 〈神奈川1区〉

党県幹事長、安保委、消費者特委、党国対副委員長、横浜市議会議員、日本大学法学部/56歳

〒236-0021 横浜市金沢区泥亀1-15-4
雨宮ビル1F ☎045(349)4231

ふる や のり こ
古屋範子
公前 当7
埼玉県さいたま市 S31・5・14
勤20年5ヵ月 (初/平15)

党副代表、総務委員長、党神奈川県本部顧問、厚労副大臣、総務大臣政務官、早大/67歳

〒238-0011 横須賀市米が浜通1-7-2
サクマ横須賀ビル503号 ☎046(828)4230

つの だ ひで お
角田秀穂
公元 当2
東京都 S36・3・25
勤5年3ヵ月 (初/平26)

農水委理事、予算委、党国対副委員長、党千葉県本部副代表、農水政務官、船橋市議4期、社会保険労務士、創価大/62歳

〒273-0011 船橋市湊町1-7-4 ☎047(404)8013

し い かず お
志位和夫
共前 当10
千葉県四街道市 S29・7・29
勤30年10ヵ月 (初/平5)

党中央委員会議長、国家基本委、党委員長、党書記局長、党青年・学生対策委員会責任者、党選挙対策局政策論戦副部長、東大/69歳

〒221-0822 横浜市神奈川区西神奈川1-10-16
斉藤ビル2F ☎045(324)6516

すず き あつし
鈴木敦
教新 当1(初/令3)
神奈川県川崎市 S63・12・15
勤2年5ヵ月 〈神奈川10区〉

外務委、拉致特委、党国対委員長、政党職員、元衆院議員秘書、航空関連会社社員、駿河台大中退/35歳

〒211-0025 川崎市中原区木月2-4-3
TFTビル2階 ☎044(872)7182
〒100-8982 千代田区永田町2-1-2、会館 ☎03(3508)7286

りょう
たがや亮
れ新 当1(初/令3)
東京都 S43・11・25
勤2年5ヵ月 〈千葉11区〉

党国会対策委員長、国土交通委、決算行監委、会社経営、国学院大/55歳

〒297-0037 茂原市早野1342-1 ☎0475(44)6750
〒107-0052 港区赤坂2-17-10、宿舎

比例代表 南関東 22人

有効投票数 7,414,308票

政党名	当選者数	得票数	得票率
	惜敗率 小選挙区		惜敗率 小選挙区

自民党 9人 2,590,787票 34.94%

	氏名		惜敗率	小選挙区
当	①星野 剛士	前	(95.94)	神12
当	①甘利 明	前	(95.75)	神13
当	①秋本 真利	前	(95.73)	千9
当	①三谷 英弘	前	(90.10)	神8
当	①義家 弘介	前	(83.16)	神16
当	①中山 展宏	前	(82.19)	神9
当	①門山 宏哲	前	(77.71)	千1
当	①山本 朋広	前	(71.08)	神4
当	①桜田 義孝	前	(60.36)	千8
	①木村 哲也	前	(54.93)	千4
	㉚出畑 実	前		
	㉛高橋 恭介	新		
	㉜文月 涼	新		
	㉝望月 忠彦	新		
	㉞高木 昭彦	新		
	㉟及川 博	新		

【小選挙区での当選者】

	氏名		小選挙区
	①小林 鷹之	前	千2
	①松野 博一	前	千3
	①薗浦健太郎	前	千5
	①渡辺 博道	前	千6
	①斎藤 健	前	千7
	①浜田 靖一	前	千12
	①松本 尚	新	千13
	①菅 義偉	前	神2
	①中西 健治	新	神3
	①坂井 学	前	神5
	①古川 直季	新	神6
	①鈴木 馨祐	前	神7
	①田中 和徳	前	神10
	①赤間 二郎	前	神14
	①河野 太郎	前	神15
	①牧島かれん	前	神17
	①山際大志郎	前	神18
	①中谷 真一	前	山1
	①堀内 詔子	前	山2

立憲民主党 5人 1,651,562票 22.28%

	氏名		惜敗率	小選挙区
当	①中谷 一馬	前	(96.63)	神7
当	①谷田川 元	前	(96.60)	千10
当	①青柳陽一郎	前	(95.10)	神6
当	①中島 克仁	前	(94.34)	山1
当	①山崎 誠	前	(87.04)	神5
	①長友 克洋	新	(86.00)	神14
	①宮川 伸	前	(79.51)	千13
	①三村 和也	元	(75.10)	神18
	①神山 洋介	元	(68.43)	神17
	①岡本 英子	元	(63.54)	神2
	①矢崎堅太郎	新	(62.41)	千5
	①岡島 一正	前	(61.62)	千3
	①小林 丈人	新	(57.43)	神3
	①竹内 千春	新	(55.70)	千7
	①樋高 剛	元	(46.06)	千12
	①黒田 雄	元	(45.47)	千2
	①市来 伴子	新	(40.76)	山2
	㉙小野 次郎	元		
	㉚金子 建一	元		

【小選挙区での当選者】

	氏名		小選挙区
	①田嶋 要	前	千1
	①野田 佳彦	前	千4
	①本庄 知史	新	千8
	①奥野総一郎	前	千9
	①篠原 豪	前	神1
	①早稲田夕季	前	神4
	①江田 憲司	前	神8
	①笠 浩史	前	神9
	①阿部 知子	前	神12
	①太 栄志	新	神13
	①後藤 祐一	前	神16

日本維新の会 3人 863,897票 11.65%

	氏名		惜敗率	小選挙区
当	①金村 龍那	新	(66.39)	神10
当	①藤巻 健太	新	(60.46)	千6
当	①浅川 義治	新	(46.22)	神1
	①清水 聖士	新	(42.38)	千13
	①水戸 将史	元	(39.73)	神12
	①横田 光弘	新	(34.53)	神18
	①串田 誠一	前	(30.53)	神6
	①吉田 大成	新	(29.28)	神9
	①椎木 保	元	(28.79)	千5
	①内山 晃	元	(22.42)	千7
▼	①高谷 清彦	新	(24.77)	神4

公明党 2人 850,667票 11.47%

	氏名		小選挙区
当	①古屋 範子	前	
当	②角田 秀穂	元	
	③上田 勇	元	
	④江端 功一	新	
	⑤井川 泰雄	新	

共産党 1人 534,493票 7.21%

	氏名		小選挙区
当	①志位 和夫	前	
	②畑野 君枝	前	神10
	③斉藤 和子	元	
	④沼上 徳光	新	
▼	⑤寺尾 賢	新	千2

▼は小選挙区の得票が有効投票総数の10分の1未満で、復活当選の資格がない者

国民民主党　1人　384,481票　5.19%

当①鈴木　敦 新(28.63)神10
①鴇田　敦 新(21.71)千5
③長谷　康人 新

れいわ新選組　1人　302,675票　4.08%

当①多ケ谷　亮 新　千11
②木下　隼 新

その他の政党の得票数・得票率は下記のとおりです。
(当選者はいません)

政党名	得票数	得票率
社民党	124,447票	1.68%
NHKと裁判してる党弁護士法72条違反で	111,298票	1.50%

東京都1区　462,609　投56.27

千代田区、港区の一部(P171参照)、新宿区の一部(P171参照)

当99,133 山田美樹 自前(39.0)
比当90,043 海江田万里 立前(35.4)
比当60,230 小野泰輔 維新(23.7)
4,715 内藤久遠 無新(1.9)

山田美樹（やまだみき）

自前[無]　当4
東京都　S49・3・15
勤11年4ヵ月　(初/平24)

財金委理事、党副幹事長、環境副大臣、党法務部会長、外務政務官、エルメス、BCG、通産省、東大法、コロンビア大／49歳

〒100-8982　千代田区永田町2-1-2、会館　☎03(3508)7037

東京都2区　463,165　投60.82

中央区、港区(第1区に属しない区域)(P171参照)、文京区、台東区の一部(P171参照)

当119,281 辻　清人 自前(43.4)
比90,422 松尾明弘 立前(32.9)
比45,754 木内孝胤 維元(16.7)
比14,487 北村　造 れ新(5.3)
4,659 出口紳一郎 無新(1.7)

辻　清人（つじきよと）

自前[無]　当4
東京都　S54・9・7
勤11年4ヵ月　(初/平24)

外務副大臣、党国会対策副委員長、党副幹事長、外務大臣政務官、京大、米コロンビア大院修了／44歳

〒111-0021　台東区日本堤2-23-13
深谷ビル　☎03(6802)4701

東京都3区　470,083　投59.87

品川区の一部(P171参照)、大田区の一部(P171参照)、大島・三宅・八丈・小笠原支庁管内

当124,961 松原　仁 立前(45.9)
比当116,753 石原宏高 自前(42.9)
30,648 香西克介 共新(11.3)

松原　仁（まつばらじん）

無前(立憲)　当8
東京都板橋区　S31・7・31
勤23年10ヵ月　(初/平12)

外務委、民進党国対委員長、党都連会長、国家公安委長、拉致担当大臣、消費者担当大臣、国交副大臣、拉致特委長、都議、松下政経塾、早大／67歳

〒152-0004　目黒区鷹番3-19-2
第8エスペランス3階　☎03(6412)7655

東京都4区 474,029 投54.43

大田区(第3区に属しない区域)(P171参照)

当128,708 平　将明 自前(51.5)
比62,286 谷川智行 共新(24.9)
比58,891 林　智興 維新(23.6)

たいら　まさあき
平　将明
自前[無]　当6
東京都　S42・2・21
勤18年7ヵ月　(初/平17)

原子力特別委員長、内閣府副大臣、選対副委員長、消費者特委筆頭理事、経産政務官兼内閣府政務官、副幹事長、早大／57歳

〒144-0052　大田区蒲田5-30-15
第20下川ビル7F　☎03(5714)7071

東京都5区 464,694 投60.03

目黒区の一部(P171参照)、世田谷区の一部(P171参照)

当111,246 手塚仁雄 立前(41.0)
比当105,842 若宮健嗣 自前(39.0)
比54,363 田淵正文 維新(20.0)

て　づか　よし　お
手塚仁雄
立前　当5
東京都目黒区　S41・9・14
勤15年1ヵ月　(初/平12)

党幹事長代理、党東京都連幹事長、科技特委長、議運野党筆頭理事、内閣総理大臣補佐官、都議、早大／57歳

〒154-0002　世田谷区下馬2-20-2-2F　☎03(3412)0440

東京都6区 467,339 投60.36

世田谷区(第5区に属しない区域)(P171参照)

当110,169 落合貴之 立前(40.1)
比当105,186 越智隆雄 自前(38.3)
比59,490 碓井梨恵 維新(21.6)

おち　あい　たか　ゆき
落合貴之
立前　当3
東京都世田谷区　S54・8・17
勤9年4ヵ月　(初/平26)

倫選特委理、経産委、党副幹事長、党政治改革実行本部事務局長、党都連政調会長、元銀行員、慶大経済／44歳

〒156-0055　世田谷区船橋2-1-1
千歳第一マンション103号 ☎03(5938)1800
〒100-8982　千代田区永田町2-1-2、会館 ☎03(3508)7134

東京都7区 459,575 投56.47

品川区(第3区に属しない区域)(P171参照)、目黒区(第5区に属しない区域)(P171参照)、渋谷区、中野区の一部(P171参照)、杉並区(方南1～2丁目)

当124,541 長妻　昭 立前(49.2)
比81,087 松本文明 自前(32.1)
比37,781 辻　健太郎 維新(14.9)
5,665 込山　洋 無新(2.2)
3,822 猪野恵司 N新(1.5)

なが　つま　あきら
長妻　昭
立前　当8
東京都　S35・6・14
勤23年10ヵ月　(初/平12)

党政調会長、党都連会長、党代表代行、党選対委員長、厚労委長、厚生労働大臣、日経ビジネス記者、NEC、慶大／63歳

〒164-0011　中野区中央4-11-13-101　☎03(5342)6551

東京都8区 476,188 投61.03

杉並区(第7区に属しない区域)(P172参照)

当137,341	吉田晴美	立新	(48.4)
比105,381	石原伸晃	自前	(37.2)
比40,763	笠谷圭司	維新	(14.4)

よしだ
吉田はるみ
立新 当1
山形県 S47・1・1
勤2年5ヵ月 (初/令3)

文科委、議運委、懲罰委、憲法審委、党国際局副局長、外資系経営コンサルタント、法務大臣政務秘書官、大学特任教授、立教大卒、バーミンガム大学経営大学院修了/52歳

〒166-0001 杉並区阿佐谷北1-3-4
小堺ビル301 ☎03(5364)9620

東京都9区 478,743 投57.71

練馬区の一部(P172参照)

当109,489	山岸一生	立新	(40.9)
比95,284	安藤高夫	自前	(35.6)
比47,842	南　純	維新	(17.9)
15,091	小林興起	諸元	(5.6)

やま ぎし いっ せい
山岸一生
立新 当1
東京都練馬区 S56・8・28
勤2年5ヵ月 (初/令3)

予算委、内閣委、情報監視審委、党政調会長筆頭補佐、党政治改革実行本部役員、元朝日新聞記者、東大法/42歳

〒177-0041 練馬区石神井町8-17-8-105 ☎03(6676)7318
〒100-8981 千代田区永田町2-2-1、会館 ☎03(3508)7124

東京都10区 479,088 投56.50

新宿区(第1区に属しない区域)(P172参照)、中野区(第7区に属しない区域)(P172参照)、豊島区の一部(P172参照)、練馬区(第9区に属しない区域)

当115,122	鈴木隼人	自前	(43.8)
比当107,920	鈴木庸介	立新	(41.1)
比30,574	藤川隆史	維新	(11.6)
4,684	小山　徹	無新	(1.8)
4,552	沢口祐司	諸新	(1.7)

すず き はや と
鈴木隼人
自前[茂] 当3
東京都 S52・8・8
勤9年4ヵ月 (初/平26)

経済産業委理、財務委、沖北特委、前外務大臣政務官、経済産業省課長補佐、東大、東大院修/46歳

〒171-0022 豊島区南池袋2-35-7-602 ☎03(6908)1071
〒100-8982 千代田区永田町2-1-2、会館 ☎03(3508)7463

東京都11区 462,626 投54.97

板橋区の一部(P172参照)

当122,465	下村博文	自前	(50.0)
比87,635	阿久津幸彦	立前	(35.8)
29,304	西之原修斗	共新	(12.0)
5,639	桑島康文	無新	(2.3)

しも むら はく ぶん
下村博文
自前[無] 当9
群馬県 S29・5・23
勤27年7ヵ月 (初/平8)

党総務、党中央政治大学院長、党政調会長、党選対委員長、党憲法改正本部長、党幹事長代行、文科大臣、オリパラ大臣、内閣官房副長官、都議、早大/69歳

〒173-0024 板橋区大山金井町38-12
新大山ビル205 ☎03(5995)4491
〒100-8982 千代田区永田町2-1-2、会館 ☎03(3508)7084

東京都12区 462,732 投57.45

豊島区(第10区に属しない区域)(P172参照)、北区、板橋区(第11区に属しない区域)(P172参照)、足立区の一部(P172参照)

当101,020	岡本三成	公前	(39.9)
比当80,323	阿部　司	維新	(31.7)
比71,948	池内沙織	共元	(28.4)

おか もと みつ なり
岡本三成　公前　当4
佐賀県　S40・5・5
勤11年4ヵ月　(初/平24)

経産委員長、党国際委員長、財務副大臣、外務政務官、ゴールドマン・サックス証券、米国ケロッグ経営大学院(MBA)、創価大/58歳

〒116-0013 荒川区西日暮里5-32-5 ウシオビル2階 ☎03(5604)5923
〒100-8981 千代田区永田町2-2-1、会館 ☎03(3508)7147

東京都13区 480,247 投50.88

足立区(第12区に属しない区域)(P172参照)

当115,669	土田　慎	自新	(49.3)
比78,665	北條智彦	立新	(33.5)
30,204	沢田真吾	共新	(12.9)
5,985	渡辺秀高	無新	(2.6)
4,039	橋本孫美	無新	(1.7)

つち だ しん
土田　慎　自新[麻]　当1
神奈川県茅ヶ崎市　H2・10・30
勤2年5ヵ月　(初/令3)

デジタル大臣政務官兼内閣府大臣政務官、衆・参議員秘書、参議院議長参事、京大/33歳

〒121-0816 足立区梅島2-2-10 楠ビル201

東京都14区 465,702 投55.96

台東区(第2区に属しない区域)(P172参照)、墨田区、荒川区

当108,681	松島みどり	自前	(43.3)
比80,932	木村剛司	立元	(32.2)
比49,517	西村恵美	維新	(19.7)
5,845	梁本和則	無新	(2.3)
3,364	竹本秀之	無新	(1.3)
2,772	大塚紀久雄	無新	(1.1)

まつ しま
松島みどり　自前[無]　当7
大阪府　S31・7・15
勤20年6ヵ月　(初/平12)

党住宅土地・都市政策調査会長、党中小企業・小規模事業者政策調査会長代理、党文化立国調査会長代理、法務大臣、経産副大臣、国交副大臣、外務政務官、朝日新聞記者、東大経/67歳

〒131-0045 墨田区押上1-24-2川新ビル2F ☎03(5610)5566
〒100-8981 千代田区永田町2-2-1、会館 ☎03(3508)7065

東京都15区 424,125 投58.73

江東区

当76,261	柿沢未途	自前	(32.0)
比58,978	井戸正枝	立元	(24.7)
比44,882	金沢結衣	維新	(18.8)
26,628	今村洋史	無元	(11.2)
17,514	猪野　隆	無新	(7.3)
9,449	桜井　誠	諸新	(4.0)
4,608	吉田浩司	無新	(1.9)

かき ざわ み と
柿沢未途　無所属

辞　職(令和6年2月1日)

※補選は令和6年4月28日に行われる予定。

衆 略歴　東京

東京都16区 465,115 投51.58

江戸川区の一部(P173参照)

当88,758	大西英男	自前(38.7)
比68,397	水野素子	立新(29.8)
比39,290	中津川博郷	維元(17.1)
26,819	太田彩花	共新(11.7)
比6,264	田中 健	N新(2.7)

大西英男（おおにし ひでお）

自前[無] 当4
東京都江戸川区 S21・8・28
勤11年4ヵ月 (初/平24)

党総務、衆議院内閣委員長、国土交通副大臣、総務大臣政務官、江戸川区議会議長、都議会自民党幹事長、國学院大／77歳

〒132-0011 江戸川区瑞江2-6-19 6階 ☎03(5666)7770

東京都17区 475,912 投53.06

葛飾区、江戸川区(本庁管内(上一色1〜3丁目、本一色1〜3丁目、興宮町)、小岩事務所管内)

当119,384	平沢勝栄	自前(50.1)
比52,260	猪口幸子	維新(22.0)
36,309	新井杉生	共新(15.3)
比30,103	円より子	国新(12.6)

平沢勝栄（ひらさわ かつえい）

自前[無] 当9
岐阜県 S20・9・4
勤27年7ヵ月 (初/平8)

外務委、予算委、党選挙対策委員長代理、復興大臣、党広報本部長、予算委理、党政調会長代理、外務委長、内閣府副大臣、拉致特委長、警察庁審議官、官房長官秘書官、東大／78歳

〒124-0012 葛飾区立石8-6-1-102 ☎03(5670)1111

東京都18区 444,924 投59.86

武蔵野市、府中市、小金井市

当122,091	菅 直人	立前(47.1)
比当115,881	長島昭久	自前(44.7)
21,151	子安正美	無新(8.2)

菅 直人（かん なおと）

立前 当14
山口県 S21・10・10
勤43年11ヵ月 (初/昭55)

党最高顧問、懲罰委、原子力特委、首相、副総理、財務相、厚相、民主党代表、さきがけ政調会長、社民連政審会長、弁理士、東工大／77歳

〒180-0006 武蔵野市中町1-2-9-302 ☎0422(55)7010

東京都19区 439,147 投60.00

小平市、国分寺市、西東京市

当111,267	末松義規	立前(43.0)
比当109,131	松本洋平	自前(42.2)
比38,182	山崎英昭	維新(14.8)

末松義規（すえまつ よしのり）

立前 当7
福岡県北九州市 S31・12・5
勤22年9ヵ月 (初/平8)

財金委筆頭理事、沖北特委長、元復興副大臣兼内閣府副大臣、内閣総理大臣補佐官、一橋大、米国プリンストン大学大学院／67歳

〒187-0002 小平市花小金井2-1-39 ☎042(460)9050

東京都20区 418,245 投56.77

当121,621	木原誠二	自前	(52.6)
比当66,516	宮本　徹	共前	(28.8)
比43,089	前田順一郎	維新	(18.6)

東村山市、東大和市、清瀬市、東久留米市、武蔵村山市

木原誠二（きはら せいじ）　**自**前［無］　当5
東京都　S45・6・8
勤15年3ヵ月　（初/平17）

党幹事長代理兼政調会長特別補佐、官房副長官、外務副大臣、外務政務官、議運委理事、党情報調査局長、財務省、東大法／53歳

〒189-0013　東村山市栄町2-22-3　☎042(392)4105

東京都21区 438,466 投57.72

当112,433	小田原　潔	自前	(45.5)
比当99,090	大河原雅子	立前	(40.1)
比35,527	竹田光明	維元	(14.4)

八王子市(東中野、大塚)、立川市、日野市、国立市、多摩市の一部(P173参照)、稲城市の一部(P173参照)

小田原　潔（おだわら きよし）　**自**前［無］　当4
大分県宇佐市　S39・5・23
勤11年4ヵ月　（初/平24）

外務委理、財金委、震災復興特委、外務副大臣、モルガンスタンレー証券マネジングディレクター、富士銀行、東大／59歳

〒190-0011　立川市高松町3-14-11
マスターズオフィス立川　☎042(548)0065

東京都22区 478,721 投60.01

当131,351	伊藤達也	自前	(46.9)
比112,393	山花郁夫	立前	(40.1)
比31,981	櫛渕万里	れ元	(11.4)
4,535	長谷川洋平	N新	(1.6)

三鷹市、調布市、狛江市、稲城市(第21区に属しない区域)(P173参照)

伊藤達也（いとう たつや）　**自**前［茂］　当9
東京都　S36・7・6
勤27年6ヵ月　（初/平5）

党国際局長、中小企業調査会長、税調副会長、予算委、憲法審委、情報監視審委、元金融相、総理大臣補佐官、衆財金委員長、慶大／62歳

〒182-0024　調布市布田1-3-1ダイヤビル2F　☎042(499)0501
〒107-0052　港区赤坂2-17-10、宿舎

東京都23区 458,998 投58.37

当133,206	小倉　将信	自前	(51.2)
比当126,732	伊藤俊輔	立前	(48.8)

町田市、多摩市(第21区に属しない区域)(P173参照)

小倉將信（おぐら まさのぶ）　**自**前［無］　当4
東京都　S56・5・30
勤11年4ヵ月　（初/平24）

党副幹事長、少子化担当大臣、党青年局長、総務政務官、日本銀行職員、東大、オックスフォード大学院／42歳

〒194-0013　町田市原町田5-4-7 からかあさ101号
☎042(710)1192

東京都24区 463,096 投56.77

当149,152 萩生田光一 自前(58.5)
比44,546 佐藤由美 国新(17.5)
44,474 吉川穂香 共新(17.5)
比16,590 朝倉玲子 社新(6.5)

八王子市(第21区に属しない区域)(P173参照)

はぎうだこういち
萩生田光一 自前[無] 当6
東京都八王子市 S38・8・31
勤17年1ヵ月 (初/平15)

党都連会長、党政調会長、経済産業大臣、文科大臣、党幹事長代行、内閣官房副長官、党総裁特別補佐、党青年局長、都議、市議、明大/60歳

〒192-0046 八王子市明神町4-1-2 ストーク八王子205 ☎042(646)3008

東京都25区 413,266 投54.90

当131,430 井上信治 自前(59.4)
比89,991 島田幸成 立新(40.6)

青梅市、昭島市、福生市、羽村市、あきる野市、西多摩郡

いのうえしんじ
井上信治 自前[麻] 当7
東京都 S44・10・7
勤20年5ヵ月 (初/平15)

党幹事長代理、環境・温暖化対策調査会長、国際博覧会担当大臣、内閣府特命担当大臣、環境副大臣、内閣委員長、国交省、東大/54歳

〒198-0024 青梅市新町3-39-1 ☎0428(32)8182
〒100-8981 千代田区永田町2-2-1、会館 ☎03(3508)7328

比例代表 東京都 17人

東京

たかぎけい
髙木啓 自前[無] 当2
東京都北区 S40・3・16
勤6年6ヵ月 (初/平29)

党経済産業副部会長、運輸・交通関係団体副委員長、外務大臣政務官、党国土交通副部会長、都議、北区議、立教大/58歳

〒114-0022 北区王子本町1-14-9-202 ☎03(5948)6790

まつもとようへい
松本洋平 自前[無] 当5(初/平17)
東京都 S48・8・31
勤15年3ヵ月 〈東京19区〉

党政調副会長兼事務局長、経産委、災害特委、経産副大臣、内閣府副大臣、党副幹事長、党青年局長、慶大経済学部/50歳

〒187-0003 小平市花小金井南町2-17-4 ☎042(461)6644
〒100-8981 千代田区永田町2-2-1、会館 ☎03(3508)7133

おち たかお
越智隆雄

自前[無] 当5(初/平17)
東京都 S39・2・27
勤15年3ヵ月 **〈東京6区〉**

予算委、財金委、憲法審委、党金融調査会幹事長、元内閣府副大臣(経済財政)、住友銀行、東大法院、慶大経/60歳

〒156-0052 世田谷区経堂2-2-11-2F ☎03(5799)4260

わか みや けん じ
若宮健嗣

自前[茂] 当5(初/平17)
東京都 S36・9・2
勤15年3ヵ月 **〈東京5区〉**

党政調会長代理、幹事長代理、内閣府特命担当大臣、外務副大臣、防衛副大臣、外務委長、安保委長、慶大/62歳

〒154-0004 世田谷区太子堂4-6-1 パークヒル6 ☎03(3795)8255
〒100-8982 千代田区永田町2-1-2、会館 ☎03(3508)7509

なが しま あき ひさ
長島昭久

自前[無] 当7(初/平15)
神奈川県横浜市 S37・2・17
勤20年5ヵ月 **〈東京18区〉**

党政務調査会副会長・国際局長代理、震災復興特委筆頭理事、安保委、震災復興特委員長、防衛副大臣、総理補佐官、慶大院、米ジョンズホプキンス大院/62歳

〒183-0022 府中市宮西町4-12-11
モア府中2F ☎042(319)2118

㊗略歴

比例東京

いし はら ひろ たか
石原宏高

自前[無] 当5(初/平17)
神奈川県 S39・6・19
勤15年5ヵ月 **〈東京3区〉**

総理補佐官、党環境調査会事務局長、党小笠原小委長、環境委員長、環境・内閣府副大臣、外務大臣政務官、銀行員、慶大/59歳

〒140-0014 品川区大井1-22-5
八木ビル7F ☎03(3777)2275
〒100-8981 千代田区永田町2-2-1、会館 ☎03(3508)7319

い とう しゅん すけ
伊藤俊輔

立前 当2(初/平29)
東京都町田市 S54・8・5
勤6年6ヵ月 **〈東京23区〉**

党副幹事長、青年局長、UR議連事務局次長、全建総連懇話会幹事、小田急多摩線延伸促進議連顧問、議運委、情報監視審委、桐蔭高、北京大留学、中央大/44歳

〒194-0021 町田市中町2-6-11
サワダビル3F ☎042(723)0117

すず き よう すけ
鈴木庸介

立新 当1(初/令3)
東京都 S50・11・21
勤2年5ヵ月 **〈東京10区〉**

法務委、外務委、復興特委、元NHK記者、立教大学経済学部兼任講師、コロンビア大院/48歳

〒170-0004 豊島区北大塚2-14-1
鈴矢ビル3F ☎03(6903)1544

かいえだばんり
海江田万里　無前　東京都　当8(初/平5)　S24・2・26　勤22年1ヵ月　〈東京1区〉

衆議院副議長、立憲民主党都連顧問、税制調査会顧問、前決算行監委長、元民主党代表、元経済産業大臣、元内閣府特命担当大臣、慶大／75歳

〒160-0004　新宿区四谷3-11山一ビル6F　☎03(5363)6015
〒160-0023　新宿区西新宿4-8-4-301(自宅)　☎03(3375)1445

おおかわら
大河原まさこ　立前　神奈川県横浜市　当2(初/平29)※　S28・4・8　勤12年7ヵ月(参6年1ヵ月)〈東京21区〉

環境委、決算行監委理、消費者特委、党ジェンダー平等推進本部副事務局長、元参議院議員、東京都議、国際基督教大／70歳

〒190-0022　立川市錦町1-10-25
YS錦町ビル1F　☎042(529)5155
〒100-8981　千代田区永田町2-2-1、会館　☎03(3508)7261

あべ　つかさ
阿部　司　維新　東京都大田区　当1(初/令3)　S57・6・18　勤2年5ヵ月　〈東京12区〉

内閣委、総務委、党代表付、青山社中株式会社(政策シンクタンク)、日本ヒューレット・パッカード、早大／41歳

〒114-0022　北区王子本町1-22-7
パークハイムＫＴ1階　☎03(3908)3121

おのたいすけ
小野泰輔　維新　東京都　当1(初/令3)　S49・4・20　勤2年5ヵ月　〈東京1区〉

経産委、原子力特委理、憲法審委、熊本県副知事、東大法／49歳

〒150-0012　渋谷区広尾5-16-1 北村60館 302号室　☎03(6824)6087
〒100-8981　千代田区永田町2-2-1、会館　☎03(3508)7340

たかぎようすけ
高木陽介　公前　東京都　当9　S34・12・16　勤27年1ヵ月　(初/平5)

党政調会長、党都本部代表、経産副大臣、衆総務委員長、国交政務官、党国対委員長、党選対委員長、毎日記者、創価大／64歳

〒190-0022　立川市錦町1-4-4
立川サニーハイツ301　☎042(540)1155

かさいこういち
河西宏一　公新　神奈川県鎌倉市　当1　S54・6・25　勤2年5ヵ月　(初/令3)

党青年副委員長・学生局長、党都本部副代表、内閣委、憲法審査会、地こデジ特委理事、政党職員、電機メーカー社員、東大／44歳

〒100-8982　千代田区永田町2-1-2、会館　☎03(3508)7630

※平19参院初当選

かさい あきら
笠井　亮
共 前　当6(初/平17)※
大阪府　S27・10・15
勤24年8ヵ月（参6年1ヵ月）

党原発・気候変動・エネルギー対策委員会責任者、経産委、原子力特委、拉致特委、参院議員1期、東大／71歳

〒151-0053　渋谷区代々木1-44-11-1F　☎03(5304)5639
〒107-0052　港区赤坂2-17-10、宿舎

みやもと とおる
宮本　徹
共 前　当3(初/平26)
兵庫県三木市　S47・1・22
勤9年4ヵ月　〈東京20区〉

党中央委員、厚労委、予算委、東大教育／52歳

〒151-0053　渋谷区代々木1-44-11　☎03(5304)5639
〒100-8981　千代田区永田町2-2-1、会館　☎03(3508)7508

くしぶち まり
櫛渕万里
れ 元　繰当2(初/平21)
群馬県沼田市　S42・10・15
勤5年3ヵ月　〈東京22区〉

決算行監委、党共同代表、国際交流NGO共同代表兼事務局長、立教大／56歳

〒182-0002　調布市国領町1-25-38-203　☎042(444)7188
〒100-8982　千代田区永田町2-1-2、会館　☎03(3508)7063

比例代表　東京都　17人
有効投票数　6,446,898票

政党名	当選者数	得票数	得票率
	惜敗率　小選挙区		惜敗率　小選挙区

自民党　6人　2,000,084票　31.02%

当①高木　啓 前
当②松本　洋平 前(98.08)東19
当②越智　隆雄 前(95.48)東6
当②若宮　健嗣 前(95.14)東5
当②長島　昭久 前(94.91)東18
当②石原　宏高 前(93.43)東3
②安藤　高夫 前(87.03)東9
②石原　伸晃 前(76.73)東8
②松本　文明 前(65.11)東7
㉓伊藤　智加 新
㉔松野　未佳 新
㉕小松　裕 前
㉖西田　譲 元
㉗和泉　武彦 新
㉘崎山　知尚 新

【小選挙区での当選者】
②山田　美樹 前　東1
②辻　清人 前　東2
②平　将明 前　東4
②鈴木　隼人 前　東10
②下村　博文 前　東11
②土田　慎 新　東13
②松島みどり 前　東14
②木原　誠二 前　東20
②小田原　潔 前　東21
②伊藤　達也 前　東22
②小倉　将信 前　東23
②萩生田光一 前　東24
②井上　信治 前　東25

立憲民主党　4人　1,293,281票　20.06%

当①伊藤　俊輔 前(95.14)東23
当①鈴木　庸介 新(93.74)東10
当①海江田万里 前(90.83)東1
当①大河原雅子 前(88.13)東21
①山花　郁夫 前(85.57)東22
①井戸　正枝 元(77.38)東15
①水野　素子 新(77.06)東16
①松尾　明弘 前(75.81)東2

※ 平7参院初当選

①木村　剛司 元(74.47)東14
①阿久津幸彦 前(71.56)東11
①島田　幸成 新(68.47)東25
①北條　智彦 新(68.01)東13
㉑高松　智之 新
㉒川島智太郎 元
㉓北出　美翔 新
【小選挙区での当選者】
①松原　　仁 前　　東3
①手塚　仁雄 前　　東5
①落合　貴之 前　　東6
①長妻　　昭 前　　東7
①吉田　晴美 新　　東8
①山岸　一生 新　　東9
①菅　　直人 前　　東18
①末松　義規 前　　東19

日本維新の会　2人　858,577票　13.32%

当①阿部　　司 新(79.51)東12
当①小野　泰輔 新(60.76)東1
①金沢　結衣 新(58.85)東15
①碓井　梨恵 新(54.00)東6
①田淵　正文 新(48.87)東5
①林　　智興 新(45.76)東4
①西村　恵美 新(45.56)東14
①中津川博郷 元(44.27)東16
①猪口　幸子 新(43.77)東17
①南　　　純 新(43.70)東9
①木内　孝胤 元(38.36)東2
①前田順一郎 新(35.43)東20
①山崎　英昭 新(34.32)東19
①竹田　光明 元(31.60)東21
①辻　健太郎 新(30.37)東7
①笠谷　圭司 新(29.68)東8
①藤川　隆史 新(26.56)東10

公明党　2人　715,450票　11.10%

当①高木　陽介 前
当②河西　宏一 新
③藤井　伸城 新
④大沼　伸貴 新
（令4.6.15離党）

共産党　2人　670,340票　10.40%

当①笠井　　亮 前
当②宮本　　徹 前　　東20
③池内　沙織 元　　東12
④谷川　智行 新　　東4

れいわ新選組　1人　360,387票　5.59%

当①山本　太郎 新
（令4.4.19辞職）
繰②櫛渕　万里 元(24.35)東22
（令4.4.27繰上）
▼②北村　　造 新(12.15)東2
④渡辺　照子 新

その他の政党の得票数・得票率は下記のとおりです。
（当選者はいません）

政党名	得票数	得票率
国民民主党	306,179票	4.75%
社民党	92,995票	1.44%
NHKと裁判してる党弁護士法72条違反で	92,353票	1.43%
日本第一党	33,661票	0.52%
新党やまと	16,970票	0.26%
政権交代によるコロナ対策強化新党	6,620票	0.10%

新潟県1区　434,016　投57.25

新潟市（北区・東区・中央区・江南区・南区・西区の一部）（P173参照）

当127,365　西村智奈美　立前(52.6)
比当96,591　塚田一郎　自新(39.9)
比18,333　石崎　　徹　維元(7.6)

西村智奈美（にしむらちなみ）

立前　当6
新潟県　S42・1・13
勤18年5ヵ月　（初/平15）

党代表代行、厚労委、拉致特委、党県連代表、厚労副大臣、外務大臣政務官、新潟県議、新潟大院／57歳

〒950-0916　新潟市中央区米山2-5-8
米山プラザビル202　☎025(244)1173
〒107-0052　港区赤坂2-17-10、宿舎

新潟県2区 288,107 投62.66

新潟市（南区（味方・月潟出張所管内）、西区（第1区に属しない区域）、西蒲区）、長岡市の一部（P173参照）、柏崎市、燕市、佐渡市、西蒲原郡、三島郡、刈羽郡

当105,426 細田健一 自前（59.9）
比37,157 高倉 栄 国新（21.1）
比33,399 平あや子 共新（19.0）

ほそだ けんいち
細田健一
自前［無］ 当4
東京都 S39・7・11
勤11年4ヵ月 （初／平24）

党農林部会長、農林水産委理事、経産副大臣、予算委理事、農水政務官、経産省、京大法、米ハーバード大学院／59歳

〒959-1232 燕市井土巻4-21 ☎0256(47)1809
〒100-8982 千代田区永田町2-1-2、会館 ☎03(3508)7278

新潟県3区 298,289 投65.04

新潟市（北区の一部（P173参照））、新発田市、村上市、五泉市、阿賀野市、胎内市、北蒲原郡、東蒲原郡、岩船郡

当102,564 斎藤洋明 自前（53.6）
比88,744 黒岩宇洋 立前（46.4）

さいとう ひろあき
斎藤洋明
自前［麻］ 当4
新潟県村上市 S51・12・8
勤11年4ヵ月 （初／平24）

総務委、党情報・通信関係団体委員長、総務大臣政務官、党総務部会長代理、内閣府、公正取引委員会、神戸大大学院、学習院大／47歳

〒957-0056 新発田市大栄町3-6-3 ☎0254(21)0003
〒100-8981 千代田区永田町2-2-1、会館 ☎03(3508)7155

新潟県4区 307,471 投64.17

新潟市（北区・東区・中央区・江南区の一部、秋葉区、南区の一部（P173参照））、長岡市の一部（P173参照））、三条市、加茂市、見附市、南蒲原郡

当97,494 菊田真紀子 立前（50.1）
比当97,256 国定勇人 自新（49.9）

きくたまきこ
菊田真紀子
立前 当7
新潟県加茂市 S44・10・24
勤20年5ヵ月 （初／平15）

党「次の内閣」文科大臣・子ども政策担当大臣、拉致問題対策副本部長、外務政務官、市議（2期）、中国黒龍江大学留学、加茂高／54歳

〒955-0071 三条市本町6-13-3 ☎0256(35)6066
〒107-0052 港区赤坂2-17-10、宿舎

新潟県5区 275,224 投65.20

長岡市（第2区及び第4区に属しない区域）、小千谷市、魚沼市、南魚沼市、南魚沼郡

当79,447 米山隆一 無新（45.0）
比当60,837 泉田裕彦 自前（34.4）
36,422 森 民夫 無新（20.6）

よねやまりゅういち
米山隆一
立新 当1
新潟県魚沼市 S42・9・8
勤2年5ヵ月 （初／令3）

法務委、予算委、災害特委、前新潟県知事、医師、医学博士、弁護士、灘高校、東大大学院医学系研究科／56歳

〒940-0063 長岡市旭町2-3-31 プラザ・コバヤシ3F ☎0258(89)8800
〒100-8982 千代田区永田町2-1-2、会館 ☎03(3508)7485

新潟県６区 272,966 投67.79

当90,679	梅谷　守	立新	(49.6)
比当90,549	高鳥修一	自前	(49.5)
1,711	神鳥古賛	無新	(0.9)

十日町市、糸魚川市、妙高市、上越市、中魚沼郡

うめ たに まもる
梅谷　守

立新　当1
東京都　S48・12・9
勤2年5ヵ月　(初/令3)

党政調会長補佐、農水委、予算委、拉致特委理、新潟県議会議員、国会議員政策担当秘書、早大／50歳

〒943-0805　上越市木田1-8-14　☎025(526)4211
〒100-8982　千代田区永田町2-1-2、会館　☎03(3508)7403

富山県１区 267,782 投52.43

当71,696	田畑裕明	自前	(51.8)
比当45,411	吉田豊史	維元	(32.8)
比14,563	西尾政英	立新	(10.5)
6,800	青山了介	共新	(4.9)

富山市の一部(P173参照)

た ばた ひろ あき
田畑裕明

自前[無]　当4
富山県　S48・1・2
勤11年4ヵ月　(初/平24)

総務委、厚労委、厚労委員長、党厚労部会長、総務副大臣、厚労・文科委理、国対副委員長、厚労大臣政務官、県議、富山市議、獨協大学経済学部／51歳

〒930-0017　富山市東田地方町2-2-5　☎076(471)6036
〒107-0052　港区赤坂2-17-10、宿舎

富山県２区 247,492 投54.22

当89,341	上田英俊	自新	(68.4)
比41,252	越川康晴	立新	(31.6)

富山市(第1区に属しない区域)、魚津市、滑川市、黒部市、中新川郡、下新川郡

うえ だ えい しゅん
上田英俊

自新[茂]　当1
富山県下新川郡入善町　S40・1・22
勤2年5ヵ月　(初/令3)

厚労委、農水委、沖北特委、原子力特委、党地方組織・議員総局長、党総務、富山県議会議員、早大政経学部／59歳

〒937-0051　魚津市駅前新町5-30　魚津サンプラザ3F　☎0765(22)6648
〒107-0052　港区赤坂2-17-10、宿舎　☎03(5549)4671

富山県３区 364,742 投59.06

当161,818	橘　慶一郎	自前	(78.5)
44,214	坂本洋史	共新	(21.5)

高岡市、氷見市、砺波市、小矢部市、南砺市、射水市

たちばな けい いち ろう
橘　慶一郎

自前[無]　当5
富山県高岡市　S36・1・23
勤14年8ヵ月　(初/平21)

議運理事、農水・地こデジ特各委、政倫審幹事、党国対副委長、復興副大臣、総務大臣政務官、高岡市長、北開庁、東大／63歳

〒933-0912　高岡市丸の内1-40　高岡商工ビル　☎0766(25)5780
〒107-0052　港区赤坂2-17-10、宿舎

石川県1区 376,122 投52.20

金沢市

当88,321	小森　卓郎	自新	(46.1)
比48,491	荒井淳志	立新	(25.3)
比45,663	小林　誠	維新	(23.9)
8,930	亀田良典	共新	(4.7)

小森卓郎（こもり　たくお）

自新[無]　当1
神奈川県　S45・5・21
勤2年5ヵ月　(初/令3)

国交委、内閣委、倫選特委、原子力特委、総務大臣政務官、金融庁総合政策課長、防衛省会計課長、財務省主計局主査、石川県総務部長、プリンストン大院修了、東大法/53歳

〒920-8203　金沢市鞍月5-181　☎076(239)0102
〒100-8981　千代田区永田町2-2-1、会館　☎03(3508)7179

石川県2区 325,273 投56.13

小松市、加賀市、白山市、能美市、野々市市、能美郡

当137,032	佐々木　紀	自前	(78.4)
27,049	坂本　浩	共新	(15.5)
10,632	山本保彦	無新	(6.1)

佐々木紀（ささき　はじめ）

自前[無]　当4
石川県能美市　S49・10・18
勤11年4ヵ月　(初/平24)

国交委理事、党国土交通部会長、国交大臣政務官、党青年局長、会社役員、東北大法/49歳

〒923-0941　小松市城南町35番地　☎0761(21)1181
〒107-0052　港区赤坂2-17-10、宿舎　☎03(5549)4671

石川県3区 243,618 投66.09

七尾市、輪島市、珠洲市、羽咋市、かほく市、河北郡、羽咋郡、鹿島郡、鳳珠郡

当80,692	西田昭二	自前	(50.7)
比当76,747	近藤和也	立前	(48.3)
1,588	倉知昭一	無新	(1.0)

西田昭二（にしだ　しょうじ）

自前[無]　当2
石川県七尾市　S44・5・1
勤6年6ヵ月　(初/平29)

総務大臣政務官、国土交通・内閣府・復興大臣政務官、党総務、党国交副部会長、元県議会副議長、県議(3期)、市議(3期)、秘書、愛知学院大/54歳

〒926-0041　石川県七尾市府中町員外26　☎0767(58)6140
〒100-8981　千代田区永田町2-2-1、会館　☎03(3508)7139

福井県1区 375,210 投56.82

福井市、大野市、勝山市、あわら市、坂井市、吉田郡

当136,171	稲田朋美	自前	(65.5)
比71,845	野田富久	立新	(34.5)

稲田朋美（いなだ　ともみ）

自前[無]　当6
福井県　S34・2・20
勤18年7ヵ月　(初/平17)

党幹事長代理、環境委筆頭理事、党整備新幹線等鉄道調査会長、党幹事長代行、防衛大臣、党政調会長、内閣府特命担当相、弁護士、早大/65歳

〒910-0858　福井市手寄1-9-20　☎0776(22)0510
〒100-8982　千代田区永田町2-1-2、会館　☎03(3508)7035

福井県2区 262,612 投59.12

当81,705 高木 毅 自前(53.9)
比69,984 斉木武志 立前(46.1)

敦賀市、小浜市、鯖江市、越前市、今立郡、南条郡、丹生郡、三方郡、大飯郡、三方上中郡

たかぎ つよし
髙木 毅
自前［無］ 当8
福井県敦賀市 S31・1・16
勤23年10ヵ月 (初/平12)

前党国対委員長、議運委員長、復興大臣、国交副大臣、防衛政務官、党遊説局長、原子力特委員長、青山学院大学／68歳

〒914-0805 敦賀市鋳物師町4-8 森口ビル2F ☎0770(21)2244
〒100-8981 千代田区永田町2-2-1、会館 ☎03(3508)7296

長野県1区 425,440 投59.74

当128,423 若林健太 自新(51.3)
比当121,962 篠原 孝 立前(48.7)

長野市の一部(P174参照)、須坂市、中野市、飯山市、上高井郡、下高井郡、下水内郡

わかばやし けんた
若林健太
自新［無］ 当1(初/令3)※
長野県長野市 S39・1・11
勤8年6ヵ月 (参6年1ヵ月)

党国対副委長、予算委、財金委、経産委、災害特委、税理士・公認会計士、参農水委長、外務政務官、監査法人代表社員、長野JC理事長、慶大、早大院／60歳

〒380-0921 長野市栗田8-1 ☎026(269)0330
〒107-0052 港区赤坂2-17-10、宿舎

長野県2区 382,123 投57.03

当101,391 下条みつ 立前(47.5)
比当68,958 務台俊介 自前(32.3)
比43,026 手塚大輔 維新(20.2)

長野市(第1区に属しない区域)、松本市、大町市、安曇野市、東筑摩郡、北安曇郡、上水内郡

しもじょう
下条みつ
立前 当5
長野県松本市 S30・12・29
勤15年7ヵ月 (初/平15)

文科委、拉致特委、防衛大臣政務官、拉致特委長、予算委理、党総務、厚生大臣秘書官、富士銀行参事役、信州大／68歳

〒390-0877 松本市沢村2-13-9 ☎0263(87)3280
〒100-8981 千代田区永田町2-2-1、会館 ☎03(3508)7271

長野県3区 399,168 投59.32

当120,023 井出庸生 自前(51.5)
比当109,179 神津 健 立新(46.9)
比3,722 池 高生 N新(1.6)

上田市、小諸市、佐久市、千曲市、東御市、南佐久郡、北佐久郡、小県郡、埴科郡

いで ようせい
井出庸生
自前［麻］ 当4
東京都 S52・11・21
勤11年4ヵ月 (初/平24)

党国対副委員長、文部科学副大臣、党厚生労働部会長代理、党司法制度調査会事務局長、NHK記者、東大／46歳

〒385-0022 佐久市岩村田638 ☎0267(78)5515
〒100-8982 千代田区永田町2-1-2、会館 ☎03(3508)7469

※平22参院初当選

長野県4区 240,401 投59.37

当86,962 後藤茂之 自前(62.6)
51,922 長瀬由希子 共新(37.4)

岡谷市、諏訪市、茅野市、塩尻市、諏訪郡、木曽郡

ごとう しげゆき
後藤茂之 自前[無] 当7
東京都 S30・12・9
勤20年6ヵ月 (初/平12)

災害特別委員長、党こども若者未来本部長、税調小委長代理、経済再生大臣、厚生労働大臣、党政調会長代理、社会保障制度調査会長、大蔵省、東大法/68歳

〒392-0021 諏訪市上川3丁目2212-1 ☎0266(57)3370
〒100-8981 千代田区永田町2-2-1、会館 ☎03(3508)7702

長野県5区 280,123 投64.54

当97,730 宮下一郎 自前(54.9)
比80,408 曽我逸郎 立新(45.1)

飯田市、伊那市、駒ヶ根市、上伊那郡、下伊那郡

みやした いちろう
宮下一郎 自前[無] 当6
長野県伊那市 S33・8・1
勤17年1ヵ月 (初/平15)

財金委、党長野県連会長、前農林水産大臣、党農林・経産部会長、内閣府・財務副大臣、財務金融委員長、東大/65歳

〒396-0010 伊那市境1550-3 ☎0265(78)2828

比例代表 北陸信越 11人

新潟、富山、石川、福井、長野

わしお えいいちろう
鷲尾英一郎 自前[無] 当6
新潟県 S52・1・3
勤18年7ヵ月 (初/平17)

議運委理事、党国対副委員長、党労政局次長、党副幹事長、外務副大臣、環境委長、農水政務官、公認会計士、税理士、行政書士、新日本監査法人、東大経/47歳

〒940-2023 長岡市蓮潟5-1-72 ☎0258(86)4900

たかとり しゅういち
髙鳥修一 自前[無] 当5(初/平17)
新潟県上越市 S35・9・29
勤15年3ヵ月 〈新潟6区〉

拉致特委理事、農水委、災害特委、党政調会長代理、元党筆頭副幹事長・総裁特別補佐、元農水・内閣府副大臣、早大/63歳

〒943-0804 上越市新光町2-1-1 ☎025(521)0760

くに さだ いさ と
国定勇人
自 新［無］ 当1（初/令3）
東京都 S47・8・30
勤2年5ヵ月 **〈新潟4区〉**

環境大臣政務官兼内閣府大臣政務官、三条市長、総務省、一橋大商学部／51歳

〒955-0071 三条市本町4-9-27 ☎0256（47）1555
〒100-8981 千代田区永田町2-2-1、会館 ☎03（3508）7131

いずみ だ ひろ ひこ
泉田裕彦
自 前［無］ 当2（初/平29）
新潟県 S37・9・15
勤6年6ヵ月 **〈新潟5区〉**

原子力特委理、内閣委、国交委、国土交通・内閣府・復興大臣政務官、元新潟県知事、経産省、通産省、京大法／61歳

〒940-0082 長岡市千歳3-2-33 ☎0258（89）8506
〒100-8982 千代田区永田町2-1-2、会館 ☎03（3508）7640

つか だ いち ろう
塚田一郎
自 新［麻］ 当1（初/令3）※
新潟県新潟市 S38・12・27
勤14年7ヵ月（参12年2ヵ月）〈新潟1区〉

財金委、予算委、拉致特委理、財務金融委員長、国土交通副大臣、復興副大臣、内閣府副大臣、党新潟県連会長、中央大、ボストン大院／60歳

〒950-0945 新潟市中央区女池上山2-22-7 ☎025（280）1016
〒107-0052 港区赤坂2-17-10、宿舎

む たい しゅん すけ
務台俊介
自 前［麻］ 当4（初/平24）
長野県安曇野市 S31・7・3
勤11年4ヵ月 **〈長野2区〉**

環境委員長、環境兼内閣府副大臣、内閣府兼復興大臣政務官、消防庁防災課長、神奈川大教授、東大法／67歳

〒390-0863 松本市白板2-3-30 大永第三ビル101 ☎0263（33）0518
〒100-8981 千代田区永田町2-2-1、会館 ☎03（3508）7334

こん どう かず や
近藤和也
立 前 当3（初/平21）
石川県 S48・12・12
勤9年10ヵ月 **〈石川3区〉**

農水委理、復興特委、党選対委員長代理、党拉致問題対策本部幹事、元野村證券（株）、京大経済学部／50歳

〒926-0054 七尾市川原町60-2 ☎0767（57）5717

しの はら たかし
篠原孝
立 前 当7（初/平15）
長野県中野市 S23・7・17
勤20年5ヵ月 **〈長野1区〉**

環境委筆頭理事、憲法審委、農水副大臣、農水政策研究所長、OECD代表部、京大法、UW大修士／75歳

〒380-0928 長野市若里4-12-26 宮沢ビル2F ☎026（229）5777
〒100-8981 千代田区永田町2-2-1、会館 ☎03（3508）7268

※平19参院初当選

こうづ
神津たけし

立新　当1(初/令3)
神奈川県鎌倉市　S52・1・21
勤2年5ヵ月　〈長野3区〉

国交委、**災害特委**、元JICA企画調査員(南アフリカ、ケニア、チュニジア、コートジボワール、ルワンダ駐在)、政策研究大学院大／47歳

〒386-0023 上田市中央西1-7-7 北大手ビル201号室 ☎0268(71)5250
〒385-0011 佐久市猿久保668-1 ミニタウンA&A-2号室 ☎0267(88)7866

よしだ とよふみ
吉田豊史

無元　当2(初/平26)
富山県　S45・4・10
勤5年3ヵ月　〈富山1区〉

財金委、会社員、起業、会社役員、富山県議会議員(2期)、早大法／53歳

〒930-0975 富山市西長江3-1-14 ☎076(495)8823

なかがわ ひろまさ
中川宏昌

公新　当1
長野県塩尻市　S45・7・15
勤2年5ヵ月　(初/令3)

党中央幹事、北信越方面本部長、長野県代表、安保部会長代理、衆安保委理事、法務委、拉致特委、長野県議、長野銀行、創価大／53歳

〒399-0006 松本市野溝西1-3-4 2F ☎0263(88)5550
〒106-0032 港区六本木7-1-3、宿舎

比例代表 北陸信越 11人

有効投票数 3,510,613票

政党名	当選者数 惜敗率 小選挙区	得票数	得票率 惜敗率 小選挙区

自民党　6人　1,468,380票　41.83%

当①鷲尾英一郎 前
当②高鳥 修一 前(99.86)新6
当②国定 勇人 新(99.76)新4
当②泉田 裕彦 前(76.58)新5
当②塚田 一郎 新(75.84)新1
当②務台 俊介 前(68.01)長2
㉑山本 拓 前
㉒佐藤 俊 新
㉓工藤 昌克 新
㉔滝沢 圭隆 新
㉕近藤 真衣 新
【小選挙区での当選者】
②細田 健一 前 新2
②斎藤 洋明 前 新3
②田畑 裕明 前 富1
②上田 英俊 新 富2
②橘 慶一郎 前 富3
②小森 卓郎 新 石1
②佐々木 紀 前 石2
②西田 昭二 前 石3
②稲田 朋美 前 福1
②高木 毅 前 福2
②若林 健太 新 長1
②井出 庸生 前 長3
②後藤 茂之 前 長4
②宮下 一郎 前 長5

立憲民主党　3人　773,076票　22.02%

当①近藤 和也 前(95.11)石3
当①篠原 孝 前(94.97)長1
当①神津 健 新(90.97)長3
①黒岩 宇洋 前(86.53)新3
①斉木 武志 前(85.65)福2
①曽我 逸郎 新(82.28)長5
①荒井 淳志 新(54.90)石1
①野田 富久 新(52.76)福1
①越川 康晴 新(46.17)富2
①西尾 政英 新(20.31)富1
⑮石本 伸二 新
【小選挙区での当選者】
①西村智奈美 前 新1
①菊田真紀子 前 新4
①梅谷 守 新 新6
①下条 みつ 前 長2

日本維新の会　1人　361,476票　10.30%

当①吉田　豊史 元(63.34)富1　①手塚　大輔 新(42.44)長2
①小林　誠 新(51.70)石1　▼①石崎　徹 元(14.39)新1

公明党　1人　322,535票　9.19%

当①中川　宏昌 新　②小松　実 新

その他の政党の得票数・得票率は下記のとおりです。
(当選者はいません)

政党名	得票数	得票率
共産党	225,551票	6.42%
国民民主党	133,599票	3.81%
れいわ新選組	111,281票	3.17%
社民党	71,185票	2.03%
NHKと裁判してる党弁護士法72条違反で	43,529票	1.24%

㊥略歴

比例北陸信越・岐阜

岐阜県1区　326,022 投52.31

岐阜市(本庁管内、西部・東部・北部・南部東・南部西・日光事務所管内)

当103,805 野田聖子 自前(62.5)
比48,629 川本慧佑 立新(29.3)
9,846 山越　徹 共新(5.9)
3,698 土田正光 諸新(2.2)

野田聖子(のだせいこ)　自前[無]　当10
岐阜県岐阜市　S35・9・3
勤30年10ヵ月　(初/平5)

党情報通信戦略調査会長、内閣府特命担当大臣、党幹事長代行、予算委員長、総務大臣、党総務会長、郵政大臣、県議、帝国ホテル、上智大／63歳

〒500-8367　岐阜市宇佐南4-14-20 2F　☎058(276)2601
〒100-8981　千代田区永田町2-2-1、会館　☎03(3508)7161

岐阜県2区　300,608 投56.09

大垣市、海津市、養老郡、不破郡、安八郡、揖斐郡

当108,755 棚橋泰文 自前(65.8)
比40,179 大谷由里子 国新(24.3)
16,374 三尾圭司 共新(9.9)

棚橋泰文(たなはしやすふみ)　自前[麻]　当9
岐阜県大垣市　S38・2・11
勤27年7ヵ月　(初/平8)

党行政改革推進本部長、党総務副会長、国家公安委員長、予算委員長、党幹事長代理、内閣府特命担当大臣、党青年局長、通産省課長補佐、弁護士、東大／61歳

〒503-0904　大垣市桐ヶ崎町93　☎0584(73)3000
〒100-8982　千代田区永田町2-1-2、会館　☎03(3508)7429

▼は小選挙区の得票が有効投票総数の10分の1未満で、復活当選の資格がない者

岐阜県3区 422,993 投54.55

岐阜市(第1区に属しない区域)、関市、美濃市、羽島市、各務原市、山県市、瑞穂市、本巣市、羽島郡、本巣郡

当132,357 武藤容治 自前(58.6)
比93,616 阪口直人 立元(41.4)

むとうようじ
武藤容治
自前[麻] 当5
岐阜県 S30・10・18
勤15年3ヵ月 (初/平17)

議運理事、党国対副委員長、農水委長、経産副大臣、外務副大臣、総務政務官、党政調副会長、会社会長、慶大商/68歳

〒504-0909 各務原市那加信長町1-91 ☎058(389)2711
〒100-8982 千代田区永田町2-1-2、会館 ☎03(3508)7482

岐阜県4区 330,497 投66.37

高山市、美濃加茂市、可児市、飛騨市、郡上市、下呂市、加茂郡、可児郡、大野郡

当110,844 金子俊平 自前(51.2)
比91,354 今井雅人 立前(42.2)
比14,171 佐伯哲也 維新(6.5)

かねこしゅんぺい
金子俊平
自前[無] 当2
岐阜県高山市 S53・5・28
勤6年6ヵ月 (初/平29)

党青年局国際部長、党国交副部会長、財務大臣政務官、党副幹事長、党農林副部会長、三井不動産、国交相秘書官、高山青年会議所理事長、日本青年会議所岐阜ブロック協議会長、慶大/45歳

〒506-0008 高山市初田町1-58-15 ☎0577(32)0395

岐阜県5区 273,847 投62.72

多治見市、中津川市、瑞浪市、恵那市、土岐市

当82,140 古屋圭司 自前(48.5)
比68,615 今井瑠々 立新(40.5)
比9,921 山田良司 維元(5.9)
8,736 小関祥子 共新(5.2)

ふるやけいじ
古屋圭司
自前[無] 当11
岐阜県恵那市 S27・11・1
勤34年3ヵ月 (初/平2)

党憲法改正実現本部長、予算委、憲法審委、党政調会長代行、議運委長、党選対委長、国家公安委長、拉致問題・国土強靭化・防災担当大臣、経産副大臣、成蹊大/71歳

〒509-7203 恵那市長島町正家1-1-25 ナカヤマプラザ2F ☎0573(25)7550
〒100-8982 千代田区永田町2-1-2、会館 ☎03(3508)7440

静岡県1区 387,132 投50.99

静岡市(葵区・駿河区・清水区の一部(P175参照))

当101,868 上川陽子 自前(52.4)
比53,974 遠藤行洋 立新(27.7)
比21,074 高橋美穂 国元(10.8)
比17,667 青山雅幸 維前(9.1)

かみかわようこ
上川陽子
自前[無] 当7
静岡県静岡市 S28・3・1
勤20年6ヵ月 (初/平12)

外務大臣、党幹事長代理、法務大臣、党一億総活躍推進本部長、党司法制度調査会長、厚労委長、総務副大臣、内閣府特命大臣、公文書管理相、東大、ハーバード大院/70歳

〒420-0035 静岡市葵区七間町18-10 ☎054(251)8424
〒100-8982 千代田区永田町2-1-2、会館 ☎03(3508)7460

静岡県2区 388,436 投56.11

当131,082 井林辰憲 自前(61.1)
比71,032 福村 隆 立新(33.1)
12,396 山口祐樹 共新(5.8)

島田市、焼津市、藤枝市、御前崎市(御前崎支所管内)、牧之原市、榛原郡

井林辰憲（いばやし たつのり）

自前[麻] 当4
東京都 S51・7・18
勤11年4ヵ月 (初/平24)

内閣府副大臣、党副幹事長、党財務金融部会長、環境兼内閣府大臣政務官、国土交通省、京都大学工学部環境工学科、大学院／47歳

〒426-0037 藤枝市青木3-13-8 ☎054(639)5801
〒100-8981 千代田区永田町2-2-1、会館 ☎03(3508)7127

静岡県3区 371,830 投58.14

当112,464 小山展弘 立元(52.7)
比当100,775 宮沢博行 自前(47.3)

浜松市(天竜区の一部(P175参照))、磐田市、掛川市、袋井市、御前崎市(第2区に属しない区域)、菊川市、周智郡

小山展弘（こやま のぶひろ）

立元 当3
静岡県掛川市 S50・12・26
勤8年7ヵ月 (初/平21)

予算委、経済産業委、災害特委、党企業団体委副委員長、党静岡県連副代表、農林中央金庫職員、早大院／48歳

〒438-0078 磐田市中泉656-1 ☎0538(39)1234

静岡県4区 320,374 投50.07

当84,154 深沢陽一 自前(53.3)
比当49,305 田中 健 国新(31.2)
比24,441 中村憲一 維新(15.5)

静岡市(葵区(第1区に属しない区域)、駿河区(第1区に属しない区域)、清水区(第1区に属しない区域))、富士宮市、富士市(木島、岩淵、中之郷、南松野、北松野、中野台1～2丁目)

深澤陽一（ふかざわ よういち）

自前[無] 当2
静岡県静岡市 S51・6・21
勤4年 (初/令2)

外務大臣政務官、外務委、党財務金融副部会長、厚労政務官、党青年局・女性局次長、静岡県議、静岡市議、衆院議員秘書、信州大学／47歳

〒424-0817 静岡市清水区銀座14-17 ☎054(361)0615
〒107-0052 港区赤坂2-17-10、宿舎

静岡県5区 458,636 投54.39

当127,580 細野豪志 無前(51.8)
比当61,337 吉川 赳 自前(24.9)
比51,965 小野範和 立新(21.1)
5,350 千田 光 諸新(2.2)

三島市、富士市(第4区に属しない区域)、御殿場市、裾野市、伊豆の国市(本庁管内)、田方郡、駿東郡(小山町)

細野豪志（ほその ごうし）

自前[無] 当8
滋賀県 S46・8・21
勤23年10ヵ月 (初/平12)

安保委、復興特委、憲法審委、民主党政調会長、党幹事長、環境大臣、原発事故収束・再発防止担当大臣、内閣府特命担当大臣(原子力行政)、京大法／52歳

〒411-0847 三島市西本町4-6
コーア三島ビル2F ☎055(991)1269

静岡県6区 425,131 投53.77

沼津市、熱海市、伊東市、下田市、伊豆市、伊豆の国市(第5区に属しない区域)、賀茂郡、駿東郡(清水町、長泉町)

当104,178 勝俣孝明 自前(46.1)
比当99,758 渡辺 周 立前(44.1)
比22,086 山下洸棋 維新(9.8)

かつ また たか あき
勝俣孝明

自前[無] 当4
静岡県沼津市 S51・4・7
勤11年4ヵ月 (初/平24)

外務委員長、農林水産副大臣、党政調副会長、環境大臣政務官、スルガ銀行、財団法人企業経営研究所、学習院大、慶大院修了/47歳

〒410-0062 静岡県沼津市宮前町13-3 ☎055(922)5526

静岡県7区 328,735 投58.72

浜松市(中区の一部(P175参照)、西区、南区の一部(P175参照)、北区、浜北区、天竜区(第3区に属しない区域))、湖西市

当130,024 城内 実 自前(68.2)
比60,726 日吉雄太 立前(31.8)

き うち みのる
城内 実

自前[無] 当6
静岡県浜松市 S40・4・19
勤16年6ヵ月 (初/平15)

党副幹事長、党政務調査会副会長、県連会長、外務委長、環境副大臣、外務副大臣、外務省、東大教養国際関係論/58歳

〒433-8112 浜松市中央区初生町1288-1 ☎053(430)5789

静岡県8区 367,189 投56.47

浜松市(中区(第7区に属しない区域)、東区、南区(第7区に属しない区域))

当114,210 源馬謙太郎 立前(55.8)
比当90,408 塩谷 立 自前(44.2)

げん ま けん た ろう
源馬謙太郎

立前 当2
静岡県浜松市 S47・12・21
勤6年6ヵ月 (初/平29)

外務委筆頭理事、議運委、倫選特委、党副幹事長、国際局長、県連代表、静岡県議、松下政経塾、成蹊大、American University大学院/51歳

〒430-0852 浜松市中央区領家1-1-16 ☎053(464)0755

愛知県1区 400,338 投49.49

名古屋市(東区、北区、西区、中区)

当94,107 熊田裕通 自前(48.8)
比当91,707 吉田統彦 立前(47.6)
6,988 門田節代 N新(3.6)

くま だ ひろ みち
熊田裕通

自前[無] 当4
愛知県名古屋市 S39・8・28
勤11年4ヵ月 (初/平24)

法務委理、環境委、拉致特委、党法務部会長代理、安保調査会事務局長、総務副大臣、防衛大臣政務官、県議、総理秘書、神奈川大法/59歳

〒451-0061 名古屋市西区浄心1-1-41浄心ステーションビル北館102 ☎052(521)1144
〒107-0052 港区赤坂2-17-10、宿舎

愛知県２区 404,436 投53.44

当131,397 古川元久 国前(62.3)
比当79,418 中川貴元 自新(37.7)

名古屋市(千種区、守山区、名東区)

ふるかわもとひさ
古川元久

国前 当9
愛知県名古屋市 S40・12・6
勤27年7ヵ月 (初/平8)

党国対委員長、企業団体委員長、国際局長、国交委、災害特委、内閣委長、国家戦略担当大臣、官房副長官、大蔵省、米国コロンビア大学院留学、東大/58歳

〒464-0075 名古屋市千種区内山3-8-16 トキワビル2F ☎052(733)8401
〒107-0052 港区赤坂2-17-10、宿舎

愛知県３区 417,728 投54.22

当121,400 近藤昭一 立前(55.0)
比当99,489 池田佳隆 自前(45.0)

名古屋市(昭和区、緑区、天白区)

こんどうしょういち
近藤昭一

立前 当9
愛知県名古屋市 S33・5・26
勤27年7ヵ月 (初/平8)

環境委、憲法審委、党企業・団体交流委員会顧問、党副代表・選対委員長、環境副大臣、総務委員長、中日新聞社員、上智大/65歳

〒468-0058 名古屋市天白区植田西3-1207 ☎052(808)1181
〒100-8982 千代田区永田町2-1-2、会館 ☎03(3508)7402

愛知県４区 372,310 投48.95

当78,004 工藤彰三 自前(43.7)
比当72,786 牧 義夫 立前(40.8)
比27,640 中田千代 維新(15.5)

名古屋市(瑞穂区、熱田区、港区、南区)

くどうしょうぞう
工藤彰三

自前[麻] 当4
愛知県 S39・12・8
勤11年4ヵ月 (初/平24)

内閣府副大臣、国土交通大臣政務官、国交委理事、文科委理事、災害特委理事、名古屋市議、議員秘書、中央大商/59歳

〒456-0052 名古屋市熱田区二番2-2-24 ☎052(651)9591
〒107-0052 港区赤坂2-17-10、宿舎

愛知県５区 432,024 投48.63

当84,320 神田憲次 自前(41.2)
比74,995 西川厚志 立新(36.6)
比当45,540 岬 麻紀 維新(22.2)

名古屋市(中村区、中川区)、清須市、北名古屋市、西春日井郡

かんだけんじ
神田憲次

自前[無] 当4
大分県 S38・2・19
勤11年4ヵ月 (初/平24)

農水委、経産委、財務副大臣、内閣府大臣政務官、内閣委理、財金委、党内閣第二部会長、税理士、中京大院、愛知学院大院/61歳

〒453-0021 名古屋市中村区松原町5-64 ☎052(462)9872
〒107-0052 港区赤坂2-17-10、宿舎

愛知県6区 435,949 投54.83	当136,168 丹羽秀樹 自前(58.3)
	比76,912 松田功 立前(33.0)
	20,299 内田謙 共新(8.7)

瀬戸市の一部(P175参照)、春日井市、犬山市、小牧市

にわ ひでき
丹羽秀樹
自前[無] 当6
愛知県 S47・12・20
勤16年11ヵ月 (初/平17)

議運委筆頭理事、党国対筆頭副委員長、文部科学副大臣兼内閣府副大臣、党広報戦略局長、厚労委員長、党副幹事長、玉川大/51歳

〒486-0844 春日井市鳥居松町4-68 シティ春日井ビル1階 ☎0568(87)6226
〒107-0052 港区赤坂2-17-10、宿舎

愛知県7区 455,656 投59.54	当144,725 鈴木淳司 自前(54.7)
	比88,914 森本和義 立元(33.6)
	30,956 須山初美 共新(11.7)

瀬戸市(第6区に属しない区域)、大府市、尾張旭市、豊明市、日進市、長久手市、愛知郡

すずき じゅんじ
鈴木淳司
自前[無] 当6
愛知県瀬戸市 S33・4・7
勤17年1ヵ月 (初/平15)

経産委、前総務大臣、元法務・原子力特委員長、党原子力規制特委員長、党経産部会長、瀬戸市議、松下政経塾、早大/65歳

〒489-0929 瀬戸市西長根町83 Kインタービル2F ☎0561(89)3611
〒100-8981 千代田区永田町2-2-1、会館 ☎03(3508)7264

愛知県8区 437,645 投56.53	当121,714 伊藤忠彦 自前(50.2)
	比当120,649 伴野豊 立元(49.8)

半田市、常滑市、東海市、知多市、知多郡

いとう ただひこ
伊藤忠彦
自前[無] 当5
愛知県 S39・7・11
勤15年3ヵ月 (初/平17)

衆環境委理事、前衆法務委長、前震災復興特委長、前国交部会長、前環境副大臣、県議、電通、早大法/59歳

〒478-0021 知多市岡田字向田61 ☎0562(55)5508
〒100-8982 千代田区永田町2-1-2、会館 ☎03(3508)7003

愛知県9区 432,760 投53.98	当120,213 長坂康正 自前(52.7)
	比107,722 岡本充功 立前(47.3)

一宮市(本庁管内(P175参照))、津島市、稲沢市、愛西市、弥富市、あま市、海部郡

ながさか やすまさ
長坂康正
自前[麻] 当4
愛知県 S32・4・10
勤11年4ヵ月 (初/平24)

国土交通委員長、経産兼内閣府副大臣、内閣府兼復興政務官、県連幹事長、県議6期、総理大臣秘書、内閣官房調査員、青山学院大学経済学部/66歳

〒496-0044 津島市立込町3-26-2 ☎0567(26)3339
〒100-8981 千代田区永田町2-2-1、会館 ☎03(3508)7043

愛知県10区 436,560 投54.49

一宮市(第9区に属しない区域)、江南市、岩倉市、丹羽郡

当81,107	江崎鉄磨	自前(35.0)
比当62,601	杉本和巳	維前(27.0)
比53,375	藤原規真	立新(23.0)
比20,989	安井美沙子	れ新(9.1)
13,605	板倉正文	共新(5.9)

江崎鐵磨(えさき てつま) 自前[無] 当8
愛知県 S18・9・17
勤24年1ヵ月 (初/平5)

決算行監委、党総務会長代理、元内閣府特命大臣(沖縄・北方・消費者等担当)、法務・消費者各委員長、国土交通副大臣、外務総括次官、立教大/80歳

〒491-0002 一宮市時之島字下奈良西2 ☎0586(77)8555
〒107-0052 港区赤坂2-17-10、宿舎 ☎03(5563)9732

愛知県11区 383,834 投62.80

豊田市(旭・足助・小原・上郷・挙母・猿投・下山・高岡・高橋・藤岡・松平地域自治区)、みよし市

当158,018	八木哲也	自前(69.1)
36,788	本多信弘	共新(16.1)
33,990	梅村忠司	無新(14.9)

八木哲也(やぎ てつや) 自前[無] 当4
愛知県豊田市 S22・8・10
勤11年4ヵ月 (初/平24)

環境副大臣、予算委、環境委、復興特委、党国対副委員長、党経産副部会長、党副幹事長、環境大臣政務官、豊田市議長、中大理工/76歳

〒471-0868 豊田市神田町1-5-9 ☎0565(32)0048
〒107-0052 港区赤坂2-17-10、宿舎

愛知県12区 444,780 投61.97

岡崎市、西尾市

当142,536	重徳和彦	立前(52.7)
比当128,083	青山周平	自前(47.3)

重徳和彦(しげとく かずひこ) 立前 当4
愛知県 S45・12・21
勤11年4ヵ月 (初/平24)

安保委理、経産委、党県連代表、総務省課長補佐、コロンビア大公共経営学修士、東大法/53歳

〒444-0858 岡崎市上六名3-13-13 浅井ビル3F西 ☎0564(51)1192
〒107-0052 港区赤坂2-17-10、宿舎

愛知県13区 422,731 投61.56

碧南市、刈谷市、安城市、知立市、高浜市

当134,033	大西健介	立前(52.7)
比当120,203	石井 拓	自新(47.3)

大西健介(おおにし けんすけ) 立前 当5
奈良県 S46・4・13
勤14年8ヵ月 (初/平21)

予算委、厚労委、消費者特委、党政調会長代理、元議員秘書、元外交官、元参院職員、京大法/52歳

〒446-0074 安城市井杭山町高見8-7-2F ☎0566(70)7122
〒100-8981 千代田区永田町2-2-1、会館 ☎03(3508)7108

愛知県14区 296,452 投62.26

当114,160 今枝宗一郎 自前(63.0)
比59,462 田中克典 立新(32.8)
7,689 野沢康幸 共新(4.2)

豊川市、豊田市(第11区に属しない区域)、蒲郡市、新城市、額田郡、北設楽郡

いまえだ そういちろう
今枝宗一郎
自前[麻] 当4
愛知県 S59・2・18
勤11年4ヵ月 (初/平24)

文部科学副大臣、党経産部会長代理、党青年局青年部長、経産委、党新型コロナ対策本部事務局長、財務大臣政務官、医師、名大医学部／40歳

〒442-0031 豊川市豊川西町64 ☎0533(89)9010
〒100-8981 千代田区永田町2-2-1、会館 ☎03(3508)7080

愛知県15区 348,761 投58.10

当104,204 根本幸典 自前(52.4)
比80,776 関 健一郎 立前(40.6)
比13,832 菅谷 竜 れ新(7.0)

豊橋市、田原市

ね もと ゆき のり
根本幸典
自前[無] 当4
愛知県豊橋市 S40・2・21
勤11年4ヵ月 (初/平24)

党総務部会長、総務委理事、文科委、災害特委、国土交通政務官兼内閣府政務官、豊橋市議(2期)、一橋大経済／59歳

〒441-8032 豊橋市花中町63 ☎0532(35)0261
〒107-0052 港区赤坂2-17-10、宿舎

三重県1区 359,419 投54.88

当122,772 田村憲久 自前(63.1)
比64,507 松田直久 立元(33.1)
比7,329 山田いずみ N新(3.8)

津市、松阪市

た むら のり ひさ
田村憲久
自前[無] 当9
三重県松阪市 S39・12・15
勤27年7ヵ月 (初/平8)

党政調会長代行、元厚労大臣(2回)、元働き方改革大臣、元総務副大臣、元厚労委長、保育関係議連会長、千葉大／59歳

〒514-0053 津市博多町5-63 ☎059(253)2883
〒107-0052 港区赤坂2-17-10、宿舎 ☎03(3508)7163

三重県2区 408,281 投54.86

当110,155 川崎秀人 自新(50.2)
比当109,165 中川正春 立前(49.8)

四日市市(日永・四郷・内部・塩浜・小山田・河原田・水沢・楠地区市民センター管内)、鈴鹿市、名張市、亀山市、伊賀市

かわ さき
川崎ひでと
自新[無] 当1
三重県伊賀市 S56・11・4
勤2年5ヵ月 (初/令3)

総務委、厚労委、倫選特委、党青年局団体部長、党ネットメディア局次長、衆議院議員秘書、(株)NTTドコモ、法政大／42歳

〒518-0832 伊賀市上野車坂町821 ☎0595(21)3249
〒107-0052 港区赤坂2-17-10、宿舎 ☎03(5549)4671

三重県3区 414,312 投55.31

当144,688 岡田克也 立前(64.1)
比当81,209 石原正敬 自新(35.9)

四日市市(富洲原・富田・羽津・常磐・川島・神前・桜・三重・県・八郷・下野・大矢知・保々・海蔵・橋北・中部地区市民センター管内)、桑名市、いなべ市、桑名郡、員弁郡、三重郡

おかだかつや
岡田克也
立前 当11
三重県四日市市 S28・7・14
勤34年3ヵ月 (初/平2)

立憲民主党幹事長、民進党・民主党代表、副総理、外相、東大法／70歳

〒510-8121 三重郡川越町高松30-1 ☎059(361)6633
〒100-8981 千代田区永田町2-2-1、会館 ☎03(3508)7109

三重県4区 297,008 投60.76

当128,753 鈴木英敬 自新(72.4)
比41,311 坊農秀治 立新(23.2)
7,882 中川民英 共新(4.4)

伊勢市、尾鷲市、鳥羽市、熊野市、志摩市、多気郡、度会郡、北牟婁郡、南牟婁郡

すずきえいけい
鈴木英敬
自新[無] 当1
兵庫県 S49・8・15
勤2年5ヵ月 (初/令3)

党文部科学部会副部会長、女性局次長、新聞出版局次長、内閣委、厚労委、前内閣府大臣政務官、三重県知事、東大／49歳

〒516-0007 伊勢市小木町677-1 ☎0596(31)0001
〒100-8981 千代田区永田町2-2-1、会館 ☎03(3508)7269

比例代表 東海 21人

岐阜、静岡、愛知、三重

あおやましゅうへい
青山周平
自前[無] 当4(初/平24)
愛知県岡崎市 S52・4・28
勤10年 〈愛知12区〉

内閣委、文部科学副大臣、党国対副委員長、幼教委次長、ラグビー少年団指導員、幼稚園園長、法政大／46歳

〒444-0038 岡崎市伝馬通5-63-1 ☎0564(25)2345
〒106-0032 港区六本木7-1-3、宿舎

いしいたく
石井拓
自新[無] 当1(初/令3)
愛知県碧南市 S40・4・11
勤2年5ヵ月 〈愛知13区〉

経済産業大臣政務官兼内閣府大臣政務官(国際博覧会担当)、党国対委、愛知県議、碧南市議、立命館大学法学部／58歳

〒446-0039 愛知県安城市花ノ木町49-96 Actic HANANOKI D号 ☎0566(87)7407
〒107-0052 港区赤坂2-17-10、宿舎

みやざわ ひろゆき
宮澤博行
自 前[無] 当4(初/平24)
静岡県磐田郡龍山村 S50・1・10
勤11年4ヵ月 **〈静岡3区〉**

環境委、防衛副大臣兼内閣府副大臣、党国防部会長、防衛兼内閣府大臣政務官、磐田市議3期、東大法／49歳

〒438-0086 磐田市見付5738-13 ☎0538(30)7701
〒100-8981 千代田区永田町2-2-1、会館 ☎03(3581)5111 内51021

いけだ よしたか
池田佳隆
無 前 当4(初/平24)
愛知県 S41・6・20
勤11年4ヵ月 **〈愛知3区〉**

決算行監委、文科副大臣、内閣府副大臣、日本JC会頭、MBA、慶大院／57歳

〒468-0037 名古屋市天白区天白町野並上大塚124-1 ☎052(838)6381
〒100-8982 千代田区永田町2-1-2、会館 ☎03(3508)7616

しおのや りゅう
塩谷立
自 前[無] 当10(初/平2)
静岡県浜松市 S25・2・18
勤28年4ヵ月 **〈静岡8区〉**

党雇用問題調査会長、党税制調査会副会長、政治倫理審査会長、文科大臣、内閣官房副長官、国交委長、文科副大臣、総務政務次官、慶大／74歳

〒430-0928 浜松市中区板屋町605 ☎053(455)3711
〒107-0052 港区赤坂2-17-10、宿舎

なかがわ たかもと
中川貴元
自 新[麻] 当1(初/令3)
愛知県あま市 S42・2・25
勤2年5ヵ月 **〈愛知2区〉**

総務委、経産委、党国対委、前総務大臣政務官、名古屋市議、名古屋市会議長、指定都市議長会会長、早大／57歳

〒464-0848 名古屋市千種区春岡1-4-8 805号 ☎052(752)6255
〒107-0052 港区赤坂2-17-10、宿舎

いしはら まさたか
石原正敬
自 新[無] 当1
三重県菰野町 S46・11・29
勤2年5ヵ月 **〈三重3区〉**

党総務会総務、衆議運委、財金委、環境委、災害特委、政倫審、党中小企業小規模事業者政策調査会幹事、菰野町長、名古屋大院／52歳

〒510-1226 三重郡菰野町吉澤441-1 ☎059(394)6533
〒510-8028 四日市市下之宮町345-1 ☎059(324)0661

よしかわ たける
吉川赳
無 前 当3(初/平24)
静岡県 S57・4・7
勤7年1ヵ月 **〈静岡5区〉**

総務委、内閣府大臣政務官兼復興大臣政務官、医療法人役員、国会議員秘書、日大院博士前期課程修了／41歳

〒416-0923 静岡県富士市横割本町16-1 ☎0545(62)3020
〒107-0052 港区赤坂2-17-10、宿舎

やま もと さ こん
山本左近

自 新[麻] 当1
愛知県豊橋市 S57・7・9
勤2年5ヵ月 (初/令3)

文科委、厚労委、文部科学大臣政務官兼復興大臣政務官、元F1ドライバー、医療法人・社会福祉法人理事、南山大学中退/41歳

〒440-0806 豊橋市八町通1-14-1 ☎0532(21)7008
〒100-8981 千代田区永田町2-2-1、会館 ☎03(3508)7302

ばん の ゆたか
伴野 豊

立 元 当6(初/平12)
愛知県東海市 S36・1・1
勤17年9ヵ月 〈愛知8区〉

国土交通委筆頭理事、外務副大臣、国土交通副大臣、国土交通委員長、立憲民主党愛知県第8区総支部長、名古屋工業大学大学院修了/63歳

〒475-0836 半田市青山2-19-8
アンビシャス青山1F ☎0569(25)1888
〒107-0052 港区赤坂2-17-10、宿舎 ☎03(5549)4671

なか がわ まさ はる
中川正春

立 前 当9(初/平8)
三重県 S25・6・10
勤27年7ヵ月 〈三重2区〉

懲罰委員長、党憲法調査会長、防災担当大臣、文部科学大臣、党外交・安保調査会長、NC財務大臣、三重県議、米ジョージタウン大/73歳

〒513-0801 鈴鹿市神戸7-1-5 ☎059(381)3513
〒100-8981 千代田区永田町2-2-1、会館 ☎03(3508)7128

よし だ つね ひこ
吉田統彦

立 前 当3(初/平21)
愛知県名古屋市 S49・11・14
勤9年10ヵ月 〈愛知1区〉

厚労委、党愛知県連副代表、医師・医博、愛知学院大歯学部眼科客員教授、名大、名大院修了/49歳

〒462-0810 名古屋市北区山田1-10-8 ☎052(508)8412

わた なべ しゅう
渡辺 周

立 前 当9(初/平8)
静岡県沼津市 S36・12・11
勤27年7ヵ月 〈静岡6区〉

安保委理、党常幹議長、NC安保大臣、党政治改革推進本部長、元総務・防衛副大臣、領土議連事務局長、拉致議連会長代行、早大/62歳

〒410-0888 沼津市末広町54 ☎055(951)1949

まき よし お
牧 義夫

立 前 当7(初/平12)
愛知県名古屋市 S33・1・14
勤21年10ヵ月 〈愛知4区〉

文科委理事、政倫審、憲法審査会委、議運委理、環境委員長、厚生労働委員長、厚生労働副大臣、議員秘書、上智大中退/66歳

〒456-0031 名古屋市熱田区神宮2-9-12 ☎052(681)0440
〒100-8981 千代田区永田町2-2-1、会館 ☎03(3508)7628

おおぐち よしのり
大口善德
公 前 当9
大阪府大阪市 S30・9・5
勤27年5ヵ月 (初/平5)

党政務調査会長代理、党中央幹事、党静岡県本部代表、党中部方面副本部長、党東海道方面本部長、法務委理、憲法審委、情監審委、裁判官訴追委、厚労副大臣、弁護士、創価大/68歳

〒420-0067 静岡市葵区幸町11-1 1F ☎054(273)8739
〒107-0052 港区赤坂2-17-10、宿舎

いとう わたる
伊藤 渉
公 前 当5
愛知県名古屋市 S44・11・13
勤15年3ヵ月 (初/平17)

党中央幹事、党政調会長代理、党中部方面本部長、財務副大臣、厚生労働大臣政務官、JR東海(新幹線運転免許所持)、防災士、阪大院/54歳

〒485-0031 小牧市若草町173 カーサフェリーチェ若草101 ☎0568(54)2231
〒100-8981 千代田区永田町2-2-1、会館 ☎03(3508)7187

なかがわ やすひろ
中川康洋
公 元 当2
三重県四日市市 S43・2・12
勤5年3ヵ月 (初/平26)

党中央幹事、党国対筆頭副委員長、党総務部会長、党三重県本部代表、環境大臣政務官、三重県議、四日市市議、衆・参議員秘書、創価大/56歳

〒510-0822 四日市市芝田1-10-29 新栄ビル ☎059(340)5341

すぎもと かずみ
杉本和巳
維 前 当4(初/平21)
東京都 S35・9・17
勤11年10ヵ月 **〈愛知10区〉**

環境委、決算行監委理、元銀行員、英オックスフォード大院・米ハーバード大院修了、早大政経/63歳

〒491-0873 一宮市せんい4-5-1 ☎0586(75)5507
〒100-8981 千代田区永田町2-2-1、会館 ☎03(3508)7266

みさき まき
岬 麻紀
維 新 当1(初/令3)
愛知県名古屋市 S43・12・26
勤2年5ヵ月 **〈愛知5区〉**

厚労委、消費者特委、フリーアナウンサー、愛知大学(中退)、早大eスクール在学中/55歳

〒453-0043 名古屋市中村区上ノ宮町1-2-2 ☎052(264)0833

もとむら のぶこ
本村伸子
共 前 当3
愛知県豊田市 S47・10・20
勤9年4ヵ月 (初/平26)

党幹部会委員、党中央委員、法務委、消費者特委、八田ひろ子参院議員秘書、県立刈谷高、龍谷大院修士課程修了/51歳

〒460-0007 名古屋市中区新栄3-12-25 ☎052(264)0833
〒107-0052 港区赤坂2-17-10、宿舎

田中　健（たなか　けん）　国新　静岡県　勤2年5ヵ月　当1（初/令3）　S52・7・18　〈静岡4区〉

党政務調査副会長、党静岡県連代表、予算委、厚労委、地・こ・デジ特委、東京都議、大田区議、銀行員、青学大／46歳

〒424-0872　静岡市清水区平川地6-50　☎054（340）5256

比例代表　東海　21人　有効投票数 6,728,400票

政党名	当選者数	得票数	得票率
	惜敗率　小選挙区		惜敗率　小選挙区

自民党　9人　2,515,841票　37.39%

当①青山　周平 前（89.86）愛12
当①石井　拓 新（89.68）愛13
当①宮沢　博行 前（89.61）静3
当①池田　佳隆 前（81.95）愛3
当①塩谷　立 前（79.16）静8
当①中川　貴元 新（60.44）愛2
当①石原　正敬 新（56.13）三3
当①吉川　赳 前（48.08）静5
当㉛山本　左近 新
㉜木造　燿子 新
㉝森　由紀子 新
㉞松本　忠真 新
㉟岡本　康宏 新
【小選挙区での当選者】
①野田　聖子 前　岐1
①棚橋　泰文 前　岐2
①武藤　容治 前　岐3
①金子　俊平 前　岐4
①古屋　圭司 前　岐5
①上川　陽子 前　静1
①井林　辰憲 前　静2
①深沢　陽一 前　静4
①勝俣　孝明 前　静6
①城内　実 前　静7
①熊田　裕通 前　愛1
①工藤　彰三 前　愛4
①神田　憲次 前　愛5
①丹羽　秀樹 前　愛6
①鈴木　淳司 前　愛7
①伊藤　忠彦 前　愛8
①長坂　康正 前　愛9
①今枝宗一郎 前　愛14
①根本　幸典 前　愛15
①田村　憲久 前　三1
①川崎　秀人 新　三2
①鈴木　英敬 新　三4

立憲民主党　5人　1,485,947票　22.08%

当①伴野　豊 元（99.12）愛8
当①中川　正春 前（99.10）三2
当①吉田　統彦 前（97.45）愛1
当①渡辺　周 前（95.76）静6
当①牧　義夫 前（93.31）愛4
①岡本　充功 前（89.61）愛9
①西川　厚志 新（88.94）愛5
①今井　瑠々 新（83.53）岐5
①今井　雅人 前（82.42）岐4
①関　健一郎 前（77.52）愛15
①阪口　直人 元（70.73）岐3
①藤原　規真 新（65.81）愛10
①森本　和義 元（61.44）愛7
①松田　功 前（56.48）愛6
①福村　隆 新（54.19）静2
①遠藤　行洋 新（52.98）静1
①松田　直久 元（52.54）三1
①田中　克典 新（52.09）愛14
①川本　慧佑 新（46.85）岐1
①日吉　雄太 前（46.70）静7
①小野　範和 新（40.73）静5
①坊農　秀治 新（32.09）三4
㉘芳野　正英 新
㉙大島　もえ 新
【小選挙区での当選者】
①小山　展弘 元　静3
①源馬謙太郎 前　静8
①近藤　昭一 前　愛3
①重徳　和彦 前　愛12
①大西　健介 前　愛13

公明党　3人　784,976票　11.67%

当①大口　善徳 前
当②伊藤　渉 前
当③中川　康洋 元
④国森　光信 新
⑤越野　優一 新

日本維新の会　２人　694,630票　10.32%

当①杉本　和巳 前(77.18)愛10
当①岬　　麻紀 新(54.01)愛５
①中田　千代 新(35.43)愛４
①中村　憲一 新(29.04)静４
▼①山下　洸棋 新(21.20)静６
▼①青山　雅幸 前(17.34)静１
▼①佐伯　哲也 新(12.78)岐４
▼①山田　良司 元(12.08)岐５

共産党　１人　408,606票　6.07%

当①本村　伸子 前
②島津　幸広 元
③長内　史子 新

国民民主党　１人　382,733票　5.69%

当①田中　　健 新(58.59)静４
①大谷由里子 新(36.94)岐２
①高橋　美穂 元(20.69)静１

【小選挙区での当選者】
①古川　元久 前　愛２

その他の政党の得票数・得票率は下記のとおりです。
(当選者はいません)

政党名	得票数	得票率
れいわ新選組	273,208票	4.06%
NHKと裁判してる党弁護士法72条違反で	98,238票	1.46%
社民党	84,220票	1.25%

滋賀県１区　324,354　投58.90

大津市、高島市

当97,482　大岡敏孝　自前(52.2)
比当84,106　斎藤アレックス　国新(45.1)
比5,092　日高千穂　N新(2.7)

おおおかとしたか
大岡敏孝　**自**前[無]　当4
滋賀県　S47・4・16
勤11年4ヵ月　(初/平24)

厚労委理、経産委、原子力特委、党副幹事長、環境副大臣、財務大臣政務官、静岡県議、浜松市議、中小企業診断士、スズキ(株)、早大政治経済学部／51歳

〒520-0026　大津市桜野町1-1-6 西大津ISⅡ203　☎077(572)7770
〒106-0032　港区六本木7-1-3、宿舎

滋賀県２区　263,110　投56.93

彦根市、長浜市、東近江市(愛東・湖東支所管内)、米原市、愛知郡、犬上郡

当83,502　上野賢一郎　自前(56.6)
比64,119　田島一成　立元(43.4)

うえのけんいちろう
上野賢一郎　**自**前[無]　当5
滋賀県長浜市　S40・8・3
勤15年3ヵ月　(初/平17)

予算委理事、厚労委筆頭、税調幹事、内閣委員長、財務副大臣、党経産部会長、党財金部会長、国交政務官、総務省、京大法／58歳

〒526-0021　長浜市八幡中山町88-11　☎0749(63)9977
〒100-8981　千代田区永田町2-2-1、会館　☎03(3508)7004

▼は小選挙区の得票が有効投票総数の10分の1未満で、復活当選の資格がない者

滋賀県3区 274,521 投57.43

草津市、守山市、栗東市、野洲市

当81,888	武村展英	自前	(52.8)
比41,593	直山　仁	維新	(26.8)
20,423	佐藤耕平	共新	(13.2)
比11,227	高井崇志	れ前	(7.2)

たけむらのぶひで
武村展英

自前［無］ 当4
滋賀県草津市 S47・1・21
勤11年4ヵ月 （初／平24）

農林水産副大臣、党副幹事長、党総務部会長、内閣府政務官、公認会計士、新日本監査法人、慶大／52歳

〒525-0025 草津市西渋川1-4-6 MAEDA第二ビル1F ☎077(566)5345
〒107-0052 港区赤坂2-17-10、宿舎 ☎03(5549)4671

滋賀県4区 291,102 投55.83

近江八幡市、甲賀市、湖南市、東近江市(第2区に属しない区域)、蒲生郡

当86,762	小寺裕雄	自前	(54.6)
比当72,116	徳永久志	立新	(45.4)

こてらひろお
小寺裕雄

自前［無］ 当2
滋賀県東近江市 S35・9・18
勤6年6ヵ月 （初／平29）

農水委、文科委、復興特委理事、地こデジ特委、党農林副部会長、内閣府大臣政務官、会社役員、滋賀県議会副議長、八日市青年会議所理事長、同志社大／63歳

〒527-0032 東近江市春日町3-1 ☎0748(22)5001
〒106-0032 港区六本木7-1-3、宿舎

京都府1区 390,373 投55.90

京都市(北区、上京区、中京区、下京区、南区)

当86,238	勝目　康	自新	(40.4)
比当65,201	穀田恵二	共前	(30.5)
比当62,007	堀場幸子	維新	(29.1)

かつめやすし
勝目　康

自新［無］ 当1
京都府 S49・5・17
勤2年5ヵ月 （初／令3）

党京都府第一選挙区支部長、文科委、厚労委、総務省室長、京都府総務部長、内閣官房副長官秘書官、在仏大使館書記官、東大法／49歳

〒600-8008 京都市下京区四条通東洞院角 フコク生命ビル3F ☎075(211)1889

京都府2区 264,808 投57.14

京都市(左京区、東山区、山科区)

当72,516	前原誠司	国前	(48.9)
比43,291	繁本　護	自前	(29.2)
25,260	地坂拓晃	共新	(17.0)
比7,263	中　辰哉	れ新	(4.9)

まえはらせいじ
前原誠司

教前 当10
京都府京都市 S37・4・30
勤30年10ヵ月 （初／平5）

党代表、文科委、民進党代表、外相、国交相、国家戦略担当相、民主党代表、府議、松下政経塾、京大法／61歳

〒606-8007 京都市左京区山端壱町田町8-46 ☎075(723)2751
〒100-8981 千代田区永田町2-2-1、会館

京都府3区 353,915 投53.52

京都市(伏見区)、向日市、長岡京市、乙訓郡

当89,259	泉　健太	立前	(48.2)
比61,674	木村弥生	自前	(33.3)
比34,288	井上博明	維新	(18.5)

泉　健太（いずみ　けんた）

立前　当8
北海道　S49・7・29
勤20年6ヵ月　(初/平15)

党代表、国家基本委、党政務調査会長、国民民主党国対委員長、議運筆頭理事、内閣府政務官、立命館大／49歳

〒612-8434　京都市伏見区深草加賀屋敷町3-6 ネクスト21Ⅱ1F　☎075(646)5566
〒100-8981　千代田区永田町2-2-1、会館　☎03(3508)7005

京都府4区 396,960 投56.21

京都市(右京区、西京区)、亀岡市、南丹市、船井郡

当96,172	北神圭朗	無元	(44.2)
比当80,775	田中英之	自前	(37.1)
40,603	吉田幸一	共新	(18.7)

北神圭朗（きたがみ　けいろう）

無元(有志)　当4
東京都　S42・2・1
勤11年2ヵ月　(初/平17)

農水委、憲法審委、首相補佐官、経済産業大臣政務官、内閣府大臣政務官、経産委筆頭理事、大蔵省、金融庁、京大法／57歳

〒615-0055　京都市右京区西院西田町23 日新ビル2F　☎075(315)3487
〒100-8982　千代田区永田町2-1-2、会館　☎03(3508)7069

京都府5区 238,618 投59.49

福知山市、舞鶴市、綾部市、宮津市、京丹後市、与謝郡

当68,693	本田太郎	自前	(49.4)
比32,108	山本和嘉子	立前	(23.1)
21,904	井上一徳	無前	(15.7)
16,375	山内　健	共新	(11.8)

本田太郎（ほんだ　たろう）

自前[無]　当2
京都府　S48・12・1
勤6年6ヵ月　(初/平29)

議運委、厚労委、総務委、政倫審委、党税調幹事、党厚労副部会長、外務大臣政務官、弁護士、府議、東大法／50歳

〒629-2251　京都府宮津市須津413-41　☎0772(46)5033
〒100-8982　千代田区永田町2-1-2、会館　☎03(3508)7012

京都府6区 460,284 投56.81

宇治市、城陽市、八幡市、京田辺市、木津川市、久世郡、綴喜郡、相楽郡

当116,111	山井和則	立前	(45.2)
82,004	清水鴻一郎	自元	(32.0)
比58,487	中嶋秀樹	維新	(22.8)

山井和則（やまのい　かずのり）

立前　当8
京都府京都市　S37・1・6
勤23年10ヵ月　(初/平12)

厚労委、予算委、党国対筆頭副委員長、民進党国対委員長、厚生労働大臣政務官、高齢社会研究所長、大学講師、松下政経塾、京大工院／62歳

〒610-0101　城陽市平川茶屋裏58-1　☎0774(54)0703
〒100-8981　千代田区永田町2-2-1、会館　☎03(3508)7240

大阪府１区 427,637 投53.27

大阪市（中央区、西区、港区、天王寺区、浪速区、東成区）

当110,120 井上英孝 維前（49.4）
比67,145 大西宏幸 自前（30.1）
比28,477 村上賀厚 立新（12.8）
17,194 竹内祥倫 共新（7.7）

井上英孝（いのうえ ひでたか）　維前　当4
大阪府大阪市 S46・10・25
勤11年4ヵ月 （初／平24）

党会計監査人代表、選対本部長代行、懲罰委理事、科技特委員長、国交理事、大阪市議、近畿大／52歳

〒552-0011 大阪市港区南市岡1-7-24 1F ☎06（6581）0001
〒107-0052 港区赤坂2-17-10、宿舎 ☎03（5549）4671

大阪府２区 446,933 投56.98

大阪市（生野区、阿倍野区、東住吉区、平野区）

当120,913 守島　正 維新（48.5）
比80,937 左藤　章 自前（32.5）
比47,487 尾辻かな子 立前（19.0）

守島　正（もりしま ただし）　維新　当1
大阪府 S56・7・15
勤2年5ヵ月 （初／令3）

経産委理事、予算委、党代表付、国会議員団政調副会長、経産部会長、大阪市議3期、中小企業診断士、同志社大商、大阪市大院／42歳

〒545-0011 大阪市阿倍野区昭和町2-1-26-6B
☎06（6195）4774

大阪府３区 367,518 投53.87

大阪市（大正区、住之江区、住吉区、西成区）

当79,507 佐藤茂樹 公前（44.7）
比41,737 萩原　仁 立元（23.4）
38,170 渡部　結 共新（21.4）
18,637 中条栄太郎 無新（10.5）

佐藤茂樹（さとう しげき）　公前　当10
滋賀県 S34・6・8
勤27年10ヵ月 （初／平5）

党国会対策委員長、党関西方面副本部長、厚生労働副大臣、文部科学委員長、国土交通大臣政務官、京大／64歳

〒557-0041 大阪市西成区岸里3-1-29 ☎06（6653）3630
〒100-8981 千代田区永田町2-2-1、会館 ☎03（3508）7200

大阪府４区 408,256 投58.33

大阪市（北区、都島区、福島区、城東区）

当107,585 美延映夫 維前（46.1）
比72,835 中山泰秀 自前（31.2）
比28,254 吉田　治 立元（12.1）
比24,469 清水忠史 共前（10.5）

美延映夫（みのべ てるお）　維前　当2
大阪府大阪市北区 S36・5・23
勤4年 （初／令2）

法務委、復興特委、大阪市会議長、大阪維新の会市会議員団幹事長2期、大阪市監査委員、大阪市議、会社役員、神戸学院大／62歳

〒530-0043 大阪市北区天満1-6-6 井上ビル3F ☎06（6351）1258
〒100-8981 千代田区永田町2-2-1、会館 ☎03（3508）7194

大阪府5区 431,558 投52.98

大阪市(此花区、西淀川区、淀川区、東淀川区)

当106,508 国重　徹 公前(53.1)
比当48,248 宮本岳志 共元(24.1)
比当34,202 大石晃子 れ新(17.1)
11,458 籠池諄子 無新(5.7)

くにしげ　とおる
國重　徹
公前 当4
大阪府大阪市 S49・11・23
勤11年4ヵ月 (初/平24)

党青年委員長、党広報局長、党国交部会長、国交委理、憲法審委、総務大臣政務官、弁護士、税理士、創価大/49歳

〒532-0023 大阪市淀川区十三東1-17-19 ファルコンビル5F ☎06(6885)6000
〒100-8982 千代田区永田町2-1-2、会館 ☎03(3508)7405

大阪府6区 391,045 投54.27

大阪市(旭区、鶴見区)、守口市、門真市

当106,878 伊佐進一 公前(54.8)
比59,191 村上史好 立前(30.4)
28,895 星　健太郎 無新(14.8)

い さ しんいち
伊佐進一
公前 当4
大阪府 S49・12・10
勤11年4ヵ月 (初/平24)

党厚生労働部会長、党政調副会長、前厚生労働副大臣兼内閣府副大臣、ジョンズホプキンス大院/49歳

〒570-0027 守口市桜町5-9-201 ☎06(6992)8881

大阪府7区 382,714 投60.02

吹田市、摂津市

当102,486 奥下剛光 維新(45.3)
比71,592 渡嘉敷奈緒美 自前(31.7)
比24,952 乃木涼介 立新(11.0)
20,083 川添健真 共新(8.9)
比6,927 西川弘城 れ新(3.1)

おくした たけみつ
奥下剛光
維新 当1
大阪府 S50・10・4
勤2年5ヵ月 (初/令3)

環境委理、予算委、倫選特委、党国対副委員長、元大阪市長・元大阪府知事秘書、元外務副大臣秘書、元内閣総理大臣宮澤喜一秘書、専修大学/48歳

〒564-0032 吹田市内本町2-6-13 アイワステーションビルⅡ号館 ☎06(6381)7711

大阪府8区 337,105 投59.75

豊中市

当105,073 漆間譲司 維新(53.2)
比53,877 高麗啓一郎 自新(27.3)
比38,458 松井博史 立新(19.5)

うるま じょうじ
漆間譲司
維新 当1
大阪府 S49・9・14
勤2年5ヵ月 (初/令3)

予算委理事、国交委、党政調副会長、党代表付、大阪府議3期、会社役員、銀行勤務、慶大商学部/49歳

〒561-0884 豊中市岡町北1-1-4 3F ☎06(6857)7770
〒107-0052 港区赤坂2-17-10、宿舍

大阪府9区 456,232 投59.08

池田市、茨木市、箕面市、豊能郡

当133,146	足立康史	維前	(50.3)
83,776	原田憲治	自前	(31.7)
比42,165	大椿裕子	社新	(15.9)
5,369	磯部和哉	無新	(2.0)

足立康史（あだち やすし）
維前　当4
大阪府　S40・10・14
勤11年4ヵ月　(初/平24)

厚生労働委理事、元経済産業省大臣官房参事官、米コロンビア大院、京大院、京大工学部／58歳

〒567-0883　茨木市大手町9-26 吉川ビル3F　☎072(623)5834
〒107-0052　港区赤坂2-17-10、宿舎　☎03(5549)4671

大阪府10区 320,990 投63.32

高槻市、三島郡

当80,932	池下卓	維新	(40.3)
比66,943	辻元清美	立前	(33.4)
比52,843	大隈和英	自前	(26.3)

池下卓（いけした たく）
維新　当1
大阪府高槻市　S50・4・10
勤2年5ヵ月　(初/令3)

法務委理、倫選特委、党国会議員団政調会副会長、法務部会長、党会計監査人、大阪府議、税理士、龍谷大院／48歳

〒569-0804　高槻市紺屋町3-1-219 グリーンプラザたかつき3号館2階　☎072(668)2013

大阪府11区 398,749 投60.57

枚方市、交野市

当105,746	中司宏	維新	(44.7)
比70,568	佐藤ゆかり	自前	(29.8)
比60,281	平野博文	立前	(25.5)

中司宏（なかつか ひろし）
維新　当1
大阪府枚方市　S31・3・11
勤2年5ヵ月　(初/令3)

総務委理、議運委、情報監視審査会委、党議員団代表補佐、国対委員長代理、党紀委員長、枚方市長、府議、産経記者、早大／67歳

〒573-0022　枚方市宮之阪1-22-10-101　☎072(898)4567
〒107-0052　港区赤坂2-17-10、宿舎

大阪府12区 339,395 投55.00

寝屋川市、大東市、四條畷市

当94,003	藤田文武	維前	(51.2)
比59,304	北川晋平	自新	(32.3)
比17,730	宇都宮優子	立新	(9.7)
12,614	松尾正利	共新	(6.9)

藤田文武（ふじた ふみたけ）
維前　当2
大阪府寝屋川市　S55・12・27
勤5年　(初/平31)

党幹事長、国家基本委理、会社役員、筑波大／43歳

〒572-0838　寝屋川市八坂町24-6 ロイヤルライフ八坂101　☎072(830)2620
〒107-0052　港区赤坂2-17-10、宿舎

大阪府13区 400,235 ㊇53.43	
東大阪市	当101,857 岩谷良平 維新(48.5) 比当85,321 宗清皇一 自前(40.6) 22,982 神野淳一 共新(10.9)

岩谷良平（いわたに りょうへい）　**維**新　当1
大阪府守口市　S55・6・7
勤2年5ヵ月　(初/令3)

安保委理、憲法審委、党副幹事長、党政調副会長、行政書士、元会社経営者、早大法卒、京産大院修了「法務博士(専門職)」/43歳

〒577-0809　大阪府東大阪市永和1-25-14-2F
☎06(6732)4204

大阪府14区 421,826 ㊇55.28	
八尾市、柏原市、羽曳野市、藤井寺市	当126,307 青柳仁士 維新(55.7) 比70,029 長尾　敬 自前(30.9) 30,547 小松　久 共新(13.5)

青柳仁士（あおやぎ ひとし）　**維**新　当1
埼玉県所沢市　S53・11・7
勤2年5ヵ月　(初/令3)

外務委理、憲法審、党国会議員団政調会長代行、党国際局長、国連職員、JICA職員、早大政経、米デューク大修士/45歳

〒581-0081　八尾市南本町4-6-37　☎072(992)2459
〒100-8981　千代田区永田町2-2-1、会館　☎03(3508)7609

大阪府15区 390,415 ㊇55.78	
堺市(美原区)、富田林市、河内長野市、松原市、大阪狭山市、南河内郡	当114,861 浦野靖人 維前(54.1) 比67,887 加納陽之助 自新(32.0) 29,570 為　仁史 共新(13.9)

浦野靖人（うらの やすと）　**維**前　当4
大阪府松原市　S48・4・4
勤11年4ヵ月　(初/平24)

党選挙対策本部長代理、内閣委、政倫審幹事、保育士、聖和大学(現関西学院大学)/50歳

〒580-0016　松原市上田3-4-6　☎072(330)6700
〒107-0052　港区赤坂2-17-10、宿舎

大阪府16区 326,278 ㊇55.50	
堺市(堺区、東区、北区)	当84,563 北側一雄 公前(50.8) 比当72,571 森山浩行 立前(43.6) 9,288 西脇京子 N新(5.6)

北側一雄（きたがわ かずお）　**公**前　当10
大阪府　S28・3・2
勤30年11ヵ月　(初/平2)

党副代表・中央幹事会会長、党関西方面本部長、党憲法調査会長、憲法審幹事、安保委、元国土交通大臣、弁護士、税理士、創価大学法学部/70歳

〒590-0957　堺市堺区中之町西1-1-10
　　　　　　堀ビル2F　☎072(221)2706
〒107-0052　港区赤坂2-17-10、宿舎　☎03(5549)4671

大阪府17区 330,263 投54.50	当94,398	馬場伸幸	維前	(53.6)
堺市(中区、西区、南区)	比56,061	岡下昌平	自前	(31.8)
	25,660	森　流星	共新	(14.6)

ばば のぶゆき
馬場伸幸　維前　当4
大阪府　S40・1・27
勤11年4ヵ月　(初/平24)

党代表、国家基本委理事、憲法審幹事、元堺市議会議長、衆院議員中山太郎秘書、「大阪維新の会」副代表、鳳高校／59歳

〒593-8325 堺市西区鳳南町5-711-5　☎072(274)0771
〒107-0052 港区赤坂2-17-10、宿舎

大阪府18区 434,309 投52.91	当118,421	遠藤　敬	維前	(53.0)
岸和田市、泉大津市、和泉市、高石市、泉北郡	比61,597	神谷　昇	自前	(27.5)
	比24,490	川戸康嗣	立新	(11.0)
	19,075	望月亮佑	共新	(8.5)

えんどう たかし
遠藤　敬　維前　当4
大阪府　S43・6・6
勤11年4ヵ月　(初/平24)

党国対委員長、議運委理、(社)秋田犬保存会会長、日本青年会議所大阪ブロック協議会長、大産大附属高／55歳

〒592-0014 高石市綾園2-7-18 千代田ビル201号　☎072(266)8228
〒107-0052 港区赤坂2-17-10、宿舎

大阪府19区 304,908 投53.96	当68,209	伊東信久	維元	(42.2)
貝塚市、泉佐野市、泉南市、阪南市、泉南郡	比当52,052	谷川とむ	自前	(32.2)
	比32,193	長安　豊	立元	(19.9)
	9,258	北村みき	共新	(5.7)

い とう のぶ ひさ
伊東信久　維元　当3
大阪府大阪市　S39・1・4
勤7年3ヵ月　(初/平24)

財金委理、地・こ・デジ特委、党政務調査会副会長、医療法人理事長、大阪大学大学院招聘教授、神戸大学／60歳

〒598-0055 泉佐野市若宮町7-13 田端ビル4F　☎072(463)8777
〒107-0052 港区赤坂2-17-10、宿舎　☎03(5549)4671

兵庫県1区 393,494 投55.48	当78,657	井坂信彦	立元	(36.9)
神戸市(東灘区、灘区、中央区)	比当64,202	盛山正仁	自前	(30.1)
	比当53,211	一谷勇一郎	維新	(25.0)
	9,922	高橋進吾	無新	(4.7)
	7,174	木原功仁哉	無新	(3.4)

い さか のぶ ひこ
井坂信彦　立元　当3
東京都　S49・3・27
勤7年3ヵ月　(初/平24)

予算委、決算行監委理、厚労委理、消費者特委、党デジタルPT・フリーランスWT事務局長、行政書士、神戸市議、京大／49歳

〒651-0085 神戸市中央区八幡通4-2-14 トロア神戸ビル4F　☎078(271)3705

兵庫県2区 385,611 投50.97

神戸市(兵庫区、北区、長田区)、西宮市(塩瀬・山口支所管内)

当99,455 赤羽一嘉 公前(54.2)
比61,884 船川治郎 立新(33.7)
22,124 宮野鶴生 共新(12.1)

あかば かずよし
赤羽一嘉
公前 当9
東京都 S33・5・7
勤27年6ヵ月 (初/平5)

党幹事長代行、前国土交通大臣、経済産業委員長、経済産業副大臣(兼)内閣府副大臣、三井物産、慶大法学部/65歳

〒652-0803 神戸市兵庫区大開通2-3-6 メゾンユニベール203 ☎078(575)5139
〒107-0052 港区赤坂2-17-10、宿舎

兵庫県3区 315,484 投54.43

神戸市(須磨区、垂水区)

当68,957 関 芳弘 自前(40.9)
比当59,537 和田有一朗 維新(35.4)
比22,765 佐藤泰樹 国新(13.5)
17,155 赤田勝紀 共新(10.2)

せき よしひろ
関 芳弘
自前[無] 当5
徳島県小松島市 S40・6・7
勤15年3ヵ月 (初/平17)

経済産業委筆頭理事、党副幹事長、経産副大臣、環境副大臣、三井住友銀行、関学大、英国ウェールズ大学院(MBA取得)/58歳

〒654-0026 神戸市須磨区大池町2-3-7 オルタンシア大池1F5号 ☎078(739)0904

兵庫県4区 421,086 投54.69

神戸市(西区)、西脇市、三木市、小野市、加西市、加東市、多可郡

当112,810 藤井比早之 自前(50.0)
比当59,143 赤木正幸 維新(26.2)
比53,476 今泉真緒 立新(23.7)

ふじい ひさゆき
藤井比早之
自前[無] 当4
兵庫県西脇市 S46・9・11
勤11年4ヵ月 (初/平24)

党外交部会長、外務委理、党副幹事長、選対副委員長、内閣府副大臣、デジタル副大臣、国交大臣政務官、彦根市副市長、総務省、東大法/52歳

〒673-0404 兵庫県三木市大村530-1 ☎0794(81)1118
〒100-8981 千代田区永田町2-2-1、会館 ☎03(3508)7185

兵庫県5区 368,205 投61.59

豊岡市、川西市の一部(P175参照)、三田市、丹波篠山市、養父市、丹波市、朝来市、川辺郡、美方郡

当94,656 谷 公一 自前(42.5)
比当65,714 遠藤良太 維新(29.5)
比62,414 梶原康弘 立元(28.0)

たに こういち
谷 公一
自前[無] 当7
兵庫県 S27・1・28
勤20年5ヵ月 (初/平15)

地域活性化・こども政策・デジタル社会形成に関する特別委員長、国家公安委員長・国務大臣、党政調会長代理、総務会副会長、衆国交委長、復興特委長、復興大臣補佐官、復興副大臣、国交政務官、明大/72歳

〒667-0024 養父市八鹿町朝倉49-1 ☎079(665)7070
〒107-0052 港区赤坂2-17-10、宿舎 ☎03(5549)4671

兵庫県6区 465,210 投55.58

伊丹市、宝塚市、川西市（第5区に属しない区域）（P175参照）

当89,571 市村浩一郎 維元（35.2）
比当87,502 大串正樹 自前（34.4）
比当77,347 桜井 周 立前（30.4）

いちむら こういちろう
市村浩一郎

維元 当4
福岡県福岡市 S39・7・16
勤11年6ヵ月（初／平15）

党代議士会長、経産委、復興特委、国土交通大臣政務官、松下政経塾9期生、一橋大／59歳

〒665-0035 宝塚市逆瀬川2-6-2 ☎0797(71)1111
〒106-0032 港区六本木7-1-3、宿舎 ☎03(3408)4911

兵庫県7区 441,775 投58.38

西宮市（本庁管内、甲東・瓦木・鳴尾支所管内）、芦屋市

当95,140 山田賢司 自前（37.5）
比当93,610 三木圭恵 維元（36.9）
比64,817 安田真理 立新（25.6）

やまだ けんじ
山田賢司

自前［麻］ 当4
大阪府 S41・4・20
勤11年4ヵ月（初／平24）

文科委理事、党文科部会長、外務副大臣、議運委（議事進行係）、外務政務官、三井住友銀行、神戸大法／57歳

〒662-0998 西宮市産所町4-8 村井ビル205号室 ☎0798(22)0340
〒107-0052 港区赤坂2-17-10、宿舎 ☎03(5549)4671

兵庫県8区 386,254 投48.83

尼崎市

当100,313 中野洋昌 公前（58.8）
比45,403 小村 潤 共新（26.6）
比24,880 辻 恵 れ元（14.6）

なかの ひろまさ
中野洋昌

公前 当4
京都府京都市 S53・1・4
勤11年4ヵ月（初／平24）

党経済産業部会長、経済産業委理事、元経済産業大臣政務官、元国交省課長補佐、東大、米コロンビア大院修了／46歳

〒660-0052 尼崎市七松町3-17-20-201 ☎06(6415)0220

兵庫県9区 363,347 投53.23

明石市、洲本市、南あわじ市、淡路市

当141,973 西村康稔 自前（76.3）
44,172 福原由加利 共新（23.7）

にしむら やすとし
西村康稔

自前［無］ 当7
兵庫県明石市 S37・10・15
勤20年5ヵ月（初／平15）

前経済産業大臣、原子力経済被害・GX実行推進・産業競争力・ロシア経済分野協力担当大臣、内閣府特命担当大臣（原子力損害賠償・廃炉等支援機構）、東大法／61歳

〒673-0882 明石市相生町2-8-21 ドール明石201号 ☎078(919)2320
〒107-0052 港区赤坂2-17-10、宿舎 ☎03(5549)4671(代)

兵庫県10区 347,835 投51.55

加古川市、高砂市、加古郡

当79,061	渡海紀三朗	自前(45.0)
比当57,874	掘井健智	維新(32.9)
比38,786	隠樹圭子	立新(22.1)

とかいきさぶろう
渡海紀三朗

自前[無] 当10
兵庫県高砂市 S23・2・11
勤30年9ヵ月 (初/昭61)

党政調会長、国家基本委、文部科学大臣、決算行監委長、総理補佐官、政倫審会長、国家基本政策委長、一級建築士、早大建築/76歳

〒676-0082 高砂市曽根町2248 ☎079(447)4353
〒107-0052 港区赤坂2-17-10、宿舎

兵庫県11区 399,029 投48.39

姫路市の一部(P175参照)

当92,761	松本剛明	自前(49.0)
比当78,082	住吉寛紀	維新(41.3)
18,363	太田清幸	共新(9.7)

まつもとたけあき
松本剛明

自前[麻] 当8
東京都 S34・4・25
勤23年10ヵ月 (初/平12)

総務大臣、外相、議運委長、外務委長、党税調副会長、政調会長代理、競争調会長、国協調会長、金融調、情報調、新しい資本主義本部、デジタル本部、旧民主党政調会長、興銀、東大法/64歳

〒670-0972 姫路市手柄1-124 ☎079(282)5516
〒100-8981 千代田区永田町2-2-1、会館 ☎03(3508)7214

兵庫県12区 284,813 投58.90

姫路市(第11区に属しない区域)、相生市、赤穂市、宍粟市、たつの市、神崎郡、揖保郡、赤穂郡、佐用郡

当91,099	山口　壮	自前(55.6)
比当49,736	池畑浩太朗	維新(30.3)
比23,137	酒井孝典	立新(14.1)

やまぐちつよし
山口　壮

自前[無] 当7
兵庫県相生市 S29・10・3
勤22年 (初/平12)

農水委理、環境大臣、党筆頭副幹事長、拉致特委長、安保委長、内閣府・外務各副大臣、外務省国際科学協力室長、国際政治学博士、東大法、米ジョンズ・ホプキンス大院/69歳

〒678-0005 相生市大石町19-10 西本ビル2F ☎0791(23)6122
〒107-0052 港区赤坂2-17-10、宿舎

奈良県1区 359,066 投61.30

奈良市(本庁管内、西部・北部・東部出張所管内、月ヶ瀬行政センター管内)、生駒市

当93,050	馬淵澄夫	立前(39.0)
比当83,718	小林茂樹	自前(35.1)
比当62,000	前川清成	維新(26.0)

まぶちすみお
馬淵澄夫

立前 当7
奈良県奈良市 S35・8・23
勤19年1ヵ月 (初/平15)

国交委、党国対委員長、党常任幹事、国土交通大臣、国土交通副大臣、内閣総理大臣補佐官、災害特委長、決算行政監視委員長、会社役員、横浜国大/63歳

〒631-0036 奈良市学園北1-11-10 森田ビル6F ☎0742(40)5531
〒100-8981 千代田区永田町2-2-1、会館 ☎03(3508)7122

奈良県2区 383,875 投58.69

奈良市(都祁行政センター管内)、大和郡山市、天理市、香芝市、山辺郡、生駒郡、磯城郡、北葛城郡

当141,858 高市早苗 自前(64.6)
比54,326 猪奥美里 立新(24.8)
23,285 宮本次郎 共新(10.6)

たかいち さなえ
高市早苗

自前[無] 当9
奈良県奈良市 S36・3・7
勤29年 (初/平5)

経済安全保障担当大臣、党政調会長、総務大臣、科学技術担当大臣、経産副大臣、議運委員長、近畿大学教授、松下政経塾、神戸大/62歳

〒639-1123 大和郡山市筒井町940-1
〒107-0052 港区赤坂2-17-10、宿舎

奈良県3区 355,246 投57.19

大和高田市、橿原市、桜井市、五條市、御所市、葛城市、宇陀市、宇陀郡、高市郡、吉野郡

当114,553 田野瀬太道 自前(60.8)
34,334 西川正克 共新(18.2)
32,669 高見省次 無新(17.3)
6,824 加藤 孝 N新(3.6)

たのせ たいどう
田野瀬太道

自前[無] 当4
奈良県五條市 S49・7・4
勤11年4ヵ月 (初/平24)

衆文部科学委員長、元文部科学兼内閣府副大臣、文部科学兼内閣府兼復興大臣政務官、衆議運理事、議事進行係、早大/49歳

〒634-0813 橿原市四条町627-5-2F ☎0744(29)6000
〒107-0052 港区赤坂2-17-10、宿舎

和歌山県1区 307,817 投55.16

和歌山市
令和4年9月1日 岸本周平議員辞職
(総選挙の結果はP168参照)

補選(令和5.4.23)
当61,720 林 佑美 維新(47.5)
55,657 門 博文 自元(42.8)
11,178 国重秀明 共新(8.6)
1,476 山本貴平 政新(1.1)

はやし ゆみ
林 佑美

維新 補当1
京都府京都市中京区 S56・5・12
勤11ヵ月 (初/令5補)

予算委、環境委、消費者特委理、和歌山維新の会副代表、和歌山市議、会社役員、立命館大学大学院政策科学研究科修了/42歳

〒640-8158 和歌山市十二番丁31番地 雑賀ビル1階
☎073(488)9331

和歌山県2区 242,858 投57.94

海南市、橋本市、有田市、紀の川市、岩出市、海草郡、伊都郡

当79,365 石田真敏 自前(57.7)
比35,654 藤井幹雄 立新(25.9)
比19,735 所 順子 維新(14.4)
2,700 遠西愛美 N新(2.0)

いしだ まさとし
石田真敏

自前[無] 当8
和歌山県 S27・4・11
勤22年 (初/平14補)

倫選特委員長、党選対委員長代理、党税調副会長、裁判官訴追委員長、総務大臣、財務副大臣、国交政務官、和歌山県議、海南市長、早大政経/71歳

〒649-6226 岩出市宮83 ホテルいとう1F ☎0736(69)0123
〒107-0052 港区赤坂2-17-10、宿舎

和歌山県3区 250,261 投62.32

御坊市、田辺市、新宮市、有田郡、日高郡、西牟婁郡、東牟婁郡

当102,834	二階俊博	自前	(69.3)
20,692	畑野良弘	共新	(14.0)
19,034	本間奈々	諸新	(12.8)
5,745	根来英樹	無新	(3.9)

にかいとしひろ
二階俊博
自前[無] 当13
和歌山県 S14・2・17
勤40年5ヵ月 (初/昭58)

党国土強靱化推進本部長、元党幹事長、総務会長、予算委員長、元経産相・運輸相、(社)全国旅行業協会長、県議、中大/85歳

〒644-0003 御坊市島440-1 ☎0738(23)0123

比例代表 近畿 28人

滋賀、京都、大阪、兵庫、奈良、和歌山

みきけえ
三木圭恵
維元 当2(初/平24)
兵庫県西宮市 S41・7・7
勤4年5ヵ月 **〈兵庫7区〉**

国交委理、憲法審査会委、日本維新の会国会議員団幹事長代理、兵庫維新の会幹事長、三田市議2期、関西大学社会学部/57歳

〒662-0837 西宮市広田町1-27 ☎0798(73)1825
〒100-8982 千代田区永田町2-1-2、会館 ☎03(3508)7638

わだゆういちろう
和田有一朗
維新 当1(初/令3)
兵庫県神戸市 S39・10・23
勤2年5ヵ月 **〈兵庫3区〉**

外務委、拉致特委理、国会議員秘書、団体役員、神戸市議、兵庫県議、早大、神戸市外国語大学大学院/59歳

〒655-0894 神戸市垂水区川原4-1-1 ☎078(753)3533

すみよしひろき
住吉寛紀
維新 当1(初/令3)
兵庫県神戸市 S60・1・24
勤2年5ヵ月 **〈兵庫11区〉**

内閣委、安保委、三菱UFJモルガン・スタンレー証券、兵庫県議、白陵高、名古屋大、東大院/39歳

〒670-0043 姫路市小姓町35-1 船場西ビル1F4号室 ☎079(293)7105
〒106-0032 港区六本木7-1-3、宿舎 ☎03(3508)7415

ほりいけんじ
掘井健智
維新 当1(初/令3)
兵庫県 S42・1・10
勤2年5ヵ月 **〈兵庫10区〉**

財金委、災害特委理、農水委、兵庫維新の会政治活動強化対策本部長、超党派石橋湛山研究会事務局次長、党能登半島地震対策副本部長、加古川市議、兵庫県議、大阪産業大学/57歳

〒675-0063 加古川市加古川町平野386 船原ビル1階 ☎079(423)7458
〒107-0052 港区赤坂2-17-10、宿舎 ☎03(5549)4671

ほりば さちこ
堀場幸子　**維新**　当1(初/令3)
北海道札幌市　S54・3・24
勤2年5ヵ月　**〈京都1区〉**

文科委、内閣委理、災害特委、党文科部会長、党国対副委員長、アンガーマネジメントファシリテーター、フェリス女学院大学大学院修士号／44歳

〒601-8025 京都市南区東九条柳下町6-4 ☎075(888)6045

えんどう りょうた
遠藤良太　**維新**　当1(初/令3)
大阪府　S59・12・19
勤2年5ヵ月　**〈兵庫5区〉**

厚労委、決算行監委、介護関連会社役員、追手門学院大／39歳

〒669-1529 兵庫県三田市中央町3-12 マスダビル3階 ☎079(564)6156
〒107-0052 港区赤坂2-17-10、宿舎

いちたに ゆういちろう
一谷勇一郎　**維新**　当1(初/令3)
大阪府大阪市　S50・1・22
勤2年5ヵ月　**〈兵庫1区〉**

厚労委、農水委、地・こ・デジ特委、党国対副委員長、柔道整復師、介護事業所経営、関西医療学園専門学校／49歳

〒650-0001 神戸市中央区加納町4-4-15 KGビル201 ☎078(332)3536

いけはた こうたろう
池畑浩太朗　**維新**　当1(初/令3)
東京都港区　S49・9・26
勤2年5ヵ月　**〈兵庫12区〉**

農林水産委理、党国対副委員長、兵庫県議、衆院議員秘書、農業高校教員、岡山県立農業大学校／49歳

〒679-4167 兵庫県たつの市龍野町富永730-20 玉田ビル1F ☎0791(63)2814
〒107-0052 港区赤坂2-17-10、宿舎

あかぎ まさゆき
赤木正幸　**維新**　当1(初/令3)
岡山県倉敷市　S50・2・22
勤2年5ヵ月　**〈兵庫4区〉**

党代表付、国土交通委、IT会社代表、不動産会社代表、早大法学部、早大大学院政治学研究科博士課程修了／49歳

〒651-2276 神戸市西区春日台9-12-4 ☎050(3154)0117
〒100-8982 千代田区永田町2-1-2、会館 ☎03(3508)7505

なかじま ひでき
中嶋秀樹　**維新**　繰当1(初/令5繰)
京都府八幡市　S46・5・20
勤5ヵ月　**〈京都6区〉**

総務委、会社役員、大阪国際大学／52歳

〒611-0021 京都府宇治市宇治宇文字15-6 ☎0774(34)4188
〒107-0052 港区赤坂2-17-10、宿舎

おく　の　しん　すけ
奥野信亮　**自** 前［無］　当6
奈良県　S19・3・5
勤17年1ヵ月（初/平15）

懲罰委、予算委、法務委、倫選特委、党紀委、総務・法務副大臣、日産取締役、慶大／79歳

〒639-2212　御所市中央通り2-113-1　☎0745(62)4379
〒100-8982　千代田区永田町2-1-2、会館☎03(3581)5111（内71001）

やなぎ　もと　あきら
柳本　顕　**自** 新［麻］　当1
大阪府大阪市　S49・1・29
勤2年5ヵ月（初/令3）

厚労委、環境委、地・こ・デジ特委、環境兼内閣府政務官、大阪市議(5期)、大阪市議幹事長、関西電力㈱、京大法卒／50歳

〒557-0034　大阪市西成区松1-1-6　☎06(4398)6090
〒107-0052　港区赤坂2-17-10、宿舎

おお　ぐし　まさ　き
大串正樹　**自** 前［無］　当4(初/平24)
兵庫県　S41・1・20
勤11年4ヵ月　**〈兵庫6区〉**

党厚労部会長、厚生関係団体委員長、厚労委、デジタル副大臣兼内閣府副大臣、経産政務官、IHI、松下政経塾、JAIST(Ph.D.)助教、西武文理大准教授、東北大院／58歳

〒664-0851　伊丹市中央1-2-6 グランドハイツコーワ2-12　☎072(773)7601
〒100-8981　千代田区永田町2-2-1、会館☎03(3508)7191

こ　ばやし　しげ　き
小林茂樹　**自** 前［無］　当3(初/平24)
奈良県奈良市　S39・10・9
勤8年6ヵ月　**〈奈良1区〉**

党国交部会長代理、党国土・建設関係団体委員長、国交委理事、文科委、環境副大臣、国交政務官、元奈良県議、慶大法／59歳

〒631-0827　奈良市西大寺小坊町1-6 西大寺ビル1F東　☎0742(52)6700

た　なか　ひで　ゆき
田中英之　**自** 前［無］　当4(初/平24)
京都府　S45・7・11
勤11年4ヵ月　**〈京都4区〉**

国交委、地・こ・デジ特委理、決算行監委理、党副幹事長、文科副大臣、国交政務官、党農林部会長代理、京都市議、京都外大／53歳

〒615-0852　京都市右京区西京極西川町1-5　☎075(315)7500
〒107-0052　港区赤坂2-17-10、宿舎

むね　きよ　こう　いち
宗清皇一　**自** 前［無］　当3(初/平26)
大阪府東大阪市　S45・8・9
勤9年4ヵ月　**〈大阪13区〉**

財金委理、経産委、原子力特委、党財政・金融・証券団体委員長、内閣府兼復興大臣政務官、経産兼内閣府大臣政務官(万博担当)、大阪府議、衆院議員秘書、龍谷大／53歳

〒577-0843　東大阪市荒川1-13-23　☎06(6726)0090
〒107-0052　港区赤坂2-17-10、宿舎

もり やま まさ ひと
盛山正仁

自前［無］ 当5(初/平17)
大阪府大阪市 S28・12・14
勤15年3ヵ月 〈兵庫1区〉

文科大臣、議運委筆頭理、党国対筆頭副委員長、厚労委長、法務副大臣、国交省部長、東大、神戸大院、法学・商学博士／70歳

〒650-0001 神戸市中央区加納町2-4-10
水木ビル601 ☎078(231)5888

たに がわ
谷川とむ

自前［無］ 当3(初/平26)
兵庫県尼崎市 S51・4・27
勤9年4ヵ月 〈大阪19区〉

法務委理、国交委、地・こ・デジ特委、党大阪府連会長、党副幹事長、総務政務官、参院議員秘書、僧侶、俳優、阪大院修士／47歳

〒598-0007 大阪府泉佐野市上町1-1-35
1.3ビルディング2階 ☎072(464)1416
〒107-0052 港区赤坂2-17-10、宿舎

たけ うち ゆずる
竹内 譲

公前 当6
京都府京都市 S33・6・25
勤17年11ヵ月 (初/平5)

党中央幹事会会長代理、経済産業委長、総務委長、厚労副大臣、党政調会長、京都市議、三和銀行、京大法／65歳

〒602-8442 京都市上京区今出川通大宮南西角
☎075(417)4440
〒100-8982 千代田区永田町2-1-2、会館 ☎03(3508)7473

うき しま とも こ
浮島智子

公前 当4(初/平24)※1
東京都 S38・2・1
勤17年5ヵ月(参6年1ヵ月)

党文科部会長、政調副会長、中央規律委員長、女性委副委員長、文化芸術振興会議議長、文化芸術局長、教育改革推進本部長、衆総務委員長、文部科学兼内閣府副大臣、衆経産委長、環境兼内閣府政務官、参院議員、東京立正高／61歳

〒540-0025 大阪市中央区徳井町2-4-15
タニイビル6F ☎06(6942)1150
〒107-0052 港区赤坂2-17-10、宿舎

わに ぶち よう こ
鰐淵洋子

公前 当2(初/平29)※2
福岡県福岡市 S47・4・10
勤12年7ヵ月(参6年1ヵ月)

党女性委副委員長、党国対副委員長、環境委理、文科委、消費者特委、文科大臣政務官、参議院議員、公明党本部、創価女子短大／51歳

〒550-0013 大阪市西区新町3-5-8
エーペック西長堀ビル401
〒107-0052 港区赤坂2-17-10、宿舎

さくら い しゅう
櫻井 周

立前 当2(初/平29)
兵庫県 S45・8・16
勤6年6ヵ月 〈兵庫6区〉

財金委理、党国際局副局長、政調副会長、兵庫県連代表代行、伊丹市議、弁理士、JBIC、京大、京大院、ブラウン大院／53歳

〒664-0858 伊丹市西台5-1-11 ☎072(768)9260
〒107-0052 港区赤坂2-17-10、宿舎

※1 平16参院初当選 ※2 平16参院初当選

もり やま ひろ ゆき
森山浩行
立前　当3(初/平21)
大阪府堺市　S46・4・8
勤9年10ヵ月　**〈大阪16区〉**

内閣委、党災害・緊急事態局長、副幹事長、大阪府連代表、関西TV記者、堺市議、大阪府議、明大法／52歳

〒590-0078　堺市堺区南瓦町1-21
宏昌センタービル2F　☎072(233)8188

とく なが ひさ し
徳永久志
教新　当1(初/令3)※1
滋賀県　S38・6・27
勤8年6ヵ月(参6年1ヵ月)〈滋賀4区〉

教育無償化を実現する会幹事長、国家基本委、参議院議員、外務大臣政務官、滋賀県議、松下政経塾、早大政経／60歳

〒523-0892　近江八幡市出町414-6
サツキビル　☎0748(31)3047
〒107-0052　港区赤坂2-17-10、宿舎

こく た けい じ
穀田恵二
共前　当10(初/平5)
岩手県水沢市　S22・1・11
勤30年10ヵ月　**〈京都1区〉**

党国対委員長、党選挙対策委員長、党常任幹部会委員、外務委、政倫審、京都市議、立命館職員、立命館大／77歳

〒604-0092　京都市中京区丸太町
新町角大炊町186　☎075(231)5198
〒107-0052　港区赤坂2-17-10、宿舎　☎03(5549)3114

みや もと たけ し
宮本岳志
共元　当5(初/平21)※2
和歌山県和歌山市　S34・12・25
勤18年3ヵ月(参6年1ヵ月)〈大阪5区〉

党中央委員、総務委、文科委、和歌山大学教育学部除籍／64歳

〒537-0025　大阪市東成区中道1-10-10　☎06(6975)9111
〒100-8981　千代田区永田町2-2-1、会館　☎03(3508)7255

さいとう
斎藤アレックス
教新　当1(初/令3)
スペイン国マドリッド市　S60・6・30
勤2年5ヵ月　**〈滋賀1区〉**

党政調会長、安保委理、法務委、沖北特委、証券会社社員、松下政経塾、米国議会フェロー、衆議院議員秘書、同志社大／38歳

〒520-0044　大津市京町3-2-11　☎077(525)5030
〒107-0052　港区赤坂2-17-10、宿舎

おお いし
大石あきこ
れ新　当1(初/令3)
大阪府大阪市　S52・5・27
勤2年5ヵ月　**〈大阪5区〉**

内閣委、元大阪府職員、大阪大／46歳

〒532-0011　大阪市淀川区西中島7-1-1 興北ビル2階
〒100-8982　千代田区永田町2-1-2、会館

※1 平19参院初当選　※2 平10参院初当選

比例代表　近畿　28人　有効投票数 9,378,905票

政党名	当選者数	得票数	得票率
	惜敗率 小選挙区		惜敗率 小選挙区

日本維新の会　10人　3,180,219票　33.91%

当①三木　圭恵 元(98.39)兵7
当①和田有一朗 新(86.34)兵3
当①住吉　寛紀 新(84.18)兵11
当①掘井　健智 新(73.20)兵10
当①堀場　幸子 新(71.90)京1
当①遠藤　良太 新(69.42)兵5
当①一谷勇一郎 新(67.65)兵1
当①前川　清成 新(66.63)奈1
（令5.10.4辞職）
当①池畑浩太朗 新(54.60)兵12
当①赤木　正幸 新(52.43)兵4
①直山　　仁 新(50.79)滋3
（公民権停止中）
繰①中嶋　秀樹 新(50.37)京6
（令5.10.18繰上）
①井上　博明 新(38.41)京3
①所　　順子 新(24.87)和2

【小選挙区での当選者】
①井上　英孝 前　大1
①守島　　正 新　大2
①美延　映夫 前　大4
①奥下　剛光 新　大7
①漆間　譲司 新　大8
①足立　康史 前　大9
①池下　　卓 新　大10
①中司　　宏 新　大11
①藤田　文武 前　大12
①岩谷　良平 新　大13
①青柳　仁士 新　大14
①浦野　靖人 前　大15
①馬場　伸幸 前　大17
①遠藤　　敬 前　大18
①伊東　信久 元　大19
①市村浩一郎 元　兵6

自民党　8人　2,407,699票　25.67%

当①奥野　信亮 前
当②柳本　　顕 新
当③大串　正樹 前(97.69)兵6
当③小林　茂樹 前(89.97)奈1
当③田中　英之 前(83.99)京4
当③宗清　皇一 前(83.77)大13
当③盛山　正仁 前(81.62)兵1
当③谷川　とむ 前(76.31)大19
③渡嘉敷奈緒美 前(69.86)大7
③木村　弥生 前(69.10)京3
③中山　泰秀 前(67.70)大4
③左藤　　章 前(66.94)大2
③佐藤ゆかり 前(66.73)大11
③大隈　和英 前(65.29)大10
③北川　晋平 新(63.09)大12
③大西　宏幸 前(60.97)大1
③繁本　　護 前(59.70)京2
③門　　博文 前(59.42)和1
③岡下　昌平 前(59.39)大17
③加納陽之助 新(59.10)大15
③長尾　　敬 前(55.44)大14
③神谷　　昇 前(52.02)大18
③高麗啓一郎 新(51.28)大8
㊴湯峯　理之 新
㊵野村　広志 新

【小選挙区での当選者】
③大岡　敏孝 前　滋1
③上野賢一郎 前　滋2
③武村　展英 前　滋3
③小寺　裕雄 前　滋4
③勝目　　康 新　京1
③本田　太郎 前　京5
③関　　芳弘 前　兵3
③藤井比早之 前　兵4
③谷　　公一 前　兵5
③山田　賢司 前　兵7
③西村　康稔 前　兵9
③松本　剛明 前　兵11
③山口　　壮 前　兵12
③高市　早苗 前　奈2
③石田　真敏 前　和2

公明党　3人　1,155,683票　12.32%

当①竹内　　譲 前
当②浮島　智子 前
当③鰐淵　洋子 前
④浜村　　進 前
⑤田丸　義高 新
⑥鷲岡　秀明 新
⑦田中　博之 新
⑧井上　幸作 新

立憲民主党　3人　1,090,665票　11.63%

当①桜井　　周 前(86.35)兵6
当①森山　浩行 前(85.82)大16
当①徳永　久志 新(83.12)滋4
①辻元　清美 前(82.72)大10
①田島　一成 元(76.79)滋2
①安田　真理 新(68.13)兵7
①梶原　康弘 元(65.94)兵5
①船川　治郎 新(62.22)兵2
①平野　博文 前(57.01)大11
①村上　史好 前(55.38)大6
①萩原　　仁 元(52.49)大3
①隠樹　圭子 新(49.06)兵10
①今泉　真緒 新(47.40)兵4
①長安　　豊 元(47.20)大19
①山本和嘉子 前(46.74)京5
①藤井　幹雄 新(44.92)和2

①尾辻かな子 前(39.27)大2
①猪奥　美里 新(38.30)奈2
①松井　博史 新(36.60)大8
①吉田　　治 元(26.26)大4
①村上　賀厚 新(25.86)大1
①酒井　孝典 新(25.40)兵12
①乃木　涼介 新(24.35)大7
①川戸　康嗣 新(20.68)大18
▼①宇都宮優子 新(18.86)大12
㉚笹田　能美 新
㉛豊田潤多郎 元

【小選挙区での当選者】
①泉　　健太 前　　京3
①山井　和則 前　　京6
①井坂　信彦 元　　兵1
①馬淵　澄夫 前　　奈1

共 産 党　2人　736,156票　7.85%

当①穀田　恵二 前　　京1
当②宮本　岳志 元　　大5
③清水　忠史 前　　大4
④小村　　潤 新　　兵8
⑤武山　彩子 新
⑥西田佐枝子 新

国民民主党 1人　303,480票　3.24%

当①斎藤アレックス 新(86.28)滋1
①佐藤　泰樹 新(33.01)兵3

【小選挙区での当選者】
①岸本　周平 前　　和1
①前原　誠司 前　　京2

れいわ新選組　1人　292,483票　3.12%

当①大石　晃子 新(32.11)大5
①辻　　　恵 元(24.80)兵8
▼①高井　崇志 前(13.71)滋3
▼①中　　辰哉 新(10.02)京2
▼①西川　弘城 新(6.76)大7
⑥八幡　　愛 新

その他の政党の得票数・得票率は下記のとおりです。
(当選者はいません)

政党名	得票数	得票率
NHKと裁判してる党弁護士法72条違反で	111,539票	1.19%
社民党	100,980票	1.08%

鳥取県1区　230,959　投56.10

当105,441 石 破　茂 自前(84.1)
19,985 岡 田 正 和 共新(15.9)

鳥取市、倉吉市、岩美郡、八頭郡、東伯郡(三朝町)

石破　茂（いしば しげる）
自 前[無]　当12
鳥取県八頭郡　S32・2・4
勤37年10ヵ月 (初/昭61)

予算委、憲法審委、党総務、元地方創生担当相、党幹事長、政調会長、農林水産相、防衛相、防衛庁長官、運輸委長、三井銀行、慶大／67歳

〒680-0055 鳥取市戎町515-3　☎0857(27)4898
〒100-8982 千代田区永田町2-1-2、会館

鳥取県2区　234,420　投60.20

当75,005　赤 沢 亮 正 自前(54.0)
比当63,947 湯 原 俊 二 立元(46.0)

米子市、境港市、東伯郡(湯梨浜町、琴浦町、北栄町)、西伯郡、日野郡

赤澤亮正（あかざわ りょうせい）
自 前[無]　当6
東京都　S35・12・18
勤18年7ヵ月 (初/平17)

財務副大臣、内閣府副大臣、国交大臣政務官、東大法／63歳

〒683-0823 米子市加茂町1-24　☎0859(38)7333
〒100-8982 千代田区永田町2-1-2、会館　☎03(3508)7490

▼は小選挙区の得票が有効投票総数の10分の1未満で、復活当選の資格がない者

島根県1区 268,337 投61.23	当90,638 細田博之 自前(56.0)
	比66,847 亀井亜紀子 立前(41.3)
	4,318 亀井彰子 無新(2.7)

松江市、出雲市(平田支所管内)、安来市、雲南市(大東・加茂・木次総合センター管内)、仁多郡、隠岐郡

細田博之（ほそだひろゆき） 自民

死　去(令和5年11月10日)

※補選は令和6年4月28日に行われる予定。

島根県2区 291,649 投61.85	当110,327 高見康裕 自新(62.4)
	比52,016 山本　誉 立新(29.4)
	14,361 向瀬慎一 共新(8.1)

浜田市、出雲市(第1区に属しない区域)、益田市、大田市、江津市、雲南市(第1区に属しない区域)、飯石郡、邑智郡、鹿足郡

高見康裕（たかみやすひろ）

自新［茂］ 当1
島根県出雲市 S55・10・16
勤2年5ヵ月 (初/令3)

防衛大臣補佐官、党青年局学生部長、法務委、安保委、消費者特委、法務大臣政務官、島根県議、海上自衛隊、読売新聞、東大大学院／43歳

〒693-0058 出雲市矢野町941-4 ☎0853(23)8118
〒107-0052 港区赤坂2-17-10、宿舎

岡山県1区 364,162 投46.73	当90,939 逢沢一郎 自前(55.0)
	比65,499 原田謙介 立新(39.6)
	8,990 余江雪央 共新(5.4)

岡山市(北区の一部(P176参照)、南区の一部(P176参照))、加賀郡(吉備中央町(本庁管内(P176参照)、井原出張所管内)

逢沢一郎（あいさわいちろう）

自前［無］ 当12
岡山県岡山市 S29・6・10
勤37年10ヵ月 (初/昭61)

党選挙制度調査会長、政倫審会長、国家基本委長、議運委長、党国対委長、予算委長、幹事長代理、外務副大臣、通産政務次官、松下政経塾理事、慶大工／69歳

〒700-0933 岡山市北区奥田1-2-3 ☎086(233)0016
〒100-8981 千代田区永田町2-2-1、会館 ☎03(3508)7105

岡山県2区 289,071 投50.42	当80,903 山下貴司 自前(56.4)
	比62,555 津村啓介 立前(43.6)

岡山市(北区(第1区に属しない区域)、中区、東区(本庁管内)、南区(第1区に属しない区域))、玉野市、瀬戸内市

山下貴司（やましたたかし）

自前［茂］ 当4
岡山県岡山市 S40・9・8
勤11年4ヵ月 (初/平24)

党政調副会長、党改革実行本部事務局長、党憲法改正実現本部事務局長、決算委理事、法務大臣、検事、外交官、弁護士、東大法／58歳

〒703-8282 岡山市中区平井6-3-13 ☎086(230)1570
〒100-8982 千代田区永田町2-1-2、会館 ☎03(3508)7057

岡山県3区 270,568 投57.97			
当68,631	平沼正二郎	無新	(44.4)
比当54,930	阿部俊子	自前	(35.5)
比23,316	森本 栄	立新	(15.1)
7,760	尾崎宏子	共新	(5.0)

岡山市(東区(第2区に属しない区域))、津山市、備前市、赤磐市、真庭市の一部(P176参照)、美作市、和気郡、真庭郡、苫田郡、勝田郡、英田郡、久米郡

ひらぬましょうじろう
平沼正二郎

自新[無] 当1
岡山県岡山市 S54・11・11
勤2年5ヵ月 (初/令3)

内閣府兼復興大臣政務官、学習院大学経済学部/44歳

〒708-0806 津山市大田81-11 ☎0868(24)0107
〒100-8982 千代田区永田町2-1-2、会館 ☎03(3508)7251

岡山県4区 381,828 投48.04			
当89,052	橋本 岳	自前	(49.7)
比当83,859	柚木道義	立前	(46.8)
6,146	中川智晴	無新	(3.4)

倉敷市(本庁管内、児島・玉島・水島・庄・茶屋町支所管内)、都窪郡

はしもと がく
橋本 岳

自前[茂] 当5
岡山県総社市 S49・2・5
勤15年3ヵ月 (初/平17)

厚労委理、予算委理、地・こ・デジ特委長、厚労委員長、党総務、厚労副大臣、党厚労部会長、党外交部会長、厚労政務官、三菱総研研究員、慶大院/50歳

〒710-0842 倉敷市吉岡552 ☎086(422)8410
〒107-0052 港区赤坂2-17-10、宿舎

岡山県5区 262,936 投54.33			
当102,139	加藤勝信	自前	(72.6)
比31,467	はたともこ	立新	(22.4)
7,067	美見芳明	共新	(5.0)

倉敷市(第4区に属しない区域)、笠岡市、井原市、総社市、高梁市、新見市、真庭市(第3区に属しない区域)、浅口市、浅口郡、小田郡、加賀郡(吉備中央町(第1区に属しない区域))

かとうかつのぶ
加藤勝信

自前[茂] 当7
東京都 S30・11・22
勤20年5ヵ月 (初/平15)

党税制調査会小委員長、党社会保障制度調査会長、厚労相、官房長官、党総務会長、一億総活躍相、元大蔵省、東大/68歳

〒714-0088 笠岡市中央町31-1 ☎0865(63)6800
〒100-8982 千代田区永田町2-1-2、会館 ☎03(3508)7459

広島県1区 332,001 投50.81			
当133,704	岸田文雄	自前	(80.7)
比15,904	有田優子	社新	(9.6)
14,508	大西 理	共新	(8.8)
1,630	上出圭一	諸新	(1.0)

広島市(中区、東区、南区)

きしだふみお
岸田文雄

自前[無] 当10
東京都渋谷区 S32・7・29
勤30年10ヵ月 (初/平5)

内閣総理大臣、自民党総裁、党政調会長、外務大臣、防衛大臣、党国対委員長、内閣府特命担当大臣、厚労委員長、早大法/66歳

〒730-0013 広島市中区八丁堀6-3 和光八丁堀ビル ☎082(228)2411
〒100-8981 千代田区永田町2-2-1、会館 ☎03(3508)7279

広島県2区	404,009 投51.48	当133,126 平口　洋	自前(65.2)
		比70,939 大井赤亥	立新(34.8)

広島市(西区、佐伯区)、大竹市、廿日市市、江田島市(本庁管内、能美・沖美支所管内、深江・柿浦連絡所管内)

ひら ぐち　ひろし
平口　洋
自前[茂]　当5
広島県江田島市　S23・8・1
勤15年3ヵ月 (初/平17)

党報道局長、倫選特委長、農水委長、党国交部会長、法務副大臣、法務委長、党副幹事長、環境副大臣、国交省河川局次長、秋田県警本部長、東大法/75歳

〒733-0812 広島市西区己斐本町2-6-20 ☎082(527)2100
〒100-8982 千代田区永田町2-1-2、会館 ☎03(3508)7622

広島県3区	360,198 投51.07	当97,844 斉藤鉄夫	公前(55.1)
		比53,143 ライアン真由美	立新(29.9)
		比18,088 瀬木寛親	維新(10.2)
		3,559 大山　宏	無新(2.0)
		比2,789 矢島秀平	N新(1.6)
		2,251 玉田憲勲	無新(1.3)

広島市(安佐南区、安佐北区)、安芸高田市、山県郡

さい とう てつ お
斉藤鉄夫
公前　当10
島根県　S27・2・5
勤30年10ヵ月 (初/平5)

国交大臣、党副代表、党幹事長、党選対委長、党税制調査会長、党政調会長、環境大臣、文科委長、科技総括政務次官、プリンストン大研究員、清水建設、工博、技術士、東工大院/72歳

〒731-0103 広島市安佐南区緑井2-18-15 ☎082(870)0088
〒107-0052 港区赤坂2-17-10、宿舎 ☎03(5549)3145

広島県4区	309,781 投53.18	当78,253 新谷正義	自前(48.3)
		比33,681 上野寛治	立新(20.8)
		比当28,966 空本誠喜	維元(17.9)
		21,112 中川俊直	無元(13.0)

広島市(安芸区)、三原市(大和支所管内)、東広島市(本庁管内、八本松・志和・高屋出張所管内、黒瀬・福富・豊栄・河内支所管内)、安芸郡

しん たに まさ よし
新谷正義
自前[茂]　当4
広島　S50・3・8
勤11年4ヵ月 (初/平24)

厚生労働委員長、党副幹事長、総務副大臣、厚労大臣政務官、医師、医療法人理事長、帝京大医、東大経/48歳

〒739-0015 東広島市西条栄町9-21 ☎082(431)5177
〒100-8982 千代田区永田町2-1-2、会館 ☎03(3508)7604

広島県5区	242,034 投54.52	当87,434 寺田　稔	自前(67.7)
		比41,788 野村功次郎	立新(32.3)

呉市、竹原市、三原市(本郷支所管内)、尾道市(瀬戸田支所管内)、東広島市(第4区に属しない区域)、江田島市(第2区に属しない区域)、豊田郡

てら だ　みのる
寺田　稔
自前[無]　当6
広島県　S33・1・24
勤16年8ヵ月 (初/平16補)

党総務会長代理、総務委、憲法審幹事、総務大臣、総理大臣補佐官、党経理局長、総務副大臣兼内閣府副大臣、安保委長、内閣府副大臣、防衛政務官、内閣参事官、財務省主計官、ハーバード大院、東大法/66歳

〒737-0045 呉市本通4-3-18 佐藤ビル1F ☎0823(24)2358
〒100-8981 千代田区永田町2-2-1、会館 ☎03(3508)7606

広島県6区 294,154 投56.35

当83,796 佐藤公治 立前(51.4)
比当79,158 小島敏文 自前(48.6)

三原市(第4区及び第5区に属しない区域)、尾道市(第5区に属しない区域)、府中市、三次市、庄原市、世羅郡、神石郡

さとう こうじ 佐藤公治

立前 当4(初/平12)※
広島県尾道市 S34・7・28
勤17年10ヵ月(参6年1ヵ月)

沖北特別委員長、県連代表、元参外交防衛委員長、国務大臣秘書官(旧国土庁、旧北海道・沖縄開発庁)、電通、慶大法/64歳

〒722-0045 広島県尾道市久保2-26-2 ☎0848(37)2100
〒100-8981 千代田区永田町2-2-1、会館 ☎03(3508)7145

広島県7区 382,135 投49.35

当123,396 小林史明 自前(66.4)
比45,520 佐藤広典 立新(24.5)
11,580 村井明美 共新(6.2)
5,207 橋本加代 無新(2.8)

福山市

こばやし ふみあき 小林史明

自前[無] 当4
広島県福山市 S58・4・8
勤11年4ヵ月 (初/平24)

決算行監委理、国交委、党情報調査局長、党新しい資本主義実行本部事務局長、デジタル副大臣兼内閣府副大臣、上智大学/40歳

〒721-0958 福山市西新涯町2-23-34 ☎084(959)5884
〒107-0052 港区赤坂2-17-10、宿舎

山口県1区 356,209 投48.50

当118,882 高村正大 自前(70.1)
比50,684 大内一也 立新(29.9)

山口市(山口・小郡・秋穂・阿知須・徳地総合支所管内)、防府市、周南市の一部(P176参照))

こうむら まさひろ 高村正大

自前[麻] 当2
山口県周南市 S45・11・14
勤6年6ヵ月 (初/平29)

外務大臣政務官、財務大臣政務官、党財務・国防・外務副部会長、外務大臣秘書官、経企庁長官秘書官、会社員、慶大/53歳

〒745-0004 山口県周南市毛利町1-3 ☎0834(31)4715
〒100-8981 千代田区永田町2-2-1、会館 ☎03(3508)7113

山口県2区 283,552 投51.61

(総選挙の結果はP168参照)
補選(令和5.4.23)
当61,369 岸 信千世 自新(52.5)
55,601 平岡秀夫 無元(47.5)

下松市、岩国市、光市、柳井市、周南市(第1区に属しない区域)、大島郡、玖珂郡、熊毛郡
令和5年2月7日 岸信夫議員辞職

きし のぶちよ 岸 信千世

自新[無] 補当1
東京都 H3・5・16
勤11ヵ月 (初/令5補)

文科委、財金委、消費者特委、党国対委員、党青年局次長、防衛大臣秘書官、衆議院議員秘書、フジテレビ、慶大商/32歳

〒740-0017 山口県岩国市今津町1-10-17 三福ビル2階 ☎0827(30)7000
〒100-8981 千代田区永田町2-2-1、会館 ☎03(3508)1203

※ 平19参院初当選

山口県3区　256,039　㊕50.14

当96,983　林　芳正　自新(76.9)
比29,073　坂本史子　立新(23.1)

宇部市、山口市(第1区に属しない区域)、萩市、美祢市、山陽小野田市、阿武郡

はやし　よしまさ
林　芳正　自新[無]　当1※
山口県　S36・1・19
勤28年11ヵ月(参26年6ヵ月)　(初/令3)

内閣官房長官、外務大臣、文部科学大臣、農林水産大臣、党政調会長代理、経済財政担当大臣、防衛大臣、三井物産、東大法、ハーバード大院／63歳

〒751-0823　山口県下関市貴船町4-8-18-101　☎083(224)1111
〒100-8981　千代田区永田町2-2-1、会館　☎03(3508)7115

山口県4区　244,858　㊕48.64

補選(令和5.4.23)
当51,961　吉田真次　自新(63.5)
25,595　有田芳生　立新(31.3)
2,381　大野頼子　無新(2.9)
1,186　渡部亜衣　畝新(1.4)
734　竹本秀之　無新(0.9)

下関市、長門市
令和4年7月8日　安倍晋三議員死去
(総選挙の結果はP168参照)

よしだ　しんじ
吉田真次　自新[無]　補当1
山口県　S59・7・6
勤11ヵ月　(初/令5補)

厚労委、経産委、復興特委、下関市議会議員3期、大阪府議会議員秘書、関西大学法学部政治学科／39歳

〒750-0066　下関市東大和町1-8-16　☎083(250)7311
〒100-8981　千代田区永田町2-2-1、会館　☎03(3508)7172

比例代表　中国　11人

鳥取、島根、岡山、広島、山口

いしばしりんたろう
石橋林太郎　自新[無]　当1
広島県広島市　S53・5・2
勤2年5ヵ月　(初/令3)

国交大臣政務官、国交委、党青年局・女性局各次長、広島県議会議員(二期)、大阪外国語大学／45歳

〒731-0124　広島市安佐南区大町東2-15-7　☎082(836)3444
〒107-0052　港区赤坂2-17-10、宿舎

こじま　としふみ
小島敏文　自前[無]　当4(初/平24)
広島県世羅町　S25・9・7
勤11年4ヵ月　**〈広島6区〉**

農林水産委理事、復興副大臣、党国土交通部会長、党厚労部会長代理、厚生労働大臣政務官、経産部会長代理、農林部会長代理、副幹事長、広島県議会副議長、大東文化大／73歳

〒722-1114　世羅郡世羅町東神崎368-21　☎0847(22)4055
〒107-0052　港区赤坂2-17-10、宿舎

※平7参院初当選

とし こ
あべ俊子
自前［無］ 当6（初/平17）
宮城県 S34・5・19
勤18年7ヵ月 〈岡山3区〉

文部科学副大臣、農水委・消費者特委筆頭理事、外務・農水副大臣、外務委員長、東京医科歯科大助教授、米イリノイ州立大院／64歳

〒708-0841 津山市川崎162-5 ☎0868（26）6711
〒100-8981 千代田区永田町2-2-1、会館 ☎03（3508）7136

たかがい え み こ
髙階恵美子
自新［無］ 当1（初/令3）※
宮城県 S38・12・21
勤13年10ヵ月（参11年5ヵ月）

復興特委員長、厚労委、元厚労副大臣、元厚労大臣政務官、元参院文教委員長、元党女性局長、東京医科歯科大大学院／60歳

〒690-0873 松江市内中原町140-2
島根県政会館3F ☎0852（28）2158
〒100-8982 千代田区永田町2-1-2、会館 ☎03（3508）7518

すぎ た み お
杉田水脈
自前［無］ 当3
兵庫県神戸市 S42・4・22
勤8年6ヵ月 （初/平24）

安保委理、内閣委、災害特委、党環境部会長代理、総務大臣政務官、党国土交通副部会長、党女性局次長、鳥取大学農学部／56歳

〒753-0067 山口市赤妻町3-1-102 ☎083（924）0588
〒107-0052 港区赤坂2-17-10、宿舎

あぜ もと しょう ご
畦元将吾
自前［無］ 当2
広島県広島市 S33・4・30
勤4年9ヵ月 （初/令元）

党副幹事長、厚生労働大臣政務官、党総務、党環境副部会長、党厚生労働副部会長、東邦大医学部客員教授、診療放射線技師／65歳

〒739-0269 広島県東広島市志和町志和堀3470-3
☎082（433）5080
〒100-8981 千代田区永田町2-2-1、会館 ☎03（3508）7710

ゆの き みち よし
柚木道義
立前 当6（初/平17）
岡山県倉敷市 S47・5・28
勤18年7ヵ月 〈岡山4区〉

厚労委、倫選特委、財務大臣政務官、会社員、岡山大文学部／51歳

〒710-0052 倉敷市美和2-16-20 ☎086（430）2355
〒100-8982 千代田区永田町2-1-2、会館 ☎03（3508）7301

ゆ はら しゅん じ
湯原俊二
立元 当2（初/平21）
鳥取県米子市 S37・11・20
勤5年9ヵ月 〈鳥取2区〉

総務委理、党国対副委員長、党鳥取県連代表、鳥取県議、米子市議、衆議員秘書、早大／61歳

〒683-0804 米子市米原5-3-20 ☎0859（21）2888

※平22参院初当選

ひらばやし あきら
平林 晃
公新 当1
愛知県名古屋市 S46・2・2
勤2年5ヵ月 (初/令3)

総務委、文科委、原子力特委理、党組織局次長、デジタル社会推進本部事務局次長、立命館大学教授、山口大学准教授、博士(東工大)/53歳

〒732-0057 広島市東区二葉の里1-1-72-901

くさか まさき
日下正喜
公新 当1
和歌山県 S40・11・25
勤2年5ヵ月 (初/令3)

党組織局次長、広島県本部副代表、災害特委理、国交委、法務委、党広島県本部事務長、広大院中退、創大法(通信)卒/58歳

〒730-0854 広島市中区土橋町2-43-406
〒107-0052 港区赤坂2-17-10、宿舎

そらもと せいき
空本誠喜
維元 当2(初/平21)
広島県呉市 S39・3・11
勤5年9ヵ月 〈広島4区〉

党広島県総支部代表、環境委、原子力特委、技術指導会社代表、元東芝(原子力)、工学博士(原子力)、東大院/59歳

〒739-0044 東広島市西条町下見4623番地15 ☎082(421)8146
〒107-0052 港区赤坂2-17-10、宿舎

比例代表 中国 11人 有効投票数 3,119,427票

政党名	当選者数	得票数	得票率
	惜敗率 小選挙区		惜敗率 小選挙区

自民党 6人 1,352,723票 43.36%

当①石橋林太郎 新
当②小島 敏文 前(94.47)広6
当②阿部 俊子 前(80.04)岡3
当⑱高階恵美子 新
当⑲杉田 水脈 前
当⑳畦元 将吾 前
㉑小林孝一郎 新
㉒徳村純一郎 新
【小選挙区での当選者】
②石破 茂 前 鳥1
②赤沢 亮正 前 鳥2
②高見 康裕 新 島2
②逢沢 一郎 前 岡1
②山下 貴司 前 岡2
②橋本 岳 前 岡4
②加藤 勝信 前 岡5
②新谷 正義 前 広4
②寺田 稔 前 広5
②小林 史明 前 広7
②高村 正大 前 山1
②岸 信夫 前 山2
②林 芳正 新 山3
②安倍 晋三 前 山4

立憲民主党 2人 573,324票 18.38%

当①柚木 道義 前(94.17)岡4
当①湯原 俊二 元(85.26)鳥2
①津村 啓介 前(77.32)岡2
①亀井亜紀子 前(73.75)島1
①原田 謙介 新(72.03)岡1
①ライアン真由美 新(54.31)広3
①大井 赤亥 新(53.29)広2
①野村功次郎 新(47.79)広5
①山本 誉 新(47.15)島2
①上野 寛治 新(43.04)広4

①大内　一也 新(42.63)山1
①佐藤　広典 新(36.89)広7
①森本　　栄 新(33.97)岡3
①はたともこ 新(30.81)岡5
①坂本　史子 新(29.98)山3
⑰加藤　寿彦 新
⑱姫井由美子 新
【小選挙区での当選者】
①佐藤　公治 前　　広6

公明党　2人　436,220票　13.98%

当①平林　　晃 新
当②日下　正喜 新
③長谷川裕輝 新

日本維新の会　1人　286,302票　9.18%

当①空本　誠喜 元(37.02)広4
①瀬木　寛親 新(18.49)広3
③喜多　義典 新

その他の政党の得票数・得票率は下記のとおりです。
(当選者はいません)

政党名	得票数	得票率
共産党	173,117票	5.55%
国民民主党	113,898票	3.65%
れいわ新選組	94,446票	3.03%
社民党	52,638票	1.69%
NHKと裁判してる党弁護士法72条違反で	36,758票	1.18%

㊥略歴

比例中国・徳島

徳島県1区　362,130 投55.93

徳島市、小松島市、阿南市、勝浦郡、名東郡、名西郡、那賀郡、海部郡

当99,474　仁木博文　無元(50.1)
比当77,398　後藤田正純　自前(38.9)
比当20,065　吉田知代　維新(10.1)
1,808　佐藤行俊　無新(0.9)

仁木博文（にきひろぶみ）　自元[麻]　当2
徳島県阿南市　S41・5・23
勤5年9ヵ月　(初/平21)

厚労委、法務委、消費者特委、党厚生労働副部会長、党農水関係団体副委員長、党情報通信関係団体副委員長、徳大院医学博士／57歳

〒770-0865　徳島市南末広町4-88-1　☎088(624)9350
〒107-0052　港区赤坂2-17-10、宿舎　☎03(5549)4671

徳島県2区　260,655 投50.99

鳴門市、吉野川市、阿波市、美馬市、三好市、板野郡、美馬郡、三好郡

当76,879　山口俊一　自前(59.5)
比43,473　中野真由美　立新(33.6)
8,851　久保孝之　共新(6.9)

山口俊一（やまぐちしゅんいち）　自前[麻]　当11
徳島県　S25・2・28
勤34年3ヵ月　(初/平2)

議院運営委員長、元内閣府特命担当大臣、首相補佐官、総務・財務副大臣、郵政政務次官、青山学院大／74歳

〒771-0219　板野郡松茂町笹木野字八北開拓247-1　☎088(624)4851
〒107-0052　港区赤坂2-17-10、宿舎　☎03(5571)9512

香川県1区 313,296 投57.52

当90,267 小川淳也 立前(51.0)
比当70,827 平井卓也 自前(40.0)
比15,888 町川順子 維新(9.0)

高松市の一部(P176参照)、小豆郡、香川郡

小川淳也（おがわ じゅんや）
立前 当6
香川県 S46・4・18
勤18年7ヵ月 (初/平17)

決算行政監視委員長、香川県連代表、国土審議会離島振興対策分科会長、総務政務官、総務省課長補佐、春日井市部長、自治省、東大／52歳

〒761-8083 高松市三名町569-3 ☎087(814)5600
〒107-0052 港区赤坂2-17-10、宿舎 ☎03(5549)4671

香川県2区 258,730 投58.53

当94,530 玉木雄一郎 国前(63.5)
比54,334 瀬戸隆一 自元(36.5)

高松市(第1区に属しない区域)、丸亀市(綾歌・飯山市民総合センター管内)、坂出市、さぬき市、東かがわ市、木田郡、綾歌郡

玉木雄一郎（たまき ゆういちろう）
国前 当5
香川県さぬき市寒川町 S44・5・1
勤14年8ヵ月 (初/平21)

党代表、国家基本委、憲法審査会委、元民進党幹事長代理、財務省主計局課長補佐、東大法、ハーバード大院修了／54歳

〒769-2321 さぬき市寒川町石田東甲814-1 ☎0879(43)0280
〒107-0052 港区赤坂2-17-10、宿舎

香川県3区 240,033 投51.60

当94,437 大野敬太郎 自前(79.8)
23,937 尾崎淳一郎 共新(20.2)

丸亀市(第2区に属しない区域)、善通寺市、観音寺市、三豊市、仲多度郡

大野敬太郎（おおの けいたろう）
自前[無] 当4
香川県丸亀市 S43・11・1
勤11年4ヵ月 (初/平24)

党総務会副会長、国会対策副委員長、党科技イノベ調査会長、党副幹事長、内閣府副大臣、防衛政務官、UCB、東大博士、東工大、同大学院修士／55歳

〒763-0082 丸亀市土器町東1-129-2 ☎0877(21)7711
〒100-8981 千代田区永田町2-2-1、会館 ☎03(3508)7132

愛媛県1区 385,321 投52.10

当119,633 塩崎彰久 自新(60.8)
比77,091 友近聡朗 立新(39.2)

松山市の一部(P176参照)

塩崎彰久（しおざき あきひさ）
自新[無] 当1
愛媛県松山市 S51・9・9
勤2年5ヵ月 (初/令3)

厚生労働大臣政務官、厚労委、長島・大野・常松法律事務所パートナー弁護士、内閣官房長官秘書官、東大／47歳

〒790-0003 松山市三番町4-7-2 ☎089(941)4843

愛媛県2区 249,121 投52.73

松山市(浮穴支所管内(北井門2丁目に属する区域を除く。)、久谷・北条・中島支所管内)、今治市、東温市、越智郡、伊予郡

当72,861	村上誠一郎	自前	(57.5)
比42,520	石井智恵	国新	(33.5)
11,358	片岡　朗	共新	(9.0)

むらかみせいいちろう
村上誠一郎

自前[無]　当12
愛媛県今治市　S27・5・11
勤37年10ヵ月　(初/昭61)

決算行監委、国務大臣・内閣府特命担当大臣、財務副大臣、大蔵・石炭委長、大蔵政務次官、東大法／71歳

〒794-0028　今治市北宝来町1-5-11　☎0898(31)2600
〒107-0052　港区赤坂2-17-10、宿舎　☎03(5549)4671

愛媛県3区 260,288 投57.42

新居浜市、西条市、四国中央市

当76,263	井原　巧	自新	(51.6)
比当71,600	白石洋一	立前	(48.4)

い はら　たくみ
井原　巧

自新[無]　当1(初/令3)※
愛媛県四国中央市　S38・11・13
勤8年6ヵ月(参6年1ヵ月)

総務委理、消費者特委理、経産委、党文科部会長代理、経産・内閣府・復興大臣政務官、参議院議員、四国中央市長、県議、専修大／60歳

〒799-0413　四国中央市中曽根町411-5　☎0896(23)8650
〒100-8982　千代田区永田町2-1-2、会館　☎03(3508)7201

愛媛県4区 246,664 投59.16

宇和島市、八幡浜市、大洲市、伊予市、西予市、上浮穴郡、喜多郡、西宇和郡、北宇和郡、南宇和郡

当81,015	長谷川淳二	自新	(56.6)
47,717	桜内文城	無元	(33.3)
11,555	西井直人	共新	(8.1)
1,547	藤島利久	無新	(1.1)
1,319	前田龍夫	無新	(0.9)

は せ がわじゅんじ
長谷川淳二

自新[無]　当1
岐阜県　S43・8・5
勤2年5ヵ月　(初/令3)

総務大臣政務官、総務委、党農林水産関係団体副委員長、総務省地域政策課長、内閣参事官、愛媛県副知事、東大／55歳

〒798-0040　宇和島市中央町2-3-30　☎0895(65)9410
〒100-8982　千代田区永田町2-1-2、会館　☎03(3508)7453

高知県1区 310,468 投53.50

高知市の一部(P176参照)、室戸市、安芸市、南国市、香南市、香美市、安芸郡、長岡郡、土佐郡

当104,837	中谷　元	自前	(64.3)
比50,033	武内則男	立前	(30.7)
比4,081	中島康治	N新	(2.5)
4,036	川田永二	無新	(2.5)

なか たに　げん
中谷　元

自前[無]　当11
高知県高知市　S32・10・14
勤34年3ヵ月　(初/平2)

内閣総理大臣補佐官、防衛大臣、防衛庁長官、自治総括政務次官、郵政政務次官、衆総務委員長、中央政治大学院長、防衛大／66歳

〒781-5106　高知市介良乙278-1 タイシンビル2F　☎088(855)6678
〒107-0052　港区赤坂2-17-10、宿舎

※平25参院初当選

高知県２区 287,552 投61.50

高知市(第1区に属しない区域)、土佐市、須崎市、宿毛市、土佐清水市、四万十市、吾川郡、高岡郡、幡多郡

当117,810 尾崎正直 自新(67.2)
比55,214 広田 一 立前(31.5)
2,171 広田晋一郎 N新(1.2)

おざき まさ なお
尾崎正直

自新[無] 当1
高知県高知市 S42・9・14
勤2年5ヵ月 (初/令3)

国土交通大臣政務官兼内閣府大臣政務官兼復興大臣政務官、デジタル大臣政務官、前高知県知事、東大／56歳

〒781-8010 高知市桟橋通3-25-31 ☎088(855)9140
〒100-8982 千代田区永田町2-1-2、会館 ☎03(3508)7619

比例代表 四国 6人

徳島、香川、愛媛、高知

やま もと ゆう じ
山本有二

自前[無] 当11
高知県 S27・5・11
勤34年3ヵ月 (初/平2)

予算委、憲法審委、党財務委員長、農林水産大臣、党道路調査会長、予算委員長、金融担当大臣、法務総括、弁護士、早大／71歳

〒781-8010 高知市桟橋通3-31-1 ☎088(803)7788
〒100-8981 千代田区永田町2-2-1、会館 ☎03(3508)7232

ひら い たく や
平井卓也

自前[無] 当8(初/平12)
香川県高松市 S33・1・25
勤23年10ヵ月 〈香川1区〉

国家基本委理、内閣委、党デジタル社会推進本部長、党広報本部長、初代デジタル大臣、デジタル改革担当相、内閣委長、電通、上智大／66歳

〒760-0025 高松市古新町4-3 ☎087(826)2811
〒100-8981 千代田区永田町2-2-1、会館 ☎03(3508)7307

せ と たか かず
瀬戸隆一

自元[麻] 繰当3
香川県坂出市 S40・8・2
勤6年 (初/平24)

財務大臣政務官、財金委、総務省、岩手県警、郵政省、東京工業大学大学院／58歳

〒762-0007 坂出市室町2-5-20 ☎0877(44)1755
〒100-8981 千代田区永田町2-2-1、会館 ☎03(3508)7712

しら いし よう いち
白石洋一

立前 当3(初/平21)
愛媛県 S38・6・25
勤9年10ヵ月 〈愛媛3区〉

国交委、党四国ブロック常任幹事、党国際局長代理、党政調副会長、米国監査法人、長銀、カリフォルニア大バークレー校MBA、東大法／60歳

〒793-0028 愛媛県西条市新田197-4 ☎0897(47)1000

やま さき まさ やす
山崎正恭

公新 当1
高知県高知市 S46・3・5
勤2年5ヵ月 (初/令3)

党教育改革推進本部事務局次長、農林水産委、高知県議、中京大、鳴門教育大学院／52歳

〒781-8010 高知市桟橋通4-12-36 ウィンビル1F ☎088(805)0607
〒100-8982 千代田区永田町2-1-2、会館 ☎03(3508)7472

よし だ よ
吉田とも代

維新 当1(初/令3)
兵庫県神戸市 S50・2・23
勤2年5ヵ月 〈徳島1区〉

党徳島県第1選挙区支部長、総務委、災害特委、徳島維新の会会長、丹波篠山市議、神戸松陰短大／49歳

〒770-0861 徳島市住吉2-1-10 ☎088(635)1718
〒100-8982 千代田区永田町2-1-2、会館 ☎03(3508)7001

比例代表 四国 6人

有効投票数 1,698,487票

政党名	当選者数	得票数	得票率
	惜敗率 小選挙区		惜敗率 小選挙区

自民党 3人 664,805票 39.14%

当①山本 有二 前
当②平井 卓也 前(78.46)香1
当②後藤田正純 前(77.81)徳1
(令5.1.5辞職)
繰②瀬戸 隆一 元(57.48)香2
(令5.1.17繰上)
⑬福山 守 前
⑭福井 照 前
⑮二川 弘康 新
⑯井桜 康司 新

【小選挙区での当選者】
②山口 俊一 前 徳2
②大野敬太郎 前 香3
②塩崎 彰久 新 愛1
②村上誠一郎 前 愛2
②井原 巧 新 愛3
②長谷川淳二 新 愛4
②中谷 元 前 高1
②尾﨑 正直 新 高2

立憲民主党 1人 291,870票 17.18%

当①白石 洋一 前(93.89)愛3
①友近 聡朗 新(64.44)愛1
①中野真由美 新(56.55)徳2
①武内 則男 前(47.72)高1
①広田 一 前(46.87)高2
⑦長山 雅一 新
⑧小山田経子 新

【小選挙区での当選者】
①小川 淳也 前 香1

公明党 1人 233,407票 13.74%

当①山崎 正恭 新
②坂本 道応 新

日本維新の会 1人 173,826票 10.23%

当①吉田 知代 新(20.17)徳1
▼①町川 順子 新(17.60)香1
③佐藤 暁 新

その他の政党の得票数・得票率は下記のとおりです。
(当選者はいません)

政党名	得票数	得票率
国民民主党	122,082票	7.19%
共産党	108,021票	6.36%
れいわ新選組	52,941票	3.12%
社民党	30,249票	1.78%
NHKと裁判してる党弁護士法72条違反で	21,285票	1.25%

▼は小選挙区の得票が有効投票総数の10分の1未満で、復活当選の資格がない者

福岡県１区 453,215 投47.56	当99,430	井上貴博	自前(47.5)
福岡市(東区、博多区)	比53,755	坪田　晋	立新(25.7)
	比当37,604	山本剛正	維元(18.0)
	18,487	木村拓史	共新(8.8)

自前［麻］　当4

井上貴博（いのうえたかひろ）

福岡県福岡市　S37・4・2
勤11年4ヵ月　(初/平24)

党総括副幹事長、財務副大臣、財務大臣政務官、財務大臣補佐官、党国対副委員長、福岡県議、福岡JC理事長、獨協大法／61歳

〒812-0014　福岡市博多区比恵町2-1
博多エステートビル102号　☎092(418)9898

福岡県２区 449,552 投53.81	当109,382	鬼木　誠	自前(46.0)
福岡市(中央区、南区の一部(P177参照)、城南区の一部(P177参照))	比当101,258	稲富修二	立前(42.6)
	比27,302	新開崇司	維新(11.5)

自前［無］　当4

鬼木　誠（おにきまこと）

福岡県福岡市　S47・10・16
勤11年4ヵ月　(初/平24)

防衛副大臣、前党国防部会長、元衆院安保委員長、衆院経産・国交・法務各委理事、環境政務官、県議、銀行員、九大法／51歳

〒810-0014　福岡市中央区平尾2-3-15　☎092(707)1972
〒107-0052　港区赤坂2-17-10、宿舎

福岡県３区 433,603 投54.42	当135,031	古賀　篤	自前(57.9)
福岡市(城南区(第2区に属しない区域)(P177参照)、早良区、西区)、糸島市	比98,304	山内康一	立前(42.1)

自前［無］　当4

古賀　篤（こがあつし）

福岡県福岡市　S47・7・14
勤11年4ヵ月　(初/平24)

内閣府副大臣、党厚労部会長、厚生労働副大臣、総務(兼)内閣府大臣政務官、国交委理事、金融庁課長補佐、財務省主計局主査、東大法／51歳

〒814-0015　福岡市早良区室見2-1-22 2F　☎092(822)5051
〒100-8982　千代田区永田町2-1-2、会館　☎03(3508)7081

福岡県４区 369,215 投53.97	当96,023	宮内秀樹	自前(49.4)
宗像市、古賀市、福津市、糟屋郡	比49,935	森本慎太郎	立新(25.7)
	比当36,998	阿部弘樹	維新(19.0)
	比11,338	竹内信昭	社新(5.8)

自前［無］　当4

宮内秀樹（みやうちひでき）

愛媛県　S37・10・19
勤11年4ヵ月　(初/平24)

党経済産業部会長、前文部科学委員長、元農林水産副大臣、党副幹事長、国土交通大臣政務官、青山学院大／61歳

〒811-3101　古賀市天神4-8-1　☎092(942)5510
〒100-8981　千代田区永田町2-2-1、会館　☎03(3508)7174

福岡県5区 454,493 投54.52	
当125,315	堤　かなめ　立新(53.1)
110,706	原田義昭　自前(46.9)

福岡市(南区(第2区に属しない区域)(P177参照))、筑紫野市、春日市、大野城市、太宰府市、朝倉市、那珂川市、朝倉郡

堤　かなめ（つつみ）

立新　当1
福岡県　S35・10・27
勤2年5ヵ月　(初/令3)

厚労委、復興特委、党政調会長補佐、党福岡県連副代表、福岡県議(3期)、大学教員、NPO法人、九州大学／63歳

〒818-0072　筑紫野市二日市中央2-7-17-2F　☎092(409)0077
〒100-8982　千代田区永田町2-1-2、会館　☎03(3508)7062

福岡県6区 374,631 投51.19	
当125,366	鳩山二郎　自前(67.4)
比38,578	田辺　徹　立新(20.8)
12,565	河野一弘　共新(6.8)
5,612	組坂善昭　無新(3.0)
3,753	熊丸英治　N新(2.0)

久留米市、大川市、小郡市、うきは市、三井郡、三潴郡

鳩山二郎（はとやまじろう）

自前[無]　当3
東京都　S54・1・1
勤7年6ヵ月　(初/平28補)

内閣委理、農水委、倫選特委理、総務大臣政務官、国土交通大臣政務官兼内閣府大臣政務官、大川市長、法務大臣秘書官、杏林大／45歳

〒830-0018　久留米市通町1-1 2F　☎0942(39)2111
〒107-0052　港区赤坂2-17-10、宿舎

福岡県7区 288,733 投52.53	
当92,233	藤丸　敏　自前(62.3)
比55,820	青木剛志　立新(37.7)

大牟田市、柳川市、八女市、筑後市、みやま市、八女郡

藤丸　敏（ふじまるさとし）

自前[無]　当4
福岡県　S35・1・19
勤11年4ヵ月　(初/平24)

財金委、安保委理、内閣府副大臣、党外交部会長代理、防衛政務官兼内閣府政務官、衆議院議員秘書、高校教師、東京学芸大学大学院中退／64歳

〒836-0842　大牟田市有明町2-1-16
ウドノビル4F　☎0944(57)6106

福岡県8区 349,058 投53.04	
当104,924	麻生太郎　自前(59.6)
38,083	河野祥子　共新(21.6)
比32,964	大島九州男　れ新(18.7)

直方市、飯塚市、中間市、宮若市、嘉麻市、遠賀郡、鞍手郡、嘉穂郡

麻生太郎（あそうたろう）

自前[麻]　当14
福岡県飯塚市　S15・9・20
勤42年　(初/昭54)

党副総裁、前副総理・財務相・金融相、元首相、党幹事長、外相、総務相、党政調会長、経財相、経企庁長官、学習院大／83歳

〒820-0040　飯塚市吉原町10-7　☎0948(25)1121
〒100-8981　千代田区永田町2-2-1、会館　☎03(3508)7703

福岡県9区 380,277 投50.95			
当91,591	緒方林太郎	無元	(48.1)
76,481	三原朝彦	自前	(40.2)
比22,273	真島省三	共元	(11.7)

北九州市(若松区、八幡東区、八幡西区、戸畑区)

おがたりんたろう
緒方林太郎

無元(有志) 当3
福岡県 S48・1・8
勤8年7ヵ月 (初/平21)

内閣委、予算委、元外務省課長補佐、東大法中退/51歳

〒806-0045 北九州市八幡西区竹末2-2-21 ☎093(644)7077

福岡県10区 408,059 投48.00			
当85,361	城井　崇	立前	(44.5)
81,882	山本幸三	自前	(42.7)
比21,829	西田主税	維新	(11.4)
2,840	大西啓雅	無新	(1.5)

北九州市(門司区、小倉北区、小倉南区)

きい　たかし
城井　崇

立前 当4
福岡県北九州市 S48・6・23
勤11年8ヵ月 (初/平15)

国交委筆頭理、憲法審委、地・こ・デジ特委、党政調会長代理、広報本部副本部長、子ども若者応援本部副本部長、憲法調査会副会長、県連代表、文科大臣政務官、社会福祉法人評議員、衆院議員秘書、京大/50歳

〒802-0072 北九州市小倉北区東篠崎1-4-1 TAKAビル片野2F ☎093(941)7767
〒100-8981 千代田区永田町2-2-1、会館 ☎03(3508)7389

福岡県11区 256,676 投54.28			
当75,997	武田良太	自前	(55.8)
40,996	村上智信	無新	(30.1)
比19,310	志岐玲子	社新	(14.2)

田川市、行橋市、豊前市、田川郡、京都郡、築上郡

たけだりょうた
武田良太

自前[無] 当7
福岡県福智町(旧赤池町) S43・4・1
勤20年5ヵ月 (初/平15)

党災害特委員長、総務大臣、国家公安委員長、内閣府特命担当大臣(防災)、幹事長特別補佐、防衛副大臣・政務官、安保委員長、早大院修了/55歳

〒826-0041 福岡県田川市大字弓削田3513-1 ☎0947(46)0224
〒107-0052 港区赤坂2-17-10、宿舎

佐賀県1区 333,792 投56.19			
当92,452	原口一博	立前	(50.0)
比当92,319	岩田和親	自前	(50.0)

佐賀市、鳥栖市、神埼市、神埼郡、三養基郡

はらぐちかずひろ
原口一博

立前 当9
佐賀県 S34・7・2
勤27年7ヵ月 (初/平8)

財金委、党副代表、国会対策委員長代行、県連代表、国家基本委理、政倫審幹事、総務大臣、県議、松下政経塾、東大/64歳

〒849-0922 佐賀市高木瀬東2-5-41 ☎0952(32)2321
〒107-0052 港区赤坂2-17-10、宿舎

佐賀県2区 340,930 投60.75

当106,608 大串博志 立前(52.0)
比当98,224 古川　康 自前(48.0)

唐津市、多久市、伊万里市、武雄市、鹿島市、小城市、嬉野市、東松浦郡、西松浦郡、杵島郡、藤津郡

大串博志（おおぐし ひろし）
立前　当6
佐賀県白石町　S40・8・31
勤18年7ヵ月　(初/平17)

党選対委員長、懲罰委、党税調会長、首相補佐官、財務大臣政務官、財務省主計局主査、東大／58歳

〒849-0302　小城市牛津町柿樋瀬1062-1 セリオ2F　☎0952(66)5776
〒107-0052　港区赤坂2-17-10、宿舎　☎03(5549)4671

長崎県1区 334,139 投55.25

当101,877 西岡秀子 国前(56.1)
比69,053 初村滝一郎 自新(38.0)
10,754 安江綾子 共新(5.9)

長崎市(本庁管内、小ケ倉・土井首・小榊・西浦上・滑石・福田・深堀・日見・茂木・式見・東長崎・三重支所管内、香焼・伊王島・高島・野母崎・三和行政センター管内)

西岡秀子（にしおか ひでこ）
国前　当2
長崎県長崎市　S39・3・15
勤6年6ヵ月　(初/平29)

総務委、文科委、党政調会長代理、党副幹事長、党男女共同参画推進本部長代理、党長崎県連代表、国会議員秘書、学習院大法／59歳

〒850-0842　長崎市新地町5-6　☎095(821)2077
〒100-8982　千代田区永田町2-1-2、会館　☎03(3508)7343

長崎県2区 293,298 投57.03

当95,271 加藤竜祥 自新(58.2)
比68,405 松平浩一 立前(41.8)

長崎市(第1区に属しない区域)、島原市、諫早市、雲仙市、南島原市、西彼杵郡

加藤竜祥（かとう りゅうしょう）
自新[無]　当1
長崎県島原市　S55・2・10
勤2年5ヵ月　(初/令3)

農水委、国土交通大臣政務官兼内閣府大臣政務官兼復興大臣政務官、衆議院議員秘書、日大経／44歳

〒854-0026　諫早市東本町2-4三央ビル2F　☎0957(35)1000
〒107-0052　港区赤坂2-17-10、宿舎　☎03(5549)4671

長崎県3区 236,525 投60.93

当57,223 谷川弥一 自前(40.7)
比当55,189 山田勝彦 立新(39.2)
25,566 山田博司 無新(18.2)
2,750 石本啓之 諸新(2.0)

佐世保市(早岐・三川内・宮支所管内)、大村市、対馬市、壱岐市、五島市、東彼杵郡、北松浦郡(小値賀町)、南松浦郡

谷川弥一（たにがわ やいち）　無所属

辞　職(令和6年1月24日)

※補選は令和6年4月28日に行われる予定。

長崎県4区 250,004 投55.08

佐世保市(第3区に属しない区域)、平戸市、松浦市、西海市、北松浦郡(佐々町)
令和5年5月20日、北村誠吾議員死去

(総選挙の結果はP168参照)
補選(令和5.10.22)

当53,915	金子容三	自新	(53.5)
46,899	末次精一	立前	(46.5)

かねこようぞう
金子容三

自新[無] 補当1
長崎県 S58・2・1
勤5ヵ月 (初/令5補)

厚労委、環境委、災害特委、消費者特委、党青年局次長、会社員、慶大法、ウィリアム&メアリー大院修了/41歳

〒857-0028 佐世保市八幡町4-3-107 ☎0956(23)5151
〒100-8982 千代田区永田町2-1-2、会館 ☎03(3508)7627

熊本県1区 421,038 投52.91

熊本市(中央区、東区、北区)

当131,371	木原稔	自前	(61.0)
比83,842	濱田大造	立新	(39.0)

きはらみのる
木原稔

自前[茂] 当5
熊本県熊本市 S44・8・12
勤15年3ヵ月 (初/平17)

防衛大臣、国土交通委員長、党政調副会長兼事務局長、選対副委員長、文科部会長、青年局長、総理補佐官、財務副大臣、防衛政務官、日本航空、早大/54歳

〒862-0976 熊本市中央区九品寺2-8-17 九品寺サンシャイン1F ☎096(273)6833
〒100-8982 千代田区永田町2-1-2、会館 ☎03(3508)7450

熊本県2区 314,184 投58.67

熊本市(西区、南区)、荒尾市、玉名市、玉名郡

当110,310	西野太亮	無新	(60.6)
60,091	野田毅	自前	(33.0)
11,521	橋田芳昭	共新	(6.3)

にしのだいすけ
西野太亮

自新[無] 当1
熊本県熊本市 S53・9・22
勤2年5ヵ月 (初/令3)

総務委、農水委、震災復興特委、党青年局次長、財務省主計局主査、復興庁参事官補佐、コロンビア大学院、東大/45歳

〒861-4101 熊本市南区近見7-5-40 ☎096(355)5008
〒100-8981 千代田区永田町2-2-1、会館 ☎03(3508)7144

熊本県3区 315,296 投57.37

山鹿市、菊池市、阿蘇市、合志市、菊池郡、阿蘇郡、上益城郡

当125,158	坂本哲志	自前	(71.2)
比37,832	馬場功世	社新	(21.5)
12,909	本間明子	N新	(7.3)

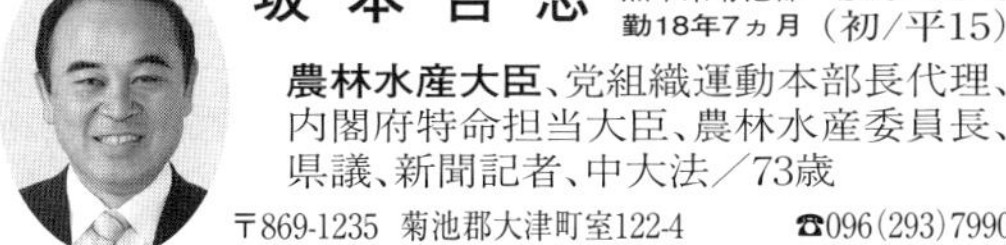

さかもとてつし
坂本哲志

自前[無] 当7
熊本県菊池郡 S25・11・6
勤18年7ヵ月 (初/平15)

農林水産大臣、党組織運動本部長代理、内閣府特命担当大臣、農林水産委員長、県議、新聞記者、中大法/73歳

〒869-1235 菊池郡大津町室122-4 ☎096(293)7990
〒100-8982 千代田区永田町2-1-2、会館 ☎03(3508)7034

熊本県4区 404,286 投57.50

当155,572 金子恭之 自前(68.1)
比72,966 矢上雅義 立前(31.9)

八代市、人吉市、水俣市、天草市、宇土市、上天草市、宇城市、下益城郡、八代郡、葦北郡、球磨郡、天草郡

金子恭之（かねこ やすし）

自前[無] 当8
熊本県あさぎり町 S36・2・27
勤23年10ヵ月（初/平12）

党組織運動本部長、総務大臣、党総務会長代理、党政調会長代理、党副幹事長、国土交通副大臣、農水政務官、早大／63歳

〒866-0814 八代市東片町463-1 ☎0965(39)8366

大分県1区 385,469 投53.17

当97,117 吉良州司 無前(48.8)
比75,932 高橋舞子 自新(38.1)
15,889 山下魁 共新(8.0)
6,216 西宮重貴 無新(3.1)
4,001 野中美咲 N新(2.0)

大分市の一部(P177参照)

吉良州司（きら しゅうじ）

無前(有志) 当6
大分県 S33・3・16
勤18年5ヵ月（初/平15）

外務委、有志の会(会派)代表、元外務副大臣、外務大臣政務官、沖北特委長、日商岩井ニューヨーク部長、東大法／65歳

〒870-0820 大分市西大道2-4-2 ☎097(545)7777
〒100-8982 千代田区永田町2-1-2、会館 ☎03(3508)7412

大分県2区 267,779 投60.45

当79,433 衛藤征士郎 自前(50.2)
比当78,779 吉川元 立前(49.8)

大分市(第1区に属しない区域)、日田市、佐伯市、臼杵市、津久見市、竹田市、豊後大野市、由布市、玖珠郡

衛藤征士郎（えとう せいしろう）

自前[無] 当13(初/昭58)※
大分県 S16・4・29
勤46年6ヵ月（参6年1ヵ月）

予算委、党外交調査会長、衆議院副議長、予算委員長、外務副大臣、決算・大蔵委長、防衛庁長官、参院議員、玖珠町長、早大院／82歳

〒876-0833 佐伯市池船町21-1 ☎0972(24)0003
〒107-0052 港区赤坂2-17-10、宿舎

大分県3区 301,700 投59.67

当102,807 岩屋毅 自前(58.4)
比73,159 横光克彦 立前(41.6)

別府市、中津市、豊後高田市、杵築市、宇佐市、国東市、東国東郡、速見郡

岩屋毅（いわや たけし）

自前[無] 当9
大分県別府市 S32・8・24
勤27年3ヵ月（初/平2）

情報監視審査会長、予算委、憲法審、党治安テロ調査会長、防衛大臣、外務副大臣、防衛政務官、文科委員長、県議、早大政経／66歳

〒874-0933 別府市野口元町1-3 富士吉ビル2F ☎0977(21)1781
〒107-0052 港区赤坂2-17-10、宿舎 ☎03(5549)4671

※昭52参院初当選

宮崎県1区 354,691 投 53.29

宮崎市、東諸県郡

当60,719 渡辺　創 立新(32.6)
比当59,649 武井俊輔 自前(32.0)
43,555 脇谷のりこ 無新(23.4)
比22,350 外山　斎 維新(12.0)

わた なべ　そう
渡辺　創
立新 当1
宮崎県宮崎市 S52・10・3
勤2年5ヵ月 (初/令3)

農水委、災害特委理、党県連代表、党組織委副委員長、党災害・緊急事態局事務局長、宮崎県議、毎日新聞記者、新潟大/46歳

〒880-0001 宮崎市橘通西5-5-19 ☎0985(77)8777
〒107-0052 港区赤坂2-17-10、宿舎

宮崎県2区 273,071 投 56.28

延岡市、日向市、西都市、児湯郡、東臼杵郡、西臼杵郡

当94,156 江藤　拓 自前(62.2)
比当57,210 長友慎治 国新(37.8)

え とう　たく
江藤　拓
自前[無] 当7
宮崎県門川町 S35・7・1
勤20年5ヵ月 (初/平15)

農水委、党総合農林政策調査会長、農水大臣、内閣総理大臣補佐官、災害特委員長、拉致特委員長、成城大/63歳

〒883-0021 日向市大字財光寺233-1 ☎0982(53)1367
〒100-8982 千代田区永田町2-1-2、会館 ☎03(3508)7468

宮崎県3区 274,053 投 51.53

都城市、日南市、小林市、串間市、えびの市、北諸県郡、西諸県郡

当111,845 古川禎久 自前(80.7)
20,342 松本　隆 共新(14.7)
6,347 重黒木優平 N新(4.6)

ふる かわ よし ひさ
古川禎久
自前[無] 当7
宮崎県串間市 S40・8・3
勤20年5ヵ月 (初/平15)

党団体総局長、財政健全化推進本部長、司法制度調査会長、税制調査会副会長、道路調査会事務総長、法務大臣、財務副大臣、東大法/58歳

〒885-0006 都城市吉尾町811-7 ☎0986(47)1881
〒107-0052 港区赤坂2-17-10、宿舎

鹿児島県1区 358,070 投 54.10

鹿児島市(本庁管内、伊敷・東桜島・吉野・吉田・桜島・松元・郡山支所管内)、鹿児島郡

当101,251 宮路拓馬 自前(53.2)
比89,232 川内博史 立前(46.8)

みや じ たく ま
宮路拓馬
自前[無] 当3
鹿児島県南さつま市 S54・12・6
勤9年4ヵ月 (初/平26)

議運委、予算委、外務委、災害特委、政倫審委、党総務、国対副委員長、内閣府政務官、総務政務官、総務省課長補佐、内閣官房参事官補佐、広島市財政課長、東大法/44歳

〒892-0838 鹿児島市新屋敷町16-422 公社ビル ☎099(295)4860
〒100-8981 千代田区永田町2-2-1、会館 ☎03(3508)7206

鹿児島県2区	337,186 / 投 58.58

当92,614　三反園　訓　無新（47.7）
80,469　金子万寿夫　自前（41.4）
比21,084　松崎真琴　共新（10.9）

鹿児島市（谷山・喜入支所管内）、枕崎市、指宿市、南さつま市、奄美市、南九州市、大島郡

みたぞの　さとし
三反園　訓
無新（自民）　当1
鹿児島県指宿市　S33・2・13
勤2年5ヵ月　（初/令3）

決算行監委、鹿児島県知事、ニュースキャスター、政治記者、総理官邸各省庁キャップ、早大大学院非常勤講師、早大／66歳

〒891-0141　鹿児島市谷山中央3-4701-4　☎099（266）3333
〒100-8982　千代田区永田町2-1-2、会館　☎03（3508）7511

鹿児島県3区	318,530 / 投 61.39

当104,053　野間　健　立元（53.9）
比当89,110　小里泰弘　自前（46.1）

阿久根市、出水市、薩摩川内市、日置市、いちき串木野市、伊佐市、姶良市、薩摩郡、出水郡、姶良郡

の　ま　たけし
野間　健
立元　当3
鹿児島県日置市　S33・10・8
勤7年3ヵ月　（初/平24）

農林水産委筆頭理事、原子力特委、国民新党政調会長、国務大臣秘書官、商社員、松下政経塾、慶大／65歳

〒895-0061　薩摩川内市御陵下町27-23　☎0996（22）1505
〒100-8982　千代田区永田町2-1-2、会館　☎03（3508）7027

鹿児島県4区	325,670 / 投 57.16

当127,131　森山　裕　自前（69.5）
比49,077　米永淳子　社新（26.8）
6,618　宮川直輝　N新（3.6）

鹿屋市、西之表市、垂水市、曽於市、霧島市、志布志市、曽於郡、肝属郡、熊毛郡

もり　やま　ひろし
森山　裕
自前［無］　当7（初/平16補）※
鹿児島県鹿屋市　S20・4・8
勤25年10ヵ月（参5年10ヵ月）

党総務会長、党選対委員長、党国対委員長、党政調会長代理、農林水産大臣、財務副大臣、参議院議員、鹿児島市議会議長5期、日新高校（旧鶴丸高夜間課程）／78歳

〒893-0015　鹿屋市新川町671-2　☎0994（31）1035
〒100-8981　千代田区永田町2-2-1、会館　☎03（3508）7164

沖縄県1区	267,939 / 投 55.89

当61,519　赤嶺政賢　共前（42.2）
比当54,532　国場幸之助　自前（37.4）
29,827　下地幹郎　無前（20.4）

那覇市、島尻郡（渡嘉敷村、座間味村、粟国村、渡名喜村、南大東村、北大東村、久米島町）

あか　みね　せい　けん
赤嶺政賢
共前　当8
沖縄県那覇市　S22・12・18
勤23年10ヵ月（初/平12）

党沖縄県委員長、党幹部会委員、安保委、沖北特委、憲法審委、那覇市議、東京教育大／76歳

〒900-0016　那覇市前島3-1-17　☎098（862）7521
〒100-8981　千代田区永田町2-2-1、会館　☎03（3508）7196

※平10参院初当選

沖縄県2区 294,848 投54.82

宜野湾市、浦添市、中頭郡

当74,665	新垣邦男	社新	(47.4)
比当64,542	宮崎政久	自前	(41.0)
比15,296	山川泰博	維新	(9.7)
3,053	中村幸也	N新	(1.9)

あらかきくにお
新垣邦男 社新 当1(初/令3)
沖縄県 S31・6・19
勤2年5ヵ月 〈沖縄2区〉

党副党首、政審会長、国対委員長、安保委、沖北特委、元北中城村長、日大／67歳

〒901-2212 宜野湾市長田4-16-11 ☎098(892)2131
〒107-0052 港区赤坂2-17-10、宿舎

沖縄県3区 316,908 投54.00

名護市、沖縄市、うるま市、国頭郡、島尻郡(伊平屋村、伊是名村)

当87,710	島尻安伊子	自新	(52.1)
比80,496	屋良朝博	立前	(47.9)

しまじりあいこ
島尻安伊子 自新[茂] 当1(初/令3)※
宮城県仙台市 S40・3・4
勤11年10ヵ月(参9年5ヵ月)

予算委理、沖北特委理、外務委、総務委、党副幹事長、内閣府特命担当大臣、参院環境委員長、党沖縄県連会長、参院議員、那覇市議、上智大／58歳

〒904-2172 沖縄市泡瀬4-24-16 ☎098(921)3144
〒100-8981 千代田区永田町2-2-1、会館 ☎03(3508)7265

沖縄県4区 295,455 投55.05

石垣市、糸満市、豊見城市、宮古島市、南城市、島尻郡(与那原町、南風原町、八重瀬町)、宮古郡、八重山郡

当87,671	西銘恒三郎	自前	(54.9)
比72,031	金城徹	立新	(45.1)

にしめこうさぶろう
西銘恒三郎 自前[無] 当6
沖縄県 S29・8・7
勤17年1ヵ月 (初/平15)

党幹事長代理、衆沖北特委筆理、外務委、復興・沖北担当大臣、沖北特筆理、安保・国交委員長、経産・総務副大臣、国交政務官、予算委理、県議4期、上智大／69歳

〒901-1115 沖縄県島尻郡南風原町字山川286-1(2F) ☎098(888)5360
〒100-8982 千代田区永田町2-1-2、会館 ☎03(3508)7218

比例代表 九州 20人

福岡、佐賀、長崎、熊本、大分、宮崎、鹿児島、沖縄

いまむらまさひろ
今村雅弘 自前[無] 当9
佐賀県鹿島市 S22・1・5
勤27年7ヵ月 (初/平8)

党物流調査会長、予算委、元復興大臣、農林水産副大臣、国交・外務政務官、衆国交委長、JR九州、東大法／77歳

〒840-0032 佐賀市末広2-13-36 ☎0952(27)8015
〒100-8982 千代田区永田町2-1-2、会館 ☎03(3508)7610

※平19補参院初当選

やす　おか　ひろ　たけ
保岡宏武
自新［無］　当1
鹿児島県　S48・5・6
勤2年5ヵ月　（初/令3）

総務委、農水委、消費者特委、地・こ・デジ特委、衆議員保岡興治公設第一秘書、鹿児島事務所長、青山学院大法学部、鹿児島大学大学院農学研究科／50歳

〒891-0114　鹿児島市小松原2-14-15 新西ビル2F　☎099(296)8948
〒106-0032　港区六本木7-1-3、宿舎

いわ　た　かず　ちか
岩田和親
自前［無］　当4(初/平24)
佐賀県　S48・9・20
勤11年4ヵ月　**〈佐賀1区〉**

経産・内閣府副大臣、党経産部会長、経産・内閣府・復興・GX大臣政務官、防衛大臣政務官、佐賀県議、九州大法／50歳

〒840-0045　佐賀市西田代2-3-14-1　☎0952(23)7880
〒107-0052　港区赤坂2-17-10、宿舎

たけ　い　しゅん　すけ
武井俊輔
自前［無］　当4(初/平24)
宮崎県宮崎市　S50・3・29
勤11年4ヵ月　**〈宮崎1区〉**

国交委理、外務委、沖北特委、消費者特委理、外務副大臣、党国対副委員長、県水泳連盟会長、県議、早大院、中大／48歳

〒880-0805　宮崎市橘通東2-1-4 テヅカビル1F　☎0985(28)7608
〒100-8982　千代田区永田町2-1-2、会館　☎03(3508)7388

ふる　かわ　やすし
古川　康
自前［茂］　当3(初/平26)
佐賀県唐津市　S33・7・15
勤9年4ヵ月　**〈佐賀2区〉**

党農林部会長代理、畜産・酪農対策委員長、農林水産関係団体委員長、高専小委幹事長、報道局次長、国土交通大臣政務官、総務大臣政務官、党税調幹事、財政金融証券関係団体委員長、佐賀県知事、東大／65歳

〒847-0052　唐津市呉服町1790　☎0955(74)7888
〒107-0052　港区赤坂2-17-10、宿舎

こく　ば　こう　の　すけ
國場幸之助
自前［無］　当4(初/平24)
沖縄県　S48・1・10
勤11年4ヵ月　**〈沖縄1区〉**

国土交通副大臣、党国防部会長、中小企業・小規模事業者政策調査会事務局長、外務大臣政務官、党副幹事長、党沖縄県連会長、県議、会社員、早大卒、日大中退／51歳

〒900-0033　那覇市久米2-31-1 マリーナヴィスタ久米2F　☎098(861)6813
〒100-8982　千代田区永田町2-1-2、会館　☎03(3508)7741

みや　ざき　まさ　ひさ
宮﨑政久
自前［茂］　当4(初/平24)
長野県　S40・8・8
勤10年3ヵ月　**〈沖縄2区〉**

厚生労働副大臣、党法務部会長、法務大臣政務官、党経産部会長代理、国交部会長代理、弁護士、明大法／58歳

〒901-2211　宜野湾市宜野湾1-1-1 2F　☎098(893)2955
〒107-0052　港区赤坂2-17-10、宿舎　☎03(5549)4671

おざと やすひろ
小里泰弘
自前［無］ 当6(初/平17)
鹿児島県 S33・9・29
勤18年7ヵ月 **〈鹿児島3区〉**

内閣総理大臣補佐官、党総務会長代理、災害特委員長、農水副大臣、農水委員長、環境(兼)内閣府副大臣、慶大／65歳

〒895-0012 鹿児島県薩摩川内市平佐1-10 ☎0996(23)5888
〒100-8981 千代田区永田町2-2-1、会館 ☎03(3508)7247

よしかわ はじめ
吉川 元
立前 当4(初/平24)
香川県 S41・9・28
勤11年4ヵ月 **〈大分2区〉**

文科委、総務委、党国対副委員長、社民党副党首、政策秘書、神戸大中退／57歳

〒875-0041 大分県臼杵市大字臼杵195 ☎0972(64)0370
〒107-0052 港区赤坂2-17-10、宿舎

やまだ かつひこ
山田勝彦
立新 当1(初/令3)
長崎県長崎市 S54・7・19
勤2年5ヵ月 **〈長崎3区〉**

法務委、農水委、消費者特委、障がい福祉施設代表、衆議員秘書、法政大／44歳

〒856-0805 大村市竹松本町859-1 ☎0957(46)3788
〒107-0052 港区赤坂2-17-10、宿舎

いなとみ しゅうじ
稲富修二
立前 当3(初/平21)
福岡県 S45・8・26
勤9年10ヵ月 **〈福岡2区〉**

財金委、政倫審幹事、党副幹事長、財務局長、党政調副会長、丸紅、松下政経塾、東大法、米コロンビア大院修了／53歳

〒815-0041 福岡市南区野間4-1-35-107 ☎092(557)8501
〒100-8982 千代田区永田町2-1-2、会館 ☎03(3508)7515

やら ともひろ
屋良朝博
立元 繰当2(初/平31)
沖縄県 S37・8・22
勤3年 **〈沖縄3区〉**

沖北特委理事、安保委、環境委、沖縄タイムス論説委員、ハワイ東西センター客員研究員、沖縄国際大学非常勤講師、フィリピン大／61歳

〒904-2155 沖縄市美原4-22-12 B203号 ☎098(929)2416
〒100-8981 千代田区永田町2-2-1、会館 ☎03(3508)7904

はまち まさかず
濵地雅一
公前 当4
福岡県福岡市 S45・5・8
勤11年4ヵ月 (初/平24)

厚生労働副大臣、党福岡県本部代表、外務大臣政務官、弁護士、早大法学部／53歳

〒812-0023 福岡市博多区奈良屋町11-6 奈良屋ビル2F ☎092(262)6616
〒100-8981 千代田区永田町2-2-1、会館 ☎03(3508)7235

よしだ のぶひろ
吉田宣弘
公前 当3
熊本県荒尾市 S42・12・8
勤6年 (初/平26)

経済産業・内閣府・復興政務官、党熊本県本部顧問、元福岡県議、元参院議員秘書、九州大学/56歳

〒862-0910 熊本市東区健軍本町26-10-2FA ☎096(285)3685
〒100-8981 千代田区永田町2-2-1、会館 ☎03(3508)7276

きんじょう やすくに
金城泰邦
公新 当1
沖縄県浦添市 S44・7・16
勤2年5ヵ月 (初/令3)

外務委、予算委、沖北特委理、党外交部会部会長代理、党内閣部会副部会長、党沖縄県本部代表代行、沖縄県議、浦添市議、沖縄国際大/54歳

〒901-2114 浦添市安波茶1-6-5 3F ☎098(870)7120
〒107-0052 港区赤坂2-17-10、宿舎

よしだくみこ
吉田久美子
公新 当1
佐賀県 S38・7・19
勤2年5ヵ月 (初/令3)

党女性委員会副委員長、内閣委、厚労委、消費者特委理、佐賀大教育学部/60歳

〒818-0072 筑紫野市二日市中央6-3-1-202 ☎092(929)2801
〒100-8982 千代田区永田町2-1-2、会館 ☎03(3508)7055

あべ ひろき
阿部弘樹
維新 当1(初/令3)
福岡県 S36・12・15
勤2年5ヵ月 **〈福岡4区〉**

法務委、原子力特委、福岡県議、津屋崎町長、厚生省課長補佐、保健所、医師、医博、熊本大学大学院/62歳

〒811-2207 福岡県糟屋郡志免町南里3-4-1 ☎092(957)8760
〒100-8982 千代田区永田町2-1-2、会館 ☎03(3508)7480

やまもと ごうせい
山本剛正
維元 当2(初/平21)
東京都 S47・1・1
勤5年9ヵ月 **〈福岡1区〉**

経産委、倫選特委理事、商社員、会社役員、衆議院議員秘書、駒澤大学/52歳

〒812-0001 福岡市博多区大井2-13-23 ☎092(621)0120

たむら たかあき
田村貴昭
共前 当3(初/平26)
大阪府枚方市 S36・4・30
勤9年4ヵ月

党中央委員、農水委、財金委、災害特委、北九州市議、北九州大学法学部政治学科/62歳

〒810-0022 福岡市中央区薬院3-13-12 大場ビル3F ☎092(526)1933
〒107-0052 港区赤坂2-17-10、宿舎

ながとも しんじ
長友慎治
国新 当1(初/令3)
宮崎県宮崎市 S52・6・22
勤2年5ヵ月 〈宮崎2区〉

農水委、倫選特委、党政調副会長、NPO法人フードバンク日向理事長、日向市産業支援センター長、㈱博報堂ケトル、早大法／46歳

〒882-0823 延岡市中町2-2-20 ☎0982(20)2011
〒100-8982 千代田区永田町2-1-2、会館 ☎03(3508)7212

比例代表　九州　20人

有効投票数 6,307,040票

政党名	当選者数 惜敗率 小選挙区	得票数	得票率 惜敗率 小選挙区

自民党　8人　2,250,966票　35.69%

当①今村　雅弘 前
当②保岡　宏武 新
当③岩田　和親 前(99.86)佐1
当③武井　俊輔 前(98.24)宮1
当③古川　　康 前(92.14)佐2
当③国場幸之助 前(88.41)沖1
当③宮崎　政久 前(86.44)沖2
当③小里　泰弘 前(85.64)鹿3
③高橋　舞子 新(78.19)大1
③初村滝一郎 新(67.78)長1
㉘河野　正美 元
㉙新　　義明 新
㉚田畑　隆治 新

【小選挙区での当選者】
③井上　貴博 前　福1
③鬼木　　誠 前　福2
③古賀　　篤 前　福3
③宮内　秀樹 前　福4
③鳩山　二郎 前　福6
③藤丸　　敏 前　福7
③武田　良太 前　福11
③加藤　竜祥 新　長2
③木原　　稔 前　熊1
③坂本　哲志 前　熊3
③金子　恭之 前　熊4
③岩屋　　毅 前　大3
③江藤　　拓 前　宮2
③古川　禎久 前　宮3
③宮路　拓馬 前　鹿1
③島尻安伊子 新　沖3
③西銘恒三郎 前　沖4

立憲民主党　4人　1,266,801票　20.09%

当①末次　精一 新(99.30)長4
(令5.10.10失職)
当①吉川　　元 前(99.18)大2
当①山田　勝彦 新(96.45)長3
当①稲富　修二 前(92.57)福2
繰①屋良　朝博 前(91.78)沖3
(令5.10.18繰上)
①川内　博史 前(88.13)鹿1
①金城　　徹 新(82.16)沖4
①山内　康一 前(72.80)福3
①松平　浩一 前(71.80)長2
①横光　克彦 前(71.16)大3
①濱田　大造 新(63.82)熊1
①青木　剛志 新(60.52)福7
①坪田　　晋 新(54.06)福1
①森本慎太郎 新(52.00)福4
①矢上　雅義 前(46.90)熊4
①田辺　　徹 新(30.77)福6
㉓出口慎太郎 新
㉔大川　富洋 新
㉕川西　義人 新

【小選挙区での当選者】
①堤　かなめ 新　福5
①城井　　崇 前　福10
①原口　一博 前　佐1
①大串　博志 前　佐2
①渡辺　　創 新　宮1
①野間　　健 元　鹿3

公明党　4人　1,040,756票　16.50%

当①浜地　雅一 前
当②吉田　宣弘 前
当③金城　泰邦 新
当④吉田久美子 新
⑤窪田　哲也 新
⑥中山　英一 新

日本維新の会　2人　540,338票　8.57%

当①阿部　弘樹 新(38.53)福4
当①山本　剛正 元(37.82)福1
①外山　斎 新(36.81)宮1
①西田　主税 新(25.57)福10
①新開　崇司 新(24.96)福2
▼①山川　泰博 新(20.49)沖2

共産党　1人　365,658票　5.80%

当②田村　貴昭 前
③真島　省三 元　福9
④松崎　真琴 新　鹿2

【小選挙区での当選者】
①赤嶺　政賢 前　沖1

国民民主党　1人　279,509票　4.43%

当①長友　慎治 新(60.76)宮2
③前野真実子 新

【小選挙区での当選者】
①西岡　秀子 前　長1

その他の政党の得票数・得票率は下記のとおりです。
(当選者はいません)

政党名	得票数	得票率
れいわ新選組	243,284票	3.86%
社民党	221,221票	3.51%
NHKと裁判してる党弁護士法72条違反で	98,506票	1.56%

衆議院選挙結果(未掲載分)

【千葉県5区】(P81参照)
当111,985 薗浦健太郎 自前(47.0)
比69,887 矢崎堅太郎 立新(29.3)
比32,241 椎木　保 維元(13.5)
比24,307 鴇田　敦 国新(10.2)

【和歌山県1区】(P135参照)
当103,676 岸本周平 国前(62.7)
比61,608 門　博文 自前(37.3)

【山口県2区】(P146参照)
当109,914 岸　信夫 自前(76.9)
32,936 松田一志 共新(23.1)

【山口県4区】(P147参照)
当80,448 安倍晋三 自前(69.7)
比19,096 竹村克司 れ新(16.6)
15,836 大野頼子 無新(13.7)

【長崎県4区】(P159参照)
当55,968 北村誠吾 自前(42.1)
比当55,577 末次精一 立新(41.8)
16,860 萩原　活 無新(12.7)
4,675 田中隆治 無新(3.5)

▼は小選挙区の得票が有効投票総数の10分の1未満で、復活当選の資格がない者

【北海道1区の札幌市北区・西区の一部】(P53参照)
北区(本庁管内(北六条西1～9丁目、北七条西1～10丁目、北八条西1～11丁目、北九条西1～11丁目、北十条西1～11丁目、北十一条西1～11丁目、北十二条西5～12丁目、北十三条西5～12丁目、北十四条西5～13丁目、北十五条西6～13丁目、北十六条西6～13丁目、北十七条西7～13丁目))、**西区**(山の手一条1～13丁目、山の手二条1～12丁目、山の手三条1～12丁目、山の手四条1～11丁目、山の手五条1～10丁目、山の手六条1～9丁目、山の手七条5～8丁目、山の手、二十四軒一条1～7丁目、二十四軒二条1～7丁目、二十四軒三条1～7丁目、二十四軒四条1～7丁目、琴似一条1～7丁目、琴似二条1～7丁目、琴似三条1～7丁目、琴似四条1～7丁目、発寒六条14丁目、発寒七条14丁目、発寒八条13丁目(14番)、発寒八条14丁目、発寒九条13丁目(5番から7番まで)、発寒九条14丁目、小別沢、宮の沢一条1～5丁目、宮の沢二条1～5丁目、宮の沢三条2～5丁目、宮の沢四条3～5丁目、宮の沢、西町南1～21丁目、西町北1～20丁目、西野一条1～9丁目、西野二条1～10丁目、西野三条1～10丁目、西野四条1～10丁目、西野五条1～10丁目、西野六条1～10丁目、西野七条1～10丁目、西野八条1～10丁目、西野九条3～9丁目、西野十条6～9丁目、西野十一条7～9丁目、西野十二条8丁目、西野十三条8丁目、西野十四条8丁目、西野、福井1～10丁目、福井、平和一条2～11丁目、平和二条1～11丁目、平和三条4～10丁目、平和)

【北海道2区の札幌市北区(1区に属しない区域)】(P53参照)
本庁管内(北十二条西1～4丁目、北十三条西1～4丁目、北十四条西1～4丁目、北十五条西1～5丁目、北十六条西1～5丁目、北十七条西1～6丁目、北十八条西2～13丁目、北十九条西2～13丁目、北二十条西2～13丁目、北二十一条西2～13丁目、北二十二条西2～13丁目、北二十三条西2～14丁目、北二十四条西2～19丁目、北二十五条西2～9丁目、北二十五条西11～18丁目、北二十六条西2～9丁目、北二十六条西12～17丁目、北二十七条西2～16丁目、北二十八条西2～15丁目、北二十九条西2～15丁目、北三十条西2～14丁目、北三十一条西2～14丁目、北三十二条西2～13丁目、北三十三条西2～12丁目、北三十四条西2～11丁目、北三十五条西2～10丁目、北三十六条西2～10丁目、北三十七条西2～9丁目、北三十八条西2～8丁目、北三十九条西3～7丁目、北四十条西4～6丁目、新川一条1～6丁目、新川二条1～13丁目、新川三条1～20丁目、新川四条1～20丁目、新川五条1～6丁目、新川五条14～16丁目、新川五条20丁目、新川六条14～16丁目、新川六条20丁目、新川七条16丁目、新川八条17丁目、新川西一条1～4丁目、新川西一条6～7丁目、新川西二条1～7丁目、新川西三条1～7丁目、新川西四条3～4丁目、新川西五条4丁目、新川、新琴似一条1～13丁目、新琴似二条1～13丁目、新琴似三条1～13丁目、新琴似四条1～17丁目、新琴似五条1～17丁目、新琴似六条1～17丁目、新琴似七条1～17丁目、新琴似八条1～17丁目、新琴似九条1～16丁目、新琴似十条1～17丁目、新琴似十一条1～17丁目、新琴似十二条1～17丁目、新琴似町、屯田一条1～2丁目、屯田二条1～5丁目、屯田三条1～8丁目、屯田四条1～10丁目、屯田五条1～12丁目、屯田六条1～12丁目、屯田七条1～12丁目、屯田八条1～12丁目、屯田九条1～12丁目、屯田十条1～3丁目、屯田十一条1～3丁目、屯田町、麻生町1～9丁目)、篠路出張所管内

【北海道4区の札幌市西区(1区に属しない区域)】(P54参照)
八軒一条東1～5丁目、八軒二条東1～5丁目、八軒三条東1～5丁目、八軒四条東1～5丁目、八軒五条東1～5丁目、八軒六条東1～5丁目、八軒七条東1～5丁目、八軒八条東1～5丁目、八軒九条東1～5丁目、八軒十条東1～5丁目、八軒一条西1～4丁目、八軒二条西1～4丁目、八軒三条西1～5丁目、八軒四条西1～6丁目、八軒五条西1～6丁目、八軒五条西8～11丁目、八軒六条西1～11丁目、八軒七条西1～11丁目、八軒八条西1～10丁目、八軒九条西1～7丁目、八軒九条西9～11丁目、八軒十条西1～6丁目、八軒十条西9～13丁目、発寒一条2～4丁目、発寒二条1～5丁目、発寒三条1～6丁目、発寒四条1～7丁目、発寒五条2～8丁目、発寒六条3～5丁目、発寒六条7～13丁目、発寒七条4～5丁目、発寒七条7～13丁目、発寒八条5丁目、発寒八条7丁目、発寒八条9～12丁目、発寒八条13丁目(14番を除く。)、発寒九条9～12丁目、発寒九条13丁目(5番から7番までを除く。)、発寒十条1～6丁目、発寒十条11～14丁目、発寒十一条1～6丁目、発寒十一条11～12丁目、発寒十一条14丁目、発寒十二条1～5丁目、発寒十二条11～14丁目、発寒十三条2～5丁目、発寒十三条11～14丁目、発寒十四条1～5丁目、発寒十四条11～14丁目、発寒十五条1～4丁目、発寒十五条12～14丁目、発寒十六条1～4丁目、発寒十六条12～14丁目、発寒十七条3～4丁目、発寒十七条13～14丁目

【茨城県1区の下妻市の一部】(P67参照)
下妻、長塚、砂沼新田、坂本新田、大木新田、石の宮、堀篭、坂井、比毛、横根、平川戸、北大宝、大宝、大串、平沼、福田、下木戸、神明、若柳、下宮、数須、筑波島、下田、中郷、黒駒、江、平方、尻手、渋井、桐ヶ瀬、前河原、赤須、柴、半谷、大木、南原、上野、関本下、袋畑、古沢、小島、二本紀、今泉、中居指、新堀、加養、亀崎、樋橋、肘谷、山尻、谷田部、柳原、安食、高道祖、本城町1～3丁目、小野子町1～2丁目、本宿町1～2丁目、田町1～2丁目

【栃木県1区の下野市の一部】(P69参照)
薬師寺、成田、町田、谷地賀、下文狹、田中、仁良川、本吉田、別当河原、下吉田、磯部、中川島、上川島、上吉田、三王山、絹板、花田、下坪山、上坪山、東根、祇園1～5丁目、緑1～6丁目

【埼玉県1区のさいたま市見沼区の一部】(P71参照)
大字大谷、大和田町1～2丁目、卸町1～2丁目、大字加田屋新田、加田屋1～2丁目、大字片柳、片柳1～2丁目、片柳東、大字上山口新田、大字小深作、大字笹丸、大字島、島町、島町1～2丁目、大字新右ェ門新田、大字染谷、染谷1～3丁目、大字中川、大字新堤、大字西山新田、大字西山村新田、大字蓮沼、春岡1～3丁目、春野1～4丁目、大字東新井、東大宮1丁目、東大宮5～7丁目、大字東宮下、東宮下1～3丁目、大字東門前、大字膝子、大字深作、深作1～5丁目、大字風渡野、堀崎町、大字丸ヶ崎、丸ヶ崎町、大字御蔵、大字南中野、大字南中丸、大字宮ヶ谷塔、宮ヶ谷塔1～4丁目、大字見山、大字山

【埼玉県2区の川口市の一部】(P72参照)
本庁管内、新郷・神根支所管内、芝支所管内(芝中田1～2丁目、芝宮根町、芝

高木1～2丁目、芝東町、芝1～4丁目、芝下1～3丁目、大字芝（3102番地から3198番地までを除く。）、芝西1丁目（1番から11番までを除く。）、芝西2丁目、芝塚原1丁目（1番及び4番を除く。）、芝塚原2丁目、大字伊刈、大字小谷場、柳崎1～5丁目、北園町、柳根町）、安行・戸塚・鳩ヶ谷支所管内

【埼玉県3区の越谷市の一部】（P72参照）

赤山町1～5丁目、赤山本町、東町1～6丁目、伊原1～2丁目、大字大里、大沢、大沢1～4丁目、大字大杉、大字大泊、大字大林、大字大房、大字大松、大間野町1～5丁目、大字大吉、大字小曽川、大字上間久里（976番地から1075番地までを除く。）、大字蒲生、蒲生1～4丁目、蒲生茜町、蒲生旭町、蒲生愛宕町、蒲生寿町、蒲生西町1～2丁目、蒲生東町、蒲生本町、蒲生南町、川柳町1～6丁目、瓦曽根1～3丁目、大字北後谷、大字北川崎、北越谷1～5丁目、越ヶ谷、越ヶ谷1～5丁目、越ヶ谷本町、御殿町、相模町1～7丁目、七左町1丁目、七左町4～8丁目、大字下間久里、新川町1～2丁目、新越谷1～2丁目、神明町1～3丁目、大字砂原、千間台東1～4丁目、大成町1～8丁目、大字中島、中島1～3丁目、大字長島、中町、大字西新井、大字西方、西方1～2丁目、大字野島、登戸町、大字花田、花田1～7丁目、東大沢1～5丁目、東越谷1～10丁目、東柳田町、大字平方、平方南町、大字袋山（671番地から679番地まで、681番地から687番地まで、696番地から699番地まで、704番地、728番地から753番地まで、761番地から805番地まで、811番地から837番地まで、843番地、856番地から888番地まで、899番地から952番地まで、978番地から1021番地まで、1081番地から1162番地まで、1164番地から1187番地まで、1191番地から1218番地まで、1677番地、1717番地、1718番地、1756番地、1757番地、1851番地から2001番地まで及び2004番地から2060番地まで）、大字船渡、大字増林、増林1～3丁目、大字増森、増森1～2丁目、大字南荻島（1番地から4013番地まで、4095番地、4096番地及び4131番地から4135番地まで）、南越谷1～5丁目、南町1～3丁目、宮前1丁目、宮本町1～5丁目、大字向畑、元柳田町、弥栄町1～4丁目、大字弥十郎、谷中町1～4丁目、柳町、弥生町、流通団地1～4丁目、レイクタウン1～9丁目

【埼玉県13区の春日部市の一部、越谷市（3区に属しない区域）】（P74参照）

春日部市（赤沼、一ノ割、一ノ割1～4丁目、牛島、内牧、梅田、梅田1～3丁目、梅田本町1～2丁目、大枝、大沼1～7丁目、大場、大畑、粕壁、粕壁1～4丁目、粕壁東1～6丁目、上大増新田、上蛭田、小渕、栄町1～3丁目、下大増新田、下蛭田、新川、薄谷、千間1丁目、中央1～8丁目、銚子口、道口蛭田、道順川戸、豊野町1～3丁目、武里中野、新方袋、西八木崎1～3丁目、八丁目、花積、浜川戸1～2丁目、樋掘、樋籠、備後西1～5丁目、備後東1～8丁目、藤塚、不動院野、本田町1～2丁目、増富、増戸、増田新田、緑町1～6丁目、南1～5丁目、南栄町、南中曽根、八木崎町、谷原1～3丁目、谷原新田、豊町1～6丁目、六軒町）、**越谷市**（大字大竹、大字大道、大字恩間、大字恩間新田、大字上間久里（976番地から1075番地まで）、大字三野宮、千間台西1～6丁目、大字袋山（671番地から679番地まで、681番地から687番地まで、696番地から699番地まで、704番地、728番地から753番地まで、761番地から805番地まで、811番地から837番地まで、843番地、856番地から888番地まで、899番地から952番地まで、978番地から1021番地まで、1081番地から1162番地まで、1164番地から1187番地まで、1191番地から1218番地まで、1677番地、1717番地、1718番地、1756番地、1757番地、1851番地から2001番地まで及び2004番地から2060番地までを除く。）、大字南荻島（1番地から4013番地まで、4095番地、4096番地及び4131番地から4135番地までを除く。））

【埼玉県15区の川口市の一部】（P75参照）

芝支所管内（芝新町、芝5丁目、芝樋ノ爪1～2丁目、芝富士1～2丁目、芝園町、大字芝（3102番地から3198番地まで）、芝西1丁目（1番から11番まで）、芝塚原1丁目（1番及び4番））

【千葉県5区の市川市本庁管内】（P81参照）

市川1～3丁目、市川南1～5丁目、真間1～3丁目、新田1～5丁目、平田1～4丁目、大洲1～4丁目、大和田1～5丁目、東大和田1～2丁目、稲荷木1～3丁目、八幡1～6丁目、南八幡1～5丁目、菅野1～6丁目、東菅野1～3丁目、鬼越1～2丁目、鬼高1～4丁目、高石神、中山1～4丁目、若宮1～3丁目、北方1～3丁目、本北方1～3丁目、北方町4丁目、東浜1丁目、田尻、田尻1～5丁目、高谷、高谷1～3丁目、高谷新町、原木、原木1～4丁目、二俣、二俣1～2丁目、二俣新町、上妙典

【千葉県10区の横芝光町の一部】（P82参照）

篠本、新井、宝米、市野原、二又、小川台、台、傍示戸、富下、虫生、小田部、母子、芝崎、芝崎南、宮川、谷中、目篠、上原、原方、木戸、尾垂イ、尾垂ロ、篠本根切

【神奈川県7区の横浜市都筑区の一部】（P84参照）

あゆみが丘、池辺町、牛久保町、牛久保1～3丁目、牛久保西1～4丁目、牛久保東1～3丁目、大熊町、大棚町、大棚西、折本町、加賀原1～2丁目、勝田町、勝田南1～2丁目、川向町、川和台、川和町、北山田1～7丁目、葛が谷、佐江戸町、桜並木、新栄町、すみれが丘、高山、茅ケ崎町、茅ケ崎中央、茅ケ崎東1～5丁目、茅ケ崎南1～5丁目、中川1～8丁目、中川中央1～2丁目、長坂、仲町台1～5丁目、二の丸、早渕1～3丁目、東方町、東山田町、東山田1～4丁目、平台、富士見が丘、南山田町、南山田1～3丁目、見花山

【神奈川県10区の川崎市中原区の一部】（P85参照）

新丸子町、新丸子東1～3丁目、丸子通1～2丁目、上丸子山王町1～2丁目、上丸子八幡町、上丸子天神町、小杉町1～3丁目、小杉御殿町1～2丁目、小杉陣屋町1～2丁目、等々力、木月1～4丁目、西加瀬、木月祇園町、木月伊勢町、木月大町、木月住吉町、苅宿、大倉町、市ノ坪、今井上町、今井仲町、今井南町、今井西町、井田1～3丁目、井田中ノ町、上平間、田尻町、北谷町、中丸子、下沼部、上丸子、小杉

【神奈川県13区の座間市の一部】（P86参照）

入谷1～5丁目、栗原、栗原中央1～6丁目、小松原1～2丁目、さがみ野1～3丁目、座間、座間1～2丁目、座間入谷、新田宿、相武台1～4丁目、立野台1～3丁目、

西栗原1～2丁目、東原1～5丁目、ひばりが丘1～5丁目、広野台1～2丁目、緑ケ丘1～6丁目、南栗原1～6丁目、明王、四ツ谷

【神奈川県14区の相模原市緑区・南区の一部】（P86参照）

緑区（相原、相原1～6丁目、大島、大山町、上九沢、下九沢、田名、西橋本1～5丁目、二本松1～4丁目、橋本1～8丁目、橋本台1～4丁目、東橋本1～4丁目、元橋本町）、**南区**（旭町、鵜野森1～3丁目、大野台1～8丁目、上鶴間1～8丁目、上鶴間本町1～9丁目、古淵1～6丁目、栄町、相模大野1～9丁目、相南1丁目（1番から18番まで）、相南2丁目（1番から12番まで、17番及び25番から28番まで）、相南3丁目（1番から26番まで及び34番から47番まで）、西大沼1～5丁目、東大沼1～4丁目、東林間1～8丁目、文京1～2丁目、御園1～3丁目、豊町、若松1～6丁目）

【神奈川県16区の相模原市南区（14区に属しない区域）】（P87参照）

麻溝台、麻溝台1～8丁目、新磯野、新磯野1～5丁目、磯部、上鶴間、北里1～2丁目、相模台1～7丁目、相模台団地、桜台、下溝、新戸、相南1丁目（19番から24番まで）、相南2丁目（13番から16番まで及び18番から24番まで）、相南3丁目（27番から33番まで）、相南4丁目、相武台1～3丁目、相武台団地1～2丁目、当麻、双葉1～2丁目、松が枝町、御園4～5丁目、南台1～6丁目

【神奈川県18区の川崎市中原区（10区に属しない区域）・宮前区（9区に属しない区域）】（P87参照）

中原区（宮内1～4丁目、新城、上新城1～2丁目、新城1～5丁目、新城中町、下新城1～3丁目、上小田中1～7丁目、下小田中1～6丁目、井田三舞町、井田杉山町）、**宮前区**（向ケ丘、けやき平、神木1～2丁目、馬絹、馬絹1～3丁目、小台1～2丁目、土橋1～7丁目、有馬1～9丁目、東有馬1～5丁目、野川、宮崎、宮崎1～6丁目、宮前平1～3丁目、鷺沼1～4丁目、梶ケ谷、菅生ケ丘、水沢1～3丁目、潮見台、初山1～2丁目、菅生1～6丁目、犬蔵1～3丁目、平1～6丁目、五所塚1～2丁目、南平台、白幡台1～2丁目）

【東京都1区の港区・新宿区の一部】（P93参照）

港区（芝地区総合支所管内（芝5丁目、三田1～3丁目）、麻布地区・赤坂地区・高輪地区総合支所管内、芝浦港南地区総合支所管内（芝浦4丁目、海岸3丁目（4番から13番まで、20番、21番及び31番から33番まで）、港南1～5丁目、台場1～2丁目））、**新宿区**（本庁管内、四谷・簞笥町・榎町・若松町・大久保・戸塚特別出張所管内、落合第一特別出張所管内（下落合1～4丁目、中落合2丁目、高田馬場3丁目）、柏木・角筈特別出張所管内）

【東京都2区の港区（1区に属しない区域）、台東区の一部】（P93参照）

港区（芝地区総合支所管内（芝1～4丁目、海岸1丁目、東新橋1～2丁目、新橋1～6丁目、西新橋1～3丁目、浜松町1～2丁目、芝大門1～2丁目、芝公園1～4丁目、虎ノ門1～5丁目、愛宕1～2丁目）、芝浦港南地区総合支所管内（芝浦1～3丁目、海岸2丁目、海岸3丁目（1番から3番まで、14番から19番まで及び22番から30番まで）））、**台東区**（台東1～4丁目、柳橋1～2丁目、浅草橋1～5丁目、鳥越1～2丁目、蔵前1～4丁目、小島1～2丁目、三筋1～2丁目、秋葉原、上野1～7丁目、東上野1～5丁目、元浅草1～4丁目、寿1～4丁目、駒形1～2丁目、北上野1～2丁目、下谷1丁目、下谷2丁目（1番から12番まで、13番6号から13番13号まで及び16番から23番まで）、下谷3丁目、根岸1～5丁目、入谷1丁目（4番から8番まで、15番から20番まで及び29番から31番まで）、入谷2丁目（34番から39番まで）、竜泉1～3丁目、西浅草1丁目、雷門1～2丁目、浅草1丁目、浅草2丁目（1番から12番まで及び28番から35番まで）、花川戸1～2丁目、千束2丁目（33番から36番まで）、日本堤2丁目（36番から39番まで）、三ノ輪1～2丁目、池之端1～4丁目、上野公園、上野桜木1～2丁目、谷中1～7丁目）

【東京都3区の品川区・大田区の一部】（P93参照）

品川区（品川第一・品川第二地域センター管内、大崎第一地域センター管内（東五反田1～3丁目、西五反田1丁目、西五反田2丁目（1番から21番まで）、西五反田8丁目（4番1号から4番13号まで、5番、6番10号から6番23号まで、7番及び8番）、小山台1丁目、小山1丁目、荏原1丁目）、大崎第二地域センター管内（西五反田6丁目及び西五反田7丁目に属する区域を除く。）、大井第一・大井第二・大井第三・荏原第一・荏原第二・荏原第三・荏原第四・荏原第五・八潮地域センター管内）、**大田区**（嶺町・田園調布特別出張所管内、鵜の木特別出張所管内（鵜の木2丁目及び鵜の木3丁目に属する区域に限る。）、久が原特別出張所管内（千鳥1丁目及び池上3丁目に属する区域を除く）、雪谷・千束特別出張所管内）

【東京都4区の大田区（3区に属しない区域）】（P94参照）

大森東・大森西・入新井・馬込・池上・新井宿特別出張所管内、鵜の木特別出張所管内（鵜の木2丁目及び鵜の木3丁目に属する区域を除く。）、久が原特別出張所管内（千鳥1丁目及び池上3丁目に属する区域に限る。）、糀谷・羽田・六郷・矢口・蒲田西・蒲田東特別出張所管内

【東京都5区の目黒区・世田谷区の一部】（P94参照）

目黒区（上目黒2丁目（47番から49番まで）、上目黒4丁目、中目黒5丁目、目黒4丁目（1番から5番まで、12番から26番まで）、下目黒4丁目（21番から23番まで）、下目黒5丁目（8番から37番まで）、下目黒6丁目、中町1～2丁目、五本木1～3丁目、祐天寺1～2丁目、中央町1～2丁目、目黒本町1～6丁目、原町1～2丁目、洗足1～2丁目、南1～3丁目、碑文谷1～6丁目、鷹番1～3丁目、平町1～2丁目、大岡山1～2丁目、緑が丘1～3丁目、自由が丘1～3丁目、中根1～2丁目、柿の木坂1～3丁目、八雲1～5丁目、東が丘1～2丁目）、**世田谷区**（池尻・太子堂・下馬・上馬・代沢・奥沢・九品仏・等々力・上野毛・用賀・深沢まちづくりセンター管内）

【東京都6区の世田谷区（5区に属しない区域）】（P94参照）

若林・上町・経堂・梅丘・新代田・北沢・松原・松沢・祖師谷・成城・船橋・喜多見・砧・上北沢・上祖師谷・烏山まちづくりセンター管内

【東京都7区の品川区（3区に属しない区域）、目黒区（5区に属しない区域）、中野区の一部】（P94参照）

品川区（大崎第一地域センター管内（上大崎1～4丁目、東五反田4～5丁目、西五反田2丁目（1番から21番までを除く。）、西五反田3～7丁目、西五反田8丁目（1番から3番まで））、大崎第二地域センター管内（西五反田6丁目及び西五反田7丁目に属する区域に限る。））、**目黒区**（駒場1～4丁目、青葉台1～4丁目、東山1～3丁目、大橋1～2丁目、上目黒1丁目、上目黒2丁目（1番から46番まで）、上目黒3丁目、上目黒5丁目、中目黒1～4丁目、三田1～2丁目、目黒1～3丁目、目黒4丁目（6番から11番まで）、下目黒1～3丁目、下目黒4丁目（1番から20番まで）、下目黒5丁目（1番から7番まで））、**中野区**（南台1～5丁目、弥生町1～6丁目、本町1～6丁目、中央1～5丁目、東中野1～5丁目、中野1～4丁目、中野5丁目（10番から68番まで）、新井1丁目（1番から35番まで）、新井2～3丁目、野方1丁目、野方2丁目（1番から31番まで及び41番から62番まで））

【東京都8区の杉並区（7区に属しない区域）】（P95参照）

井草1～5丁目、上井草1～4丁目、下井草1～5丁目、善福寺1～4丁目、今川1～4丁目、桃井1～4丁目、西荻北1～5丁目、上荻1～4丁目、清水1～3丁目、本天沼1～3丁目、天沼1～3丁目、阿佐谷北1～6丁目、阿佐谷南1～3丁目、高円寺北1～4丁目、高円寺南1～5丁目、和田1～3丁目、和泉1～4丁目、堀ノ内1～3丁目、松ノ木1～3丁目、大宮1～2丁目、梅里1～2丁目、久我山1～5丁目、高井戸西1～3丁目、上高井戸1～3丁目、永福1～4丁目、浜田山1～4丁目、下高井戸1～5丁目、高井戸東1～4丁目、成田東1～5丁目、成田西1～4丁目、荻窪1～5丁目、南荻窪1～4丁目、西荻南1～4丁目、松庵1～3丁目、宮前1～5丁目

【東京都9区の練馬区の一部】（P95参照）

豊玉上2丁目、豊玉中1～4丁目、豊玉南1～3丁目、豊玉北3～6丁目、中村1～3丁目、中村南1～3丁目、中村北1～4丁目、練馬1～4丁目、向山1～4丁目、貫井1～5丁目、春日町1～6丁目、高松1～6丁目、田柄3丁目（14番から30番までを除く。）、田柄5丁目（21番から28番までを除く。）、光が丘2～7丁目、旭町1～3丁目、土支田1～4丁目、富士見台1～4丁目、南田中1～5丁目、高野台1～5丁目、谷原1～6丁目、三原台1～3丁目、石神井町1～8丁目、石神井台1～8丁目、下石神井1～6丁目、東大泉1～7丁目、西大泉町、西大泉1～6丁目、南大泉1～6丁目、大泉町1～6丁目、大泉学園町1～9丁目、関町北1～5丁目、関町南1～4丁目、上石神井南町、立野町、上石神井1～4丁目、関町東1～2丁目

【東京都10区の新宿区（1区に属しない区域）、中野区（7区に属しない区域）、豊島区の一部】（P95参照）

新宿区（落合第一特別出張所管内（上落合1～2丁目、中落合1丁目、中落合3～4丁目、中井2丁目）、落合第二特別出張所管内）、**中野区**（東中野3丁目、中野5丁目（1番から9番まで）、中野6丁目、上高田1～5丁目、新井1丁目（36番から43番まで）、新井4～5丁目、沼袋1～4丁目、松が丘1～2丁目、江原町1～3丁目、江古田1～4丁目、丸山1～2丁目、野方2丁目（32番から40番まで及び63番から69番まで）、野方3～6丁目、大和町1～4丁目、若宮1～3丁目、白鷺1～3丁目、鷺宮1～6丁目、上鷺宮1～5丁目）、**豊島区**（本庁管内（東池袋1～5丁目、南池袋1～4丁目、西池袋1～5丁目、池袋1～4丁目、池袋本町1～4丁目、雑司が谷1～3丁目、高田1～3丁目、目白1～4丁目）、東部区民事務所管内（南大塚3丁目及び東池袋5丁目に属する区域に限る。）、西部区民事務所管内）

【東京都11区の板橋区の一部】（P95参照）

本庁管内（板橋1～4丁目、加賀1～2丁目、大山東町、大山金井町、熊野町、中丸町、南町、稲荷台、仲宿、氷川町、栄町、大山町、大山西町、幸町、中板橋、仲町、弥生町、本町、大和町、双葉町、富士見町、大谷口上町、大谷口北町、大谷口1～2丁目、向原1～3丁目、小茂根1～5丁目、常盤台1～4丁目、南常盤台1～2丁目、東新町1～2丁目、上板橋1～3丁目、清水町、蓮沼町、大原町、泉町、宮本町、志村1～3丁目、坂下1～3丁目、東坂下1～2丁目、小豆沢1～4丁目、西台1～4丁目、中台1～3丁目、若木1～3丁目、蓮根1～3丁目、相生町、前野町1～6丁目、三園2丁目、東山町、桜川1～3丁目、高島平1～9丁目、新河岸3丁目）、赤塚支所管内

【東京都12区の豊島区（10区に属しない区域）、板橋区（11区に属しない区域）、足立区の一部】（P96参照）

豊島区（本庁管内（西巣鴨1丁目、北大塚3丁目、上池袋1～4丁目）、東部区民事務所管内（南大塚3丁目及び東池袋5丁目に属する区域を除く。））、**板橋区**（本庁管内（新河岸1～2丁目、舟渡1～4丁目））、**足立区**（入谷1～9丁目、入谷町、扇2丁目、小台1～2丁目、加賀1～2丁目、江北1～7丁目、皿沼1～3丁目、鹿浜1～8丁目、新田1～3丁目、椿1～2丁目、舎人1～6丁目、舎人公園、舎人町、堀之内1～2丁目、宮城1～2丁目、谷在家2～3丁目）

【東京都13区の足立区（12区に属しない区域）】（P96参照）

青井1～6丁目、足立1～4丁目、綾瀬1～7丁目、伊興1～5丁目、伊興本町1～2丁目、梅島1～3丁目、梅田1～8丁目、大谷田1～5丁目、加平1～3丁目、北加平町、栗原1～4丁目、弘道1～2丁目、古千谷1～2丁目、古千谷本町1～4丁目、佐野1～2丁目、島根1～4丁目、神明1～3丁目、神明南1～2丁目、関原1～3丁目、千住1～5丁目、千住曙町、千住旭町、千住東1～2丁目、千住大川町、千住河原町、千住寿町、千住桜木1～2丁目、千住関屋町、千住龍田町、千住中居町、千住仲町、千住橋戸町、千住緑町1～3丁目、千住宮元町、千住元町、千住柳町、竹の塚1～7丁目、辰沼1～2丁目、中央本町1～5丁目、東和1～5丁目、中川1～5丁目、西綾瀬1～4丁目、西新井1～7丁目、西新井栄町1～2丁目、西伊興1～4丁目、西伊興町、西加平1～2丁目、西竹の塚1～2丁目、西保木間1～4丁目、花畑1～8丁目、東綾瀬1～3丁目、東伊興1～4丁目、東保木間1～2丁目、東六月町、一ツ家1～4丁目、日ノ出町、平野1～3丁目、保木間1～5丁目、保塚町、南花畑1～5丁目、六木1～4丁目、谷在家1丁目、谷中1～5丁目、柳原1～2丁目、六月1～3丁目、六町1～4丁目、扇1丁目、扇3丁目、興野1～2丁目、西新井栄町3丁目、西新井本町1～5丁目、本木1～2丁目、本木北町、本木西町、本木東町、本木南町

【東京都14区の台東区（2区に属しない区域）】（P96参照）

東上野6丁目、下谷2丁目（13番1号から13番5号まで、13番14号から13番24号まで、14番、15番及び24番）、入谷1丁目（1番から3番まで、9番から14番まで、

21番から28番まで、32番及び33番）、入谷2丁目（1番から33番まで）、松が谷1～4丁目、西浅草2～3丁目、浅草2丁目（13番から27番まで）、浅草3～7丁目、千束1丁目、千束2丁目（1番から32番まで）、千束3～4丁目、今戸1～2丁目、東浅草1～2丁目、橋場1～2丁目、清川1～2丁目、日本堤1丁目、日本堤2丁目（1番から35番まで）

【東京都16区の江戸川区の一部】（P97参照）

本庁管内（中央1～4丁目、松島1～4丁目、松江1～7丁目、東小松川1～4丁目、西小松川町、大杉1～5丁目、西一之江1～4丁目、春江町4丁目、一之江1～8丁目、西瑞江4丁目、江戸川4丁目、松本1～2丁目）、小松川・葛西・東部・鹿骨事務所管内

【東京都21区の多摩市・稲城市の一部】（P98参照）

多摩市（関戸、関戸1～4丁目、関戸5丁目（1番から8番まで及び13番から31番まで）、連光寺、連光寺1～6丁目、東寺方1丁目、一ノ宮、一ノ宮1～4丁目、聖ヶ丘1丁目（1番から24番まで、35番及び44番）、聖ヶ丘2～5丁目）、**稲城市**（坂浜、平尾、平尾1～3丁目、長峰1～3丁目、若葉台1～4丁目）

【東京都22区の稲城市（21区に属しない区域）】（P98参照）

矢野口、東長沼、大丸、百村、押立、向陽台1～6丁目

【東京都23区の多摩市（21区に属しない区域）】（P98参照）

関戸5丁目（1番から8番まで及び13番から31番までを除く。）、関戸6丁目、貝取、乞田、和田、百草、落川、東寺方、桜ヶ丘1～4丁目、聖ヶ丘1丁目（1番から24番まで、35番及び44番を除く。）、馬引沢1～2丁目、山王下、中沢、唐木田、諏訪1～6丁目、永山1～7丁目、貝取1～5丁目、豊ヶ丘1～6丁目、落合1～6丁目、鶴牧1～6丁目、南野1～3丁目、東寺方3丁目、和田3丁目、愛宕1～4丁目

【東京都24区の八王子市（21区に属しない区域）】（P99参照）

横山町、八日町、八幡町、八木町、追分町、千人町1～4丁目、日吉町、元本郷町1～4丁目、平岡町、本郷町、大横町、本町、元横山町1～3丁目、田町、新町、明神町1～4丁目、子安町1～4丁目、東町、旭町、三崎町、中町、南町、寺町、万町、上野町、天神町、南新町、小門町、台町1～4丁目、中野町、暁町1～3丁目、中野山王1～3丁目、中野上町1～5丁目、大和田町1～7丁目、富士見町、緑町、清川町、東浅川町、初沢町、高尾町、南浅川町、西浅川町、裏高尾町、廿里町、下柚木、下柚木2～3丁目、上柚木、上柚木2～3丁目、中山、越野、南陽台1～3丁目、堀之内、堀之内2～3丁目、鹿島、松が谷、鑓水、鑓水2丁目、南大沢1～5丁目、松木、別所1～2丁目、並木町、散田町1～5丁目、山田町、めじろ台1～4丁目、長房町、城山手1～2丁目、狭間町、椚田町、館町、寺田町、大船町、大楽寺町、上壱分方町、諏訪町、四谷町、叶谷町、泉町、横川町、弐分方町、川町、元八王子町1～3丁目、下恩方町、上恩方町、西寺方町、小津町、川口町、上川町、犬目町、楢原町、美山町、尾崎町、左入町、滝山町1～2丁目、梅坪町、谷野町、みつい台1～2丁目、丹木町1～3丁目、加住町1～2丁目、宮下町、戸吹町、高月町、小比企町、片倉町、西片倉1～3丁目、宇津貫町、みなみ野1～6丁目、兵衛1～2丁目、七国1～6丁目、北野町、打越町、北野台1～5丁目、長沼町、絹ケ丘1～3丁目、高倉町、石川町、宇津木町、平町、小宮町、久保山町1～2丁目、大谷町、丸山町

【新潟県1区の新潟市北区・東区・中央区・江南区・南区・西区の一部】（P103参照）

北区（本庁管内（細山に属する区域に限る。）、北出張所管内（すみれ野4丁目に属する区域を除く。））、**東区**（本庁管内、石山出張所管内（亀田中島4丁目に属する区域を除く。））、**中央区**（本庁管内、東出張所管内、南出張所管内（鵜ノ子及び亀田早通に属する区域を除く。））、**江南区**（本庁管内（天野、天野1～3丁目、粟山、姥ケ山、江口、大淵、祖父興野、嘉木、嘉瀬、上和田、北山、久蔵興野、蔵岡、酒屋町、笹山、三百地、鐘木、清五郎、曽川、楚川、曽野木1～2丁目、太右エ門新田、俵柳、直り山、長潟、中野山、鍋潟新田、西野、西山、花ノ牧、平賀、細山、舞潟、松山、丸潟新田、丸山、丸山ノ内善之丞組、茗荷谷、山二ツ、両川1～2丁目、和田、割野））、**南区**（本庁管内（天野に属する区域に限る。））、**西区**（本庁管内、西出張所管内（四ツ郷屋及び與兵衛野新田に属する区域を除く。）、黒埼出張所管内）

【新潟県2区の長岡市の一部】（P104参照）

本庁管内（西津町に属する区域のうち、平成17年3月31日において三島郡越路町の区域であった区域に限る。）、越路・三島・小国・和島・寺泊・与板支所管内

【新潟県3区の新潟市北区の一部】（P104参照）

本庁管内（細山、小杉、十二前及び横越に属する区域を除く。）、北出張所管内（すみれ野4丁目に属する区域に限る。）

【新潟県4区の新潟市北区・東区・中央区・江南区・南区の一部、長岡市の一部】（P104参照）

新潟市（**北区**（第1区及び第3区に属しない区域）、**東区**（第1区に属しない区域）、**中央区**（第1区に属しない区域）、**江南区**（第1区に属しない区域）、**南区**（第1区及び第2区に属しない区域））、**長岡市**（中之島支所管内（押切川原町に属する区域のうち、平成17年3月31日において長岡市の区域であった区域を除く。）、栃尾支所管内）

【富山県1区の富山市の一部】（P105参照）

相生町、綾田町1～3丁目、青柳、青柳新、赤江町、赤田、秋ヶ島、秋吉、秋吉新町、悪王寺、曙町、朝日、旭町、安住町、愛宕町1～2丁目、荒川、荒川1～5丁目、荒川新町、荒町、新屋、有沢、有沢新町、粟島町1～3丁目、安養寺、安養坊、飯野、池多、石金1～3丁目、石倉町、石坂、石坂新、石坂東町、石田、石屋、泉町1～2丁目、磯部町1～4丁目、一番町、一本木、稲荷園町、稲荷町1～4丁目、稲荷元町1～3丁目、犬島1～7丁目、犬島新町1～2丁目、今泉、今泉西部町、今泉北部町、今市、今木町、岩瀬赤田町、岩瀬天池町、岩瀬池田町、岩瀬入船町、岩瀬梅本町、岩瀬御蔵町、岩瀬表町、岩瀬古志町、岩瀬諏訪町、岩瀬高畠町、岩瀬天神町、岩瀬萩浦町、岩瀬白山町、岩瀬文化町、岩瀬前田町、

岩瀬松原町、岩瀬港町、牛島新町、牛島町、牛島本町1～2丁目、打出、打出新、内幸町、梅沢町1～3丁目、上野、上野寿町、上野新、上野新町、永楽町、越前町、江本、荏原新町、蛯町、追分茶屋、大井、大泉、大泉北町、大泉中町、大泉東町1～2丁目、大泉本町1～2丁目、大泉町1～3丁目、大江干、大江干新町、大島1～4丁目、太田、太田口通り1～3丁目、於保多町、太田南町、大塚、大塚北、大塚西、大塚東、大塚南、大手町、大場、大町、大宮町、奥井町、奥田寿町、奥田新町、奥田双葉町、奥田本町、奥田町、押上、音羽町1～2丁目、雄山町、海岸通、開発、掛尾栄町、掛尾町、鹿島町1～2丁目、金代、金屋、金山新、金山新北、金山新桜ヶ丘、金山新中、金山新西、金山新東、金山新南、上赤江、上赤江町1～2丁目、上飯野、上飯野新町1～5丁目、上今町、上熊野、上栄、上庄町、上新保、上千俵町、上布目、上袋、上冨居、上冨居1～3丁目、上冨居新町、上堀南町、上本町、上八日町、願海寺、北押川、北新町1～2丁目、北代、北代新、北代中部、北代東部、北代北部、北二ツ屋、木場町、経田、経堂、経堂1～4丁目、経堂新町、経力、金泉寺、銀嶺町、久郷、草島、楠木、窪新町、窪本町、公文名、栗山、呉羽野田、呉羽町、呉羽町北、呉羽町西、黒崎、黒瀬、黒瀬北町1～2丁目、小泉町、興人町、高来、古志町1～6丁目、小島町、小杉、五艘、小中、小西、五番町、五福、五本榎、駒見、才覚寺、境野新、栄新町、栄町1～3丁目、坂下新、桜木町、桜谷みどり町1～2丁目、桜橋通り、桜町1～2丁目、山王町、三熊、三番町、七軒町、芝園町1～3丁目、島田、清水中町、清水町1～9丁目、清水元町、下赤江、下赤江町1～2丁目、下飯野、下奥井1～2丁目、下熊野、下新北町、下新西町、下新日曹町、下新本町、下新町、下野、下野新、下冨居、下冨居1～2丁目、下堀、城川原1～3丁目、庄高田、城北町、城村、城村新町、白銀町、新金代1～2丁目、新川原町、新桜町、新庄北町、新庄銀座1～3丁目、新庄本町1～3丁目、新庄町、新庄町1～4丁目、新総曲輪、新千原崎、神通本町1～2丁目、神通町1～3丁目、新富町1～2丁目、新根塚町1～3丁目、新冨居、新保、新名、杉瀬、杉谷、砂町、住友町、住吉、住吉町1～2丁目、諏訪川原1～3丁目、清風町、関、千石町1～6丁目、千成町、千俵町、総曲輪1～4丁目、惣在寺、双代町、高木、高木西、高木東、高木南、高島、高園町、高田、高畠町1～2丁目、高屋敷、宝町1～2丁目、田刈屋、館出町1～2丁目、辰尾、辰巳町1～2丁目、田中町1～5丁目、田尻、田尻西、田尻東、田尻南、田畑、珠泉西町、珠泉東町、手屋、手屋1～3丁目、太郎丸、太郎丸西町1～2丁目、太郎丸本町1～4丁目、千歳町1～3丁目、千原崎、千原崎1～2丁目、茶屋町、中央通り1～3丁目、中間島、中間島1～2丁目、千代田町、塚原、月岡新、月岡西緑町、月岡東緑町1～4丁目、月岡町1～7丁目、月見町1～7丁目、堤町通り1～2丁目、つばめ野1～3丁目、鶴ヶ丘町、寺島、寺町、寺町けや木台、天正寺、土居原町、問屋町1～3丁目、道正、任海、常盤台、常盤町、栃谷、利波、富岡町、友杉、豊丘町、豊川町、豊島町、豊城新町、豊城町、豊田、豊田本町1～4丁目、豊田町1～2丁目、豊若町1～3丁目、永久町、中市、中市1～2丁目、長江、長江1～5丁目、長江新町1～4丁目、長江東町1～3丁目、長江本町、長柄町1～3丁目、中老田、長岡、長岡新、中沖、中川原、中川原新町、中川原台1～2丁目、中島1～5丁目、中田、中田1～3丁目、中布目、中野新、中野新町1～2丁目、中冨居、中冨居新町、中屋、流杉、鍋田、南央町、西四十物町、西荒屋、西大泉、西押川、西金屋、西公文名、西公文名町、西山王町、西新庄、西町、西田地方町1～3丁目、西長江1～4丁目、西長江本町、西中野本町、西中野町1～2丁目、西野新、西番、西宮町、西二俣、西宮、蜷川、布市、布市新町、布瀬本町、布瀬町、布瀬町1～2丁目、布瀬町南1～3丁目、布目、布目北、布目西、根塚町1～4丁目、野口、野口南部、野口北部、野田、野中、野中新、野々上、野町、萩原、蓮町1～6丁目、旅籠町、畑中、八川、八人町、八ヶ山、八町、八町北、八町中、八町西、八町東、八町南、花園町1～4丁目、花木、羽根、浜黒崎、林崎、針日、針原中、針原中町、晴海台、東石金町、東岩瀬町、東岩瀬村、東老田、東田地方町1～2丁目、東富山寿町1～3丁目、東中野町1～3丁目、東流杉、東町1～3丁目、日方江、久方町、日之出町、日俣、百塚、鵯島、ひよどり南台、平榎、平岡、開、開ヶ丘、平吹町、福居、冨居栄町、不二越本町1～2丁目、不二越町、藤木、藤木新、藤木新町、藤の木園町、藤の木台1～3丁目、二口町1～5丁目、二俣、二俣新町、舟橋今町、舟橋北町、舟橋南町、古鍛冶町、古川、古沢、古寺、文京町1～3丁目、別名、星井町1～3丁目、堀、堀川小泉町、堀川小泉町1～2丁目、堀川本郷、堀川町、堀端町、本郷、本郷島、本郷新、本郷西部、本郷中部、本郷東部、本郷北部、本郷町、本町、本丸、牧田、町新、町袋、町村、町村1～2丁目、松浦町、松木、松木新、松若町、丸の内1～3丁目、三上、水落、水橋池田舘、水橋池田町、水橋石政、水橋石割、水橋伊勢屋、水橋伊勢領、水橋市江、水橋市田袋、水橋入江、水橋魚躬、水橋大町、水橋沖、水橋肘崎、水橋開発、水橋開発町、水橋鏡田、水橋堅田、水橋金尾、水橋金尾新、水橋金広、水橋上桜木、水橋上砂子坂、水橋川原町、水橋北馬場、水橋狐塚、水橋小池、水橋恋塚、水橋小出、水橋五郎丸、水橋桜木、水橋佐野竹、水橋山王町、水橋下段、水橋柴草、水橋清水堂、水橋下砂子坂、水橋下砂子坂新、水橋常願寺、水橋小路、水橋上条新町、水橋新保、水橋新堀、水橋専光寺、水橋大正、水橋高月、水橋高寺、水橋高堂、水橋舘町、水橋田伏、水橋辻ヶ堂、水橋中馬場、水橋中町、水橋中村、水橋中村町、水橋入部町、水橋畠等、水橋番頭名、水橋平榎、水橋平塚、水橋二杉、水橋二ッ屋、水橋曲淵、水橋町、水橋町袋、水橋的場、水橋柳寺、緑町1～2丁目、湊入船町、南金屋、南栗山、南新町、南田町1～2丁目、南中田、宮尾、宮条、宮園町、宮成、宮成新、宮保、宮町、向新庄、向新庄町1～8丁目、向川原町、室町通り1～2丁目、明輪町、元町1～2丁目、桃井町1～2丁目、森、森1～5丁目、森住町、森田、森若町、安田町、安野屋町1～3丁目、柳町1～4丁目、八幡、山岸、山室、山室荒屋、山室荒屋新町、山本、山本新、弥生町1～2丁目、八日町、四方、四方荒屋、四方一番町、四方恵比須町、四方北窪、四方新、四方新出町、四方神明町、四方田町、四方西岩瀬、四方二番町、四方野割町、四方港町、横内、横越、吉岡、吉倉、吉作、四ツ葉町、米田、米田すずかけ台1～3丁目、米田町1～3丁目、若竹町1～6丁目

【長野県1区の長野市の一部】（P107参照）

本庁管内、篠ノ井・松代・若穂・川中島・更北・七二会・信更・古里・柳原・浅川・大豆島・朝陽・若槻・長沼・安茂里・小田切・芋井・芹田・古牧・三輪・吉田支所管内

【静岡県1区の静岡市葵区・駿河区・清水区の一部】（P112参照）
葵区（本庁管内（瀬名川3丁目（5番25号及び5番50号から5番59号まで）に属する区域を除く。）、井川支所管内）、**駿河区**（本庁管内（谷田に属する区域のうち、平成15年3月31日において清水市の区域であつた区域を除く。）、長田支所管内）、**清水区**（本庁管内（楠（694番地1及び694番地3）に属する区域に限る。））
【静岡県3区の浜松市天竜区の一部】（P113参照）
春野町領家、春野町堀之内、春野町胡桃平、春野町和泉平、春野町砂川、春野町大時、春野町長蔵寺、春野町石打松下、春野町田黒、春野町筏戸大上、春野町五和、春野町越木平、春野町田河内、春野町牧野、春野町花島、春野町杉、春野町川上、春野町宮川、春野町気田、春野町豊岡、春野町石切、春野町小俣京丸
【静岡県7区の浜松市中区・南区の一部】（P114参照）
中区（西丘町及び花川町に属する区域に限る）、**南区**（高塚町、増楽町、若林町及び東若林町に属する区域に限る）
【愛知県6区の瀬戸市の一部】（P116参照）
川平町、本郷町（10番から1048番まで）、十軒町、鹿乗町、内田町1～2丁目、北みずの坂1～3丁目
【愛知県9区の一宮市本庁管内】（P116参照）
起、開明、上祖父江、北今、小信中島、三条、玉野、冨田、西五城、西中野、西中野番外、西萩原、蓮池、東五城、東加賀野井、明地、祐久、篭屋1～5丁目
【兵庫県5区の川西市の一部】（P132参照）
平野（字カキヲジ原）、西畦野（字丸山及び字東通りを除く。）、一庫、国崎、黒川、横路、大和東1～5丁目、大和西1～5丁目、美山台1～3丁目、丸山台1～3丁目、見野1～3丁目、東畦野、東畦野1～6丁目、東畦野山手1～2丁目、長尾町、西畦野1～2丁目、山原、山原1～2丁目、緑が丘1～2丁目、山下町、山下、笹部1～3丁目、笹部、下財町、一庫1～3丁目
【兵庫県6区の川西市（5区に属しない区域）】（P133参照）
中央町、小花1～2丁目、小戸1～3丁目、美園町、絹延町、出在家町、丸の内町、滝山町、鴬の森町、萩原1～3丁目、火打1～2丁目、松が丘町、霞ケ丘1～2丁目、日高町、栄町、花屋敷山手町、花屋敷1～2丁目、寺畑1～2丁目、栄根1～2丁目、南花屋敷1～4丁目、加茂1～6丁目、下加茂1～2丁目、久代1～6丁目、東久代1～2丁目、萩原台東1～2丁目、萩原台西1～3丁目、鴬が丘、新田1～3丁目、新田、平野1～3丁目、多田桜木1～2丁目、東多田1～3丁目、鼓が滝1～3丁目、矢問1～3丁目、矢問東町、西多田1～2丁目、錦松台、多田院1～2丁目、多田院多田所町、多田院西1～2丁目、満願寺町、満願寺、平野（字カキヲジ原を除く。）、東多田、西多田、多田院、石道、虫生、赤松、柳谷、芋生、若宮、緑台1～7丁目、向陽台1～3丁目、水明台1～4丁目、清和台東1～5丁目、清和台西1～5丁目、湯山台1～2丁目、鴬台1～2丁目、けやき坂1～5丁目、南野坂1～2丁目、西畦野（字丸山及び字東通り）、清流台
【兵庫県11区の姫路市の一部】（P134参照）
相野、青山、青山1～6丁目、青山北1～3丁目、青山西1～5丁目、青山南1～4丁目、朝日町、阿保、網干区（網干浜、大江島、大江島寺前町、大江島古川町、興浜、垣内北町、垣内中町、垣内西町、垣内東町、垣内本町、垣内南町、北新在家、坂出、坂上、新在家、田井、高田、津市場、浜田、福井、宮内、余子浜、和久）、嵐山町、飯田、飯田1～3丁目、生野町、石倉、市川台1～3丁目、市川橋通1～2丁目、市之郷、市之郷町1～4丁目、伊伝居、威徳寺町、井ノ口、今宿、岩端町、魚町、打越、梅ケ枝町、梅ケ谷町、駅前町、太市中、大塩町、大塩町汐咲1～3丁目、大塩町宮前、大津区（恵美酒町1～2丁目、大津町1～4丁目、勘兵衛町1～5丁目、北天満町、吉美、新町1～2丁目、天神町1～2丁目、天満、長松、西土井、平松、真砂町）、大野町、岡田、岡町、奥山、鍵町、柿山伏、鍛冶町、片田町、刀出、刀出栄立町、勝原区（朝日谷、大谷、勝原町、勝山町、熊見、下太田、宮田、山戸、丁）、金屋町、兼田、上大野1～7丁目、上片町、上手野、神屋町、神屋町1～6丁目、亀井町、亀山、亀山1～2丁目、川西、川西台、神田町1～4丁目、北今宿1～3丁目、北新在家1～3丁目、北原、北平野1～6丁目、北平野奥垣内、北平野台町、北平野南の町、北八代1～2丁目、北夢前台1～2丁目、木場、木場十八反町、木場前中町、木場前七反町、京口町、京町1～3丁目、楠町、久保町、栗山町、車崎1～3丁目、景福寺前、国府寺町、五軒邸1～4丁目、小姓町、琴岡町、古二階町、河間町、呉服町、米屋町、小利木町、五郎右衛門邸、紺屋町、西庄、材木町、幸町、堺町、坂田町、坂元町、定元町、三左衛門堀西の町、三左衛門堀東の町、三条町1～2丁目、塩町、飾磨区（英賀、英賀春日町1～2丁目、英賀清水町1～3丁目、英賀西町1～3丁目、英賀東町1～2丁目、英賀保駅前町、英賀宮台、英賀宮町1～2丁目、阿成、阿成植木、阿成鹿古、阿成下垣内、阿成中垣内、阿成渡場、今在家、今在家2～7丁目、今在家北1～3丁目、入船町、恵美酒、大浜、粕谷新町、構、構1～5丁目、鎌倉町、上野田1～6丁目、亀山、加茂、加茂北、加茂東、加茂南、御幸、栄町、三和町、思案橋、清水、清水1～3丁目、下野田1～4丁目、城南町1～3丁目、須加、高町、高町1～2丁目、蓼野町、玉地、玉地1丁目、付城、付城1～2丁目、天神、都倉1～3丁目、中島、中島1～3丁目、中野田1～4丁目、中浜町1～3丁目、西浜町1～3丁目、野田町、東堀、富士見ケ丘町、細江、堀川町、宮、三宅1～3丁目、妻鹿、妻鹿東海町、妻鹿常盤町、妻鹿日田町、矢倉町1～2丁目、山崎、山崎台、若宮町）、飾西、飾西台、飾東町大釜、飾東町大釜新、飾東町小原、飾東町小原新、飾東町唐端新、飾東町北野、飾東町北山、飾東町清住、飾東町佐良和、飾東町塩崎、飾東町志吹、飾東町庄、飾東町豊国、飾東町八重畑、飾東町山崎、飾東町夕陽ケ丘、四郷町明田、四郷町上鈴、四郷町坂元、四郷町中鈴、四郷町東阿保、四郷町本郷、四郷町見野、四郷町山脇、東雲町1～6丁目、忍町、実法寺、下手野1～6丁目、下寺町、十二所前町、庄田、城東町、城東町京口台、城東町五軒屋、城東町清水、城東町竹之門、城東町中河原、城東町野田、城東町毘沙門、城北新町1～3丁目、城北本町、書写、書写台1～3丁目、白国、白国1～5丁目、白浜町、白浜町宇佐崎北1～3丁目、白浜町宇佐崎中1～3丁目、白浜町宇佐崎南1～2丁目、白浜町神田1～2丁目、白浜町寺家1～2丁目、

白浜町灘浜、白銀町、城見台1～4丁目、城見町、新在家、新在家1～4丁目、新在家中の町、新在家本町1～6丁目、神和町、菅生台、総社本町、大黒壱丁町、大寿台1～2丁目、大善町、田井台、高岡新町、高尾町、鷹匠町、竹田町、龍野町1～6丁目、立町、田寺1～8丁目、田寺東1～4丁目、田寺山手町、玉手、玉手1～4丁目、地内町、中地、中地南町、町田、町坪、町坪南町、千代田町、継、佃町、辻井1～9丁目、土山1～7丁目、土山東の町、手柄、手柄1～2丁目、天神町、東郷町、同心町、豆腐町、砥堀、苫編、苫編南1～2丁目、豊沢町、豊富町甲丘1～4丁目、豊富町神谷、豊富町豊富、豊富町御蔭、名古山町、南条、南条1～3丁目、二階町、西今宿1～8丁目、西駅前町、西新在家1～3丁目、西新町、西大寿台、西中島、西二階町、西延末、西八代町、西夢前台1～3丁目、西脇、仁豊野、農人町、南畝町、南畝町1～2丁目、野里、野里上野町1～2丁目、野里慶雲寺前町、野里新町、野里月丘町、野里寺町、野里中町、野里東同心町、野里東町、野里堀留町、野里大和町、延末、延末1丁目、白鳥台1～3丁目、博労町、橋之町、花影町1～4丁目、花田町一本松、花田町小川、花田町加納原田、花田町上原田、花田町高木、花田町勅旨、林田町大堤、林田町奥佐見、林田町上伊勢、林田町上構、林田町口佐見、林田町久保、林田町下伊勢、林田町下構、林田町新町、林田町中構、林田町中山下、林田町林田、林田町林谷、林田町松山、林田町六九谷、林田町八幡、林田町山田、東今宿1～6丁目、東駅前町、東辻井1～4丁目、東延末、東延末1～5丁目、東山、東夢前台1～3丁目、日出町1～3丁目、平野町、広畑区（吾妻町1～3丁目、大町1～3丁目、蒲田、蒲田1～5丁目、北河原町、北野町1～2丁目、京見町、小坂、小松町1～4丁目、才、清水町1～3丁目、城山町、末広町1～3丁目、正門通1～4丁目、高浜町1～4丁目、鶴町1～2丁目、長町1～2丁目、西蒲田、西夢前台4～8丁目、則直、早瀬町1～3丁目、東新町1～3丁目、東夢前台4丁目、富士町、本町1～6丁目、夢前町1～4丁目、広峰1～2丁目、広嶺山、福居町、福沢町、福中町、福本町、藤ケ台、双葉町、船丘町、船津町、船橋町2～6丁目、別所町家具町、別所町北宿、別所町小林、別所町佐土、別所町佐土1～3丁目、別所町佐土新、別所町別所、別所町別所1～5丁目、北条、北条1丁目、北条梅原町、北条口1～5丁目、北条永良町、北条宮の町、保城、坊主町、峰南町、本町、増位新町1～2丁目、増位本町1～2丁目、的形町福泊、的形町的形、丸尾町、御国野町国分寺、御国野町御着、御国野町西御着、御国野町深志野、神子岡前1～4丁目、御立北1～4丁目、御立中1～8丁目、御立西1～6丁目、御立東1～6丁目、緑台1～2丁目、南今宿、南駅前町、南車崎1～2丁目、南新在家、南町、南八代町、宮上町1～2丁目、宮西町1～4丁目、睦町、元塩町、元町、八家、八木町、八代、八代東光寺町、八代本町1～2丁目、八代緑ケ丘町、八代宮前町、安田1～4丁目、柳町、山田町北山田、山田町多田、山田町西山田、山田町牧野、山田町南山田、山野井町、山畑新田、山吹1～2丁目、吉田町、米田町、余部区（上川原、上余部、下余部）、六角、若菜町1～2丁目、綿町

【岡山県1区の岡山市北区・南区の一部、吉備中央町本庁管内】（P143参照）

岡山市（**北区**（本庁管内（祇園、後楽園、中原及び牟佐に属する区域を除く。）、御津・建部支所管内）、**南区**（青江6丁目、あけぼの町、泉田、泉田1～5丁目、内尾、浦安西町、浦安本町、浦安南町、大福、海岸通1～2丁目、古新田、市場1～2丁目、下中野、新福1～2丁目、新保、洲崎1～3丁目、妹尾、妹尾崎、曽根、立川町、築港栄町、築港新町1～2丁目、築港ひかり町、築港緑町1～3丁目、築港元町、千鳥町、当新田、富浜町、豊成1～3丁目、豊浜町、中畦、並木町1～2丁目、南輝1～3丁目、西市、西畦、浜野1～4丁目、東畦、平福1～2丁目、福島1～4丁目、福田、福富中1～2丁目、福富西1～3丁目、福富東1～2丁目、福成1～3丁目、福浜町、福浜西町、福吉町、藤田、芳泉1～4丁目、松浜町、万倍、箕島、三浜町1～2丁目、山田、米倉、若葉町）、**吉備中央町**（広面、上加茂、下加茂、美原、加茂市場、高谷、平岡、上野、竹部、上田東、細田、三納谷、上田西、円城、案田、高富、神瀬、船津、小森）

【岡山県3区の真庭市の一部】（P144参照）

本庁管内、蒜山・落合・勝山・美甘・湯原振興局管内

【山口県1区の周南市の一部】（P146参照）

本庁管内、新南陽・鹿野総合支所管内、櫛浜・鼓南・久米・菊川・夜市・戸田・湯野・大津島・向道・長穂・須々万・中須・須金支所管内

【香川県1区の高松市の一部】（P151参照）

本庁管内、勝賀総合センター管内、山田支所管内、鶴尾・太田・木太・古高松・屋島・前田・川添・林・三谷・仏生山・一宮・多肥・川岡・円座・檀紙・女木・男木出張所管内

【愛媛県1区の松山市の一部】（P151参照）

本庁管内、桑原・道後・味生・生石・垣生・三津浜・久枝・潮見・和気・堀江・余土・興居島・久米・湯山・伊台・五明・小野支所管内、浮穴支所管内（北井門2丁目に属する区域に限る。）、石井支所管内

【高知県1区の高知市の一部】（P152参照）

上町1～5丁目、本丁筋、水通町、通町、唐人町、与力町、鷹匠町1～2丁目、本町1～5丁目、升形、帯屋町1～2丁目、追手筋1～2丁目、廿代町、永国寺町、丸ノ内1～2丁目、中の島、九反田、菜園場町、農人町、城見町、堺町、南はりまや町1～2丁目、弘化台、桜井町1～2丁目、はりまや町1～3丁目、宝永町、弥生町、丸池町、小倉町、東雲町、日の出町、知寄町1～3丁目、青柳町、稲荷町、若松町、高埇、杉井流、北金田、南金田、札場、南御座、北御座、南川添、北川添、北久保、南久保、海老ノ丸、中宝永町、南宝永町、二葉町、入明町、洞ケ島町、寿町、中水道、幸町、伊勢崎町、相模町、吉田町、愛宕町1～4丁目、大川筋1～2丁目、駅前町、相生町、江陽町、北本町1～4丁目、新本町1～2丁目、昭和町、和泉町、塩田町、比島町1～4丁目、栄田町1～3丁目、井口町、平和町、三ノ丸、宮前町、西町、大膳町、山ノ端町、桜馬場、城北町、北八反町、宝町、小津町、越前町1～2丁目、新屋敷1～2丁目、八反町1～2丁目、東城山町、城山町、東石立町、石立町、玉水町、縄手町、鏡川町、下島町、旭町1～3丁目、赤石町、中須賀町、旭駅前町、元町、南元町、旭上町、水源町、本宮町、上本

宮町、大谷、岩ケ淵、鳥越、塚ノ原、西塚ノ原、長尾山町、旭天神町、佐々木町、北端町、山手町、横内、口細山、尾立、蓮台、福井町、福井扇町、福井東町、池、仁井田、種崎、十津1～6丁目、吸江、五台山、屋頭、高須、葛島1～4丁目、高須新町1～4丁目、高須砂地、高須本町、高須新木、高須1～3丁目、高須東町、高須西町、高須絶海、高須大谷、高須大島、布師田、一宮、薊野、重倉、久礼野、薊野西町1～3丁目、薊野北町1～4丁目、薊野東町、薊野中町、薊野南町、一宮西町1～4丁目、一宮しなね1～2丁目、一宮南町1～2丁目、一宮中町1～3丁目、一宮東町1～5丁目、一宮徳谷、愛宕山、前里、東秦泉寺、中秦泉寺、三園町、西秦泉寺、北秦泉寺、宇津野、三谷、七ツ淵、加賀野井1～2丁目、愛宕山南町、秦南町1～2丁目、東久万、中久万、西久万、南久万、万々、中万々、南万々、柴巻、円行寺、一ツ橋町1～2丁目、みづき1～3丁目、みづき山、大津甲、大津乙、介良甲、介良乙、介良丙、介良、潮見台1～3丁目、鏡大河内、鏡小浜、鏡大利、鏡今井、鏡草峰、鏡白岩、鏡狩山、鏡吉原、鏡的渕、鏡去坂、鏡竹奈路、鏡敷ノ山、鏡柿ノ又、鏡横矢、鏡増原、鏡葛山、鏡梅ノ木、鏡小山、土佐山菖蒲、土佐山西川、土佐山梶谷、土佐山、土佐山高川、土佐山桑尾、土佐山都網、土佐山弘瀬、土佐山東川、土佐山中切

【福岡県2区の福岡市南区・城南区の一部】（P155参照）

南区（那の川1丁目、那の川2丁目（1番から4番まで）、大楠1～3丁目、清水1～4丁目、玉川町、塩原1～4丁目、大橋団地、大橋1～4丁目、高木1～3丁目、五十川1～2丁目、井尻1～5丁目、折立町、横手1～4丁目、横手南町、的場1～2丁目、曰佐1～2丁目、曰佐4～5丁目、向新町1～2丁目、高宮1～5丁目、多賀1～2丁目、向野1～2丁目、筑紫丘1～2丁目、野間1～4丁目、若久団地、若久1～6丁目、三宅1～3丁目、南大橋1～2丁目、和田1～4丁目、野多目1～3丁目、野多目4丁目（1番から13番まで、18番1号から18番14号まで、18番61号から18番82号まで及び19番から30番まで）、野多目5丁目、老司1丁目（1番1号から1番17号まで、1番26号から1番48号まで、2番から4番まで、5番18号から5番36号まで、6番及び7番9号から7番28号まで）、市崎1～2丁目、大池1～2丁目、平和1～2丁目、平和4丁目、寺塚1～2丁目、柳河内1～2丁目、皿山1～4丁目、中尾1～3丁目、花畑1～4丁目、屋形原1～5丁目、鶴田4丁目（1番1号から1番8号まで、1番44号から1番47号まで、3番5号から3番24号まで及び3番38号から3番54号まで）、長丘1～5丁目、長住1～7丁目、西長住1～3丁目、大字桧原、桧原1～7丁目、大平寺1～2丁目、大字柏原、柏原1丁目（1番から25番まで及び27番から53番まで）、柏原3～7丁目）、**城南区**（鳥飼4～7丁目、別府団地、別府1～7丁目、城西団地、荒江団地、荒江1丁目、飯倉1丁目、田島1～6丁目、茶山1～6丁目、金山団地、七隈1～2丁目、七隈3丁目（1番から5番まで、8番24号、8番31号から8番44号まで、15番から19番まで、20番1号から20番4号まで及び20番25号から20番67号まで）、松山1～2丁目、友丘1～6丁目、友泉亭、長尾1～5丁目、樋井川1～7丁目、宝台団地、堤団地、堤1～2丁目、東油山1～6丁目、大字東油山、大字片江、片江1～5丁目、南片江1～6丁目、西片江1～2丁目、神松寺1～3丁目）

【福岡県3区の福岡市城南区（2区に属しない区域）】（P155参照）

七隈3丁目（6番、7番、8番1号から8番23号まで、8番25号から8番30号まで、8番45号、8番46号、9番から14番まで、20番5号から20番24号まで及び21番から23番まで）、七隈4～8丁目、干隈1～2丁目、梅林1～5丁目、大字梅林

【福岡県5区の福岡市南区（2区に属しない区域）】（P156参照）

曰佐3丁目、警弥郷1～3丁目、柳瀬1～2丁目、弥永1～5丁目、弥永団地、野多目4丁目（14番から17番まで、18番15号から18番60号まで、31番及び32番）、野多目6丁目、老司1丁目（1番18号から1番25号まで、5番1号から5番17号まで、5番37号から5番53号まで、7番1号から7番8号まで、7番29号から7番39号まで及び8番から35番まで）、老司2～5丁目、鶴田1～3丁目、鶴田4丁目（1番9号から1番43号まで、2番、3番1号から3番4号まで、3番25号から3番37号まで、3番55号から3番60号まで及び4番から54番まで）、柏原1丁目（26番）、柏原2丁目

【大分県1区の大分市の一部】（P160参照）

本庁管内、鶴崎・大南支所管内、植田支所管内（大字廻栖野（618番地から747番地2まで、830番地から832番地1まで、833番地1、833番地3から836番地3まで、838番地1から838番地2まで、841番地、1587番地、1591番地から1618番地まで及び1620番地）に属する区域を除く。）、大在・坂ノ市・明野支所管内

衆議院常任・特別委員一覧(令和6年1月29日現在)

【常任委員会】

内閣委員(40)

(自22)(立7)(維教4)(公3)
(共1)(国1)(有1)(れ1)

(長) 星野　剛士　自
(理) 冨樫　博之　自
(理) 中山　展宏　自
(理) 鳩山　二郎　自
(理) 堀場　幸子　維教
(理) 庄子　賢一　公
青山　周平　自
井野　俊郎　自
泉田　裕彦　自
上野　賢一郎　自
大西　英男　自
大野　敬太郎　自
神田　潤一　自
杉田　水脈　自
鈴木　英敬　自
髙木　啓　自
土田　慎　自
西田　昭二　自
平井　卓也　自
平沼　正二郎　自
牧島　かれん　自
宮澤　博行　自
簗　和生　自
山本　ともひろ　自
逢坂　誠二　立
中谷　一馬　立
太　栄志　立
本庄　知史　立
森山　浩行　立
山岸　一生　立
山崎　誠　立
阿部　司　維教
浦野　靖人　維教
住吉　寛紀　維教
河西　宏一　公
吉田　久美子　公
塩川　鉄也　共
浅野　哲　国
緒方　林太郎　有
大石　あきこ　れ

総務委員(40)

(自22)(立8)(維教4)(公3)
(共1)(国1)(無1)

(長) 古屋　範子　公
(理) 井原　巧　自
(理) 田所　嘉徳　自
(理) 田中　良生　自
(理) 根本　幸典　自
(理) 奥野　総一郎　立
(理) 中司　宏　維教
(理) 中川　康洋　公
石田　真敏　自
尾身　朝子　自
金子　恭之　自
川崎　ひでと　自
国光　あやの　自
小森　卓郎　自
斎藤　洋明　自
坂井　学　自
島尻　安伊子　自
田畑　裕明　自
寺田　稔　自
中川　貴元　自
西野　太亮　自
葉梨　康弘　自
長谷川　淳二　自
古川　直季　自
本田　太郎　自
保岡　宏武　自
おおつき　紅葉　立
岡本　あき子　立
福田　昭夫　立
藤岡　隆雄　立
道下　大樹　立
湯原　俊二　立
吉川　元　立
阿部　司　維教
中嶋　秀樹　維教
吉田　とも代　維教
平林　晃　公
宮本　岳志　共
西岡　秀子　国
吉川　赳　無

法務委員(35)

(自20)(立7)(維教4)
(公3)(共1)

(長) 武部　新　自
(理) 熊田　裕通　自
(理) 笹川　博義　自
(理) 谷川　とむ　自
(理) 牧原　秀樹　自
(理) 鎌田　さゆり　立
(理) 寺田　学　立
(理) 池下　卓　維教
(理) 大口　善徳　公
東　国幹　自
五十嵐　清　自
井出　庸生　自
稲田　朋美　自

(長)=委員長・会長、(理)=理事、(幹)=幹事、議員氏名の右は会派名

英利アルフィヤ　自
奥野信亮　自
斎藤洋明　自
高見康裕　自
中曽根康隆　自
中野英幸　自
仁木博文　自
平口洋　自
藤原崇　自
三ッ林裕巳　自
山田美樹　自
おおつき紅葉　立
鈴木庸介　立
道下大樹　立
山田勝彦　立
米山隆一　立
阿部弘樹　維教
斎藤アレックス　維教
美延映夫　維教
日下正喜　公
中川宏昌　公
本村伸子　共

外務委員(30)

(自17)(立5)(維教4)
(公2)(共1)(有1)

(長)**勝俣孝明**　自
(理)小田原潔　自
(理)城内実　自
(理)中川郁子　自
(理)藤井比早之　自
(理)源馬謙太郎　立
(理)青柳仁士　維教
(理)竹内譲　公
上杉謙太郎　自
黄川田仁志　自
高村正大　自
塩谷立　自
島尻安伊子　自
鈴木貴子　自
武井俊輔　自
西銘恒三郎　自
平沢勝栄　自
深澤陽一　自
穂坂泰　自
宮路拓馬　自
小熊慎司　立
佐藤公治　立
鈴木庸介　立
松原仁　立
鈴木敦　維教
徳永久志　維教
和田有一朗　維教
金城泰邦　公
穀田恵二　共
吉良州司　有

財務金融委員(40)

(自23)(立8)(維教4)
(公3)(共1)(無1)

(長)**津島淳**　自
(理)大野敬太郎　自
(理)鈴木馨祐　自
(理)宗清皇一　自
(理)山田美樹　自
(理)櫻井周　立
(理)末松義規　立
(理)伊東信久　維教
(理)稲津久　公
井上貴博　自
石原正敬　自
英利アルフィヤ　自
小田原潔　自
越智隆雄　自
大塚拓　自
金子俊平　自
木原誠二　自
岸信千世　自
鈴木隼人　自
瀬戸隆一　自
塚田一郎　自
中山展宏　自
藤丸敏　自
藤原崇　自
古川禎久　自
宮下一郎　自
若林健太　自
稲富修二　立
江田憲司　立
階猛　立
野田佳彦　立
馬場雄基　立
原口一博　立
沢田良　維教
藤巻健太　維教
掘井健智　維教
伊藤渉　公
竹内譲　公
田村貴昭　共
吉田豊史　無

文部科学委員(40)

(自23)(立8)(維教4)
(公3)(共1)(国1)

(長)**田野瀬太道**　自
(理)尾身朝子　自
(理)永岡桂子　自
(理)山田賢司　自
(理)金村龍那　維教
(理)浮島智子　公
青山周平　自
井出庸生　自

上杉　謙太郎　自
勝目　康　自
岸　信千世　自
小寺　裕雄　自
小林　茂樹　自
柴山　昌彦　自
鈴木　貴子　自
中曽根　康隆　自
中村　裕之　自
根本　幸典　自
船田　元　自
古川　直季　自
三谷　英弘　自
宮内　秀樹　自
山口　晋　自
山本　左近　自
義家　弘介　自
青山　大人　立
菊田　真紀子　立
坂本　祐之輔　立
下条　みつ　立
牧　義夫　立
吉川　元　立
吉田　はるみ　立
笠　浩史　立
早坂　敦　維教
堀場　幸子　維教
前原　誠司　維教
平林　晃　公
鰐淵　洋子　公
宮本　岳志　共
西岡　秀子　国

厚生労働委員(45)

(自25)(立10)(維教4)(公3)(共1)(国1)(有1)

(長) **新谷　正義**　自
(理) 大岡　敏孝　自
(理) 橋本　岳　自
(理) 三谷　英弘　自
(理) 中島　克仁　立
(理) 足立　康史　維教
(理) 伊佐　進一　公
秋葉　賢也　自
畦元　将吾　自
上田　英俊　自
大串　正樹　自
勝目　康　自
金子　容三　自
川崎　ひでと　自
塩崎　彰久　自
鈴木　英敬　自
田所　嘉徳　自
田畑　裕明　自
田村　憲久　自
髙階　恵美子　自
中谷　真一　自
仁木　博文　自
堀内　詔子　自
本田　太郎　自
三ッ林　裕巳　自
柳本　顕　自
山本　左近　自
吉田　真次　自
阿部　知子　立
井坂　信彦　立
大西　健介　立
堤　かなめ　立
西村　智奈美　立
山井　和則　立
柚木　道義　立
吉田　統彦　立
早稲田　ゆき　立
一谷　勇一郎　維教
遠藤　良太　維教
岬　麻紀　維教
福重　隆浩　公
吉田　久美子　公
宮本　徹　共
田中　健　国
福島　伸享　有

農林水産委員(40)

(自22)(立8)(維教3)(公3)(共1)(国1)(有1)(欠1)

(長) **野中　厚**　自
(理) 小島　敏文　自
(理) 古川　康　自
(理) 細田　健一　自
(理) 山口　壯　自
(理) 近藤　和也　立
(理) 緑川　貴士　立
(理) 池畑　浩太朗　維教
(理) 角田　秀穂　公
東　国幹　自
五十嵐　清　自
伊東　良孝　自
上田　英俊　自
江藤　拓　自
尾﨑　正直　自
神田　憲次　自
木村　次郎　自
小寺　裕雄　自
髙鳥　修一　自
橋　慶一郎　自
中川　郁子　自
西野　太亮　自
鳩山　二郎　自
堀井　学　自
保岡　宏武　自
山口　晋　自
梅谷　守　立

(衆)委員会

金子恵美	立
神谷裕	立
野間健	立
山田勝彦	立
渡辺創	立
一谷勇一郎	維教
掘井健智	維教
稲津久	公
山崎正恭	公
田村貴昭	共
長友慎治	国
北神圭朗	有

経済産業委員(40)

(自23)(立8)(維教4)(公3)(共1)(国1)

長	**岡本三成**	公
理	鈴木隼人	自
理	関芳弘	自
理	宮内秀樹	自
理	落合貴之	立
理	山崎誠	立
理	守島正	維教
理	中野洋昌	公
	井原巧	自
	石井拓	自
	尾崎正直	自
	大岡敏孝	自
	神田憲次	自
	国光あやの	自
	小林鷹之	自
	鈴木淳司	自
	冨樫博之	自
	中川貴元	自
	福田達夫	自
	細田健一	自
	堀井学	自
	松本洋平	自
	宗清皇一	自
	山際大志郎	自
	山下貴司	自
	吉田真次	自
	和田義明	自
	若林健太	自
	荒井優	立
	大島敦	立
	小山展弘	立
	重徳和彦	立
	田嶋要	立
	山岡達丸	立
	市村浩一郎	維教
	小野泰輔	維教
	山本剛正	維教
	吉田宣弘	公
	笠井亮	共
	鈴木義弘	国

国土交通委員(45)

(自25)(立9)(維教4)(公3)(共1)(国1)(有1)(れ1)

長	**長坂康正**	自
理	あかま二郎	自
理	小林茂樹	自
理	佐々木紀	自
理	武井俊輔	自
理	伴野豊	立
理	谷田川元	立
理	三木圭恵	維教
理	國重徹	公
	石橋林太郎	自
	泉田裕彦	自
	大西英男	自
	加藤竜祥	自
	金子俊平	自
	菅家一郎	自
	小島敏文	自
	小林鷹之	自
	小林史明	自
	櫻田義孝	自
	田中英之	自
	高木啓	自
	谷公一	自
	谷川とむ	自
	土井亨	自
	中根一幸	自
	中村裕之	自
	西田昭二	自
	古川康	自
	武藤容治	自
	石川香織	立
	枝野幸男	立
	城井崇	立
	小宮山泰子	立
	神津たけし	立
	白石洋一	立
	馬淵澄夫	立
	赤木正幸	維教
	漆間譲司	維教
	高橋英明	維教
	伊藤渉	公
	日下正喜	公
	高橋千鶴子	共
	古川元久	国
	福島伸享	有
	たがや亮	れ

環境委員(30)

(自17)(立7)(維教4)(公2)

長	**務台俊介**	自
理	伊藤忠彦	自
理	稲田朋美	自
理	菅家一郎	自

[理]	堀内 詔子	自
[理]	篠原 孝	立
[理]	森田 俊和	立
[理]	奥下 剛光	維教
[理]	鰐淵 洋子	公
	畦元 将吾	自
	井上 信治	自
	井上 貴博	自
	石原 正敬	自
	小倉 將信	自
	金子 容三	自
	国定 勇人	自
	熊田 裕通	自
	笹川 博義	自
	宮澤 博行	自
	柳本 顕	自
	鷲尾 英一郎	自
	大河原 まさこ	立
	近藤 昭一	立
	馬場 雄基	立
	松木 けんこう	立
	屋良 朝博	立
	杉本 和巳	維教
	空本 誠喜	維教
	林 佑美	維教
	中川 康洋	公

安全保障委員(30)

(自16)(立6)(維教4)
(公2)(共1)(無1)

[長]	**小泉 進次郎**	自
[理]	杉田 水脈	自
[理]	藤丸 敏	自
[理]	篠原 豪	立
[理]	岩谷 良平	維教
[理]	中川 宏昌	公
	江渡 聡徳	自
	大塚 拓	自
	黄川田 仁志	自
	高見 康裕	自
	武田 良太	自
	中谷 元	自
	長島 昭久	自
	細野 豪志	自
	松島 みどり	自
	松本 尚	自
	簗 和生	自
	和田 義明	自
	若宮 健嗣	自
	新垣 邦男	立
	玄葉 光一郎	立
	重徳 和彦	立
	屋良 朝博	立
	渡辺 周	立
	浅川 義治	維教
	斎藤 アレックス	維教
	住吉 寛紀	維教
	北側 一雄	公
	赤嶺 政賢	共
	柿沢 未途	無

国家基本政策委員(30)

(自18)(立6)(維教3)
(公1)(共1)(国1)

[長]	**根本 匠**	自
[理]	金子 恭之	自
[理]	佐藤 勉	自
[理]	西村 明宏	自
[理]	平井 卓也	自
[理]	藤田 文武	維教
[理]	石井 啓一	公
	麻生 太郎	自
	小渕 優子	自
	梶山 弘志	自
	金田 勝年	自
	田村 憲久	自
	渡海 紀三朗	自
	丹羽 秀樹	自
	葉梨 康弘	自
	浜田 靖一	自
	御法川 信英	自
	茂木 敏充	自
	森山 裕	自
	鷲尾 英一郎	自
	泉 健太	立
	岡田 克也	立
	後藤 祐一	立
	中村 喜四郎	立
	長妻 昭	立
	笠 浩史	立
	徳永 久志	維教
	馬場 伸幸	維教
	志位 和夫	共
	玉木 雄一郎	国

予算委員(50)

(自28)(立11)(維教4)
(公4)(共1)(国1)(有1)

[長]	**小野寺 五典**	自
[理]	上野 賢一郎	自
[理]	加藤 勝信	自
[理]	島尻 安伊子	自
[理]	橋本 岳	自
[理]	牧島 かれん	自
[理]	奥野 総一郎	立
[理]	山井 和則	立
[理]	漆間 譲司	維教
[理]	佐藤 英道	公
	井出 庸生	自
	伊東 良孝	自
	伊藤 達也	自
	石破 茂	自

今村雅弘	自
岩屋毅	自
衛藤征士郎	自
越智隆雄	自
奥野信亮	自
金田勝年	自
亀岡偉民	自
後藤茂之	自
田中和徳	自
平将明	自
塚田一郎	自
平沢勝栄	自
古屋圭司	自
牧原秀樹	自
宮路拓馬	自
山本有二	自
若林健太	自
渡辺博道	自
井坂信彦	立
石川香織	立
梅谷守	立
大西健介	立
小山展弘	立
階猛	立
山岸一生	立
米山隆一	立
早稲田ゆき	立
奥下剛光	維教
林佑美	維教
守島正	維教
赤羽一嘉	公
金城泰邦	公
角田秀穂	公
宮本徹	共
田中健	国
緒方林太郎	有

決算行政監視委員(40)

(自21) (立8) (維教3)
(公3) (れ2) (無2) (欠1)

[長]	**小川淳也**	立
[理]	小林史明	自
[理]	田中英之	自
[理]	中西健治	自
[理]	山下貴司	自
[理]	大河原まさこ	立
[理]	谷田川元	立
[理]	杉本和巳	維教
[理]	福重隆浩	公
	江﨑鐵磨	自
	遠藤利明	自
	小倉將信	自
	下村博文	自
	髙木毅	自
	棚橋泰文	自
	中谷真一	自

西村康稔	自
野田聖子	自
萩生田光一	自
福田達夫	自
松野博一	自
三反園訓	自
村上誠一郎	自
森英介	自
山本ともひろ	自
吉野正芳	自
青柳陽一郎	立
井坂信彦	立
手塚仁雄	立
中谷一馬	立
福田昭夫	立
遠藤良太	維教
金村龍那	維教
佐藤茂樹	公
庄子賢一	公
櫛渕万里	れ
たがや亮	れ
秋本真利	無
池田佳隆	無

議院運営委員(25)

(自14) (立6) (維教2)
(公1) (共1) (国1)

[長]	**山口俊一**	自
[理]	橘慶一郎	自
[理]	中谷真一	自
[理]	丹羽秀樹	自
[理]	武藤容治	自
[理]	鷲尾英一郎	自
[理]	青柳陽一郎	立
[理]	後藤祐一	立
[理]	遠藤敬	維教
[理]	輿水恵一	公
	井出庸生	自
	井野俊郎	自
	石原正敬	自
	木村次郎	自
	本田太郎	自
	三ッ林裕巳	自
	宮路拓馬	自
	山田賢司	自
	伊藤俊輔	立
	源馬謙太郎	立
	馬場雄基	立
	吉田はるみ	立
	中司宏	維教
	塩川鉄也	共
	浅野哲	国

懲罰委員(20)

(自10)(立6)(維教1)
(公1)(欠2)

長	**中川正春**	立
理	丹羽秀樹	自
理	林幹雄	自
理	井上英孝	維教
	逢沢一郎	自
	甘利明	自
	奥野信亮	自
	菅義偉	自
	二階俊博	自
	葉梨康弘	自
	武藤容治	自
	鷲尾英一郎	自
	安住淳	立
	小沢一郎	立
	大串博志	立
	菅直人	立
	吉田はるみ	立
	高木陽介	公

【特別委員会】

災害対策特別委員(35)

(自20)(立7)(維教3)
(公3)(共1)(国1)

長	**後藤茂之**	自
理	金子俊平	自
理	国光あやの	自
理	坂井学	自
理	笹川博義	自
理	菊田真紀子	立
理	渡辺創	立
理	掘井健智	維教
理	日下正喜	公
	東国幹	自
	石原正敬	自
	江藤拓	自
	金子容三	自
	金田勝年	自
	杉田水脈	自
	髙鳥修一	自
	根本幸典	自
	藤丸敏	自
	松本洋平	自
	宮路拓馬	自
	簗和生	自
	山口晋	自
	若林健太	自
	渡辺博道	自
	小山展弘	立
	神津たけし	立
	近藤和也	立
	中島克仁	立
	米山隆一	立
	堀場幸子	維教
	吉田とも代	維教
	中川康洋	公
	山崎正恭	公
	田村貴昭	共
	古川元久	国

政治倫理の確立及び公職選挙法改正に関する特別委員(35)

(自20)(立7)(維教3)
(公3)(共1)(国1)

長	**石田真敏**	自
理	大野敬太郎	自
理	西田昭二	自
理	鳩山二郎	自
理	平口洋	自
理	落合貴之	立
理	本庄知史	立
理	山本剛正	維教
理	中川康洋	公
	小倉將信	自
	尾崎正直	自
	大串正樹	自
	大塚拓	自
	奥野信亮	自
	勝目康	自
	亀岡偉民	自
	川崎ひでと	自
	木原誠二	自
	斎藤洋明	自
	寺田稔	自
	冨樫博之	自
	藤井比早之	自
	古川直季	自
	山田美樹	自
	源馬謙太郎	立
	後藤祐一	立
	野田佳彦	立
	太栄志	立
	柚木道義	立
	池下卓	維教
	奥下剛光	維教
	伊藤渉	公
	輿水恵一	公
	塩川鉄也	共
	長友慎治	国

沖縄及び北方問題に関する特別委員(25)

(自14)(立5)(維教3)(公2)(共1)

(長) 佐藤 公治 立
(理) 伊東 良孝 自
(理) 島尻 安伊子 自
(理) 鈴木 貴子 自
(理) 西銘 恒三郎 自
(理) 神谷 裕 立
(理) 屋良 朝博 立
(理) 高橋 英明 維教
(理) 金城 泰邦 公
東 国幹 自
井野 俊郎 自
上田 英俊 自
尾身 朝子 自
鈴木 隼人 自
武井 俊輔 自
中谷 真一 自
宮内 秀樹 自
山口 晋 自
和田 義明 自
新垣 邦男 立
松木 けんこう 立
斎藤 アレックス 維教
藤巻 健太 維教
佐藤 英道 公
赤嶺 政賢 共

北朝鮮による拉致問題等に関する特別委員(25)

(自14)(立5)(維教3)(公2)(共1)

(長) 小熊 慎司 立
(理) 斎藤 洋明 自
(理) 髙木 啓 自
(理) 髙鳥 修一 自
(理) 塚田 一郎 自
(理) 梅谷 守 立
(理) 西村 智奈美 立
(理) 和田 有一朗 維教
(理) 山崎 正恭 公
井出 庸生 自
加藤 勝信 自
熊田 裕通 自
佐々木 紀 自
櫻田 義孝 自
杉田 水脈 自
中川 郁子 自
山田 美樹 自
山本 左近 自
義家 弘介 自
下条 みつ 立
渡辺 周 立
金村 龍那 維教
鈴木 敦 維教
中川 宏昌 公
笠井 亮 共

消費者問題に関する特別委員(35)

(自20)(立7)(維教3)(公3)(共1)(国1)

(長) 秋葉 賢也 自
(理) 井原 巧 自
(理) 小倉 將信 自
(理) 武井 俊輔 自
(理) 堀内 詔子 自
(理) 青山 大人 立
(理) 大西 健介 立
(理) 林 佑美 維教
(理) 吉田 久美子 公
英利 アルフィヤ 自
勝目 康 自
金子 容三 自
岸 信千世 自
鈴木 英敬 自
高見 康裕 自
中川 貴元 自
中山 展宏 自
永岡 桂子 自
仁木 博文 自
船田 元 自
松島 みどり 自
三ッ林 裕巳 自
保岡 宏武 自
若宮 健嗣 自
井坂 信彦 立
石川 香織 立
おおつき 紅葉 立
大河原 まさこ 立
山田 勝彦 立
浅川 義治 維教
岬 麻紀 維教
日下 正喜 公
鰐淵 洋子 公
本村 伸子 共
鈴木 義弘 国

東日本大震災復興特別委員(40)

(自22)(立8)(維教4)(公3)(共1)(国1)(有1)

(長) 髙階 恵美子 自
(理) 小寺 裕雄 自
(理) 小林 鷹之 自
(理) 坂井 学 自
(理) 長島 昭久 自

(理) 鎌田 さゆり 立
(理) 馬場 雄基 立
(理) 早坂 敦 維教
(理) 庄子 賢一 公
五十嵐 清 自
上杉 謙太郎 自
小田原 潔 自
菅家 一郎 自
小島 敏文 自
小林 茂樹 自
冨樫 博之 自
中曽根 康隆 自
西野 太亮 自
平沢 勝栄 自
平沼 正二郎 自
藤原 崇 自
細野 豪志 自
三谷 英弘 自
山本 左近 自
吉田 真次 自
鷲尾 英一郎 自
荒井 優 立
金子 恵美 立
玄葉 光一郎 立
小宮山 泰子 立
鈴木 庸介 立
堤 かなめ 立
市村 浩一郎 維教
沢田 良 維教
美延 映夫 維教
赤羽 一嘉 公
福重 隆浩 公
高橋 千鶴子 共
鈴木 義弘 国
福島 伸享 有

原子力問題調査特別委員(35)

(自20)(立7)(維教3)
(公3)(共1)(国1)

(長) **平 将明** 自
(理) 泉田 裕彦 自
(理) 大西 英男 自
(理) 中村 裕之 自
(理) 武藤 容治 自
(理) 伴野 豊 立
(理) 山崎 誠 立
(理) 小野 泰輔 維教
(理) 平林 晃 公
畦元 将吾 自
今村 雅弘 自
上田 英俊 自
江渡 聡徳 自
大岡 敏孝 自
木村 次郎 自
佐々木 紀 自
鈴木 淳司 自
土井 亨 自
中根 一幸 自
西田 昭二 自
古川 康 自
細田 健一 自
宮澤 博行 自
宗清 皇一 自
阿部 知子 立
逢坂 誠二 立
菅 直人 立
田嶋 要 立
野間 健 立
阿部 弘樹 維教
空本 誠喜 維教
竹内 譲 公
中野 洋昌 公
笠井 亮 共
浅野 哲 国

地域活性化・こども政策・デジタル社会形成に関する特別委員(35)

(自20)(立7)(維教3)
(公3)(共1)(国1)

(長) **谷 公一** 自
(理) 井上 信治 自
(理) 上杉 謙太郎 自
(理) 田中 英之 自
(理) 牧島 かれん 自
(理) 岡本 あき子 立
(理) 藤岡 隆雄 立
(理) 一谷 勇一郎 維教
(理) 河西 宏一 公
今村 雅弘 自
黄川田 仁志 自
小寺 裕雄 自
小林 史明 自
橘 慶一郎 自
谷川 とむ 自
土田 慎 自
土井 亨 自
中川 郁子 自
橋本 岳 自
福田 達夫 自
藤丸 敏 自
堀井 学 自
保岡 宏武 自
柳本 顕 自
城井 崇 立
坂本 祐之輔 立
中谷 一馬 立
福田 昭夫 立
早稲田 ゆき 立

赤木正幸　維教
伊東信久　維教
伊佐進一　公
浮島智子　公
高橋千鶴子　共
田中健　国

【憲法審査会】

憲法審査会委員(50)
(自28)(立10)(維教5)
(公4)(共1)(国1)(有1)

(長) **森英介**　自
(幹) 加藤勝信　自
(幹) 小林鷹之　自
(幹) 寺田稔　自
(幹) 中谷元　自
(幹) 船田元　自
(幹) 馬場伸幸　維教
(幹) 北側一雄　公
井出庸生　自
井野俊郎　自
井上貴博　自
伊藤達也　自
石破茂　自
稲田朋美　自
岩屋毅　自
衛藤征士郎　自
越智隆雄　自
大串正樹　自
大塚拓　自
城内実　自
下村博文　自
中西健治　自
長島昭久　自
藤丸敏　自
古川禎久　自
古屋圭司　自
細野豪志　自
山下貴司　自
山田賢司　自
山本有二　自
大島敦　立
逢坂誠二　立
奥野総一郎　立
城井崇　立
近藤昭一　立
篠原孝　立
本庄知史　立
牧義夫　立
谷田川元　立
吉田はるみ　立
青柳仁士　維教
岩谷良平　維教
小野泰輔　維教
三木圭恵　維教
大口善徳　公
河西宏一　公

國重徹　公
赤嶺政賢　共
玉木雄一郎　国
北神圭朗　有

【情報監視審査会】

情報監視審査会委員(8)
(自4)(立2)(維教1)(公1)

(長) **岩屋毅**　自
伊藤達也　自
田村憲久　自
葉梨康弘　自
伊藤俊輔　立
山岸一生　立
中司宏　維教
大口善徳　公

【政治倫理審査会】

政治倫理審査会委員(25)
(自15)(立5)(維教2)
(公2)(共1)

(長) **田中和徳**　自
(幹) 橘慶一郎　自
(幹) 丹羽秀樹　自
(幹) 武藤容治　自
(幹) 鷲尾英一郎　自
(幹) 稲富修二　立
(幹) 寺田学　立
(幹) 浦野靖人　維教
(幹) 佐藤英道　公
井出庸生　自
井野俊郎　自
石原正敬　自
木村次郎　自
中谷真一　自
本田太郎　自
三ッ林裕巳　自
宮路拓馬　自
山田賢司　自
若林健太　自
枝野幸男　立
牧義夫　立
笠浩史　立
高橋英明　維教
河西宏一　公
穀田恵二　共

会派名の表記は下記の通り。
自 ＝自由民主党・無所属の会
立 ＝立憲民主党・無所属
維教 ＝日本維新の会・教育無償化を実現する会
公 ＝公明党
共 ＝日本共産党
国 ＝国民民主党・無所属クラブ
有 ＝有志の会
れ ＝れいわ新選組
無 ＝無所属
欠 ＝欠員

2005年以降の主な政党の変遷（数字は年月）

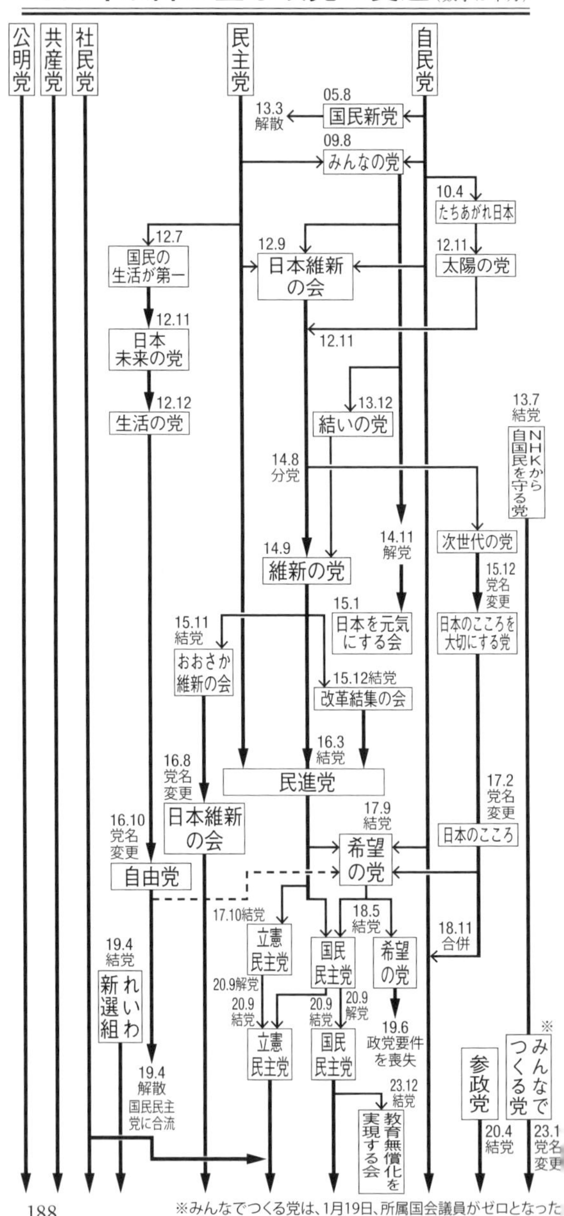

※みんなでつくる党は、1月19日、所属国会議員がゼロとなった

参議院

●凡例　記載内容は原則として令和6年2月1日現在。

選挙区　　定　数

第25回選挙得票数・得票率（令和元年7月21日）　第26回選挙得票数・得票率（令和4年7月10日）

得票数の左の▽印は繰り上げ当選者の資格を持つ法定得票数獲得者。

ふりがな
氏　名

党派*（会派）選挙年 当選回数
出身地　生年月日
勤続年数（うち衆年数）（初当選年）

略歴〔現職はゴシック。但し大臣・副大臣・政務官、委員会及び党役職のみ。〕

〒 地元 住所 ☎
〒 東京 住所 ☎

●編集要領

○ 住所に宿舎とあるのは議員宿舎、会館とあるのは議員会館。
○ **党派名、自民党の派閥名（[　]で表示）を略称で表記した。**

自 …自由民主党
立 …立憲民主党
公 …公明党
維 …日本維新の会
共 …日本共産党
国 …国民民主党
れ …れいわ新選組
社 …社会民主党
参 …参政党
教 …教育無償化を実現する会
無 …無所属
[麻]…麻生派
[茂]…茂木派
[無]…無派閥

（　）内は会派名
• 立憲…立憲民主・社民
• 国民…国民民主党・新緑風会
• 沖縄…沖縄の風
• N党…NHKから国民を守る党

○ **常任委員会**

内閣委員会……**内閣委**
総務委員会……**総務委**
法務委員会……**法務委**
外交防衛委員会……**外交防衛委**
財政金融委員会……**財金委**
文教科学委員会……**文科委**
厚生労働委員会……**厚労委**
農林水産委員会……**農水委**
経済産業委員会……**経産委**
国土交通委員会……**国交委**
環境委員会……**環境委**
国家基本政策委員会……**国家基本委**
予算委員会……**予算委**
決算委員会……**決算委**
行政監視委員会……**行政監視委**
議院運営委員会……**議運委**
懲罰委員会……**懲罰委**

○ **特別委員会**

災害対策特別委員会……**災害特委**
政府開発援助等及び沖縄・北方問題に関する特別委員会……**ODA・沖北特委**
政治倫理の確立及び選挙制度に関する特別委員会……**倫選特委**
北朝鮮による拉致問題等に関する特別委員会……**拉致特委**
地方創生及びデジタル社会の形成等に関する特別委員会……**地方・デジ特委**
消費者問題に関する特別委員会……**消費者特委**
東日本大震災復興特別委員会……**復興特委**

○ **調査会・審査会**

外交・安全保障に関する調査会……**外交・安保調委**
国民生活・経済及び地方に関する調査会……**国民生活調委**
資源エネルギー・持続可能社会に関する調査会……**資源エネ調委**
憲法審査会……**憲法審委**
情報監視審査会……**情報監視審委**
政治倫理審査会……**政倫審委**

※所属の委員会名は、1月26日現在の委員部資料及び議員への取材に基づいて掲載しています。
※勤続年数・年齢は令和6年2月末現在
＊新…当選1回の議員。前…当選2回以上で、選出される選挙時点で参議院議員であった議員。元…当選2回以上で、選出される選挙時点では、参議院議員でなかった議員、または当選2回以上で、繰上補充もしくは、補欠選挙により選出された議員。

参議院議員・秘書名一覧

	議員名	党派（会派）	選挙区 選挙年	政策秘書名 第１秘書名 第２秘書名	号室	直通 FAX	略歴頁
あ	足立敏之（あだちとしゆき）	自［無］	比例④	竹島睦 本田俊二 中山麻友	501	6550-0501 6551-0501	227
	阿達雅志（あだちまさし）	自［無］	比例④	土屋達之介 長岐康平 安西直紀	309	6550-0309 6551-0309	228
	青木愛（あおきあい）	立	比例④	――― ――― ―――	507	6550-0507 6551-0507	231
	青木一彦（あおきかずひこ）	自［無］	鳥取・島根④	――― 青戸哲哉 佐々木弘行	814	6550-0814 3502-8825	261
	青島健太（あおしまけんた）	維	比例④	有働正 劔持益美 高橋叔之	405	6550-0405 6551-0405	230
	青山繁晴（あおやましげはる）	自［無］	比例④	出口太 三浦麻未 入間川和美	1215	3581-3111(代)	226
	赤池誠章（あかいけまさあき）	自［無］	比例㊁	中島朱美 ――― 松岡俊一	524	6550-0524 6551-0524	216
	赤松健（あかまつけん）	自［無］	比例④	広野文治 日高周 中野梨紗	423	6550-0423 6551-0423	226
	秋野公造（あきのこうぞう）	公	福岡④	中條壽信 前田洋 和田和義	711	6550-0711 6551-0711	265
	浅尾慶一郎（あさおけいいちろう）	自［麻］	神奈川④	東海林大 三谷智雄 長尾有祐	601	6550-0601 6551-0601	249
	浅田均（あさだひとし）	維	大阪④	熊谷知 平岡紀志 坪内政史	621	6550-0621 6551-0621	258
	朝日健太郎（あさひけんたろう）	自［無］	東京④	桑代真哉 門内淳 宮部正紀	620	6550-0620 6551-0620	247
	東徹（あずまとおる）	維	大阪㊁	吉成正則 高野隆宏 柊谷龍哉	510	6550-0510 6551-0510	257
	有村治子（ありむらはるこ）	自［麻］	比例㊁	髙橋弘光 渡部桃子 田中三恵	1015	6550-1015 6551-1015	215
い	井上哲士（いのうえさとし）	共	比例㊁	児玉善彦 広井真光 藤浦修司	321	6550-0321 6551-0321	221
	井上義行（いのうえよしゆき）	自［無］	比例④	小川雅幸 黒木乃梨子 梅澤恭徳	920	6550-0920 6551-0920	228
	伊藤岳（いとうがく）	共	埼玉㊁	石川健介 岡嵜拓也 磯ヶ谷理恵	609	6550-0609 6551-0609	243
	伊藤孝江（いとうたかえ）	公	兵庫④	本孝薫 園谷晃一 武田朋久	1014	6550-1014 6551-1014	259
	伊藤孝恵（いとうたかえ）	国	愛知④	中島浩一 川井太司 永冶陽平	1008	6550-1008 6551-1008	255

※内線電話番号は、５＋室番号（３～９階は５のあとに０を入れる）

議員名	党派（会派）	選挙区 選挙年	政策秘書名 第１秘書名 第２秘書名	号室	直通 FAX	略歴頁
いは よういち 伊波洋一	無 （沖縄）	沖縄④	末廣 哲 伊波俊介 高江洲満子	519	6550-0519 6551-0519	269
いくいな あきこ 生稲晃子	自 ［無］	東京④	――― 伊藤慎一 永瀬祐見子	904	6550-0904 6551-0904	247
いしい あきら 石井 章	維	比例④	――― ――― ―――	1204	6550-1204 6551-1204	229
いしい じゅんいち 石井準一	自 ［無］	千葉(元)	森崎大輔 東野公俊 山田光男	506	6550-0506 5512-2606	244
いしい ひろお 石井浩郎	自 ［茂］	秋田④	黒川茂雄 畑澤敦子 千葉淳一	713	6550-0713 6551-0713	240
いしい まさひろ 石井正弘	自 ［無］	岡山(元)	近藤儀道 田淵善一 石田真佐代	1214	6550-1214 6551-1214	261
いしい みつこ 石井苗子	維	比例④	――― 橋本範子 森本卓矢	1115	6550-1115 6551-1115	229
いしがき 石垣のりこ	立	宮城(元)	――― 青木まり子 ―――	813	6550-0813 6551-0813	239
いしかわ たいが 石川大我	立	比例(元)	榎本順一 浜原健伍 飛鳥斗亜	1113	6550-1113 6551-1113	218
いしかわ ひろたか 石川博崇	公	大阪④	櫻井久美子 青木正伸 本浦正志	616	6550-0616 6551-0616	258
いしだ まさひろ 石田昌宏	自 ［無］	比例(元)	五反分正彦 大田京子 橋本祥太朗	1101	6550-1101 6551-1101	215
いしばし みちひろ 石橋通宏	立	比例④	渡辺卓也 鈴木良知 伊藤淳子	523	6550-0523 6551-0523	231
いそざき よしひこ 磯﨑仁彦	自 ［無］	香川④	冨田久雄 後藤寿也 竹内康弘	624	6550-0624 6551-0624	264
いそざき てつじ 礒﨑哲史	国	比例(元)	長谷康人 ――― ―――	1210	6550-1210 6551-1210	221
いのぐち くにこ 猪口邦子	自 ［麻］	千葉④	――― 末原功太郎 小久保時子	1105	6550-1105 6551-1105	245
いのせ なおき 猪瀬直樹	維	比例④	楜澤 悟 中嶋徳彦 ―――	513	6550-0513 6551-0513	229
いまい えりこ 今井絵理子	自 ［麻］	比例④	柳澤浩美 吉川夏貴 川﨑多津也	315	6550-0315 6551-0315	228
いわぶち とも 岩渕 友	共	比例④	安部由美子 阿部 了 小島あずみ	1002	6550-1002 6551-1002	233
いわもと つよひと 岩本剛人	自 ［無］	北海道(元)	荒木真一 小林三奈子 原 雅子	205	6550-0205 6551-0205	237
うえだ いさむ 上田 勇	公	比例④	嶋林秀一 時田能行 大井源也	1212	6550-1212 6551-1212	232

議員名	党派（会派）	選挙区 選挙年	政策秘書名 第１秘書名 第２秘書名	号室	直通 FAX	略歴頁
うえだ きよし 上田清司	無	埼玉④	六川鉄平 池田麻里 西澤理	618	6550-0618 6551-0618	244
うえの みちこ 上野通子	自［無］	栃木④	齋藤淳 根本龍夫 横田地美佳	918	6550-0918 6551-0918	242
うすい しょういち 臼井正一	自［茂］	千葉④	江熊富美代 大森裕志 鹿嶋祐介	909	6550-0909 6551-0909	245
うちこし さくら 打越さく良	立	新潟(元)	山口希望 相墨武人 石田佳	901	6550-0901 6551-0901	249
うめむら さとし 梅村聡	維	比例(元)	北野大地 ―― ――	326	6550-0326 6551-0326	220
うめむら 梅村みずほ	維	大阪(元)	浅田淳志 松村東 大嶋公一	1004	6550-1004 6551-1004	257
えじま きよし 江島潔	自［無］	山口④	三浦善一郎 稲田亮 亀永誉晃	1103	6550-1103 6551-1103	263
えとう せいいち 衛藤晟一	自［無］	比例(元)	北村賢一 柴原佳史 清水剛	1216	6550-1216 6551-1216	216
おざわ まさひと 小沢雅仁	立	比例(元)	加藤陽子 秋野健太郎 園田健人	1119	6550-1119 6551-1119	217
おぬま たくみ 小沼巧	立	茨城(元)	西恵美子 宮田康則 四倉茂	1012	6550-1012 6551-1012	241
おのだ きみ 小野田紀美	自［茂］	岡山④	山口栄利香 石原千絵 ――	318	6550-0318 6551-0318	261
おつじ ひでひさ 尾辻秀久	無	鹿児島(元)	松尾有嗣 ―― 竹内和香	515	6550-0515 3595-1127	268
おち としゆき 越智俊之	自［無］	比例④	皆川洋平 一瀬晃一朗 張富栄偉	821	6550-0821 5512-5121	229
おおいえ さとし 大家敏志	自［麻］	福岡④	石田麻子 伊原隆敏 柴田泰夫	518	6550-0518 6551-0518	265
おおしま くすお 大島九州男	れ	比例④繰	―― ―― ――	714	6550-0714 6551-0714	233
おおつか こうへい 大塚耕平	国	愛知(元)	河本安子 岩崎孝史 川越崇史	1121	6550-1121 6551-1121	254
おおつばき 大椿ゆうこ	社	比例(元)繰	野崎哲 ―― 小野寺葉月	906	6550-0906 6551-0906	222
おおの やすただ 大野泰正	無	岐阜(元)	岩田佳子 髙井雅之 高木まゆみ	503	6550-0503 6551-0503	252
おおた ふさえ 太田房江	自［無］	大阪(元)	郷千鶴子 川端威臣 星神裕希枝	308	6550-0308 6551-0308	257
おかだ なおき 岡田直樹	自［無］	石川④	丹後智浩 下田学 大畠央三	807	6550-0807 6551-0807	250

※内線電話番号は、５＋室番号（３～９階は５のあとに０を入れる）

議員名	党派（会派）	選挙区 選挙年	政策秘書名 第1秘書名 第2秘書名	号室	直通 FAX	略歴頁
おときた しゅん 音喜多 駿	維	東京[元]	小林優輔 濵 あやこ 下山達人	612	6550-0612 6551-0612	246
おにき まこと 鬼木 誠	立	比例④	鳥越保浩 三木みどり ――	511	6550-0511 6551-0511	230
かだ ひろゆき 加田裕之	自 ［無］	兵庫[元]	福田聖也 藤本哲也 宇都宮祥一郎	819	6550-0819 6551-0819	259
かとう あきよし 加藤明良	自 ［茂］	茨城④	大塚典子 前田拓哉 雨澤陸希	414	6550-0414 6551-0414	241
かだ ゆきこ 嘉田由紀子	教	滋賀[元]	安部秀行 五月女彩子 田代 直	815	6550-0815 6551-0815	256
かじはら だいすけ 梶原大介	自 ［無］	比例④	吉澤昌樹 泉 栄恵 宍戸麻里子	201	6550-0201 6551-0201	226
かたやま 片山さつき	自 ［無］	比例④	源平尚人 山下英二 山崎規恵	420	6550-0420 6551-0420	227
かたやま だいすけ 片山大介	維	兵庫④	―― 三井敏弘 近藤純子	721	6550-0721 6551-0721	259
かつべ けんじ 勝部賢志	立	北海道[元]	田中信彦 片桐 眞 花田雅昭	608	6550-0608 6551-0608	237
かねこ みちひと 金子道仁	維	比例④	宮田宗冬 米内宏明 伊藤裕理	1013	6550-1013 6551-1013	230
かみや そうへい 神谷宗幣	参	比例④	上原千可子 高岩勝人 和田武士	520	6550-0520 6551-0520	234
かみや まさゆき 神谷政幸	自 ［麻］	比例④	粂原 健 五十嵐哲也 内田美和	1218	6550-1218 6551-1218	228
かみ ともこ 紙 智子	共	比例[元]	田井共生 小松正英 ――	710	6550-0710 6551-0710	221
かわい たかのり 川合孝典	国	比例④	平澤幸子 海保順一 ――	1223	6550-1223 6551-1223	233
かわだ りゅうへい 川田龍平	立	比例[元]	稲葉治久 ―― 小室靖浩	508	6550-0508 6551-0508	218
かわの よしひろ 河野義博	公	比例[元]	新保正則 矢野久枝 芝田博子	720	6550-0720 6551-0720	219
きむら えいこ 木村英子	れ	比例[元]	入野田智也 堤 昌也 ――	314	6550-0314 6551-0314	222
きら よしこ 吉良よし子	共	東京[元]	加藤昭宏 菊田由佳 恒川京子	509	6550-0509 6551-0509	246
きし まきこ 岸 真紀子	立	比例[元]	岸野ミチル 米田由美子 森木亮太	611	6550-0611 6551-0611	217
きたむら つねお 北村経夫	自 ［無］	山口[元]補	菅田 誠 渡部仁志 黒坂陽子	1109	6550-1109 6551-1109	262

	議員名	党派(会派)	選挙区 選挙年	政策秘書名 第1秘書名 第2秘書名	号室	直通 FAX	略歴頁
く	くしだせいいち 串田誠一	維	比例④	― 大塚莉沙 新山美香	1203	6550-1203 6551-1203	230
	くぼたてつや 窪田哲也	公	比例④	細田千鶴子 仮屋雄一 甲斐広宣	202	6550-0202 6551-0202	232
	くまがいひろと 熊谷裕人	立	埼玉(元)	上原広 ― 野口浩	1217	6550-1217 6551-1217	243
	くらばやしあきこ 倉林明子	共	京都(元)	増田優子 山本裕太 佐藤萌海	1021	6550-1021 6551-1021	256
こ	たかし こやり隆史	自 [無]	滋賀④	増田綾子 田村敏一 田中里佳子	716	6550-0716 6551-0716	256
	こいけあきら 小池晃	共	比例(元)	丸井龍平 吉井芳子 槐島明香	1208	6550-1208 6551-1208	220
	こにしひろゆき 小西洋之	立	千葉④	千葉章 鈴木宏明 小野寺章	915	6550-0915 6551-0915	245
	こばやしかずひろ 小林一大	自 [無]	新潟④	橋本美奈子 ― 向井崇浩	416	6550-0416 6551-0416	249
	こがちかげ 古賀千景	立	比例④	前川浩司 安西仁美 ―	409	6550-0409 6551-0409	230
	こがゆういちろう 古賀友一郎	自 [無]	長崎(元)	高田久美子 葉山史織 坂爪ひとみ	1206	6550-1206 6551-1206	266
	こがゆきひと 古賀之士	立	福岡④	鈴木加世子 片山浩 西田久美	1108	6550-1108 6551-1108	265
	こしょうはるとも 古庄玄知	自 [無]	大分④	原敬一 川口純男 古庄はるか	907	6550-0907 6551-0907	267
	こうづきりょうすけ 上月良祐	自 [茂]	茨城(元)	岸田礼子 平島剛 瀧幸彦	704	6550-0704 6551-0704	241
さ	ささき 佐々木さやか	公	神奈川(元)	長岡光明 古屋伸一 高木和明	514	6550-0514 6551-0514	248
	さとうけい 佐藤啓	自 [無]	奈良④	榎本政子 寺内清智 岩本有子	708	6550-0708 6551-0708	260
	さとうのぶあき 佐藤信秋	自 [茂]	比例(元)	玉村貴 安和博 富山明彦	722	6550-0722 6551-0722	215
	さとうまさひさ 佐藤正久	自 [茂]	比例(元)	木下俊治 橋谷田洋介 野口マキ	705	6550-0705 6551-0705	215
	さいとうけんいちろう 齊藤健一郎	無 (N党)	比例④繰	渡辺文久 本間明子 丸山穂高	304	6550-0304 6551-0304	234
	さいとうよしたか 斎藤嘉隆	立	愛知④	石田敏高 市川晶 若松善幸	707	6550-0707 6551-0707	255
	さかいやすゆき 酒井庸行	自 [無]	愛知(元)	忽那薫 鈴木秀二 歌川純子	723	6550-0723 6551-0723	254

※内線電話番号は、5＋室番号（3～9階は5のあとに0を入れる）

議員名	党派(会派)	選挙区 選挙年	政策秘書名 第1秘書名 第2秘書名	号室	直通 FAX	略歴頁
さくらい みつる 櫻井　充	自 [無]	宮城④	庄子真央 増田裕一 尾形幸子	512	6550-0512 6551-0512	239
さとみ りゅうじ 里見隆治	公	愛知④	黒田泰広 山下高明 長尾稔	301	6550-0301 6551-0301	254
さんとう あきこ 山東昭子	自 [麻]	比例(元)	勝俣岳人 島田好隆 京谷政春	310	6550-0310 6551-0310	216
しみず たかゆき 清水貴之	維	兵庫(元)	上杉真子 小濱丈弥 福西こころ	404	6550-0404 6551-0404	258
しみず まさと 清水真人	自 [無]	群馬(元)	三留哲郎 佐藤始 神田彩	923	6550-0923 6551-0923	242
じみ 自見はなこ	自 [無]	比例④	讃岐浩士 佐藤裕之 大畑成美	504	6550-0504 6551-0504	227
しおた ひろあき 塩田博昭	公	比例(元)	橋本正博 菊地淑子 尾形康彦	1117	6550-1117 6551-1117	219
しおむら 塩村あやか	立	東京(元)	石井茂 丸子知奈美 ――	706	6550-0706 6551-0706	246
しば しんいち 柴　愼一	立	比例④	高木智章 加藤久美子 ――	1009	6550-1009 6551-1009	231
しばた たくみ 柴田　巧	維	比例(元)	吉岡彩乃 富田道康 牧毅	816	6550-0816 6551-0816	220
しまむら だい 島村　大		神奈川(元)	（令和5年8月30日死去）			248
しもの ろくた 下野六太	公	福岡(元)	奈須野文麿 成松明 清川通貴	913	6550-0913 6551-0913	265
しらさか あき 白坂亜紀	自 [無]	大分(元)補	神田信浩 関澤一洋 大塚久美	419	6550-0419 6551-0419	267
しんどう かねひこ 進藤金日子	自 [無]	比例④	豊輝久 知花正博 佐々木理恵	719	6550-0719 6551-0719	228
しんば かづや 榛葉賀津也	国	静岡(元)	堀池厚志 日高由佳 林田玲	1011	6550-1011 6551-0026	253
すどう げんき 須藤元気	無	比例(元)	―― 西悦蔵 御子貝浩太	914	6550-0914 6551-0914	218
すえまつ しんすけ 末松信介	自 [無]	兵庫④	荒金美保 中根健治 末松真帆	905	6550-0905 5512-2616	259
すぎ ひさたけ 杉　久武	公	大阪(元)	小神輝高 川久保一司 井崎光城	615	6550-0615 6551-0615	257
すぎお ひでや 杉尾秀哉	立	長野④	山根睦弘 松原秀吉 小林直樹	724	6550-0724 6551-0724	252
すずき むねお 鈴木宗男	無	比例(元)	赤松真次 飯島翔 堀居和美	1219	6550-1219 6551-1219	220

	議員名	党派（会派）	選挙区 選挙年	政策秘書名 第1秘書名 第2秘書名	号室	直通 FAX	略歴頁
せ	せこうひろしげ 世耕弘成	自 ［無］	和歌山(元)	佐藤拓治 福井康司 花田周基	1017	6550-1017 6551-1017	260
	せきぐちまさかず 関口昌一	自 ［無］	埼玉④	多田政弘 関口恵太 齋藤亮	1104	6550-1104 6551-1104	244
た	たじままいこ 田島麻衣子	立	愛知(元)	矢下雄介 河合利弘 ―	410	6550-0410 6551-0410	254
	たなかまさし 田中昌史	自 ［無］	比例(元)繰	上野裕子 内藤貴司 ―	505	6550-0505 6551-0505	217
	たなぶまさよ 田名部匡代	立	青森④	大谷佳子 八木歳博 田中春希	1106	6550-1106 6551-1106	238
	たむらともこ 田村智子	共	比例④	岩藤智彦 寺下真 関恵美子	908	6550-0908 6551-0908	232
	たむら 田村まみ	国	比例(元)	堺知美 林公太郎 岡光隆	910	6550-0910 6551-0910	221
	たかぎ 高木かおり	維	大阪④	近藤晶久 ― 石田航一	306	6550-0306 6551-0306	258
	たかぎまり 高木真理	立	埼玉④	森千代子 細川千恵子 浅沼祐輝	317	6550-0317 6551-0317	244
	たかはしかつのり 高橋克法	自 ［麻］	栃木(元)	網野辰男 阿久津伸之 市村綾子	324	6550-0324 6551-0324	242
	たかはし 高橋はるみ	自 ［無］	北海道(元)	― 斎藤伸志 三上静	303	6550-0303 6551-0303	237
	たかはしみつお 高橋光男	公	兵庫(元)	深田知行 青木勇人 中間和住	614	6550-0614 6551-0614	259
	たからてつみ 髙良鉄美	無 （沖縄）	沖縄(元)	― 新澤有 知念祐紀	712	6550-0712 6551-0712	269
	たきさわもとめ 滝沢求	自 ［麻］	青森(元)	平岡久宣 野月法文 細谷真理子	522	6550-0522 6551-0522	238
	たきなみひろふみ 滝波宏文	自 ［無］	福井(元)	磯村圭一 前川正治 橋本純子	307	6550-0307 6551-0307	251
	たけうちしんじ 竹内真二	公	比例④	金田守正 半沢拓巳 中村純一	801	6550-0801 6551-0801	231
	たけづめひとし 竹詰仁	国	比例④	小池ひろみ 井上徹 塚越深雪	406	6550-0406 6551-0406	233
	たけやとしこ 竹谷とし子	公	東京④	池田奈保美 松下秋子 萩野谷明子	517	6550-0517 6551-0517	247
	たけみけいぞう 武見敬三	自 ［麻］	東京(元)	牧野能治 畠山恵美子 ―	413	6550-0413 6206-1502	246
	たにあいまさあき 谷合正明	公	比例④	木倉谷靖 田村智 尾上健太	922	6550-0922 6551-0922	232

※内線電話番号は、5＋室番号（3〜9階は5のあとに0を入れる）

議員名	党派(会派)	選挙区 選挙年	政策秘書名 第1秘書名 第2秘書名	号室	直通 FAX	略歴頁
つ　柘植芳文（つげ よしふみ）	自 [無]	比例(元)	辰巳知宏 田丸方敏 水野真梨	1114	6550-1114 6551-1114	214
辻元清美（つじもと きよみ）	立	比例④	長谷川哲也 辻元一之 岩崎雅子	613	6550-0613 6551-0613	230
鶴保庸介（つるほ ようすけ）	自 [無]	和歌山④	― 山本明 小川哲	313	6550-0313 6551-0313	260
て　寺田静（てらた しずか）	無	秋田(元)	反田麻理 桑原愛 荒木裕美子	204	6550-0204 6551-0204	240
天畠大輔（てんばた だいすけ）	れ	比例④	中島浩 黒田宗矢 篠田恵	316	6550-0316 6551-0316	233
と　堂故茂（どうこ しげる）	自 [茂]	富山(元)	深津登 亀谷忠宏 関由加	1003	6550-1003 6551-1003	250
堂込麻紀子（どうごみ まきこ）	無	茨城④	荒木有子 武田宏司 黒田誠	607	6550-0607 6551-0607	242
徳永エリ（とくなが）	立	北海道④	岡内隆博 矢野信彦 水見祥子	701	6550-0701 6551-0701	238
友納理緒（とものう りお）	自 [無]	比例④	池田達郎 星井孝之 セイク千亜紀	1116	6550-1116 6551-1116	227
豊田俊郎（とよだ としろう）	自 [麻]	千葉(元)	木村慎一 松崎和也 鶴岡瑛右	1213	6550-1213 6551-1213	245
な　ながえ孝子（たかこ）	無	愛媛(元)	林弘樹 福田剛 藤田一成	709	6550-0709 6551-0709	264
中条きよし（なかじょう）	維	比例④	進藤慶子 園田弘幸 畠中和昭	805	6550-0805 6551-0805	229
中曽根弘文（なかそね ひろふみ）	自 [無]	群馬④	上屋勝哉 望月美樹 米岡輝和	1224	6550-1224 3592-2424	243
中田宏（なかだ ひろし）	自 [無]	比例(元)(繰)	― 中田敬二 ―	1102	6550-1102 6551-1102	217
中西祐介（なかにし ゆうすけ）	自 [麻]	徳島・高知④	平岡英士 喜多村旬 ―	622	6550-0622 6551-0622	263
永井学（ながい まなぶ）	自 [茂]	山梨④	玉木武彦 吉峰佳世 折山俊樹	516	6550-0516 6551-0516	251
長浜博行（ながはま ひろゆき）	無	千葉(元)	鈴木浩暢 大滝奈央 山田由美子	606	6550-0606 6551-0606	245
長峯誠（ながみね まこと）	自 [無]	宮崎(元)	早川健一郎 持永隆大 栗山真也	802	6550-0802 6551-0802	268
に　仁比聡平（にひ そうへい）	共	比例④	加藤紀男 園山あゆみ 韮澤彰	408	6550-0408 6551-0408	232
新妻秀規（にいづま ひでき）	公	比例(元)	萱原信英 松浦美喜子 樋上輝夫	1112	6550-1112 6551-1112	219

	議員名	党派(会派)	選挙区 選挙年	政策秘書名 第1秘書名 第2秘書名	号室	直通 FAX	略歴頁
	にしだ しょうじ 西田昌司	自 [無]	京都(元)	安藤高士 柿本大輔 新村崇	1110	6550-1110 3502-8897	256
	にしだ まこと 西田実仁	公	埼玉④	吉田正 関谷富士男 大間博昭	1005	6550-1005 6551-1005	244
の	のがみ こうたろう 野上浩太郎	自 [無]	富山④	野村隆宏 小林靖 白川智也	1010	6550-1010 6551-1010	250
	のだ くによし 野田国義	立	福岡(元)	大谷正人 林卓也 ―	323	6550-0323 6551-0323	265
	のむら てつろう 野村哲郎	自 [茂]	鹿児島④	留奥敦義 碇本博一 田畑雅代	1120	6550-1120 6551-1120	268
は	はた じろう 羽田次郎	立	長野(元)補	辻甲子郎 横山志保 朝倉秀夫	818	6550-0818 6551-0818	252
	はにゅうだ たかし 羽生田俊	自 [無]	比例(元)	安部和之 ― 白鳥貴子	319	6550-0319 6551-0319	216
	はが みちや 芳賀道也	無 (国民)	山形(元)	戸次貴彦 横尾和義 関井美喜男	917	6550-0917 6551-0917	240
	はせがわ がく 長谷川岳	自 [無]	北海道④	前島英希 牛間由美子 森越正也	619	6550-0619 6550-0055	237
	はせがわ ひではる 長谷川英晴	自 [無]	比例④	坪根輝彦 藤澤信行 渡辺明子	1020	6550-1020 6551-1020	226
	ばば せいし 馬場成志	自 [無]	熊本(元)	吉津暢章 登耕太 柴田啓介	1016	6550-1016 6551-1016	267
	はしもと せいこ 橋本聖子	自 [無]	比例(元)	宮内榮子 藤原清美 甲斐将裕	803	6550-0803 6551-0803	215
	はまぐち まこと 浜口誠	国	比例④	― 石綿慶子 井上香織	1022	6550-1022 6551-1022	233
	はまだ さとし 浜田聡	無 (N党)	比例(元)繰	坂本雅彦 末永友香梨 重黒木優平	403	6550-0403 6551-0403	222
	はまの よしふみ 浜野喜史	国	比例(元)	下橋佑治 小林和未 居垣勇人	521	6550-0521 6551-0521	221
ひ	ひが なつみ 比嘉奈津美	自 [茂]	比例(元)繰	岡田英 ― 齋藤正純	1221	6550-1221 6551-1221	217
	ひらき だいさく 平木大作	公	比例(元)	田中大作 麻生賢一 遠藤彰子	422	6550-0422 6551-0422	219
	ひらやま さちこ 平山佐知子	無	静岡④	細井貴光 宮﨑隆司 篠原倫太郎	822	6550-0822 6551-0822	253
	ひろせ 広瀬めぐみ	自 [麻]	岩手④	― ― ―	418	6550-0418 6551-0418	239
	ひろた はじめ 広田一	無	徳島・高知(元)補	二瓶真樹子 野村公紀 青木光男	421	6550-0421 6551-0421	263

※内線電話番号は、５＋室番号（３～９階は５のあとに０を入れる）

議員名	党派(会派)	選挙区 選挙年	政策秘書名 第1秘書名 第2秘書名	号室	直通 FAX	略歴頁
ふ 福岡資麿（ふくおかたかまろ）	自 [無]	佐賀④	岩永幸雄 吉田勇一 相澤晃二	919	6550-0919 6551-0919	266
福島みずほ（ふくしま）	社	比例④	石川顕 露木佳代 鍋野哲	1111	6550-1111 6551-1111	234
福山哲郎（ふくやまてつろう）	立	京都④	― 正木幸一 ―	808	6550-0808 6551-0808	257
藤井一博（ふじいかずひろ）	自 [無]	比例④	伊勢田暁子 浅井政厚 上杉和輝	605	6550-0605 6551-0605	226
藤川政人（ふじかわまさひと）	自 [麻]	愛知④	松本由紀子 藤原勝彦 小林祐太	717	6550-0717 6550-0057	254
藤木眞也（ふじきしんや）	自 [無]	比例④	池上知子 石黒もも子 ―	1006	6550-1006 6551-1006	227
藤巻健史（ふじまきたけし）	維	比例(元)繰	藤生賢哉 川鍋修司 ―	1122	6550-1122 6551-1122	220
舟山康江（ふなやまやすえ）	国	山形④	中田兼司 伊藤一洋 齊藤秀昭	810	6550-0810 6551-0810	240
舩後靖彦（ふなごやすひこ）	れ	比例(元)	岡田哲扶 蒔田備憲 小林律子	302	6550-0302 6551-0302	222
船橋利実（ふなはしとしみつ）	自 [麻]	北海道④	戸田玄 三浦祐子 船橋真典	424	6550-0424 6551-0424	238
古川俊治（ふるかわとしはる）	自 [無]	埼玉(元)	森本義久 池上聰 高橋利典	718	6550-0718 6551-0718	243
ほ 星北斗（ほしほくと）	自 [無]	福島④	― 漆畑佑 ―	322	6550-0322 6551-0322	241
堀井巌（ほりいいわお）	自 [無]	奈良(元)	平田勝紀 米田憲司 吉田悠亮	417	6550-0417 6551-0417	260
本田顕子（ほんだあきこ）	自 [無]	比例(元)	関野秀人 我妻理子 ―	1001	6550-1001 6551-1001	216
ま 舞立昇治（まいたちしょうじ）	自 [無]	鳥取・島根(元)	中園めぐみ 浅井威厚 中ノ森早苗	603	6550-0603 6551-0603	261
牧野たかお（まきの）	自 [茂]	静岡(元)	渡辺恵美 鷲見正親 土屋行男	812	6550-0812 6551-0812	253
牧山ひろえ（まきやま）	立	神奈川(元)	平澤和也 柴田明良 渡辺真也	1007	6550-1007 6551-1007	248
松川るい（まつかわ）	自 [無]	大阪④	津坂光継 清水康弘 秋山真美	407	6550-0407 6551-0407	258
松沢成文（まつざわしげふみ）	維	神奈川④	千葉修平 神田友輔 杉山卓	903	6550-0903 6551-0903	248
松下新平（まつしたしんぺい）	自 [無]	宮崎④	児玉勝 大出浩己 松浦克哉	824	6550-0824 6551-0824	268

議員名	党派(会派)	選挙区 選挙年	政策秘書名 第1秘書名 第2秘書名	号室	直通 FAX	略歴頁
松野明美（まつのあけみ）	維	比例④	内田昌吾 金光雅美 西村仁美	912	6550-0912 6551-0912	229
松村祥史（まつむらよしふみ）	自［茂］	熊本④	古賀正秋 畑山登 小野晃嗣	1023	6550-1023 6551-1023	267
松山政司（まつやままさじ）	自［無］	福岡(元)	中島基彰 佐々木久之 松本麗	1124	6550-1124 6551-1124	264
丸川珠代（まるかわたまよ）	自［無］	東京(元)	三浦基広 山田孝次 美坂勇輝	902	6550-0902 6551-0902	246
み 三浦信祐（みうらのぶひろ）	公	神奈川④	山本大三郎 浪川健太郎 薗部幸広	804	6550-0804 6551-0804	249
三浦靖（みうらやすし）	自［茂］	比例(元)	小林一巳 長尾広志 森山真吉	811	6550-0811 6551-0811	214
三上えり（みかみ）	無（立憲）	広島④	石橋鉄也 槙埜秀樹 川田海栄	320	6550-0320 6551-0320	262
三原じゅん子（みはらこ）	自［無］	神奈川④	宮崎達也 関根千里 武原美佐	823	6550-0823 6551-0823	248
三宅伸吾（みやけしんご）	自［無］	香川(元)	須山義正 ——— ———	604	6550-0604 6551-0604	263
水岡俊一（みずおかしゅんいち）	立	比例(元)	平野和子 藤野花菜 濵田彦丸	305	6550-0305 6551-0305	217
水野素子（みずのもとこ）	立	神奈川④*	東使義浩 西塔謙志 松本美治	1209	6550-1209 6551-1209	249
宮口治子（みやぐちはるこ）	立	広島(元)再	江田洋一 山田洋満 藤井奈央	206	6550-0206 6551-0206	262
宮崎雅夫（みやざきまさお）	自［無］	比例(元)	前田健次 津田澄男 大竹晃子	610	6550-0610 6551-0610	216
宮崎勝（みやざきまさる）	公	比例④繰	廣野光夫 青木正美 坪井正一朗	1118	6550-1118 6551-1118	232
宮沢洋一（みやざわよういち）	自［無］	広島④	小川修一 髙島淳子 有本悦子	820	6550-0820 6551-0820	262
宮本周司（みやもとしゅうじ）	自［無］	石川(元)補	不破行大 中嶋友紀 南野祥恵	1018	6550-1018 6551-1018	250
む 村田享子（むらたきょうこ）	立	比例④	井出智則 田中美佐江 田代宏大	1222	6550-1222 6551-1222	231
も 森まさこ（もり）	自［無］	福島(元)	工藤誠一 吉田佳代 小池康之	924	6550-0924 6551-0924	241
森本真治（もりもとしんじ）	立	広島(元)	八木橋美千代 古賀寛三 百田正則	311	6550-0311 6551-0311	262
森屋隆（もりやたかし）	立	比例(元)	大澤祥文 瀬森理介 古城戸美奈	1211	6550-1211 6551-1211	218

※内線電話番号は、5＋室番号（3～9階は5のあとに0を入れる）

＊水野素子議員の任期は令和7年まで。

議員名	党派(会派)	選挙区 選挙年	政策秘書名 第1秘書名 第2秘書名	号室	直通 FAX	略歴頁
もりや ひろし 森屋 宏	自 [無]	山梨(元)	漆原大介 小泉文彦 髙橋賢治	502	6550-0502 6551-0502	251
や くら かつ お 矢倉克夫	公	埼玉(元)	中居俊夫 久富礼子 ―――	401	6550-0401 6551-0401	243
やす え のぶ お 安江伸夫	公	愛知(元)	大﨑順一 髙橋直樹 鐘ヶ江義之	312	6550-0312 6551-0312	254
やな が せ ひろふみ 柳ヶ瀬裕文	維	比例(元)	鈴木崇久 大岡貴志 吉岡美智子	703	6550-0703 6551-0703	220
やまぐち な つ お 山口那津男	公	東京(元)	山下千秋 出口俊夫 大川満里子	806	6550-0806 6551-0806	246
やま ざき まさ あき 山崎正昭	自 [無]	福井④	石山秀樹 松山康代 岸本成美	1201	6550-1201 6551-1201	251
やま した ゆう へい 山下雄平	自 [茂]	佐賀(元)	永石浩視 水谷秀美 中原茂	916	6550-0916 6551-0916	266
やま した よし き 山下芳生	共	比例(元)	中村哲也 中島敬介 ―――	1123	6550-1123 6551-1123	221
やま ぞえ たく 山添 拓	共	東京④	阿戸知則 佐藤祐実 折原知子	817	6550-0817 6551-0817	247
やま だ た ろう 山田太郎	自 [無]	比例(元)	小山紘一 荒井理沙子 小寺直子	623	6550-0623 6551-0623	214
やま だ とし お 山田俊男	自 [無]	比例(元)	村瀬弘美 西野司 木下純宏	809	6550-0809 6551-0809	215
やま だ ひろし 山田 宏	自 [無]	比例④	新良薫 大島康之 田中晴司	1205	6550-1205 6551-1205	227
やまたに こ 山谷えり子	自 [無]	比例④	速水美智子 福元亮次 渡辺智彦	1107	6550-1107 6551-1107	228
やま もと か なえ 山本香苗	公	比例(元)	小谷恵美子 吹田幸一 中村広美	1024	6550-1024 6551-1024	218
やま もと けい すけ 山本啓介	自 [無]	長崎④	太田久晴 前田浩章 吉田安秀	1202	6550-1202 6551-1202	266
やまもと さ ち こ 山本佐知子	自 [茂]	三重④	――― ――― ―――	203	6550-0203 6551-0203	255
やま もとじゅん ぞう 山本順三	自 [無]	愛媛④	能登祐克 高岡直宏 近藤華菜子	1019	6550-1019 6551-1019	264
やま もと た ろう 山本太郎	れ	東京④	――― ――― ―――	602	6550-0602 6551-0602	247
やま もと ひろ し 山本博司	公	比例(元)	梅津秀宣 鈴木孝久 髙井彰	911	6550-0911 6551-0911	219
よこ さわ たか のり 横沢高徳	立	岩手(元)	平野優 居上顕一 丸山亜里	702	6550-0702 6551-0702	239

議員名	党派（会派）	選挙区 選挙年	政策秘書名 第1秘書名 第2秘書名	号室	直通 FAX	略歴頁
よこやま しんいち 横山信一	公	比例④	八木橋広宣 小田秀路 吉井透	402	6550-0402 6551-0402	231
よしい あきら 吉井章	自 ［無］	京都④	木本和宜 佐藤愛 堀憲人	921	6550-0921 6551-0921	256
よしかわ さおり 吉川沙織	立	比例㊁	浅野英之 ― 狩野恵理	617	6550-0617 6551-0617	218
よしかわ 吉川ゆうみ	自 ［無］	三重㊁	岸田直樹 菊池知子 ―	412	6550-0412 6551-0412	255
れ れんほう 蓮舫	立	東京④	倉田顕 鈴木綾子 北嶋昭廣	411	6550-0411 6551-0411	247
わ わだ まさむね 和田政宗	自 ［無］	比例㊁	浜崎博 髙田彌 安藤純	1220	6550-1220 6551-1220	214
わかばやし ようへい 若林洋平	自 ［無］	静岡④	佐々木俊夫 勝亦好美 ―	715	6550-0715 6551-0715	253
わかまつ かねしげ 若松謙維	公	比例㊁	恩田祐将 佐藤大作 柳沼明美	1207	6550-1207 6551-1207	219
わたなべ たけゆき 渡辺猛之	自 ［茂］	岐阜④	長谷川英樹 大東由幸 榊原美穂	325	6550-0325 6551-0325	252

参議院議員会館案内図

参議院議員会館２階

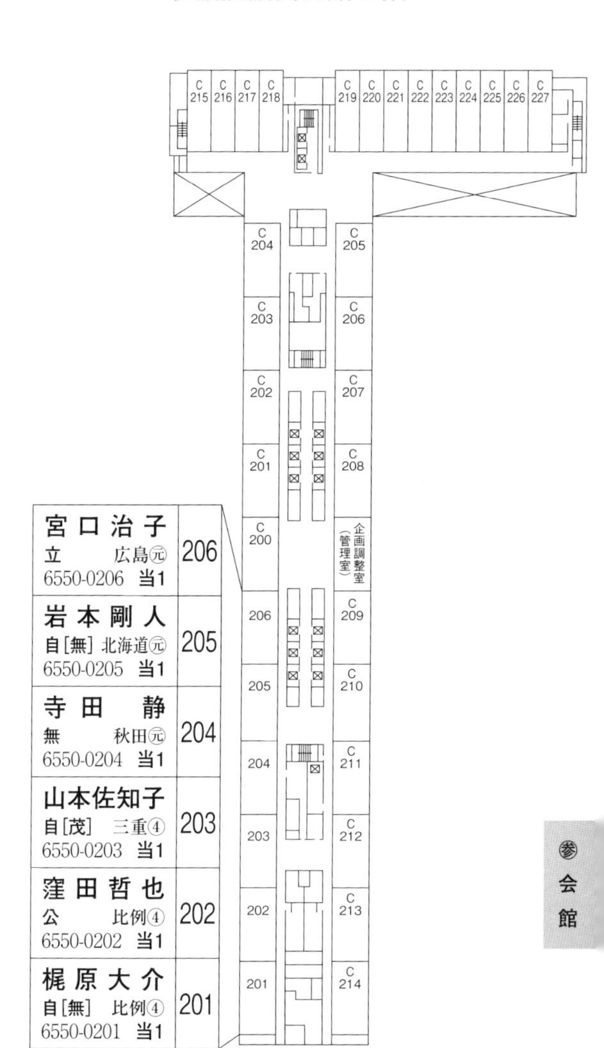

議員	室
宮口治子 立　広島㊄ 6550-0206　当1	206
岩本剛人 自[無]　北海道㊄ 6550-0205　当1	205
寺田　静 無　秋田㊄ 6550-0204　当1	204
山本佐知子 自[茂]　三重④ 6550-0203　当1	203
窪田哲也 公　比例④ 6550-0202　当1	202
梶原大介 自[無]　比例④ 6550-0201　当1	201

国会議事堂側

参議院議員会館3階

部屋	氏名	会派	選挙区	電話	当選
326	梅村　聡	維	比例㊁	6550-0326	当2
325	渡辺猛之	自[茂]	岐阜④	6550-0325	当3
312	安江伸夫	公	愛知㊁	6550-0312	当1
311	森本真治	立	広島㊁	6550-0311	当2
310	山東昭子	自[麻]	比例㊁	6550-0310	当8
309	阿達雅志	自[無]	比例④	6550-0309	当3
308	太田房江	自[無]	大阪㊁	6550-0308	当2
307	滝波宏文	自[無]	福井㊁	6550-0307	当2
306	高木かおり	維	大阪④	6550-0306	当2
305	水岡俊一	立	比例㊁	6550-0305	当3
304	齊藤健一郎	無(N党)	比例④	6550-0304	繰当1
303	高橋はるみ	自[無]	北海道㊁	6550-0303	当1
302	舩後靖彦	れ	比例㊁	6550-0302	当1
301	里見隆治	公	愛知④	6550-0301	当2

部屋	氏名	会派	選挙区	電話	当選
313	鶴保庸介	自[無]	和歌山④	6550-0313	当5
314	木村英子	れ	比例㊁	6550-0314	当1
315	今井絵理子	自[麻]	比例④	6550-0315	当2
316	天畠大輔	れ	比例④	6550-0316	当1
317	高木真理	立	埼玉④	6550-0317	当1
318	小野田紀美	自[茂]	岡山④	6550-0318	当2
319	羽生田　俊	自[無]	比例㊁	6550-0319	当2
320	三上えり	無(立憲)	広島④	6550-0320	当1
321	井上哲士	共	比例㊁	6550-0321	当4
322	星　北斗	自[無]	福島④	6550-0322	当1
323	野田国義	立	福岡㊁	6550-0323	当2
324	高橋克法	自[麻]	栃木㊁	6550-0324	当2

喫煙室　WC(男)　WC(女)　EVホール　EVホール　EV　WC(男)　WC(女)

国会議事堂側

参議院議員会館４階

議員	室	室	議員
吉川ゆうみ 自[無]　三重(元) 6550-0412　当2	412	413	武見敬三 自[麻]　東京(元) 6550-0413　当5
蓮　舫 立　東京④ 6550-0411　当4	411	414	加藤明良 自[茂]　茨城④ 6550-0414　当1
田島麻衣子 立　愛知(元) 6550-0410　当1	410	415	
古賀千景 立　比例④ 6550-0409　当1	409	416	小林一大 自[無]　新潟④ 6550-0416　当1
仁比聡平 共　比例④ 6550-0408　当3	408	417	堀井　巌 自[無]　奈良(元) 6550-0417　当2
松川るい 自[無]　大阪④ 6550-0407　当2	407	418	広瀬めぐみ 自[麻]　岩手④ 6550-0418　当1
竹詰　仁 国　比例④ 6550-0406　当1	406	419	白坂亜紀 自[無]大分(元)補 6550-0419　当1
青島健太 維　比例④ 6550-0405　当1	405	420	片山さつき 自[無]　比例④ 6550-0420　当3
清水貴之 維　兵庫(元) 6550-0404　当2	404	421	広田　一 無　徳島・高知(元) 6550-0421 補当3
浜田　聡 無(N党)　比例(元) 6550-0403　当1	403	422	平木大作 公　比例(元) 6550-0422　当2
横山信一 公　比例④ 6550-0402　当3	402	423	赤松　健 自[無]　比例④ 6550-0423　当1
矢倉克夫 公　埼玉(元) 6550-0401　当2	401	424	船橋利実 自[麻]北海道④ 6550-0424　当1

喫煙室　WC(男)　WC(女)　EVホール　EVホール　EV　WC(男)　WC(女)

国会議事堂側

(参)会館

参議院議員会館５階

議員	室		室	議員
櫻井　充 自[無]　宮城④ 6550-0512　当5	512	喫煙室	513	猪瀬直樹 維　比例④ 6550-0513　当1
鬼木　誠 立　比例④ 6550-0511　当1	511	WC(男) WC(女)	514	佐々木さやか 公　神奈川㊄ 6550-0514　当2
東　徹 維　大阪㊄ 6550-0510　当2	510		515	尾辻秀久 無　鹿児島㊄ 6550-0515　当6
吉良よし子 共　東京㊄ 6550-0509　当2	509	EV ホール	516	永井　学 自[茂]　山梨④ 6550-0516　当1
川田龍平 立　比例㊄ 6550-0508　当3	508		517	竹谷とし子 公　東京④ 6550-0517　当3
青木　愛 立　比例④ 6550-0507　当3	507		518	大家敏志 自[麻]　福岡④ 6550-0518　当3
石井準一 自[無]　千葉㊄ 6550-0506　当3	506	EV ホール	519	伊波洋一 無(沖縄)　沖縄④ 6550-0519　当2
田中昌史 自[無]　比例㊄ 6550-0505　繰当1	505		520	神谷宗幣 参(無所属)　比例④ 6550-0520　当1
自見はなこ 自[無]　比例④ 6550-0504　当2	504	EV	521	浜野喜史 国　比例㊄ 6550-0521　当2
大野泰正 無　岐阜㊄ 6550-0503　当2	503		522	滝沢　求 自[麻]　青森㊄ 6550-0522　当2
森屋　宏 自[無]　山梨㊄ 6550-0502　当2	502	WC(男) WC(女)	523	石橋通宏 立　比例④ 6550-0523　当3
足立敏之 自[無]　比例④ 6550-0501　当2	501		524	赤池誠章 自[無]　比例㊄ 6550-0524　当2

国会議事堂側

参議院議員会館６階

議員	室		室	議員
音喜多　駿 維　東京㊄ 6550-0612　当1	612	喫煙室	613	辻元清美 立　比例④ 6550-0613　当1
岸　真紀子 立　比例㊄ 6550-0611　当1	611	WC(男) WC(女)	614	高橋光男 公　兵庫㊄ 6550-0614　当1
宮崎雅夫 自[無]　比例㊄ 6550-0610　当1	610		615	杉　久武 公　大阪㊄ 6550-0615　当2
伊藤　岳 共　埼玉㊄ 6550-0609　当1	609	EVホール	616	石川博崇 公　大阪④ 6550-0616　当3
勝部賢志 立　北海道㊄ 6550-0608　当1	608		617	吉川沙織 立　比例㊄ 6550-0617　当3
堂込麻紀子 無　茨城④ 6550-0607　当1	607		618	上田清司 無　埼玉④ 6550-0618　当2
長浜博行 無　千葉㊄ 6550-0606　当3	606		619	長谷川　岳 自[無]北海道④ 6550-0619　当3
藤井一博 自[無]　比例④ 6550-0605　当1	605	EVホール	620	朝日健太郎 自[無]　東京④ 6550-0620　当2
三宅伸吾 自[無]　香川㊄ 6550-0604　当2	604	EV	621	浅田　均 維　大阪④ 6550-0621　当2
舞立昇治 自[無]　鳥取・島根㊄ 6550-0603　当2	603		622	中西祐介 自[麻]　徳島・高知④ 6550-0622　当3
山本太郎 れ　東京④ 6550-0602　当2	602	WC(男) WC(女)	623	山田太郎 自[無]　比例㊄ 6550-0623　当2
浅尾慶一郎 自[麻]神奈川④ 6550-0601　当3	601		624	磯﨑仁彦 自[無]　香川④ 6550-0624　当3

国会議事堂側

参議院議員会館７階

髙良鉄美 無(沖縄) 沖縄[元] 6550-0712 当1	712	喫煙室	713	石井浩郎 自[茂] 秋田④ 6550-0713 当3
秋野公造 公 福岡④ 6550-0711 当3	711	WC(男) WC(女)	714	大島九州男 れ 比例④ 6550-0714 繰当3
紙　智子 共 比例[元] 6550-0710 当4	710		715	若林洋平 自[無] 静岡④ 6550-0715 当1
ながえ孝子 無 愛媛[元] 6550-0709 当1	709	EV ホール	716	こやり隆史 自[無] 滋賀④ 6550-0716 当2
佐藤　啓 自[無] 奈良④ 6550-0708 当2	708		717	藤川政人 自[麻] 愛知④ 6550-0717 当3
斎藤嘉隆 立 愛知④ 6550-0707 当3	707		718	古川俊治 自[無] 埼玉[元] 6550-0718 当3
塩村あやか 立 東京[元] 6550-0706 当1	706	EV ホール	719	進藤金日子 自[無] 比例④ 6550-0719 当2
佐藤正久 自[茂] 比例[元] 6550-0705 当3	705		720	河野義博 公 比例[元] 6550-0720 当2
上月良祐 自[茂] 茨城[元] 6550-0704 当2	704	EV	721	片山大介 維 兵庫④ 6550-0721 当2
柳ヶ瀬裕文 維 比例[元] 6550-0703 当1	703		722	佐藤信秋 自[茂] 比例[元] 6550-0722 当3
横沢高徳 立 岩手[元] 6550-0702 当1	702	WC(男) WC(女)	723	酒井庸行 自[無] 愛知[元] 6550-0723 当2
徳永エリ 立 北海道④ 6550-0701 当3	701		724	杉尾秀哉 立 長野④ 6550-0724 当2

国会議事堂側

[参]会館

参議院議員会館８階

議員	室		室	議員
牧野たかお 自[茂]　静岡㊊ 6550-0812　当3	812	喫煙室	813	石垣のりこ 立　宮城㊊ 6550-0813　当1
三浦　靖 自[茂]　比例㊊ 6550-0811　当1	811	WC(男) WC(女)	814	青木一彦 自[無]　鳥取・島根④ 6550-0814　当3
舟山康江 国　山形④ 6550-0810　当3	810		815	嘉田由紀子 教　滋賀㊊ 6550-0815　当1
山田俊男 自[無]　比例㊊ 6550-0809　当3	809	EVホール	816	柴田　巧 維　比例㊊ 6550-0816　当2
福山哲郎 立　京都④ 6550-0808　当5	808		817	山添　拓 共　東京④ 6550-0817　当2
岡田直樹 自[無]　石川④ 6550-0807　当4	807		818	羽田次郎 立　長野㊊ 6550-0818　当1
山口那津男 公　東京㊊ 6550-0806　当4	806		819	加田裕之 自[無]　兵庫㊊ 6550-0819　当1
中条きよし 維　比例④ 6550-0805　当1	805	EVホール	820	宮沢洋一 自[無]　広島④ 6550-0820　当3
三浦信祐 公　神奈川④ 6550-0804　当2	804	EV	821	越智俊之 自[無]　比例④ 6550-0821　当1
橋本聖子 自[無]　比例㊊ 6550-0803　当5	803		822	平山佐知子 無　静岡④ 6550-0822　当2
長峯　誠 自[無]　宮崎㊊ 6550-0802　当2	802	WC(男) WC(女)	823	三原じゅん子 自[無]　神奈川④ 6550-0823　当3
竹内真二 公　比例④ 6550-0801　当2	801		824	松下新平 自[無]　宮崎④ 6550-0824　当4

国会議事堂側

参議院議員会館9階

氏名	所属・選挙区	電話	当選	室	室	氏名	所属・選挙区	電話	当選
松野明美	維 比例④	6550-0912	当1	912	913	下野六太	公 福岡㊎	6550-0913	当1
山本博司	公 比例㊎	6550-0911	当3	911	914	須藤元気	無 比例㊎	6550-0914	当1
田村まみ	国 比例㊎	6550-0910	当1	910	915	小西洋之	立 千葉④	6550-0915	当3
臼井正一	自[茂] 千葉④	6550-0909	当1	909	916	山下雄平	自[茂] 佐賀㊎	6550-0916	当2
田村智子	共 比例④	6550-0908	当3	908	917	芳賀道也	無(国民) 山形㊎	6550-0917	当1
古庄玄知	自[無] 大分④	6550-0907	当1	907	918	上野通子	自[無] 栃木④	6550-0918	当3
大椿ゆうこ	社 比例㊎	6550-0906	繰当1	906	919	福岡資麿	自[無] 佐賀④	6550-0919	当3
末松信介	自[無] 兵庫④	6550-0905	当4	905	920	井上義行	自[無] 比例④	6550-0920	当2
生稲晃子	自[無] 東京④	6550-0904	当1	904	921	吉井章	自[無] 京都④	6550-0921	当1
松沢成文	維 神奈川④	6550-0903	当3	903	922	谷合正明	公 比例④	6550-0922	当4
丸川珠代	自[無] 東京㊎	6550-0902	当3	902	923	清水真人	自[無] 群馬㊎	6550-0923	当1
打越さく良	立 新潟㊎	6550-0901	当1	901	924	森まさこ	自[無] 福島㊎	6550-0924	当3

喫煙室 / WC(男) WC(女) / EVホール / EV

国会議事堂側

参議院議員会館 10 階

議員	号室	中央	号室	議員
小沼 巧 立 茨城㊎ 6550-1012 当1	1012	喫煙室	1013	金子道仁 維 比例④ 6550-1013 当1
榛葉賀津也 国 静岡㊎ 6550-1011 当4	1011	WC(男) WC(女)	1014	伊藤孝江 公 兵庫④ 6550-1014 当2
野上浩太郎 自[無] 富山④ 6550-1010 当4	1010		1015	有村治子 自[麻] 比例㊎ 6550-1015 当4
柴 慎一 立 比例④ 6550-1009 当1	1009	EVホール	1016	馬場成志 自[無] 熊本㊎ 6550-1016 当2
伊藤孝恵 国 愛知④ 6550-1008 当2	1008		1017	世耕弘成 自[無] 和歌山㊎ 6550-1017 当5
牧山ひろえ 立 神奈川㊎ 6550-1007 当3	1007		1018	宮本周司 自[無] 石川㊎補 6550-1018 当3
藤木眞也 自[無] 比例④ 6550-1006 当2	1006		1019	山本順三 自[無] 愛媛④ 6550-1019 当4
西田実仁 公 埼玉④ 6550-1005 当4	1005	EVホール	1020	長谷川英晴 自[無] 比例④ 6550-1020 当1
梅村みずほ 維 大阪㊎ 6550-1004 当1	1004	EV	1021	倉林明子 共 京都㊎ 6550-1021 当2
堂故 茂 自[茂] 富山㊎ 6550-1003 当2	1003		1022	浜口 誠 国 比例④ 6550-1022 当2
岩渕 友 共 比例④ 6550-1002 当2	1002	WC(男) WC(女)	1023	松村祥史 自[茂] 熊本④ 6550-1023 当4
本田顕子 自[無] 比例㊎ 6550-1001 当1	1001		1024	山本香苗 公 比例㊎ 6550-1024 当4

国会議事堂側

参議院議員会館 11 階

議員	室		室	議員
新妻秀規 公 比例(元) 6550-1112 当2	1112	喫煙室	1113	石川大我 立 比例(元) 6550-1113 当1
福島みずほ 社 比例④ 6550-1111 当5	1111	WC(男) WC(女)	1114	柘植芳文 自[無] 比例(元) 6550-1114 当2
西田昌司 自[無] 京都(元) 6550-1110 当3	1110		1115	石井苗子 維 比例④ 6550-1115 当2
北村経夫 自[無]山口(元)補 6550-1109 当3	1109	EV ホール	1116	友納理緒 自[無] 比例④ 6550-1116 当1
古賀之士 立 福岡④ 6550-1108 当2	1108		1117	塩田博昭 公 比例(元) 6550-1117 当1
山谷えり子 自[無] 比例④ 6550-1107 当4	1107		1118	宮崎 勝 公 比例④繰 6550-1118 当2
田名部匡代 立 青森④ 6550-1106 当2	1106		1119	小沢雅仁 立 比例(元) 6550-1119 当1
猪口邦子 自[麻] 千葉④ 6550-1105 当3	1105	EV ホール	1120	野村哲郎 自[茂]鹿児島④ 6550-1120 当4
関口昌一 自[無] 埼玉④ 6550-1104 当5	1104	EV	1121	大塚耕平 国 愛知(元) 6550-1121 当4
江島 潔 自[無] 山口④ 6550-1103 当3	1103		1122	藤巻健史 維 比例(元)繰 6550-1122 当2
中田 宏 自[無] 比例(元) 6550-1102 繰当1	1102	WC(男) WC(女)	1123	山下芳生 共 比例(元) 6550-1123 当4
石田昌宏 自[無] 比例(元) 6550-1101 当2	1101		1124	松山政司 自[無] 福岡(元) 6550-1124 当4

国会議事堂側

参議院議員会館12階

議員	会派	選挙区	電話	当選	室		室	議員	会派	選挙区	電話	当選
上田　勇	公	比例④	6550-1212	当1	1212	喫煙室	1213	豊田俊郎	自[麻]	千葉㊲	6550-1213	当2
森屋　隆	立	比例㊲	6550-1211	当1	1211	WC(男) WC(女)	1214	石井正弘	自[無]	岡山㊲	6550-1214	当2
礒﨑哲史	国	比例㊲	6550-1210	当2	1210		1215	青山繁晴	自[無]	比例④	3581-3111(代)	当2
水野素子	立	神奈川④	6550-1209	当1	1209	EVホール	1216	衛藤晟一	自[無]	比例㊲	6550-1216	当3
小池　晃	共	比例㊲	6550-1208	当4	1208		1217	熊谷裕人	立	埼玉㊲	6550-1217	当1
若松謙維	公	比例㊲	6550-1207	当2	1207		1218	神谷政幸	自[麻]	比例④	6550-1218	当1
古賀友一郎	自[無]	長崎㊲	6550-1206	当2	1206	EVホール	1219	鈴木宗男	無	比例㊲	6550-1219	当1
山田　宏	自[無]	比例④	6550-1205	当2	1205		1220	和田政宗	自[無]	比例㊲	6550-1220	当2
石井　章	維	比例④	6550-1204	当2	1204	EV	1221	比嘉奈津美	自[茂]	比例㊲	6550-1221	当1
串田誠一	維	比例④	6550-1203	当1	1203		1222	村田享子	立	比例④	6550-1222	当1
山本啓介	自[無]	長崎④	6550-1202	当1	1202	WC(男) WC(女)	1223	川合孝典	国	比例④	6550-1223	当3
山崎正昭	自[無]	福井④	6550-1201	当6	1201		1224	中曽根弘文	自[無]	群馬④	6550-1224	当7

国会議事堂側

参議院議員写真・略歴・宿所一覧

議　長	尾辻秀久（おつじひでひさ）	秘書	末原　朋実 大澤　　敦	☎3581-1481
副議長	長浜博行（ながはまひろゆき）	秘書	副島　　浩 外川　裕之	☎3586-6741

勤続年数は令和6年2月末現在です。

参議院比例代表

第25回選挙

（令和元年7月21日施行／令和7年7月28日満了）

三浦　靖（みうら　やすし）　自 新［茂］R1 当1（初/令元）※
島根県大田市　S48・4・9
勤6年6ヵ月（衆1年10ヵ月）

厚生労働大臣政務官、総務大臣政務官、衆議院議員、大田市議、衆議院議員秘書、神奈川大／50歳

〒690-0873　島根県松江市内中原町140-2　☎0852(61)2828
〒100-8962　千代田区永田町2-1-1、会館　☎03(6550)0811

柘植芳文（つげ　よしふみ）　自 前［無］　R1 当2
岐阜県　S20・10・11
勤10年9ヵ月（初/平25）

外務副大臣、総務副大臣、党政務調査会副会長、総務委筆頭理事、内閣委員長、環境委員長、愛知大／78歳

〒100-8962　千代田区永田町2-1-1、会館　☎03(6550)1114

山田太郎（やまだ　たろう）　自 元［無］　R1 当2
東京都　S42・5・12
勤8年4ヵ月（初/平24）

環境委、文科兼復興政務官、デジタル兼内閣府政務官、党デジ本事務局長代理、党こどもDX小委員長、党コンテンツ小委事務局長、上場企業社長、東工大特任教授、東大非常勤講師、慶大経、早大院／56歳

〒100-8962　千代田区永田町2-1-1、会館　☎03(6550)0623

和田政宗（わだ　まさむね）　自 前［無］　R1 当2
東京都　S49・10・14
勤10年9ヵ月（初/平25）

法務委筆頭理、決算委、復興特委理、党広報副本部長、党新聞局長、元国土交通大臣政務官兼内閣府大臣政務官、慶大／49歳

〒980-0011　仙台市青葉区上杉1-5-13 3-B　☎022(263)3005
〒102-0083　千代田区麹町4-7、宿舎

※平29衆院初当選

さとう まさ ひさ
佐藤正久

自 前［茂］ R1 当3
福島県 S35・10・23
勤16年10ヵ月（初／平19）

外防委理、参国対委員長代行、国防議連事務局長、元外務副大臣・防衛政務官、元自衛官・イラク先遣隊長、防衛大／63歳

〒162-0845 新宿区市谷本村町3-20新盛堂ビル4F ☎03(5206)7668
〒100-8962 千代田区永田町2-1-1、会館 ☎03(6550)0705

さとう のぶ あき
佐藤信秋

自 前［茂］ R1 当3
新潟県 S22・11・8
勤16年10ヵ月（初／平19）

決算委員長、党地方行政調査会長、党国土強靱化推進本部本部長代理、元国交事務次官、技監、道路局長、京大院／76歳

〒951-8062 新潟市中央区西堀前通11番町1645-4 ☎025(226)7686
〒100-8962 千代田区永田町2-1-1、会館 ☎03(6550)0722

はし もと せい こ
橋本聖子

自 前［無］ R1 当5
北海道 S39・10・5
勤29年 （初／平7）

文科委、行監委、党両院議員総会長、元東京オリンピック・パラリンピック担当大臣、自民党参院議員会長、外務副大臣、北開総括政務次官、駒苫高／59歳

〒060-0001 札幌市中央区北1条西5丁目2番 札幌興銀ビル6F ☎011(222)7275
〒100-8962 千代田区永田町2-1-1、会館 ☎03(6550)0803

やま だ とし お
山田俊男

自 前［無］ R1 当3
富山県小矢部市 S21・11・29
勤16年10ヵ月（初／平19）

農水委、予算委、党総務会副会長、都市農業対策委員長、党人事局長、ODA特委員長、農水委員長、全国農協中央会専務理事、早大政経／77歳

〒932-0836 富山県小矢部市埴生352-2 ☎0766(67)8882
〒100-8962 千代田区永田町2-1-1、会館 ☎03(6550)0809

あり むら はる こ
有村治子

自 前［麻］ R1 当4
滋賀県 S45・9・21
勤22年11ヵ月（初／平13）

情報監視審査会会長、予算委、外防委、ODA・沖北特委、党総務会副会長、裁判官弾劾裁判長、女性活躍担当大臣、米SIT大院修士／53歳

〒100-8962 千代田区永田町2-1-1、会館 ☎03(6550)1015

いし だ まさ ひろ
石田昌宏

自 前［無］ R1 当2
奈良県大和郡山市 S42・5・20
勤10年9ヵ月（初／平25）

予算委、参党国対副委員長、女性局長代理、厚労委員長、党副幹事長、党財務金融副部会長、日本看護連盟幹事長、東大応援部／56歳

〒100-8962 千代田区永田町2-1-1、会館 ☎03(6550)1101

ほんだ あきこ
本田顕子　自新［無］　R1 当1
熊本県熊本市　S46・9・29
勤4年8ヵ月　（初/令元）

文部科学大臣政務官兼復興大臣政務官、厚生労働大臣政務官兼内閣府大臣政務官、党副幹事長、日本薬剤師会・連盟顧問、星薬科大学／52歳

〒860-0072　熊本市西区花園7-12-16　☎096(325)4470
〒100-8962　千代田区永田町2-1-1、会館　☎03(6550)1001

えとう せいいち
衛藤晟一　自前［無］　R1 当3(初/平19)※1
大分県大分市　S22・10・1
勤29年1ヵ月（衆12年3ヵ月）

党紀委員長、党障害児者問題調査会長、一億総活躍・少子化対策担当大臣、元内閣総理大臣補佐官、厚労副大臣、大分大／76歳

〒870-0042　大分市豊町1-2-6　☎097(534)2015
〒100-8962　千代田区永田町2-1-1、会館　☎03(6550)1216

はにゅうだ たかし
羽生田　俊　自前［無］　R1 当2
群馬県　S23・3・28
勤10年9ヵ月　（初/平25）

党厚労部会長代理、厚労委理、復興特委理、党政策審議会副会長、労働関係団体委員長、前厚労副大臣、元厚労委員長、元日本医師会副会長、医師、東京医科大学／75歳

〒371-0022　前橋市千代田町2-10-13　☎027(289)8680
〒100-8962　千代田区永田町2-1-1、会館　☎03(6550)0319

みやざき まさお
宮崎雅夫　自新［無］　R1 当1
兵庫県神戸市　S38・12・3
勤4年8ヵ月　（初/令元）

予算委理、農水委、災害特委、資源エネ調理、参党政審副会長、党農林副部会長、党水産総合調査会副会長、元農水省地域整備課長、神戸大学農学部／60歳

〒100-8962　千代田区永田町2-1-1、会館　☎03(6550)0610

さんとう あきこ
山東昭子　自前［麻］　R1 当8
東京都　S17・5・11
勤42年5ヵ月　（初/昭49）

法務委、党食育調査会長、前参議院議長、前党党紀委員長、元参議院副議長・科技庁長官・環境政務次官、文化学院／81歳

〒100-8962　千代田区永田町2-1-1、会館　☎03(6550)0310

あかいけ まさあき
赤池誠章　自前［無］　R1 当2(初/平25)※2
山梨県甲府市　S36・7・19
勤14年8ヵ月（衆3年11ヵ月）

文科委理事、党政調副会長、内閣府副大臣、党文科部会長3期、文科委員長、文科大臣政務官、衆議院議員、明治大学／62歳

〒400-0032　山梨県甲府市中央1-1-11-2F　☎055(237)5523

※1 平2衆院初当選　※2 平17衆院初当選

ひ が な つ み
比嘉奈津美
自新［茂］ R1 繰当1
沖縄県沖縄市 S33・10・3
勤7年3ヵ月（衆4年10ヵ月）（初／令3）※1

厚労委員長、消費者特委、環境大臣政務官、衆議院議員2期、歯科医師、福岡歯科大／65歳

〒904-0004 沖縄市中央1-18-6-101 ☎098（938）0070
〒102-0094 千代田区紀尾井町1-15、宿舎

なか だ ひろし
中田 宏
自新［無］ R1 繰当1
神奈川県横浜市 S39・9・20
勤12年9ヵ月（衆10年10ヵ月）（初／令4）※2

党環境部会長、経産委、衆議院議員4期、横浜市長2期、松下政経塾、青山学院大経済学部／59歳

〒222-0033 横浜市港北区新横浜2-14-14
新弘ビル7階 ☎045（548）4488

た なか まさ し
田中昌史
自新［無］ R1 繰当1
北海道札幌市 S40・10・11
勤1年2ヵ月 （初／令5）

予算委、法務委、消費者特委、国民生活調委、党厚生関係団体副委員長、日本理学療法士協会政策参与、日本理学療法士連盟顧問、理学療法士、北翔大院修／58歳

〒100-8962 千代田区永田町2-1-1、会館 ☎03（6550）0505

きし ま き こ
岸 真紀子
立新 R1 当1
北海道岩見沢市 S51・3・24
勤4年8ヵ月 （初／令元）

総務委、決算委、地方・デジ特委理、党参幹事長代理、党参比例第13総支部長、自治労特別中央執行委員、岩見沢緑陵高／47歳

〒100-8962 千代田区永田町2-1-1、会館 ☎03（6550）0611

みず おか しゅん いち
水岡俊一
立元 R1 当3
兵庫県豊岡市 S31・6・13
勤16年10ヵ月 （初／平16）

環境委、懲罰委、党参院議員会長、内閣総理大臣補佐官、内閣委員長、兵庫県教組役員、中学校教員、奈良教育大／67歳

〒102-0083 千代田区麴町4-7、宿舎

お ざわ まさ ひと
小沢雅仁
立新 R1 当1
山梨県甲府市 S40・8・13
勤4年8ヵ月 （初／令元）

総務委理、消費者特委、憲法審委、日本郵政グループ労働組合中央副執行委員長、山梨県立甲府西高／58歳

〒102-0083 千代田区麴町4-7、宿舎

※1 平24衆院初当選 ※2 平5衆院初当選

よしかわ さおり
吉川沙織
立前 R1 当3
徳島県 S51・10・9
勤16年10ヵ月 (初/平19)

議運委筆頭理事、総務委、経産委員長、NTT元社員、同志社大院(博士前期)修了、京大院(博士後期)在学/47歳

〒100-8962 千代田区永田町2-1-1、会館 ☎03(6550)0617

もりや たかし
森屋 隆
立新 R1 当1
東京都 S42・6・28
勤4年8ヵ月 (初/令元)

国交委理、倫選特委、国民生活調委、私鉄総連交通対策局長、西東京バス(株)、都立多摩工業高校/56歳

〒100-8962 千代田区永田町2-1-1、会館 ☎03(6550)1211

かわだ りゅうへい
川田龍平
立前 R1 当3
東京都 S51・1・12
勤16年10ヵ月 (初/平19)

行政監視委員長、環境委、拉致特委、党両院議員総会長、薬害エイズ訴訟原告、岩手医科大学客員教授、東経大/48歳

〒100-8962 千代田区永田町2-1-1、会館 ☎03(6550)0508

いしかわ たいが
石川大我
立新 R1 当1
東京都豊島区 S49・7・3
勤4年8ヵ月 (初/令元)

法務委、消費者特委理、憲法審委、NPO法人代表理事、早大大学院修了/49歳

〒100-8962 千代田区永田町2-1-1、会館 ☎03(6550)1113

すどう げんき
須藤元気
無新 R1 当1
東京都江東区 S53・3・8
勤4年8ヵ月 (初/令元)

農水委、元格闘家、中央大学レスリング部ゼネラルマネージャー、拓殖大学レスリング部アドバイザー、会社役員、アーティスト、調理師、拓殖大学大学院/45歳

〒100-8962 千代田区永田町2-1-1、会館 ☎03(6550)0914

やまもと かなえ
山本香苗
公前 R1 当4
広島県 S46・5・14
勤22年11ヵ月 (初/平13)

厚労委、地方・デジ特委、党中央幹事、参議院副会長、関西方面副本部長、大阪府本部代表代行、元厚労副大臣、元総務委員長、外務省、京大/52歳

〒590-0957 堺市堺区中之町西1-1-10 堀ビル501号室 ☎072(225)0102
〒100-8962 千代田区永田町2-1-1、会館 ☎03(6550)1024

やま もと ひろ し
山本博司
公前 R1 当3
愛媛県八幡浜市 S29・12・9
勤16年10ヵ月（初/平19）

総務委理、党中央幹事、党中央規律副委員長、厚生労働副大臣兼内閣府副大臣、総務委員長、財務大臣政務官、日本IBM、慶大／69歳

〒760-0080 香川県高松市木太町607-1 クリエイト木太201 ☎087(868)3607
〒152-0022 目黒区柿の木坂3-11-15 ☎03(3418)9838

わか まつ かね しげ
若松謙維
公前 R1 当2(初/平25)※
福島県石川町 S30・8・5
勤21年2ヵ月（衆10年5ヵ月）

党中央幹事・機関紙推進委員長、財金委理、決算委、資源エネ調委、復興特委、元復興副大臣、元総務副大臣、公認会計士、税理士、行政書士、防災士、中央大／68歳

〒960-8107 福島県福島市浜田町4-16 富士ビル1F2号 ☎024(572)5567

かわ の よし ひろ
河野義博
公前 R1 当2
福岡県 S52・12・1
勤10年9ヵ月（初/平25）

予算委理、国交委、ODA・沖北特委、資源エネ調理事、党中央幹事、農水大臣政務官、丸紅、東京三菱銀行、慶大経済／46歳

〒810-0045 福岡市中央区草香江1-4-34 エーデル大濠202 ☎092(753)6491

にい づま ひで き
新妻秀規
公前 R1 当2
埼玉県越谷市 S45・7・22
勤10年9ヵ月（初/平25）

総務委員長、拉致特委、外交・安保調委、党国際局長、愛知県本部副代表、元復興副大臣、元文部科学・内閣府・復興政務官、東大院(工学系研究科)／53歳

〒460-0008 名古屋市中区栄1-14-15 RSビル203号室 ☎052(253)5085
〒102-0094 千代田区紀尾井町1-15、宿舎 ☎03(6550)1112

ひら き だい さく
平木大作
公前 R1 当2
長野県 S49・10・16
勤10年9ヵ月（初/平25）

復興副大臣、党外交部会長、広報委員長、経産・内閣府・復興大臣政務官、東大法、スペイン・イエセ・ビジネススクール経営学修士／49歳

〒273-0011 船橋市湊町1-7-4 B号室 ☎047(404)3202
〒100-8962 千代田区永田町2-1-1、会館 ☎03(6550)0422

しお た ひろ あき
塩田博昭
公新 R1 当1
徳島県阿波市 S37・1・19
勤4年8ヵ月（初/令元）

党中央幹事、東京都本部副代表、秋田・山梨県本部顧問、国交委理、議運委、消費者特委、憲法審委、元党政調事務局長、秋田大／62歳

〒154-0004 世田谷区太子堂2-14-20-205 ☎03(6805)3946
〒100-8962 千代田区永田町2-1-1、会館 ☎03(6550)1117

※平5衆院初当選

すずき むねお
鈴木宗男
無新 R1 当1(初/令元)※1
北海道足寄町 S23・1・31
勤29年8ヵ月(衆25年)

法務委、前懲罰委員長、元国務大臣、元外務委員長、元沖縄北方特別委員長、衆議院議員8期、拓殖大/76歳

〒060-0061 札幌市中央区南1条西5丁目17-2 プレジデント松井ビル1205 ☎011(251)5351

うめむら さとし
梅村 聡
維元 R1 当2
大阪府 S50・2・13
勤10年9ヵ月(初/平19)

厚労委、決算委理、倫選特委、党政調副会長、党コロナ対策本部長、元厚労政務官、医師、大阪大学医学部/49歳

〒532-0011 大阪市淀川区西中島4-6-29 第3ユヤマビル3-B ☎06(6886)2000
〒100-8962 千代田区永田町2-1-1、会館 ☎03(6550)0326

しばた たくみ
柴田 巧
維元 R1 当2
富山県 S35・12・11
勤10年9ヵ月(初/平22)

内閣委、議運委理、憲法審委、党参院国対委員長、富山県議、衆議院議員秘書、早大院/63歳

〒932-0113 富山県小矢部市岩武1051 ☎0766(61)1315

やながせ ひろふみ
柳ヶ瀬裕文
維新 R1 当1
東京都大田区 S49・11・8
勤4年8ヵ月 (初/令元)

財金委、行政監視委理、拉致特委、党総務会長、東京都議会議員(3期)、大田区議会議員、議員秘書・会社員、早大/49歳

〒146-0083 東京都大田区千鳥3-11-19 第2桜ビル3F ☎03(6459)8706
〒100-8962 千代田区永田町2-1-1、会館 ☎03(6550)0703

ふじまき たけし
藤巻健史
維元 R1 繰当2
東京都 S25・6・3
勤6年3ヵ月 (初/平25)

元財政金融委、モルガン銀行日本における代表者兼東京支店長、一橋大講師(非常勤)、早大商学研究科講師(非常勤)、ノースウエスタン大院、一橋大/73歳

〒100-8962 千代田区永田町2-1-1、会館 ☎03(6550)1122

こいけ あきら
小池 晃
共前 R1 当4
東京都 S35・6・9
勤22年11ヵ月(初/平10)

党書記局長、財金委、国家基本委理、党政策委員長、東北大医/63歳

〒151-0053 渋谷区代々木1-44-11-1F ☎03(5304)5639

※1 昭58衆院初当選 ※2 平15衆院初当選

山下芳生（やました よしき）

共前　R1 当4
香川県　S35・2・27
勤22年11ヵ月（初/平7）

党筆頭副委員長、環境委理、倫選特委、政倫審委、党書記局長、鳥取大／64歳

〒537-0025 大阪市東成区中道1-10-10 102号 ☎06(6975)9111
〒100-8962 千代田区永田町2-1-1、会館 ☎03(6550)1123

井上哲士（いのうえ さとし）

共前　R1 当4
京都府　S33・5・5
勤22年11ヵ月（初/平13）

党参院幹事長・国対委長、党幹部会委員、内閣委、懲罰委、倫選特委、拉致特委、「赤旗」記者、京大／65歳

〒604-0092 京都市中京区丸太町新町角大炊町186 ☎075(231)5198
〒102-0083 千代田区麹町4-7、宿舎

紙　智子（かみ ともこ）

共前　R1 当4
北海道　S30・1・13
勤22年11ヵ月（初/平13）

党常任幹部会委員、党農林・漁民局長、農水委、ODA・沖北特委、復興特委、民青同盟副委員長、国会議員団総会会長、北海道女短大／69歳

〒065-0012 札幌市東区北12条東2丁目3-2 ☎011(750)6677
〒102-0083 千代田区麹町4-7、宿舎 ☎03(3237)0804

田村まみ（たむら まみ）

国新　R1 当1
広島県広島市　S51・4・23
勤4年8ヵ月（初/令元）

厚労委、予算委、消費者特委、政倫審委、UAゼンセン、イオン労働組合、イオンリテール(株)、同志社大／47歳

〒100-8962 千代田区永田町2-1-1、会館 ☎03(6550)0910

礒﨑哲史（いそざき てつじ）

国前　R1 当2(初/平25)
東京都世田谷区　S44・4・7
勤10年9ヵ月（初/平25）

経産委、憲法審委、党副代表、参国対委員長、広報局長、東京都連会長、元日産自動車(株)、東京電機大工学部／54歳

〒100-8962 千代田区永田町2-1-1、会館 ☎03(6550)1210

浜野喜史（はまの よしふみ）

国前　R1 当2
兵庫県高砂市　S35・12・21
勤10年9ヵ月（初/平25）

議運委理、環境委、党選挙対策委員長、労働組合役員、神戸大／63歳

〒102-0083 千代田区麹町4-7、宿舎

ふなごやすひこ
船後靖彦
れ 新 R1 当1
岐阜県岐阜市加納御車町 S32・10・4
勤4年8ヵ月 (初/令元)

文科委、拉致特委、(株)アース顧問、酒田時計貿易(株)、拓殖大学政経学部卒業/66歳

〒102-0083 千代田区麹町4-7、宿舎

きむらえいこ
木村英子
れ 新 R1 当1
神奈川県横浜市 S40・5・11
勤4年8ヵ月 (初/令元)

国交委、国家基本委、国民生活調委、自立ステーションつばさ事務局長、神奈川県立平塚養護学校高等部/58歳

〒100-8962 千代田区永田町2-1-1、会館 ☎03(6550)0314

おおつばき
大椿ゆうこ
社 新 R1 繰当1
岡山県高梁市 S48・8・14
勤11ヵ月 (初/令5)

厚労委、党全国連合副党首、障害者支援コーディネーター、労組専従役員、社会福祉士、精神保健福祉士、保育士、四国学院大学社会学部/50歳

〒567-0816 茨木市永代町5-116 ソシオⅠ-1階 ☎072(648)7846
〒100-8962 千代田区永田町2-1-1、会館 ☎03(6550)0906

はまださとし
浜田聡
無 新(N党) R1 繰当1
京都府京都市 S52・5・11
勤4年5ヵ月 (初/令元)

党幹事長兼政調会長、総務委、日本医学放射線学会放射線科専門医、東大教育学部、同大学院修士課程、京大医学部医学科/46歳

〒710-0056 倉敷市鶴形1-5-33-1001 ☎03(6550)0403
〒102-0094 千代田区紀尾井町-15、宿舎 ☎03(3264)1351

参議院比例代表（第25回選挙・令和元年7月21日施行）

全国有権者数	105,886,064人	全国投票者数	51,666,697人
男 〃	51,180,755人	男 〃	25,288,059人
女 〃	54,705,309人	女 〃	26,378,638人
		有効投票数	50,072,352票

党別当選者数・党別個人別得票数・党別得票率

（※小数点以下の得票数は按分票です）

自民党　19人　17,712,373.119票　35.37%

政党名得票　12,712,515.344　個人名得票　4,999,857.775

当	三木　亨	現	特定枠
	（令5.1.13辞職）		
当	三浦　靖	新	特定枠
当	柘植　芳文	現	600,189.903
当	山田　太郎	元	540,077.960
当	和田　政宗	現	288,080
当	佐藤　正久	現	237,432.095
当	佐藤　信秋	現	232,548.956
当	橋本　聖子	現	225,617
当	山田　俊男	現	217,619.597
当	有村　治子	現	206,221
当	宮本　周司	現	202,122
	（令4.4.7失職）		
当	石田　昌宏	現	189,893
当	北村　経夫	現	178,210
	（令3.10.7失職）		
当	本田　顕子	新	159,596.151
当	衛藤　晟一	現	154,578
当	羽生田　俊	現	152,807.948
当	宮崎　雅夫	新	137,502
当	山東　昭子	現	133,645.785
当	赤池　誠章	現	131,727.208
繰	比嘉奈津美	新	114,596
	（令3.10.20繰上）		
繰	中田　宏	新	112,581.303
	（令4.4.14繰上）		
繰	田中　昌史	新	100,005.187
	（令5.1.17繰上）		
	尾立　源幸	元	92,882
	木村　義雄	現	92,419.856
	井上　義行	元	87,946.669
	（令4.7.10当選）		
	小川　眞史	新	85,266.022
	山本　左近	新	78,236.224
	（令3.10.31衆院議員当選）		
	角田　充由	新	75,241.505
	丸山　和也	現	58,587
	糸川　正晃	新	36,311.527
	熊田　篤嗣	新	29,961
	水口　尚人	新	24,504.222
	森本　勝也	新	23,450.657

立憲民主党　8人　7,917,720.945票　15.81%

政党名得票　6,697,707.000　個人名得票　1,220,013.945

当	岸　真紀子	新	157,849
当	水岡　俊一	元	148,309
当	小沢　雅仁	新	144,751
当	吉川　沙織	現	143,472
当	森屋　隆	新	104,339.413
当	川田　龍平	現	94,702
当	石川　大我	新	73,799
当	須藤　元気	新	73,787
	市井紗耶香	新	50,415.298
	奥村　政佳	新	32,024
	若林　智子	新	31,683.757
	おしどりマコ	新	29,072
	藤田　幸久	現	28,919.215
	斉藤　里恵	新	23,002
	佐藤　香	新	20,200.177
	中村　起子	新	13,422.369
	今泉　真緒	新	11,991
	小俣　一平	新	10,140
	白沢　みき	新	9,483.260
	真野　哲	新	9,008.343
	塩見　俊次	新	5,115
	深貝　亨	新	4,529.113

公明党　7人　6,536,336.451票　13.05%

政党名得票　4,283,918.000　個人名得票　2,252,418.451

当	山本　香苗	現	594,288.947
当	山本　博司	現	471,759.555
当	若松　謙維	現	342,356
当	河野　義博	現	328,659
当	新妻　秀規	現	281,832
当	平木　大作	現	183,869
当	塩田　博昭	新	15,178
	高橋　次郎	新	7,577
	奈良　直記	新	5,413
	西田　義光	新	3,986
	藤井　伸城	新	3,249
	竹島　正人	新	3,106
	角田健一郎	新	2,924.278
	坂本　道応	新	2,438
	村中　克也	新	2,163.335
	塩崎　剛	新	1,996.336
	国分　隆作	新	1,623

日本維新の会　5人　4,907,844.388票　9.80%

政党名得票　4,218,454.000　個人名得票　689,390.388

当	鈴木　宗男	新	220,742.675
当	室井　邦彦	現	87,188
	（令6.1.3死去）		
当	梅村　聡	元	58,269.522
当	柴田　巧	元	53,938
当	柳ヶ瀬裕文	新	53,086
繰	藤巻　健史	現	51,619.511
	（令6.1.18繰上）		
	山口　和之	現	42,231.776
	串田　久子	新	32,296
	桑原久美子	新	20,721
	奥田　真理	新	20,478
	森口あゆみ	新	19,333.904
	空本　誠喜	新	12,772
	（令3.10.31衆院議員当選）		
	荒木　大樹	新	8,577
	岩渕美智子	新	8,137

共産党　4人　4,483,411.183票　8.95%

政党名得票　4,051,700.000　個人名得票　431,711.183

当	小池　晃	現	158,621
当	山下　芳生	現	48,932.480
当	井上　哲士	現	42,982.440
当	紙　智子	現	34,696.013
	仁比　聡平	現	33,360
	（令4.7.10当選）		
	山本　訓子	新	32,816.665
	椎葉　寿幸	新	16,728.218
	梅村早江子	新	15,357.129
	山本千代子	新	7,573.462
	船山　由美	新	5,364
	佐藤ちひろ	新	4,199.426
	原　純子	新	3,671
	藤本　友里	新	3,414
	伊藤理智子	新	3,079.612
	有坂ちひろ	新	2,787.721
	田辺　健一	新	2,677
	青山　了介	新	2,600.721
	松崎　真琴	新	2,581
	大野　聖美	新	2,170.469
	島袋　恵祐	新	2,162
	伊藤　達也	新	2,152.164
	小久保剛志	新	1,200.134
	下奥　奈歩	新	936
	沼上　徳光	新	647
	住寄　聡美	新	582.529
	鎌野　祥二	新	419

国民民主党　3人　3,481,078.400票　6.95%

政党名得票　2,174,706.000　個人名得票　1,306,372.400

当	田村　麻美	新	260,324
当	礒崎　哲史	現	258,507
当	浜野　喜史	現	256,928.785
	石上　俊雄	現	192,586.679
	田中　久弥	新	143,492.942
	大島九州男	現	87,740
	（令5.1.17れいわで繰上）		
	山下　容子	新	35,938.867
	円　より子	元	24,709
	姫井由美子	元	21,006
	小山田経子	新	8,306
	鈴木　覚	新	5,923.855
	酒井　亮介	新	4,379.272
	中沢　健	新	4,058
	藤川　武人	新	2,472

れいわ新選組　2人　2,280,252.750票　4.55%

政党名得票　1,226,412.714　個人名得票　1,053,840.036

当	舩後　靖彦	新	特定枠
当	木村　英子	新	特定枠
	山本　太郎	現	991,756.597
	（令4.7.10当選）		
	蓮池　透	新	20,557.200
	大西　恒樹	新	19,842
	安冨　歩	新	8,632.076
	渡辺　照子	新	5,073.675
	辻村　千尋	新	4,070.549
	三井　義文	新	3,907.939

社民党　1人　1,046,011.520票　2.09%

政党名得票　761,207.000　個人名得票　284,804.520

当　吉田　忠智 元　149,287
（令5.3.30辞職）
仲村　未央 新　98,681.520
（離党）
矢野　敦子 新　21,391
（離党）
繰　大椿　裕子 新　15,445
（令5.4.6繰上）

NHKから国民を守る党　1人　987,885.326票　1.97%

政党名得票　841,224.000　個人名得票　146,661.326

当　立花　孝志 新　130,233.367
（令元.10.10退職）
繰　浜田　聡 新　9,308.959
（令元.10.21繰上）
岡本　介伸 新　4,269
熊丸　英治 新　2,850

その他の政党の得票総数・得票率等は下記のとおりです。
(当選者はいません。個人名得票の内訳は省略しました)

安楽死制度を考える会　得票総数　269,052.000票（0.54%）
政党名得票　233,441.000　個人名得票　35,611.000

幸福実現党　得票総数　202,278.772票（0.40%）
政党名得票　158,954.000　個人名得票　43,324.772

オリーブの木　得票総数　167,897.997票（0.34%）
政党名得票　136,873.000　個人名得票　31,024.997

労働の解放をめざす労働者党　得票総数　80,054.927票（0.16%）
政党名得票　57,891.999　個人名得票　22,163.928

第26回選挙

（令和4年7月10日施行／令和10年7月25日満了）

ふじ い かず ひろ
藤井一博
自新［無］ R4 当1
鳥取県 S52・12・23
勤1年8ヵ月 （初／令4）

厚労委、行監委、倫選特委理、党青年局長代理、女性局・新聞局次長、医師、鳥取県議会議員、鳥取大／46歳

〒682-0023 鳥取県倉吉市山根572-4 サンクピエスビル2F201号室 ☎0858(26)6081
〒100-8982 千代田区永田町2-1-1、会館 ☎03(6550)0605

かじ はら だい すけ
梶原大介
自新［無］ R4 当1
高知県香南市 S48・10・29
勤1年8ヵ月 （初／令4）

国土交通委、議運委、災害特委、党国土・建設関係団体副委長、高知県連幹事長、県議(4期)、参議院議員秘書、国立高知高専／50歳

〒780-0861 高知市升形2-1 升形ビル2F ☎088(803)9600

あか まつ けん
赤松 健
自新［無］ R4 当1
愛知県名古屋市 S43・7・5
勤1年8ヵ月 （初／令4）

文科委理、決算委、消費者特委、外交・安保調委、漫画家、(公社)日本漫画家協会常務理事、(株)Jコミックテラス取締役、中央大／55歳

〒100-8962 千代田区永田町2-1-1、会館 ☎03(6550)0423

は せ がわ ひで はる
長谷川英晴
自新［無］ R4 当1
千葉県いすみ市 S34・5・7
勤1年8ヵ月 （初／令4）

総務委、行監委理、地方・デジ特委、外交・安保調委、全国郵便局長会相談役、千葉県山田郵便局長、全国郵便局長会副会長、東北大／64歳

〒100-8962 千代田区永田町2-1-1、会館 ☎03(6550)1020

あお やま しげ はる
青山繁晴
自前［無］ R4 当2
兵庫県神戸市 S27・7・25
勤7年9ヵ月 （初／平28）

経産委理事、ODA・沖北特委、憲法審委、党経産部会長代理、(株)独立総合研究所社長、共同通信社、早大／71歳

〒100-8962 千代田区永田町2-1-1、会館

かたやま
片山さつき

自 前［無］R4 当3(初/平22)※1
埼玉県 S34・5・9
勤17年9ヵ月（衆3年11ヵ月）

予算委、環境委理、倫選特委、党金融調査会長、党政調会長代理、元国務大臣(地方創生・規制改革・女性活躍)、衆院議員、財務省主計官、東大法／64歳

〒432-8069 浜松市西区志都呂1-32-15 ☎053(581)7151
〒100-8962 千代田区永田町2-1-1、会館 ☎03(6550)0420

あだちとしゆき
足立敏之

自 前［無］R4 当2
京都府福知山市 S29・5・20
勤7年9ヵ月 (初/平28)

財政金融委員長、倫選特委、参党国会対策副委員長、国土交通省元技監、元水管理・国土保全局長、京大大学院修了／69歳

〒100-8962 千代田区永田町2-1-1、会館 ☎03(6550)0501

じみ
自見はなこ

自 前［無］R4 当2
福岡県北九州市 S51・2・15
勤7年9ヵ月 (初/平28)

内閣府特命担当大臣、前内閣府大臣政務官、元自民党女性局長、元厚生労働大臣政務官、筑波大・東海大医／48歳

〒802-0077 北九州市小倉北区馬借2-7-28-2F ☎093(513)0875
〒100-8962 千代田区永田町2-1-1、会館 ☎03(6550)0504

ふじきしんや
藤木眞也

自 前［無］R4 当2
熊本県 S42・2・25
勤7年9ヵ月 (初/平28)

党農林部会長代理、議運委理、参党副幹事長、農水政務官、JAかみましき組合長、JA全青協会長、農業生産法人社長、熊本農高／57歳

〒861-3101 熊本県上益城郡嘉島町大字鯰2792 ☎096(282)8856
〒100-8962 千代田区永田町2-1-1、会館 ☎03(6550)1006

やまだ ひろし
山田　宏

自 前［無］R4 当2(初/平28)※2
東京都八王子市 S33・1・8
勤13年（衆5年3ヵ月）

厚労委筆頭理事、憲法審委、党副幹事長、防衛大臣政務官、衆院議員2期、杉並区長3期、東京都議2期、松下政経塾第2期生、京大／66歳

〒102-0093 千代田区平河町2-16-5-602
〒100-8962 千代田区永田町2-1-1、会館 ☎03(6550)1205

とものうりお
友納理緒

自 新［無］R4 当1
東京都世田谷区 S55・11・18
勤1年8ヵ月 (初/令4)

厚労委、議運委、地方・デジ特委、国民生活調委、看護師、弁護士、元日本看護協会参与、早大院法務研究科、東京医科歯科大院修士／43歳

〒100-8962 千代田区永田町2-1-1、会館 ☎03(6550)1116

※1 平17衆院初当選　※2 平5衆院初当選

やまたに　　　こ
山谷えり子
自 前［無］ R4 当4(初/平16)※
福井県　S25・9・19
勤23年4ヵ月（衆3年5ヵ月）

内閣委、拉致特委長、倫選特委長、国家公安委員長・拉致問題担当大臣、参党政審会長、首相補佐官、サンケイリビング編集長、聖心女子大／73歳

〒100-8962　千代田区永田町2-1-1、会館　☎03(6550)1107

いの　うえ　よし　ゆき
井上義行
自 元［無］ R4 当2
神奈川県小田原市　S38・3・12
勤7年8ヵ月　(初/平25)

総務委、行監委、第一次安倍内閣総理大臣秘書官、日大経済学部(通信)／60歳

〒250-0011　小田原市栄町1-14-48
ジャンボーナックビル706　☎0465(20)8357

しんどうかね　ひ　こ
進藤金日子
自 前［無］ R4 当2
秋田県協和町(現大仙市)　S38・7・7
勤7年9ヵ月　(初/平28)

財務大臣政務官、党農林部会長代理、党水産調査会副会長、元農水省中山間地域振興課長、全国水土里ネット会長会議顧問、岩手大／60歳

〒100-8962　千代田区永田町2-1-1、会館　☎03(6550)0719

いま　い　え　り　こ
今井絵理子
自 前［麻］ R4 当2
沖縄県那覇市　S58・9・22
勤7年9ヵ月　(初/平28)

文科委理、ODA・沖北特委理、決算委、参党国対副委員長、元内閣府大臣政務官、歌手、八雲学園高校／40歳

〒900-0014　那覇市松尾1-21-59 1F　☎098(975)9216
〒100-8962　千代田区永田町2-1-1、会館　☎03(6550)0315

あ　だち　まさ　し
阿達雅志
自 前［無］ R4 当3
京都府　S34・9・27
勤9年5ヵ月　(初/平26繰)

内閣委員長、予算委、外交防衛委員長、総理補佐官、国交政務官、党外交部会長、NY州弁護士、住友商事、東大法／64歳

〒100-8962　千代田区永田町2-1-1、会館　☎03(6550)0309

かみ　や　まさ　ゆき
神谷政幸
自 新［麻］ R4 当1
愛知県豊橋市　S54・1・6
勤1年8ヵ月　(初/令4)

厚労委、議運委、消費者特委理、資源エネ調委、党青年局次長、党厚生関係団体委副委員長、党広報戦略局次長、薬剤師、福山大薬学部／45歳

〒100-8962　千代田区永田町2-1-1、会館　☎03(6550)1218

※平12衆院初当選

おち としゆき
越智俊之
自新［無］ R4 当1
広島県江田島市 S53・3・9
勤1年8ヵ月 （初／令4）

経産委、決算委、全国商工会連合会顧問、三興建設（株）専務取締役、全国商工会青年部連合会第22代会長、法政大／45歳

〒730-0051 広島市中区大手町3-3-27 1F ☎082(545)5500
〒100-8962 千代田区永田町2-1-1、会館 ☎03(6550)0821

いしい あきら
石井　章
維前 R4 当2(初/平28)※
茨城県取手市 S32・5・6
勤11年1ヵ月（衆3年4ヵ月）

消費者特委長、経産委、元衆議院議員、社会福祉法人理事長、専修大法学部／66歳

〒300-1513 茨城県取手市片町296 ☎0297(83)8900
〒100-8962 千代田区永田町2-1-1、会館 ☎03(6550)1204

いしい みつこ
石井苗子
維前 R4 当2
東京都 S29・2・25
勤7年9ヵ月 （初／平28）

外交防衛委理、決算委、震災復興特委理、保健師、看護師、女優、民放キャスター、心療内科勤務、聖路加大・東大院／70歳

〒100-8962 千代田区永田町2-1-1、会館 ☎03(6550)1115
〒102-0083 千代田区麹町4-7、宿舎

まつの あけみ
松野明美
維新 R4 当1
熊本県 S43・4・27
勤1年8ヵ月 （初／令4）

農水委、予算委、災害特委、党代表付、党政調副会長、元オリンピック選手、元熊本市議、元熊本県議、県立鹿本高校／55歳

〒861-0113 熊本市北区植木町伊知坊410-3
☎096(273)6377

なかじょう
中条きよし
維新 R4 当1
岐阜県岐阜市 S21・3・4
勤1年8ヵ月 （初／令4）

文科委、拉致特委、国民生活調委、党代表付、歌手、俳優、岐阜東高中退／77歳

〒100-8962 千代田区永田町2-1-1、会館 ☎03(6550)0805

いのせ なおき
猪瀬直樹
維新 R4 当1
長野県長野市 S21・11・20
勤1年8ヵ月 （初／令4）

厚労委、憲法審委、ODA・沖北特委、党参議院幹事長、作家、元東京都知事、副知事、道路公団民営化委、信州大、明大院／77歳

〒100-8962 千代田区永田町2-1-1、会館 ☎03(6550)0513

※平21衆院初当選

かねこみちひと
金子道仁　**維**新　R4 当1
神奈川県横浜市　S45・2・20
勤1年8ヵ月　(初/令4)

予算委理、文科委、外交・安保調委、党代表付、党政調副会長、キリスト教会牧師、社会福祉法人理事長、外務省、東大法／54歳

〒666-0251　兵庫県川辺郡猪名川町若葉1-137-22　☎072(767)6004
〒102-0083　千代田区麹町4-7、宿舎

くしだせいいち
串田誠一　**維**新　R4 当1
東京都大田区　S33・6・20
勤5年9ヵ月(衆4年1ヵ月)　(初/令4)※1

環境委理、決算委、外交・安保調理、情報監視審委、党政調副会長、前衆議院議員、弁護士、法政大学／65歳

〒231-0012　横浜市中区相生町2-27
宇田川ビル3F　☎045(212)3327
〒100-8962　千代田区永田町2-1-1、会館　☎03(6550)1203

あおしまけんた
青島健太　**維**新　R4 当1
新潟県新潟市　S33・4・7
勤1年8ヵ月　(初/令4)

国交委理、議運委、資源エネ調理、党代表付、党国対副委員長、元プロ野球選手、スポーツライター、慶大／65歳

〒340-0023　埼玉県草加市谷塚町952
関マンション104号　☎048(954)6641
〒100-8962　千代田区永田町2-1-1、会館　☎03(6550)0405

つじもときよみ
辻元清美　**立**新　R4 当1
奈良県　S35・4・28
勤23年5ヵ月(衆21年9ヵ月)　(初/令4)※2

党代表代行、憲法審筆頭幹事、予算委、経産委、党副代表、衆予算委筆頭理事、党国対委員長、首相補佐官、国交副大臣、早大／63歳

〒100-8962　千代田区永田町2-1-1、会館　☎03(6550)0613

おにきまこと
鬼木誠　**立**新　R4 当1
福岡県筑紫野市　S38・12・7
勤1年8ヵ月　(初/令4)

内閣委、行政監視委、復興特委、資源エネ調委、自治労本部書記長、福岡県職員労働組合委員長、福岡県職員、福岡県立筑紫高校／60歳

〒102-0083　千代田区麹町4-7、宿舎

こがちかげ
古賀千景　**立**新　R4 当1
福岡県久留米市　S41・11・25
勤1年8ヵ月　(初/令4)

文科委、決算委、復興特委、憲法審委、党参議院比例第16総支部長、日教組特別中央執行委員、小学校教諭、熊本大／57歳

〒100-8962　千代田区永田町2-1-1、会館　☎03(6550)0409

※1 平29衆院初当選　※2 平8衆院初当選

しば　しんいち
柴　愼一　立新　R4 当1
神奈川県　S39・9・14
勤1年8ヵ月　（初/令4）

財金委、行監委、震災復興特委、国民生活調委、元JP労組中央副執行委員長、柿生高校／59歳

〒100-8962　千代田区永田町2-1-1、会館　☎03(6550)1009

むらた きょうこ
村田享子　立新　R4 当1
鹿児島県鹿児島市　S58・5・16
勤1年8ヵ月　（初/令4）

決算委、経産委、消費者特委、基幹労連職員、参院議員秘書、東大／40歳

〒100-8962　千代田区永田町2-1-1、会館　☎03(6550)1222

あおき　あい
青木　愛　立前　R4 当3(初/平19)※
東京都　S40・8・18
勤17年1ヵ月（衆7年2ヵ月）

国土交通委員長、元行政監視委員長、元復興特委員長、保育士、千葉大院修了、高野山大院修了／58歳

〒114-0021　北区岸町1-2-9　☎03(5948)5038
〒100-8962　千代田区永田町2-1-1、会館　☎03(6550)0507

いしばし みちひろ
石橋通宏　立前　R4 当3
島根県　S40・7・1
勤13年10ヵ月（初/平22)

党参院国会対策委員長代理、予算委筆頭理事、厚労委、厚労委、情報労連、元ILO専門官、米アラバマ大院、中大法／58歳

〒100-8962　千代田区永田町2-1-1、会館　☎03(6550)0523

たけうち しんじ
竹内真二　公前　R4 当2
東京都　S39・3・19
勤6年6ヵ月（初/平29繰）

災害特委長、財金委、行監委、国民生活調委、党遊説局長、団体局次長、公明新聞編集局次長、早大／59歳

〒102-0094　千代田区紀尾井町1-15、宿舎

よこやま しんいち
横山信一　公前　R4 当3
北海道　S34・7・21
勤13年10ヵ月（初/平22）

党北海道本部代表代行、党東北方面副本部長、党復興・防災部会長、復興副大臣、法務委員長、総務委員長、北大院／64歳

〒060-0001　札幌市中央区北1条西19丁目緒方ビル3F　☎011(688)6222
〒102-0083　千代田区麹町4-7、宿舎

※平15衆院初当選

たに あい まさ あき
谷合正明　公前　R4 当4
埼玉県　S48・4・27
勤19年11ヵ月（初／平16）

党幹事長代理・参幹事長・広報委員長・中国方面本部長・岡山県本部代表、倫選特委理、農水副大臣、NGO職員、京大院／50歳

〒702-8031 岡山市南区福富西1-20-48
クボタビル2F ☎086(262)3611
〒102-0094 千代田区紀尾井町1-15、宿舎

くぼ た てつ や
窪田哲也　公新　R4 当1
愛媛県　S40・11・2
勤1年8ヵ月（初／令4）

党参国対副委員長、党団体局次長、党沖縄21世紀委員会事務局次長、内閣委、議運委、ODA・沖北特委理、元公明新聞九州支局長、明治大／58歳

〒100-8962 千代田区永田町2-1-1、会館 ☎03(6550)0202

うえ だ いさむ
上田　勇　公新　R4 当1
神奈川県横浜市　S33・8・5
勤22年8ヵ月(衆21年)（初／令4）※

党政調会長代理、外交防衛委理、衆院議員7期、財務副大臣、法務総括次官、農水省、東大、米コーネル大学大学院／65歳

〒430-0917 浜松市中区常盤町139-18 ☎053(523)7977

みや ざき まさる
宮崎　勝　公元　R4 繰当2
埼玉県　S33・3・18
勤7年6ヵ月（初／平28）

内閣委理、予算委、災害特委理、党埼玉県本部副代表、党税調事務局次長、元環境大臣政務官、元公明新聞編集局長、埼玉大／65歳

〒330-0063 さいたま市浦和区高砂3-7-4 2F
〒102-0083 千代田区麹町4-7、宿舎

た むら とも こ
田村智子　共前　R4 当3
長野県小諸市　S40・7・4
勤13年10ヵ月（初／平22）

党委員長、国交委、国家基本委、元政策委員長、元党東京都副委員長、参議院議員秘書、早大第一文学部／58歳

〒151-0053 渋谷区代々木1-44-11 ☎03(5304)5639
〒100-8962 千代田区永田町2-1-1、会館 ☎03(6550)0908

に ひ そう へい
仁比聡平　共元　R4 当3
福岡県北九州市　S38・10・16
勤13年10ヵ月（初／平16）

法務委、災害特委、憲法審委、党参院国対副委員長、党中央委員、弁護士、京大法／60歳

〒810-0022 福岡市中央区薬院3-13-12-3F ☎092(526)1933
〒102-0083 千代田区麹町4-7、宿舎

※平5衆院初当選

いわ　ぶち　　　とも
岩渕　友
共前　R4 当2
福島県喜多方市　S51・10・3
勤7年9ヵ月　（初／平28）

党幹部会委員、党国会対策副委員長、経産委、復興特委、外交・安保調理、議運委理、日本民主青年同盟福島県委員長、福島大／47歳

〒960-0112　福島市南矢野目字谷地65-3　☎024(555)0550
〒100-8962　千代田区永田町2-1-1、会館　☎03(6550)1002

たけ　づめ　　ひとし
竹詰　仁
国新　R4 当1
東京都　S44・2・6
勤1年8ヵ月　（初／令4）

内閣委、決算委、復興特委、資源エネ調理、東電労組中央執行委員長、全国電力総連副会長、在タイ日本大使館一等書記官、慶大経／55歳

〒100-8962　千代田区永田町2-1-1、会館　☎03(6550)0406

はま　ぐち　　まこと
浜口　誠
国前　R4 当2
三重県松阪市　S40・5・18
勤7年9ヵ月　（初／平28）

国交委、ODA・沖北特委、外交・安保調理、情監審委、党役員室長、政調会長代理、自動車総連顧問、トヨタ自動車、筑波大／58歳

〒100-8962　千代田区永田町2-1-1、会館　☎03(6550)1022

かわ　い　たか　のり
川合孝典
国前　R4 当3
京都府京都市　S39・1・29
勤13年10ヵ月　（初／平19）

法務委理、懲罰委、拉致特委、党幹事長代行、党拉致問題対策本部長、UAゼンセン政治顧問、立命館大法学部／60歳

〒152-0004　目黒区鷹番3-4-5(自宅)

てん　ばた　だい　すけ
天畠大輔
れ新　R4 当1
広島県呉市　S56・12・29
勤1年8ヵ月　（初／令4）

厚労委、倫選特委、重度障がい者支援団体代表理事、ルーテル大、立命館大院（博士）／42歳

〒100-8962　千代田区永田町2-1-1、会館　☎03(6550)0316

おおしまくすお
大島九州男
れ元　R4 繰当3
福岡県直方市　S36・6・11
勤13年4ヵ月　（初／平19）

内閣委、行監委、災害特委、内閣委員長、予算委理、民主党副幹事長、直方市議3期、全国学習塾協会常任理事、日大法学部／62歳

〒902-0062　沖縄県那覇市松川2-16-1
〒100-8962　千代田区永田町2-1-1、会館　☎03(6550)0714

かみ　や　そう　へい
神谷宗幣
参新　福井県　勤1年8ヵ月
R4 当1　S52・10・12　（初／令4）

財金委、参政党代表、会社役員、吹田市議、関西大法科大学院／46歳

〒920-0967　金沢市菊川2-24-3　☎076(255)0177
〒102-0083　千代田区麹町4-7、宿舎

ふくしま
福島みずほ
社前　宮崎県　勤26年
R4 当5　S30・12・24　（初／平10）

党首、法務委、予算委、憲法審委、地方・デジ特委、前副党首、消費者庁・男女共同参画・少子化・食品安全担当大臣、弁護士、東大／68歳

〒100-8962　千代田区永田町2-1-1、会館　☎03(6550)1111

さい とう けん いち ろう
齊藤健一郎
無新（N党）　兵庫県尼崎市　勤1年
R4 繰当1　S55・12・25　（初／令5）

総務委、震災復興特委、NHKから国民を守る党党首、（一社）EXPEDITION STYLE理事、奈良産業大学法学部／43歳

〒660-0892　尼崎市東難波町1-1-1-1412
〒102-0083　千代田区麹町4-7、宿舎

参議院比例代表（第26回選挙・令和4年7月10日施行）

全国有権者数	105,019,203人	全国投票者数	54,655,446人
男　〃	50,740,309人	男　〃	26,517,077人
女　〃	54,278,894人	女　〃	28,138,369人
		有効投票数	53,027,260票

党別当選者数・党別個人別得票数・党別得票率

（※小数点以下の得票数は按分票です）

自民党　18人　18,256,245.412票　34.43%

政党名得票　13,713,427.488　個人名得票　4,542,817.924

当	藤井　一博	新	特定枠	当	越智　俊之	新	118,710.034
当	梶原　大介	新	特定枠		小川　克巳	現	118,222.945
当	赤松　健	新	528,053		木村　義雄	元	113,873.825
当	長谷川英晴	新	414,371.020		宇都　隆史	現	101,840.710
当	青山　繁晴	現	373,786		園田　修光	現	93,380
当	片山さつき	現	298,091.510		水落　敏栄	現	82,920
当	足立　敏之	現	247,755.055		藤末　健三	元	74,972
当	自見　英子	現	213,369		岩城　光英	元	63,714
当	藤木　真也	現	187,740.202		河村　建一	新	59,007.679
当	山田　宏	現	175,871.715		吉岡伸太郎	新	55,804
当	友納　理緒	新	174,335		英利アルフィヤ	新	54,646
当	山谷えり子	現	172,640.169		尾立　源幸	元	24,576
当	井上　義行	元	165,062.175		向山　淳	新	20,638
当	進藤金日子	現	150,759		有里　真穂	新	18,561
当	今井絵理子	現	148,630.162		高原　朗子	新	17,542.622
当	阿達　雅志	現	138,994.642		遠藤奈央子	新	7,762
当	神谷　政幸	新	127,188.459				

日本維新の会　8人　7,845,995.352票　14.80%

政党名得票　7,086,854.000　個人名得票　759,141.352

当	石井　章	現	123,279.274
当	石井　苗子	現	74,118.112
当	松野　明美	新	55,608
当	中条きよし	新	47,420
当	猪瀬　直樹	新	44,211.978
当	金子　道仁	新	36,944
当	串田　誠一	新	35,842
当	青島　健太	新	33,553
	上野　蛍	新	29,095
	神谷　ゆり	新	27,215.249
	後藤　斎	新	24,874.182
	森口あゆみ	新	23,664.322
	岸口　実	新	22,399
	松浦　大悟	元	20,222
	飯田　哲史	新	19,522
	井上　一徳	新	18,370.158
	山口　和之	元	18,175.008
	石田　隆史	新	17,408.867
	西川　鎮央	新	16,722
	中川　健一	新	14,986.577
	水ノ上成彰	新	11,701
	木内　孝胤	新	11,313
	小林　悟	新	9,370
	西郷隆太郎	新	8,637
	八田　盛茂	新	8,346
	中村　悠基	新	6,143.625

立憲民主党　7人　6,771,945.011票　12.77%

政党名得票　5,204,394.497　個人名得票　1,567,550.514

当	辻元　清美	新	428,859.769
当	鬼木　誠	新	171,619.697
当	古賀　千景	新	144,344
当	柴　慎一	新	127,382.292
当	村田　享子	新	125,340.850
当	青木　愛	現	123,742
当	石橋　通宏	現	111,703
	白　真勲	現	84,242
	石川　雅俊	新	48,702.805
	有田　芳生	現	46,715
	堀越　啓仁	新	39,631
	栗下　善行	新	39,555
	はたともこ	元	18,208.635
	要　友紀子	新	17,529
	森永　美樹	新	10,055
	河野　麻美	新	7,941
	沢邑　啓子	新	7,602
	木村　正弘	新	7,101.466
	田中　勝一	新	4,503
	菅原　美香	新	2,773

公明党　6人　6,181,431.937票　11.66%

政党名得票　4,048,585.000　個人名得票　2,132,846.937

当	竹内　真二	現	437,228
当	横山　信一	現	415,178.606
当	谷合　正明	現	351,413
当	窪田　哲也	新	349,359.320
当	熊野　正士（令4.9.30辞職）	現	269,048
当	上田　勇	新	268,403
繰	宮崎　勝（令4.10.6繰上）	現	9,695
	中北　京子	新	9,640.398
	水島　春香	新	9,058
	河合　綾	新	5,417.599
	中嶋　健二	新	2,786
	塩野　正貴	新	1,717
	深沢　淳	新	1,212
	伊大知孝一	新	797
	奈良　直記	新	738.014
	淀屋　伸雄	新	730
	光延　康治	新	426

共産党　3人　3,618,342.792票　6.82%

政党名得票　3,321,097.000　個人名得票　297,245.792

当	田村　智子	現	112,132.341
当	仁比　聡平	元	36,098.530
当	岩渕　友	現	35,392
	大門実紀史	現	31,570
	武田　良介	現	23,370.641
	山本　訓子	新	11,736.820
	小山　早紀	新	6,618
	今村あゆみ	新	5,768.646
	片山　和子	新	4,646.951
	佐々木とし子	新	4,635
	吉田　恭子	新	4,174.277
	西田佐枝子	新	3,674
	丸本由美子	新	2,654
	渡辺喜代子	新	2,199
	上里　清美	新	2,141.184
	花木　則彰	新	1,488
	片岡　朗	新	1,453
	高橋真生子	新	1,416.760
	赤田　勝紀	新	1,258
	冨田　直樹	新	1,164.007
	西沢　博	新	968.268
	細野　真理	新	872
	堀川　朗子	新	736.367
	深田　秀美	新	583
	来田　時子	新	495

国民民主党　3人　3,159,625.890票　5.96%

政党名得票　2,234,837.672　個人名得票　924,788.218

当　竹詰　仁　新　238,956.023
当　浜口　誠　現　234,744.965
当　川合　孝典　現　211,783.997
矢田　稚子　現　159,929.004
山下　容子　新　22,311
上松　正和　新　20,790
樽井　良和　元　16,373.229
城戸　佳織　新　16,078
河辺　佳朗　新　3,822

れいわ新選組　2人　2,319,156.016票　4.37%

政党名得票　2,074,146.801　個人名得票　245,009.215

当　天畠　大輔　新　特定枠
当　水道橋博士　新　117,794
（令5.1.16辞職）
繰　大島九州男　元　28,123
（令5.1.17繰上）
長谷川羽衣子　新　21,826.374
辻　恵　新　18,393
蓮池　透　新　17,684
依田　花蓮　新　14,821
高井　崇志　新　13,326.841
金　泰泳　新　13,041

参政党　1人　1,768,385.409票　3.33%

政党名得票　1,370,215.000　個人名得票　398,170.409

当　神谷　宗幣　新　159,433.516
武田　邦彦　新　128,257.022
松田　学　新　73,672.871
吉野　敏明　新　25,463
赤尾　由美　新　11,344

社民党　1人　1,258,501.715票　2.37%

政党名得票　963,899.000　個人名得票　294,602.715

当　福島　瑞穂　現　216,984
宮城　一郎　新　22,309
岡崎　彩子　新　17,466
山口わか子　新　13,793.548
大椿　裕子　新　10,390
秋葉　忠利　新　6,623
久保　孝喜　新　4,518
村田　峻一　新　2,519.167

ＮＨＫ党　1人　1,253,872.467票　2.36%

政党名得票　834,995.000　個人名得票　418,877.467

当　東谷　義和　新　287,714.767
（令5.3.15除名）
山本　太郎　新　53,351.732
（離党）
黒川　敦彦　新　22,595
（離党）
繰　斉藤健一郎　新　22,426.130
（令5.3.23繰上）
久保田　学　新　17,947.257
西村　斉　新　6,564.622
添田　真也　新　4,555.701
高橋　理洋　新　2,905.258
上妻　敬二　新　817

その他の政党の得票総数・得票率等は下記のとおりです。
（当選者はいません。個人名得票の内訳は省略しました）

ごぼうの党　得票総数　193,724.387票（0.37%）

政党名得票　184,285.075　個人名得票　9,439.312

幸福実現党　得票総数　148,020.000票（0.28%）

政党名得票　129,662.000　個人名得票　18,358.000

日本第一党　得票総数　109,045.614票（0.21%）

政党名得票　76,912.000　個人名得票　32,133.614

新党くにもり　得票総数　77,861.000票（0.15%）

政党名得票　61,907.000　個人名得票　15,954.000

維新政党・新風　得票総数　65,107.000票（0.12%）

政党名得票　56,949.000　個人名得票　8,158.000

第25回選挙
（令和元年7月21日施行／令和7年7月28日満了）

第26回選挙
（令和4年7月10日施行／令和10年7月25日満了）

北海道　6人

令和元年選挙得票数

当	828,220	高橋はるみ	自新	(34.4)
当	523,737	勝部　賢志	立新	(21.7)
当	454,285	岩本　剛人	自新	(18.8)
▽	265,862	畠山　和也	共新	(11.0)
▽	227,174	原谷　那美	国新	(9.4)
	63,308	山本　貴平	諸新	(2.6)

以下はP269に掲載

令和4年選挙得票数

当	595,033	長谷川　岳	自現	(25.5)
当	455,057	徳永　エリ	立現	(19.5)
当	447,232	船橋　利実	自新	(19.1)
▽	422,392	石川　知裕	立新	(18.1)
▽	163,252	畠山　和也	共新	(7.0)
	91,127	臼木　秀剛	国新	(3.9)
	75,299	大村小太郎	参新	(3.2)
	23,039	斉藤　忠行	N新	(1.0)
	18,831	石井　良恵	N新	(0.8)
	18,760	浜田　智	N新	(0.8)
	16,006	沢田　英一	諸新	(0.7)
	11,625	森山　佳則	諸新	(0.5)

高橋はるみ（たかはし はるみ）
自新［無］　R1　当1
富山県富山市　S29・1・6
勤4年8ヵ月　（初／令元）

党女性局長、決算委理、ODA・沖北特委、文科委、資源エネ調委、北海道知事(4期)、北海道経済産業局長、一橋大学経済学部／70歳

〒060-0042　札幌市中央区大通西10丁目
南大通ビル4F　☎011(200)8066

勝部賢志（かつべ けんじ）
立新　R1　当1
北海道千歳市　S34・9・6
勤4年8ヵ月　（初／令元）

議運委理、財金委、ODA・沖北特委、党副幹事長、道議会副議長、道議会議員、小学校教員、北海道教育大札幌分校／64歳

〒060-0042　札幌市中央区大通西5丁目8番
昭和ビル5F　☎011(596)7339
〒100-8962　千代田区永田町2-1-1、会館　☎03(6550)0608

岩本剛人（いわもと つよひと）
自新［無］　R1　当1
北海道札幌市　S39・10・19
勤4年8ヵ月　（初／令元）

参党副幹事長、災害特委理、決算委、党環境副部会長、地方組織・議員総局次長、道議(5期)、防衛政務官、淑徳大社会福祉学科／59歳

〒060-0041　札幌市中央区大通東2丁目3-1
第36桂和ビル7F　☎011(211)8185
〒100-8962　千代田区永田町2-1-1、会館　☎03(6550)0205

長谷川岳（はせがわ がく）
自前［無］　R4　当3
愛知県　S46・2・16
勤13年10ヵ月（初／平22）

地方・デジ特委長、総務副大臣、総務大臣政務官、財政金融委員長、農林水産委員長、法務部会長、水産部会長、北大／53歳

〒060-0004　札幌市中央区北4条西4丁目
ニュー札幌ビル7F　☎011(223)7708
〒100-8962　千代田区永田町2-1-1、会館　☎03(6550)0619

※選挙区別の当日有権者数・投票者数・投票率は271頁

とく　なが
徳永エリ
立 前　R4 当3
北海道札幌市　S37・1・1
勤13年10ヵ月（初/平22）

決算委理、農水委、ODA・沖北特委、参議院政審会長（党政調会長代理）、TVリポーター、法大中退／62歳

〒060-0042 札幌市中央区大通西5-8 昭和ビル9F ☎011(218)2133
〒100-8962 千代田区永田町2-1-1、会館 ☎03(6550)0701

ふな　はし　とし　みつ
船橋利実
自 新［麻］ R4 当1(初/令4)※1
北海道北見市　S35・11・20
勤7年9ヵ月（衆6年1ヵ月）

総務大臣政務官、総務委、国家基本委、資源エネ調委、衆議院2期、財務大臣政務官、北海道議、北見市議、北海商科大学大学院商学研究科修了／63歳

〒060-0042 札幌市中央区大通西8丁目2-32 ダイヤモンドビル ☎011(272)0171
〒100-8962 千代田区永田町2-1-1、会館 ☎03(6550)0424

青森県　2人

令和元年選挙得票数

当	239,757	滝沢　求	自現	(51.5)
▽	206,582	小田切　達	立新	(44.4)
	19,310	小山日奈子	諸新	(4.1)

令和4年選挙得票数

当	277,009	田名部匡代	立現	(53.5)
▽	216,265	斉藤直飛人	自新	(41.7)
	13,607	中条栄太郎	参新	(2.6)
	11,335	佐々木　晃	N新	(2.2)

たき　さわ　もとめ
滝沢　求
自 前［麻］ R1 当2
青森県　S33・10・11
勤10年9ヵ月（初/平25）

環境副大臣兼内閣府副大臣、復興特委、環境委員長、党環境部会長、副幹事長、国交・環境部会長代理、外務大臣政務官、中大法／65歳

〒031-0057 八戸市上徒士町15-1 ☎0178(45)5858
〒100-8962 千代田区永田町2-1-1、会館 ☎03(6550)0522

た　な　ぶ　まさ　よ
田名部匡代
立 前　R4 当2(初/平28)※2
青森県八戸市　S44・7・10
勤15年4ヵ月（衆7年7ヵ月）

農水委、国家基本委、国民生活調理、党参院幹事長、党幹事長代理、元農水政務官、衆議員秘書、玉川学園女子短大／54歳

〒031-0088 八戸市岩泉町4-7 ☎0178(44)1414
〒100-8962 千代田区永田町2-1-1、会館

岩手県　2人

令和元年選挙得票数

当	288,239	横沢　高徳	無新	(49.0)
▽	272,733	平野　達男	自現	(46.3)
	27,658	梶谷　秀一	諸新	(4.7)

令和4年選挙得票数

当	264,422	広瀬めぐみ	自新	(47.2)
▽	242,174	木戸口英司	立現	(43.2)
	26,960	白鳥　顕志	参新	(4.8)
	13,637	大越　裕子	無新	(2.4)
	13,352	松田　隆嗣	N新	(2.4)

※1 平24衆院初当選　※2 平15衆院初当選

よこ さわ たか のり
横沢高徳

立 新　R1 当1
岩手県矢巾町　S47・3・6
勤4年8ヵ月　（初／令元）

震災復興特委理、農水委理、議運委、モトクロス選手、バンクーバー・パラリンピックアルペンスキー日本代表、盛岡工業高校／51歳

〒020-0022　盛岡市大通3-1-24
第三菱和ビル5F　☎019(625)6601

ひろ せ
広瀬めぐみ

自 新［麻］　R4 当1
岩手県　S41・6・27
勤1年8ヵ月　（初／令4）

内閣委、予算委、震災復興特委理、弁護士、上智大学外国語学部英文科／57歳

〒020-0024　盛岡市薬園1-11-4
樋下建設ビル3F　☎019(681)6686

宮城県　2人

令和元年選挙得票数

	得票数	氏名	党派	(%)
当	474,692	石垣のり子	立新	(48.6)
▽	465,194	愛知　治郎	自現	(47.7)
	36,321	三宅　紀昭	諸新	(3.7)

令和4年選挙得票数

	得票数	氏名	党派	(%)
当	472,963	桜井　　充	自現	(51.9)
▽	271,455	小畑　仁子	立新	(29.8)
	91,924	平井みどり	維新	(10.1)
	52,938	ローレンス綾子	参新	(5.8)
	21,286	中江　友哉	N新	(2.3)

いし がき
石垣のりこ

立 新　R1 当1
宮城県仙台市　S49・8・1
勤4年8ヵ月　（初／令元）

内閣委理、予算委、復興特委、ラジオ局アナウンサー、宮城県第二女子高等学校、宮城教育大学／49歳

〒980-0014　仙台市青葉区本町3丁目5-21
アーカス本町ビル1F　☎022(355)9737
〒102-0083　千代田区麴町4-7、宿舎

さくら い　みつる
櫻井　充

自 前［無］　R4 当5
宮城県仙台市　S31・5・12
勤26年　（初／平10）

予算委員長、復興特委、財金委、党財務金融部会長、厚労副大臣、財務副大臣、医学博士、東北大院／67歳

〒980-0811　仙台市青葉区一番町1-1-30
南町通有楽館ビル2F　☎022(723)4077
〒102-0083　千代田区麴町4-7、宿舎

秋田県　2人

令和元年選挙得票数

	得票数	氏名	党派	(%)
当	242,286	寺田　　静	無新	(50.5)
▽	221,219	中泉　松司	自現	(46.1)
	16,683	石岡　隆治	諸新	(3.5)

令和4年選挙得票数

	得票数	氏名	党派	(%)
当	194,949	石井　浩郎	自現	(42.7)
▽	162,889	村岡　敏英	無新	(35.6)
	62,415	佐々百合子	無新	(13.7)
	19,983	藤本　友里	共新	(4.4)
	10,329	伊東万美子	参新	(2.3)
	6,368	本田　幸久	N新	(1.4)

※選挙区別の当日有権者数・投票者数・投票率は271頁

てらた しずか
寺田 静
無新　R1 当1
秋田県横手市　S50・3・23
勤4年8ヵ月　(初/令元)

農水委、元議員秘書、早大/48歳

〒010-1424 秋田市御野場1-1-9　☎018(853)9226

いしい ひろお
石井浩郎
自前[茂]　R4 当3
秋田県八郎潟町　S39・6・21
勤13年10ヵ月　(初/平22)

決算委筆頭理、国交委、倫選特委理、復興特委理、党国対筆頭副委員長、国交・内閣府・復興副大臣、党副幹事長、早大中退/59歳

〒010-0951 秋田市山王3-1-15　☎018(883)1711
〒100-8962 千代田区永田町2-1-1、会館　☎03(6550)0713

山形県　2人

令和元年選挙得票数

	得票数	氏名	党派	(%)
当	279,709	芳賀　道也	無新	(50.2)
▽	263,185	大沼　瑞穂	自現	(47.3)
	13,800	小野沢健至	諸新	(2.5)

令和4年選挙得票数

	得票数	氏名	党派	(%)
当	269,494	舟山　康江	国現	(49.0)
▽	242,433	大内　理加	自新	(44.0)
	19,767	石川　渉	共新	(3.6)
	11,481	黒木　明	参新	(2.1)
	7,217	小泉　明	N新	(1.3)

はが みちや
芳賀道也
無新(国民)　R1 当1
山形県　S33・3・2
勤4年8ヵ月　(初/令元)

総務委、決算委、災害特委、キャスター、アナウンサー、日本大学文理学部/65歳

〒990-0825 山形市城北町1-24-15 2A　☎023(676)5115
〒100-8962 千代田区永田町2-1-1、会館　☎03(6550)0917

ふなやま やすえ
舟山康江
国前　R4 当3
埼玉県　S41・5・26
勤13年10ヵ月　(初/平19)

党参議院議員会長、農水委理、消費者特委員長、元党政調会長、元農水大臣政務官、農水省職員、北海道大/57歳

〒990-0039 山形市香澄町3-2-1 山交ビル8F　☎023(627)2780
〒102-0083 千代田区麹町4-7、宿舎

福島県　2人

令和元年選挙得票数

	得票数	氏名	党派	(%)
当	445,547	森　雅子	自現	(54.1)
▽	345,001	水野さち子	無新	(41.9)
	33,326	田山　雅仁	諸新	(4.0)

令和4年選挙得票数

	得票数	氏名	党派	(%)
当	419,701	星　北斗	自新	(51.6)
▽	320,151	小野寺彰子	無新	(39.3)
	30,913	佐藤　早苗	無新	(3.8)
	23,027	窪山紗和子	参新	(2.8)
	19,829	皆川真紀子	N新	(2.4)

もり
森　まさこ

自 前［無］ R1 当3
福島県いわき市 S39・8・22
勤16年10ヵ月（初／平19）

党人事局長、内閣総理大臣補佐官、法務大臣、国務大臣、環境・行政監視委員長、党環境・法務部会長、女性活躍推進本部長、弁護士、東北大／59歳

〒970-8026 いわき市平五色町1-103 ☎0246(21)3700
〒100-8962 千代田区永田町2-1-1、会館 ☎03(6550)0924

ほし　ほくと
星　北斗

自 新［無］ R4 当1
福島県郡山市 S39・3・18
勤1年8ヵ月（初／令4）

厚労委理事、行監委、復興特委、国民生活調委、(公財)星総合病院理事長、福島県医師会参与、旧厚生省医系技官、東邦大学医学部／59歳

〒963-8071 郡山市富久山町久保田字久保田227-1 ☎024(953)4711
〒100-8962 千代田区永田町2-1-1、会館 ☎03(6550)0322

茨城県　4人

令和元年選挙得票数

当	507,260	上月　良祐	自現(47.9)
当	237,614	小沼　巧	立新(22.4)
▽	129,151	大内久美子	共新(12.2)
▽	125,542	海野　徹	維新(11.9)
	58,978	田中　健	諸新(5.6)

令和4年選挙得票数

当	544,187	加藤　明良	自新(49.9)
当	197,292	堂込麻紀子	無新(18.1)
▽	159,017	佐々木里加	維新(14.6)
▽	105,735	大内久美子	共新(9.7)
	48,582	菊池　政也	参新(4.5)
	16,966	村田　大地	N新(1.6)
	14,724	丹羽　茂之	N新(1.3)
	4,866	仲村渠哲勝	無新(0.4)

こうづきりょうすけ
上月良祐

自 前［茂］ R1 当2
兵庫県神戸市 S37・12・26
勤10年9ヵ月（初／平25）

経産副大臣兼内閣府副大臣、党副幹事長、農水委員長、農林水産大臣政務官、元総務省、茨城県副知事、東大法／61歳

〒310-0063 水戸市五軒町1-3-4-301 ☎029(291)7231

おぬま　たくみ
小沼　巧

立 新 R1 当1
茨城県鉾田市 S60・12・21
勤4年8ヵ月（初／令元）

倫選特委筆頭理事、予算委、国交委、党政調副会長、ボストンコンサルティング、経産省、タフツ大院、早大／38歳

〒310-0851 水戸市千波町1150-1 石川ビル105 ☎029(350)1815
〒100-8962 千代田区永田町2-1-1、会館 ☎03(6550)1012

かとうあきよし
加藤明良

自 新［茂］ R4 当1
茨城県水戸市 S43・2・7
勤1年8ヵ月（初／令4）

内閣委、予算委、災害特委理、憲法審委、党女性局次長、党農林水産関係団体委副委員長、茨城県議3期、専修大／56歳

〒310-0817 水戸市柳町2-7-10 ☎029(306)7778

※選挙区別の当日有権者数・投票者数・投票率は271頁

どうごみまきこ
堂込麻紀子 無新 R4 当1
茨城県阿見町 S50・9・16
勤1年8ヵ月 (初/令4)

財金委、連合茨城執行委員、UAゼンセン、イオンリテールワーカーズユニオン、流通経済大/48歳

〒310-0022 水戸市梅香2-1-39
茨城県労働福祉会館3階 ☎029(306)6444
〒100-8962 千代田区永田町2-1-1、会館 ☎03(6550)0607

栃木県 2人

令和元年選挙得票数

当	373,099	高橋 克法	自現	(53.5)
▽	285,681	加藤 千穂	立新	(41.0)
	38,508	町田 紀光	諸新	(5.5)

令和4年選挙得票数

当	414,456	上野 通子	自現	(56.2)
▽	127,628	板倉 京	立新	(17.3)
	100,529	大久保裕美	維新	(13.6)
	44,310	岡村 恵子	共新	(6.0)
	30,864	大隈 広郷	参新	(4.2)
	19,090	高橋真佐子	N新	(2.6)

たかはしかつのり
高橋克法 自前[麻] R1 当2
栃木県 S32・12・7
勤10年9ヵ月 (初/平25)

文教科学委員長、参党国対筆頭副委員長、議運委理事、国交政務官、予算委理事、高根沢町長、栃木県議、参院議員秘書、明大/66歳

〒329-1232 栃木県塩谷郡高根沢町光陽台1-1-2 ☎028(675)6500
〒100-8962 千代田区永田町2-1-1、会館 ☎03(6550)0324

うえのみちこ
上野通子 自前[無] R4 当3
栃木県宇都宮市 S33・4・21
勤13年10ヵ月 (初/平22)

文科委、ODA・沖北特委、消費者特委、外交・安保調委、参党政審会長代理、文科副大臣、文科委員長、党女性局長、栃木県議、共立女子大/65歳

〒320-0034 宇都宮市泉町6-22 ☎028(627)8801
〒100-8962 千代田区永田町2-1-1、会館 ☎03(6550)0918

群馬県 2人

令和元年選挙得票数

当	400,369	清水 真人	自新	(53.9)
▽	286,651	斎藤 敦子	立新	(38.6)
	55,209	前田みか子	諸新	(7.4)

令和4年選挙得票数

当	476,017	中曽根弘文	自現	(63.8)
▽	138,429	白井 桂子	無新	(18.6)
	69,490	高橋 保	共新	(9.3)
	39,523	新倉 哲郎	参新	(5.3)
	22,276	小島 糾史	N新	(3.0)

しみずまさと
清水真人 自新[無] R1 当1
群馬県高崎市 S50・2・26
勤4年8ヵ月 (初/令元)

参党国対副委員長、議運委理、国土交通政務官、参党副幹事長、群馬県議2期、高崎市議2期、明治学院大/49歳

〒371-0805 前橋市南町2-38-4
AMビル1F ☎027(212)9366
〒100-8962 千代田区永田町2-1-1、会館 ☎03(6550)0923

なかそね ひろふみ
中曽根弘文
自前［無］ R4 当7
群馬県前橋市 S20・11・28
勤38年2ヵ月（初／昭61）

憲法審査会長、外防委、党総務、予算委長、党参院議員会長、外務大臣、文相、科技長官、慶大／78歳

〒371-0801 前橋市文京町1-1-14 ☎027(221)1133
〒100-8962 千代田区永田町2-1-1、会館 ☎03(6550)1224

埼玉県　8人

（令和元、4年選挙で定数各1増）

令和元年選挙得票数

当	786,479	古川	俊治	自現	(28.2)
当	536,338	熊谷	裕人	立新	(19.3)
当	532,302	矢倉	克夫	公現	(19.1)
当	359,297	伊藤	岳	共新	(12.9)
▽	244,399	宍戸	千絵	国新	(8.8)
	204,075	沢田	良	維新	(7.3)

以下はP269に掲載

令和4年選挙得票数

当	727,232	関口	昌一	自現	(24.1)
当	501,820	上田	清司	無現	(16.6)
当	476,642	西田	実仁	公現	(15.8)
当	444,567	高木	真理	立新	(14.7)
▽	324,476	加来	武宜	維新	(10.7)
▽	236,899	梅村	早江子	共新	(7.8)
	121,769	西	美友加	れ新	(4.0)
	89,693	坂上	仁志	参新	(3.0)
	22,613	高橋	易資	無新	(0.7)

以下はP269に掲載

ふるかわ としはる
古川俊治
自前［無］ R1 当3
埼玉県 S38・1・14
勤16年10ヵ月（初／平19）

財金委理、医師、弁護士、慶大教授、博士（医学）、慶大医・文・法卒、オックスフォード大院修／61歳

〒330-0063 さいたま市浦和区高砂3-12-24
小峰ビル3F ☎048(788)8887

くまがい ひろと
熊谷裕人
立新 R1 当1
埼玉県さいたま市 S37・3・23
勤4年8ヵ月（初／令元）

財金委理、予算委、倫選特委、憲法審委、党参院国対委員長代理、党埼玉県連合代表代行、さいたま市議、国会議員政策担当秘書、中央大／61歳

〒330-0841 さいたま市大宮区東町2-289-2 ☎048(640)5977

や くら かつ お
矢倉克夫
公前 R1 当2
神奈川県横浜市 S50・1・11
勤10年9ヵ月（初／平25）

財務副大臣、党青年委員会顧問、埼玉県本部副代表、財金委、倫選特委、弁護士、元経済産業省参事官補佐、東大／49歳

〒331-0815 さいたま市北区大成町4-81-201
〒100-8962 千代田区永田町2-1-1、会館 ☎03(6550)0401

いとう がく
伊藤　岳
共新 R1 当1
埼玉県 S35・3・6
勤4年8ヵ月（初／令元）

総務委、予算委、地方・デジ特委、党中央委員、文教大学人間科学部卒／63歳

〒330-0835 さいたま市大宮区北袋町1-171-1 ☎048(658)5551
〒102-0083 千代田区麹町4-7、宿舎

※選挙区別の当日有権者数・投票者数・投票率は271頁

せきぐちまさかず
関口昌一 自前[無] R4 当5
埼玉県 S28・6・4
勤20年9ヵ月(初/平15補)

党参院議員会長、環境委、政倫審委、党参国対委員長、地方創生特委員長、総務副大臣兼内閣府副大臣、外務政務官、城西歯大/70歳

〒369-1412 埼玉県秩父郡皆野町皆野2391-9 ☎0494(62)3535
〒102-0083 千代田区麹町4-7、宿舎 ☎03(3237)0341

うえだきよし
上田清司 無前 R4 当2(初/令元)※
福岡県福岡市 S23・5・15
勤14年9ヵ月(衆10年3ヵ月)

厚労委、国家基本委員長、埼玉県知事4期、全国知事会会長、衆議院議員3期、建設省建設大学校非常勤講師、早大院/75歳

〒100-8962 千代田区永田町2-1-1、会館 ☎03(6550)0618

にしだまこと
西田実仁 公前 R4 当4
東京都旧田無市 S37・8・27
勤19年11ヵ月(初/平16)

総務委、憲法審幹事、党参議院会長、税調会長、選対委員長、埼玉県本部代表、経済週刊誌副編集長、慶大経/61歳

〒330-0063 さいたま市浦和区高砂3-7-4 2F
〒102-0094 千代田区紀尾井町1-15、宿舎

たかぎまり
高木真理 立新 R4 当1
栃木県 S42・8・12
勤1年8ヵ月 (初/令4)

厚労委、地方・デジ特委、外交・安保調委、党県連副代表、さいたま市議、埼玉県議、衆院議員秘書、東大/56歳

〒331-0812 さいたま市北区宮原町3-364-1 ☎048(654)2559

千葉県 6人

令和元年選挙得票数

	得票数	氏名	党派	(%)
当	698,993	石井 準一	自現	(30.5)
当	661,224	長浜 博行	立現	(28.9)
当	436,182	豊田 俊郎	自現	(19.1)
▽	359,854	浅野 史子	共新	(15.7)
	89,941	平塚 正幸	諸新	(3.9)
	42,643	門田 正則	諸新	(1.9)

令和4年選挙得票数

	得票数	氏名	党派	(%)
当	656,952	臼井 正一	自新	(25.9)
当	587,809	猪口 邦子	自現	(23.1)
当	473,175	小西 洋之	立現	(18.6)
▽	251,416	佐野 正人	維新	(9.9)
▽	194,475	斉藤 和子	共新	(7.7)
▽	161,648	礒部 裕和	国新	(6.4)
	86,147	椎名 亮太	参新	(3.4)
	28,295	中村 典子	N新	(1.1)

以下はP269に掲載

いしいじゅんいち
石井準一 自前[無] R1 当3
千葉県 S32・11・23
勤16年10ヵ月(初/平19)

参党国会対策委員長、議運委員長、憲法審会長、予算委員長、国交委員長、党幹事長代理、党選対委員長代理、党国対委員長代行、県議5期、長生高/66歳

〒297-0035 茂原市下永吉964-2 ☎0475(25)2311
〒100-8962 千代田区永田町2-1-1、会館 ☎03(6550)0506

※平5衆院初当選

ながはまひろゆき
長浜博行

無 前　R1 当3(初/平19)※1
東京都　S33・10・20
勤27年3ヵ月（衆10年5ヵ月）

参議院副議長、元環境大臣、内閣官房副長官、厚労副大臣、環境委員長、国交委員長、衆院4期、松下政経塾、早大政経／65歳

〒277-0021　柏市中央町5-21-705　☎04(7166)8333
〒100-8962　千代田区永田町2-1-1、会館　☎03(6550)0606

とよだとしろう
豊田俊郎

自 前［麻］　R1 当2
千葉県　S27・8・21
勤10年9ヵ月（初/平25）

倫選特委員長、党副幹事長、国土交通副大臣、内閣府大臣政務官、千葉県議、八千代市長、中央工学校／71歳

〒276-0046　八千代市大和田新田310　☎047(480)7777
〒100-8962　千代田区永田町2-1-1、会館　☎03(6550)1213

うすいしょういち
臼井正一

自 新［茂］　R4 当1
千葉県習志野市　S50・1・8
勤1年8ヵ月　（初/令4）

文科委、予算委、ODA・沖北特委理、憲法審委、千葉県議5期、(公財)千葉県肢体不自由児協会理事長、株式会社オリエンタルランド、日本大学／49歳

〒261-0004　千葉市美浜区高洲1-9-7-2　☎043(244)0033

いのぐちくにこ
猪口邦子

自 前［麻］　R4 当3(初/平22)※2
千葉県　S27・5・3
勤17年9ヵ月（衆3年11ヵ月）

外交・安保調査会長、予算委、外防委、党領土に関する特委長、上智大名誉教授、元少子化・男女共同参画大臣、ジュネーブ軍縮大使、エール大博士号(Ph.D.)／71歳

〒260-0027　千葉市中央区新田町14-5 大野ビル101　☎043(307)9001
〒100-8962　千代田区永田町2-1-1、会館　☎03(6550)1105

こにしひろゆき
小西洋之

立 前　R4 当3
徳島県　S47・1・28
勤13年10ヵ月（初/平22）

外防委筆頭理、憲法審委、弾劾裁判所裁判員、党外務・安保副部会長、総務省・経産課長補佐、徳島大医、東大、コロンビア大院修、東大医療人材講座／52歳

〒260-0012　千葉市中央区本町2-2-6 パークサイド小柴102　☎043(441)3011
〒100-8962　千代田区永田町2-1-1、会館　☎03(6550)0915

東京都　12人

令和元年選挙得票数

	得票数	氏名	党派	得票率
当	1,143,458	丸川　珠代	自現	(19.9)
当	815,445	山口那津男	公現	(14.2)
当	706,532	吉良　佳子	共現	(12.3)
当	688,234	塩村　文夏	立新	(12.0)
当	526,575	音喜多　駿	維新	(9.2)
当	525,302	武見　敬三	自現	(9.1)
▽	496,347	山岸　一生	立新	(8.6)

以下は P269 に掲載

令和4年選挙得票数

	得票数	氏名	党派	得票率
当	922,793	朝日健太郎	自現	(14.7)
当	742,968	竹谷とし子	公現	(11.8)
当	685,224	山添　拓	共現	(10.9)
当	670,339	蓮　舫	立現	(10.6)
当	619,792	生稲　晃子	自新	(9.8)
当	565,925	山本　太郎	れ元	(9.0)
▽	530,361	海老沢由紀	維新	(8.4)
▽	372,064	松尾　明弘	立新	(5.9)
▽	322,904	乙武　洋匡	無新	(5.1)
▽	284,629	荒木　千陽	諸新	(4.5)

以下は P269 に掲載

※1 平5衆院初当選　※2 平17衆院初当選

まるかわたまよ
丸川珠代 **自**前[無] [R1] 当3
兵庫県 S46・1・19
勤16年10ヵ月(初/平19)

党都連会長代行、憲法審委、元東京オリパラ大臣、元広報本部長、前参拉致特委長、元環境大臣、厚労委員長、党厚労部会長、厚労政務官、元テレ朝アナ、東大/53歳

〒160-0004 新宿区四谷1-9-3
新盛ビル4F B室 ☎03(3350)9504

やまぐちなつお
山口那津男 **公**前 [R1] 当4(初/平13)※
茨城県 S27・7・12
勤29年7ヵ月(衆6年8ヵ月)

党代表、外防委、国家基本委、党政務調査会長、参行政監視委員長、予算委理事、防衛政務次官、弁護士、東大/71歳

〒100-8962 千代田区永田町2-1-1、会館 ☎03(6550)0806

きらよしこ
吉良よし子 **共**前 [R1] 当2
高知県高知市 S57・9・14
勤10年9ヵ月(初/平25)

文教科学委、決算委、党常任幹部会委員、子どもの権利委員会責任者、早大第一文学部/41歳

〒151-0053 渋谷区代々木1-44-11 ☎03(5302)6511

しおむら
塩村あやか **立**新 [R1] 当1
広島県 S53・7・6
勤4年8ヵ月(初/令元)

内閣委、ODA・沖北特委、外交・安保調委野筆頭理、党青年局長代理、国際局副局長、東京都議、放送作家、共立女子短大/45歳

〒154-0017 世田谷区世田谷4-18-3-202
〒100-8962 千代田区永田町2-1-1、会館 ☎03(6550)0706

おときたしゅん
音喜多駿 **維**新 [R1] 当1
東京都北区 S58・9・21
勤4年8ヵ月(初/令元)

党政調会長、東京維新の会幹事長、総務委、予算委、ODA・沖北特委、元東京都議、早大/40歳

〒160-0022 新宿区新宿1-10-2 文芸社別館1階 ☎03(6550)0612
〒100-8962 千代田区永田町2-1-1、会館 ☎03(6550)0612

たけみけいぞう
武見敬三 **自**前[麻] [R1] 当5
東京都 S26・11・5
勤23年7ヵ月(初/平7)

厚生労働大臣、参院党政審会長、厚労副大臣、外務政務次官、ハーバード公衆衛生大学院研究員、慶大院/72歳

〒100-8962 千代田区永田町2-1-1、会館 ☎03(6550)0413

※平2衆院初当選

あさひ けんたろう
朝日健太郎　**自**前[無]　R4 当2
熊本県　S50・9・19
勤7年9ヵ月　(初/平28)

環境大臣政務官、環境委、ODA・沖北特委、外交・安保調委、国土交通大臣政務官、法政大、早大院／48歳

〒100-8962　千代田区永田町2-1-1、会館　☎03(6550)0620

たけや　とし　こ
竹谷とし子　**公**前　R4 当3
北海道　S44・9・30
勤13年10ヵ月　(初/平22)

参公明国対委員長、党女性委員長、党都本部副代表、法務委長、総務委長、復興副大臣、財務政務官、公認会計士、創価大／54歳

〒100-8962　千代田区永田町2-1-1、会館　☎03(6550)0517

やまぞえ　たく
山添　拓　**共**前　R4 当2
京都府京都市　S59・11・20
勤7年9ヵ月　(初/平28)

予算委、外交防衛委、憲法審幹事、党常任幹部会委員、党政策委員長、弁護士、東大法、早大院／39歳

〒151-0053　渋谷区代々木1-44-11　☎03(5302)6511
〒102-0094　千代田区紀尾井町1-15、宿舎

れん　ほう
蓮　舫　**立**前　R4 当4
東京都目黒区　S42・11・28
勤19年11ヵ月　(初/平16)

文科委理、政倫審委、国交委員長、党代表代行、民進党代表、内閣府特命担当大臣、総理補佐官、報道キャスター、青学大／56歳

〒100-8962　千代田区永田町2-1-1、会館　☎03(6550)0411

いくいな　あきこ
生稲晃子　**自**新[無]　R4 当1
東京都小金井市　S43・4・28
勤1年8ヵ月　(初/令4)

厚労委、議運委、消費者特委、外交・安保調委、参党国対委、党女性局次長、党ネットメディア局次長、恵泉女学園短大／55歳

〒100-8962　千代田区永田町2-1-1、会館　☎03(6550)0904

やまもと　たろう
山本太郎　**れ**元　R4 当2
兵庫県宝塚市　S49・11・24
勤8年4ヵ月(衆7ヵ月)　(初/平25)※

れいわ新選組代表、環境委、予算委、震災復興特委、憲法審、箕面自由学園高等学校中退／49歳

〒100-8962　千代田区永田町2-1-1、会館　☎03(6550)0602

※令3衆院初当選

神奈川県　8人

令和元年選挙得票数

	得票数	氏名	党派	(%)
当	917,058	島村　大	自現	(25.2)
当	742,658	牧山　弘恵	立現	(20.4)
当	615,417	佐々木さやか	公現	(16.9)
当	575,884	松沢　成文	維現	(15.8)
▽	422,603	浅賀　由香	共新	(11.6)
	126,672	乃木　涼介	国新	(3.5)

以下は P269 に掲載

令和4年選挙得票数

	得票数	氏名	党派	(%)
当	807,300	三原じゅん子	自現	(19.7)
当	605,248	松沢　成文	維元	(14.8)
当	547,028	三浦　信祐	公現	(13.4)
当	544,597	浅尾慶一郎	自元	(13.3)
当	394,303	水野　素子	立新	(9.6)
▽	354,456	浅賀　由香	共新	(8.7)
▽	253,234	深作ヘスス	国新	(6.2)
▽	210,016	寺崎　雄介	立新	(5.1)

以下は P270 に掲載

島村　大（しまむら　だい）　自民

死　去（令和5年8月30日）

※公職選挙法の規定により補選は行われない

牧山ひろえ（まきやま）

立前　R1　当3
東京都　S39・9・29
勤16年10ヵ月（初/平19）

法務委理、党ネクスト法務大臣、党参議院議員会長代行、米国弁護士、TBSディレクター、ICU、トーマス・クーリー法科大学院／59歳

〒231-0012　横浜市中区相生町1-7
和同ビル403号　☎045(226)2393

佐々木さやか（ささき）

公前　R1　当2
青森県八戸市　S56・1・18
勤10年9ヵ月（初/平25）

法務委長、資源エネ調委、党女性委女性局長、党青年委副委長、議運委理、党参国対筆頭副委長、災害特委長、文科政務官、弁護士、税理士、創価大、同法科大学院修了／43歳

〒231-0002　横浜市中区海岸通4-22
関内カサハラビル3F　☎045(319)4945
〒100-8962　千代田区永田町2-1-1、会館　☎03(6550)0514

三原じゅん子（みはら　こ）

自前［無］　R4　当3
東京都　S39・9・13
勤13年10ヵ月（初/平22）

環境委員長、ODA・沖北特委、内閣府大臣補佐官、厚生労働副大臣、党女性局長、厚労委員長、女優／59歳

〒231-0013　横浜市中区住吉町5-64-1
VELUTINA馬車道704　☎045(228)9520
〒100-8962　千代田区永田町2-1-1、会館　☎03(6550)0823

松沢成文（まつざわ　しげふみ）

維元　R4　当3(初/平25)※
神奈川県川崎市　S33・4・2
勤19年9ヵ月（衆9年10ヵ月）

懲罰委員長、外防委、聖マリアンナ医科大客員教授、神奈川大法学部非常勤講師、松下政経塾、慶大／65歳

〒231-0048　横浜市中区蓬莱町2-4-5
関内DOMONビル6階　☎045(594)6991

※平5衆院初当選

みうらのぶひろ
三浦信祐
公前 R4 当2
宮城県仙台市 S50・3・5
勤7年9ヵ月 (初/平28)

議運理事、経産委、党青年局長、党安全保障部会長、党神奈川県本部代表、博士(工学)、千葉工大/48歳

〒231-0033 横浜市中区長者町5-48-2 トローチャンビル303 ☎045(341)3751
〒100-8962 千代田区永田町2-1-1、会館 ☎03(6550)0804

あさおけいいちろう
浅尾慶一郎
自元[麻] R4 当3
東京都 S39・2・11
勤21年1ヵ月(衆8年2ヵ月) (初/平10)※1

議院運営委員長、総務委、憲法審、参政策審議会長代理、政調会長代理、参財金委員長、銀行員、東大、スタンフォード院修了/60歳

〒247-0036 鎌倉市大船1-23-11 松岡ビル5F ☎0467(47)5682

みずのもとこ
水野素子
立新 R4※2 当1
埼玉県久喜市 S45・4・9
勤1年8ヵ月 (初/令4)

外交防衛委、ODA・沖北特委、外交・安保調委、JAXA、東大非常勤講師、慶大非常勤講師、中小企業診断士、東大法、蘭ライデン大国際法修士/53歳

〒231-0014 横浜市中区常盤町3-21-501 ☎050(8883)8488

新潟県 2人

令和元年選挙得票数

	得票数	氏名	党派
当	521,717	打越さく良	無新(50.5)
▽	479,050	塚田 一郎	自現(46.4)
	32,628	小島 糾史	諸新(3.2)

令和4年選挙得票数

	得票数	氏名	党派
当	517,581	小林 一大	自新(51.0)
▽	448,651	森 裕子	立現(44.2)
	32,500	遠藤 弘樹	参新(3.2)
	17,098	越智 寛之	N新(1.7)

うちこしさくら
打越さく良
立新 R1 当1
北海道旭川市 S43・1・6
勤4年8ヵ月 (初/令元)

厚労委理、拉致特委理、憲法審委、弁護士、東大大学院教育学研究科博士課程中途退学/56歳

〒950-0916 新潟市中央区米山2-5-8米山プラザビル201 ☎025(250)5915
〒100-8962 千代田区永田町2-1-1、会館 ☎03(6550)0901

こばやしかずひろ
小林一大
自新[無] R4 当1
新潟県新潟市 S48・6・12
勤1年8ヵ月 (初/令4)

経産委、予算委、拉致特委、憲法審委、新潟県議、党新潟県連政調会長、普談寺副住職、東京海上日動火災保険(株)、東大/50歳

〒950-0941 新潟市中央区女池5-9-19 Charites1-2 ☎025(383)6696
〒100-8962 千代田区永田町2-1-1、会館 ☎03(6550)0416

※1 平21衆院初当選 ※2 任期は令和7年まで

富山県　2人

令和元年選挙得票数

当	270,000	堂故　茂	自現	(66.7)
▽	134,625	西尾　政英	国新	(33.3)

令和4年選挙得票数

当	302,951	野上浩太郎	自現	(68.8)
	43,177	京谷　公友	維新	(9.8)
	40,735	山　登志浩	立新	(9.2)
	26,493	坂本　洋史	共新	(6.0)
	20,970	海老　克昌	参新	(4.8)
	6,209	小関　真二	N新	(1.4)

堂故　茂（どうこ　しげる）

自前［茂］　R1　当2
富山県氷見市　S27・8・7
勤10年9ヵ月（初／平25）

国土交通・内閣府・復興副大臣、国交委、復興特委、国民生活調委、文科政務官、農水委長、秘書、県議、市長、慶大／71歳

〒930-0095　富山市舟橋南町3-15
県自由民主会館4F　☎076(432)1217
〒100-8962　千代田区永田町2-1-1、会館　☎03(6550)1003

野上浩太郎（のがみこうたろう）

自前［無］　R4　当4
富山県富山市　S42・5・20
勤19年11ヵ月（初／平13）

参党国会対策委員長、農林水産大臣、内閣官房副長官、国交副大臣、財務政務官、文教科学委長、三井不動産、県議、慶大／56歳

〒939-8272　富山市太郎丸本町3-1-12　☎076(491)7500

石川県　2人

令和元年選挙得票数

当	288,040	山田　修路	自現	(67.2)
▽	140,279	田辺　徹	国新	(32.8)

令和3年12月24日 山田修路議員 辞職 補選（令和4.4.24）

当	189,503	宮本　周司	自現	(68.4)
	59,906	小山田経子	立新	(21.6)
	18,158	西村　祐士	共新	(6.6)
	9,430	斉藤健一郎	N新	(3.4)

令和4年選挙得票数

当	274,253	岡田　直樹	自現	(64.5)
▽	83,766	小山田経子	立新	(19.7)
	23,119	西村　祐士	共新	(5.4)
	21,567	先沖　仁志	参新	(5.1)
	12,120	山田　信一	N新	(2.9)
	10,188	針原　崇志	諸新	(2.4)

宮本周司（みやもとしゅうじ）

自前［無］　R1　補当3
石川県能美市　S46・3・27
勤10年10ヵ月（初／平25）

国交委、予算委、財金委員長、財務大臣政務官、参党国対副委員長、経済産業大臣政務官、全国商工会連合会顧問、東経大／52歳

〒920-8203　石川県金沢市鞍月3-127　☎076(256)5623
〒100-8962　千代田区永田町2-1-1、会館　☎03(6550)1018

岡田直樹（おかだなおき）

自前［無］　R4　当4
石川県金沢市　S37・6・9
勤19年11ヵ月（初／平16）

参党幹事長代行、内閣府特命担当大臣、参党国対委員長、内閣官房副長官、財務副大臣、国交委員長、国交大臣政務官、県議、北國新聞記者・論説委、東大／61歳

〒920-8203　金沢市鞍月4-115
金沢ジーサイドビル4F　☎076(255)1931
〒102-0094　千代田区紀尾井町1-15、宿舎

福井県　2人

	令和元年選挙得票数					令和4年選挙得票数		
当	195,515	滝波　宏文	自現(66.1)		当	135,762	山崎　正昭	自現(39.7)
▽	77,377	山田　和雄	共新(26.2)		▽	122,389	斉木　武志	無新(35.8)
	22,719	嶋谷　昌美	諸新(7.7)			31,228	笹岡　一彦	無新(9.1)
						26,042	砂畑まみ恵	参新(7.6)
						17,044	山田　和雄	共新(5.0)
						9,203	ダニエル益資	N新(2.7)

たき なみ ひろ ふみ
滝波宏文　自前[無]　R1 当2
福井県　S46・10・20
勤10年9ヵ月（初/平25）

農林水産委員長、党原子力規制特委幹事長、経産政務官、党水産部会長、党青年局長代理、財務省広報室長、早大院博士、シカゴ大院修士、東大法／52歳

〒910-0854　福井市御幸4-20-18
オノダニビル御幸5F　☎0776(28)2815
〒100-8962　千代田区永田町2-1-1、会館　☎03(6550)0307

やま ざき まさ あき
山崎正昭　自前[無]　R4 当6
福井県大野市　S17・5・24
勤32年1ヵ月（初/平4）

法務委、参院議長、参院副議長、党参院幹事長、ODA特委長、内閣官房副長官、議運委長、大蔵政務次官、県議長、日大／81歳

〒912-0043　大野市国時町1205(自宅)　☎0779(65)3000
〒102-0083　千代田区麹町4-7、宿舎　☎03(5211)0248

山梨県　2人

	令和元年選挙得票数					令和4年選挙得票数		
当	184,383	森屋　宏	自現(53.0)		当	183,073	永井　学	自新(48.9)
▽	150,327	市来　伴子	無新(43.2)		▽	163,740	宮沢　由佳	立現(43.8)
	13,344	猪野　恵司	諸新(3.8)			20,291	渡辺　知彦	参新(5.4)
						7,006	黒木　一郎	N新(1.9)

もり や ひろし
森屋　宏　自前[無]　R1 当2
山梨県　S32・7・21
勤10年9ヵ月（初/平25）

内閣官房副長官、内閣委、党県連会長、内閣委員長、総務大臣政務官、県議会議長、北海道教育大、山梨学院大院／66歳

〒400-0031　山梨県甲府市丸の内1-17-18
東山ビル2F　☎055(298)6357
〒102-0083　千代田区麹町4-7、宿舎

なが い まなぶ
永井　学　自新[茂]　R4 当1
山梨県甲府市　S49・5・7
勤1年8ヵ月（初/令4）

国土交通委、拉致特委、党運輸交通関係団体副委員長、FM富士記者、旅行会社役員、県議、議員秘書、国学院大学法学部／49歳

〒400-0034　甲府市宝2-27-5　☎055(267)6626
〒102-0083　千代田区麹町4-7、宿舎

※選挙区別の当日有権者数・投票者数・投票率は271頁

長野県　2人

令和元年選挙得票数

当	512,462	羽田雄一郎	国現	(55.1)
▽	366,810	小松　裕	自新	(39.5)
	31,137	古谷　孝	諸新	(3.3)
	19,211	斎藤　好明	諸新	(2.1)

令和2年12月27日羽田雄一郎議員死去 補選(令和3.4.25)

当	415,781	羽田　次郎	立新	(54.8)
	325,826	小松　裕	自元	(42.9)
	17,559	神谷幸太郎	N新	(2.3)

令和4年選挙得票数

当	433,154	杉尾　秀哉	立現	(44.6)
▽	376,028	松山三四六	自新	(38.7)
	102,223	手塚　大輔	維新	(10.5)
	31,644	秋山　良治	参新	(3.3)
	16,646	日高　千穂	N新	(1.7)
	10,978	サルサ岩渕	無新	(1.1)

はた　た　じ　ろう
羽田次郎　**立**新　R1 補当1
東京　S44・9・7
勤2年11ヵ月　(初/令3)

農水委、決算委、災害特委理、党政調会長補佐、会社社長、衆議院議員秘書、米ウェイクフォレスト大学留学／54歳

〒386-0014　上田市材木町1-1-13　☎0268(22)0321
〒102-0094　千代田区紀尾井町1-15、宿舎

すぎ　お　ひで　や
杉尾秀哉　**立**前　R4 当2
兵庫県明石市　S32・9・30
勤7年9ヵ月　(初/平28)

内閣委、予算委理、災害特委、党NC内閣府担当大臣、元TBSテレビキャスター、東大文／66歳

〒380-0936　長野市中御所岡田102-28　☎026(236)1517
〒100-8962　千代田区永田町2-1-1、会館　☎03(6550)0724

岐阜県　2人

令和元年選挙得票数

当	467,309	大野　泰正	自現	(56.4)
▽	299,463	梅村　慎一	立新	(36.1)
	61,975	坂本　雅彦	諸新	(7.5)

令和4年選挙得票数

当	452,085	渡辺　猛之	自現	(52.8)
▽	257,852	丹野みどり	国新	(30.1)
	74,072	三尾　圭司	共新	(8.7)
	49,350	広江めぐみ	参新	(5.8)
	22,648	坂本　雅彦	N新	(2.6)

おお　の　やす　ただ
大野泰正　**無**前　R1 当2
岐阜県　S34・5・31
勤10年9ヵ月　(初/平25)

財金委、内閣委員長、予算委理、自民党副幹事長、国交委筆理、元国土交通大臣政務官、県議、全日空(株)、慶大法／64歳

〒501-6244　羽島市竹鼻町丸の内3-25-1　☎058(391)0273
〒100-8962　千代田区永田町2-1-1、会館　☎03(6550)0503

わた　なべ　たけ　ゆき
渡辺猛之　**自**前［茂］　R4 当3
岐阜県　S43・4・18
勤13年10ヵ月　(初/平22)

議運委筆頭理事、経産委、国土交通副大臣兼内閣府副大臣兼復興副大臣、元県議、名古屋大経／55歳

〒505-0027　美濃加茂市本郷町6-11-12　☎0574(23)1511
〒100-8962　千代田区永田町2-1-1、会館　☎03(6550)0325

静岡県　4人

令和元年選挙得票数

当	585,271	牧野　京夫	自現	(38.5)
当	445,866	榛葉賀津也	国現	(29.4)
▽	301,895	徳川　家広	立新	(19.9)
▽	136,623	鈴木　千佳	共新	(9.0)
	48,739	畑山　浩一	諸新	(3.2)

令和4年選挙得票数

当	622,141	若林　洋平	自新	(39.5)
当	446,185	平山佐知子	無現	(28.4)
▽	250,391	山崎真之輔	無現	(15.9)
▽	137,835	鈴木　千佳	共新	(8.8)
	72,662	山本　貴史	参新	(4.6)
	19,023	堀川　圭輔	N新	(1.2)
	14,640	舟橋　夢人	N新	(0.9)
	10,666	船川　淳志	無新	(0.7)

まきの
牧野たかお

自 前［茂］　R1 当3
静岡県島田市　S34・1・1
勤16年10ヵ月（初/平19）

総務委、党幹事長代理、国交副大臣、外務政務官、議運筆頭理事、党副幹事長、県議3期、民放記者、早大／65歳

〒422-8056　静岡市駿河区津島町11-25 山形ビル1F　☎054(285)9777

しんば かづや
榛葉賀津也

国 前　R1 当4
静岡県　S42・4・25
勤22年11ヵ月（初/平13）

党幹事長、外交防衛委、外務副大臣、防衛副大臣、党参国対委長、内閣委長、外防委長、議運筆頭理事、予算委理、米オタバイン大／56歳

〒436-0022　掛川市上張862-1 FGKビル　☎0537(62)3355
〒100-8962　千代田区永田町2-1-1、会館　☎03(6550)1011

わかばやし ようへい
若林洋平

自 新［無］　R4 当1
茨城県　S46・12・24
勤1年8ヵ月　（初/令4）

予算委、外交防衛委、ODA・沖北特委理、参党国対委員、御殿場市長、医療法人事務長、御殿場JC副理事長、埼玉大理学部／52歳

〒422-8065　静岡市駿河区宮本町1-9　☎054(272)1137

ひらやま さちこ
平山佐知子

無 前　R4 当2
静岡県　S46・1・3
勤7年9ヵ月　（初/平28）

経産委、フリーアナウンサー、元NHK静岡放送局キャスター、日本福祉大学女子短大部／53歳

〒422-8061　静岡市駿河区森下町1-23　☎054(287)5511
〒100-8962　千代田区永田町2-1-1、会館　☎03(6550)0822

愛知県　8人

令和元年選挙得票数

当	737,317	酒井　庸行	自現	(25.7)
当	506,817	大塚　耕平	国現	(17.7)
当	461,531	田島麻衣子	立新	(16.1)
当	453,246	安江　伸夫	公新	(15.8)
▽	269,081	岬　麻紀	維新	(9.4)
▽	216,674	須山　初美	共新	(7.6)
	85,262	末永友香梨	諸新	(3.0)

以下はP269に掲載

令和4年選挙得票数

当	878,403	藤川　政人	自現	(28.4)
当	443,250	里見　隆治	公現	(14.3)
当	403,027	斎藤　嘉隆	立現	(13.0)
当	391,757	伊藤　孝恵	国現	(12.7)
▽	351,840	広沢　一郎	維新	(11.4)
▽	198,962	須山　初美	共新	(6.4)
	108,922	我喜屋宗司	れ新	(3.5)
	107,387	伊藤　正哉	参新	(3.5)
	40,868	石川　昭彦	諸新	(1.3)
	39,569	塚崎　海緒	社新	(1.3)

以下はP270に掲載

※選挙区別の当日有権者数・投票者数・投票率は271頁

さかい やすゆき
酒井庸行
自前［無］ R1 当2
愛知県刈谷市 S27・2・14
勤10年9ヵ月 (初／平25)

経産委、経産副大臣兼内閣府副大臣、財金委員長、内閣委員長、党政調副会長、内閣府大臣政務官、愛知県議、刈谷市議、日大芸術学部／72歳

〒448-0003 刈谷市一ツ木町8-11-14 ☎0566(25)3071
〒102-0083 千代田区麹町4-7、宿舎

おおつか こうへい
大塚耕平
国前 R1 当4
愛知県 S34・10・5
勤22年11ヵ月 (初／平13)

党代表代行、政調会長・税調会長、財政金融委、元民進党代表、厚労・内閣府副大臣、日銀、早大院／64歳

〒464-0841 名古屋市千種区覚王山通9-19
覚王山プラザ2F ☎052(757)1955
〒100-8962 千代田区永田町2-1-1、会館 ☎03(6550)1121

たじま まいこ
田島麻衣子
立新 R1 当1
東京都大田区 S51・12・20
勤4年8ヵ月 (初／令元)

環境委、ODA・沖北特委理、党副幹事長、党県連副代表、国連世界食糧計画(WFP)、英オックスフォード大院／47歳

〒461-0003 名古屋市東区筒井3-26-10
リムファースト5F ☎052(937)0151
〒100-8962 千代田区永田町2-1-1、会館 ☎03(6550)0410

やすえ のぶお
安江伸夫
公新 R1 当1
愛知県 S62・6・26
勤4年8ヵ月 (初／令元)

文部科学大臣政務官、党県本部副代表、弁護士、創価大法科大学院／36歳

〒462-0044 名古屋市北区元志賀町1-68-1
ヴェルドミール志賀 ☎052(908)3955
〒100-8962 千代田区永田町2-1-1、会館 ☎03(6550)0312

ふじかわ まさひと
藤川政人
自前［麻］ R4 当3
愛知県丹羽郡 S35・7・8
勤13年10ヵ月 (初／平22)

ODA・沖北特委長、総務委、財務副大臣、総務政務官、財金委長、予算委筆頭理事、党愛知県連会長、県議、南山大／63歳

〒451-0042 名古屋市西区那古野2-23-21
デラ・ドーラ6C ☎052(485)8361
〒102-0094 千代田区紀尾井町1-15、宿舎

さとみ りゅうじ
里見隆治
公前 R4 当2
京都府 S42・10・17
勤7年9ヵ月 (初／平28)

経産委、決算委、倫選特委、憲法審、党経産部会長代理、厚労副部会長、愛知県本部代表、経済産業大臣政務官、東大／56歳

〒451-0031 名古屋市西区城西1-9-5
寺島ビル1F ☎052(522)1666
〒100-8962 千代田区永田町2-1-1、会館 ☎03(6550)0301

さいとうよしたか
斎藤嘉隆
立前　R4 当3
愛知県　S38・2・18
勤13年10ヵ月（初/平22）

文科委、国家基本委、党参院国対委員長、党県連代表代行、国土交通委員長、経産委員長、環境委員長、連合愛知副会長、愛教組委員長、愛知教育大/61歳

〒454-0976　名古屋市中川区服部3-507　☎052(439)0550
〒100-8962　千代田区永田町2-1-1、会館　☎03(6550)0707

いとうたかえ
伊藤孝恵
国前　R4 当2
愛知県犬山市　S50・6・30
勤7年9ヵ月（初/平28）

文科委理、予算委、地方・デジ特委、党選対委員長代理、組織委員長、金城学院大非常勤講師、テレビ大阪、リクルート、金城学院大/48歳

〒456-0002　名古屋市熱田区金山町1-5-3 トーワ金山ビル7F　☎052(683)1101
〒100-8962　千代田区永田町2-1-1、会館　☎03(6550)1008

三重県　2人

令和元年選挙得票数

当	379,339	吉川　有美	自現	(50.3)
▽	334,353	芳野　正英	無新	(44.3)
	40,906	門田　節代	諸新	(5.4)

令和4年選挙得票数

当	403,630	山本佐知子	自新	(53.4)
▽	278,508	芳野　正英	無新	(36.9)
	51,069	堀江　珠恵	参新	(6.8)
	22,128	門田　節代	N新	(2.9)

よしかわ
吉川ゆうみ
自前[無]　R1 当2
三重県桑名市　S48・9・4
勤10年9ヵ月（初/平25）

自民党副幹事長、外務大臣政務官、経産大臣政務官、文科委員長、党女性局長、三井住友銀行、東京農工大院/50歳

〒510-0821　四日市市久保田2-8-1-103　☎059(356)8060
〒100-8962　千代田区永田町2-1-1、会館　☎03(6550)0412

やまもとさちこ
山本佐知子
自新[茂]　R4 当1
三重県桑名市　S42・10・24
勤1年8ヵ月（初/令4）

国交委、議運委、三重県議、旅行会社員、住友銀行、神戸大学法学部、米オハイオ大学院修士/56歳

〒511-0836　三重県桑名市江場554　☎0594(86)7200
〒100-8962　千代田区永田町2-1-1、会館　☎03(6550)0203

滋賀県　2人

令和元年選挙得票数

当	291,072	嘉田由紀子	無新	(49.4)
▽	277,165	二之湯武史	自現	(47.0)
	21,358	服部　修	諸新	(3.6)

令和4年選挙得票数

当	315,249	小鑓　隆史	自現	(51.6)
▽	190,700	田島　一成	無新	(31.2)
	51,742	石堂　淳士	共新	(8.5)
	35,839	片岡　真	参新	(5.9)
	16,980	田野上勇人	N新	(2.8)

※選挙区別の当日有権者数・投票者数・投票率は271頁

嘉田由紀子（かだ ゆきこ）　**教**新　R1 当1
埼玉県本庄市　S25・5・18
勤4年8ヵ月　（初/令元）

国交委、災害特委、環境社会学者、滋賀県知事、びわこ成蹊スポーツ大学長、博士（農学）、京大／73歳

〒520-0044　滋賀県大津市京町2-4-23　☎077（509）7206
〒102-0083　千代田区麹町4-7、宿舎

こやり隆史（たかし）　**自**前［無］　R4 当2
滋賀県大津市　S41・9・9
勤7年9ヵ月　（初/平28）

国交政務官、国交委、国家基本委、外交・安保調委、厚労政務官、経産省職員、京大院、インペリアルカレッジ大学院／57歳

〒520-0043　滋賀県大津市中央3-2-1
セザール大津森田ビル7F　☎077（523）5048
〒102-0094　千代田区紀尾井町1-15、宿舎

京都府　4人

令和元年選挙得票数

	得票数	氏名	党派	(%)
当	421,731	西田　昌司	自現	(44.2)
当	246,436	倉林　明子	共現	(25.8)
▽	232,354	増原　裕子	立新	(24.4)
	37,353	山田　彰久	諸新	(3.9)
	16,057	三上　隆	諸新	(1.7)

令和4年選挙得票数

	得票数	氏名	党派	(%)
当	293,071	吉井　章	自新	(28.2)
当	275,140	福山　哲郎	立現	(26.5)
▽	257,852	楠井　祐子	維新	(24.8)
▽	130,260	武山　彩子	共新	(12.5)
	40,500	安達　悠司	参新	(3.9)
	21,614	橋本　久美	諸新	(2.1)
	8,946	星野　達也	N新	(0.9)
	7,181	近江　政彦	N新	(0.7)
	5,414	平井　基之	諸新	(0.5)

西田昌司（にしだ しょうじ）　**自**前［無］　R1 当3
京都府　S33・9・19
勤16年10ヵ月　（初/平19）

党政調財政政策検討本部長、党税調幹事、政調整備新幹線等鉄道調査会副会長、倫選特委員長、財金委員長、税理士、京都府議、滋賀大／65歳

〒601-8031　京都市南区烏丸通り十条上ル西側　☎075（661）6100
〒102-0083　千代田区麹町4-7、宿舎

倉林明子（くらばやし あきこ）　**共**前　R1 当2
福島県　S35・12・3
勤10年9ヵ月　（初/平25）

厚労委、行監委理、党副委員長、ジェンダー平等委員会責任者、看護師、京都府議、京都市議、京都市立看護短大／63歳

〒604-0092　京都市中京区丸太町新町角大炊町186　☎075（231）5198

吉井　章（よしい あきら）　**自**新［無］　R4 当1
京都府京都市　S42・1・2
勤1年8ヵ月　（初/令4）

国交委、議運委、拉致特委理、憲法審委、参党国会対策委、党女性局次長、京都市会議員（4期）、衆院議員秘書、京都産業大学中退／57歳

〒600-8177　京都市下京区大坂町391　第10長谷ビル6階
☎075（341）5800
〒100-8962　千代田区永田町2-1-1、会館☎03（6550）0921

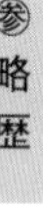

ふくやまてつろう
福山哲郎　**立**前　東京都　勤26年　R4 当5　S37・1・19（初/平10）

国民生活調査会長、外交防衛委、党幹事長、内閣官房副長官、外務副大臣、外防委長、環境委長、松下政経塾、大和証券、京大院／62歳

〒602-0873　京都市上京区河原町通丸太町下ル伊勢屋町406 マツヲビル1F　☎075(213)0988
〒100-8962　千代田区永田町2-1-1、会館　☎03(6550)0808

大阪府　8人

令和元年選挙得票数

当	729,818	梅村みずほ	維新	(20.9)
当	660,128	東　　徹	維現	(18.9)
当	591,664	杉　　久武	公現	(16.9)
当	559,709	太田　房江	自現	(16.0)
▽	381,854	辰巳孝太郎	共現	(10.9)
▽	356,177	亀石　倫子	立新	(10.2)

以下はP270に掲載

令和4年選挙得票数

当	862,736	高木佳保里	維現	(23.1)
当	725,243	松川　るい	自現	(19.4)
当	598,021	浅田　　均	維現	(16.0)
当	586,940	石川　博崇	公現	(15.7)
▽	337,467	辰巳孝太郎	共元	(9.0)
▽	197,975	石田　敏高	立新	(5.3)
	110,767	八幡　　愛	れ新	(3.0)
	103,052	大谷由里子	国新	(2.8)
	97,426	油谷聖一郎	参新	(2.6)

以下はP270に掲載

うめむら
梅村みずほ　**維**新　愛知県名古屋市　勤4年8ヵ月　R1 当1　S53・9・10（初/令元）

環境委、復興特委、資源エネ調委、フリーアナウンサー、立命館大／45歳

〒532-0011　大阪市淀川区西中島5-1-4 モジュール新大阪1002号室　☎06(6379)3183
〒102-0094　千代田区紀尾井町1-15、宿舎

あずま　とおる
東　　徹　**維**前　大阪府大阪市住之江区　勤10年9ヵ月　R1 当2　S41・9・16（初/平25）

経産委理、維新拉致対策本部長、大阪府議3期、社会福祉士、福祉専門学校副学科長、東洋大院修士課程修了／57歳

〒559-0012　大阪市住之江区東加賀屋4-5-19　☎06(6681)0350
〒100-8962　千代田区永田町2-1-1、会館　☎03(6550)0510

すぎ　ひさたけ
杉　　久武　**公**前　大阪府大阪市　勤10年9ヵ月　R1 当2　S51・1・4（初/平25）

党税調事務局長、法務委長、予算委理、議運委理、財務大臣政務官、公認会計士、米国公認会計士、税理士、創価大／48歳

〒543-0033　大阪市天王寺区堂ヶ芝1-9-2-3B　☎06(6773)0234
〒102-0083　千代田区麹町4-7、宿舎

おおたふさえ
太田房江　**自**前［無］　広島県　勤10年9ヵ月　R1 当2　S26・6・26（初/平25）

党内閣第一部会長、経産副大臣兼内閣府副大臣、参文科委長、党女性局長、厚労政務官、大阪府知事、通産省大臣官房審議官、岡山県副知事、通産省、東大／72歳

〒541-0046　大阪市中央区平野町2-5-14 FUKUビル三休橋502号室　☎06(4862)4822
〒102-0094　千代田区紀尾井町1-15、宿舎　☎03(3264)1351

※選挙区別の当日有権者数・投票者数・投票率は271頁

たかぎ
高木かおり　**維**前　R4 当2
大阪府堺市　S47・10・10
勤7年9ヵ月　(初/平28)

総務委、倫選特委、国民生活調委、党代表補佐、党政調副会長、総務部会長、ダイバーシティ推進局長、元堺市議2期、京都女子大/51歳

〒593-8311　堺市西区上439-8　☎072(349)3295
〒100-8962　千代田区永田町2-1-1、会館　☎03(6550)0306

まつ かわ
松川るい　**自**前[無]　R4 当2
奈良県　S46・2・26
勤7年9ヵ月　(初/平28)

外交防衛委理、党副幹事長、党大阪関西万博推進本部事務局長、党国防部会長代理、防衛大臣政務官、外務省、東大法/53歳

〒571-0030　門真市末広町8-13-6階　☎06(6908)6677
〒100-8962　千代田区永田町2-1-1、会館　☎03(6550)0407

あさ だ　ひとし
浅田　均　**維**前　R4 当2
大阪府大阪市　S25・12・29
勤7年9ヵ月　(初/平28)

国家基本委員長、財金委、憲法審委、日本維新の会参議院会長、大阪府議、OECD日本政府代表、スタンフォード大院/73歳

〒536-0005　大阪市城東区中央1-13-13-218　☎06(6933)2300
〒102-0094　千代田区紀尾井町1-15、宿舎

いし かわ ひろ たか
石川博崇　**公**前　R4 当3
大阪府　S48・9・12
勤13年10ヵ月　(初/平22)

拉致特委理、法務委、情報監視審委、党中央幹事、市民活動委員長、党参政審会長、法務委員長、外務省職員、創価大/50歳

〒534-0027　大阪市都島区中野町4-4-2　☎06(6357)1458
〒102-0083　千代田区麴町4-7、宿舎

兵庫県　6人

令和元年選挙得票数

	得票数	氏名	党派	(%)
当	573,427	清水　貴之	維現	(26.1)
当	503,790	高橋　光男	公新	(22.9)
当	466,161	加田　裕之	自新	(21.2)
▽	434,846	安田　真理	立新	(19.8)
▽	166,183	金田　峰生	共新	(7.6)
	54,152	原　博義	諸新	(2.5)

令和4年選挙得票数

	得票数	氏名	党派	(%)
当	652,384	片山　大介	維現	(28.3)
当	562,853	末松　信介	自現	(24.5)
当	454,962	伊藤　孝江	公現	(19.8)
▽	260,496	相崎佐和子	立新	(11.3)
▽	150,040	小村　潤	共新	(6.5)
	88,231	西村しのぶ	参新	(3.8)
	33,870	黒田　秀高	諸新	(1.5)
	27,057	山崎　藍子	N新	(1.2)

以下は P270 に掲載

し みず たか ゆき
清水貴之　**維**前　R1 当2
福岡県筑紫野市　S49・6・29
勤10年9ヵ月　(初/平25)

法務委、行監委、ODA・沖北特委理、朝日放送アナウンサー、早大、関西学院大学大学院修士/49歳

〒660-0892　尼崎市東難波町5-7-18　☎06(6482)7577
〒102-0094　千代田区紀尾井町1-15、宿舎

たかはしみつお
高橋光男
公新 R1 当1
兵庫県宝塚市 S52・2・15
勤4年8ヵ月 (初/令元)

農林水産大臣政務官、農水委、復興特委、党青年委副委員長、兵庫県本部副代表、元外務省職員、中央大学法/47歳

〒650-0015 神戸市中央区多聞通3-3-16-1102 ☎078(367)6755
〒100-8962 千代田区永田町2-1-1、会館 ☎03(6550)0614

かだひろゆき
加田裕之
自新[無] R1 当1
兵庫県神戸市 S45・6・8
勤4年8ヵ月 (初/令元)

決算委理、内閣委、災害特委理、参党国対副委員長、法務大臣政務官、兵庫県議会副議長、兵庫県議(4期)、甲南大/53歳

〒650-0001 神戸市中央区加納町2-4-10-603 ☎078(262)1666
〒100-8962 千代田区永田町2-1-1、会館 ☎03(6550)0819

かたやまだいすけ
片山大介
維前 R4 当2
岡山県 S41・10・6
勤7年9ヵ月 (初/平28)

内閣委、地方・デジ特委、憲法審幹事、党国会議員団政調会長代理、参議院政策審議会長、兵庫維新の会代表、NHK記者、慶大理工学部、早大院公共経営研究科修了/57歳

〒650-0022 神戸市中央区元町通3-17-8
TOWA神戸元町ビル202号室 ☎078(332)4224

すえまつしんすけ
末松信介
自前[無] R4 当4
兵庫県 S30・12・17
勤19年11ヵ月 (初/平16)

文科委、予算委員長、文部科学大臣、参党国対委員長、議運委員長、国土交通・内閣府・復興副大臣、財務政務官、県議、全日空(株)、関学大/68歳

〒655-0044 神戸市垂水区舞子坂3-15-9 ☎078(783)8682
〒102-0094 千代田区紀尾井町1-15、宿舎

いとうたかえ
伊藤孝江
公前 R4 当2
兵庫県尼崎市 S43・1・13
勤7年9ヵ月 (初/平28)

党女性委員会副委員長、党兵庫県本部副代表、弁護士、税理士、関西大/56歳

〒650-0015 神戸市中央区多聞通3-3-16
甲南第1ビル812号室 ☎078(599)6619
〒102-0083 千代田区麴町4-7、宿舎

奈良県 2人

令和元年選挙得票数

	得票数	氏名	党派 (%)
当	301,201	堀井 巌	自現(55.3)
▽	219,244	西田 一美	無新(40.2)
	24,660	田中 孝子	諸新(4.5)

令和4年選挙得票数

	得票数	氏名	党派 (%)
当	256,139	佐藤 啓	自現(41.7)
▽	180,124	中川 崇	維新(29.3)
	98,757	猪奥 美里	立新(16.1)
	42,609	北野伊津子	共新(6.9)
	28,919	中村 麻美	参新(4.7)
	8,161	冨田 哲之	N新(1.3)

※選挙区別の当日有権者数・投票者数・投票率は271頁

堀井　巌（ほりい　いわお）

自 前［無］ R1 当2
奈良県橿原市 S40・10・22
勤10年9ヵ月（初／平25）

参党副幹事長、予算委、総務委、外務副大臣、党外交部会長、外務政務官、総務省、SF領事、内閣官房副長官秘書官、岡山県総務部長、東大／58歳

〒630-8114 奈良市芝辻町1-2-27乾ビル2F ☎0742(30)3838
〒100-8962 千代田区永田町2-1-1、会館 ☎03(6550)0417

佐藤　啓（さとう　けい）

自 前［無］ R4 当2
奈良県奈良市 S54・4・7
勤7年9ヵ月（初／平28）

予算委、農水委、参党国対副委員長、財務大臣政務官、党税調幹事、経産兼内閣府兼復興大臣政務官、首相官邸、総務省、東大／44歳

〒630-8012 奈良市二条大路南1-2-7 松岡ビル301
〒100-8962 千代田区永田町2-1-1、会館 ☎03(6550)0708

和歌山県　2人

令和元年選挙得票数

	得票数	氏名	党派	(%)
当	295,608	世耕　弘成	自現	(73.8)
▽	105,081	藤井　幹雄	無新	(26.2)

令和4年選挙得票数

	得票数	氏名	党派	(%)
当	283,965	鶴保　庸介	自現	(72.1)
	57,522	前　久	共新	(14.6)
	22,967	加藤　充也	参新	(5.8)
	15,420	遠西　愛美	N新	(3.9)
	14,200	谷口　尚大	諸新	(3.6)

世耕弘成（せこう　ひろしげ）

自 前［無］ R1 当5
大阪府 S37・11・9
勤25年8ヵ月（初／平10補）

法務委、参党幹事長、経済産業大臣、官房副長官、参党政審会長、党政調会長代理、参党国対委長代理、総理補佐官、NTT、早大／61歳

〒640-8232 和歌山市南汀丁22 汀ビル2F ☎073(427)1515
〒100-8962 千代田区永田町2-1-1、会館 ☎03(6550)1017

鶴保庸介（つるほ　ようすけ）

自 前［無］ R4 当5
大阪府大阪市 S42・2・5
勤26年（初／平10）

党観光立国調査会会長代行、国交委、国際経済調会長、沖北大臣、党参政審会長、議運・決算・厚労各委員長、東大法／57歳

〒640-8341 和歌山市黒田107-1-503 ☎073(472)3311
〒100-8962 千代田区永田町2-1-1、会館 ☎03(6550)0313

鳥取県・島根県　2人

令和元年選挙得票数

	得票数	氏名	党派	(%)
当	328,394	舞立　昇治	自現	(62.3)
▽	167,329	中林　佳子	無新	(31.7)
	31,770	黒瀬　信明	諸新	(6.0)

令和4年選挙得票数

	得票数	氏名	党派	(%)
当	326,750	青木　一彦	自現	(62.5)
▽	118,063	村上泰二朗	立新	(22.6)
	37,723	福住　英行	共新	(7.2)
	26,718	前田　敬孝	参新	(5.1)
	13,517	黒瀬　信明	N新	(2.6)

まい　たち　しょう　じ
舞立昇治

自前［無］　R1 当2
鳥取県日吉津村　S50・8・13
勤10年9ヵ月（初／平25）

農林水産大臣政務官、農水委、倫選特委、党副幹事長、水産部会長、過疎対策特委幹事、内閣府政務官、総務省、東大／48歳

〒683-0067　米子市東町177 東町ビル1F　☎0859(37)5016
〒100-8962　千代田区永田町2-1-1、会館　☎03(6550)0603

あお　き　かず　ひこ
青木一彦

自前［無］　R4 当3
島根県　S36・3・25
勤13年10ヵ月（初／平22）

参党筆頭副幹事長・党副幹事長、国交委理事、ODA・沖北特委理事、議運委、予算委筆頭理事、国交副大臣、水産部会長代理、早大／62歳

〒690-0873　松江市内中原町140-2　☎0852(22)0111
〒100-8962　千代田区永田町2-1-1、会館　☎03(6550)0814

岡山県　2人

令和元年選挙得票数

当	415,968	石井　正弘	自現	(59.5)
▽	248,990	原田　謙介	立新	(35.6)
	33,872	越智　寛之	諸新	(4.8)

令和4年選挙得票数

当	392,553	小野田紀美	自現	(54.7)
▽	211,419	黒田　晋	無新	(29.5)
	59,481	住寄　聡美	共新	(8.3)
	37,281	高野由里子	参新	(5.2)
	16,441	山本　貴平	N新	(2.3)

いし　い　まさ　ひろ
石井正弘

自前［無］　R1 当2
岡山県岡山市　S20・11・29
勤10年9ヵ月（初／平25）

文科委、党政調副・参政審副・税調幹事、経産兼内閣府副大臣、党国交部会長代理、内閣委員長、岡山県知事4期、建設省大臣官房審議官、東大法／78歳

〒700-0824　岡山市北区内山下1-9-15　☎086(233)6600
〒100-8962　千代田区永田町2-1-1、会館　☎03(6550)1214

お　の　だ　き　み
小野田紀美

自前［茂］　R4 当2
岡山県　S57・12・7
勤7年9ヵ月（初／平28）

外交防衛委員長、党副幹事長、参党副幹事長、法務部会長代理、防衛大臣政務官、法務大臣政務官、都北区議、CD・ゲーム制作会社、拓殖大／41歳

〒700-0927　岡山市北区西古松2-2-27　☎086(243)8000
〒100-8962　千代田区永田町2-1-1、会館　☎03(6550)0318

広島県　4人

令和元年選挙得票数

当	329,792	森本　真治	無現	(32.3)
当	295,871	河井　案里	自新	(29.0)
▽	270,183	溝手　顕正	自現	(26.5)

以下はP270に掲載

令和3年2月3日河井あんり議員辞職再選挙(令和3.4.25)

当	370,860	宮口　治子	諸新	(48.4)
	336,924	西田　英範	自新	(43.9)

以下はP270に掲載

令和4年選挙得票数

当	530,375	宮沢　洋一	自現	(50.3)
当	259,363	三上　絵里	無新	(24.6)
▽	114,442	森川　央	維新	(10.9)
	58,461	中村　孝江	共新	(5.5)
	52,969	浅井　千晴	参新	(5.0)
	11,087	渡辺　敏光	N新	(1.1)
	7,335	玉田　憲勲	無新	(0.7)
	7,149	野村　昌央	諸新	(0.7)
	6,717	産原　稔文	無新	(0.6)
	5,846	猪飼　規之	N新	(0.6)

※選挙区別の当日有権者数・投票者数・投票率は271頁

もり　もと　しん　じ
森本真治

立前　R1 当2
広島県広島市　S48・5・2
勤10年9ヵ月（初／平25）

経済産業委員長、国家基本委、災害特委、党組織委員長、党国民運動局長、広島市議3期、弁護士秘書、松下政経塾、同志社大学文／50歳

〒739-1732　広島市安佐北区落合南1-3-12　☎082(840)0801

みや　ぐち　はる　こ
宮口治子

立新　R1 再当1
広島県福山市　S51・3・5
勤2年11ヵ月（初／令3）

文科委、倫選特委、資源エネ調理、元ＴＶ局キャスター、フリーアナウンサー、声楽家、ヘルプマーク普及団体代表、大阪音大／47歳

〒720-0032　福山市三吉町南1-7-17　☎084(926)4878
〒100-8962　千代田区永田町2-1-1、会館　☎03(6550)0206

みや　ざわ　よう　いち
宮沢洋一

自前［無］R4 当3(初/平22)※
広島県福山市　S25・4・21
勤23年（衆9年2ヵ月）

資源エネ調査会長、財金委、党税調会長、党総務、経済産業大臣、党政調会長代理、元内閣府副大臣、元首相首席秘書官、大蔵省企画官、東大法／73歳

〒730-0017　広島市中区鉄砲町8-24
にしたやビル401号☎082(511)5541
〒100-8962　千代田区永田町2-1-1、会館☎03(6550)0820

み　かみ
三上えり

無新（立憲）　R4 当1
広島県　S45・6・11
勤1年8ヵ月（初／令4）

国交委、行監委、拉致特委、外交・安保調委、TSSテレビ新広島アナウンサー、米サザンセミナリーカレッジ／53歳

〒732-0816　広島市南区比治山本町3-22 大保ビル201
☎082(250)8811
〒100-8962　千代田区永田町2-1-1、会館☎03(6550)0320

山口県　2人

令和元年選挙得票数

当	374,686	林　芳正	自現	(70.0)

以下はP270に掲載

令和3年8月16日 林芳正議員辞職
補選（令和3年10月24日）

当	307,894	北村　経夫	自現	(75.6)
	92,532	河合　喜代	共新	(22.7)
	6,809	へずまりゅう	N新	(1.7)

令和4年選挙得票数

当	327,153	江島　潔	自現	(63.0)
	61,853	秋山　賢治	立新	(11.9)
	53,990	大内　一也	国新	(10.4)
	32,390	吉田　達彦	共新	(6.2)
	20,441	大石　健一	参新	(3.9)
	15,410	佐々木信夫	諸新	(3.0)
	8,298	二矢川珠紀	N新	(1.6)

きた　むら　つね　お
北村経夫

自前［無］　R1 補当3
山口県田布施町　S30・1・5
勤10年10ヵ月（初／平25）

拉致議連事務局長、参外防委員長、元経産政務官、党金融部会長代理、産経新聞政治部長、中央大、ペンシルベニア大院／69歳

〒753-0064　山口市神田町5-11　☎083(928)8071
〒100-8962　千代田区永田町2-1-1、会館　☎03(6550)1109

※平12衆院初当選

えじま きよし
江島 潔
自前［無］ R4 当3
山口県下関市 S32・4・2
勤11年1ヵ月 （初/平25補）

党副幹事長、国交委理事、元経済産業（兼）内閣府副大臣、農水委員長、党水産部会長、国交政務官、下関市長、東大院／66歳

〒754-0002 山口市小郡下郷2912-3 ☎083(976)4318
〒102-0083 千代田区麴町4-7、宿舎

徳島県・高知県 2人

令和元年選挙得票数

当	253,883	高野光二郎	自現	(50.3)
▽	201,820	松本 顕治	無新	(40.0)
	33,764	石川新一郎	諸新	(6.7)
	15,014	野村 秀邦	無新	(3.0)

令和5年6月22日 高野光二郎議員辞職
補選（令和5年10月22日）

当	233,250	広田 一	無元	(62.2)
	142,036	西内 健	自新	(37.8)

令和4年選挙得票数

当	287,609	中西 祐介	自現	(52.8)
▽	103,217	松本 顕治	共新	(19.0)
	62,001	藤本 健一	維新	(11.4)
	49,566	前田 強	国新	(9.1)
	28,195	荒牧 国晴	参新	(5.2)
	14,006	中島 康治	N新	(2.6)

ひろた はじめ
広田 一
無元 R1 補当3(初/平16)※
高知県土佐清水市 S43・10・10
勤16年8ヵ月（衆4年1ヵ月）

経産委、防衛大臣政務官、参議院国土交通委員長、衆議院議員1期、高知県議2期、(株)コクド、早大／55歳

〒770-8008 徳島市西新浜町1-1-19
ハミングVILLAGE 106号室 ☎088(624)8648
〒781-8001 高知市土居町9-8 ☎088(821)7411

なかにし ゆうすけ
中西祐介
自前［麻］ R4 当3
徳島県 S54・7・12
勤13年10ヵ月 （初/平22）

予算委筆頭理事、参党国対副委員長、総務副大臣、財政金融委員長、党水産部会長、党青年局長代理、財務大臣政務官、銀行員、松下政経塾、慶大法／44歳

〒770-8056 徳島市問屋町31 ☎088(655)8852
〒100-8962 千代田区永田町2-1-1、会館 ☎03(6550)0622

香川県 2人

令和元年選挙得票数

当	196,126	三宅 伸吾	自現	(54.0)
▽	151,107	尾田美和子	無新	(41.6)
	15,970	田中 邦明	諸新	(4.4)

令和4年選挙得票数

当	199,135	磯崎 仁彦	自現	(51.5)
	59,614	三谷 祥子	国新	(15.4)
	52,897	茂木 邦夫	立新	(13.7)
	33,399	町川 順子	維新	(8.6)
	18,070	石田 真優	共新	(4.7)
	13,528	小林 直美	参新	(3.5)
	7,116	池田 順一	N新	(1.8)
	2,890	鹿島日出喜	諸新	(0.7)

みやけ しんご
三宅伸吾
自前［無］ R1 当2
香川県さぬき市S36・11・24
勤10年9ヵ月 （初/平25）

防衛大臣政務官兼内閣府大臣政務官、外防委、外務大臣政務官、党環境部会長、日本経済新聞社記者、編集委員、東大大学院／62歳

〒760-0080 高松市木太町2343-4
木下産業ビル2F ☎087(802)3845

※平29衆院初当選

いそ ざき よし ひこ
磯﨑仁彦

自前［無］　R4 当3
香川県　S32・9・8
勤13年10ヵ月（初／平22）

内閣委、参党国対委員長代理、内閣官房副長官、党政調会長代理、経産副大臣兼内閣府副大臣、環境委員長、東大法／66歳

〒760-0068　高松市松島町1-13-14
九十九ビル4F　☎087（834）6301
〒102-0094　千代田区紀尾井町1-15、宿舎

愛媛県　2人

令和元年選挙得票数

	得票数	氏名	党派	(%)
当	335,425	永江　孝子	無新	(56.0)
▽	248,616	らくさぶろう	自新	(41.5)
	14,943	椋本　薫	諸新	(2.5)

令和4年選挙得票数

	得票数	氏名	党派	(%)
当	318,846	山本　順三	自現	(59.0)
▽	173,229	高見　知佳	無新	(32.1)
	27,912	八木　邦靖	参新	(5.2)
	12,724	吉原　弘訓	N新	(2.4)
	7,350	松木　崇	諸新	(1.4)

たか こ
ながえ孝子

無新　R1 当1（初／令元）※
愛媛県　S35・6・15
勤8年（衆3年4ヵ月）

環境委、衆議院議員1期、南海放送アナウンサー、神戸大学法学部／63歳

〒790-0802　松山市喜与町1-5-4　☎089（941）8007

やま もと じゅん ぞう
山本順三

自前［無］　R4 当4
愛媛県今治市 S29・10・27
勤19年11ヵ月（初／平16）

参党議員副会長、予算委員長、国家公安委員長、内閣府特命担当大臣、議運委員長、党県連会長、国交・内閣府・復興副大臣、幹事長代理、決算委員長、国交政務官、県議、早大／69歳

〒794-0005　今治市大新田町2-2-50　☎0898（31）7800
〒102-0094　千代田区紀尾井町1-15、宿舎

福岡県　6人

令和元年選挙得票数

	得票数	氏名	党派	(%)
当	583,351	松山　政司	自現	(33.2)
当	401,495	下野　六太	公新	(22.8)
当	365,634	野田　国義	立現	(20.8)
▽	171,436	河野　祥子	共新	(9.8)
▽	143,955	春田久美子	国新	(8.2)
	46,362	川口　尚宏	諸新	(2.6)

以下は P270 に掲載

令和4年選挙得票数

	得票数	氏名	党派	(%)
当	586,217	大家　敏志	自現	(29.2)
当	438,876	古賀　之士	立現	(21.9)
当	348,700	秋野　公造	公現	(17.4)
▽	158,772	龍野真由美	維新	(7.9)
▽	133,900	大田　京子	国新	(6.7)
	98,746	真島　省三	共新	(4.9)
	82,333	奥田美美代	れ新	(4.1)
	72,263	野中しんすけ	参新	(3.6)

以下は P270 に掲載

まつ やま まさ じ
松山政司

自前［無］　R1 当4
福岡県福岡市　S34・1・20
勤22年11ヵ月（初／平13）

参党幹事長、財金委、国家基本委理、ODA・沖北特委、党外国人特委長、国務大臣、議運委長、党政審会長、党国対委長、外務副大臣、経産政務官、日本JC会頭、明大商／65歳

〒810-0001　福岡市中央区天神3-8-20-1F
☎092（725）7739
〒100-8962　千代田区永田町2-1-1、会館 ☎03（6550）1124

※平21衆院初当選

しもの ろくた
下野六太
公新 R1 当1
福岡県北九州市八幡西区 S39・5・1
勤4年8ヵ月 （初／令元）

文科委、党文部科学部会長代理、中学校保健体育科教諭、国立福岡教育大学大学院修士課程／59歳

〒812-0873 福岡市博多区西春町3-2-21
島田ビル2F ☎092(558)8910
〒100-8962 千代田区永田町2-1-1、会館 ☎03(6550)0913

のだ くによし
野田国義
立前 R1 当2(初/平25)※
福岡県 S33・6・3
勤14年1ヵ月（衆3年4ヵ月）

復興特委員長、総務委、行政監視委員長、衆院議員、八女市長(4期)、日大法／65歳

〒834-0031 福岡県八女市本町2-81 ☎0943(24)4630
〒102-0094 千代田区紀尾井町1-15、宿舎

おおいえ さとし
大家敏志
自前［麻］ R4 当3
福岡県 S42・7・17
勤13年10ヵ月（初／平22）

財金委、財務副大臣、議運筆頭理事、財金委員長、財務大臣政務官、予算理事、県議、北九州大／56歳

〒805-0019 北九州市八幡東区中央3-8-24 ☎093(681)5500
〒100-8962 千代田区永田町2-1-1、会館 ☎03(6550)0518

こが ゆきひと
古賀之士
立前 R4 当2
福岡県久留米市 S34・4・9
勤7年9ヵ月 （初／平28）

経産委筆頭理事、行政監視委、ODA・沖北特委、前震災復興特委長、国交委長、FBS福岡放送キャスター、明治大政経／64歳

〒814-0015 福岡市早良区室見5-13-21
アローズ室見駅前201号 ☎092(833)2288
〒102-0094 千代田区紀尾井町1-15、宿舎

あきの こうぞう
秋野公造
公前 R4 当3
兵庫県 S42・7・11
勤13年10ヵ月（初／平22）

党中央幹事、党政調副会長、党九州方面本部長、財務副大臣、環境・内閣府大臣政務官、厚労省、医師、長崎大医／56歳

〒804-0066 北九州市戸畑区初音町6-7
中西ビル201 ☎093(873)7550
〒102-0083 千代田区麹町4-7、宿舎

佐賀県 2人

令和元年選挙得票数

当	186,209	山下 雄平	自現	(61.6)
▽	115,843	犬塚 直史	国元	(38.4)

令和4年選挙得票数

当	218,425	福岡 資麿	自現	(65.2)
▽	78,802	小野 司	立新	(23.5)
	18,008	稲葉 継男	参新	(5.4)
	13,442	上村 泰稔	共新	(4.0)
	6,383	真喜志雄一	N新	(1.9)

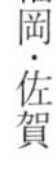

※平21衆院初当選

やま した ゆう へい
山下雄平
自前［茂］　R1 当2
佐賀県唐津市　S54・8・27
勤10年9ヵ月（初/平25）

党水産部会長、参党副幹事長、農林水産委員長、党新聞出版局長、内閣府大臣政務官、日本経済新聞社記者、時事通信社記者、慶大／44歳

〒840-0801　佐賀市駅前中央3-6-11　☎0952(37)8290
〒102-0083　千代田区麹町4-7、宿舎　☎03(3237)0341

ふく おか たか まろ
福岡資麿
自前［無］R4 当3(初/平22)※
佐賀県　S48・5・9
勤17年9ヵ月（衆3年11ヵ月）

党政審会長、厚労委理、倫選特委、議運委員長、党厚労部会長、内閣府副大臣、党政調・総務会長代理、衆院議員、慶大法／50歳

〒840-0826　佐賀市白山1-4-18　☎0952(20)0111
〒100-8962　千代田区永田町2-1-1、会館　☎03(6550)0919

長崎県　2人

令和元年選挙得票数

当	258,109	古賀友一郎	自現	(51.5)
▽	224,022	白川　鮎美	国新	(44.7)
	19,240	神谷幸太郎	諸新	(3.8)

令和4年選挙得票数

当	261,554	山本　啓介	自新	(50.1)
▽	152,473	白川　鮎美	立新	(29.2)
	53,715	山田　真美	維新	(10.3)
	26,281	安江　綾子	共新	(5.0)
	21,363	尾方　綾子	参新	(4.1)
	6,969	大熊　和人	N新	(1.3)

こ が ゆういちろう
古賀友一郎
自前［無］　R1 当2
長崎県諫早市　S42・11・2
勤10年9ヵ月（初/平25）

内閣府大臣政務官、内閣委、国家基本委、消費者特委、党政調副会長、総務大臣政務官兼内閣府大臣政務官、長崎市副市長、総務省室長、東大法／56歳

〒850-0033　長崎市万才町2-7松本ビル301　☎095(832)6061
〒102-0083　千代田区麹町4-7、宿舎

やま もと けい すけ
山本啓介
自新［無］　R4 当1
長崎県壱岐市　S50・6・21
勤1年8ヵ月　（初/令4）

農林水産委、議運委、党長崎県連幹事長、長崎県議会議員、衆議院議員秘書、皇學館大學文学部／48歳

〒850-0033　長崎市万才町7-1 TBM長崎ビル10階　☎095(818)6588

熊本県　2人

令和元年選挙得票数

当	379,223	馬場　成志	自現	(56.4)
▽	262,664	阿部　広美	無新	(39.1)
	30,539	最勝寺辰也	諸新	(4.5)

令和4年選挙得票数

当	426,623	松村　祥史	自現	(62.2)
▽	149,780	出口慎太郎	立新	(21.8)
	78,101	高井　千歳	参新	(11.4)
	31,734	本間　明子	N新	(4.6)

※平17衆院初当選

ばば せいし
馬場成志
自前［無］ R1 当2
熊本県熊本市 S39・11・30
勤10年9ヵ月（初/平25）

総務副大臣、元外防委長、厚労大臣政務官、議運委理、予算委理、熊本県議会議長、市議、県立熊工／59歳

〒861-8045 熊本市東区小山6-2-20 ☎096(388)8855
〒102-0083 千代田区麹町4-7、宿舎

まつ むら よし ふみ
松村祥史
自前［茂］ R4 当4
熊本県 S39・4・22
勤19年11ヵ月（初/平16）

国家公安委員長、内閣府防災担当大臣、経産委、議運委員長、経済産業副大臣、全国商工会顧問、専修大／59歳

〒862-0950 熊本市中央区水前寺6-41-5
千代田レジデンス県庁東101 ☎096(384)4423
〒100-8962 千代田区永田町2-1-1、会館 ☎03(6550)1023

大分県 2人

令和元年選挙得票数

当	236,153	安達 澄	無新	(49.6)
▽	219,498	礒崎 陽輔	自現	(46.1)
	20,909	牧原慶一郎	諸新	(4.4)

令和5年3月10日安達澄議員辞職
補選（令和5年4月23日）

当	196,122	白坂 亜紀	自新	(50.0)
▽	195,781	吉田 忠智	立前	(50.0)

令和4年選挙得票数

当	228,417	古庄 玄知	自新	(46.6)
▽	183,258	足立 信也	国現	(37.4)
	35,705	山下 魁	共新	(7.3)
	21,723	重松 雄子	参新	(4.4)
	10,770	二宮 大造	N新	(2.2)
	10,512	小手川裕市	無新	(2.1)

しら さか あ き
白坂亜紀
自新［無］ R1 補当1
大分県 S41・7・20
勤11ヵ月 （初/令5）

内閣委、行政監視委、復興特委、国民生活調委、会社役員、早大（一文）／57歳

〒870-0036 大分市寿町5-24 カーサP4 101
☎097(533)8585

こ しょう はる とも
古庄玄知
自新［無］ R4 当1
大分県国東市 S32・12・23
勤1年8ヵ月 （初/令4）

法務委理、憲法審委、議運委、災害特委、元大分県弁護士会会長、元大分県暴力追放運動推進センター理事長、早大法／66歳

〒870-0047 大分市中島西2-5-20 ☎097(540)6255
〒100-8962 千代田区永田町2-1-1、会館 ☎03(6550)0907

宮崎県 2人

令和元年選挙得票数

当	241,492	長峯 誠	自現	(64.4)
▽	110,782	園生 裕造	立新	(29.5)
	23,002	河野 一郎	諸新	(6.1)

令和4年選挙得票数

当	200,565	松下 新平	自現	(48.0)
▽	150,911	黒田 奈々	立新	(36.1)
	30,162	黒木 章光	国新	(7.2)
	15,670	今村 幸史	参新	(3.8)
	12,260	白江 好友	共新	(2.9)
	8,255	森 大地	N新	(2.0)

※選挙区別の当日有権者数・投票者数・投票率は271頁

ながみね　まこと
長峯　誠
自前［無］　R1 当2
宮崎県都城市　S44・8・2
勤10年9ヵ月（初／平25）

経産委筆頭理、予算委、党参国対副委員長、経産政務官、党水産部会長、外防委員長、財務政務官、都城市長、県議、早大政経／54歳

〒880-0805　宮崎市橘通東1-8-11 3F　☎0985(27)7677
〒100-8962　千代田区永田町2-1-1、会館　☎03(6550)0802

まつしたしんぺい
松下新平
自前［無］　R4 当4
宮崎県宮崎市(旧高岡町)　S41・8・18
勤19年11ヵ月（初／平16）

拉致特委員長、党総務会長代理、財金・外交・総務部会長、総務兼内閣府副大臣、国交政務官、政倫審会長、倫選特・ODA特・災害特委長、県議、法大／57歳

〒880-0813　宮崎市丸島町5-18 平和ビル丸島1F　☎0985(61)1501
〒102-0083　千代田区麹町4-7、宿舎

鹿児島県　2人

令和元年選挙得票数

	得票数	氏名	党派	(%)
当	290,844	尾辻　秀久	自現	(47.4)
▽	211,301	合原　千尋	無新	(34.4)
▽	112,063	前田　終止	無新	(18.2)

令和4年選挙得票数

	得票数	氏名	党派	(%)
当	291,169	野村　哲郎	自現	(46.0)
▽	185,055	柳　誠子	立新	(29.2)
	93,372	西郷　歩美	無新	(14.8)
	47,479	昇　拓真	参新	(7.5)
	15,770	草尾　敦	N新	(2.5)

おつじひでひさ
尾辻秀久
無前　R1 当6
鹿児島県　S15・10・2
勤35年1ヵ月（初／平1）

参議院議長、自民党両院議員総会長、元参議院副議長、党参院議員会長、予算委員長、厚労大臣、財務副大臣、県議、防大、東大中退／83歳

〒890-0064　鹿児島市鴨池新町6-5-603　☎099(214)3754

のむらてつろう
野村哲郎
自前［茂］　R4 当4
鹿児島県霧島市 S18・11・20
勤19年11ヵ月（初／平16）

参院政倫審会長、元農林水産大臣、前参党議員副会長、決算委員長、党農林部会長、党政調会長代理、農水委長、参議運庶務小委長、農水政務官、鹿児島県農協中央会常務、ラ・サール高／80歳

〒890-0064　鹿児島市鴨池新町6-5-404　☎099(206)7557
〒100-8962　千代田区永田町2-1-1、会館　☎03(6550)1120

沖縄県　2人

令和元年選挙得票数

	得票数	氏名	党派	(%)
当	298,831	高良　鉄美	無新	(53.6)
▽	234,928	安里　繁信	自新	(42.1)
	12,382	玉利　朝輝	無新	(2.2)
	11,662	磯山　秀夫	諸新	(2.1)

令和4年選挙得票数

	得票数	氏名	党派	(%)
当	274,235	伊波　洋一	無現	(46.9)
▽	271,347	古謝　玄太	自新	(46.4)
	22,585	河野　禎史	参新	(3.9)
	11,034	山本　圭	N新	(1.9)
	5,644	金城　竜郎	諸新	(1.0)

たから てつみ
髙良鉄美

無 新（沖縄） R1 当1
沖縄県那覇市 S29・1・15
勤4年8ヵ月 （初／令元）

外防委、ODA・沖北特委、琉球大学名誉教授、琉球大学法科大学院院長、琉球大法文学部教授、九州大大学院博士課程／70歳

〒903-0803 沖縄県那覇市首里平良町1-18-102 ☎098(885)7171
〒100-8962 千代田区永田町2-1-1、会館 ☎03(6550)0712

い は よう いち
伊波洋一

無 前（沖縄） R4 当2
沖縄県宜野湾市 S27・1・4
勤7年9ヵ月 （初／平28）

外交防衛委、行政監視委、外交・安保調委、宜野湾市長、沖縄県議、宜野湾市職員、琉球大／72歳

〒901-2203 沖縄県宜野湾市野嵩2-1-8-101 ☎098(892)7734
〒100-8962 千代田区永田町2-1-1、会館 ☎03(6550)0519

参議院議員選挙得票数（続き）

第25回選挙（令和元年）

北海道（P237より）

	得票数	氏名	党派	得票率
	23,785	中村　治	諸新	(1.0)
	13,724	森山　佳則	諸新	(0.6)
	10,108	岩瀬　清次	無新	(0.4)

埼玉県（P243より）

	得票数	氏名	党派	得票率
	80,741	佐藤恵理子	諸新	(2.9)
	21,153	鮫島　良司	諸新	(0.8)
	19,515	小島　一郎	諸新	(0.7)

東京都（P245より）

	得票数	氏名	党派	得票率
▽	214,438	野原　善正	諸新	(3.7)
▽	186,667	水野　素子	国新	(3.2)
	129,628	大橋　昌信	諸新	(2.3)
	91,194	野末　陳平	無元	(1.6)
	86,355	朝倉　玲子	社新	(1.5)
	34,121	七海ひろこ	諸新	(0.6)
	26,958	佐藤　均	諸新	(0.5)
	23,582	横山　昌弘	諸新	(0.4)
	18,123	溝口　晃一	諸新	(0.3)
	15,475	森　純	無新	(0.3)
	9,686	関口　安弘	無新	(0.2)
	9,562	西野　貞吉	無新	(0.2)
	3,586	大塚紀久雄	諸新	(0.1)

神奈川県（P248より）

	得票数	氏名	党派	得票率
	79,208	林　大祐	諸新	(2.2)
	61,709	相原　倫子	社新	(1.7)
	22,057	森下　正勝	無新	(0.6)
	21,755	壹岐　愛子	諸新	(0.6)
	21,598	加藤　友行	諸新	(0.6)
	17,170	榎本　太志	諸新	(0.5)
	11,185	渋谷　亘	無新	(0.3)
	8,514	圷　孝行	諸新	(0.2)

愛知県（P253より）

	得票数	氏名	党派	得票率
	43,756	平山　良平	社新	(1.5)
	32,142	石井　均	無新	(1.1)
	25,219	牛田　宏幸	諸新	(0.9)
	17,905	古川　均	諸新	(0.6)
	16,425	橋本　勉	諸新	(0.6)

第26回選挙（令和4年）

埼玉県（P243より）

得票数	氏名	党派	得票率
18,194	河合　悠祐	N新	(0.6)
15,389	湊　侑子	諸新	(0.5)
13,966	小林　宏	N新	(0.5)
12,279	宮川　直輝	N新	(0.4)
8,588	堀切　笹美	諸新	(0.3)
7,178	池　高生	N新	(0.2)

千葉県（P244より）

得票数	氏名	党派	得票率
22,834	七海ひろこ	諸新	(0.9)
18,791	宇田　桜子	諸新	(0.7)
18,329	梓　まり	諸新	(0.7)
17,511	渡辺　晋宏	N新	(0.7)
13,016	須田　良	N新	(0.5)
10,922	記内　恵	諸新	(0.4)

東京都（P245より）

得票数	氏名	党派	得票率
137,692	河西　泉緒	参新	(2.2)
59,365	服部　良一	社新	(0.9)
53,032	松田　美樹	N新	(0.8)
50,661	斎木　陽平	諸新	(0.8)
46,641	沓沢　亮治	諸新	(0.7)
27,110	田村　真菜	諸新	(0.4)
25,209	及川　幸久	諸新	(0.4)
22,306	河野　憲二	諸新	(0.4)
20,758	安藤　裕	諸新	(0.3)
19,287	田中　健	N新	(0.3)
19,100	後藤　輝樹	諸新	(0.3)
17,020	菅原　深雪	諸新	(0.3)
14,845	青山　雅幸	諸新	(0.2)
13,431	長谷川洋平	N新	(0.2)
10,150	猪野　恵司	N新	(0.2)
9,658	セッタケンジ	N新	(0.2)
7,417	中村　高志	無新	(0.1)
7,203	中川　智晴	無新	(0.1)
5,408	込山　洋	諸新	(0.1)
3,559	内藤　久遠	諸新	(0.1)
3,370	油井　史正	無新	(0.1)
3,283	小畑　治彦	諸新	(0.1)
3,043	中村　之菊	諸新	(0.0)
1,913	桑島　康文	諸新	(0.0)

※選挙区別の当日有権者数・投票者数・投票率は271頁

第25回選挙(令和元年)

大阪府(P257 より)

	得票	氏名	党派	得票率
	129,587	にしゃんた	国新	(3.7)
	43,667	尾崎 全紀	諸新	(1.2)
	14,732	浜田 健	諸新	(0.4)
	11,203	数森 圭吾	諸新	(0.3)
	9,314	足立美生代	諸新	(0.3)
	7,252	佐々木一郎	諸新	(0.2)

広島県(P261 より)

	得票	氏名	党派	得票率
	70,886	高見 篤己	共新	(6.9)
	26,454	加陽 輝実	諸新	(2.6)
	15,253	玉田 憲勲	無新	(1.5)
	12,327	泉 安政	諸新	(1.2)

広島県再選挙(P261 より)

	得票	氏名	党派	得票率
	20,848	佐藤 周一	無新	(2.7)
	16,114	山本 貴平	N新	(2.1)
	13,363	大山 宏	無新	(1.7)
	8,806	玉田 憲勲	無新	(1.1)

山口県(P262 より)

	得票	氏名	党派	得票率
▽	118,491	大内 一也	国新	(22.1)
	24,131	河井美和子	諸新	(4.5)
	18,177	竹本 秀之	無新	(3.4)

福岡県(P264 より)

	得票	氏名	党派	得票率
	15,511	本藤 昭子	諸新	(0.9)
	15,380	江夏 正敏	諸新	(0.9)
	14,586	浜武 振一	諸新	(0.8)

第26回選挙(令和4年)

神奈川県(P248 より)

得票	氏名	党派	得票率
120,471	藤村 晃子	参新	(2.9)
49,787	内海 洋一	社新	(1.2)
25,784	重黒木優平	N新	(0.6)
24,389	秋田 恵	無新	(0.6)
22,043	グリスタン・エズズ	諸新	(0.5)
19,920	橋本 博幸	N新	(0.5)
19,867	針谷 大輔	諸新	(0.5)
19,155	藤沢あゆみ	無新	(0.5)
17,609	飯田富和子	N新	(0.4)
13,904	首藤 信彦	諸新	(0.3)
11,623	小野塚清仁	N新	(0.3)
11,073	壹岐 愛子	諸新	(0.3)
10,268	久保田 京	諸新	(0.3)
8,099	萩山あゆみ	諸新	(0.2)

愛知県(P253 より)

得票	氏名	党派	得票率
36,370	山下 俊輔	無新	(1.2)
27,497	末永友香梨	N新	(0.9)
21,629	山下 健次	N新	(0.7)
16,359	平岡真奈美	N新	(0.5)
12,459	曽我 周作	諸新	(0.4)
9,841	斎藤 幸成	N新	(0.3)
8,071	伝 三樹雄	諸新	(0.3)

大阪府(P257 より)

得票	氏名	党派	得票率
37,088	西谷 久美	諸新	(1.0)
21,663	吉田 宏之	N新	(0.6)
13,234	西脇 京子	N新	(0.4)
11,220	丸吉 孝文	N新	(0.3)
9,138	本多 香織	諸新	(0.2)
8,111	数森 圭吾	諸新	(0.2)
7,254	高山純三朗	N新	(0.2)
6,217	後藤 住弘	諸新	(0.2)
2,440	押越 清悦	諸新	(0.1)

兵庫県(P258 より)

得票	氏名	党派	得票率
25,113	木原功仁哉	無新	(1.1)
16,324	中曽千鶴子	N新	(0.7)
14,323	速水 肇	N新	(0.6)
8,989	稲垣 秀哉	諸新	(0.4)
7,263	里村 英一	諸新	(0.3)

福岡県(P264 より)

得票	氏名	党派	得票率
30,190	福本 貴紀	社新	(1.5)
14,513	真島加央理	N新	(0.7)
9,309	熊丸 英治	N新	(0.5)
8,917	和田 昌子	N新	(0.4)
7,962	江夏 正敏	諸新	(0.4)
7,186	対馬 一誠	無新	(0.4)
4,908	先崎 玲	諸新	(0.2)
3,868	組坂 善昭	諸新	(0.2)

参議院議員選挙 選挙区別当日有権者数・投票者数・投票率

選挙区	第25回選挙(令和元年7月21日) 当日有権者数	投票者数	投票率(%)	第26回選挙(令和4年7月10日) 当日有権者数	投票者数	投票率(%)
北海道	4,569,237	2,456,307	53.76	4,465,577	2,410,392	53.98
青森県	1,109,105	476,241	42.94	1,073,060	531,101	49.49
岩手県	1,066,495	603,115	56.55	1,034,059	572,696	55.38
宮城県	1,942,518	993,990	51.17	1,921,486	937,723	48.80
秋田県	864,562	486,653	56.29	833,368	463,040	55.56
山形県	925,158	561,961	60.74	899,997	556,859	61.87
福島県	1,600,928	839,115	52.41	1,564,668	835,510	53.40
茨城県	2,431,531	1,094,580	45.02	2,409,541	1,137,768	47.22
栃木県	1,634,678	721,568	44.14	1,620,720	761,353	46.98
群馬県	1,630,505	785,514	48.18	1,608,605	780,048	48.49
埼玉県	6,121,021	2,845,047	46.48	6,146,072	3,088,514	50.25
千葉県	5,244,929	2,374,964	45.28	5,261,370	2,631,296	50.01
東京都	11,396,789	5,900,049	51.77	11,454,822	6,477,709	56.55
神奈川県	7,651,249	3,728,103	48.73	7,696,783	4,195,301	54.51
新潟県	1,919,522	1,061,606	55.31	1,866,525	1,032,469	55.32
富山県	891,171	417,762	46.88	875,460	449,734	51.37
石川県	952,304	447,560	47.00	941,362	436,850	46.41
福井県	646,976	308,201	47.64	635,127	351,323	55.32
山梨県	693,775	357,741	51.56	684,292	384,777	56.23
長野県	1,744,373	947,069	54.29	1,721,369	993,314	57.70
岐阜県	1,673,778	853,555	51.00	1,646,587	882,366	53.59
静岡県	3,074,712	1,551,423	50.46	3,037,295	1,608,958	52.97
愛知県	6,119,143	2,948,450	48.18	6,113,878	3,189,927	52.18
三重県	1,496,659	773,570	51.69	1,473,183	777,571	52.78
滋賀県	1,154,433	599,882	51.96	1,154,141	629,993	54.59
京都府	2,126,435	987,180	46.42	2,094,931	1,066,437	50.91
大阪府	7,311,131	3,555,053	48.63	7,299,848	3,828,471	52.45
兵庫県	4,603,272	2,237,085	48.60	4,558,268	2,352,776	51.62
奈良県	1,149,183	569,173	49.53	1,129,608	631,480	55.90
和歌山県	816,550	411,689	50.42	796,272	417,419	52.42
鳥取県・島根県	1,048,600	547,406	52.20	1,019,771	540,376	52.99
鳥取	474,342	237,076	49.98	463,109	226,580	48.93
島根	574,258	310,330	54.04	556,662	313,796	56.37
岡山県	1,587,953	715,907	45.08	1,562,505	737,981	47.23
広島県	2,346,879	1,048,374	44.67	2,313,406	1,082,510	46.79
山口県	1,162,683	550,186	47.32	1,132,957	539,213	47.59
徳島県・高知県	1,247,237	528,657	42.39	1,213,323	564,520	46.53
徳島	636,739	245,745	38.59	619,194	283,122	45.72
高知	610,498	282,912	46.34	594,129	281,398	47.36
香川県	825,466	373,999	45.31	808,630	398,021	49.22
愛媛県	1,161,978	608,817	52.39	1,135,046	554,056	48.81
福岡県	4,225,217	1,810,510	42.85	4,221,251	2,058,417	48.76
佐賀県	683,956	309,459	45.25	672,782	343,894	51.12
長崎県	1,137,066	516,939	45.46	1,107,592	539,595	48.72
熊本県	1,471,767	695,050	47.23	1,450,229	712,381	49.12
大分県	969,453	489,974	50.54	950,511	503,627	52.98
宮崎県	920,474	384,656	41.79	898,598	427,017	47.52
鹿児島県	1,371,428	627,480	45.75	1,337,184	650,267	48.63
沖縄県	1,163,784	570,305	49.00	1,177,144	595,192	50.56
合計	105,886,063	51,671,922	48.80	105,019,203	54,660,242	52.05

参議院常任・特別委員一覧（令和6年1月30日現在）

【常任委員会】

内閣委員（22）

（自11）（立4）（公2）（維教2）
（国1）（共1）（れ1）

[長]	阿達 雅志	自
[理]	太田 房江	自
[理]	石垣 のりこ	立
[理]	宮崎 勝	公
	磯崎 仁彦	自
	衛藤 晟一	自
	加藤 明良	自
	古賀 友一郎	自
	酒井 庸行	自
	白坂 亜紀	自
	広瀬 めぐみ	自
	森屋 宏	自
	山谷 えり子	自
	鬼木 誠	立
	塩村 あやか	立
	杉尾 秀哉	立
	窪田 哲也	公
	片山 大介	維教
	柴田 巧	維教
	竹詰 仁	国
	井上 哲士	共
	大島 九州男	れ

総務委員（25）

（自11）（立4）（公3）（維教2）
（国1）（共1）（N2）（無1）

[長]	新妻 秀規	公
[理]	小沢 雅仁	立
[理]	山本 博司	公
	浅尾 慶一郎	自
	井上 義行	自
	中西 祐介	自
	長谷川 英晴	自
	馬場 成志	自
	藤川 政人	自
	船橋 利実	自
	堀井 巌	自
	牧野 たかお	自
	松下 新平	自
	山本 順三	自
	岸 真紀子	立
	野田 国義	立
	吉川 沙織	立
	西田 実仁	公
	音喜多 駿	維教
	高木 かおり	維教
	芳賀 道也	国
	伊藤 岳	共
	齊藤 健一郎	N
	浜田 聡	N

	広田 一	無

法務委員（21）

（自9）（立3）（公3）（維教1）
（国1）（共1）（無3）

[長]	佐々木 さやか	公
[理]	古庄 玄知	自
[理]	和田 政宗	自
[理]	牧山 ひろえ	立
[理]	伊藤 孝江	公
[理]	川合 孝典	国
	岡田 直樹	自
	山東 昭子	自
	世耕 弘成	自
	田中 昌史	自
	福岡 資麿	自
	森 まさこ	自
	山崎 正昭	自
	石川 大我	立
	福島 みずほ	立
	石川 博崇	公
	清水 貴之	維教
	仁比 聡平	共
	尾辻 秀久	無
	鈴木 宗男	無
	長浜 博行	無

外交防衛委員（21）

（自10）（立3）（公2）（維教2）
（国1）（共1）（沖2）

[長]	小野田 紀美	自
[理]	佐藤 正久	自
[理]	松川 るい	自
[理]	小西 洋之	立
[理]	上田 勇	公
[理]	石井 苗子	維教
	有村 治子	自
	猪口 邦子	自
	柘植 芳文	自
	中曽根 弘文	自
	三宅 伸吾	自
	吉川 ゆうみ	自
	若林 洋平	自
	福山 哲郎	立
	水野 素子	立
	山口 那津男	公
	松沢 成文	維教
	榛葉 賀津也	国
	山添 拓	共
	伊波 洋一	沖
	髙良 鉄美	沖

[長]＝委員長・会長、[理]＝理事、[幹]＝幹事、議員氏名の右は会派名

財政金融委員(25)

(自12)(立3)(公3)(維教2)
(国1)(共1)(無3)

[長]	足立 敏之	自
[理]	古川 俊治	自
[理]	熊谷 裕人	立
[理]	若松 謙維	公
	大家 敏志	自
	加田 裕之	自
	櫻井 充	自
	進藤 金日子	自
	武見 敬三	自
	豊田 俊郎	自
	西田 昌司	自
	野上 浩太郎	自
	松山 政司	自
	宮沢 洋一	自
	勝部 賢志	立
	柴 愼一	立
	竹内 真二	公
	矢倉 克夫	公
	浅田 均	維教
	柳ヶ瀬 裕文	維教
	大塚 耕平	国
	小池 晃	共
	大野 泰正	無
	神谷 宗幣	無
	堂込 麻紀子	無

文教科学委員(21)

(自10)(立4)(公2)(維教2)
(国1)(共1)(れ1)

[長]	高橋 克法	自
[理]	赤池 誠章	自
[理]	赤松 健	自
[理]	今井 絵理子	自
[理]	蓮 舫	立
[理]	伊藤 孝恵	国
	上野 通子	自
	臼井 正一	自
	末松 信介	自
	高橋 はるみ	自
	橋本 聖子	自
	本田 顕子	自
	古賀 千景	立
	斎藤 嘉隆	立
	宮口 治子	立
	下野 六太	公
	安江 伸夫	公
	金子 道仁	維教
	中条 きよし	維教
	吉良 よし子	共
	舩後 靖彦	れ

厚生労働委員(25)

(自11)(立4)(公3)(維教2)
(国1)(共1)(れ1)(無1)(欠1)

[長]	比嘉 奈津美	自
[理]	羽生田 俊	自
[理]	星 北斗	自
[理]	山田 宏	自
[理]	打越 さく良	立
[理]	秋野 公造	公
	生稲 晃子	自
	石田 昌宏	自
	神谷 政幸	自
	自見 はなこ	自
	友納 理緒	自
	藤井 一博	自
	三浦 靖	自
	石橋 通宏	立
	大椿 ゆうこ	立
	高木 真理	立
	杉 久武	公
	山本 香苗	公
	猪瀬 直樹	維教
	梅村 聡	維教
	田村 まみ	国
	倉林 明子	共
	天畠 大輔	れ
	上田 清司	無

農林水産委員(21)

(自10)(立4)(公2)(維教1)
(国1)(共1)(無2)

[長]	滝波 宏文	自
[理]	山下 雄平	自
[理]	横沢 高徳	立
[理]	舟山 康江	国
	北村 経夫	自
	佐藤 啓	自
	野村 哲郎	自
	藤木 眞也	自
	舞立 昇治	自
	宮崎 雅夫	自
	山田 俊男	自
	山本 啓介	自
	田名部 匡代	立
	徳永 エリ	立
	羽田 次郎	立
	高橋 光男	公
	横山 信一	公
	松野 明美	維教
	紙 智子	共
	須藤 元気	無
	寺田 静	無

経済産業委員(21)

(自10)(立4)(公2)(維教2)
(国1)(共1)(無1)

[長]	森本真治	立
[理]	青山繁晴	自
[理]	長峯誠	自
[理]	古賀之士	立
[理]	東徹	維教
	石井正弘	自
	越智俊之	自
	小林一大	自
	上月良祐	自
	中田宏	自
	松村祥史	自
	丸川珠代	自
	渡辺猛之	自
	辻元清美	立
	村田享子	立
	里見隆治	公
	三浦信祐	公
	石井章	維教
	礒﨑哲史	国
	岩渕友	共
	平山佐知子	無

国土交通委員(25)

(自12)(立4)(公3)(維教3)
(国1)(共1)(れ1)

[長]	青木愛	立
[理]	青木一彦	自
[理]	江島潔	自
[理]	森屋隆	立
[理]	塩田博昭	公
[理]	青島健太	維教
	石井浩郎	自
	梶原大介	自
	こやり隆史	自
	鶴保庸介	自
	堂故茂	自
	永井学	自
	長谷川岳	自
	宮本周司	自
	山本佐知子	自
	吉井章	自
	小沼巧	立
	三上えり	立
	河野義博	公
	平木大作	公
	嘉田由紀子	維教
	藤巻健史	維教
	浜口誠	国
	田村智子	共
	木村英子	れ

環境委員(21)

(自10)(立3)(公2)(維教2)
(国1)(共1)(れ1)(無1)

[長]	三原じゅん子	自
[理]	片山さつき	自
[理]	串田誠一	維教
[理]	山下芳生	共
	朝日健太郎	自
	石井準一	自
	岩本剛人	自
	佐藤信秋	自
	清水真人	自
	関口昌一	自
	滝沢求	自
	山田太郎	自
	川田龍平	立
	田島麻衣子	立
	水岡俊一	立
	竹谷とし子	公
	谷合正明	公
	梅村みずほ	維教
	浜野喜史	国
	山本太郎	れ
	ながえ孝子	無

国家基本政策委員(20)

(自9)(立3)(公2)(維教2)
(国1(共2)(れ1)

[長]	浅田均	維教
[理]	松山政司	自
[理]	山本順三	自
[理]	大塚耕平	国
[理]	小池晃	共
	こやり隆史	自
	古賀友一郎	自
	上月良祐	自
	滝沢求	自
	柘植芳文	自
	馬場成志	自
	船橋利実	自
	斎藤嘉隆	立
	田名部匡代	立
	森本真治	立
	谷合正明	公
	山口那津男	公
	片山大介	維教
	田村智子	共
	木村英子	れ

予算委員(45)

(自23)(立8)(公5)(維教4)
(国2)(共2)(れ1)

[長]	櫻井充	自
[理]	臼井正一	自
[理]	加藤明良	自
[理]	小林一大	自
[理]	中西祐介	自

㊣ 宮崎　雅夫　自
㊣ 石橋　通宏　立
㊣ 杉尾　秀哉　立
㊣ 河野　義博　公
㊣ 金子　道仁　維教
有村　治子　自
石田　昌宏　自
猪口　邦子　自
片山さつき　自
佐藤　　啓　自
田中　昌史　自
中田　　宏　自
長峯　　誠　自
長谷川英晴　自
広瀬めぐみ　自
松川　るい　自
宮本　周司　自
山田　太郎　自
山田　俊男　自
山田　　宏　自
吉川ゆうみ　自
若林　洋平　自
石垣のりこ　立
小沼　　巧　立
高木　真理　立
辻元　清美　立
福島みずほ　立
水野　素子　公
秋野　公造　公
伊藤　孝江　公
宮崎　　勝　公
横山　信一　維教
東　　　徹　維教
清水　貴之　維教
松野　明美　国
伊藤　孝恵　国
田村　まみ　共
伊藤　　岳　共
山添　　拓　れ
山本　太郎

決算委員(30)

(自15)(立5)(公4)(維教3)(国2)(共1)

㊤ **佐藤　信秋**　自
㊣ 石井　浩郎　自
㊣ 高橋はるみ　自
㊣ 森まさこ　自
㊣ 徳永　エリ　立
㊣ 下野　六太　公
㊣ 梅村　　聡　維教
赤池　誠章　自
赤松　　健　自
今井絵理子　自
岩本　剛人　自
小野田紀美　自
越智　俊之　自
太田　房江　自
加田　裕之　自
酒井　庸行　自
豊田　俊郎　自
和田　政宗　自
岸　真紀子　立
古賀　千景　立
羽田　次郎　立
村田　享子　立
里見　隆治　公
山本　博司　公
若松　謙維　公
石井　苗子　維教
串田　誠一　維教
竹詰　　仁　国
芳賀　道也　国
吉良よし子　共

行政監視委員(35)

(自17)(立7)(公4)(維教2)
(国1)(共1)(れ1)(沖1)(N1)

㊤ **川田　龍平**　立
㊣ 杉　　久武　公
㊣ 柳ヶ瀬裕文　維教
㊣ 倉林　明子　共
青山　繁晴　自
井上　義行　自
石井　準一　自
石井　正弘　自
磯崎　仁彦　自
江島　　潔　自
佐藤　正久　自
白坂　亜紀　自
永井　　学　自
羽生田　俊　自
橋本　聖子　自
藤井　一博　自
古川　俊治　自
星　　北斗　自
堀井　　巌　自
山下　雄平　自
山谷えり子　自
大椿ゆうこ　立
鬼木　　誠　立
熊谷　裕人　立
古賀　之士　立
柴　　愼一　立
三上　えり　立
上田　　勇　公
竹内　真二　公
竹谷とし子　公
音喜多　駿　維教
舟山　康江　国
大島九州男　れ
伊波　洋一　沖
浜田　　聡　N

議院運営委員(25)

(自13)(立5)(公3)
(維教2)(国1)(共1)

役職	氏名	会派
長	**浅尾慶一郎**	自
理	清水真人	自
理	藤木眞也	自
理	渡辺猛之	自
理	勝部賢志	立
理	吉川沙織	立
理	三浦信祐	公
理	柴田巧	維教
理	浜野喜史	国
理	岩渕友	共
	青木一彦	自
	生稲晃子	自
	梶原大介	自
	神谷政幸	自
	古庄玄知	自
	友納理緒	自
	山本啓介	自
	山本佐知子	自
	吉井章	自
	小沢雅仁	立
	牧山ひろえ	立
	横沢高徳	立
	窪田哲也	公
	塩田博昭	公
	青島健太	維教

懲罰委員(10)

(自5)(立1)(公1)
(維教1)(国1)(共1)

役職	氏名	会派
長	**松沢成文**	維教
理	牧野たかお	自
	世耕弘成	自
	関口昌一	自
	野上浩太郎	自
	福岡資麿	自
	水岡俊一	立
	山本香苗	公
	川合孝典	国
	井上哲士	共

【特別委員会】

災害対策特別委員(20)

(自10)(立3)(公2)
(維教2)(国1)(共1)(れ1)

役職	氏名	会派
長	**竹内真二**	公
理	岩本剛人	自
理	加藤明良	自
理	羽田次郎	立
理	宮崎勝	公
	阿達雅志	自
	加田裕之	自
	梶原大介	自
	古庄玄知	自
	藤木眞也	自
	堀井巌	自
	宮崎雅夫	自
	宮本周司	自
	杉尾秀哉	立
	森本真治	立
	嘉田由紀子	維教
	松野明美	維教
	芳賀道也	国
	仁比聡平	共
	大島九州男	れ

政府開発援助等及び沖縄・北方問題に関する特別委員(35)

(自17)(立6)(公4)(維教3)
(国2)(共1)(沖1)(N1)

役職	氏名	会派
長	**藤川政人**	自
理	青木一彦	自
理	今井絵理子	自
理	臼井正一	自
理	若林洋平	自
理	田島麻衣子	立
理	窪田哲也	公
理	清水貴之	維教
	青山繁晴	自
	朝日健太郎	自
	有村治子	自
	上野通子	自
	江島潔	自
	大家敏志	自
	高橋克法	自
	高橋はるみ	自
	中西祐介	自
	本田顕子	自
	松山政司	自
	三原じゅん子	自
	勝部賢志	立
	古賀之士	立
	塩村あやか	立
	徳永エリ	立
	水野素子	立
	秋野公造	公
	河野義博	公
	安江伸夫	公
	猪瀬直樹	維教
	音喜多駿	維教
	浜口誠	国
	舟山康江	国
	紙智子	共
	高良鉄美	沖
	浜田聡	N

新妻秀規　公
中条きよし　維教
柳ヶ瀬裕文　維教
川合孝典　国
井上哲士　共
舩後靖彦　れ

政治倫理の確立及び選挙制度に関する特別委員(35)

(自17)(立6)(公4)(維教3)(国1)(共2)(れ1)(N1)

㊎ **豊田俊郎**　自
㊟ 石井浩郎　自
㊟ 磯﨑仁彦　自
㊟ 藤井一博　自
㊟ 牧野たかお　自
㊟ 小沼巧　立
㊟ 谷合正明　公
㊟ 高木かおり　維教
足立敏之　自
石井正弘　自
小野田紀美　自
片山さつき　自
上月良祐　自
佐藤啓　自
柘植芳文　自
長峯誠　自
福岡資麿　自
古川俊治　自
舞立昇治　自
山下雄平　自
青木愛　立
熊谷裕人　立
小西洋之　立
宮口治子　立
森屋隆　立
里見隆治　公
矢倉克夫　公
山本博司　公
梅村聡　維教
藤巻健史　維教
浜野喜史　国
井上哲士　共
山下芳生　共
天畠大輔　れ
伊波洋一　沖

北朝鮮による拉致問題等に関する特別委員(20)

(自10)(立3)(公2)(維教2)(国1)(共1)(れ1)

㊎ **松下新平**　自
㊟ 清水真人　自
㊟ 吉井章　自
㊟ 打越さく良　立
㊟ 石川博崇　公
赤池誠章　自
衛藤晟一　自
北村経夫　自
小林一大　自
永井学　自
山田宏　自
山谷えり子　自
川田龍平　立
三上えり　立

地方創生及びデジタル社会の形成等に関する特別委員(20)

(自10)(立3)(公3)(維教2)(国1)(共1)

㊎ **長谷川岳**　自
㊟ 磯﨑仁彦　自
㊟ 山本佐知子　自
㊟ 岸真紀子　立
㊟ 杉久武　公
越智俊之　自
太田房江　自
進藤金日子　自
鶴保庸介　自
友納理緒　自
長谷川英晴　自
山本啓介　自
高木真理　立
福島みずほ　立
上田勇　公
山本香苗　公
東徹　維教
片山大介　維教
伊藤孝恵　国
伊藤岳　共

消費者問題に関する特別委員(20)

(自10)(立4)(公2)(維教2)(国1)(共1)

㊎ **石井章**　維教
㊟ 神谷政幸　自
㊟ 中田宏　自
㊟ 石川大我　立
㊟ 伊藤孝江　公
赤松健　自
生稲晃子　自
上野通子　自
古賀友一郎　自
田中昌史　自
比嘉奈津美　自
宮本周司　自
山田太郎　自
小沢雅仁　立
大椿ゆうこ　立
村田享子　立
塩田博昭　公
松沢成文　維教
田村まみ　国
倉林明子　共

東日本大震災復興特別委員(35)

(自17)(立6)(公4)(維教2)(国2)(共2)(れ1)(N1)

㊚ **野田国義** 立
㊟ 石井浩郎 自
㊟ 梶原大介 自
㊟ 広瀬めぐみ 自
㊟ 和田政宗 自
㊟ 横沢高徳 立
㊟ 横山信一 公
㊟ 石井苗子 維教
江島潔 自
太田房江 自
櫻井充 自
白坂亜紀 自
滝沢求 自
堂故茂 自
羽生田俊 自
橋本聖子 自
星北斗 自
三浦靖 自
宮沢洋一 自
森まさこ 自
山田太郎 自
石垣のりこ 立
鬼木誠 立
古賀千景 立
柴愼一 立
高橋光男 公
平木大作 公
若松謙維 公
梅村みずほ 維教
榛葉賀津也 国
竹詰仁 国
岩渕友 共
紙智子 共
山本太郎 れ
齊藤健一郎 N

【調査会】

外交・安全保障に関する調査会委員(25)

(自12)(立5)(公2)(維教2)(国1)(共1)(沖1)(N1)

㊚ **猪口邦子** 自
㊟ 岩本剛人 自
㊟ 松川るい 自
㊟ 吉川ゆうみ 自
㊟ 塩村あやか 立
㊟ 宮崎勝 公
㊟ 串田誠一 維教
㊟ 浜口誠 国
㊟ 岩渕友 共
赤松健 自
朝日健太郎 自
生稲晃子 自
上野通子 自
こやり隆史 自
永井学 自
長谷川英晴 自
森まさこ 自
大椿ゆうこ 立
高木真理 立
三上えり 立
水野素子 立
新妻秀規 公
金子道仁 維教
伊波洋一 沖
浜田聡 N

国民生活・経済及び地方に関する調査会委員(25)

(自13)(立4)(公3)(維教2)(国1)(共1)(れ1)

㊚ **福山哲郎** 立
㊟ 今井絵理子 自
㊟ 清水真人 自
㊟ 長峯誠 自
㊟ 田名部匡代 立
㊟ 下野六太 公
㊟ 中条きよし 維教
㊟ 舟山康江 国
㊟ 山添拓 共
越智俊之 自
白坂亜紀 自
田中昌史 自
堂故茂 自
友納理緒 自
星北斗 自
山本啓介 自
山本佐知子 自
和田政宗 自
若林洋平 自
柴愼一 立
森屋隆 立
竹内真二 公
三浦信祐 公
高木かおり 維教
木村英子 れ

資源エネルギー・持続可能社会に関する調査会委員(25)

(自12)(立4)(公4)(維教3)(国1)(共1)

㊚ **宮沢洋一** 自
㊟ 広瀬めぐみ 自
㊟ 宮崎雅夫 自
㊟ 宮口治子 立
㊟ 河野義博 公
㊟ 青島健太 維教
㊟ 竹詰仁 国
㊟ 吉良よし子 共
有村治子 自

井上義行	自
小野田紀美	自
神谷政幸	自
高橋はるみ	自
滝波宏文	自
藤井一博	自
船橋利実	自
本田顕子	自
青木愛	立
鬼木誠	立
村田享子	立
佐々木さやか	公
杉久武	公
若松謙維	公
梅村みずほ	維教
藤巻健史	維教

【憲法審査会】

憲法審査会委員(45)

(自22)(立8)(公5)(維教4)
(国2)(共2)(れ1)(沖1)

[長]	中曽根弘文	自
[幹]	片山さつき	自
[幹]	佐藤正久	自
[幹]	山本順三	自
[幹]	小西洋之	立
[幹]	辻元清美	立
[幹]	西田実仁	公
[幹]	片山大介	維教
[幹]	大塚耕平	国
[幹]	山添拓	共
	青山繁晴	自
	赤池誠章	自
	浅尾慶一郎	自
	臼井正一	自
	衛藤晟一	自
	加藤明良	自
	小林一大	自
	古庄玄知	自
	進藤金日子	自
	柘植芳文	自
	中西祐介	自
	松川るい	自
	松下新平	自
	松山政司	自
	丸川珠代	自
	山田宏	自
	山谷えり子	自
	吉井章	自
	石川大我	立
	打越さく良	立
	小沢雅仁	立
	熊谷裕人	立
	古賀千景	立
	福島みずほ	立
	伊藤孝江	公
	窪田哲也	公
	里見隆治	公
	塩田博昭	公
	浅田均	維教
	猪瀬直樹	維教
	柴田巧	維教
	礒﨑哲史	国
	仁比聡平	共
	山本太郎	れ
	髙良鉄美	沖

【情報監視審査会】

情報監視審査会委員(8)

(自4)(立1)(公1)
(維教1)(国1)

[長]	有村治子	自
	石田昌宏	自
	羽生田俊	自
	宮崎雅夫	自
	牧山ひろえ	立
	石川博崇	公
	串田誠一	維教
	浜口誠	国

【政治倫理審査会】

政治倫理審査会委員(15)

(自8)(立2)(公2)
(維教1)(国1)(共1)

[長]	野村哲郎	自
[幹]	岡田直樹	自
[幹]	佐藤正久	自
[幹]	吉川沙織	立
	片山さつき	自
	世耕弘成	自
	関口昌一	自
	野上浩太郎	自
	福岡資麿	自
	蓮舫	立
	竹谷とし子	公
	谷合正明	公
	石井苗子	維教
	田村まみ	国
	山下芳生	共

会派名の表記は下記の通り。

- 自 ＝自由民主党
- 立 ＝立憲民主・社民
- 公 ＝公明党
- 維教＝日本維新の会・教育無償化を実現する会
- 国 ＝国民民主党・新緑風会
- 共 ＝日本共産党
- れ ＝れいわ新選組
- 沖 ＝沖縄の風
- N ＝NHKから国民を守る党
- 無 ＝各派に属しない議員
- 欠 ＝欠員

各政党役員一覧

（令和6年2月6日現在）

自由民主党

（昭和30年11月15日結成）

〒100-8910 千代田区永田町1-11-23
☎03-3581-6211

総裁　岸田文雄
副総裁　麻生太郎
幹事長　茂木敏充
幹事長代行　梶山弘志
幹事長代理　井上信治
同　稲田朋美
同　西銘恒三郎
同　木原誠二
同　牧野たかお
副幹事長　福田達夫(筆頭)、城内実、井上貴博、関芳弘、大岡敏孝、小倉將信、新谷正義、鈴木貴子、田所嘉德、田中英之、堀内詔子、牧島かれん、山田美樹、島尻安伊子、畦元将吾、青木一彦、江島潔、吉川ゆうみ、山田宏、松川るい、岩本剛人
人事局長　森まさこ
経理局長　林幹雄
情報調査局長　小林史明
国際局長　伊藤達也
財務委員長　渡辺博道
両院議員総会長　橋本聖子
衆議院議員総会長　船田元
党紀委員長　衛藤晟一
中央政治大学院長　遠藤利明
組織運動本部長　金子恭之
同本部長代理　古川禎久、山際大志郎、江島潔
団体総局長　古川禎久
法務・自治関係団体委員長　武井俊輔
財政・金融・証券関係団体委員長　宗清皇一
教育・文化・スポーツ関係団体委員長　井原巧
社会教育・宗教関係団体委員長　山田宏
厚生関係団体委員長　大串正樹
環境関係団体委員長　杉田水脈
労働関係団体委員長　羽生田俊
農林水産関係団体委員長　古川康
商工・中小企業関係団体委員長　中山展宏
運輸・交通関係団体委員長　江島潔
情報・通信関係団体委員長　斎藤洋明
国土・建設関係団体委員長　小林茂樹
安全保障関係団体委員長　黄川田仁志
生活安全関係団体委員長　中川郁子
NPO・NGO関係団体委員長　山田太郎
地方組織・議員総局長　上田英俊
女性局長　高橋はるみ
青年局長　藤原崇
労政局長　森英介
遊説局長　三谷英弘
広報本部長　平井卓也
同本部長代理　平将明、阿達雅志
広報戦略局長　小林史明
ネットメディア局長　牧島かれん
新聞出版局長　和田政宗
報道局長　平口洋
国会対策委員長　浜田靖一
委員長代理　西村明宏（委員長代行）、御法川信英
副委員長　丹羽秀樹(筆頭)、葉梨康弘、鷲尾英一郎、武藤容治、橘慶一郎、三ッ林裕巳、藤丸敏、大野敬太郎、中谷真一、井出庸生、井野俊郎、若林健太、宮路拓馬、佐藤正久、磯﨑仁彦
総務会長　森山裕
会長代行　金田勝年
会長代理　寺田稔、松下新平
副会長　尾身朝子、大野敬太郎、有村治子、古川俊治、山田俊男
総務　逢沢一郎、伊東良孝、石破茂、石原正敬、上田英俊、江渡聡徳、大西英男、下村博文、田中良生、中谷真一、宮路拓馬、山口壯、石井浩郎、中曽根弘文、宮沢洋一、山本順三

政務調査会長　渡海紀三朗
会長代行　田村憲久
会長代理　柴山昌彦、若宮健嗣、片山さつき
副会長　長島昭久、義家弘介、城内実、坂井学、松本洋平、鈴木馨祐、山下貴司、赤池誠章、石井正弘

部会長

内閣第一部会長　太田房江
〃部会長代理　中川郁子、山田宏
内閣第二部会長　冨樫博之
〃部会長代理　鳩山二郎
国防部会長　黄川田仁志
〃部会長代理　松川るい
総務部会長　根本幸典
〃部会長代理　斎藤洋明
法務部会長　笹川博義
〃部会長代理　武井俊輔
外交部会長　藤井比早之
〃部会長代理　鈴木隼人、吉川ゆうみ
財務金融部会長　櫻井充
〃部会長代理　宗清皇一
文部科学部会長　山田賢司
〃部会長代理　井原巧、和田政宗
厚生労働部会長　大串正樹
〃部会長代理　羽生田俊
農林部会長　細田健一
〃部会長代理　古川康、藤木眞也
水産部会長　山下雄平
〃部会長代理　中村裕之
経済産業部会長　宮内秀樹
〃部会長代理　中山展宏、青山繁晴
国土交通部会長　佐々木紀
〃部会長代理　小林茂樹、江島潔
環境部会長　中田宏
〃部会長代理　杉田水脈

調査会長

税制調査会長　宮沢洋一
選挙制度調査会長　逢沢一郎
科学技術・イノベーション戦略調査会長　大野敬太郎
ITS推進・道路調査会長　金子恭之
治安・テロ対策調査会長　岩屋毅
沖縄振興調査会長　岡田直樹
消費者問題調査会長　船田元
障害児者問題調査会長　衛藤晟一
雇用問題調査会長　塩谷立
総合農林政策調査会長　江藤拓
水産総合調査会長　石破茂
金融調査会長　片山さつき
知的財産戦略調査会長　小林鷹之
中小企業・小規模事業者政策調査会長　伊藤達也
国際協力調査会長　牧島かれん
司法制度調査会長　古川禎久
スポーツ立国調査会長　橋本聖子
環境・温暖化対策調査会長　井上信治
住宅土地・都市政策調査会長　松島みどり
文化立国調査会長　山谷えり子
食育調査会長　山東昭子
観光立国調査会長　林幹雄
青少年健全育成推進調査会長　中曽根弘文
外交調査会長　衛藤征士郎
安全保障調査会長　小野寺五典
社会保障制度調査会長　加藤勝信
総合エネルギー戦略調査会長　梶山弘志
情報通信戦略調査会長　野田聖子
整備新幹線等鉄道調査会長　稲田朋美
競争政策調査会長　山際大志郎
地方行政調査会長　佐藤信秋
教育・人材力強化調査会長　柴山昌彦
物流調査会長　今村雅弘

特別委員長

過疎対策特別委員長　谷公一
外国人労働者等特別委員長　松山政司
たばこ特別委員長　江渡聡徳
捕鯨対策特別委員長　鶴保庸介
災害対策特別委員長　武田良太
再犯防止推進特別委員長　渡辺博道
国際保健戦略特別委員長　羽生田俊
宇宙・海洋開発特別委員長　若宮健嗣
超電導リニア鉄道に関する特別委員長　古屋圭司

航空政策特別委員長　西村明宏
海運・造船対策特別委員長　石田真敏
都市公園緑地対策特別委員長　江﨑鐵磨
山村振興特別委員長　奥野信亮
離島・半島振興特別委員長　石原宏高
インフラシステム輸出総合戦略特別委員長　二階俊博
原子力規制に関する特別委員長　細野豪志
鳥獣被害対策特別委員長　武藤容治
奄美振興特別委員長　森山裕
クールジャパン戦略推進特別委員長　世耕弘成
領土に関する特別委員長　猪口邦子
北海道総合開発特別委員長　伊東良孝
交通安全対策特別委員長　田中和徳
下水道・浄化槽対策特別委員長　山本有二
社会的事業推進特別委員長　橘慶一郎
所有者不明土地等に関する特別委員長　土井亨
女性活躍推進特別委員長　堀内詔子

特命委員長

郵政事業に関する特命委員長　森山裕
戦没者遺骨帰還に関する特命委員長　福岡資麿
日本の名誉と信頼を確立するための特命委員長　有村治子
性的マイノリティに関する特命委員長　髙階恵美子
安全保障と土地法制に関する特命委員長　北村経夫
医療情報政策・ゲノム医療推進特命委員長　古川俊治
日本Well-being計画推進特命委員長　下村博文
孤独・孤立対策特命委員長　小倉將信
2027横浜国際園芸博覧会(花博)推進特命委員長　坂井学
PFI推進特命委員長　上野賢一郎
令和の教育人材確保に関する特命委員長　萩生田光一
防衛関係費の財源検討に関する特命委員長　渡海紀三朗
差別問題に関する特命委員長　平沢勝栄
「日本電信電話株式会社等に関する法律」の在り方に関する特命委員長　甘利明

本部長・ＰＴ座長

財政政策検討本部長　西田昌司
経済安全保障推進本部長　甘利明
デジタル社会推進本部長　平井卓也
自由で開かれたインド太平洋戦略本部長　麻生太郎
社会機能移転分散型国づくり推進本部長　古屋圭司
「子ども・若者」輝く未来創造本部長　後藤茂之
日・グローバルサウス連携本部長　萩生田光一
デジタル行財政改革推進本部長　渡海紀三朗
有明海・八代海再生ＰＴ座長　金子恭之
終末期医療に関する検討ＰＴ座長　三ッ林裕巳
子どもの元気！農村漁村で育むＰＴ座長
二輪車問題対策ＰＴ座長　三原じゅん子
国民皆歯科健診実現ＰＴ座長　古屋圭司
女性の生涯の健康に関するＰＴ座長　髙階恵美子
佐渡島の金山世界遺産登録実現ＰＴ座長　橘慶一郎
選挙対策委員長　小渕優子

〔参議院自由民主党〕

参議院議員会長　関口昌一
副会長　山本順三
参議院幹事長　松山政司
幹事長代行　岡田直樹
幹事長代理　牧野たかお
副幹事長　青木一彦、江島潔、堀井巌、吉川ゆうみ、山下雄平、山田宏、藤木眞也、松川るい、岩本剛人
参議院政策審議会長　福岡資麿
会長代理　片山さつき、上野通子
副会長　赤池誠章、石井正弘、羽生田俊、山下雄平、宮崎雅夫
参議院国会対策委員長　石井準一
委員長代行　佐藤正久
委員長代理　礒﨑仁彦
副委員長　石井浩郎、中西祐介、石田昌宏、長峯誠、佐藤啓、今井絵理子、加田裕之、清水真人
会計　江島潔

特別機関

憲法改正実現本部長　古屋圭司
党改革実行本部長　茂木敏充
行政改革推進本部長　棚橋泰文
新しい資本主義実行本部長　岸田文雄
東日本大震災復興加速化本部長　根本匠
地方創生実行統合本部長　林幹雄
国土強靭化推進本部長　二階俊博
財政健全化推進本部長　古川禎久
2025年大阪・関西万博推進本部長　二階俊博
TPP・日EU・日米TAG等経済協定対策本部長　森山裕
北朝鮮核実験・ミサイル問題対策本部長　江渡聡徳
北朝鮮による拉致問題対策本部長　山谷えり子
ウクライナ問題に関する対策本部長　茂木敏充
ＧＸ実行本部長　萩生田光一

安定的な皇位継承の確保に関する懇談会会長	麻生太郎
令和6年能登半島地震対策本部長	茂木敏充
政治刷新本部長	岸田文雄

立憲民主党

（令和2年9月15日結成）

〒100-0014 千代田区永田町1-11-1
三宅坂ビル ☎03-3595-9988

最高顧問	菅　直人
同	野田佳彦
代表	泉　健太
代表代行	辻元清美
同	西村智奈美
同	逢坂誠二
幹事長	岡田克也
幹事長代理	手塚仁雄
同	田名部匡代
総務局長／副幹事長	山岡達丸
財務局長／副幹事長	稲富修二
青年局長／副幹事長	伊藤俊輔
災害・緊急事態局長／副幹事長	森山浩行
国際局長／副幹事長	源馬謙太郎
人材局長／副幹事長	荒井　優
副幹事長(政治改革担当)	落合貴之
副幹事長	石川香織、本庄知史、勝部賢志、田島麻衣子
国民運動局長	森本真治
常任幹事会議長	渡辺　周
参議院議員会長	水岡俊一
両院議員総会長	川田龍平
役員室長	奥野総一郎
選挙対策委員長	大串博志
政務調査会長	長妻　昭
政務調査会長代理	大西健介（筆頭代理）、城井崇、徳永エリ
政務調査会副会長	稲富修二、篠原豪、山崎誠、早稲田ゆき、岡本あき子、神谷裕、櫻井周、中谷一馬、小沼巧、岸真紀子、小沢雅仁
国会対策委員長	安住　淳
国会対策委員長代理	笠　浩史
同	斎藤嘉隆
国会対策副委員長	山井和則(筆頭)、後藤祐一、吉川　元、青柳陽一郎、道下大樹、湯原俊二
代議士会長	寺田　学
組織委員長	森本真治
企業・団体交流委員長	大島　敦
参議院議員会長代行	牧山ひろえ
参議院幹事長	田名部匡代
参議院国会対策委員長	斎藤嘉隆
参議院政策審議会長	徳永エリ
総合選挙対策本部長	泉　健太
つながる本部本部長	泉　健太
ジェンダー平等推進本部長	西村智奈美
政治改革推進本部長	渡辺　周
広報本部長	逢坂誠二
拉致問題対策本部長	渡辺　周
東日本大震災復興対策本部長	玄葉光一郎
新型コロナウイルス対策本部長	小川淳也
子ども・若者応援本部長	泉　健太
倫理委員長	菊田真紀子
代表選挙管理委員長	吉川沙織
会計監査	金子恵美
同	野田国義
ハラスメント対策委員長	金子恵美
旧統一教会被害対策本部長	西村智奈美
沖縄協議会座長	福山哲郎
令和6年能登半島地震対策本部長	泉　健太
政治改革実行本部長	岡田克也
農林漁業再生本部長	田名部匡代
北海道ブロック常任幹事	岸　真紀子
東北ブロック常任幹事	横沢高徳
北関東ブロック常任幹事	坂本祐之輔
南関東ブロック常任幹事	小沢雅仁
東京ブロック常任幹事	手塚仁雄
北陸信越ブロック常任幹事	杉尾秀哉
東海ブロック常任幹事	吉田統彦
近畿ブロック常任幹事	櫻井　周
中国ブロック常任幹事	柚木道義
四国ブロック常任幹事	白石洋一
九州ブロック常任幹事	野間　健
自治体議員ネットワーク代表	遊佐美由紀

立憲民主党「次の内閣」

ネクスト総理大臣	泉　健太
ネクスト内閣官房長官	長妻　昭
ネクスト内閣府担当大臣	杉尾秀哉

ネクスト総務大臣　野田国義
ネクスト法務大臣　牧山ひろえ
ネクスト外務大臣　玄葉光一郎
ネクスト安全保障大臣　渡辺周
ネクスト財務金融大臣　階猛
ネクスト文部科学大臣・ネクスト子ども政策担当大臣　菊田真紀子
ネクスト厚生労働大臣　高木真理
ネクスト農林水産大臣　金子恵美
ネクスト経済産業大臣　田嶋要
ネクスト国土交通・復興大臣　小宮山泰子
ネクスト環境大臣　近藤昭一
憲法調査会長　中川正春
税制調査会長　小川淳也
SOGIに関するPT座長　大河原まさこ
障がい・難病PT座長　横沢高徳
外国人受け入れ制度及び多文化共生社会のあり方に関する検討PT座長　石橋通宏
デジタル政策PT座長　中谷一馬
生殖補助医療PT座長　西村智奈美
島政策PT座長　野間健
外交・安全保障戦略PT座長　玄葉光一郎
公務員制度改革PT座長　大島敦
公文書管理PT座長　逢坂誠二
雇用問題対策PT座長　西村智奈美
マイナンバー在り方検討会PT座長　逢坂誠二
経済政策PT座長　大西健介
環境エネルギーPT座長　田嶋要
ビジネスと人権PT座長　西村智奈美

日本維新の会

(※1、P287参照)

〒542-0082 大阪市中央区島之内1-17-16
三栄長堀ビル ☎06-4963-8800

代表　馬場伸幸
共同代表　吉村洋文
副代表　辻淳子
幹事長・選挙対策本部長　藤田文武
選挙対策本部長代行　井上英孝
選挙対策本部長代理　浦野靖人
幹事長代行　河崎大樹
政務調査会長　音喜多駿
政務調査会長代行　藤田暁
総務会長　柳ヶ瀬裕文
総務会長代行　岡崎太
改革実行本部長　東徹
常任役員　森　和臣、山下昌彦、横山英幸、黒田征樹、宮本一孝
非常任役員　松沢成文
同　天野浩
学生局長　松本常広
ダイバーシティ推進局長　高木かおり
国際局長　青柳仁士
広報局長　伊良原勉
財務局長　高見りょう
党紀委員長　横倉廉幸
維新政治塾名誉塾長　馬場伸幸
維新政治塾塾長　音喜多駿
会計監査人代表　井上英孝

〔国会議員団〕

代表　馬場伸幸
代表補佐　中司　宏、高木かおり
代表付　阿部　司、守島正、漆間讓司、赤木正幸、金子道仁、青島健太、松野明美、中条きよし
幹事長　藤田文武
幹事長代理　三木圭恵
広報局長　柳ヶ瀬裕文
学生局長　沢田良
ダイバーシティ推進局長　高木かおり
政務調査会長　音喜多駿
政務調査会長代行　青柳仁士
政務調査会長代理　片山大介
政務調査会副会長　高木かおり、池下　卓、岩谷良平、伊東信久、金子道仁、梅村　聡、松野明美、守島　正、漆間讓司、串田誠一
国会対策委員長　遠藤敬
国会対策委員長代行　柴田巧
国会対策委員長代理　中司宏
国会対策副委員長　金村龍那、奥下剛光、池畑浩太朗、一谷勇一郎、浅川義治、堀場幸子、青島健太
両院議員総会長　石井章
代議士会長　市村浩一郎
参議院会長　浅田均
参議院幹事長　猪瀬直樹

参議院国会対策委員長 柴田 巧
参議院国会対策委員長代理 青島健太
参議院政策審議会長 片山大介
党紀委員長 中司 宏
党紀委員 浦野靖人、三木圭恵、柴田 巧、小野泰輔

公明党

(※2、P287参照)

〒160-0012 新宿区南元町17
☎03-3353-0111

代表 山口那津男
副代表 北側一雄、古屋範子、斉藤鉄夫
幹事長 石井啓一
中央幹事会会長 北側一雄
政務調査会長 高木陽介
中央幹事 竹内 譲(会長代理)、大口善德、稲津 久、庄子賢一、塩田博昭、中川宏昌、中川康洋、山本香苗、山本博司、河野義博、中島義雄、松葉多美子、山口広治、若松謙維、伊藤渉、石川博崇、岡本三成、國重徹、秋野公造、土岐恭生、千葉宣男
中央規律委員長 浮島智子
中央会計監査委員 佐々木さやか
同 杉 久武
幹事長代行 赤羽一嘉
幹事長代理 稲津 久
同 谷合正明
政務調査会長代理 上田 勇、大口善德、伊藤渉、山本香苗、稲津久
国会対策委員長 佐藤茂樹
国会対策委員長代理 輿水恵一
国対筆頭副委員長 中川康洋
選挙対策委員長 西田実仁
組織委員長 大口善德
組織局長 稲津 久
地方議会局長 輿水恵一
遊説局長 竹内真二
広報委員長 谷合正明
広報局長 國重 徹
宣伝局長 佐々木さやか
総務委員長 高鍋博之
財務委員長 石井啓一
機関紙委員長 吉本正史
機関紙推進委員長 若松謙維
国際委員長 岡本三成
国際局長 新妻秀規
団体渉外委員長 伊藤 渉
団体局長 中野洋昌
労働局長 佐藤英道
市民活動委員長 石川博崇
市民活動局長 石川博崇
文化芸術局長 浮島智子
NPO局長 鰐淵洋子
女性委員長 竹谷とし子
女性局長 佐々木さやか
青年委員長 國重 徹
青年局長 三浦信祐
学生局長 河西宏一
常任顧問 太田昭宏、井上義久
アドバイザー 石田祝稔、桝屋敬悟、高木美智代、浜田昌良
参議院会長 西田実仁
参議院副会長 山本香苗
参議院幹事長 谷合正明
参院国会対策委員長 竹谷とし子
参院国対筆頭副委員長 三浦信祐
参院政策審議会長 石川博崇
全国地方議員団会議議長 中島義雄

日本共産党

(大正11年7月15日結成)

〒151-8586 渋谷区千駄ヶ谷4-26-7
☎03-3403-6111

中央委員会議長 志位和夫
幹部会委員長 田村智子
書記局長 小池 晃
幹部会副委員長 山下芳生(筆頭)、田中 悠、市田忠義、緒方靖夫、倉林明子、浜野忠夫
政策委員長 山添 拓
常任幹部会委員 市田忠義、岩井鐵也、大幡基夫、岡嵜郁子、緒

方靖夫、紙　智子、吉良よし子、倉林明子、小池　晃、小木曽陽司、穀田恵二、坂井　希、志位和夫、田中　悠、田村智子、堤文俊、寺沢亜志也、中井作太郎、浜野忠夫、土方明果、広井暢子、藤田　文、山下芳生、山添　拓、若林義春

書記局長代行　田中　悠
書記局次長　中井作太郎、堤文俊、土方明果、土井洋彦
政策委員会委員長　山添　拓
経済・社会保障政策委員会責任者　垣内　亮
政治・外交委員会責任者　小松公生
理論委員会責任者　田中　悠
人権委員会責任者　倉林明子
ジェンダー平等委員会責任者　倉林明子
子どもの権利委員会責任者　吉良よし子
障害者の権利委員会責任者　高橋千鶴子
先住民（アイヌ）の権利委員会責任者　紙　智子
在日外国人の権利委員会責任者　田川　実
宣伝局長　田村一志
広報部長　植木俊雄
国民の声室責任者　藤原忠雄
国民運動委員会責任者　堤　文俊
労働局長　堤　文俊
農林・漁民局長　紙　智子
市民・住民運動・中小企業局長　松原昭夫
平和運動局長　川田忠明
基地対策委員会責任者　小泉親司
災害問題対策委員会責任者　太田善作
学術・文化委員会責任者　土井洋彦
文教委員会責任者　藤森　毅
宗教委員会責任者　土井洋彦
スポーツ委員会責任者　畑野君枝
選挙・自治体委員会責任者　中井作太郎
選挙対策局長　中井作太郎
自治体局長　岡嵜郁子
選挙対策委員長　穀田恵二
国際委員会責任者　緒方靖夫
党建設委員会責任者　山下芳生
組織局長　土方明果
機関紙活動局長　大幡基夫
学習・教育局長　広井暢子
青年・学生委員会責任者　坂井　希
中央党学校運営委員会責任者　田中　悠
法規対策部長　柳沢明夫
人事局長　浜野忠夫
財務・業務委員会責任者　岩井鐵也
財政部長　藤本哲也
機関紙誌業務部長　大井伸行
管理部長　大久保健三
厚生部長　大久保健三
システム開発管理部長　葛西邦生
赤旗まつり実行委員長　小木曽陽司
社会科学研究所長　山口富男
出版企画委員会責任者　岩井鐵也
出版局長　田代忠利
雑誌刊行委員会責任者　田代忠利
資料室責任者　鈴木裕子
党史資料(研究)室責任者　岡　宏輔
中央委員会事務室責任者　工藤　充
第二事務室責任者　髙宮正芳
赤旗編集局長　小木曽陽司
原発・気候変動・エネルギー問題対策委員会責任者　笠井　亮
国会議員団総会長　紙　智子
衆議院議員団長　高橋千鶴子
参議院議員団長　紙　智子
参議院幹事長　井上哲士
国会対策委員長　穀田恵二
衆議院国会対策委員長　穀田恵二
参議院国会対策委員長　井上哲士
国会議員団事務局長　藤井正人

国民民主党

（令和2年9月15日結成）

〒100-0014 千代田区永田町2-17-17
JBS永田町 ☎03-3593-6229

代表　玉木雄一郎
代表代行兼政務調査会長　大塚耕平
選挙対策委員長　浜野喜史
幹事長　榛葉賀津也
幹事長代行　川合孝典
選挙対策委員長　浜野喜史
国会対策委員長兼企業団体委員長　古川元久
参議院議員会長兼両院議員総会長　舟山康江

役　員　室　長	浜口　誠
副代表兼広報局長	礒﨑哲史
幹事長代理	鈴木義弘
副幹事長	西岡秀子
同	竹詰　仁
国会対策委員長代理	浅野　哲
組織委員長	伊藤孝恵
財務局長	浜口　誠
人事・総務局長	竹詰　仁
倫理委員長	
国民運動局長	田村まみ
青年局長	浅野　哲
国際局長	古川元久
参議院議員会長	舟山康江
参議院幹事長	川合孝典
参議院国会対策委員長	礒﨑哲史
政治改革・行政改革推進本部長	古川元久
男女共同参画推進本部長	玉木雄一郎
男女共同参画推進本部長代理兼LGBT担当	西岡秀子
拉致問題対策本部長	川合孝典
災害対策本部長	榛葉賀津也
政務調査会長代理	西岡秀子
同	浜口　誠

れいわ新選組

（平成31年4月1日結成）

〒102-0083 千代田区麴町2-5-20
押田ビル4F ☎03-6384-1974

代　表	山本太郎
共同代表	櫛渕万里
同	大石あきこ
副代表兼参議院会長	舩後靖彦
副代表兼参議院国会対策副委員長	木村英子
国会対策委員長	たがや　亮
政策審議会長	大石あきこ
政策審議会長代理兼衆議院会長	櫛渕万里
参議院国会対策委員長	大島九州男
幹事長	高井たかし
幹　事	天畠大輔
両院議員総会長	舩後靖彦
選挙対策委員長	山本太郎

教育無償化を実現する会

（令和5年12月13日結成）

〒100-0014 千代田区永田町2-17-17-272

代　表	前原誠司
副代表	嘉田由紀子
幹事長	徳永久志
政務調査会長	斎藤アレックス
国会対策委員長	鈴木　敦

社会民主党

（※3、P287参照）

〒104-0043 中央区湊3-18-17
マルキ榎本ビル5F ☎03-3553-3731

党　首	福島みずほ
副党首兼国会対策委員長兼政策審議会長	新垣邦男
副党首	大椿裕子
幹事長兼選挙対策委員長	服部良一
総務企画局長兼機関紙宣伝局長	中島　修
組織団体局長	渡辺英明
常任幹事	山城博治、伊地智恭子、伊是名夏子

参政党

（令和2年4月11日結成）

〒107-0052 港区赤坂3-4-3
赤坂マカベビル5F ☎03-6807-4228

代　表	神谷宗幣
副代表	川　裕一郎

※1 平成27年10月31日、おおさか維新の会結党。平成28年8月23日、日本維新の会へ党名変更
※2 昭和39年11月17日旧公明党結党。平成10年11月7日、「公明」と「新党平和」が合流して、新しい現在の「公明党」結成
※3 昭和20年11月2日、日本社会党結成。昭和30年10月13日、左右再統一。平成8年1月19日、社会民主党へ党名変更

衆議院議員勤続年数・当選回数表

（令和6年2月末現在）

氏名の前の（　）内の数字は衆議院の通算在職年数、端数は切り上げてあります。
○内の数字は参議院議員としての当選回数。

[衆]勤続年数

55年（1人）
- 小沢 一郎 ⑱

47年（1人）
- (7)衛藤 征士郎 ⑬

45年（1人）
- 中村 喜四郎 ⑮

44年（1人）
- 菅 直人 ⑭

42年（1人）
- 麻生 太郎 ⑭

41年（3人）
- 甘利 明 ⑬
- 二階 俊博 ⑬
- 額賀 福志郎 ⑬

38年（4人）
- 逢沢 一郎 ⑫
- 石破 茂 ⑫
- 船田 元 ⑬
- 村上 誠一郎 ⑫

35年（6人）
- 岡田 克也 ⑪
- 中谷 元 ⑪
- 古屋 圭司 ⑪
- 森 英介 ⑪
- 山口 俊一 ⑪
- 山本 有二 ⑪

31年（15人）
- 石井 啓一 ⑩
- 枝野 幸男 ⑩
- 岸田 文雄 ⑩
- 北側 一雄 ⑩
- 玄葉 光一郎 ⑩
- 穀田 恵二 ⑩
- 斉藤 鉄夫 ⑩
- 志位 和夫 ⑩
- 鈴木 俊一 ⑩
- 渡海 紀三朗 ⑩
- 野田 聖子 ⑩
- 浜田 靖一 ⑩
- 林 幹雄 ⑩
- 前原 誠司 ⑩
- 茂木 敏充 ⑩

29年（3人）
- 塩谷 立 ⑩
- 高市 早苗 ⑨
- (27)林 芳正 ①

28年（24人）
- 安住 淳 ⑨
- 赤羽 一嘉 ⑨
- 伊藤 達也 ⑨
- 今村 雅弘 ⑨
- 岩屋 毅 ⑨
- 遠藤 利明 ⑨
- 大口 善徳 ⑨
- 河野 太郎 ⑨
- 近藤 昭一 ⑨
- 佐藤 茂樹 ⑩
- 佐藤 勉 ⑨
- 下村 博文 ⑨
- 菅 義偉 ⑨
- 田中 和徳 ⑨
- 田村 憲久 ⑨
- 高木 陽介 ⑨
- 棚橋 泰文 ⑨
- 中川 正春 ⑨
- 根本 匠 ⑨
- 野田 佳彦 ⑨
- 原口 一博 ⑨
- 平沢 勝栄 ⑨
- 古川 元久 ⑨
- 渡辺 周 ⑨

27年（1人）
- (13)金田 勝年 ⑤

26年（2人）
- 新藤 義孝 ⑧
- (6)森山 裕 ⑦

25年（6人）
- 江﨑 鐵磨 ⑧
- 江渡 聡徳 ⑧
- (7)笠井 亮 ⑥
- 櫻田 義孝 ⑧
- 土屋 品子 ⑧
- 渡辺 博道 ⑧

24年（16人）
- 阿部 知子 ⑧
- 赤嶺 政賢 ⑧
- 小渕 優子 ⑧
- 大島 敦 ⑧
- 梶山 弘志 ⑧
- 金子 恭之 ⑧
- 塩川 鉄也 ⑧
- 髙木 毅 ⑧
- 長妻 昭 ⑧
- 平井 卓也 ⑧
- 細野 豪志 ⑧
- 松野 博一 ⑧
- 松原 仁 ⑧
- 松本 剛明 ⑧
- 山井 和則 ⑧
- 吉野 正芳 ⑧

23年（3人）
- 小野寺 五典 ⑧
- 海江田 万里 ⑧
- 末松 義規 ⑦

22年（3人）
- 石田 真敏 ⑧
- 牧 義夫 ⑦
- 山口 壯 ⑦

21年（19人）
- 井上 信治 ⑦
- 泉 健太 ⑧
- 江藤 拓 ⑦
- 加藤 勝信 ⑦
- 上川 陽子 ⑦
- 菊田 真紀子 ⑦
- 小宮山 泰子 ⑦
- 後藤 茂之 ⑦
- 篠原 孝 ⑦
- 田嶋 要 ⑦
- 高橋 千鶴子 ⑦
- 武田 良太 ⑦
- 谷 公一 ⑦
- 長島 昭久 ⑦
- 西村 康稔 ⑦
- 古川 禎久 ⑦
- 古屋 範子 ⑦
- 松島 みどり ⑦
- 笠 浩史 ⑦

20年（5人）
伊藤　信太郎 ⑦
江田　憲司 ⑦
小泉　龍司 ⑦
柴山　昌彦 ⑦
馬淵　澄夫 ⑦

19年（17人）
あべ　俊子 ⑥
赤澤　亮正 ⑥
秋葉　賢也 ⑦
稲田　朋美 ⑥
小川　淳也 ⑥
小里　泰弘 ⑥
大串　博志 ⑥
吉良　州司 ⑥
坂本　哲志 ⑦
平　将明 ⑥
寺田　学 ⑥
永岡　桂子 ⑥
西村　智奈美 ⑥
福田　昭夫 ⑥
⑺宮本　岳志 ⑤
柚木　道義 ⑥
鷲尾　英一郎 ⑥

18年（13人）
⑺浮島　智子 ④
奥野　信亮 ⑥
⑺佐藤　公治 ④
鈴木　淳司 ⑥
竹内　譲 ⑥
西村　明宏 ⑥
西銘　恒三郎 ⑥
葉梨　康弘 ⑥
萩生田　光一 ⑥
伴野　豊 ⑥
御法川　信英 ⑥
宮下　一郎 ⑥
山際　大志郎 ⑥

17年（6人）
逢坂　誠二 ⑤
城内　実 ⑥
階　猛 ⑥
寺田　稔 ⑥
丹羽　秀樹 ⑥
⑹義家　弘介 ④

16年（28人）
あかま　二郎 ⑤
伊藤　忠彦 ⑤
伊藤　渉 ⑤
石原　宏高 ⑤
上野　賢一郎 ⑤
越智　隆雄 ⑤
大塚　拓 ⑤
⑺金子　恵美 ③
亀岡　偉民 ⑤
木原　誠二 ⑤
木原　稔 ⑤
坂井　学 ⑤
下条　みつ ⑤
鈴木　馨祐 ⑤
関　芳弘 ⑤
田中　良生 ⑤
髙鳥　修一 ⑤
手塚　仁雄 ⑤
土井　亨 ⑤
中根　一幸 ⑤
橋本　岳 ⑤
平口　洋 ⑤
牧原　秀樹 ⑤
松本　洋平 ⑤
武藤　容治 ⑤
盛山　正仁 ⑤
山本　ともひろ ⑤
若宮　健嗣 ⑤

15年（11人）
伊東　良孝 ⑤
稲津　久 ⑤
大西　健介 ⑤
奥野　総一郎 ⑤
小泉　進次郎 ⑤
後藤　祐一 ⑤
齋藤　健 ⑤
橘　慶一郎 ⑤
玉木　雄一郎 ⑤
⒀塚田　一郎 ①
松木　けんこう ⑥

14年（3人）
⑶小熊　慎司 ④
⑿髙階　恵美子 ①
⑿中西　健治 ①

13年（2人）
⑺大河原　まさこ ②
⑺鰐淵　洋子 ②

12年（89人）
足立　康史 ④
青柳　陽一郎 ④
秋本　真利 ④
井出　庸生 ④
井野　俊郎 ④
井上　貴博 ④
井上　英孝 ④
井林　辰憲 ④
伊佐　進一 ④
池田　佳隆 ④
石川　昭政 ④
市村　浩一郎 ④
今枝　宗一郎 ④
岩田　和親 ④
浦野　靖人 ④
遠藤　敬 ④
小倉　將信 ④
小田原　潔 ④
大岡　敏孝 ④
大串　正樹 ④
大西　英男 ④
大野　敬太郎 ④
岡本　三成 ④
鬼木　誠 ④
勝俣　孝明 ④
門山　宏哲 ④
神田　憲次 ④
菅家　一郎 ④
城井　崇 ④
黄川田　仁志 ④
北神　圭朗 ④
工藤　彰三 ④
國重　徹 ④
熊田　裕通 ④
小島　敏文 ④
小林　鷹之 ④
小林　史明 ④
古賀　篤 ④
國場　幸之助 ④
佐々木　紀 ④
佐藤　英道 ④
斎藤　洋明 ④
笹川　博義 ④
重徳　和彦 ④
⑽島尻　安伊子 ①
新谷　正義 ④
杉本　和巳 ④
鈴木　憲和 ④
田所　嘉徳 ④
田中　英之 ④
田野瀬　太道 ④
田畑　裕明 ④
武井　俊輔 ④

㊗勤続年数

武部新 ④
武村展英 ④
津島淳 ④
辻清人 ④
冨樫博之 ④
中島克仁 ④
中谷真一 ④
中野洋昌 ④
中村裕之 ④
中山展宏 ④
長坂康正 ④
根本幸典 ④
野中厚 ④
馬場伸幸 ④
濵地雅一 ④
福田達夫 ④
藤井比早之 ④
藤丸敏 ④
藤原崇 ④
星野剛士 ④
細田健一 ④
堀井学 ④
堀内詔子 ④
牧島かれん ④
三ッ林裕巳 ④
宮内秀樹 ④
宮澤博行 ④
務台俊介 ④
村井英樹 ④
八木哲也 ④
簗和生 ④
山下貴司 ④
山田賢司 ④
山田美樹 ④
吉川元 ④
渡辺孝一 ④

11年（2人）

鈴木貴子 ④
宮﨑政久 ④

10年（20人）

青山周平 ④
稲富修二 ③
尾身朝子 ③
落合貴之 ③
加藤鮎子 ③
近藤和也 ③
篠原豪 ③
白石洋一 ③
鈴木隼人 ③
田村貴昭 ③
谷川とむ ③
古川康 ③
宮路拓馬 ③
宮本徹 ③
宗清皇一 ③
本村伸子 ③
森山浩行 ③
山岡達丸 ③
山崎誠 ③
吉田統彦 ③

9年（10人）

(7)井原巧 ①
緒方林太郎 ③
小林茂樹 ③
小山展弘 ③
杉田水脈 ③
(7)徳永久志 ①
福島伸享 ③
三谷英弘 ③
谷田川元 ③
(7)若林健太 ①

8年（11人）

井坂信彦 ③
伊東信久 ③
輿水恵一 ③
坂本祐之輔 ③
鈴木義弘 ③
高木宏壽 ③
中川郁子 ③
野間健 ③
鳩山二郎 ③
吉川赳 ③
和田義明 ③

7年（27人）

青山大人 ②
浅野哲 ②
伊藤俊輔 ②
石川香織 ②
泉田裕彦 ②
上杉謙太郎 ②
岡本あき子 ②
金子俊平 ②
鎌田さゆり ③
神谷裕 ②
木村次郎 ②
国光あやの ②
源馬謙太郎 ②
小寺裕雄 ②
高村正大 ②
櫻井周 ②
髙木啓 ②
中曽根康隆 ②
中谷一馬 ②
西岡秀子 ②
西田昭二 ②
穂坂泰 ②
本田太郎 ②
道下大樹 ②
緑川貴士 ②
森田俊和 ②
早稲田ゆき ②

6年（10人）

櫛渕万里 ②
瀬戸隆一 ③
空本誠喜 ②
角田秀穂 ②
中川康洋 ②
仁木博文 ②
山本剛正 ②
湯原俊二 ②
吉田豊史 ②
吉田宣弘 ③

5年（3人）

畦元将吾 ②
藤田文武 ②
三木圭恵 ②

4年（2人）

深澤陽一 ②
美延映夫 ②

3年（87人）

阿部司 ①
阿部弘樹 ①
青柳仁士 ①
赤木正幸 ①
浅川義治 ①
東国幹 ①
荒井優 ①
新垣邦男 ①
五十嵐清 ①
池下卓 ①
池畑浩太朗 ①
石井拓 ①
石橋林太郎 ①
石原正敬 ①
一谷勇一郎 ①
岩谷良平 ①
上田英俊 ①

梅谷　守 ①
漆間譲司 ①
遠藤良太 ①
おおつき紅葉 ①
小野泰輔 ①
尾﨑正直 ①
大石あきこ ①
奥下剛光 ①
加藤竜祥 ①
河西宏一 ①
勝目　康 ①
金村龍那 ①
川﨑ひでと ①
神田潤一 ①
金城泰邦 ①
日下正喜 ①
国定勇人 ①
小森卓郎 ①
神津たけし ①
斎藤アレックス ①
沢田　良 ①
塩﨑彰久 ①
庄子賢一 ①
鈴木　敦 ①
鈴木英敬 ①
鈴木庸介 ①
住吉寛紀 ①
たがや　亮 ①
田中　健 ①
高橋英明 ①
高見康裕 ①
土田　慎 ①
堤　かなめ ①
中川貴元 ①
中川宏昌 ①
中司　宏 ①
中野英幸 ①
長友慎治 ①
西野太亮 ①
長谷川淳二 ①
馬場雄基 ①
早坂　敦 ①
平沼正二郎 ①
平林　晃 ①
福重隆浩 ①
藤岡隆雄 ①
藤巻健太 ①
太　栄志 ①
古川直季 ①
堀場幸子 ①
掘井健智 ①
本庄知史 ①
松本　尚 ①
三反園　訓 ①
岬　麻紀 ①
守島　正 ①
屋良朝博 ②
保岡宏武 ①
柳本　顕 ①
山岸一生 ①
山口　晋 ①
山崎正恭 ①
山田勝彦 ①
山本左近 ①
吉田久美子 ①
吉田とも代 ①
吉田はるみ ①
米山隆一 ①
和田有一朗 ①
渡辺　創 ①

1年（6人）

英利アルフィヤ ①
金子容三 ①
岸　信千世 ①
中嶋秀樹 ①
林　佑美 ①
吉田真次 ①

参議院議員勤続年数・当選回数表

（令和6年2月末現在）

氏名の前の（　）内の数字は衆議院の通算在職年数、端数は切り上げてあります。
○内の数字は参議院議員としての当選回数。

43年（1人）
- 山東昭子 ⑧

39年（1人）
- 中曽根弘文 ⑦

36年（1人）
- 尾辻秀久 ⑥

33年（1人）
- 山崎正昭 ⑥

30年（3人）
- (13) 衛藤晟一 ③
- (25) 鈴木宗男 ①
- (7) 山口那津男 ④

29年（1人）
- 橋本聖子 ⑤

28年（1人）
- (11) 長浜博行 ③

26年（5人）
- 櫻井充 ⑤
- 世耕弘成 ⑤
- 鶴保庸介 ⑤
- 福島みずほ ⑤
- 福山哲郎 ⑤

24年（3人）
- 武見敬三 ⑤
- (22) 辻元清美 ①
- (4) 山谷えり子 ④

23年（11人）
- 有村治子 ④
- 井上哲士 ④
- (21) 上田勇 ①
- 大塚耕平 ④
- 紙智子 ④
- 小池晃 ④
- 榛葉賀津也 ④
- 松山政司 ④
- (10) 宮沢洋一 ③
- 山下芳生 ④
- 山本香苗 ④

22年（2人）
- (9) 浅尾慶一郎 ③
- (11) 若松謙維 ②

21年（1人）
- 関口昌一 ⑤

20年（11人）
- 岡田直樹 ④
- 末松信介 ④
- 谷合正明 ④
- 西田実仁 ④
- 野上浩太郎 ④
- 野村哲郎 ④
- (10) 松沢成文 ③
- 松下新平 ④
- 松村祥史 ④
- 山本順三 ④
- 蓮舫 ④

18年（4人）
- (8) 青木愛 ③
- (4) 猪口邦子 ③
- (4) 片山さつき ③
- (4) 福岡資麿 ③

17年（15人）
- 石井準一 ③
- 川田龍平 ③
- 佐藤信秋 ③
- 佐藤正久 ③
- 西田昌司 ③
- (5) 広田一 ③
- 古川俊治 ③
- 牧野たかお ③
- 牧山ひろえ ③
- 丸川珠代 ③
- 水岡俊一 ③
- 森まさこ ③
- 山田俊男 ③
- 山本博司 ③
- 吉川沙織 ③

16年（1人）
- (8) 田名部匡代 ②

15年（3人）
- (4) 赤池誠章 ②
- (11) 上田清司 ②
- (4) 野田国義 ②

14年（23人）
- 青木一彦 ③
- 秋野公造 ③
- 石井浩郎 ③
- 石川博崇 ③
- 石橋通宏 ③
- 磯﨑仁彦 ③
- 上野通子 ③
- 大家敏志 ③
- 大島九州男 ③
- 川合孝典 ③
- 小西洋之 ③
- 斎藤嘉隆 ③
- 田村智子 ③
- 竹谷とし子 ③
- 徳永エリ ③
- 中西祐介 ③
- 仁比聡平 ③
- 長谷川岳 ③
- 藤川政人 ③
- 舟山康江 ③
- 三原じゅん子 ③
- 横山信一 ③
- 渡辺猛之 ③

13年（2人）
- (11) 中田宏 ①
- (6) 山田宏 ②

12年（2人）
- (4) 石井章 ②
- 江島潔 ③

11年（40人）
- 東徹 ②
- 石井正弘 ②
- 石田昌宏 ②
- 礒﨑哲史 ②
- 梅村聡 ②
- 大野泰正 ②
- 太田房江 ②
- 河野義博 ②
- 吉良よし子 ②
- 北村経夫 ③
- 倉林明子 ②
- 古賀友一郎 ②
- 上月良祐 ②
- 佐々木さやか ②
- 酒井庸行 ②
- 清水貴之 ②
- 柴田巧 ②
- 杉久武 ②

高橋克法②
滝沢求②
滝波宏文②
柘植芳文②
堂故茂②
豊田俊郎②
長峯誠②
新妻秀規②
羽生田俊②
馬場成志②
浜野喜史②
平木大作②
堀井巌②
舞立昇治②
三宅伸吾②
宮本周司③
森本真治②
森屋宏②
矢倉克夫②
山下雄平②
吉川ゆうみ②
和田政宗②

10年（1人）
阿達雅志③

9年（2人）
山田太郎②
(1)山本太郎②

8年（31人）
足立敏之②
青山繁晴②
浅田均②
朝日健太郎②
井上義行②
伊藤孝江②
伊藤孝恵②
伊波洋一②
石井苗子②
今井絵理子②
岩渕友②
小野田紀美②
片山大介②
こやり隆史②
古賀之士②
佐藤啓②
里見隆治②
自見はなこ②
進藤金日子②
杉尾秀哉②
高木かおり②
(4)ながえ孝子①
浜口誠②
(5)比嘉奈津美①
平山佐知子②
藤木眞也②
(7)船橋利実①
松川るい②
三浦信祐②
宮崎勝②
山添拓②

7年（3人）
竹内真二②
藤巻健史②
(2)三浦靖①

6年（1人）
(5)串田誠一①

5年（35人）
伊藤岳①
石垣のりこ①
石川大我①
岩本剛人①
打越さく良①
梅村みずほ①
小沢雅仁①
小沼巧①
音喜多駿①
加田裕之①
嘉田由紀子①
勝部賢志①
木村英子①
岸真紀子①
熊谷裕人①
清水真人①
塩田博昭①
塩村あやか①
下野六太①
須藤元気①
田島麻衣子①
田村まみ①
高橋はるみ①
高橋光男①
高良鉄美①
寺田静①
芳賀道也①
浜田聡①
舩後靖彦①
本田顕子①
宮崎雅夫①
森屋隆①
安江伸夫①
柳ヶ瀬裕文①
横沢高徳①

3年（2人）
羽田次郎①
宮口治子①

2年（37人）
青島健太①
赤松健①
生稲晃子①
猪瀬直樹①
臼井正一①
越智俊之①
鬼木誠①
加藤明良①
梶原大介①
金子道仁①
神谷宗幣①
神谷政幸①
窪田哲也①
小林一大①
古賀千景①
古庄玄知①
柴愼一①
田中昌史①
高木真理①
竹詰仁①
天畠大輔①
堂込麻紀子①
友納理緒①
中条きよし①
永井学①
長谷川英晴①
広瀬めぐみ①
藤井一博①
星北斗①
松野明美①
三上えり①
水野素子①
村田享子①
山本啓介①
山本佐知子①
吉井章①
若林洋平①

1年（3人）
大椿ゆうこ①
齊藤健一郎①
白坂亜紀①

党派別国会議員一覧

（令和6年2月1日現在）

※衆参の正副議長は無所属に含む。○内は当選回数・無所属には諸派を含む。衆議院議員の（ ）内は参議院の当選回数。参議院議員の（ ）内は衆議院の当選回数。

自民党　374人

（衆議院258人）

麻生　太郎⑭
甘利　明⑬
衛藤　征士郎⑬(1)
二階　俊博⑬
船田　元⑬
逢沢　一郎⑫
石破　茂⑫
村上　誠一郎⑫
中谷　元⑪
古屋　圭司⑪
森　英介⑪
山口　俊一⑪
山本　有二⑪
岸田　文雄⑩
塩谷　立⑩
鈴木　俊一⑩
渡海　紀三朗⑩
野田　聖子⑩
浜田　靖一⑩
林　幹雄⑩
茂木　敏充⑩
伊藤　達也⑨
今村　雅弘⑨
岩屋　毅⑨
遠藤　利明⑨
河野　太郎⑨
佐藤　勉⑨
下村　博文⑨
菅　義偉⑨
田中　和徳⑨
田村　憲久⑨
高市　早苗⑨
棚橋　泰文⑨
根本　匠⑨
平沢　勝栄⑨
石田　真敏⑧
江﨑　鐵磨⑧
江渡　聡徳⑧
小野寺　五典⑧
小渕　優子⑧
梶山　弘志⑧
金子　恭之⑧
櫻田　義孝⑧
新藤　義孝⑧
髙木　毅⑧
土屋　品子⑧
平井　卓也⑧
細野　豪志⑧
松野　博一⑧
松本　剛明⑧
吉野　正芳⑧
渡辺　博道⑧
秋葉　賢也⑦
井上　信治⑦
伊藤　信太郎⑦
江藤　拓⑦
加藤　勝信⑦
上川　陽子⑦
小泉　龍司⑦
後藤　茂之⑦
坂本　哲志⑦
柴山　昌彦⑦
武田　良太⑦
谷　公一⑦
長島　昭久⑦
西村　康稔⑦
古川　禎久⑦
松島　みどり⑦
森山　裕⑦(1)
山口　壯⑦
あべ　俊子⑥
赤澤　亮正⑥
稲田　朋美⑥
小里　泰弘⑥
奥野　信亮⑥
城内　実⑥
鈴木　淳司⑥
平　将明⑥
寺田　稔⑥
永岡　桂子⑥
丹羽　秀樹⑥
西村　明宏⑥
西銘　恒三郎⑥
葉梨　康弘⑥
萩生田　光一⑥
御法川　信英⑥
宮下　一郎⑥
山際　大志郎⑥
鷲尾　英一郎⑥
あかま　二郎⑤
伊東　良孝⑤
伊藤　忠彦⑤
石原　宏高⑤
上野　賢一郎⑤
越智　隆雄⑤
大塚　拓⑤
金田　勝年⑤(2)
亀岡　偉民⑤
木原　誠二⑤
木原　稔⑤
小泉　進次郎⑤
齋藤　健⑤
坂井　学⑤
鈴木　馨祐⑤
関　芳弘⑤
田中　良生⑤
髙鳥　修一⑤
橘　慶一郎⑤
土井　亨⑤
中根　一幸⑤
橋本　岳⑤
平口　洋⑤
牧原　秀樹⑤
松本　洋平⑤
武藤　容治⑤
盛山　正仁⑤
山本　ともひろ⑤
若宮　健嗣⑤
青山　周平④
井出　庸生④
井野　俊郎④
井上　貴博④
井林　辰憲④
石川　昭政④
今枝　宗一郎④
岩田　和親④

小倉將信 ④
小田原潔 ④
大岡敏孝 ④
大串正樹 ④
大西英男 ④
大野敬太郎 ④
鬼木誠 ④
勝俣孝明 ④
門山宏哲 ④
神田憲次 ④
菅家一郎 ④
黄川田仁志 ④
工藤彰三 ④
熊田裕通 ④
小島敏文 ④
小林鷹之 ④
小林史明 ④
古賀篤 ④
國場幸之助 ④
佐々木紀 ④
斎藤洋明 ④
笹川博義 ④
新谷正義 ④
鈴木貴子 ④
鈴木憲和 ④
田所嘉徳 ④
田中英之 ④
田野瀬太道 ④
田畑裕明 ④
武井俊輔 ④
武部新 ④
武村展英 ④
津島淳 ④
辻清人 ④
冨樫博之 ④
中谷真一 ④
中村裕之 ④
中山展宏 ④
長坂康正 ④
根本幸典 ④
野中厚 ④
福田達夫 ④
藤井比早之 ④
藤丸敏 ④
藤原崇 ④
星野剛士 ④
細田健一 ④
堀井学 ④
堀内詔子 ④
牧島かれん ④
三ッ林裕巳 ④
宮内秀樹 ④
宮﨑政久 ④
宮澤博行 ④
務台俊介 ④
村井英樹 ④
八木哲也 ④
簗和生 ④
山下貴司 ④
山田賢司 ④
山田美樹 ④
義家弘介 ④(1)
渡辺孝一 ④
尾身朝子 ③
加藤鮎子 ③
小林茂樹 ③
杉田水脈 ③
鈴木隼人 ③
瀬戸隆一 ③
高木宏壽 ③
谷川とむ ③
中川郁子 ③
鳩山二郎 ③
古川康 ③
三谷英弘 ③
宮路拓馬 ③
宗清皇一 ③
和田義明 ③
畦元将吾 ②
泉田裕彦 ②
上杉謙太郎 ②
金子俊平 ②
木村次郎 ②
国光あやの ②
小寺裕雄 ②
高村正大 ②
髙木啓 ②
中曽根康隆 ②
仁木博文 ②
西田昭二 ②
深澤陽一 ②
穂坂泰 ②
本田太郎 ②
東国幹 ①
五十嵐清 ①
井原巧 ①(1)
石井拓 ①
石橋林太郎 ①
石原正敬 ①
上田英俊 ①
英利アルフィヤ ①
尾﨑正直 ①
加藤竜祥 ①
勝目康 ①
金子容三 ①
川崎ひでと ①
神田潤一 ①
岸信千世 ①
国定勇人 ①
小森卓郎 ①
塩崎彰久 ①
島尻安伊子 ①(2)
鈴木英敬 ①
髙階恵美子 ①(2)
高見康裕 ①
塚田一郎 ①(2)
土田慎 ①
中川貴元 ①
中西健治 ①(2)
中野英幸 ①
西野太亮 ①
長谷川淳二 ①
林芳正 ①(5)
平沼正二郎 ①
古川直季 ①
松本尚 ①
保岡宏武 ①
柳本顕 ①
山口晋 ①
山本左近 ①
吉田真次 ①
若林健太 ①(1)

(参議院116人)
(任期R7.7.28　53人)

山東昭子 ⑧
世耕弘成 ⑤
武見敬三 ⑤
橋本聖子 ⑤
有村治子 ④
松山政司 ④
石井準一 ③
衛藤晟一 ③(4)
北村経夫 ③

佐藤信秋③
佐藤正久③
西田昌司③
古川俊治③
牧野たかお③
丸川珠代③
森まさこ③
山田俊男③
赤池誠章②(1)
石井正弘②
石田昌宏②
太田房江②
古賀友一郎②
上月良祐②
酒井庸行②
高橋克法②
滝沢求②
滝波宏文②
柘植芳文②
堂故茂②
豊田俊郎②
長峯誠②
羽生田俊②
馬場成志②
堀井巌②
舞立昇治②
三宅伸吾②
宮本周司②
森屋宏②
山下雄平②
山田太郎②
吉川ゆうみ②
和田政宗②
岩本剛人①
加田裕之①
清水真人①
白坂亜紀①
田中昌史①
高橋はるみ①
中田宏①(4)
比嘉奈津美①(2)
本田顕子①
三浦靖①(1)
宮崎雅夫①

(任期R10.7.25　63人)

中曽根弘文⑦
山崎正昭⑥
櫻井充⑤
関口昌一⑤
鶴保庸介⑤
岡田直樹④
末松信介④
野上浩太郎④
野村哲郎④
松下新平④
松村祥史④
山谷えり子④(1)
山本順三④
阿達雅志③
青木一彦③
浅尾慶一郎③(3)
石井浩郎③
磯﨑仁彦③
猪口邦子③(1)
上野通子③
江島潔③
大家敏志③
片山さつき③(1)
中西祐介③
長谷川岳③
福岡資麿③(1)
藤川政人③
三原じゅん子③
宮沢洋一③(3)
渡辺猛之③
足立敏之②
青山繁晴②
朝日健太郎②
井上義行②
今井絵理子②
小野田紀美②
こやり隆史②
佐藤啓②
自見はなこ②
進藤金日子②
藤木眞也②
松川るい②
山田宏②(2)
赤松健①
生稲晃子①
臼井正一①
越智俊之①
加藤明良①
梶原大介①
神谷政幸①
小林一大①
古庄玄知①
友納理緒①
永井学①
長谷川英晴①
広瀬めぐみ①
藤井一博①
船橋利実①(2)
星北斗①
山本啓介①
山本佐知子①
吉井章①
若林洋平①

立憲民主党 131人

(衆議院94人)

小沢一郎⑱
中村喜四郎⑮
菅直人⑭
岡田克也⑪
枝野幸男⑩
玄葉光一郎⑩
安住淳⑨
近藤昭一⑨
中川正春⑨
野田佳彦⑨
原口一博⑨
渡辺周⑨
阿部知子⑧
泉健太⑧
大島敦⑧
長妻昭⑧
山井和則⑧
江田憲司⑦
菊田真紀子⑦
小宮山泰子⑦
篠原孝⑦
末松義規⑦
田嶋要⑦
馬淵澄夫⑦
牧義夫⑦
笠浩文⑦
小川淳也⑥
大串博志⑥
階猛⑥
寺田学⑥
西村智奈美⑥
伴野豊⑥
福田昭夫⑥

松木けんこう⑥
柚木道義⑥
大西健介⑤
逢坂誠二⑤
奥野総一郎⑤
後藤祐一⑤
下条みつ⑤
手塚仁雄⑤
青柳陽一郎④
小熊慎司④(1)
城井崇④
佐藤公治④(1)
重徳和彦④
中島克仁④
吉川元④
井坂信彦③
稲富修二③
落合貴之③
金子恵美③(1)
鎌田さゆり③
小山展弘③
近藤和也③
坂本祐之輔③
篠原豪③
白石洋一③
野間健③
森山浩行③
谷田川元③
山岡達丸③
山崎誠③
吉田統彦③
青山大人②
伊藤俊輔②
石川香織②
大河原まさこ②(1)
岡本あき子②
神谷裕②
源馬謙太郎②
櫻井周②
中谷一馬②
道下大樹②
緑川貴士②
森田俊和②
屋良朝博②
湯原俊二②
早稲田ゆき②
荒井優①
梅谷守①
おおつき紅葉①
神津たけし①
鈴木庸介①
堤かなめ①
馬場雄基①
藤岡隆雄①
太栄志①
本庄知史①
山岸一生①
山田勝彦①
吉田はるみ①
米山隆一①
渡辺創①

(参議院37人)

(任期R7.7.28 21人)

川田龍平③
牧山ひろえ③
水岡俊一③
吉川沙織③
野田国義②(1)
森本真治②
石垣のりこ①
石川大我①
打越さく良①
小沢雅仁①
小沼巧①
勝部賢志①
岸真紀子①
熊谷裕人①
塩村あやか①
田島麻衣子①
羽田次郎①
水野素子①
宮口治子①
森屋隆①
横沢高徳①

(任期R10.7.25 16人)

福山哲郎⑤
蓮舫④
青木愛③(3)
石橋通宏③
小西洋之③
斎藤嘉隆③
徳永エリ③
古賀之士②
杉尾秀哉②
田名部匡代②(3)
鬼木誠①
古賀千景①
柴愼一①
高木真理①
辻元清美①(7)
村田享子①

日本維新の会 61人

(衆議院41人)

足立康史④
井上英孝④
市村浩一郎④
浦野靖人④
遠藤敬④
杉本和巳④
馬場伸幸④
伊東信久③
空本誠喜②
藤田文武②
三木圭恵②
美延映夫②
山本剛正②
阿部司①
阿部弘樹①
青柳仁士①
赤木正幸①
浅川義治①
池下卓①
池畑浩太朗①
一谷勇一郎①
岩谷良平①
漆間譲司①
遠藤良太①
小野泰輔①
奥下剛光①
金村龍那①
沢田良①
住吉寛紀①
高橋英明①
中嶋秀樹①
中司宏①
早坂敦①
林佑美①
藤巻健太①
堀場幸子①
掘井健智①
岬麻紀①
守島正①

吉田とも代 ①
和田有一朗 ①

（参議院20人）

（任期R7.7.28　8人）

東　徹 ②
梅村　聡 ②
清水貴之 ②
柴田　巧 ②
藤巻健史 ②
梅村みずほ ①
音喜多　駿 ①
柳ヶ瀬裕文 ①

（任期R10.7.25　12人）

松沢成文 ③(3)
浅田　均 ②
石井　章 ②(1)
石井苗子 ②
片山大介 ②
高木かおり ②
青島健太 ①
猪瀬直樹 ①
金子道仁 ①
串田誠一 ①(1)
中条きよし ①
松野明美 ①

公明党　59人

（衆議院32人）

石井啓一 ⑩
北側一雄 ⑩
佐藤茂樹 ⑩
斉藤鉄夫 ⑩
赤羽一嘉 ⑨
大口善徳 ⑨
高木陽介 ⑨
古屋範子 ⑦
竹内　譲 ⑥
伊藤　渉 ⑤
稲津　久 ⑤
伊佐進一 ④
浮島智子 ④(1)
岡本三成 ④
國重　徹 ④
佐藤英道 ④
中野洋昌 ④
濵地雅一 ④
輿水恵一 ③
吉田宣弘 ③
角田秀穂 ②
中川康洋 ②
鰐淵洋子 ②(1)
河西宏一 ①
金城泰邦 ①
日下正喜 ①
庄子賢一 ①
中川宏昌 ①
平林　晃 ①
福重隆浩 ①
山崎正恭 ①
吉田久美子 ①

（参議院27人）

（任期R7.7.28　14人）

山口那津男 ④(2)
山本香苗 ④
山本博司 ③
河野義博 ②
佐々木さやか ②
杉　久武 ②
新妻秀規 ②
平木大作 ②
矢倉克夫 ②
若松謙維 ②(3)
塩田博昭 ①
下野六太 ①
高橋光男 ①
安江伸夫 ①

（任期R10.7.25　13人）

谷合正明 ④
西田実仁 ④
秋野公造 ③
石川博崇 ③
竹谷とし子 ③
横山信一 ③
伊藤孝江 ②
里見隆治 ②
竹内真二 ②
三浦信祐 ②
宮崎　勝 ②
上田　勇 ①(7)
窪田哲也 ①

共産党　21人

（衆議院10人）

穀田恵二 ⑩
志位和夫 ⑩
赤嶺政賢 ⑧
塩川鉄也 ⑧
高橋千鶴子 ⑦
笠井　亮 ⑥(1)
宮本岳志 ⑤(1)
田村貴昭 ③
宮本　徹 ③
本村伸子 ③

（参議院11人）

（任期R7.7.28　7人）

井上哲士 ④
紙　智子 ④
小池　晃 ④
山下芳生 ④
吉良よし子 ②
倉林明子 ②
伊藤　岳 ①

（任期R10.7.25　4人）

田村智子 ③
仁比聡平 ③
岩渕　友 ②
山添　拓 ②

国民民主党　17人

（衆議院7人）

古川元久 ⑨
玉木雄一郎 ⑤
鈴木義弘 ③
浅野　哲 ②
西岡秀子 ②
田中　健 ①
長友慎治 ①

（参議院10人）

（任期R7.7.28　5人）

大塚耕平 ④
榛葉賀津也 ④
礒﨑哲史 ②
浜野喜史 ②
田村まみ ①

（任期R10.7.25　5人）

川合孝典 ③
舟山康江 ③

党派別一覧

伊藤孝恵 ②
浜口誠 ②
竹詰仁 ①

れいわ新選組 8人

（衆議院3人）

櫛渕万里 ②
大石あきこ ①
たがや亮 ①

（参議院5人）

（任期R7.7.28 2人）

木村英子 ①
舩後靖彦 ①

（任期R10.7.25 3人）

大島九州男 ③
山本太郎 ②(1)
天畠大輔 ①

教育無償化を実現する会 5人

（衆議院4人）

前原誠司 ⑩
斎藤アレックス ①
鈴木敦 ①
徳永久志 ①(1)

（参議院1人）

（任期R7.7.28 1人）

嘉田由紀子 ①

社民党 3人

（衆議院1人）

新垣邦男 ①※2

（参議院2人）

（任期R7.7.28 1人）

大椿ゆうこ ①※4

（任期R10.7.28 1人）

福島みずほ ④※4

参政党 1人

（参議院1人）

（任期R10.7.25 1人）

神谷宗幣 ①
（会派は無所属）

無所属 29人

（衆議院12人）

額賀福志郎 ⑬
海江田万里 ⑧
松原仁 ⑧※2
吉良州司 ⑥※3
秋本真利 ④
池田佳隆 ④
北神圭朗 ④※3
緒方林太郎 ③※3
福島伸享 ③※3
吉川赳 ③
吉田豊史 ②
三反園訓 ①※1

（参議院17人）

（任期R7.7.28 11人）

尾辻秀久 ⑥
長浜博行 ③(4)
広田一 ③(1)
大野泰正 ②
須藤元気 ①
鈴木宗男 ①(8)
髙良鉄美 ①※6
寺田静 ①
ながえ孝子 ①
芳賀道也 ①※5
浜田聡 ①※7

（任期R10.7.25 6人）

伊波洋一 ②※6
上田清司 ②(3)
平山佐知子 ②
齊藤健一郎 ①※7
堂込麻紀子 ①
三上えり ①※4

※の議員の所属会派は以下の通り。

衆議院
※1 自由民主党・無所属の会
※2 立憲民主党・無所属
※3 有志の会

参議院
※4 立憲民主・社民
※5 国民民主党・新緑風会
※6 沖縄の風
※7 ＮＨＫから国民を守る党

自由民主党内派閥一覧

（令和6年2月1日現在）

○内は当選回数・他派との重複及び自民党系議員を含む。衆議院議員の( )内は参議院の当選回数。参議院議員の（ ）内は衆議院の当選回数。

麻生派　55人

（衆議院40人）

- 麻生太郎 ⑭
- 甘利明 ⑬
- 森英介 ⑪
- 山口俊一 ⑪
- 鈴木俊一 ⑩
- 河野太郎 ⑨
- 田中和徳 ⑨
- 棚橋泰文 ⑨
- 江渡聡徳 ⑧
- 松本剛明 ⑧
- 井上信治 ⑦
- 伊藤信太郎 ⑦
- 永岡桂子 ⑥
- 山際大志郎 ⑥
- あかま二郎 ⑤
- 鈴木馨祐 ⑤
- 武藤容治 ⑤
- 塚田一郎 ①(2)
- 中西健治 ①(2)
- 井出庸生 ④
- 井上貴博 ④
- 井林辰憲 ④
- 今枝宗一郎 ④
- 工藤彰三 ④
- 斎藤洋明 ④
- 中村裕之 ④
- 中山展宏 ④
- 長坂康正 ④
- 牧島かれん ④
- 務台俊介 ④
- 山田賢司 ④
- 瀬戸隆一 ③
- 中川郁子 ③
- 高村正大 ②
- 仁木博文 ②
- 英利アルフィヤ ①
- 土田慎 ①
- 中川貴元 ①
- 柳本顕 ①
- 山本左近 ①

（参議院15人）

（任期R7.7.28　6人）

- 山東昭子 ⑧
- 武見敬三 ⑤
- 有村治子 ④
- 高橋克法 ②
- 滝沢求 ②
- 豊田俊郎 ②

（任期R10.7.25　9人）

- 浅尾慶一郎 ③(3)
- 猪口邦子 ③(1)
- 大家敏志 ③
- 中西祐介 ③
- 藤川政人 ③
- 今井絵理子 ②
- 船橋利実 ①(2)
- 神谷政幸 ①
- 広瀬めぐみ ①

茂木派　45人

（衆議院28人）

- 茂木敏充 ⑩
- 伊藤達也 ⑨
- 新藤義孝 ⑧
- 渡辺博道 ⑧
- 秋葉賢也 ⑦
- 加藤勝信 ⑦
- 木原稔 ⑤
- 橋本岳 ⑤
- 平口洋 ⑤
- 若宮健嗣 ⑤
- 井野俊郎 ④
- 笹川博義 ④
- 新谷正義 ④
- 鈴木貴子 ④
- 鈴木憲和 ④
- 津島淳 ④
- 中谷真一 ④
- 野中厚 ④
- 宮﨑政久 ④
- 山下貴司 ④
- 鈴木隼人 ③
- 古川康 ③
- 東国幹 ①
- 五十嵐清 ①
- 上田英俊 ①
- 島尻安伊子 ①(2)
- 高見康裕 ①
- 山口晋 ①

（参議院17人）

（任期R7.7.28　8人）

- 佐藤信秋 ③
- 佐藤正久 ③
- 牧野たかお ③
- 上月良祐 ②
- 堂故茂 ②
- 山下雄平 ②
- 比嘉奈津美 ①(2)
- 三浦靖 ①(1)

（任期R10.7.25　9人）

- 野村哲郎 ④
- 松村祥史 ④
- 石井浩郎 ③
- 渡辺猛之 ③
- 小野田紀美 ②
- 臼井正一 ①
- 加藤明良 ①
- 永井学 ①
- 山本佐知子 ①

無派閥　274人

（衆議院190人）

- 衛藤征士郎 ⑬(1)
- 二階俊博 ⑬
- 船田元 ⑬
- 逢沢一郎 ⑫
- 石破茂 ⑫
- 村上誠一郎 ⑫
- 中谷元 ⑪
- 古屋圭司 ⑪
- 山本有二 ⑪
- 岸田文雄 ⑩
- 塩谷立 ⑩
- 渡海紀三朗 ⑩
- 野田聖子 ⑩
- 浜田靖一 ⑩
- 林幹雄 ⑩
- 今村雅弘 ⑨
- 岩屋毅 ⑨
- 遠藤利明 ⑨
- 佐藤勉 ⑨
- 下村博文 ⑨
- 菅義偉 ⑨
- 田村憲久 ⑨
- 高市早苗 ⑨
- 根本匠 ⑨

平沢勝栄 ⑨
石田真敏 ⑧
江﨑鐵磨 ⑧
小野寺五典 ⑧
小渕優子 ⑧
梶山弘志 ⑧
金子恭之 ⑧
櫻田義孝 ⑧
髙木毅 ⑧
土屋品子 ⑧
平井卓也 ⑧
細野豪志 ⑧
松野博一 ⑧
吉野正芳 ⑧
江藤拓 ⑦
上川陽子 ⑦
小泉龍司 ⑦
後藤茂之 ⑦
坂本哲志 ⑦
柴山昌彦 ⑦
武田良太 ⑦
谷公一 ⑦
長島昭久 ⑦
西村康稔 ⑦
古川禎久 ⑦
松島みどり ⑦
森山裕 ⑦(1)
山口壯 ⑦
あべ俊子 ⑥
赤澤亮正 ⑥
稲田朋美 ⑥
小里泰弘 ⑥
奥野信亮 ⑥
城内実 ⑥
鈴木淳司 ⑥
平将明 ⑥
寺田稔 ⑥
丹羽秀樹 ⑥
西村明宏 ⑥
西銘恒三郎 ⑥
葉梨康弘 ⑥
萩生田光一 ⑥
御法川信英 ⑥
宮下一郎 ⑥
鷲尾英一郎 ⑥
伊東良孝 ⑤
伊藤忠彦 ⑤
石原宏高 ⑤
上野賢一郎 ⑤
越智隆雄 ⑤
大塚拓 ⑤
金田勝年 ⑤(2)
亀岡偉民 ⑤

木原誠二 ⑤
小泉進次郎 ⑤
齋藤健 ⑤
坂井学 ⑤
関芳弘 ⑤
田中良生 ⑤
髙鳥修一 ⑤
橘慶一郎 ⑤
土井亨 ⑤
中根一幸 ⑤
牧原秀樹 ⑤
松本洋平 ⑤
盛山正仁 ⑤
山本ともひろ ⑤
青山周平 ④
石川昭政 ④
岩田和親 ④
小倉將信 ④
小田原潔 ④
大岡敏孝 ④
大串正樹 ④
大西英男 ④
大野敬太郎 ④
鬼木誠 ④
勝俣孝明 ④
門山宏哲 ④
神田憲次 ④
菅家一郎 ④
黄川田仁志 ④
熊田裕通 ④
小島敏文 ④
小林鷹之 ④
小林史明 ④
古賀篤 ④
國場幸之助 ④
佐々木紀 ④
田所嘉徳 ④
田中英之 ④
田野瀬太道 ④
田畑裕明 ④
武井俊輔 ④
武部新 ④
武村展英 ④
辻清人 ④
冨樫博之 ④
根本幸典 ④
福田達夫 ④
藤井比早之 ④
藤丸敏 ④
藤原崇 ④
星野剛士 ④
細田健一 ④
堀井学 ④

堀内詔子 ④
三ッ林裕巳 ④
宮内秀樹 ④
宮澤博行 ④
村井英樹 ④
八木哲也 ④
簗和生 ④
山田美樹 ④
義家弘介 ④(1)
渡辺孝一 ④
尾身朝子 ③
加藤鮎子 ③
小林茂樹 ③
杉田水脈 ③
高木宏壽 ③
谷川とむ ③
鳩山二郎 ③
三谷英弘 ③
宮路拓馬 ③
宗清皇一 ③
和田義明 ③
畦元将吾 ②
泉田裕彦 ②
上杉謙太郎 ②
金子俊平 ②
木村次郎 ②
国光あやの ②
小寺裕雄 ②
高木啓 ②
中曽根康隆 ②
西田昭二 ②
深澤陽一 ②
穂坂泰 ②
本田太郎 ②
井原巧 ①(1)
石井拓 ①
石橋林太郎 ①
石原正敬 ①
尾﨑正直 ①
加藤竜祥 ①
勝目康 ①
金子容三 ①
川崎ひでと ①
神田潤一 ①
岸信千世 ①
国定勇人 ①
小森卓郎 ①
塩崎彰久 ①
鈴木英敬 ①
髙階恵美子 ①(2)
中野英幸 ①
西野太亮 ①
長谷川淳二 ①

林　　芳　正 ①⑸
平沼正二郎 ①
古川直　季 ①
松本　　尚 ①
保岡宏　武 ①
吉田真　次 ①
若林健　太 ①⑴

(参議院84人)

(任期R7.7.28　39人)

世耕弘　成 ⑤
橋本聖　子 ⑤
松山政　司 ④
石井準　一 ③
衛藤晟　一 ③⑷
北村経　夫 ③
西田昌　司 ③
古川俊　治 ③
丸川珠　代 ③
宮本周　司 ③
森　　まさこ ③
山田俊　男 ③
赤池誠　章 ②⑴
石井正　弘 ②
石田昌　宏 ②
太田房　江 ②
古賀友一郎 ②
酒井庸　行 ②
滝波宏　文 ②
柘植芳　文 ②
長峯　　誠 ②
羽生田　　俊 ②
馬場成　志 ②
堀井　　巌 ②
舞立昇　治 ②
三宅伸　吾 ②
森屋　　宏 ②
山田太　郎 ②
吉川ゆうみ ②
和田政　宗 ②
岩本剛　人 ①
加田裕　之 ①
清水真　人 ①
白坂亜　紀 ①
田中昌　史 ①
高橋はるみ ①
中田　　宏 ①⑷
本田顕　子 ①
宮崎雅　夫 ①

(任期R10.7.25　45人)

中曽根弘　文 ⑦
山崎正　昭 ⑥
櫻井　　充 ⑤
関口昌　一 ⑤
鶴保庸　介 ⑤
岡田直　樹 ④
末松信　介 ④
野上浩太郎 ④
松下新　平 ④
山谷えり子 ④⑴
山本順　三 ④
阿達雅　志 ③
青木一　彦 ③
磯﨑仁　彦 ③
上野通　子 ③
江島　　潔 ③
片山さつき ③⑴
長谷川　　岳 ③
福岡資　麿 ③⑴
三原じゅん子 ③
宮沢洋　一 ③⑶
足立敏　之 ②
青山繁　晴 ②
朝日健太郎 ②
井上義　行 ②
こやり隆　史 ②
佐藤　　啓 ②
自見はなこ ②
進藤金日子 ②
藤木眞　也 ②
松川るい ②
山田　　宏 ②⑵
赤松　　健 ①
生稲晃　子 ①
越智俊　之 ①
梶原大　介 ①
小林一　大 ①
古庄玄　知 ①
友納理　緒 ①
長谷川英　晴 ①
藤井一　博 ①
星　　北　斗 ①
山本啓　介 ①
吉井　　章 ①
若林洋　平 ①

自由民主党各派閥役員一覧 （令和6年2月1日現在）

志　公　会（麻生派）

〒102-0093 千代田区平河町2-5-5
全国旅館会館3F　☎03-3237-1121

特別顧問 高村正彦
顧　　問 山東昭子
同 甘利　明
会　　長 麻生太郎
会長代理 森　英介、田中和徳、江渡聡徳
副 会 長 山口俊一、鈴木俊一、武見敬三
事務総長(兼) 森　英介
事務局長 井上信治
事務局次長 山際大志郎、鈴木馨祐、藤川政人

平成研究会（茂木派）

〒100-0014 千代田区永田町1-11-32
全国町村会館西館3F　☎03-3580-1311

会　　長 茂木敏充
副 会 長 渡辺博道、加藤勝信
政策委員長 木原　稔
事務総長 新藤義孝
事務局長 若宮健嗣
事務局次長 笹川博義、井野俊郎

議員プロフィール
議員親族一覧

●凡例　記載内容は原則として令和6年2月1日現在。

ふりがな 議員名 党派(会派)　選挙区・年	所属政党の変遷

血液型、[略](略歴)、[政](政策重点分野)、[趣](趣味)、
[尊](尊敬する人物)、[銘](座右の銘)

議員名　[続柄]親族の氏名：親族の主な経歴

●編集要領

● 記載内容は議員への直接取材による。

＝議員プロフィール＝

● 党派については略称を用いた(下記参照)。
● [略](略歴)は議員に当選する前の主な経歴を記載した。
●「所属政党の変遷」欄には議員初当選以降の所属政党の変遷を掲載した(令和6年2月1日現在)。
○ 矢印(→)は所属政党の変遷を表している。政党名の右のカッコ内は移動の年・月である。
○ 自民党議員の派閥名([ ]で表示)を略称で表記した。ただし、他党から自民党に移籍・復籍した議員の移籍の年・月は自民党に移籍した年・月であって、派閥に入会した年・月とは必ずしも一致しない。
○ 旧所属政党の次に無所属になっている議員については、旧所属政党を離党した場合と、旧所属政党の解党によって無所属になった場合、議長・副議長就任に伴う党籍離脱がある。
○ 略称で表記した政党は下記のとおりである。

自民……自由民主党	公明……公明党(注1)	社民連…社会民主連合	教育……教育無償化を実現する会
新自ク…新自由クラブ	民社……民社党	社民……社会民主党	
新生……新生党	新進……新進党	さきがけ…新党さきがけ	未来……日本未来の党
自由……自由党	平和……新党平和	民主……民主党	共産……日本共産党
保守……保守党	改ク……改革クラブ(注2)	民進……民進党	(　)内は会派名
保新……保守新党	黎ク……黎明クラブ	立憲……立憲民主党	[麻]…麻生派
次世代…次世代の党	友愛……新党友愛	希望……希望の党	[茂]…茂木派
こころ…日本のこころ	民政……民政党	国民……国民民主党	[無]…無派閥
みんな…みんなの党	社会……日本社会党		

(注1)「公明党」は平成6年12月、新進党結党に伴って解党し、地方議員と一部参院議員による「公明」が結成。10年11月に新党平和と公明が合流して新「公明党」が結成。この一覧では旧「公明党」、「公明」、新「公明党」いずれも公明と表記。
(注2) 平成10年1月に結成された改革クラブ(代表・小沢辰男)と平成20年8月に結成された改革クラブ(代表・渡辺秀央)は政党名は同じであるが別の政党である。

＝議員親族一覧＝

● 両親と配偶者を原則として記載しているが、議員の親族(配偶者の親族も含む)で政治歴や特筆すべき経歴(企業・団体役員、公職員等)のある方については優先的に掲載した。

衆議院議員プロフィール

あかま二郎（じろう） 自[麻]　神奈川14	自民[麻]

O型、(略)県議会議員・総務副大臣、(政)地方自治

あべ俊子（としこ） 自[無]　(比)中国	自民[無]

A型、(略)東京医科歯科大学助教授、(政)社会保障制度（医療・年金・福祉）、農林関係、(趣)読書・水泳・ハイキング、(尊)キュルケゴール・ガウディ

安住淳（あずみじゅん） 立　宮城5	民主→民進(16.3)→無所属(18.5)→立憲(19.9)→立憲(20.9)

A型、(略)日本放送協会、(政)外交・地方自治・情報通信・財政・金融、(趣)絵画・ゴルフ・読書

足立康史（あだちやすし） 維　大阪9	日本維新の会→維新の党(14.9)→おおさか維新の会(15.11)→日本維新の会(16.8)

B型、(略)経済産業省、(政)憲法・教育・社会保障・原子力・地方分権、(趣)水泳（水球）・作詩、(尊)高碕達之助

阿部司（あべつかさ） 維　(比)東京	日本維新の会(20)

AB型、(略)シンクタンク職員、(政)コロナ経済対策・憲法改正・外交安保、(趣)剣道・サウナ、(尊)山岡鉄舟、(銘)人間万事塞翁が馬

阿部知子（あべともこ） 立　神奈川12	社民→未来(12.11)→みどりの風(13.5)→無所属(13.7)→民主(14.11)→民進(16.3)→立憲(17.10)→立憲(20.9)

O型、(略)小児科医、(政)エネルギー・医療、(趣)料理・読書

阿部弘樹（あべひろき） 維　(比)九州	日本維新の会

O型、(略)県議・町長、厚生省、(政)公衆衛生・地方自治、(趣)読書、(尊)渋沢栄一、(銘)至誠天に通ず

逢沢一郎（あいさわいちろう） 自[無]　岡山1	自民[無]

O型、(略)松下政経塾、(政)通産・外交、(趣)サッカー

あお やぎ ひと し **青 柳 仁 士** 維　大阪14	日本維新の会→維新の党→おおさか維新の会→日本維新の会

A型、(略)国連職員、(政)経済成長、外交・安全保障、(趣)格闘技観戦、ハンドボール、(尊)緒方貞子、(銘)人事を尽くして天命を待つ

あお やぎ よう いち ろう **青 柳 陽 一 郎** 立　(比)南関東	みんな→結いの党(13.12)→維新の党(14.9)→民進(16.3)→立憲(17.10)→立憲(20.9)

A型、(略)国務大臣政策秘書、(政)新しい公共・規制改革・イノベーション・アジア外交、(趣)ランニング・サーフィン・音楽鑑賞、(尊)高碕達之助、(銘)我以外皆我師

あお やま しゅう へい **青 山 周 平** 自[無]　(比)東海	自民[無]

A型、(略)幼稚園園長、(政)教育、(趣)登山・スキー・読書、(尊)徳川家康、(銘)至誠にして動かざる者は未だこれ有らざるなり

あお やま や ま と **青 山 大 人** 立　(比)北関東	希望→国民(18.5)→立憲(20.9)

O型、(略)県議、(政)外交・子育て教育、(趣)読書・ジョギング、(尊)徳川家康・田中角栄、(銘)人事を尽くして天命を待つ

あか ぎ まさ ゆき **赤 木 正 幸** 維　(比)近畿	日本維新の会(20.10)

A型、(略)不動産会社代表、(政)経済政策・地方創生・社会保障、(趣)猫・温泉、(尊)大学と大学院の恩師、(銘)和をもって尊しとなす。

あか ざわ りょう せい **赤 澤 亮 正** 自[無]　鳥取2	自民[無]

A型、(略)国土交通省秘書課企画官、(政)国土強靭化・防災・農林水産行政、(趣)読書・スキー・ゴルフ

あか ば かず よし **赤 羽 一 嘉** 公　兵庫2	公明→新進(94.12)→平和(98.1)→公明(98.11)

B型、(略)三井物産社員、(銘)一人立てるときに強き者は真正の勇者なり

あか みね せい けん **赤 嶺 政 賢** 共　沖縄1	共産

(略)那覇市議、(政)平和基地問題、(趣)スポーツ観戦、(尊)瀬長亀次郎・古堅実吉・翁長雄志、(銘)命どぅ宝

あきば　けんや
秋葉賢也
自[茂]　(比)東北

自民[茂]

A型、(略)松下政経塾・宮城県議会議員・東北福祉大講師、(政)社会保障・外交・教育・環境、(趣)スポーツ・音楽・映画・読書、(尊)松下幸之助、マザー・テレサ

あき　もと　まさ　とし
秋本真利
無　(比)南関東

自民→無所属(23.8)

A型、(略)市議会議員、(政)エネルギー・国土交通・環境、(趣)映画鑑賞・旅行・モータースポーツ、(銘)先憂後楽

あさ　かわ　よし　はる
浅川義治
維　(比)南関東

さきがけ→旧民主→民主→無所属→旧日本維新の会→維新の党→日本維新の会

O型、(略)銀行員・市会議員、(政)減税・規制改革・安全な国と地域・UFO問題、(趣)小田和正・音楽・写真、(尊)小田和正・沼野輝彦・カールセーガン、(銘)good times & bad times

あさ　の　さとし
浅野哲
国　茨城5

民進→希望(17.10)→国民(18.5)→国民(20.9)

O型、(略)衆議院議員秘書、(政)経済産業分野、(趣)珈琲・文房具、(尊)稲盛和夫、(銘)基本と正道

あずま　くに　よし
東国幹
自[茂]　北海道6

自民[茂]

O型、(略)道議・旭川市議、(政)過疎対策・一次産業・交通体系、(趣)読書、(尊)児島惟謙、(銘)知覚動考

あぜ　もと　しょう　ご
畦元将吾
自[無]　(比)中国

自民[無]

O型、(略)会社役員、(政)医療・環境、(趣)旅行・映画鑑賞、(尊)松下幸之助、(銘)七転八起

あそ　う　た　ろう
麻生太郎
自[麻]　福岡8

自民[麻]

A型、(略)麻生セメント社長、(政)文教・商工・外交、(趣)射撃・ゴルフ・読書

あま　り　あきら
甘利明
自[麻]　(比)南関東

新自ク→自民[麻](86.8)

A型、(略)ソニー・甘利正衆院議員秘書、(政)経済産業政策、通商政策、エネルギー政策、科学技術・イノベーション政策、(趣)美術鑑賞・映画、(尊)甘利正（父、元衆院議員）

(衆)プロフィール　あ

荒井 優（あらい ゆたか） 立　比北海道	立憲

A型、略学校法人理事長・高校校長、政教育・経済、趣テニス、読書、サウナ、尊父（荒井聰）、銘龍になれ、雲自ずから集まる

新垣 邦男（あらかき くにお） 社　沖縄2	社民

A型、略北中城村長、政米軍基地問題・沖縄振興・地方自治、趣空手（上地流七段）、尊石橋湛山

五十嵐 清（いがらし きよし） 自[茂]　比北関東	自民[茂]

B型、略県議・衆院議員秘書、趣サッカー・愛犬と散歩、尊徳川家康、銘意志のあるところに道は開ける

井坂 信彦（いさか のぶひこ） 立　兵庫1	みんな→結いの党→維新の党→民進→希望→国民→立憲

O型、略行政書士・神戸市議、政厚生労働、行政改革、趣テニス、キーボード、空手、尊スティーブ・ジョブズ、銘信・行・学

井出 庸生（いで ようせい） 自[麻]　長野3	みんな→結いの党(13.12)→維新の党(14.9)→民進(16.3)→希望(17.9)→無所属(18.5)→自民[麻](19.12)

略NHK記者

井野 俊郎（いの としろう） 自[茂]　群馬2	自民[茂]

A型、略市議・弁護士、銘経世済民

井上 信治（いのうえ しんじ） 自[麻]　東京25	自民[麻]

A型、略国土交通省・外務省、政国土交通・厚生労働・環境、趣お祭り・マラソン・温泉、尊石川要三・麻生太郎

井上 貴博（いのうえ たかひろ） 自[麻]　福岡1	自民[麻]

A型、略会社役員・福岡県議（3期）、政経済再生・防災、趣囲碁・将棋

井上英孝（いのうえ ひでたか） 維　大阪1	自民→日本維新の会→維新の党(14.9)→おおさか維新の会(15.11)→日本維新の会(16.8)

B型、(略)大阪市議、(政)港湾・国土政策・消費者・地方自治、(趣)ゴルフ

井林辰憲（いばやし たつのり） 自[麻]　静岡2	自民[麻]

O型、(略)国土交通省、(政)農林水産業・社会資本整備、(趣)野球・水泳

井原巧（いはら たくみ） 自[無]　愛媛3	自民[無]

B型、(略)参議院議員、四国中央市長、(趣)読書、スポーツ、(尊)井原岸高、(銘)信は力なり

伊佐進一（いさ しんいち） 公　大阪6	公明

B型、(略)文科省職員、(政)経済・外交・イノベーション、(趣)将棋・ピアノ・料理・マラソン、(銘)一剣倚天寒

伊東信久（いとう のぶひさ） 維　大阪19	日本維新の会

B型、(略)医療法人理事長、(政)医療政策・社会保障・教育、(趣)ラグビー、(尊)橋下徹、(銘)禍福は糾える縄の如し

伊東良孝（いとう よしたか） 自[無]　北海道7	自民[無]

A型、(略)釧路市長、(政)農林水産の経営基盤整備・医療福祉の充実、(趣)読書・旅行・音楽・スポーツ、(銘)至誠天に通ず

伊藤俊輔（いとう しゅんすけ） 立　(比)東京	日本維新の会→希望→国民(18.5)→無所属(19.1)→立憲(20.9)

A型、(略)会社役員、(政)地方分権・原発ゼロ・社会保障、(趣)スポーツ全般、(銘)逆境は人を創る

伊藤信太郎（いとう しんたろう） 自[麻]　宮城4	自民[麻]

AB型、(略)大学教授・ニュースキャスター、(政)震災復興・農水・外交、(趣)料理・映画

伊藤忠彦（いとう ただひこ） 自[無]　愛知8	自民[無]

AB型、[略]愛知県議会議員・衆議院議員秘書

伊藤達也（いとう たつや） 自[茂]　東京22	日本新党→新進(94.12)→無所属(97.7)→民政(98.1)→無所属(98.4)→自民[茂](98.7)

O型、[略]大学院教授・松下政経塾、[政]経済・財政・社会保障・IT、[趣]野球・映画鑑賞

伊藤渉（いとう わたる） 公　[比]東海	公明

AB型、[略]JR東海、[政]厚労・国交、[趣]音楽鑑賞・読書・スポーツ全般、[銘]我以外皆我師

池下卓（いけした たく） 維　大阪10	日本維新の会

A型、[略]大阪府議、[趣]書道、茶道、自転車

池田佳隆（いけだ よしたか） 無　[比]東海	自民→無所属(24.1)

O型、[略]日本青年会議所会頭、[政]経済・教育・安全保障、[趣]読書・ジョギング

池畑浩太朗（いけはた こうたろう） 維　[比]近畿	日本維新の会

A型、[略]兵庫県議会議員2期、[政]農林水産、[趣]農作業・自転車、[尊]両親、[銘]不動心

石井啓一（いしい けいいち） 公　[比]北関東	公明→新進(94.12)→平和(98.1)→公明(98.11)

B型、[略]建設省課長補佐、[政]財政・税制・金融、[趣]読書・テニス、[尊]上杉鷹山、[銘]人に温かく、己に厳しく

石井拓（いしい たく） 自[無]　[比]東海	自民[無]

B型、[略]愛知県議・碧南市議、[政]産業振興、[趣]柔道・郷土史研究、[尊]聖徳太子、[銘]Think Globally, Act Locally

いしかわ あきまさ **石川 昭政** 自[無]　(比)北関東	自民[無]

A型、(略)自民党本部職員、(政)経済産業・文部科学・原子力、(趣)サッカー・読書、(銘)艱難汝を玉にす

いしかわ かおり **石川 香織** 立　北海道11	立憲→立憲(20.9)

A型、(略)民放アナウンサー、(政)農林水産業振興・子育て支援、(趣)料理、(尊)渡辺カネ（北海道十勝･帯広の開拓者･教育者)、(銘)つもり違い十ヶ条

いしだ まさとし **石田 真敏** 自[無]　和歌山2	自民[無]

B型、(略)海南市長、(政)自治行政、(趣)ゴルフ・読書・書道

いしば しげる **石破 茂** 自[無]　鳥取1	自民→無所属(93.12)→新生(94.4)→新進(94.12)→無所属(96.9)→自民[無](97.4)

B型、(略)三井銀行・木曜クラブ事務局、(政)安全保障・農林水産・地方創生、(趣)読書・音楽鑑賞・料理

いしばし りんたろう **石橋 林太郎** 自[無]　(比)中国	自民[無]

O型、(略)広島県議会議員、(政)教育、憲法、安保、家族政策、(趣)サッカー、ゴルフ、読書、詩吟、(銘)春風接人、積小為大

いしはら ひろたか **石原 宏高** 自[無]　(比)東京	自民[無]

AB型、(略)銀行員、(政)外交・経済・中小企業、(趣)読書・散歩

いしはら まさたか **石原 正敬** 自[無]　(比)東海	自民[無]

B型、(略)三重県議、菰野町長、(政)地方創生、(趣)俳句、ジョギング、(尊)木村東介、(銘)挑戦なくば、前進なし！

いずみ けんた **泉 健太** 立　京都3	民主→民進(16.3)→希望(17.9)→国民(18.5)→立憲(20.9)

O型、(略)介護職員・参院議員秘書、(政)少子化対策・エネルギー政策・政治改革、(趣)日曜大工・サイクリング、(尊)浅沼稲次郎、(銘)答えは民の中にある

いずみ だ ひろ ひこ **泉田裕彦** 自[無]　[比]北陸信越	自民[無]

B型、[略]新潟県知事、[趣]ジョギング・水泳・スキー、[尊]上杉鷹山、[銘]風林火山

いち たに ゆう いち ろう **一谷勇一郎** 維　[比]近畿	日本維新の会

O型、[略]会社役員、[政]医療介護、[趣]ドライブ・料理・読書・ゴルフ、[尊]坂本龍馬、[銘]大器晩成・精力善用・自他共栄

いち むら こう いち ろう **市村浩一郎** 維　兵庫6	民主→日本維新の会

B型、[略]松下政経塾・NPOプログラムオフィサー、[政]民間主導型社会システム、[趣]旅・食・日本酒、[尊]松下幸之助翁、[銘]「日本の洗濯」ジャブジャブ！

いな だ とも み **稲田朋美** 自[無]　福井1	自民[無]

AB型、[略]弁護士、[趣]ランニング・サウナ、[尊]西郷隆盛、[銘]高邁な精神で決断し断固として行動する

いな つ ひさし **稲津久** 公　北海道10	公明

AB型、[略]北海道議、[政]農林水産業・地方活性化・少子高齢化対策、[趣]読書・ウォーキング、[尊]吉田松陰、[銘]誠実

いな とみ しゅう じ **稲富修二** 立　[比]九州	民主→希望(17.9)→国民(18.5)→立憲(20.9)

A型、[略]松下政経塾・丸紅、[政]税制・子育て支援、[趣]ランニング・囲碁、[尊]松下幸之助・広田弘毅、[銘]人生二度なし

いま えだ そう いち ろう **今枝宗一郎** 自[麻]　愛知14	自民[麻]

O型、[略]医師（在宅救急・難病）・新城市夜間救急、[政]医療・社会保障・中小企業施策、[趣]旅行・カラオケ・スイーツは正義、[尊]J.F.ケネディ、[銘]至誠天に通ず

いま むら まさ ひろ **今村雅弘** 自[無]　[比]九州	自民→無所属(05.8)→自民[無](06.12)

A型、[略]JR九州、[趣]マリンスポーツ・山登り

いわた　かずちか **岩田和親** 自[無]　[比]九州	自民[無]

B型、[略]佐賀県議・[株]メモリード顧問、[政]経済産業分野・国土交通分野・農業分野・国防分野、[趣]ジョギング、[銘]是の処は即ち是れ道場なり

いわたに　りょうへい **岩谷良平** 維　大阪13	日本維新の会

ＡＢ型、[略]大阪府議、企業経営者、[政]地方分権、政治改革、行財政改革、[趣]仕事、[尊]坂本龍馬、[銘]世に生を得るは事を為すにあり

いわや　たけし **岩屋毅** 自[無]　大分3	自民→さきがけ(93.6)→新進(94.12)→無所属→自民[無](98.6)

Ａ型、[略]鳩山邦夫衆院議員秘書、[政]国防政策の充実・教育改革・行政改革・政治改革、[趣]映画鑑賞・読書、[銘]至誠通天

うえすぎ　けんたろう **上杉謙太郎** 自[無]　[比]東北	自民[無]

AB型、[略]議員秘書、[政]復興・農業・地方創生、[趣]子育て・剣道三段、[尊]上杉謙信、[銘]清明正直

うえだ　えいしゅん **上田英俊** 自[茂]　富山2	自民[茂](03)

Ａ型、[略]衆議院議員秘書・県議、[趣]ラグビー観戦・読書、[尊]中野正剛・松村謙三・大平正芳、[銘]天下一人を以て興る

うえの　けんいちろう **上野賢一郎** 自[無]　滋賀2	自民[無]

Ａ型、[略]総務省課長補佐、[政]経済政策・地方分権・農業、[趣]ミュージカル鑑賞・祭り

うきしま　ともこ **浮島智子** 公　[比]近畿	公明

Ｂ型、[略]参院議員・プリンシパルダンサー（クラシックバレエ)、[政]教育・文化芸術・スポーツ振興、[趣]舞台・音楽鑑賞、散歩、[尊]チャップリン、[銘]誠実

うめたに　まもる **梅谷守** 立　新潟6	無所属→国民→立憲

A型、[略]新潟県議会議員・国会議員担当政策秘書、[政]農業・経済・地方分権・社会保障・環境、[趣]読書・映画鑑賞・バスケットボール・サッカー、[尊]父、[銘]至誠にして動かざる者は未だ之れ有らざるなり

うらの やすと **浦野靖人** 維　大阪15	自民→日本維新の会→維新の党(14.9)→おおさか維新の会(15.11)→日本維新の会(16.8)

A型、(略)大阪府議会議員、(政)福祉・教育・子育て、(趣)スキー

うるま じょうじ **漆間譲司** 維　大阪8	日本維新の会

AB型、(略)府議、(政)身を切る改革・地方分権、(趣)アイスホッケー

えさき てつま **江﨑鐵磨** 自[無]　愛知10	新生→新進(94.12)→自由(98.1)→保守(00.4)→保新(02.12)→自民[無](03.11)

AB型、(略)衆議院議員秘書、(政)日米地位協定の即時見直し、(趣)絵画鑑賞、(尊)江﨑真澄、(銘)自琢

えだ けんじ **江田憲司** 立　神奈川8	無所属→みんな(09.8)→結いの党(13.12)→維新の党(14.9)→民進(16.3)→無所属(18.5)→立憲(20.9)

AB型、(略)通産省・首相秘書官、(政)行政改革・財政改革・外交・少子高齢化問題、(趣)食べ歩き・旅行（温泉）・カラオケ・スポーツ観戦

えと あきのり **江渡聡徳** 自[麻]　青森1	自民[麻]

O型、(略)短大講師・障害者施設園長、(政)福祉・エネルギー・防衛・農水・国交・教育、(趣)読書・映画鑑賞、(尊)父・江渡誠一、徳川家康、(銘)随処に主となれば、立処皆真なり

えとう たく **江藤拓** 自[無]　宮崎2	無所属→自民(03.11)→無所属(05.8)→自民[無](06.12)

(略)衆院議員秘書・大臣秘書官、(趣)釣り、(尊)高杉晋作、(銘)愛郷無限

えり **英利アルフィヤ** 自[麻]　千葉5補	自民[麻]

B型、(略)国連本部、日本銀行、(政)防災減災、金融経済、外交、安全保障、(趣)ひとり旅、読書、散歩、(尊)安倍晋三、(銘)雨降って地固まる

えとうせいしろう **衛藤征士郎** 自[無]　大分2	自民→無所属(09.9)→自民[無](12.11)

A型、(略)玖珠町長・(公財)日本青少年文化センター理事長・(一財)全日本大学サッカー連盟会長（現職）、(政)外交・安全保障、(趣)ゴルフ・山歩き

枝野幸男（えだの ゆきお）
立　埼玉5
日本新党→無所属(94.5)→さきがけ(94.7)→民主(96.9)→民進(16.3)→立憲(17.10)→立憲(20.9)

B型、(略)弁護士、(政)行政改革、(趣)カラオケ

遠藤　敬（えんどう たかし）
維　大阪18
日本維新の会→維新の党(14.9)→おおさか維新の会(15.12)→日本維新の会(16.8)

O型、(略)財団法人役員、(政)教育・地方分権、(趣)だんじり祭、(銘)敬天愛人

遠藤利明（えんどう としあき）
自[無]　山形1
無所属→日本新党(93.11)→無所属(94.12)→自民[無](95.12)

B型、(略)近藤鉄雄衆院議員秘書・山形県議、(政)教育・スポーツ・農業、(趣)読書・ラグビー・ゴルフ、(尊)母、(銘)有志有途

遠藤良太（えんどう りょうた）
維　(比)近畿
日本維新の会

O型、(略)会社役員、(政)外交、子育て支援、医療・介護、(趣)キャンプ・アウトドア、(尊)長谷川保、(銘)夢をみるから人生は輝く

おおつき紅葉（くれは）
立　(比)北海道
立憲

O型、(略)フジテレビ政治部記者、(政)地方活性化、少子高齢化対策、農林水産業、(趣)山登り、盆踊り、スキー、(尊)母、榎本武揚、(銘)猪突猛進、無償の愛

小川淳也（おがわ じゅんや）
立　香川1
民主→民進(16.3)→希望(17.9)→無所属(18.5)→立憲(20.9)

O型、(略)総務省、(趣)野球・旅行、(尊)両親

小熊慎司（おぐま しんじ）
立　福島4
自民→みんな→日本維新の会(12.9)→維新の党(14.9)→改革結集の会(15.12)→民進(16.3)→希望(17.9)→国民(18.5)→立憲(20.9)

A型、(略)福島県議・参議院議員

小倉將信（おぐら まさのぶ）
自[無]　東京23
自民[無]

A型、(略)日本銀行、(政)金融・経済、(趣)ダイビング・温泉めぐり・ジョギング、(銘)先憂後楽

おざと やすひろ **小里泰弘** 自[無]　㊋九州	自民[無]

A型、㊕野村証券・秘書、㊎農林水産・国土交通・災害対策、㊙読書・釣り・剣道、㊚西郷隆盛、㊛花に水、人に心

おざわ いちろう **小沢一郎** 立　㊋東北	自民→新生(93.6)→新進(94.12)→自由(98.1)→民主(03.9)→国民の生活が第一(12.7)→未来(12.11)→生活の党(12.12)→自由(16.10)→国民(19.4)→立憲(20.9)

B型、㊎憲法・外交、㊙囲碁・読書・釣り、㊛百術は一誠に如かず

おだわら きよし **小田原潔** 自[無]　東京21	自民[無]

O型、㊕外資系証券会社、㊎安全保障・外交・財政・金融政策、㊙トライアスロン・執筆、㊛我未だ木鶏たりえず

おの たいすけ **小野泰輔** 維　㊋東京	日本維新の会

O型、㊕熊本県副知事、㊎成長戦略・公教育改革・行政改革、㊙三線・テニス・ゴルフ・ドライブ・お酒、㊚アウグストゥス・徳川家康、㊛しあわせはいつも自分のこころがきめる

おのでら いつのり **小野寺五典** 自[無]　宮城6	自民[無]

O型、㊕松下政経塾・宮城県職員・東北福祉大特任教授、㊎外交・安全保障・農林水産・震災復興、㊙テニス・スキー、㊛一隅を照らす

おぶち ゆうこ **小渕優子** 自[無]　群馬5	自民[無]

A型、㊕TBS、㊙料理・読書

おざき まさなお **尾﨑正直** 自[無]　高知2	自民[無]

B型、㊕高知県知事（3期）、㊎地方創生・国土強靭化・外交、㊙読書・テニス、㊚坂本龍馬、㊛至誠通天

おみ あさこ **尾身朝子** 自[無]　㊋北関東	自民[無]

㊕NPO事務局長

おち たかお **越智隆雄** 自[無]　(比)東京	自民[無]

AB型、(略)住友銀行、(政)財務・金融・経済産業・外交・安保、(趣)アイロンがけ・絵画・読書

お がた りん た ろう **緒方林太郎** 無(有志)　福岡9	民主→民進→希望→無所属

O型、(略)外務省職員、(政)国政全般幅広く、(趣)柔道（三段）、フランス語・英語、(銘)朝の来ない夜はない

おお いし **大石あきこ** れ　(比)近畿	無所属→れいわ新選組(20.2)

(略)大阪府職員、(政)社会保障・福祉・雇用

おお おか とし たか **大岡敏孝** 自[無]　滋賀1	自民[無]

B型、(略)市議・県議、スズキ㈱、(政)経済・財政・社会保障・インフラ整備・安全保障、(趣)自動車・ツーリング・ラグビー

おおかわら **大河原まさこ** 立　(比)東京	民主→民進→立憲(17.10)→立憲(20.9)

A型、(略)NPO法人代表、(政)食の安全・人権と平和・原発ゼロ、(趣)ベランダ園芸、(尊)レーチェル・カーソン（沈黙の春著者）、(銘)世代を超えて、地球規模で考え地域から活動する

おお ぐし ひろ し **大串博志** 立　佐賀2	民主→民進(16.3)→希望(17.9)→無所属(18.5)→立憲(19.9)→立憲(20.9)

AB型、(略)財務省、(政)財政・金融・外交、(趣)テニス・読書

おお ぐし まさ き **大串正樹** 自[無]　(比)近畿	自民[無]

O型、(略)会社員・大学教員、(政)社会保障・教育・資源エネルギー、(尊)松下幸之助・プラトン、(銘)威ありて猛からず

おお ぐち よし のり **大口善徳** 公　(比)東海	公明→新進(94.12)→平和(98.1)→公明(98.11)

O型、(略)弁護士、(政)景気雇用対策、(趣)読書

おお しま あつし **大島 敦** 立 埼玉6	民主→民進(16.3)→希望(17.9)→国民(18.5)→立憲(20.9)

AB型、[略]会社員（民主党候補公募）、[趣]読書、[尊]ニクソン・周恩来、[銘]動

おお つか たく **大塚 拓** 自[無] 埼玉9	自民[無]

A型、[略]銀行員、[政]防衛・法務・外交・経済・金融・科学技術、[趣]音楽鑑賞・読書、[尊]祖父・父

おお にし けん すけ **大西健介** 立 愛知13	民主→民進(16.3)→希望(17.9)→国民(18.5)→立憲(20.9)

[略]参議院職員・外交官・衆院議員政策秘書、[政]消費者・自動車政策・厚生労働

おお にし ひで お **大西英男** 自[無] 東京16	自民[無]

B型、[略]地方議員、[政]経済活性化、安心・安全街づくり、[趣]読書（歴史小説等）・ゴルフ・愛犬の散歩

おお の けい た ろう **大野敬太郎** 自[無] 香川3	自民[無]

O型、[略]富士通・議員秘書、[政]外交・安保・経済・農林水産・金融、[趣]楽器演奏

おお さか せい じ **逢坂誠二** 立 北海道8	民主→民進(16.3)→立憲(17.10)→立憲(20.9)

A型、[略]ニセコ町職員・ニセコ町長、[政]自治・民主主義・原子力・公文書管理、[趣]読書・音楽鑑賞、[尊]大平正芳・石橋湛山、[銘]虚心坦懐

おか だ かつ や **岡田克也** 立 三重3	自民→新生(93.6)→新進(94.12)→国民の声(98.1)→民政(98.1)→民主(98.4)→民進(16.3)→無所属(18.5)→立憲(20.9)

O型、[略]通産省官房企画調査官、[政]政権交代可能な政治の実現、[趣]読書・ジムでのトレーニング・ウォーキング、[尊]織田信長、[銘]大器晩成

おか もと こ **岡本あき子** 立 [比]東北	民主→民進→立憲(17.10)→立憲(20.9)

A型、[略]NTT・仙台市議、[政]地方分権・社会保障・ICT・教育、[趣]テニス・空手（月心会）、[尊]緒方貞子、[銘]その時の出逢いが人生を根底から変えることがある。よき出逢いを

[衆]プロフィール お

岡本三成（おかもと みつなり） 公　東京12	公明

O型、(略)ゴールドマン・サックス証券、(政)経済再建・外交

奥下剛光（おくした たけみつ） 維　大阪7	日本維新の会

A型、(略)大阪市長特別秘書・衆議員秘書、(政)環境、地方分権、憲法改正、(趣)フットサル、サウナ、(尊)宮澤喜一、橋下徹

奥野信亮（おくの しんすけ） 自[無]　(比)近畿	自民[無]

AB型、(略)会社役員、(趣)ゴルフ・読書・旅行

奥野総一郎（おくの そういちろう） 立　千葉9	民主→民進(16.3)→希望(17.9)→国民(18.5)→立憲(20.9)

AB型、(略)総務省、(政)郵政、(趣)読書・ジョギング、(尊)児玉源太郎、(銘)鞠躬尽瘁

落合貴之（おちあい たかゆき） 立　東京6	みんな→結いの党→維新の党(14.9)→民進(16.3)→立憲(17.10)→立憲(20.9)

(略)銀行員・衆院議員秘書、(政)経済政策・政治改革、(趣)読書・旅・映画鑑賞、(尊)田中秀征・ガンジー、(銘)一期一会

鬼木誠（おにき まこと） 自[無]　福岡2	自民[無]

A型、(略)県議・地方銀行員、(政)財政・金融、社会保障・安全保障、(趣)書道・ラグビー、(尊)マハトマ・ガンジー、(銘)熱意こそ人を動かす

加藤鮎子（かとう あゆこ） 自[無]　山形3	自民[無]

AB型、(略)衆議院議員秘書、(趣)バスケットボール・ダンス、(銘)至誠天に通ず

加藤勝信（かとう かつのぶ） 自[茂]　岡山5	自民[茂]

B型、(略)大蔵省大臣官房企画官、(政)社会保障・財政・教育、(趣)読書・映画鑑賞、(尊)勝海舟、西郷隆盛ら幕末の志士たち、(銘)一点素心

加藤竜祥（かとう りゅうしょう） 自[無]　長崎2	自民[無]

O型、[略]衆議院議員秘書、[政]農林水産・地方創生・社会保障、[趣]バスケットボール・読書、[尊]安岡正篤、[銘]千里同風

河西宏一（かさい こういち） 公　[比]東京	公明

O型、[略]電機メーカー社員・政党職員、[政]社会保障・経済振興・科学技術、[趣]自動車全般・建築物見学、[尊]高杉晋作、[銘]真剣勝負

海江田万里（かいえだ ばんり） 無　[比]東京	日本新党→無所属(94.12)→市民リーグ(95.12)→民主(96.9)→民進→立憲(17.10)→立憲(20.9)→無所属(21.11)

AB型、[略]参院議員秘書・経済評論家、[趣]書道・絵画鑑賞・剣道・詩作、[尊]西郷隆盛、[銘]人生意気に感ず

笠井亮（かさい あきら） 共　[比]東京	共産

[略]日本共産党職員、[趣]料理・ウォーキング

梶山弘志（かじやま ひろし） 自[無]　茨城4	自民[無]

A型、[略]日本原子力研究開発機構・梶山静六衆院議員秘書、[政]中小企業対策・少子高齢化対策、[趣]野球・サッカー・スポーツ観戦・読書

勝俣孝明（かつまた たかあき） 自[無]　静岡6	自民[無]

B型、[略]銀行員、[政]経済産業・金融政策、[趣]ゴルフ・読書

勝目康（かつめ やすし） 自[無]　京都1	自民[無]

AB型、[略]総務省室長、[政]コロナ禍からの社会経済の再生、東京一極集中の是正、少子高齢化対策、[趣]音楽・美術鑑賞、[銘]温かな心と冷静な頭脳

門山宏哲（かどやま ひろあき） 自[無]　[比]南関東	自民[無]

B型、[略]弁護士、[政]経済の再生と社会正義の実現、[趣]囲碁

金子(かねこ)恵美(えみ) 立　福島1	民主→民進(16.3)→無所属(18.5)→立憲(20.9)

A型、[略]町議・市議・参議院議員、[政]復興・農業・福祉、[趣]映画鑑賞・読書

金子(かねこ)俊平(しゅんぺい) 自[無]　岐阜4	自民[無]

A型、[略]衆議院議員秘書、[趣]ドライブ・バレーボール、[尊]父、[銘]風林火山 人は石垣人は城

金子(かねこ)恭之(やすし) 自[無]　熊本4	無所属→無所属の会(00.12)→自民[無](01.11)

O型、[略]田代由紀男参院議員秘書・園田博之衆院議員秘書、[趣]ゴルフ・野球

金子(かねこ)容三(ようぞう) 自[無]　長崎4補	自民[無]

O型、[略]会社員、[政]農林水産、金融・経済、教育、[趣]空手（二段）、[尊]渋沢栄一、[銘]志在千里

金田(かねだ)勝年(かつとし) 自[無]　[比]東北	自民[無]

A型、[略]大蔵省課長・主計官、[政]財政・厚生労働・農林水産・全般、[趣]カラオケ・スポーツ観戦

金村(かねむら)龍那(りゅうな) 維　[比]南関東	日本維新の会

A型、[略]療育施設代表・衆院議員秘書、[政]子育て支援、[趣]飲みニケーション、[尊]王陽明・頭山満、[銘]向き不向きより前向き

鎌田(かまた)さゆり 立　宮城2	自民→民主→民進→立憲

O型、[略]仙台市議・宮城県議、[政]司法制度、[趣]お菓子作り・農作業・お料理、[尊]マザーテレサ、[銘]学びて思はざれば則ち罔し。思ひて学ばざれば則ち殆ふし。

上川(かみかわ)陽子(ようこ) 自[無]　静岡1	無所属→自民[無](00.12)

AB型、[略]三菱総合研究所研究員、[政]厚生労働・農林水産・海洋・公文書、[趣]合気道・日本舞踊・手芸

かみ や ひろし 神谷 裕 立 ㊋北海道	民主→民進→立憲(17.10)→立憲(20.9)

A型、㊎参議院議員秘書、㊈農林水産、㊏野球、㊌父・高校時代の野球部の監督、㊍向き不向きよりも前向き

かめおか よしたみ 亀岡偉民 自[無] ㊋東北	自民[無]

A型、㊎会社員・議員秘書、㊈震災復興、㊏音楽鑑賞

かわさき 川崎ひでと 自[無] 三重2	自民[無]

A型、㊎衆議院議員秘書、㊈IT促進・インフラ整備、㊏アウトドア・ゴルフ、㊌川崎二郎・武井壮・坂本竜馬、㊍型をしっかり覚えた後に、型破りになれる

かんだ けんじ 神田憲次 自[無] 愛知5	自民[無]

㊎税理士、㊈税制、㊏旅行

かんだ じゅんいち 神田潤一 自[無] 青森2	自民[無]

A型、㊎日本銀行・金融庁・マネーフォワード、㊈金融・経済、ＩＴ・デジタル、㊏ジョギング、オペラ、㊍一期一会

かん なおと 菅 直人 立 東京18	社民連→さきがけ(94.1)→民主(96.9)→民進(16.3)→立憲(17.10)→立憲(20.9)

O型、㊎弁理士、㊏囲碁・将棋・スキューバダイビング

かんけ いちろう 菅家一郎 自[無] ㊋東北	自民[無]

B型、㊎会津若松市長3期、㊈農林水産・経済産業・震災復興・地方分権、㊏ウォーキング

きはら せいじ 木原誠二 自[無] 東京20	自民[無]

O型、㊎財務省、㊌織田信長

木原　稔（きはら　みのる） 自［茂］　熊本1	自民［茂］

B型、㊙日本航空社員、㊧ラーメン食べ歩き・スポーツ観戦、㊟常在戦場・みのるほど頭を垂れる稲穂かな

木村次郎（きむら　じろう） 自［無］　青森3	自民［無］

B型、㊙青森県職員、㊥農林水産・地方創生、㊧ジョギング・映画鑑賞、㊕白洲次郎、㊟風雪人を磨く

吉良州司（きら　しゅうじ） 無（有志）　大分1	無所属→民主(04.11)→民進(16.3)→希望(17.9)→国民(18.5)→無所属(20.9)

B型、㊙日商岩井本社・ニューヨーク、㊥教育・外交・安全保障・エネルギー・地方創生、㊧スポーツ全般・歴史小説・自然堪能

城井　崇（きい　たかし） 立　福岡10	民主→民進→希望(17.9)→国民(18.5)→立憲(20.9)

㊙衆議院議員秘書

城内　実（きうち　みのる） 自［無］　静岡7	無所属→自民(03.11)→無所属(05.8)→自民［無］(12.5)

B型、㊙外務省、㊥外交安保・農水・法務・経産・環境、㊧SPレコード蒐集・サッカー

黄川田仁志（きかわだ　ひとし） 自［無］　埼玉3	自民［無］

O型、㊙環境コンサルタント・松下政経塾、㊥海洋資源開発、外交・安全保障、産業振興、㊧空手・剣道・スキューバダイビング・野球・落語、㊕母・松下幸之助・李登輝、㊟平常心是道・感謝協力

菊田真紀子（きくた　まきこ） 立　新潟4	民主→民進(16.3)→無所属(17.11)→立憲(20.9)

A型、㊙加茂市議・衆院議員秘書、㊥外交・社会保障・中小企業対策、㊧料理・中国語・映画鑑賞、㊕マザー・テレサ

岸　信千世（きし　のぶちよ） 自［無］　山口2補	自民［無］

㊙防衛大臣秘書官、㊧読書、山登り、㊕吉田松陰、岸信介、㊟至誠にして動かざる者未だこれあらざるなり

きしだ ふみお **岸田文雄** 自[無]　広島1	自民[無]

AB型、(略)長銀・岸田文武衆院議員秘書、(政)外交・経済、(趣)広島東洋カープ

きたがみ けいろう **北神圭朗** 無(有志)　京都4	民主→民進→希望→無所属

B型、(略)大蔵省職員、(趣)音楽鑑賞、(尊)大久保利通、(銘)正心誠意

きたがわ かずお **北側一雄** 公　大阪16	公明→新進(94.12)→平和(98.1)→公明(98.11)

B型、(略)弁護士、(政)税財政・経済対策など、(趣)囲碁・観劇・ジャズ鑑賞、(尊)周恩来、(銘)学ばずは卑し

きんじょう やすくに **金城泰邦** 公　(比)九州	公明

O型、(略)沖縄県議、(政)国土交通観光並びに農林水産関係分野、(趣)釣り・読書、(尊)白保台一元衆議員、(銘)不撓不屈

くどう しょうぞう **工藤彰三** 自[麻]　愛知4	自民[麻]

O型、(略)名古屋市議、(政)防災・中小企業対策・教育、(趣)野球・料理・園芸

くさか まさき **日下正喜** 公　(比)中国	公明

O型、(略)政党職員、(政)子育て・教育、科学技術、防災・減災、(趣)長唄三味線（師範）、(尊)西郷隆盛、(銘)国とは人の集まりなり、人とは心の器なり

くしぶち まり **櫛渕万里** れ　(比)東京繰	民主→民進→希望→れいわ新選組

AB型、(略)国際交流NGO、(政)気候変動、(趣)スキー・水泳・和歌、(尊)石橋湛山、(銘)初志貫徹

くにさだ いさと **国定勇人** 自[無]　(比)北陸信越	自民[無]

B型、(略)三条市長、(趣)読書、ラーメン紀行、(尊)坂本龍馬、(銘)愚直に、ただ愚直に

國重 徹（くにしげ とおる）
公　大阪5

公明

B型、[略]弁護士、[政]景気・経済対策・少子化対策・防災減災、[趣]剣道二段・ボクシング観戦、[銘]我以外皆我師

国光あやの（くにみつ あやの）
自[無]　茨城6

自民[無]

A型、[略]医師・厚労省課長補佐、[政]医療介護・子育て・働き方改革、[趣]柔道・剣道・読書、[銘]至誠

熊田裕通（くまだ ひろみち）
自[無]　愛知1

新進→自民[無]

[略]秘書、[政]教育・安保、[趣]クラシックギター

玄葉光一郎（げんば こういちろう）
立　福島3

無所属→さきがけ(93.12)→民主(96.9)→民進(16.3)→無所属(18.5)→立憲(20.9)

O型、[略]松下政経塾・福島県議、[政]外交問題・地方分権、[趣]映画観賞・スポーツ（野球・サッカー・水泳etc.)・読書、[尊]石橋湛山・チャーチル、[銘]不失恒心・人間万事塞翁が馬・知足

源馬謙太郎（げんま けんたろう）
立　静岡8

民主→日本維新の会(12.11)→維新の党(16.3)→希望(17.10)→国民(18.5)→立憲(20.9)

B型、[略]静岡県議会議員、[政]道州制・少子化対策・外交・安全保障、[趣]バスケ・海に行くこと（ダイビング・サーフィン）・茶道、[尊]吉田松陰・西郷隆盛・安岡正篤・松下幸之助、[銘]一燈照隅万燈照国

小泉進次郎（こいずみ しんじろう）
自[無]　神奈川11

自民[無]

AB型、[略]衆議院議員秘書、[政]環境・気候変動・厚労・農業・安全保障、[趣]サーフィン・落語・文楽、[尊]JFケネディ・小林一三・二宮金次郎・中村仲蔵、[銘]有志有道

小泉龍司（こいずみ りゅうじ）
自[無]　埼玉11

無所属→自民(00.11)→無所属(05.8)→自民[無](17.10)

O型、[略]大蔵省、[政]財政・金融・社会保障、[趣]ウォーキング・読書

小島敏文（こじま としふみ）
自[無]　[比]中国

自民[無]

O型、[略]広島県議会議員、[政]農林水産・防衛・国土交通、[趣]読書・スポーツ観戦、[銘]気概と公正

こてら ひろお
小寺裕雄
自[無]　滋賀4

自民[無]

A型、[略]滋賀県議、[政]農林業・地方創生・中小企業対策・社会保障、[趣]スポーツ全般・柔道4段・レーシングカヌー全日本5位、[尊]本田宗一郎、[銘]一隅を照らす

こばやし しげき
小林茂樹
自[無]　[比]近畿

自民[無]

O型、[略]奈良県議会議員、[政]教育・住宅政策・地方創生、[趣]詩吟・読書、[尊]王貞治、[銘]世に生を得るは事を成すにあり

こばやし たかゆき
小林鷹之
自[無]　千葉2

自民[無]

O型、[略]財務省課長補佐・外交官、[政]経済安全保障・科学技術・宇宙、[趣]マラソン・御輿渡御、[銘]有志有途

こばやし ふみあき
小林史明
自[無]　広島7

自民[無]

A型、[略]NTTドコモ、[政]デジタル政策、規制改革、情報通信、水産、[趣]野球・スノーボード（C級インストラクター）、[銘]知行合一

こみやま やすこ
小宮山泰子
立　[比]北関東

民主→国民の生活が第一(12.7)→未来(12.11)→生活の党(12.12)→民主(14.11)→民進(16.3)→希望(17.9)→国民(18.5)→立憲(20.9)

[略]NTT社員・衆院議員秘書・埼玉県議、[政]老朽インフラ対策・障がい者・観光・都市農業、[趣]茶道・映画鑑賞

こもり たくお
小森卓郎
自[無]　石川1

自民[無]

B型、[略]国家公務員、[政]経済財政、地域活性化、安全保障、[趣]映画鑑賞、[銘]一期一会

こやま のぶひろ
小山展弘
立　静岡3

民主→立憲

AB型、[略]農林中央金庫職員、[政]農林水産・経済産業、[趣]弓道・水泳、[尊]石橋湛山、[銘]衆人愛敬

こが あつし
古賀篤
自[無]　福岡3

自民[無]

A型、[略]財務省職員、[趣]料理・カラオケ、[銘]一意専心、天下一人を以て興る

ごとう しげゆき 後藤茂之 自[無]　長野4	新進→民主→自民[無](03.8)

A型、(略)大蔵省企画調整室長、(政)税・財政・社会保障、(趣)お茶・書・クラッシック音楽

ごとう ゆういち 後藤祐一 立　神奈川16	民主→民進(16.3)→希望(17.9)→国民(18.5)→立憲(20.9)

A型、(略)経産省課長補佐、(政)安全保障・行政改革・農政改革、(趣)トライアスロン、(尊)大久保利通、(銘)従流志不変

こうの たろう 河野太郎 自[麻]　神奈川15	自民[麻]

O型、(略)富士ゼロックス、(趣)読書・映画鑑賞

こうづ 神津たけし 立　(比)北陸信越	立憲

B型、(略)JICA企画調査員、(政)地方分権、国土交通、農林水産、(趣)マレットゴルフ、スキー、料理

こうむら まさひろ 高村正大 自[麻]　山口1	自民[麻]

B型、(略)衆院議員秘書、(政)外交・文教・社会保障、(趣)スキー・マラソン・ゴルフ・格闘技・少林寺拳法、(尊)福沢諭吉、(銘)政治家は一本のローソクたれ

こくば こうのすけ 國場幸之助 自[無]　(比)九州	自民→無所属→自民[無]

O型、(略)県議会議員、(政)国土交通・厚生労働・安全保障、(趣)映画・読書・空手、(尊)松下幸之助、(銘)誠心誠意

こくた けいじ 穀田恵二 共　(比)近畿	共産

(略)立命館大職員・京都市議、(政)雇用・年金・介護・外交・安保、(趣)サッカー・ラグビー・スポーツ観戦・映画鑑賞

こしみず けいいち 輿水恵一 公　(比)北関東	公明

(略)さいたま市議、(政)環境、情報通信、福祉・教育、(趣)芸術鑑賞、(尊)田中正造、(銘)賢而能下　剛而能忍

議員	党歴
こんどう かずや **近藤和也** 立　(比)北陸信越	民主→民進→希望(17.9)→国民(18.5)→立憲(20.9)

O型、(略)野村證券㈱社員、(政)金融・農水・災害対策、(趣)ごいた・マラソン・釣り、(尊)カエサル・伊藤博文、(銘)一所懸命

議員	党歴
こんどう しょういち **近藤昭一** 立　愛知3	民主→民進(16.3)→立憲(17.10)→立憲(20.9)

A型、(略)中日新聞、(政)環境・アジア外交、(趣)スキー・水泳・ヨット・読書・カラオケ、(尊)石橋湛山、(銘)愚公移山

議員	党歴
ささき はじめ **佐々木紀** 自[無]　石川2	自民[無]

AB型、(略)会社役員、(政)中小企業振興・教育・福祉、(趣)旅行、(銘)正直は一生の宝

議員	党歴
さとう こうじ **佐藤公治** 立　広島6	新進→自由→民主→生活の党→自由→希望(17.9)→無所属(18.5)→立憲(20.9)

O型、(略)㈱電通社員・議員秘書、(銘)一以貫之

議員	党歴
さとう しげき **佐藤茂樹** 公　大阪3	公明→新進(94.12)→自由(98.1)→無所属(98.10)→公明(98.11)

AB型、(略)日本IBM・団体職員、(趣)スポーツ観戦、映画鑑賞、(銘)自分自身に勝て！

議員	党歴
さとう つとむ **佐藤勉** 自[無]　栃木4	自民[無]

B型、(略)栃木県議、(政)中小企業・農業・教育・情報通信・地方分権、(趣)ゴルフ・ドライブ

議員	党歴
さとう ひでみち **佐藤英道** 公　(比)北海道	公明

(略)北海道議・公明新聞記者、(政)厚生労働・農林水産・国土交通・障がい者・文化芸術

議員	党歴
さいとう てつお **斉藤鉄夫** 公　広島3	公明→新進(94.12)→平和(98.1)→公明(98.11)

A型、(略)清水建設技術研究所、(政)科学技術、(趣)鉄道・水泳

さいとう 斎藤アレックス 教　(比)近畿	国民→教育(23.11)

(略)会社員、松下政経塾、(政)経済、防衛、(趣)筋トレ、旅行、映画・ドラマ鑑賞、(尊)松下幸之助、斎藤隆夫、(銘)疑うなかれ

さい とう けん 齋藤　健 自[無]　千葉7	自民[無]

A型、(略)経済産業省、(趣)読書・ハンドボール・カラオケ、(尊)ユリウス・カエサル、高杉晋作、原敬、鈴木貫太郎

さい とう ひろ あき 斎藤洋明 自[麻]　新潟3	自民[麻]

A型、(略)内閣府職員、(趣)ジョギング・読書

さか い まなぶ 坂井　学 自[無]　神奈川5	自民[無]

B型、(略)衆議院議員秘書・配管工、(政)環境・国交・財務

さか もと てつ し 坂本哲志 自[無]　熊本3	無所属→自民[無](07.12)

O型、(略)新聞記者・熊本県議、(政)地方自治・農業・教育・安全保障、(趣)ジョギング・剣道・テニス・読書

さか もと ゆう の すけ 坂本祐之輔 立　(比)北関東	日本維新の会→維新の党→民進→希望→立憲

O型、(略)市長、市議、会社役員、(政)教育、地方自治、福祉、(趣)スポーツ全般、将棋、音楽演奏、海釣り、(尊)父、(銘)修身・斉家・治国・平天下

さくら い しゅう 櫻井　周 立　(比)近畿	民主→民進→立憲(17.10)→立憲(20.9)

O型、(略)伊丹市議会議員、(政)教育・財政・金融、(趣)マラソン、(銘)義を見てせざるは勇なきなり

さくら だ よし たか 櫻田義孝 自[無]　(比)南関東	自民[無]

O型、(略)市議・県議・建設会社社長、(政)道州制・教育再建・経済成長、(趣)オペラ鑑賞・山登り・空手三段・将棋四段、(尊)徳川家康、J・F・ケネディ

笹川博義（ささがわ ひろよし） 自[茂]　群馬3	自民[茂]

B型、[略]県会議員、[政]経済の再建、[趣]ガーディニング

沢田良（さわだ りょう） 維　[比]北関東	日本維新の会

ＡＢ型、[略]参議院議員秘書、[政]教育・減税・社会保障、[趣]ラーメン巡り、ポケモンカード、[尊]松井一郎、[銘]初志貫徹

志位和夫（しい かずお） 共　[比]南関東	共産

O型、[略]日本共産党本部、[趣]ピアノ・クラシック音楽鑑賞

塩川鉄也（しおかわ てつや） 共　[比]北関東	共産

AB型、[略]日高市職員、[趣]読書・郷土史研究

塩崎彰久（しおざき あきひさ） 自[無]　愛媛1	自民[無]

[略]弁護士事務所、[趣]テニス、茶道、インスタ俳句、[銘]疾風に勁草を知る

塩谷立（しおのや りゅう） 自[無]　[比]東海	自民[無]

A型、[略]財団役員

重徳和彦（しげとく かずひこ） 立　愛知12	日本維新の会→維新の党(14.9)→改革結集の会(15.12)→民進(16.3)→無所属(17.10)→立憲(20.9)

O型、[略]総務省職員、[政]子どもを増やす「増子化」・地方分権・道州制・鉄壁防災対策、[趣]まちおこし・ラグビー観戦、[尊]上杉鷹山

階猛（しな たけし） 立　岩手1	民主→民進(16.3)→希望(17.9)→国民(18.5)→無所属(19.5)→立憲(20.9)

O型、[略]新生銀行・みずほ証券、[政]法務・金融、[趣]野球・ボクシング

篠原　豪（しのはら　ごう）
立　神奈川1

みんな→結いの党→維新の党→民進(16.3)→立憲(17.10)→立憲(20.9)

B型、(略)横浜市会議員、(政)外交・安全保障、行財政制度、地方自治、(趣)マリンスポーツ、(銘)粗にして野なれど卑にあらず

篠原　孝（しのはら　たかし）
立　(比)北陸信越

民主→民進(16.3)→国民(18.5)→立憲(20.9)

B型、(略)農水省農林水産政策研究所長、(政)農林水産・環境・安全保障・外交、(趣)テニス・野球・山歩き・読書

柴山昌彦（しばやま　まさひこ）
自[無]　埼玉8

自民[無]

A型、(略)弁護士（東京弁護士会）、(政)文部科学・経済・総務・外交・法務、(趣)空手（和道流五段）・カラオケ、(尊)野口英世、アブラハム・リンカーン

島尻安伊子（しまじり　あいこ）
自[茂]　沖縄3

自民[茂]

O型、(略)市議、(政)経済政策、沖縄振興、(趣)釣り、(尊)緒方貞子、(銘)いつも喜んでいなさい。

下条みつ（しもじょう　みつ）
立　長野2

民主→民進→希望(17.9)→国民(18.5)→立憲(20.9)

AB型、(略)銀行員、(政)年金・福祉の充実、中小・自営の景気対策、(趣)バンド演奏・テニス・スキー、(尊)ロバート・ケネディ、(銘)努力は力なり

下村博文（しもむら　はくぶん）
自[無]　東京11

自民[無]

A型、(略)博文進学ゼミ社長・都議、(政)文教・憲法、(趣)ウォーキング・読書

庄子賢一（しょうじ　けんいち）
公　(比)東北

公明

O型、(略)県議会議員、(政)国土交通観光、地方創生、(趣)読書、(尊)上杉鷹山、(銘)信なくば立たず

白石洋一（しらいし　よういち）
立　(比)四国

民主→民進→希望(17.9)→国民(18.5)→立憲(20.9)

B型、(略)監査法人・銀行員、(政)社会保障、(尊)稲盛和夫、(銘)誠実

しん たに まさ よし 新谷正義 自[茂]　広島4	自民[茂]

O型、[略]医師・病院長、[政]医療再建・経済再生・情報通信、[趣]読書・音楽鑑賞、[銘]一期一会

しん どう よし たか 新藤義孝 自[茂]　埼玉2	自民[茂]

B型、[略]川口市議・学校法人理事、[政]地方創生・地方自治・ICT・経済産業・領土・外交・安全保障・資源、[趣]音楽・スキー

すえ まつ よし のり 末松義規 立　東京19	さきがけ→民主→民進→立憲(17.10)→立憲(20.9)

[略]外務省（通産省出向）、[政]外交・財政・社会保障、[趣]旅行・神社巡り・少林寺拳法・アニメ鑑賞、[尊]聖徳太子・斎藤一人、[銘]政治は人助け・愛と感謝

すが よし ひで 菅義偉 自[無]　神奈川2	自民[無]

O型、[略]通産相秘書官・横浜市議、[趣]ジョギング・釣り、[銘]意志あれば道あり

すぎ た み お 杉田水脈 自[無]　[比]中国	日本維新の会→次世代→自民[無]

B型、[略]西宮市役所職員、[政]外交・児童福祉、[趣]読書・旅行・カラオケ、[尊]マーガレット・サッチャー、[銘]置かれたところで咲く

すぎ もと かず み 杉本和巳 維　[比]東海	民主→みんな→日本維新の会

B型、[略]銀行員、[政]しがらみのない庶民の政治、[趣]テニス・登山・カラオケ、[尊]ガンジー・チャーチル、[銘]為せば成る

すず き あつし 鈴木敦 教　[比]南関東	国民→教育(23.11)

A型、[略]政党職員、[政]防災・労働・外交、[趣]温泉、[尊]乃木希典

すず き えい けい 鈴木英敬 自[無]　三重4	自民[無]

A型、[略]三重県知事、[政]地方創生、エネルギー、防災、少子化、[趣]子育て、読書、[尊]坂本龍馬、[銘]夢なき者に成功なし（吉田松陰）

すず き けい すけ **鈴木馨祐** 自[麻]　神奈川7	自民[麻]

A型、[略]大蔵省、[政]外交・財政・金融・環境、[趣]スポーツ

すず き しゅん いち **鈴木俊一** 自[麻]　岩手2	自民[麻]

B型、[略]全漁連、[政]社会保障・農林水産、[趣]ゴルフ

すず き じゅん じ **鈴木淳司** 自[無]　愛知7	自民[無]

[略]松下政経塾・瀬戸市議

すず き たか こ **鈴木貴子** 自[茂]　[比]北海道	新党大地→民主(14.11)→無所属(16.3)→自民[茂](17.9)

[略]NHK長野放送局ディレクター

すず き のり かず **鈴木憲和** 自[茂]　山形2	自民[茂]

[略]農水省、[尊]上杉鷹山公、[銘]現場が第一

すず き はや と **鈴木隼人** 自[茂]　東京10	自民[茂]

[略]経済産業省課長補佐、[政]経済政策・社会保障、[趣]スキー・テニス・読書・写真

すず き よう すけ **鈴木庸介** 立　[比]東京	立憲

O型、[略]会社経営、[政]格差是正、[趣]熱帯魚飼育、[尊]両親、[銘]人間万事塞翁が馬

すず き よし ひろ **鈴木義弘** 国　[比]北関東	日本維新の会→維新の党→改革結集の会→民進→希望→国民

O型、[略]県議、参議院議員秘書、[政]経済産業振興と教育改革、[趣]読書、音楽鑑賞、ゴルフ、[尊]土屋義彦、[銘]熟慮断行

すみ よし ひろ き **住吉寛紀** 維　㊟近畿	日本維新の会

㊔兵庫県議

せ と たか かず **瀬戸隆一** 自[麻]　㊟四国繰	自民[麻]

O型、㊔総務省、㊟少林寺拳法、㊟大平正芳、㊟信なくば立たず

せき よし ひろ **関　芳弘** 自[無]　兵庫3	自民[無]

B型、㊔三井住友銀行上席推進役、㊟経済、㊟囲碁・将棋・卓球、㊟坂本龍馬、㊟愛と緑と商売繁盛

そら もと せい き **空本誠喜** 維　㊟中国	民主→無所属→日本維新の会

A型、㊔（株）東芝の技術者、㊟エネルギー、㊟スキー指導員、㊟安心立命

りょう **たがや　亮** れ　㊟南関東	生活の党→民進→れいわ新選組

B型、㊔会社経営、㊟経済、農政、国土交通、㊟DJ、スポーツ、㊟両親、田中角栄、小沢一郎、㊟人間万事塞翁が馬

た じま かなめ **田嶋　要** 立　千葉1	民主→民進(16.3)→希望(17.10)→無所属(18.5)→立憲(20.9)

O型、㊔NTT社員、㊟経済産業・エネルギー・情報通信、㊟畑・自転車・旅行・声楽と指揮・ダイビング・読書

た どころ よし のり **田所嘉徳** 自[無]　㊟北関東	自民[無]

A型、㊔茨城県議・法務博士・特定行政書士・一級建築士、㊟サイクリング、㊟百術は一誠に如かず

た なか かず のり **田中和徳** 自[麻]　神奈川10	自民[麻]

B型、㊔川崎市議・神奈川県議、㊟再犯防止の推進・環境教育の推進、㊟切手収集・読書・旅行・スポーツ

田中　健（たなか けん） 国　(比)東海	民主→民進→希望→国民

O型、(略)銀行員、区議、都議、(政)中小企業、地域振興、教育、(趣)映画鑑賞、(尊)後藤新平、(銘)人事を尽くして天命を待つ

田中英之（たなか ひでゆき） 自[無]　(比)近畿	自民[無]

AB型、(略)京都外大職員・京都市議、(政)文部科学・国土交通・厚労

田中良生（たなか りょうせい） 自[無]　埼玉15	自民[無]

AB型、(略)蕨ケーブルビジョン会長、(政)成長戦略・憲法改正・教育改革・中小企業対策、(趣)浦和レッズ・水泳・スキー、(尊)上杉鷹山、(銘)義を見てせざるは勇なきなり

田野瀬太道（たのせ たいどう） 自[無]　奈良3	自民→無所属(21.2)→自民[無](21.10)

(略)社会福祉法人理事長・㈳橿原青年会議所理事長・衆議院議員秘書、(政)文教、林野関係、科学技術、首都機能移転、(趣)登山・読書・音楽鑑賞・柔道3段

田畑裕明（たばた ひろあき） 自[無]　富山1	自民[無]

A型、(略)会社員・市議・県議、(政)社会保障制度改革、(趣)ウォーキング、(銘)雲外蒼天

田村貴昭（たむら たかあき） 共　(比)九州	共産

A型、(略)北九州市議会議員、(政)農林水産・財金・災害対策、(趣)おつまみ作り

田村憲久（たむら のりひさ） 自[無]　三重1	自民[無]

B型、(略)田村元衆院議員秘書、(政)社会保障・教育・福祉・環境、(趣)柔道初段・読書

平　将明（たいら まさあき） 自[無]　東京4	自民[無]

A型、(略)東京JC理事長・会社社長

高市早苗（たかいち さなえ） 自[無]　奈良2	無所属→自由(94.4)→新進(94.12)→無所属(96.11)→自民[無](96.12)

A型、[略]松下政経塾・大学教授、[政]憲法・産業政策、[趣]スキューバダイビング、[尊]松下幸之助・両親、[銘]高い志・広い眼・深い心

髙階恵美子（たかがい えみこ） 自[無]　[比]中国	自民[無]

O型、[略]日本看護協会常任理事

髙木啓（たかぎ けい） 自[無]　[比]東京	自民[無]

B型、[略]区議・都議、[政]地方自治・中小企業等産業振興・社会保障、[趣]映画鑑賞・街歩き、[尊]東郷平八郎、[銘]百折不撓

髙木毅（たかぎ つよし） 自[無]　福井2	自民[無]

A型、[略]高木商事社長・JC北信越会長、[政]国土交通・エネルギー・安全保障、[趣]スポーツ観戦・歌舞伎鑑賞・ゴルフ、[銘]意志あれば道あり

高木宏壽（たかぎ ひろひさ） 自[無]　北海道3	自民[無]

A型、[略]コンサルタント、北海道議、[政]社会保障、安全保障、財務金融、[趣]ジャズピアノ、サーキット走行、読書、[尊]石橋湛山、白洲次郎、[銘]原則と良識、継続は力なり

高木陽介（たかぎ ようすけ） 公　[比]東京	公明→新進(94.12)→平和(98.1)→公明(98.11)

A型、[略]毎日新聞記者、[政]国土交通、[趣]写真

髙鳥修一（たかとり しゅういち） 自[無]　[比]北陸信越	自民[無]

B型、[略]衆院議員秘書、[政]福祉・医療の充実、[趣]スキー・テニス・ギター・空手錬士五段

高橋千鶴子（たかはし ちづこ） 共　[比]東北	共産

[略]高校教諭・青森県議、[政]厚生労働・震災復興・災害対策・教育・農林水産業問題、[趣]イラスト

議員	経歴
たか はし ひで あき **高橋英明** 維　(比)北関東	自民→日本維新の会

AB型、(略)会社役員、(政)行政改革、(趣)ボクシング、サッカー、読書etc、(尊)吉田松陰、(銘)知行合一

議員	経歴
たか み やす ひろ **高見康裕** 自[茂]　島根2	自民[茂]

A型、(略)島根県議会議員、(政)地方創生、(趣)家族と散歩すること、(尊)坂本龍馬、(銘)人事を尽くして天命を待つ

議員	経歴
たけ うち ゆずる **竹内　譲** 公　(比)近畿	公明→新進→公明

A型、(略)銀行員、(政)経済・金融、(趣)読書・ボーカル・囲碁

議員	経歴
たけ い しゅん すけ **武井俊輔** 自[無]　(比)九州	自民[無]

O型、(略)楽天社員・宮崎交通社員、(政)公共交通政策、(趣)鉄道旅行・古城巡り

議員	経歴
たけ だ りょう た **武田良太** 自[無]　福岡11	無所属→自民(04.6)→無所属(05.10)→自民[無](06.12)

B型、(略)衆院議員秘書、(政)外交安全保障・エネルギー問題、(趣)ゴルフ、(銘)正気堂々

議員	経歴
たけ べ あらた **武部　新** 自[無]　北海道12	自民[無]

B型、(略)衆公設秘書・銀行員、(趣)剣道・スポーツ全般・犬の散歩

議員	経歴
たけ むら のぶ ひで **武村展英** 自[無]　滋賀3	自民[無]

A型、(略)公認会計士、(政)中小企業・環境・消費者問題、(趣)テニス

議員	経歴
たちばな けい いち ろう **橘　慶一郎** 自[無]　富山3	自民[無]

A型、(略)高岡市長、(政)地方自治、(趣)家族とのだんらん

棚橋泰文（たなはし やすふみ） 自[麻]　岐阜2	自民[麻]

O型、(略)通産省課長補佐・弁護士、(趣)サッカー・読書・ジョギング

谷公一（たに こういち） 自[無]　兵庫5	自民[無]

A型、(略)衆院議員秘書・兵庫県政策室長、(政)復興・防災・自治、(趣)歌舞伎鑑賞・山歩き、(尊)齊藤隆夫

谷川とむ（たにがわ とむ） 自[無]　(比)近畿	自民[無]

B型、(略)参院議員秘書、(政)地方創生・教育・社会保障、(趣)テニス

玉木雄一郎（たまき ゆういちろう） 国　香川2	民主→民進(16.3)→希望(17.9)→国民(18.5)→国民(20.9)

O型、(略)財務省、(政)行政改革・農林水産、(趣)カラオケ

津島淳（つしま じゅん） 自[茂]　(比)東北	自民[茂]

A型、(略)議員秘書・会社員、(政)国交全般・農水・エネルギー政策・社会保障、(趣)乗り鉄・撮り鉄・読書、(尊)坂本龍馬・大平正芳

塚田一郎（つかだ いちろう） 自[麻]　(比)北陸信越	自民[麻]

AB型、(略)議員秘書、(政)地方分権、インフラ整備、拉致問題、(趣)掃除・洗濯、(尊)塚田十一郎、(銘)一志一道

辻清人（つじ きよと） 自[無]　東京2	自民[無]

O型、(略)民間会社社員・研究所職員、(政)経済・外交、(趣)落語鑑賞・野球観戦・銭湯巡り、(尊)新渡戸稲造・深谷隆司、(銘)至誠天に通ず

土田慎（つちだ しん） 自[麻]　東京13	自民[麻]

(略)参議院議員秘書、(趣)剣道、(尊)上杉鷹山、(銘)為せば成る　為さねば成らぬ何事も　成らぬは人の為さぬなりけり

土屋品子（つちや しなこ） 自［無］　埼玉13	無所属→無所属の会(99.12)→自民［無］(01.9)

O型、(略)料理研究家・フラワーアーティスト

堤　かなめ（つつみ かなめ） 立　福岡5	民主→民進→立憲

A型、(略)大学教員、(政)少子化対策（子育て支援）、ジェンダー平等、(趣)山歩き、ヨガ、(尊)緒方貞子、(銘)至誠通天

角田秀穂（つのだ ひでお） 公　(比)南関東	公明

A型、(略)水道産業新聞記者、(政)防災・減災・働き方改革、(趣)登山・読書、(尊)上杉鷹山、(銘)我以外皆我師

手塚仁雄（てづか よしお） 立　東京5	日本新党→無所属→民主→民進→立憲(17.10)→立憲(20.9)

O型、(趣)高校野球観戦、(尊)野田佳彦、(銘)屈伸

寺田　学（てらた まなぶ） 立　(比)東北	民主→民進(16.3)→希望(17.9)→無所属(18.5)→立憲(20.9)

A型、(略)内閣総理大臣補佐官、(政)地域活性化、(趣)登山・自転車、(尊)後藤田正晴

寺田　稔（てらだ みのる） 自［無］　広島5	自民［無］

AB型、(略)財務省、(政)財政・防衛、(趣)テニス・ウォーキング・読書・カラオケ

土井　亨（どい とおる） 自［無］　宮城1	自民［無］

(略)宮城県議

冨樫博之（とがし ひろゆき） 自［無］　秋田1	自民［無］

(略)秋田県議会議長、(趣)ゴルフ・釣り

とかい きさぶろう **渡海紀三朗** 自[無]　兵庫10	自民→さきがけ(93.7)→自民[無](00.6)

AB型、[略]一級建築士・外相秘書、[政]科学技術・文教・建設、[趣]読書、音楽・映画鑑賞、カラオケ

とく なが ひさ し **徳永久志** 教　[比]近畿	民主→民進→希望→国民→立憲→無所属(23.7)→教育(23.11)

O型、[略]参議院議員、滋賀県議、[政]外交・安全保障、[趣]スポーツ観戦、[銘]狭き門より入れ

なか がわ たか もと **中川貴元** 自[麻]　[比]東海	自民[麻]

A型、[略]名古屋市議、[政]財政、金融、経済産業、社会保障、子育て支援、地方自治、[趣]ウォーキング、[銘]初心生涯

なか がわ ひろ まさ **中川宏昌** 公　[比]北陸信越	公明

O型、[略]県議、長野銀行、[政]地方創生、観光対策、[趣]詩吟、剣舞、[尊]上杉鷹山、[銘]まさに苦労は買ってせよ

なか がわ まさ はる **中川正春** 立　[比]東海	新進→国民の声(98.1)→民政(98.1)→民主(98.4)→民進(16.3)→無所属(18.5)→立憲(19.9)→立憲(20.9)

AB型、[略]国際交流基金・三重県議（3期）、[政]経済・外交、[趣]読書・ガーデニング・釣り・山歩き・オカリナ、[銘]和して同ぜず

なか がわ やす ひろ **中川康洋** 公　[比]東海	公明

[略]県議・市議、[政]子育て・教育・環境・地方自治、[趣]読書、山登り、[尊]周恩来夫妻、[銘]人間主義の政治

なか がわ ゆう こ **中川郁子** 自[麻]　[比]北海道	自民[麻]

O型、[略]北海道第11選挙区支部長、[政]農林水産業、商工業、建設業、[趣]スポーツ、[尊]中川昭一、[銘]真実一路

なか じま かつ ひと **中島克仁** 立　[比]南関東	みんな→民主(14.11)→民進(16.3)→無所属(17.10)→立憲(20.9)

O型、[略]医師、[政]医療・福祉、[趣]ラグビー・サッカー・野球・時計、[尊]父

なかじま ひでき **中嶋秀樹** 維　[比]近畿繰	日本維新の会

O型、[略]会社経営、[政]地方分権・経済、[趣]雅楽・映画鑑賞、[尊]西郷隆盛・秋山真之、[銘]一意専心

なかそねやすたか **中曽根康隆** 自[無]　群馬1	自民[無]

O型、[略]会社員・参議院議員秘書、[政]外交・安保・少子化対策、[趣]読書・ゴルフ、[銘]自我作古

なかたに かずま **中谷一馬** 立　[比]南関東	立憲→立憲(20.9)

B型、[略]神奈川県議・IT企業執行役員・首相秘書、[政]経済・デジタル・子育て教育・社会保障、[趣]旅行・料理、[尊]オードリー・タン、[銘]一隅を照らす

なかたに げん **中谷元** 自[無]　高知1	自民[無]

A型、[略]陸上自衛官、加藤紘一・今井勇・宮沢喜一各衆院議員秘書、厚相秘書、[政]安全保障・農林水産・情報通信、[趣]ラグビー・読書・囲碁、[銘]信念・凛

なかたに しんいち **中谷真一** 自[茂]　山梨1	自民[茂]

AB型、[略]元自衛官、[政]安全保障・農林水産、[趣]ラグビー・読書、[尊]ネルソン・マンデラ、リンカーン

なかつか ひろし **中司宏** 維　大阪11	自民→無所属→日本維新の会

A型、[略]新聞記者、市長、府議、[政]地方分権改革、[尊]聖徳太子、[銘]人間万事塞翁が馬

なかにし けんじ **中西健治** 自[麻]　神奈川3	みんな→無所属(14.11)→自民[麻](16.7)

B型、[略]JPモルガン証券副社長、[趣]ランニング・水泳・トライアスロン・書道、[銘]いつだって挑戦者

なかね かずゆき **中根一幸** 自[無]　[比]北関東	自民[無]

A型、[略]大学講師・衆議院議員秘書、[政]外交・国交・経済・文教、[趣]テニス・野球・ジョギング・読書

中野英幸（なかの ひでゆき） 自[無]　埼玉7	自民[無](10.11)

B型、(略)会社役員、県議、(政)産業経済、教育・子育て、(趣)音楽鑑賞・スポーツ観戦、(尊)坂本龍馬、(銘)行くに径に由らず

中野洋昌（なかの ひろまさ） 公　兵庫8	公明

(略)国土交通省課長補佐、(銘)基本は力、継続は力なり

中村喜四郎（なかむら きしろう） 立　(比)北関東	自民→無所属(94.3)→改ク(09.10)→無所属(10.4)→立憲(20.9)

B型、(略)田中角栄衆院議員秘書、(趣)読書・スポーツ、(尊)織田信長・勝海舟、(銘)疾風に勁草を知る

中村裕之（なかむら ひろゆき） 自[麻]　北海道4	自民[麻]

O型、(略)北海道議会議員、(政)地域経済・防災・教育、(趣)ゴルフ・読書、(尊)上杉鷹山、(銘)知行合一

中山展宏（なかやま のりひろ） 自[麻]　(比)南関東	自民[麻]

A型、(略)債券ディーラー・国会議員秘書、(政)財政・金融、(趣)ジョギング・料理

永岡桂子（ながおか けいこ） 自[麻]　茨城7	自民[麻]

A型、(略)主婦、(政)信頼できる政治の確立、(趣)水泳・テニス・音楽鑑賞

長坂康正（ながさか やすまさ） 自[麻]　愛知9	自民[麻]

A型、(略)総理大臣秘書、(政)事前防災・福祉・中小企業振興、(趣)歴史探訪・観劇・美術鑑賞・ご当地グルメ・スポーツ観戦、(尊)伊能忠敬・海部俊樹、(銘)理想は高く姿勢は低くいつも心に太陽を持って

長島昭久（ながしま あきひさ） 自[無]　(比)東京	民主→民進(16.3)→無所属(17.4)→希望(17.9)→無所属(18.5)→自民[無](19.6)

A型、(略)米外交問題評議会上席研究員、(政)外交・安全保障、(趣)水泳・スケート観戦、(尊)西郷隆盛、(銘)命もいらず、名もいらず、官位も金も望まぬ者ほど御し難きものはなし。しかれども、この御し難き者にあらざれば、国家の大業を計るべからず

長妻　昭（ながつま　あきら） 立　東京7	民主→民進(16.3)→立憲(17.10)→立憲(20.9)

AB型、[略]日経ビジネス誌記者・NEC、[政]すべての人に「居場所」と「出番」のある社会の実現、[趣]読書・カラオケ・散歩、[尊]徳川家康、[銘]而今・至誠通天

長友慎治（ながとも　しんじ） 国　[比]九州	国民

AB型、[略]NPO法人理事長、[政]中小企業支援、農林水産業、地方創生、[趣]登山、アウトドア、[尊]安井息軒、[銘]縁尋機妙　多逢聖因

二階俊博（にかい　としひろ） 自[無]　和歌山3	自民→新生(93.6)→新進(94.12)→自由(98.1)→保守(00.4)→保新(02.12)→自民[無](03.11)

B型、[略]和歌山県議、[政]国土交通・観光・農業等、[趣]読書・サイクリング

仁木博文（にき　ひろぶみ） 自[麻]　徳島1	民主→無所属→自民[麻]

O型、[略]産婦人科医・医学博士、[政]厚生労働分野全般、[趣]映画鑑賞、[尊]ジョン・F・ケネディ、[銘]一期一会

丹羽秀樹（にわ　ひでき） 自[無]　愛知6	自民[無]

O型、[略]証券会社員、[政]経済対策・教育・福祉・農業・環境、[趣]読書・茶道・アーチェリー・登山・スポーツ観戦、[銘]無信不立

西岡秀子（にしおか　ひでこ） 国　長崎1	民主→民進→希望(17.9)→国民(18.5)→国民(20.9)

[略]国会議員秘書・会社役員、[尊]父 西岡武夫、[銘]一日一生

西田昭二（にしだ　しょうじ） 自[無]　石川3	自民[無]

O型、[略]県議会議員、[政]地方の活性化、[趣]ウォーキング、[尊]瓦力 元代議士、[銘]滅私奉公

西野太亮（にしの　だいすけ） 自[無]　熊本2	無所属→自民[無](21.12)

B型、[略]財務省、[銘]一生燃焼、一生感動、一生不悟

西村明宏（にしむら あきひろ）
自[無]　宮城3
自民[無]

(略)大臣秘書官・大学教授、(銘)至誠・和敬

西村智奈美（にしむら ちなみ）
立　新潟1
民主→民進(16.3)→立憲(17.10)→立憲(20.9)

(略)大学非常勤講師・新潟県議、(政)社会保障・地方分権、(趣)料理、山歩き、(尊)両親、(銘)歩く人が多くあればそこが道になる

西村康稔（にしむら やすとし）
自[無]　兵庫9
無所属→自民[無](04.1)

B型、(略)通産省調査官、(政)経済外交政策・行政改革・憲法改正、(趣)秘境巡り・マラソン・写真・映画鑑賞、(銘)断旧立新

西銘恒三郎（にしめ こうざぶろう）
自[無]　沖縄4
自民[無]

AB型、(略)知事秘書・県議4期、(政)安全保障・社会保障・中小企業振興・農林水産業、(趣)ウォーキング・史跡巡り

額賀福志郎（ぬかが ふくしろう）
無　茨城2
自民→無所属(23.10)

O型、(略)産経新聞記者・茨城県議、(政)安全保障・経済財政・社会保障・教育、(趣)ゴルフ・読書、(銘)福志大道

根本匠（ねもと たくみ）
自[無]　福島2
自民[無]

A型、(略)建設省、(政)復興・社会保障・金融・財政・農政、(趣)水泳・読書、(尊)後藤新平、(銘)自ら計らわず・疾風に勁草を知る

根本幸典（ねもと ゆきのり）
自[無]　愛知15
自民[無]

AB型、(略)豊橋市議会議員2期、(政)農業政策、(趣)読書・音楽観賞、(銘)義を見てせざるは勇なき也

野田聖子（のだ せいこ）
自[無]　岐阜1
自民→無所属(05.8)→自民[無](06.12)

A型、(略)岐阜県議、(政)少子化対策・情報通信、(趣)読書・映画鑑賞

野田佳彦（のだ よしひこ） 立　千葉4	日本新党→新進(94.12)→無所属→民主(98.12)→民進(16.3)→無所属(18.5)→立憲(20.9)

B型、㊙松下政経塾・千葉県議、㊚読書・格闘技観戦

野中厚（のなか あつし） 自[茂]　㊎北関東	自民[茂]

B型、㊙埼玉県議会議員、㊐教育・福祉・農業・安全保障、㊚野球・旅行

野間健（のま たけし） 立　鹿児島3	国民新党→希望→国民→立憲

O型、㊙商社員、大臣秘書官、㊐農林水産、地方分権、㊚ジャズ鑑賞、㊕西郷隆盛、㊗敬天愛人

長谷川淳二（はせがわ じゅんじ） 自[無]　愛媛4	自民[無]

O型、㊙総務省課長・愛媛県副知事、㊐地方創生・農林水産、㊚マラソン（サブ3ランナー）、㊕中曽根康弘、㊗念ずれば花開く

葉梨康弘（はなし やすひろ） 自[無]　茨城3	自民[無]

㊙警察庁理事官

馬場伸幸（ばば のぶゆき） 維　大阪17	自民→日本維新の会→維新の党(14.9)→おおさか維新の会(15.12)→日本維新の会(16.8)

O型、㊙堺市議会議長・秘書、㊐憲法改正・統治機構改革、㊚仕事・美味しいものをたべる事

馬場雄基（ばば ゆうき） 立　㊎東北	立憲

B型、㊙三井住友信託銀行、㊐復興・経済・環境・自治、㊚温泉めぐり、㊕松下幸之助・徳川家康、㊗為すべきことを為す

萩生田光一（はぎうだ こういち） 自[無]　東京24	自民[無]

AB型、㊙市議・都議、㊐教育・科学技術、㊚映画・読書・スポーツ（観戦も）、㊗ONE FOR ALL, ALL FOR ONE

はし もと がく **橋 本 岳** 自[茂] 岡山4	自民[茂]

A型、[略]三菱総研研究員、[政]情報通信・社会保障・経済活性化、[趣]読書・山歩き、[尊]橋本龍太郎

はと やま じ ろう **鳩 山 二 郎** 自[無] 福岡6	自民[無]

O型、[略]大川市長、[趣]音楽鑑賞・映画鑑賞

はま だ やす かず **浜 田 靖 一** 自[無] 千葉12	自民[無]

B型、[略]渡辺美智雄蔵相秘書官・浜田幸一衆院議員秘書、[趣]ゴルフ

はま ち まさ かず **濵 地 雅 一** 公 [比]九州	公明

[略]弁護士

はや さか あつし **早 坂 敦** 維 [比]東北	みんな→維新の党→日本維新の会

AB型、[略]児童指導員、[政]子育て支援、若者文化推進、[趣]映画鑑賞、トレーニング、[尊]坂本龍馬、[銘]念ずれば花開く

はやし もと お **林 幹 雄** 自[無] 千葉10	自民[無]

A型、[略]林大幹衆院議員秘書・千葉県議、[趣]映画鑑賞

はやし ゆ み **林 佑 美** 維 和歌山1補	日本維新の会

[略]和歌山市議、[政]教育、[趣]散歩

はやし よし まさ **林 芳 正** 自[無] 山口3	自民[無]

B型、[略]三井物産・林義郎衆院議員秘書、[趣]テニス・音楽・ゴルフ

原口 一博（はらぐち かずひろ） 立 佐賀1	新進→国民の声(98.1)→民政(98.1)→民主(98.4)→民進(16.3)→国民(18.5)→立憲(20.9)

A型、(略)松下政経塾・佐賀県議、(政)財政・金融・外交・安保・教育、(趣)読書・絵画・詩・スポーツ全般、(尊)マザー・テレサ、ガンジー、松下幸之助

伴野 豊（ばんの ゆたか） 立 (比)東海	国民→立憲(20.9)

A型、(略)JR東海、(政)コロナ時代の生活を立て直す、(趣)映画鑑賞、(尊)坂本龍馬、(銘)人間万事塞翁が馬

平井 卓也（ひらい たくや） 自[無] (比)四国	無所属→自民[無](00.12)

O型、(略)電通・高松中央高校理事長、(政)情報通信・エネルギー、(趣)読書・ギター

平口 洋（ひらぐち ひろし） 自[茂] 広島2	自民[茂]

A型、(略)国土交通省河川局次長、(政)行財政改革、(趣)水泳・尺八・音楽、(尊)灘尾弘吉

平沢 勝栄（ひらさわ かつえい） 自[無] 東京17	自民[無]

A型、(略)警視庁防犯部長・警察庁官房審議官・防衛庁官房審議官

平沼 正二郎（ひらぬま しょうじろう） 自[無] 岡山3	無所属→自民[無](21.11)

A型、(略)ＩＴ会社役員、(政)憲法改正・安全保障・選挙制度改革・国土強靭化・地方創生、(趣)読書・弓道（参段）、(尊)盛田昭夫、(銘)義を見てせざるは勇なきなり

平林 晃（ひらばやし あきら） 公 (比)中国	公明

A型、(略)大学教授、(政)デジタル・地方創成、(趣)ギター・読書、(尊)坂本龍馬、(銘)初心不可忘

深澤 陽一（ふかざわ よういち） 自[無] 静岡4	自民[無]

B型、(略)静岡県議会議員、(政)国交・経産・農水・地方創生、(趣)スポーツ・映画鑑賞、(尊)前野良沢、(銘)狂愚誠に愛すべし

ふく しげ たか ひろ **福重隆浩** 公　[比]北関東	公明

A型、[略]県議、[政]福祉教育・地方創生、[趣]読書（歴史小説）、[尊]坂本龍馬、[銘]努力は人を裏切らない

ふく しま のぶ ゆき **福島伸享** 無(有志)　茨城1	民主→民進→希望→無所属

A型、[略]経済産業省、[政]農業政策・エネルギー・行政改革、[趣]家庭菜園・料理・釣り・[銘]知行合一

ふく だ あき お **福田昭夫** 立　栃木2	民主→民進(16.3)→立憲(18.5)→立憲(20.9)

A型、[略]今市市長・栃木県知事、[政]経済・財政・雇用の健全化と地方の活性化、[趣]野球・ソフトボール・囲碁・読書、[尊]二宮尊徳・上杉鷹山、[銘]至誠勤労・分度推譲・積小為大

ふく だ たつ お **福田達夫** 自[無]　群馬4	自民[無]

A型、[略]商社員、[政]中小企業政策・労働政策・農政、[趣]人の話を聞く・読書、[尊]保科正之、[銘]成徳達材

ふじ い ひ さ ゆき **藤井比早之** 自[無]　兵庫4	自民[無]

[略]彦根市副市長、[政]景気回復・地方創生、[趣]水泳・テニス・B級グルメ

ふじ おか たか お **藤岡隆雄** 立　[比]北関東	立憲

B型、[略]金融庁課長補佐、[政]人口減少対策・消費税減税、[趣]読書（歴史小説を読む）、スウィーツ探索、[尊]吉田松陰・二宮尊徳、[銘]志に生きる

ふじ た ふみ たけ **藤田文武** 維　大阪12	日本維新の会

A型、[略]会社役員、[政]社会保障、[趣]ラグビー、[尊]父、[銘]着眼大局着手小局

ふじ まき けん た **藤巻健太** 維　[比]南関東	日本維新の会

B型、[略]みずほ銀行員、[政]金融・経済・文化・スポーツ、[趣]サッカー観戦・映画鑑賞・旅、[尊]橋下徹、[銘]七転び八起き

ふじ まる さとし **藤 丸 敏** 自[無] 福岡7	自民[無]

A型、[略]衆議院議員秘書、[趣]柔道、剣道

ふじ わら たかし **藤 原 崇** 自[無] 岩手3	自民[無]

[略]弁護士・参議院議員秘書

ふとり ひで し **太 栄 志** 立 神奈川13	民主→民進→希望→国民→立憲

B型、[略]衆議院議員秘書・米研究所員、[政]外交安全保障・社会保障・教育、[趣]神輿担ぎ・ラグビー・ランニング、[尊]西郷隆盛、[銘]命もいらず、名もいらず、官位も金もいらぬ者でなければ国家の大業は成し得ない

ふな だ はじめ **船 田 元** 自[無] 栃木1	自民→新生(93.6)→新進(94.12)→無所属(96.9)→自民[無](97.1)

O型、[略]学校法人理事長、[政]憲法・科学技術・文教、[趣]天文

ふる かわ なお き **古 川 直 季** 自[無] 神奈川6	自民[無]

A型、[略]横浜市会議員、[政]地方分権・地方自治、[趣]サッカー・ゴルフ・合氣道、[尊]伊能忠敬、[銘]人間万事塞翁が馬

ふる かわ もと ひさ **古 川 元 久** 国 愛知2	民主→民進(16.3)→希望(17.9)→国民(18.5)→国民(20.9)

A型、[略]大蔵省、[政]年金・税制・医療・エネルギー・IT

ふる かわ やすし **古 川 康** 自[茂] [比]九州	自民[茂]

A型、[略]佐賀県知事、[政]地方創生・交通・障碍福祉、[趣]読書・旅行・映画鑑賞

ふる かわ よし ひさ **古 川 禎 久** 自[無] 宮崎3	無所属→自民(03.11)→無所属(05.8)→自民[無](06.12)

O型、[略]建設省・衆院議員秘書、[趣]旅・海とヨット・樹木

古屋圭司（ふるや けいじ） 自[無]　岐阜5	自民→無所属(05.8)→自民[無](06.12)

B型、(略)大正海上（現三井住友海上）火災・古屋亨自治相秘書官、(政)国土強靭化・IT・エネルギー・外交、(趣)クラリネット演奏・音楽鑑賞・モータースポーツ、(銘)人事を尽くして天命を待つ

古屋範子（ふるや のりこ） 公　(比)南関東	公明

A型、(略)会社員、(趣)ガーデニング・スポーツ観戦・音楽鑑賞

穂坂泰（ほさか やすし） 自[無]　埼玉4	自民[無]

A型、(略)法人役員、(政)環境・介護・福祉、(趣)カラオケ・ボーリング、(尊)父、(銘)まずやってみる

星野剛士（ほしの つよし） 自[無]　(比)南関東	自民[無]

B型、(略)神奈川県議会議員、(政)経済・外交・社会保障、(趣)読書・ゴルフ

細田健一（ほそだ けんいち） 自[無]　新潟2	自民[無]

O型、(略)経産省職員、(政)経済産業・エネルギー、(趣)読書・カラオケ、(銘)過去は及ばず、未来は知れず、今この時に全力を尽くせ

細野豪志（ほその ごうし） 自[無]　静岡5	民主→民進(16.3)→無所属(17.8)→希望(17.9)→無所属(18.5)→自民[無](21.11)

AB型、(略)三和総合研究所研究員、(政)外交・安全保障・エネルギー、(趣)囲碁

堀井学（ほりい まなぶ） 自[無]　(比)北海道	自民[無]

O型、(略)元道議会議員（2期）、(政)国交・農水・安全保障・外交・地方行政、(趣)冷水で体を清める、(尊)安倍晋三、(銘)下座に生きる

堀内詔子（ほりうち のりこ） 自[無]　山梨2	自民[無]

A型、(政)熱中症対策・食ロス削減による地球温暖化対策・医療介護福祉子育て政策・食料産業政策・女性活躍政策、(趣)テニス・読書・書道、(銘)一言芳恩

堀場幸子（ほりば さちこ） 維　[比]近畿	日本維新の会

O型、[略]アンガーマネジメント講師、[政]子育て・働き方・教育、[趣]ジオパーク巡り、[尊]空海、[銘]日々是精進也

掘井健智（ほりい けんじ） 維　[比]近畿	日本維新の会

AB型、[略]市議・県議、[政]教育・財政・農政、[趣]似顔絵・カラオケ、[尊]橋本左内・田中角栄、[銘]知行合一

本庄知史（ほんじょう さとし） 立　千葉8	立憲

A型、[略]衆議院議員秘書、[政]経済・雇用、環境・エネルギー、少子高齢化問題、税財政、外交、[趣]テニス、[尊]オットー・フォン・ビスマルク、[銘]意志あるところに道は開ける

本田太郎（ほんだ たろう） 自[無]　京都5	自民[無]

A型、[略]京都府議、[政]地方創生、[趣]水泳、[尊]谷垣禎一、[銘]実るほど頭を垂れる稲穂かな

馬淵澄夫（まぶち すみお） 立　奈良1	民主→民進(16.3)→希望→無所属→国民(20.6)→立憲(20.9)

B型、[略]会社役員、[政]国土交通・税制改革・社会保障・エネルギー政策、[趣]料理・サーフィン、[銘]不易流行

前原誠司（まえはら せいじ） 教　京都2	日本新党→無所属(94.5)→さきがけ(94.7)→民主(96.9)→民進(16.3)→希望(17.11)→国民(18.5)→国民(20.9)→教育(23.11)

A型、[略]松下政経塾・京都府議、[政]外交・安保、[趣]野球・ドライブ・旅行、[銘]至誠、天命に生きる

牧義夫（まき よしお） 立　[比]東海	民主→国民の生活が第一(12.7)→未来(12.11)→生活の党→無所属(13.4)→結いの党→維新の党→民進(16.3)→希望(17.9)→国民(18.5)→立憲(20.9)

O型、[略]衆議院議員秘書、[政]社会保障・教育、[趣]ピアノ演奏

牧島かれん（まきしま かれん） 自[麻]　神奈川17	自民[麻]

B型、[略]大学客員教授、[政]外交・教育・デジタル化推進・観光行政、[趣]映画鑑賞・SUDOKU

[衆]プロフィール　ほ・ま

まき はら ひで き **牧 原 秀 樹** 自[無] (比)北関東	自民[無]

B型、(略)弁護士、(政)経済・国際経済、(趣)旅行・読書、(銘)たゆまぬ努力、意志あるところに道がある

まつ き **松木けんこう** 立 北海道2	民主→新党大地→維新の党→民進(16.3)→希望→立憲

B型、(略)会社役員・大学理事長、(政)SDGs全般、(趣)切手収集（子供の頃から）・読書・釣り、(尊)藤波孝生、(銘)至誠一貫

まつ しま **松島みどり** 自[無] 東京14	自民[無]

A型、(略)朝日新聞記者、(政)中小企業対策・性犯罪の撲滅と被害者の救済・再犯防止、(趣)盆踊り、ラジオ体操、近現代史、バレエ・オペラ・演劇・美術鑑賞、(尊)勝海舟・北里柴三郎、(銘)継続は力なり

まつ の ひろ かず **松 野 博 一** 自[無] 千葉3	自民[無]

A型、(略)松下政経塾、(政)環境・科学・教育、(趣)読書

まつ ばら じん **松 原 仁** 無(立憲) 東京3	民主→民進(16.3)→希望(17.9)→無所属(18.5)→立憲(20.9)→無所属(23.6)

O型、(略)都議（二期）・松下政経塾、(政)拉致問題・人権問題・離島振興対策、(趣)読書・音楽鑑賞・水泳、(尊)松下幸之助、(銘)一処懸命

まつ もと たけ あき **松 本 剛 明** 自[麻] 兵庫11	民主→無所属(15.11)→自民[麻](17.9)

AB型、(略)日本興業銀行・松本十郎防衛庁長官秘書官、(政)経済・財政・社会保障・外交・教育、(趣)水泳・読書・茶道

まつ もと ひさし **松 本 尚** 自[無] 千葉13	自民[無]

O型、(略)医師、(政)危機時における医療体制構築、(趣)読書・ランニング、(銘)学不可以已

まつ もと よう へい **松 本 洋 平** 自[無] (比)東京	自民[無]

O型、(略)UFJ銀行員、(政)財務金融・外交・安全保障、(趣)読書、(銘)今やらねばいつできる、わしがやらねばたれがやる

(衆)プロフィール ま

三木圭恵（みき けえ） 維　(比)近畿	たち日→日本維新の会

A型、(略)市議、(政)教育・安全保障、(趣)ピアノ・書道・料理・スポーツ、(尊)父と母、(銘)無私の奉仕

三反園訓（みたぞの さとし） 無(自民)　鹿児島2	無所属

A型、(略)鹿児島県知事、(政)農業・観光・高齢者・子育て支援、(趣)読書、(尊)西郷隆盛、(銘)世の為人の為

三谷英弘（みたに ひでひろ） 自[無]　(比)南関東	みんな→無所属→自民[無]

A型、(略)弁護士、(政)規制改革、(趣)釣り・マラソン、(尊)大谷刑部吉継・陸奥宗光

三ッ林裕巳（みつばやし ひろみ） 自[無]　埼玉14	自民[無]

A型、(略)医師、(趣)柔道（初段）・剣道（三段）・詩吟（七段）、(尊)後藤新平、(銘)質実剛健

美延映夫（みのべ てるお） 維　大阪4	自民→大阪維新の会→日本維新の会

A型、(略)会社役員、(政)安全保障、(趣)スポーツ観戦、(尊)上杉鷹山、(銘)為せば成る為さねば成らぬ何事も

御法川信英（みのりかわ のぶひで） 自[無]　秋田3	無所属→自民[無](04.9)

A型、(略)銀行員・議員秘書、(政)外交・安全保障・農水、(趣)読書、(尊)毛沢東、マーチン・ルーサー・キング、(銘)至誠通天

岬麻紀（みさき まき） 維　(比)東海	日本維新の会

B型、(略)フリーアナウンサー、(政)教育無償化、(趣)城・神社仏閣・温泉・吊橋巡り、落語、(尊)豊臣秀吉、(銘)微差は大差なり

道下大樹（みちした だいき） 立　北海道1	民主→民進→立憲(17.10)→立憲(20.9)

A型、(略)北海道議・衆院議員秘書、(政)社会保障・教育・憲法、(趣)ミニトマト栽培、(尊)マハトマ・ガンジー、(銘)念ずれば花開く

緑川貴士（みどりかわ たかし） 立　秋田2	民主→民進→希望(17.9)→国民(18.5)→立憲(20.9)

O型、(略)民放アナウンサー、(政)地域の活性化、(趣)津軽三味線・マラソン、(銘)継続は力なり

宮内秀樹（みやうち ひでき） 自[無]　福岡4	自民[無]

A型、(略)衆議院議員秘書、(政)農林水産・国土交通、(趣)ジョギング・スポーツ観戦

宮﨑政久（みやざき まさひさ） 自[茂]　(比)九州	自民[茂]

O型、(略)弁護士、(政)日米地位協定改定・司法改革、(趣)絵本の読み聞かせ・草野球、(尊)両親、(銘)常笑

宮澤博行（みやざわ ひろゆき） 自[無]　(比)東海	自民[無]

B型、(略)磐田市議（3期)、(趣)剣道六段・居合道五段（水鴎流）

宮路拓馬（みやじ たくま） 自[無]　鹿児島1	自民[無]

B型、(略)総務省課長補佐、(政)女性活躍・こども政策・障害福祉・地方創生・農政・エネルギー、(趣)サッカー・手話・消防団

宮下一郎（みやした いちろう） 自[無]　長野5	自民[無]

(略)住友銀行員、(政)財務金融・農林・経産、(趣)手品・写真撮影、(銘)誠実・着眼大局着手小局

宮本岳志（みやもと たけし） 共　(比)近畿	共産

A型、(略)参院議員、(趣)ラグビー・ギター

宮本徹（みやもと とおる） 共　(比)東京	共産

(略)党東京都副委員長

武藤容治（むとうようじ） 自[麻]　岐阜3	自民[麻]

A型、㊫会社役員

務台俊介（むたいしゅんすけ） 自[麻]　㊓北陸信越	自民[麻]

B型、㊫神奈川大学法学部教授・消防庁防災課長・地方創生・防災担当政務官、㊜防災危機管理・地方税財政・地方創生・脱炭素政策、㊡まち歩き・ハイキング、㊢山岡鉄舟、㊣一期一会・疾風勁草

宗清皇一（むねきよこういち） 自[無]　㊓近畿	自民[無]

B型、㊫衆議院議員秘書・大阪府議、㊜教育・財政問題・地方分権、㊡ギター・スキー

村井英樹（むらいひでき） 自[無]　埼玉1	自民[無]

A型、㊫財務省主税局参事官補佐、㊜景気対策・経済成長・子育て教育、㊡野球・サッカー・将棋、㊢吉田茂・大久保利通、㊣和して同ぜず

村上誠一郎（むらかみせいいちろう） 自[無]　愛媛2	自民[無]

A型、㊫河本敏夫衆院議員秘書、㊜財政、㊡ゴルフ・将棋・音楽鑑賞

茂木敏充（もてぎとしみつ） 自[茂]　栃木5	日本新党→無所属(94.12)→自民[茂](95.3)

O型、㊫政治部記者・経営コンサルタント、㊜経済・外交・教育、㊡スポーツ・読書

本村伸子（もとむらのぶこ） 共　㊓東海	共産

B型、㊫参議院議員秘書、㊜憲法・平和、人権、地方行政、国土交通、㊡森林保全・音楽鑑賞

守島正（もりしまただし） 維　大阪2	日本維新の会

O型、㊫大阪市議、㊜都市政策・地方分権、㊡ランニング、㊢島津義弘、㊣知行合一

盛山正仁（もりやま まさひと） 自[無]　(比)近畿	自民[無]

A型、(略)国土交通省部長、(政)法務・国土交通・厚生労働・環境、(趣)スキー・水泳・テニス・料理・写真・ラジオ体操、(尊)西郷隆盛、(銘)一期一会

森英介（もり えいすけ） 自[麻]　千葉11	自民[麻]

B型、(略)川崎重工、(趣)音楽・料理・犬、(銘)人生の最も苦しい、いやな、辛い損な場面を真っ先に微笑をもって担当せよ

森田俊和（もりた としかず） 立　埼玉12	希望→国民(18.5)→立憲(20.9)

B型、(略)県議、(政)教育・介護・保育・地方分権、(趣)鉄道・カラオケ・ものまね・茶道、(尊)勝海舟、(銘)一期一会

森山浩行（もりやま ひろゆき） 立　(比)近畿	民主→立憲(17.10)→立憲(20.9)

(略)関西TV記者、(政)教育・水政策、(趣)読書・映画鑑賞・人と会うこと、(尊)尾崎行雄・三木武夫・野口英世、(銘)有言実行・和而不同

森山裕（もりやま ひろし） 自[無]　鹿児島4	自民→無所属(05.8)→自民[無](06.12)

O型、(略)鹿児島市議、(政)地方自治、(趣)読書

八木哲也（やぎ てつや） 自[無]　愛知11	自民[無]

AB型、(略)会社員・豊田市議・議長、(趣)読書・陶芸

谷田川元（やたがわ はじめ） 立　(比)南関東	民主→民進→希望→国民→立憲(20.9)

O型、(略)千葉県議会議員、(政)地方創生・教育、(趣)将棋・スポーツ観戦・読書、(尊)石橋湛山、(銘)運・縁・念

屋良朝博（やら ともひろ） 立　(比)九州繰	自由→国民(19.4)→立憲(20.9)

AB型、(略)沖縄タイムス記者、(政)安全保障、(趣)旅行・キャンプ・マリンスポーツ、(尊)瀬長亀次郎、(銘)海納百川

やすおか ひろたけ **保岡宏武** 自[無]　(比)九州	自民[無]

ＡＢ型、(略)衆議院議員秘書、(政)地方創生、(趣)フラダンス・SUP・トランペット、(尊)島津斉彬公、マイルス・ディヴィス、(銘)貞観政要

やな かずお **簗　和生** 自[無]　栃木3	自民[無]

Ｏ型、(略)シンクタンク研究員・衆議院議員秘書、(尊)徳川家康、(銘)初心忘るべからず

やなぎもと あきら **柳本　顕** 自[麻]　(比)近畿	自民[麻]

(略)関西電力(株)・大阪市会議員、(政)産業振興・地方自治・労働問題、(趣)舞台鑑賞・作曲・テニス、(尊)柳本豊（父）、(銘)而今

やまおか たつまる **山岡達丸** 立　北海道9	民主→民進(16.3)→希望(17.10)→国民(18.5)→立憲(20.9)

Ａ型、(略)NHK記者、(政)地方経済・医療・農業等、(趣)読書・スキー、(尊)徳川家康、(銘)誠心誠意

やまぎし いっせい **山岸一生** 立　東京9	立憲

Ｏ型、(略)新聞記者、(政)子育て・教育、(趣)料理・家庭菜園・サイクリング、(尊)翁長雄志

やまぎわ だいしろう **山際大志郎** 自[麻]　神奈川18	自民[麻]

Ｏ型、(略)動物病院経営、(政)経済・教育・外交等、(趣)アウトドア・キャンプ

やまぐち しゅんいち **山口俊一** 自[麻]　徳島2	自民→無所属(05.8)→自民[麻](06.12)

Ａ型、(略)徳島県会議員・内閣府特命担当大臣、(政)郵政・情報通信・科学技術・地方自治、(趣)読書

やまぐち すすむ **山口　晋** 自[茂]　埼玉10	自民[茂]

Ａ型、(略)衆議院議員秘書、(政)国土強靭化・エネルギー政策・子育て、(趣)スポーツ（スキー・野球・ゴルフ）、(尊)祖父（川島町長）・菅義偉前総理、(銘)Never Give Up

山口　壮（やまぐち　つよし） 自[無]　兵庫12	無所属→無所属の会(00.11)→民主(05.8)→無所属(14.1)→自民[無](15.1)

A型、[略]外務省、[趣]テニス・スキー、[尊]吉田茂、[銘]心に喜神を含む

山崎　誠（やまざき　まこと） 立　[比]南関東	民主→みどりの風→未来→立憲(17.10)→立憲(20.9)

A型、[略]横浜市議・日揮㈱・㈱熊谷組、[政]環境・エネルギー・地域活性化、[趣]自転車・トロンボーン演奏・音楽・絵画鑑賞・アウトドア、[尊]緒方貞子、[銘]誠心誠意

山崎正恭（やまさき　まさやす） 公　[比]四国	公明

[略]高知県議

山下貴司（やました　たかし） 自[茂]　岡山2	自民[茂]

A型、[略]弁護士・検事・外交官・慶應大講師、[政]規制改革・地方創生・外交、[趣]ライブ鑑賞・ジョギング・カラオケ、[銘]人生意気に感ず

山田勝彦（やまだ　かつひこ） 立　[比]九州	立憲

O型、[略]衆議院議員秘書・障がい福祉施設代表、[政]農林水産・福祉政策・離島振興、[趣]野球、[尊]西郷隆盛、[銘]義を見てせざるは勇無きなり

山田賢司（やまだ　けんじ） 自[麻]　兵庫7	自民[麻]

A型、[略]銀行員、[政]経済、外交・安全保障、教育、[趣]グラウンドゴルフ、[銘]日々感謝

山田美樹（やまだ　みき） 自[無]　東京1	自民[無]

AB型、[略]通産省・内閣官房・ボストンコンサルティング・エルメスジャポン、[政]経済・成長戦略、税・社会保障、健康医療、外交、[趣]旅行・お祭り

山井和則（やまのい　かずのり） 立　京都6	民主→民進(16.3)→希望(17.9)→国民(18.5)→無所属(19.6)→立憲(20.9)

A型、[略]松下政経塾・大学講師、[政]社会保障（高齢者・障害者・児童）、[趣]卓球、ネコの世話、おいしいお茶を飲むこと・いれること、[尊]キング牧師、マザー・テレサ

やま もと ごう せい **山本剛正** 維 [比]九州	日本新党→民主→民進→立憲→日本維新の会

[略]衆議院議員秘書、[政]地方分権、[趣]ラグビー、[尊]祖父、[銘]柳緑花紅

やま もと さ こん **山本左近** 自[麻] [比]東海	自民[麻]

A型、[略]F1ドライバー、医療法人・社会福祉法人理事、[政]医療福祉介護・自動車・クリーンエネルギー、[趣]音楽・読書・スポーツ全般・茶道、[尊]父親、スティーブ・ジョブズ、[銘]人間は自己実現不可能な夢は思い描かない

やまもと **山本ともひろ** 自[無] [比]南関東	自民[無]

[略]会社員・松下政経塾

やま もと ゆう じ **山本有二** 自[無] [比]四国	自民[無]

A型、[略]弁護士、[政]社会資本整備・環境・金融経済、[趣]ジョギング・テニス・ゴルフ・読書・音楽

ゆ はら しゅん じ **湯原俊二** 立 [比]中国	立憲

A型、[略]県議・農業

ゆの き みち よし **柚木道義** 立 [比]中国	民主→民進(16.3)→希望(17.9)→国民(18.5)→無所属(18.8)→立憲(20.9)

B型、[略]会社員、[趣]イクメン

よし かわ たける **吉川赳** 無 [比]東海	自民→無所属(22.6)

[略]国会議員秘書、[政]中小企業振興・少子高齢化対策・農業振興、[趣]自転車・家庭菜園、[尊]宮沢喜一・勝海舟・広田弘毅、[銘]廓然大公

よし かわ はじめ **吉川元** 立 [比]九州	社民→立憲(20.12)

A型、[略]政策秘書、[政]教育・地方財政、[趣]水泳・読書

吉田久美子（よしだくみこ）
公　(比)九州
公明

(政)子育て支援・女性政策、(趣)読書・映画鑑賞、(尊)ベートーヴェン、(銘)縁ある人全てに感謝

吉田真次（よしだしんじ）
自[無]　山口4補
自民[無]

(略)下関市議会議員、(趣)読書、(尊)安倍晋三、(銘)信念

吉田統彦（よしだつねひこ）
立　(比)東海
民主→民進→立憲(17.10)→立憲(20.9)

AB型、(略)医師、(政)社会保障、子育て・少子化対策、消費者問題、教育、科学技術、(趣)能（観世流）・合気道・野球・テニス、(尊)カエサル・岳飛・袁崇煥・帝堯・帝舜・帝禹、(銘)抜山蓋世・尽忠報国・永清四海時哉弗可失

吉田とも代（よしだともよ）
維　(比)四国
日本維新の会

O型、(略)丹波篠山市議会議員、(政)子育て・ジェンダー多様性、(趣)温泉巡り・ヨガ、(尊)マザー・テレサ、(銘)初志貫徹

吉田豊史（よしだとよふみ）
無　(比)北陸信越
自民→無所属(12.11)→維新の党(14.12)→無所属(15.10)→おおさか維新の会(16.7)→日本維新の会→無所属(22.11)

A型、(略)会社役員、(政)国民の所得向上、今活躍できていない人（例:女性・若い人）が活躍・チャレンジできる環境づくり、危機管理全般（含む安全保障)、(趣)家庭菜園・アウトドア全般、(尊)孔子、(銘)感謝、そして挑戦

吉田宣弘（よしだのぶひろ）
公　(比)九州
公明

A型、(略)福岡県議・参院議員秘書、(政)地方創生・社会保障・教育・安全保障、(趣)読書・音楽鑑賞、(尊)王貞治、(銘)七転び八起き

吉田はるみ（よしだ）
立　東京8
立憲

A型、(略)証券会社・大学特任教授、(政)教育・経済、(趣)料理・歌舞伎・文楽、(尊)父、(銘)感謝の気もち

吉野正芳（よしのまさよし）
自[無]　福島5
自民[無]

B型、(略)福島県議、(政)大震災からの復興、(趣)読書

義家弘介（よしいえ ひろゆき）
自[無]　[比]南関東
自民[無]

O型、[略]東北福祉大学特任准教授、[政]教育、[趣]読書

米山隆一（よねやま りゅういち）
立　新潟5
自民→日本維新の会→民進→無所属→立憲(22.9)

A型、[略]医師、弁護士、新潟県知事、[政]社会保障政策（医療・介護・年金等）・地方政策・原発政策、[趣]テニス・バク宙・筋トレ・科学、[銘]意志あるところに道あり（Where there is a will, there is a way.）

笠浩史（りゅう ひろふみ）
立　神奈川9
民主→民進(16.3)→希望(17.9)→無所属(18.5)→立憲(21.9)

A型、[略]テレビ朝日政治部記者、[政]地方分権・教育改革、[趣]ゴルフ・読書、[銘]天命を信じて人事を尽くす

早稲田ゆき（わせだ ゆき）
立　神奈川4
立憲→立憲(20.9)

[略]鎌倉市議・神奈川県議、[趣]旅行・読書、[尊]吉田松陰、[銘]至誠通天

和田有一朗（わだ ゆういちろう）
維　[比]近畿
自民→日本維新の会

B型、[略]国会議員秘書、[政]外交・防衛、[趣]読書、[尊]勝海舟、[銘]人生開拓

和田義明（わだ よしあき）
自[無]　北海道5
自民[無]

O型、[略]商社員、[政]経済・外交安保・教育・子育て・農業、[趣]テニス・ボクシング・ラグビー・旅行・料理、[尊]町村信孝、ウィンストン・チャーチル、[銘]至誠天に通ず

若林健太（わかばやし けんた）
自[無]　長野1
自民[無]

B型、[略]税理士・公認会計士、[政]農林・財金・経産、[趣]マラソン、[尊]吉田茂、[銘]温故創新

若宮健嗣（わかみや けんじ）
自[茂]　[比]東京
自民[茂]

O型、[略]セゾングループ代表秘書・会社代表

わしお えいいちろう **鷲尾英一郎** 自［無］ ㊗北陸信越	民主→民進(16.3)→無所属(17.11)→自民［無］(19.3)

B型、㊕公認会計士・税理士・行政書士、㊎財政・金融・外交・防衛・農林水産・医療・介護・教育、㊙読書・散歩、㊛聖徳太子・原敬・濱口雄幸、㊜一燈照隅

わたなべ こういち **渡辺孝一** 自［無］ ㊗北海道	自民［無］

B型、㊕歯科医師・岩見沢市長、㊎地方分権・一次産業振興、㊙野球・映画鑑賞

わたなべ しゅう **渡辺周** 立 ㊗東海	民主→民進(16.3)→希望(17.9)→国民(18.5)→立憲(20.9)

B型、㊕読売新聞記者・静岡県議、㊎北朝鮮問題・中小企業問題・議員特権見直し、㊙草野球・カラオケ・小旅行、㊛杉原千畝、㊜我以外みな師なり

わたなべ そう **渡辺創** 立 宮崎1	民主→民進→立憲(18.2)

AB型、㊕毎日新聞記者・宮崎県議、㊎教育・社会保障・農林水産業振興、㊙読書・旅、㊛石橋湛山、㊜一隅を照らす

わたなべ ひろみち **渡辺博道** 自［茂］ 千葉6	自民［茂］

O型、㊕松戸市職員・会社役員、㊎経済再生・教育、㊙謡・カラオケ

わにぶち ようこ **鰐淵洋子** 公 ㊗近畿	公明

O型、㊕参議院議員・党本部職員、㊎教育・子育て支援、女性活躍の推進、㊙写真撮影・カメラ、㊛鄧穎超・ヘレンケラー、㊜心こそ大切なれ

参議院議員プロフィール

あだち としゆき **足立敏之** 自[無]　比例④	自民[無]

B型、㊥国土交通省技監、㊦社会資本整備、建設産業再生、㊧テニス・カメラ・山歩き、㊕齋藤隆夫、㊟謙虚

あだち まさし **阿達雅志** 自[無]　比例④	自民[無]

O型、㊥住友商事、衆議院議員秘書、ニューヨーク州弁護士、㊦エネルギー・運輸・交通・通信・金融等社会インフラ・社会福祉、㊧剣道五段、自転車、山歩き

あおき あい **青木愛** 立　比例④	民主→国民の生活が第一(12.7)→未来(12.11)→生活の党(12.12)→自由(16.10)→国民(19.4)→立憲(20.9)

AB型、㊥保育士、㊦子育て・教育、㊕両親、㊟未来はいつも子供たちの中にある

あおき かずひこ **青木一彦** 自[無] 鳥取・島根④	自民[無]

A型、㊥参院議員秘書・山陰中央テレビ社員、㊧読書・テニス

あおしま けんた **青島健太** 維　比例④	日本維新の会

O型、㊥スポーツライター、㊦教育・福祉・環境、㊧スポーツ観戦・犬と遊ぶこと、㊕ネルソン・マンデラ、㊟大河滔々

あおやま しげはる **青山繁晴** 自[無]　比例④	自民[無]

A型、㊥独立総合研究所社長、㊦安全保障・外交・危機管理・エネルギー、㊧モータースポーツ・アルペンスキー・映画、㊕坂本龍馬・高杉晋作、㊟脱私即的

あかいけ まさあき **赤池誠章** 自[無]　比例㊁	自民[無]

B型、㊥明治大学客員教授・衆議院議員、㊦教育・国土交通行政・経済・外交防衛、㊧旧道古道めぐり

あかまつ けん **赤松健** 自[無]　比例④	自民[無]

B型、㊥漫画家、㊦表現の自由・外交・デジタル、㊧レトロPC・中古レコード・古本収集、プログラミング、㊕ビル・ゲイツ、㊟悲観的に準備して、楽観的に対処せよ

秋野公造（あきのこうぞう） 公　福岡④	公明

O型、(略)医師、厚労省職員、(政)医療・福祉、(趣)剣道五段・自転車

浅尾慶一郎（あさおけいいちろう） 自[麻]　神奈川④	民主→みんな→無所属→自民[麻]

A型、(略)銀行員・証券アナリスト、(政)経済・外交・安全保障、(趣)ＳＵＰ（スタンドアップパドルボード）

浅田均（あさだひとし） 維　大阪④	日本維新の会→維新の党→おおさか維新の会→日本維新の会(16.8)

B型、(略)大阪府議、(政)地方分権・大都市制度・教育、(趣)読書、(尊)空海、(銘)一隅を照らすこれ則ち国宝なり

朝日健太郎（あさひけんたろう） 自[無]　東京④	自民[無]

A型、(略)NPO法人理事長、(政)国土強靭化・港湾・環境・スポーツ・子育て、(趣)ランニング・スキー、(尊)渋沢栄一・両親、(銘)初心生涯・チャレンジ

東徹（あずまとおる） 維　大阪(元)	自民→大阪維新の会設立(10.4)→日本維新の会設立(12.9)→維新の党(14.9)→おおさか維新の会(16.1)→日本維新の会(16.8)

A型、(略)社会福祉士・府議会議員、(政)副首都大阪の実現、規制緩和や既得権打破による経済成長、徹底した行政改革、(趣)アウトドア、(尊)上杉鷹山

有村治子（ありむらはるこ） 自[麻]　比例(元)	自民[麻]

A型、(略)日本マクドナルド㈱社員　(政)女性活躍・少子化対策・教育、(趣)ウォーキング・ヨガ

井上哲士（いのうえさとし） 共　比例(元)	共産

A型、(略)梅田勝衆院議員秘書、(政)外交防衛・憲法問題、(趣)水泳・読書

井上義行（いのうえよしゆき） 自[無]　比例④	みんな→日本を元気にする会→自民[無](19.6)

O型、(略)第一次安倍内閣総理大臣秘書官、(政)全国の家庭に笑顔を必ず取り戻す、(趣)スキー、(尊)母、(銘)一期一会

伊藤　岳（いとう　がく） 共　埼玉(元)	共産

A型、(略)政党職員、(趣)スポーツ観戦、(銘)現場主義

伊藤孝江（いとう　たかえ） 公　兵庫④	公明

A型、(略)弁護士・税理士、(趣)山歩き、(尊)ローザ・パークス、(銘)誠心誠意

伊藤孝恵（いとう　たかえ） 国　愛知④	民進→国民(18.5)→国民(20.9)

O型、(略)報道記者・会社員、(政)経済政策・人づくり投資・育児・介護・教育・知る権利、(趣)子ども達と絵本を読む・お見合いおばさん、(尊)母、(銘)頑張ると心に虹がでる

伊波洋一（いは　よういち） 無(沖縄)　沖縄④	無所属

AB型、(略)宜野湾市長・沖縄県議、(趣)読書、映画・琉球芸能鑑賞、(銘)基地のない平和な沖縄

生稲晃子（いくいな　あきこ） 自[無]　東京④	自民[無]

B型、(略)俳優、(趣)映画鑑賞、(銘)一期一会

石井　章（いしい　あきら） 維　比例④	民主→国民の生活が第一→未来→おおさか維新の会→日本維新の会(16.8)

A型、(略)取手市議・衆議院議員、(政)社会保障・経済雇用・医療介護、(趣)野球・スキー、(尊)田中角栄、(銘)一期一会

石井準一（いしい　じゅんいち） 自[無]　千葉(元)	自民[無]

A型、(略)代議士秘書・千葉県議、(政)社会保障・災害復興・減災対策・景気経済政策、(趣)散歩・庭の水撒き、(尊)山岡鉄舟、(銘)知行合一

石井浩郎（いしい　ひろお） 自[茂]　秋田④	自民[茂]

O型、(略)プロ野球選手、(政)農業振興・地方創生・教育・文化・スポーツ、(趣)将棋・音楽鑑賞、(銘)勇往邁進

石井正弘（いしい まさひろ）
自[無]　岡山(元)

自民[無]

AB型、(略)岡山県知事・建設省大臣官房審議官、(政)復旧・復興、地方創生、(銘)至誠無息、初心忘るべからず

石井苗子（いしい みつこ）
維　比例④

おおさか維新の会→日本維新の会(16.8)

O型、(略)東大医学部客員研究員・女優・キャスター、(政)厚労・災害対策・福祉・外交、(趣)剣道・和太鼓、(尊)エイブラハム・リンカーン、(銘)あせらず、あわてず、あきらめず

石垣のりこ（いしがき のりこ）
立　宮城(元)

立憲→立憲(20.9)

O型、(略)ラジオ局アナウンサー、(政)消費税廃止・日本の人権環境を世界基準にする、(趣)温泉めぐり、(尊)小学3、4年生時の担任、(銘)万物流転す

石川大我（いしかわ たいが）
立　比例(元)

立憲→立憲(20.9)

AB型、(略)豊島区議・参院議員秘書、(政)LGBT人権施策・児童教育、(趣)水泳・陶器収集・てんこく

石川博崇（いしかわ ひろたか）
公　大阪④

公明

O型、(略)外務省、(趣)映画鑑賞・剣道

石田昌宏（いしだ まさひろ）
自[無]　比例(元)

自民[無]

A型、(略)看護師・団体幹事長、(政)厚生労働、(趣)観賞魚飼育・神社巡り・読書

石橋通宏（いしばし みちひろ）
立　比例④

民主→民進(16.3)→立憲(18.5)→立憲(20.9)

O型、(略)情報労連特別中央執行委員、ILO上級専門官、(政)雇用・労働・情報通信、(趣)読書・スキー

磯﨑仁彦（いそざき よしひこ）
自[無]　香川④

自民[無]

B型、(略)全日空、(政)経済産業・教育、(趣)世界遺産、(銘)命もいらず、名もいらず、官位も金もいらぬ人は仕抹に困るもの也。此の仕抹に困る人ならでは、艱難を共にして国家の大業は成し得られぬなり

礒崎（いそざき）哲史（てつじ） 国　比例(元)	民主→民進(16.3)→国民(18.5)→無所属(20.9)→国民(21.3)

AB型、(略)日産自動車(株)、(尊)坂本龍馬

猪口（いのぐち）邦子（くにこ） 自[麻]　千葉④	自民[麻]

A型、(略)上智大学教授、軍縮大使、少子化・男女共同参画担当大臣、(政)少子化対策・外交安全保障・教育・財政金融・環境、(趣)着物・料理・読書、(尊)赤星秀子（桜蔭の担任・校長）、(銘)至誠純真

猪瀬（いのせ）直樹（なおき） 維　比例④	日本維新の会

ＡＢ型、(略)作家・元東京都知事、(政)構造改革、(趣)ランニング・テニス、(銘)二宮金次郎（拙著『人口減少社会の成長戦略』参照）

今井（いまい）絵理子（えりこ） 自[麻]　比例④	自民[麻]

O型、(略)1996ダンス＆ボーカルグループSPEED（スピード）メンバー・歌手、(政)障がい者・沖縄施策、(趣)読書・音楽鑑賞、(尊)両親、(銘)動かなきゃ始まらない

岩渕（いわぶち）友（とも） 共　比例④	共産

(略)日本民主青年同盟福島県委員長、(政)原発ゼロ・震災復興・憲法・平和・中小企業、(趣)登山・食べ歩き

岩本（いわもと）剛人（つよひと） 自[無]　北海道(元)	自民[無]

Ｂ型、(略)北海道議会議員、(趣)野球・空手・スポーツ観戦、(銘)努力は人を裏切らない

上田（うえだ）勇（いさむ） 公　比例④	公明党

Ｂ型、(略)農水省職員、(政)経済・財政、(趣)読書、(尊)坂本龍馬、(銘)力なき正義は無能、正義なき力は圧制

上田（うえだ）清司（きよし） 無　埼玉④	新生→新進(94.12)→民主(98.4)→無所属

AB型、(略)衆議院議員・埼玉県知事、(趣)読書・登山、(尊)西郷隆盛、(銘)疾風に勁草を知る

上野通子（うえの みちこ） 自[無]　栃木④	自民[無]

AB型、㋶栃木県議

臼井正一（うすい しょういち） 自[茂]　千葉④	自民[茂]

A型、㋶株式会社オリエンタルランド、㋮安全保障、㋫手洗い・風呂掃除、㋞臼井日出男、㋱継続は力なり

打越さく良（うちこし さくら） 立　新潟㊇	無所属→立憲(19.9)→立憲(20.9)

B型、㋶弁護士、㋮福祉・教育・農業、㋫読書、㋞父母、㋱未来は待つべきものではない、作り出さなければならないものだ

梅村聡（うめむら さとし） 維　比例㊇	民主→日本維新の会

B型、㋶医師、㋮医療・介護分野、㋫水泳・登山・マラソン

梅村みずほ（うめむら みずほ） 維　大阪㊇	日本維新の会

A型、㋶フリーアナウンサー、㋮こども政策・教育・女性活躍推進、㋫キャンプ・読書、㋞小堀月浦、㋱知之者不如好之者、好之者不如楽之者

江島潔（えじま きよし） 自[無]　山口④	自民[無]

A型、㋶下関市長、㋮科学技術・経済産業・国土交通・農林水産、㋫銭湯巡り・自転車・ランニング、㋱一所懸命

衛藤晟一（えとう せいいち） 自[無]　比例㊇	自民→無所属(05.8)→自民[無](07.3)

A型、㋶大分市議・県議、㋮社会保障・教育、㋫サッカー観戦・読書

小沢雅仁（おざわ まさひと） 立　比例㊇	立憲→立憲(20.9)

O型、㋶JP労組、㋮社会保障・労働環境、㋫ランニング・温泉巡り、㋱失意泰然得意淡然

小沼　巧（おぬま　たくみ）
立　茨城[元]

立憲→立憲(20.9)

O型、[略]ボストンコンサルティング・経産省、[政]地域経済・農林水産、経済政策、[趣]ラグビー観戦・読書、[尊]中野正剛・斎藤隆夫、[銘]不撓不屈

小野田紀美（おのだ　きみ）
自[茂]　岡山④

自民[茂]

A型、[略]東京都北区議会議員、[政]教育・法務・農林水産・地方創生、[趣]作詞作曲・歌・ゲーム・読書、[銘]命を惜しむな名を惜しめ

尾辻　秀久（おつじ　ひでひさ）
無　鹿児島[元]

自民→無所属(10.7)→自民(12.12)→無所属(22.8)

O型、[略]日本遺族会会長・鹿児島県議、[政]社会保障・税制改革・財政構造改革、[趣]読書・旅行

越智　俊之（おち　としゆき）
自[無]　比例④

自民[無]

A型、[略]会社役員、[政]中小企業支援策・地域活性化、[趣]旅・ロードバイク・釣り

大家　敏志（おおいえ　さとし）
自[麻]　福岡④

自民[麻]

O型、[略]福岡県議会議員、[政]経済・財政・社会保障、[趣]ゴルフ・読書、[銘]和而不同・現状維持は退歩なり

大島九州男（おおしま　くすお）
れ　比例④[繰]

民主→民進(16.3)→国民(18.5)→れいわ新選組

O型、[略]直方市議会議員、[政]教育・中小企業・動物愛護、[趣]旅行・テニス・温泉、[銘]天道を生きる

大塚　耕平（おおつか　こうへい）
国　愛知[元]

民主→民進(16.3)→国民(18.5)→国民(20.9)

O型、[略]日本銀行、[政]財政金融・行財政改革、[趣]スキューバダイビング・スキー・キャンプ

大椿ゆうこ（おおつばき　ゆうこ）
社　比例[元][繰]

社民

A型、[略]非正規労働者・労組専従役員、[政]労働・格差・性別・人権問題、[趣]ひとり旅・裁縫、[銘]Els carrers seran sempre nostres

おおのやすただ **大野泰正** 無　岐阜[元]	自民→無所属(24.1)

A型、[略]岐阜県議会議員、[趣]旅行

おおたふさえ **太田房江** 自[無]　大阪[元]	自民[無]

AB型、[略]元大阪府知事、[趣]ピアノ演奏・カラオケ

おかだなおき **岡田直樹** 自[無]　石川④	自民[無]

A型、[略]北國新聞社論説委員・石川県議、[政]外交安保・国土交通、[趣]読書

おときたしゅん **音喜多駿** 維　東京[元]	みんな→元気→都民ファーストの会→あたらしい党・日本維新の会

O型、[略]東京都議・化粧品会社社員、[政]経済政策・子育て教育・地方分権、[趣]ダンス・マラソン、[尊]ジャッキー・チェン、[銘]幸せとは、他人になりたいと思わないこと

おにきまこと **鬼木誠** 立　比例④	立憲

[略]福岡県職員・自治労本部書記長、[政]地方分権・労働問題（特に非正規）、[趣]観劇・落語・スポーツ観戦、[尊]アインシュタイン、[銘]一人はみんなのために、みんなは一人のために

かだひろゆき **加田裕之** 自[無]　兵庫[元]	自民[無]

[略]兵庫県議・衆院議員秘書、[政]防災・地方分権・社会基盤整備、[趣]ご当地グルメ巡り、[尊]賀川豊彦、[銘]可能性を信じる

かとうあきよし **加藤明良** 自[茂]　茨城④	自民[茂]

O型、[略]県議・参議院議員秘書、[趣]ランニング・サイクリング

かだゆきこ **嘉田由紀子** 教　滋賀[元]	無所属→国民(23.6)→教育(23.12)

AB型、[略]滋賀県知事、[政]子ども政策・流域治水政策、[趣]街あるき・山あるき、[尊]伝教大師最澄、[銘]忘己利他

梶原大介（かじはら だいすけ）
自[無]　比例④
自民[無]

B型、(略)県議・参議院議員秘書、(政)地方創生・国土強靭化、(趣)ゴルフ・旅行・キャンプ、(尊)大久保利通、(銘)堅忍不抜

片山さつき（かたやま さつき）
自[無]　比例④
自民[無]

O型、(略)財務省主計官、(政)経済政策・エネルギー・社会保障、(趣)テニス・ゴルフ、(尊)マーガレット・サッチャー、徳川家康、(銘)日新日々新

片山大介（かたやま だいすけ）
維　兵庫④
おおさか維新の会→日本維新の会(16.8)

A型、(略)NHK記者、(政)皇室・労働・雇用・保育・環境、(趣)野球・ビートルズ楽曲鑑賞・街歩き、(尊)坂本龍馬、(銘)積小為大

勝部賢志（かつべ けんじ）
立　北海道(元)
立憲→立憲(20.9)

O型、(略)北海道議会副議長

金子道仁（かねこ みちひと）
維　比例④
日本維新の会

B型、(略)キリスト教会牧師・社会福祉法人理事長・外務省、(政)教育・福祉・地方創生・外交防衛、(趣)バスケ・散歩、(尊)イエス・キリスト、(銘)あなたの隣人をあなた自身のように愛せよ

神谷宗幣（かみや そうへい）
参　比例④
自民→参政党(20.4)

O型、(略)会社代表、(政)教育、(趣)映画鑑賞、(尊)吉田松陰、(銘)知行合一

神谷政幸（かみや まさゆき）
自[麻]　比例④
自民[麻]

AB型、(略)日本薬剤師連盟副会長、(政)厚生労働、(趣)読書・音楽鑑賞（ポップス）、(尊)イチロー・五木寛之・大江千里、(銘)道に志し、徳に拠り、仁に依り、芸に遊ぶ

紙智子（かみ ともこ）
共　比例(元)
共産

A型、(略)民青副委員長、(政)福祉・くらし・環境・農林漁業、(趣)絵画・山歩き

かわい たかのり **川合孝典** 国　比例④	民主→民進→国民(18.5)→無所属(20.9)→国民(20.10)

B型、(略)UAゼンセン役員、(政)雇用、労働、社会保障、医薬・医療、(趣)城跡巡り・読書、(尊)両親、(銘)一隅を照らす

かわだ りゅうへい **川田龍平** 立　比例(元)	無所属→みんな(09.12)→結いの党(13.12)→維新の党(14.9)→無所属(16.3)→立憲(17.12)→立憲(20.9)

(略)薬害エイズ訴訟原告・松本大学非常勤講師、(政)厚生労働・環境・農業、(趣)ピアノ・トランペット・YouTube・動画編集

かわの よしひろ **河野義博** 公　比例(元)	公明

A型、(略)丸紅(株)、(趣)読書・スポーツ観戦

きむら えいこ **木村英子** れ　比例(元)	れいわ新選組

A型、(略)自立ステーションつばさ事務局長、(政)障害福祉政策・教育（フルインクルーシブ教育政策）、(趣)映画鑑賞、(尊)三井絹子

きら よしこ **吉良よし子** 共　東京(元)	共産

(略)会社員・党職員、(政)雇用問題、憲法・平和、原発ゼロ、(趣)合唱・ピアノ・映画鑑賞

きし まきこ **岸真紀子** 立　比例(元)	立憲→立憲(20.9)

(略)自治労特別中央執行委員

きたむら つねお **北村経夫** 自［無］　山口(元)補	自民［無］

B型、(略)元産経新聞政治部長、(政)外交防衛、エネルギー、農林水産、運輸、(趣)読書・ゴルフ・カラオケ・ウォーキング、(銘)至誠にして動かざる者は未だ之有らざるなり

くしだ せいいち **串田誠一** 維　比例④	日本維新の会

(略)大学院特任教授・作家・漫画原作者・弁護士

窪田哲也（くぼた てつや）
公　比例④

公明

O型、(略)公明新聞九州支局長、(趣)散歩・読書・映画鑑賞、(尊)秋山好古・秋山真之兄弟、(銘)質実剛健

熊谷裕人（くまがい ひろと）
立　埼玉(元)

立憲→立憲(20.9)

B型、(略)さいたま市議・議員秘書、(政)子ども子育て、(趣)ジョギング・ロードバイク、(銘)初心生涯

倉林明子（くらばやし あきこ）
共　京都(元)

共産

O型、(略)看護師・京都市議、(政)社会保障・経済・エネルギー問題・雇用、(趣)掃除

こやり隆史（たかし）
自[無]　滋賀④

自民[無]

A型、(略)経産省職員、(政)経済、(趣)読書・ランニング、(尊)秋山真之、(銘)運

小池晃（こいけ あきら）
共　比例(元)

共産

O型、(略)医師・国会議員、(趣)演劇鑑賞・釣り、(銘)命どぅ宝（命こそ宝）

小西洋之（こにし ひろゆき）
立　千葉④

民主→民進(16.3)→無所属(18.5)→立憲(20.9)

(略)総務省、経済産業省課長補佐、(尊)父・母

小林一大（こばやし かずひろ）
自[無]　新潟④

自民[無]

(略)県議・普談寺副住職、(政)経済・教育・農林水産業、(趣)読書・映画鑑賞・旅行・キャンプ・ランニング、(尊)空海、(銘)不動心

古賀千景（こが ちかげ）
立　比例④

立憲

A型、(略)労組役員、(政)教育・平和・子ども・男女共同参画、(趣)ピアノ演奏、(尊)平塚らいてう、(銘)一期一会

こが ゆういちろう **古賀友一郎** 自[無]　長崎[元]	自民[無]

O型、[略]総務省（旧自治省）職員、[政]経済財政・社会保障・地域振興、[趣]野球・将棋

こが ゆきひと **古賀之士** 立　福岡④	民進→国民(18.5)→立憲(20.9)

A型、[略]民放アナウンサー、[政]財政金融・経済産業、[趣]天体観測・モノポリー・スポーツ全般、[尊]王貞治、[銘]縁

こしょう はるとも **古庄玄知** 自[無]　大分④	自民[無]

A型、[略]弁護士、[政]憲法改正・法整備・地方活性化、[趣]登山・短歌・ウォーキング・剣道、[尊]三浦梅園、[銘]為せば成る

こうづき りょうすけ **上月良祐** 自[茂]　茨城[元]	自民[茂]

B型、[略]茨城県副知事、[政]成長戦略・農林水産業振興・地方分権、[趣]加圧トレーニング、[銘]全てのことを全力で

ささき **佐々木さやか** 公　神奈川[元]	公明

[略]弁護士、[政]女性・若者政策、[趣]音楽鑑賞・スキー、[尊]両親、上杉鷹山、ローザ・パークス

さとう けい **佐藤啓** 自[無]　奈良④	自民[無]

O型、[略]総務省職員、[趣]テニス・ゴルフ

さとう のぶあき **佐藤信秋** 自[茂]　比例[元]	自民[茂]

[略]国土交通事務次官、[銘]敬天愛人

さとう まさひさ **佐藤正久** 自[茂]　比例[元]	自民[茂]

O型、[略]自衛官、[政]外交・防衛・防災、[趣]散歩、[銘]無意不立（意なくば立たず）

さいとうけんいちろう **齊藤健一郎** 無(N党)比例④繰	政治家女子48党→無所属

B型、[略]堀江貴文秘書、[政]スポーツ振興・地方創生・宇宙、[趣]アウトドアアクティビティ全般、[尊]立花孝志・堀江貴文、[銘]Simple is best.

さいとうよしたか **斎藤嘉隆** 立　愛知④	民主→民進(16.3)→無所属(18.5)→立憲(18.11)→立憲(20.9)

A型、[略]連合愛知副会長、県教組委員長、[政]教育科学、[趣]スポーツ・読書

さかいやすゆき **酒井庸行** 自[無]　愛知[元]	自民[無]

O型、[略]県議・市議、[政]社会資本整備・社会保障・子育て支援、[趣]芸術鑑賞・ゴルフ

さくらいみつる **櫻井充** 自[無]　宮城④	民主→民進(16.3)→国民(18.5)→無所属(19.11)→自民[無](22.4)

A型、[略]一市民・医師、[政]経済政策・社会保障政策（医療・子育て・その他）、[趣]城をめぐって温泉に入る・卓球・将棋

さとみりゅうじ **里見隆治** 公　愛知④	公明

O型、[略]厚生労働省・トヨタ自動車出向、[政]労働・社会保障・地方創生、[趣]旅行・山登り、[尊]上杉鷹山、[銘]足下を掘れ、そこに泉あり

さんとうあきこ **山東昭子** 自[麻]　比例[元]	自民→無所属(07.8)→自民(10.7)→無所属(19.8)→自民[麻](22.8)

O型、[略]女優、[政]文教科学・環境・福祉・食育、[趣]音楽鑑賞・ゴルフ・インテリアデザイン

しみずたかゆき **清水貴之** 維　兵庫[元]	日本維新の会→維新の党(14.9)→おおさか維新の会(15.12)→日本維新の会(16.8)

O型、[略]朝日放送アナウンサー、[政]地方分権・震災復興、[趣]旅行

しみずまさと **清水真人** 自[無]　群馬[元]	自民[無]

O型、[略]群馬県議・高崎市議、[政]教育・農林水産・国土交通、[趣]スキー・水泳・野球などのスポーツ、将棋、読書、[尊]両親、[銘]摩頂放踵

自見はなこ（じみ） 自[無]　比例④	自民[無]

AB型、(略)虎の門病院小児科医、(政)社会保障・こども政策、(趣)マラソン・読書・旅行、(銘)一生懸命

塩田博昭（しおた ひろあき） 公　比例(元)	公明

O型、(略)公明党政務調査会事務局長、(政)社会保障・救急医療・地方創生・ガン対策、(趣)読書・映画鑑賞、(尊)諸葛孔明、(銘)誠心誠意

塩村あやか（しおむら） 立　東京(元)	みんな→民進→国民→立憲→立憲(20.9)

AB型、(略)都議、(政)脱原発・社会保障・女性施策、(尊)キャロライン・ケネディ、(銘)日日是好日

柴慎一（しば しんいち） 立　比例④	立憲

B型、(略)労組役員、(政)社会保障・雇用労働・郵政政策、(趣)ウォーキング・カラオケ・ゴルフ、(尊)白洲次郎、(銘)一燈を提げて暗夜を行く。暗夜を憂うることなかれ、ただ一燈を頼め。

柴田巧（しばた たくみ） 維　比例(元)	自民→無所属→みんな→結いの党→維新の党→無所属→日本維新の会

A型、(略)県議・衆議員秘書、(趣)映画・音楽鑑賞、(銘)不撓不屈

下野六太（しもの ろくた） 公　福岡(元)	公明

(略)中学校保健体育教諭、(政)教育政策

白坂亜紀（しらさか あき） 自[無]　大分(元)補	自民[無]

A型、(略)会社役員、(政)女性活躍・少子化対策、(趣)囲碁・テニス、(尊)瀧廉太郎、(銘)人生は挑戦の連続

進藤金日子（しんどう かねひこ） 自[無]　比例④	自民[無]

AB型、(略)農林水産省中山間地域振興課長、(政)農林水産・地域振興・土地改良、(趣)読書・旅行・野球観戦、(尊)石川理紀之助、(銘)真実一路、我以外皆我師

榛葉賀津也（しんばかづや） 国　静岡㊄	民主→民進(16.3)→国民(18.5)→国民(20.9)

O型、㊕静岡県菊川町議会議員、㊜外交防衛・中東問題・エネルギー問題、㊟野球・大相撲・落語・講談・浪曲・常磐津・プロレス

須藤元気（すどうげんき） 無　比例㊄	立憲→無所属(20.9)

B型、㊕元格闘家・中央大学レスリング部ゼネラルマネージャー・会社役員、㊜食の安全・環境保護・平和外交、㊟スキューバダイビング・書道・三線、㊥後藤田正晴、㊛WE ARE ALL ONE

末松信介（すえまつしんすけ） 自[無]　兵庫④	自民[無]

㊕兵庫県議会副議長、㊟読書・空手道・野球・絵画鑑賞・映画鑑賞、㊛至道無為、誠、あるがまま

杉久武（すぎひさたけ） 公　大阪㊄	公明

A型、㊕公認会計士、㊜経済・財政、㊟旅行

杉尾秀哉（すぎおひでや） 立　長野④	民進→立憲(18.4)→立憲(20.9)

O型、㊕TBSテレビニュースキャスター、㊜総務・社会保障・外交、㊟料理・旅行・鉄道、㊥筑紫哲也、㊛意志ある所に道あり

鈴木宗男（すずきむねお） 無　比例㊄	自民→無所属(02.3)→新党大地(05.8)→日本維新の会→無所属(23.10)

B型、㊕衆議院議員８期、㊜外交・防衛・農水、㊟ジョギング、㊥父、㊛人生出会い

世耕弘成（せこうひろしげ） 自[無]　和歌山㊄	自民[無]

B型、㊕NTT、㊜情報通信・中小企業対策、㊟読書

関口昌一（せきぐちまさかず） 自[無]　埼玉④	自民[無]

B型、㊕県議・歯科医師、㊟野球・ウォーキング・カラオケ

たじま まいこ
田島麻衣子
立　愛知[元]

立憲→立憲(20.9)

A型、[略]国連職員（WFP世界食糧計画）、[政]外交・少子化対策・女性の働き方改革、[趣]ヨガ・料理・フェンシング、[尊]緒方貞子（国連難民高等弁務官）、ヘレン・クラーク（元ニュージーランド首相）、[銘]万象皆師

た なか まさ し
田中昌史
自[無]　比例[元]繰

自民[無]

[略]理学療法士

た なぶ まさよ
田名部匡代
立　青森④

民主→民進(16.3)→国民(18.5)→立憲(20.9)

A型、[略]衆議院議員秘書、[政]農水・厚生労働、[趣]映画鑑賞・スポーツ観戦、[尊]両親、アン・サリバン、[銘]一所懸命

た むら とも こ
田村智子
共　比例④

共産

A型、[略]国会議員秘書、[政]社会保障、非正規雇用問題、ジェンダー平等など人権問題、[趣]歌・映画鑑賞・読書

た むら
田村まみ
国　比例[元]

国民→無所属(20.9)→国民(21.3)

O型、[略]UAゼンセン政治局、[政]労働・社会保障、[趣]野球観戦・アロマテラピー、[銘]自らが選択し挑戦を続ける

たか ぎ
高木かおり
維　大阪④

自民→おおさか維新の会(16.6)→日本維新の会(16.8)

O型、[略]堺市議会議員（2期）、[政]教育・子ども子育て・ダイバーシティ推進、[趣]茶道・神社仏閣巡り・アロマ、[尊]マザー・テレサ、[銘]一期一会

たか ぎ ま り
高木真理
立　埼玉④

立憲

AB型、[略]市議・県議、[政]社会保障・教育・地方分権、[趣]マンションミニ庭でのガーデニング・裁縫、[尊]両親、[銘]動けば変わる

たか はし かつ のり
高橋克法
自[麻]　栃木[元]

自民[麻]

A型、[略]参議院政策秘書・県議・町長、[政]国交・環境・農林水産、[趣]炭焼き、[銘]天に貯金する

高橋はるみ（たかはしはるみ） 自[無]　北海道(元)	自民[無]

O型、(略)北海道知事、(趣)美術鑑賞・温泉めぐり、(銘)何事も一生懸命にやる

高橋光男（たかはしみつお） 公　兵庫(元)	公明

A型、(略)在ブラジル日本大使館一等書記官、(政)地域経済活性化・社会保障・平和外交、(趣)読書・語学学習、(尊)父、(銘)建設は死闘、破壊は一瞬

髙良鉄美（たからてつみ） 無(沖縄)　沖縄(元)	無所属

(略)大学教授、(政)憲法・沖縄基地問題、(趣)ボウリング・ギター・ナンプレ（数独）、(銘)困難は乗り越えられる者の前にやってくる

滝沢求（たきさわもとめ） 自[麻]　青森(元)	自民[麻]

B型、(略)県議・衆議院議員秘書、(政)震災復興・社会保障、(趣)映画鑑賞

滝波宏文（たきなみひろふみ） 自[無]　福井(元)	自民[無]

(略)財務省広報室長・主計局主査・スタンフォード大研究員・米国公認会計士、(政)エネルギー・成長戦略・ファイナンス・農林水産、(趣)スキー、(銘)勤勉・正直・感謝

竹内真二（たけうちしんじ） 公　比例④	公明

O型、(略)公明新聞編集局次長、(政)文教科学・国土交通・拉致問題、(趣)読書・料理、(尊)坂本竜馬、(銘)一期一会

竹詰仁（たけづめひとし） 国　比例④	国民

(略)東京電力労働組合中央執行委員長

竹谷とし子（たけやとしこ） 公　東京④	公明

(略)公認会計士、(銘)ベストをつくせ、たとえ失敗しても、もう一度トライせよ。そして再びベストをつくせ

武見敬三（たけみ けいぞう）
自[麻]　東京[元]
自民[麻]

B型、[略]東海大教授、[政]保健医療・外交、[趣]スポーツ観戦・家族とドライブ

谷合正明（たにあい まさあき）
公　比例④
公明

B型、[略]国際医療NGO「AMDA」、[政]農林水産業・経済産業・環境・外交・共生社会、[趣]写真・フルマラソン、[銘]疾風勁草

柘植芳文（つげ よしふみ）
自[無]　比例[元]
自民[無]

A型、[略]全国郵便局長会会長、[趣]ゴルフ

辻元清美（つじもと きよみ）
立　比例④
社民→民主→民進→立憲(17.10)

B型、[略]国際交流ＮＧＯスタッフ、[政]憲法･安保･公共交通･ＮＰＯ・環境・ジェンダー、[趣]掃除・断捨離・食べ歩き、[尊]土井たか子、[銘]一人の力は微力でも無力ではない

鶴保庸介（つるほ ようすけ）
自[無]　和歌山④
自由→保守(00.4)→保新(02.12)→自民[無](03.11)

A型、[略]衆院議員秘書、[政]財政・農水・外交問題、[趣]スポーツ

寺田静（てらた しずか）
無　秋田[元]
無所属

O型、[略]議員秘書、[政]福祉・教育・子ども子育て、[趣]庭いじり、[尊]田中正造、[銘]一粒の麦もし地に落ちて死なずば、ただ一つにてあらん、死なば多くの実を結ぶべし

天畠大輔（てんばた だいすけ）
れ　比例④
れいわ新選組

O型、[略]研究者・重度障がい者支援団体代表理事、[政]障がい福祉・選挙制度、[尊]恩師である養護学校時代の担任の先生、[銘]悲喜交交

堂故茂（どうこ しげる）
自[茂]　富山[元]
自民[茂]

O型、[略]衆議員秘書・県議・市長、[趣]読書・ゴルフ

堂込麻紀子（どうごみまきこ） 無　茨城④	無所属

[略]労組役員

徳永エリ（とくながえり） 立　北海道④	民主→民進(16.3)→国民(18.5)→立憲(20.9)

A型、[略]TVリポーター、[趣]山登りなどのアウトドア、[尊]ガンジー、[銘]座して進まず、歩けば道

友納理緒（とものうりお） 自[無]　比例④	自民[無]

O型、[略]看護師・弁護士・元日本看護協会参与、[政]医療・看護・社会保障、[趣]手芸・ランニング・バイオリン、[尊]母、[銘]義務においては堅実に

豊田俊郎（とよだとしろう） 自[麻]　千葉[元]	自民[麻]

A型、[略]千葉県議1期・八千代市長3期、[政]国土強靭化・地方分権・所有者不明土地問題、[趣]ジョギング・家庭菜園、[尊]後藤新平、[銘]我事において後悔せず

ながえ孝子（ながえたかこ） 無　愛媛[元]	民主→無所属

A型、[略]民放アナウンサー、[政]経済・教育、[趣]映画鑑賞、[尊]ローザ・ルクセンブルク、[銘]なぜベストをつくさない？

中条きよし（なかじょうきよし） 維　比例④	日本維新の会

B型、[略]歌手・俳優、[政]高齢者福祉政策、[趣]ゴルフ・サウナ、[尊]石原慎太郎、[銘]一笑一若、一怒一老

中曽根弘文（なかそねひろふみ） 自[無]　群馬④	自民[無]

O型、[略]旭化成工業・中曽根康弘首相秘書、[政]外交・教育、[趣]スポーツ・読書、[尊]福澤諭吉、[銘]不易流行

中田宏（なかだひろし） 自[無]　比例[元]繰	日本新党→新進→日本維新の会→自民[無]

A型、[略]横浜市長、[政]経済・安全保障・地方自治・教育、[趣]読書・フィットネスジムトレーニング、[尊]松下幸之助、[銘]先憂後楽

なかにし ゆうすけ **中西祐介** 自[麻] 徳島・高知④	自民[麻]

[略]銀行員

ながい まなぶ **永井学** 自[茂] 山梨④	自民[茂]

O型、[略]県議・衆院議員秘書、[政]子育て支援策、[趣]弓道、[尊]横内正明、[銘]一を以て之を貫く

ながはま ひろゆき **長浜博行** 無 千葉[元]	日本新党→新進(94.12)→無所属→民主(98.12)→民進(16.3)→国民(18.5)→無所属(18.10)→立憲(18.12)→立憲(20.9)→無所属(22.8)

O型、[略]国会議員秘書、[政]地方分権、[趣]水族館めぐり、[尊]両親、[銘]愛と感謝

ながみね まこと **長峯誠** 自[無] 宮崎[元]	自民[無]

B型、[略]都城市長、[趣]読書・音楽鑑賞、[銘]修己治人

にひ そうへい **仁比聡平** 共 比例④	共産

[略]弁護士、[政]憲法・地域経済・災害対策、[趣]キャンプ、[尊]瀬長亀次郎、[銘]被害ある限り絶対に諦めない

にいづま ひでき **新妻秀規** 公 比例[元]	公明

A型、[略]川崎重工業、[政]中小企業支援・被災地復興支援・科学技術、[趣]英語・体力づくり・乗り鉄、[尊]細井平洲、[銘]先ず隗より始めよ

にしだ しょうじ **西田昌司** 自[無] 京都[元]	自民[無]

A型、[略]税理士・京都府議会議員、[趣]読書・街頭遊説

にしだ まこと **西田実仁** 公 埼玉④	公明

A型、[略]「週刊東洋経済」副編集長、[政]コロナ禍克服、日本再生、特に中小企業の再生、防災・減災、[趣]剣道・バドミントン、[銘]成せばなる

のがみこうたろう **野上浩太郎** 自[無]　富山④	自民[無]

O型、[略]三井不動産・県議、[趣]バスケットボール・読書

のだくによし **野田国義** 立　福岡[元]	民主→民進(16.3)→無所属(18.5)→立憲(18.12)→立憲(20.9)

[略]福岡県八女市長・衆議院議員

のむらてつろう **野村哲郎** 自[茂]　鹿児島④	自民[茂]

A型、[略]鹿児島県農協中央会常務理事、[政]食料・農業問題、地域経済活性化、社会福祉、[趣]読書・家庭菜園、[銘]一期一会

はたじろう **羽田次郎** 立　長野[元]補	立憲

O型、[略]会社社長、[政]スモールボイス・ファースト、チルドレン・ファースト、[趣]読書、[尊]尾崎行雄、[銘]頭は低く目は高く口謹んで心広く孝を原点として他を益する

はにゅうだたかし **羽生田俊** 自[無]　比例[元]	自民[無]

[略]日本医師会副会長、[政]厚生労働

はがみちや **芳賀道也** 無(国民)　山形[元]	無所属

O型、[略]キャスター・フリーアナウンサー、[政]農業、[趣]落語、[尊]父、[銘]楽観もせず悲観もせず

はせがわがく **長谷川岳** 自[無]　北海道④	自民[無]

[略]YOSAKOIソーラン祭り組織委員会専務理事

はせがわひではる **長谷川英晴** 自[無]　比例④	自民[無]

O型、[略]郵便局長、[政]地方創生、[趣]音楽鑑賞、[尊]長嶋茂雄、[銘]一意専心

ばば せいし **馬場成志** 自[無]　熊本[元]	自民[無]

A型、[略]熊本県議会議長、[政]農林水産関連・地方行政、[趣]読書

はしもと せいこ **橋本聖子** 自[無]　比例[元]	自民→無所属(21.2)→自民[無](22.7)

B型、[略]スピードスケート選手、[政]文教科学、[趣]陶芸・乗馬、[銘]細心大胆

はまぐち まこと **浜口誠** 国　比例④	民進→国民(18.5)→無所属(20.9)→国民(21.3)

B型、[略]トヨタ自動車社員、[銘]ネバーギブアップ

はまだ さとし **浜田聡** 無(N党)比例[元][繰]	ＮＨＫ党→政治家女子48党(党名変更)→無所属

O型、[略]放射線科専門医、[政]自治労による組合費の給与天引き廃止、[趣]YouTube動画・ブログの更新、[尊]高杉晋作、[銘]面白き事もなき世を面白くすみなすものは心なりけり

はまの よしふみ **浜野喜史** 国　比例[元]	民主→民進(16.3)→国民(18.5)→国民(20.9)

O型、[略]労働組合役員、[政]エネルギー政策、[趣]読書・スポーツ観戦

ひが なつみ **比嘉奈津美** 自[茂]　比例[元][繰]	自民[茂]

A型、[略]歯科医師

ひらき だいさく **平木大作** 公　比例[元]	公明

A型、[略]シティバンク・経営コンサルタント、[政]経済・金融、[趣]読書・音楽鑑賞、[銘]百折不撓

ひらやま さちこ **平山佐知子** 無　静岡④	民進→無所属(17.10)

B型、[略]フリーアナウンサー、[政]社会保障・環境・エネルギー政策、[趣]旅行・水泳、[尊]徳川家康、[銘]初心忘るべからず

ひろせ **広瀬めぐみ** 自[麻]　岩手④	自民[麻]

[略]弁護士、[趣]身体を動かすこと、音楽・映画鑑賞、[銘]「何とかなる」「人生は誰にとっても一度きり」

ひろた はじめ **広田　一** 無　徳島・高知[元]補	無所属→民主→民進→無所属→立憲→無所属

[略]衆院1期・参院2期・高知県議2期、[政]社会保障・教育・子育て・真の地方分権、[趣]読書、[銘]心はいつも太平洋・我以外皆師

ふくおか たかまろ **福岡資麿** 自[無]　佐賀④	自民[無]

B型、[略]三菱地所、[政]社会保障・地方創生、[趣]剣道・料理・街並散策、[銘]愚公移山

ふくしま **福島みずほ** 社　比例④	社民

A型、[略]弁護士、[政]人権・女性・環境・平和問題、[趣]映画鑑賞

ふくやま てつろう **福山哲郎** 立　京都④	無所属→民主(99.9)→民進(16.3)→立憲(17.10)→立憲(20.9)

O型、[略]大和証券・松下政経塾、[政]エネルギー・環境・外交・財政、[趣]茶道・書道・野球、[銘]一日を生涯として生きる

ふじい かずひろ **藤井一博** 自[無]　比例④	自民[無]

O型、[略]県議・医師、[政]地方創生の実現・危機管理立国・社会保障、[趣]登山・料理、[尊]上杉鷹山、[銘]公直無私

ふじかわ まさひと **藤川政人** 自[麻]　愛知④	自民[麻]

O型、[略]扶桑町職員・愛知県議

ふじき しんや **藤木眞也** 自[無]　比例④	自民[無]

O型、[略]JA組合長、[政]農業・災害対策、[趣]ドライブ・農機具の修理、[銘]（何事にも）一生懸命

ふじ まき たけ し **藤 巻 健 史** 維　比例[元]繰	旧日本維新の会→維新の党→おおさか維新の会→日本維新の会

AB型、[略]三井信託銀行、モルガン銀行（現JPモルガン・チェース銀行）、[政]財政金融、[趣]テニス・読書・音楽鑑賞、[尊]マーカス・マイヤー（JPモルガン時代の上司）、[銘]熟慮断行

ふな やま やす え **舟 山 康 江** 国　山形④	民主→みどりの風(12.7)→無所属→国民(20.9)

AB型、[略]農林水産省、[政]農林水産政策全般、[趣]音楽鑑賞、[尊]石橋湛山・西郷隆盛、[銘]足るを知る

ふな ご やす ひこ **舩 後 靖 彦** れ　比例[元]	れいわ新選組

AB型、[略]介護事業会社顧問、[政]日本の全患者・障害者が幸せになるための教育改革！、[趣]読書・ギター演奏、[尊]ミシェル・エケム・ド・モンテーニュ、[銘]苦難は幸福の門

ふな はし とし みつ **船 橋 利 実** 自［麻］　北海道④	自民［麻］

A型、[政]一次産業・経済対策・医療介護福祉、[趣]ウォーキング・トイレ掃除・筋トレ、[尊]父、[銘]世のため人のため

ふる かわ とし はる **古 川 俊 治** 自［無］　埼玉[元]	自民［無］

A型、[略]慶応義塾大学教授・医師・弁護士、[政]医療・科学技術・金融政策、[趣]ジョギング・映画・音楽鑑賞（ジャズ・クラシック）・トレッキング

ほし ほく と **星 北 斗** 自［無］　福島④	自民［無］

[略]福島県医師会副会長、[政]厚生労働・医療、[趣]ウクレレ

ほり い いわお **堀 井 巌** 自［無］　奈良[元]	自民［無］

A型、[略]総務省、[趣]旅行・ご当地グルメ食べ歩き、[銘]一燈照隅、万燈照国

ほん だ あき こ **本 田 顕 子** 自［無］　比例[元]	自民［無］

A型、[略]日本薬剤師連盟副会長、[政]厚生労働、[趣]街の散策・美術鑑賞、[尊]北里柴三郎、[銘]履道応乾

まい たち しょう じ **舞 立 昇 治** 自[無] 鳥取・島根(元)	自民[無]

(略)総務省課長補佐

まき の **牧 野 た か お** 自[茂] 静岡(元)	自民[茂]

A型、(略)静岡県議会議員、(政)農林水産・国土交通

まき やま **牧 山 ひ ろ え** 立 神奈川(元)	民主→民進(16.3)→立憲(18.5)→立憲(20.9)

O型、(略)米国弁護士・TVディレクター、(政)厚生労働・外交・法務など、(趣)スポーツ・カラオケ、(尊)緒方貞子

まつ かわ **松 川 る い** 自[無] 大阪④	自民[無]

(略)外務省室長、(政)外交・安保、(趣)お茶・陶芸・ダンス、(尊)聖徳太子

まつ ざわ しげ ふみ **松 沢 成 文** 維 神奈川④	民主→みんな→次世代→希望→日本維新の会(19.06)

A型、(略)神奈川県議・衆議院議員・神奈川県知事、(政)憲法・教育・行財政改革・地方分権、(趣)歴史研究・映画鑑賞・スポーツ観戦・ジョギング、(尊)二宮尊徳・福沢諭吉・松下幸之助、(銘)運と愛嬌・破天荒力

まつ した しん ぺい **松 下 新 平** 自[無] 宮崎④	無所属→改ク(08.8)→自民[無](10.01)

AB型、(略)宮崎県庁・参議院議員秘書・宮崎県議2期、(政)防災、地方行財政、農政、外交防衛、教育、(趣)囲碁・読書

まつ の あけ み **松 野 明 美** 維 比例④	日本維新の会

A型、(略)熊本県議会議員、(政)障がい者雇用・生活保障、(趣)マラソン・そうじ、(尊)ナイチンゲール、(銘)継続は力なり

まつ むら よし ふみ **松 村 祥 史** 自[茂] 熊本④	自民[茂]

AB型、(略)全国商工会連合会、(政)地域活性化、中小企業・小規模事業者の育成、(趣)釣り・スポーツ・音楽鑑賞

まつ やま まさ じ **松 山 政 司** 自[無]　福岡[元]	自民[無]

A型、[略]日本青年会議所会頭、[政]農業・教育問題、[趣]音楽活動、[尊]高杉晋作、[銘]誠心誠意

まる かわ たま よ **丸 川 珠 代** 自[無]　東京[元]	自民[無]

B型、[略]テレビ朝日アナウンサー、[政]社会保障、[趣]ダイビング、[尊]母・祖母

み うら のぶ ひろ **三 浦 信 祐** 公　神奈川④	公明

A型、[略]防衛大准教授、[政]エネルギー・医療・社会保障、[趣]旅行・ドライブ、[尊]野口英世、[銘]一期一会、われ以外みなわが師

み うら やすし **三 浦 靖** 自[茂]　比例[元]	自民[茂]

B型、[略]衆議院議員、[政]地方創生・教育、[趣]読書・ゴルフ、[尊]鈴木恒夫（元文科大臣）、[銘]和を以て貴しとなす

み かみ **三 上 え り** 無(立憲)　広島④	無所属

[略]テレビ新広島アナウンサー、[政]子育て支援・社会保障、[趣]ジョギング・温泉めぐり、[銘]言葉には魂が宿る

み はら こ **三原じゅん子** 自[無]　神奈川④	自民[無]

B型、[略]女優、[政]医療・介護、[趣]ゴルフ

み やけ しん ご **三 宅 伸 吾** 自[無]　香川[元]	自民[無]

[略]日本経済新聞社、[政]経済成長・外交防衛・教育改革、[趣]読書、[尊]両親、[銘]あなたが変われば世界が変わる

みず おか しゅん いち **水 岡 俊 一** 立　比例[元]	民主→民進→立憲→立憲(20.9)

A型、[略]中学校教員・教職員組合役員、[政]教育・雇用・社会保障・人権・平和、[趣]テニス・写真、[銘]人間万事塞翁が馬

水野素子（みずの もとこ） 立　神奈川④	立憲

AB型、[略]JAXA、[政]科学技術・教育・産業・外交・安全保障、[趣]旅行・温泉、[尊]赤松良子・川口淳一郎、[銘]ローマは一日にして成らず

宮口治子（みやぐち はるこ） 立　広島[元]再	無所属→立憲(21.12)

[略]TV局キャスター・フリーアナウンサー、[政]福祉政策、[趣]神社仏閣巡り・温泉・ドライブ・料理、[尊]マザー・テレサ、[銘]人間万事塞翁が馬

宮崎雅夫（みやざき まさお） 自[無]　比例[元]	自民[無]

[略]農水省課長、[政]農業振興・地方活性化、[趣]歴史小説、[尊]島田叡、[銘]一所懸命

宮崎勝（みやざき まさる） 公　比例④繰	公明

A型、[略]公明新聞、[政]教育、[趣]登山、[尊]父母、[銘]不撓不屈

宮沢洋一（みやざわ よういち） 自[無]　広島④	自民[無]

AB型、[略]官僚（大蔵省）、[政]社会保障・財政再建、[趣]料理・カメラ

宮本周司（みやもと しゅうじ） 自[無]　石川[元]補	自民[無]

A型、[略]酒造会社社長、[政]小規模企業政策・中小企業政策、[趣]音楽

村田享子（むらた きょうこ） 立　比例④	立憲

A型、[略]基幹労連職員・参議院議員秘書、[政]経済産業政策・社会保障、[趣]読書・銭湯・野球観戦・顔出しパネルで写真撮影、[銘]笑う門には福来る

森まさこ（もり まさこ） 自[無]　福島[元]	自民[無]

O型、[略]弁護士・金融庁、[政]女性活躍・消費者問題・金融・少子化対策、[趣]洋裁・料理・登山・旅行

森本真治（もりもと しんじ） 立　広島(元)	民主→民進(16.3)→国民(18.5)→立憲(20.9)

(略)広島市議

森屋隆（もりや たかし） 立　比例(元)	立憲→立憲(20.9)

(略)西東京バス㈱・団体職員

森屋宏（もりや ひろし） 自[無]　山梨(元)	自民[無]

A型、(略)県議、(政)観光・少子化対策・地方分権、(趣)旅行、(銘)われ以外皆我が師

矢倉克夫（やくら かつお） 公　埼玉(元)	公明

A型、(略)弁護士・経産省職員、(政)通商・外交・社会保障・教育、(趣)自転車・カラオケ・映画、(銘)たくましき楽観主義

安江伸夫（やすえ のぶお） 公　愛知(元)	公明

A型、(略)弁護士、(政)中小企業支援、(趣)カラオケ、(尊)自分以外のすべての人、(銘)不可能とは、臆病者の言いわけである

柳ヶ瀬裕文（やながせ ひろふみ） 維　比例(元)	日本維新の会

A型、(略)東京都議会議員、(趣)登山

山口那津男（やまぐち なつお） 公　東京(元)	公明→新進(94.12)→平和(98.1)→公明(98.11)

A型、(略)弁護士、(政)安保・防衛、(趣)音楽・美術鑑賞

山崎正昭（やまざき まさあき） 自[無]　福井④	自民→無所属(12.12)→自民[無](16.7)

A型、(略)大野市議・福井県議、(政)建設・農林水産・地方自治、(趣)野球・スキー

やました ゆうへい
山下雄平
自[茂]　佐賀[元]

自民[茂]

[略]日本経済新聞社記者、[政]農政・国土交通・総務（地方分権）、[趣]読書・マラソン

やました よしき
山下芳生
共　比例[元]

共産

AB型、[略]生協職員、[政]雇用・福祉・安全保障・地方自治、[趣]山歩き・落語・料理

やまぞえ たく
山添拓
共　東京④

共産

AB型、[略]弁護士、[政]労働・原発・憲法、[趣]鉄道写真・登山、[尊]宮沢賢治、[銘]自分らしく

やまだ たろう
山田太郎
自[無]　比例[元]

みんな→元気(15.1)→自民[無]

B型、[略]経営コンサルティング会社社長、[政]日本産業再生政策・花粉症対策等、[趣]執筆活動・旅行、[銘]今日の日をありがとう

やまだ としお
山田俊男
自[無]　比例[元]

自民[無]

A型、[略]全国農協中央会専務理事、[政]農業・農村問題、[趣]水泳・里山歩き・読書

やまだ ひろし
山田宏
自[無]　比例④

日本新党→新進→日本創新党→日本維新の会→次世代→自民[無](15.9)

B型、[略]杉並区長・衆議院議員、[政]外交防衛・安全保障・厚生労働、[趣]ダイビング、[尊]松下幸之助

やまたに えりこ
山谷えり子
自[無]　比例④

民主→保新(02.12)→自民[無](03.11)

A型、[略]サンケイリビング新聞編集長・エッセイスト、[政]教育・外交防衛・少子高齢、[趣]水泳・合気道

やまもと かなえ
山本香苗
公　比例[元]

公明

O型、[略]在カザフスタン共和国大使館勤務、[趣]水泳・映画鑑賞・旅行

やま もと けい すけ **山本啓介** 自[無]　長崎④	自民[無]

A型、[略]長崎県議会議員・衆議院議員秘書、[政]農林水産業・人口減少対策・防衛・離島振興、[趣]読書、[尊]松永安左エ門、[銘]不惜身命

やま もと さ ち こ **山本佐知子** 自[茂]　三重④	自民[茂]

A型、[略]三重県議会議員、[政]地方創生・観光・農林水産・産業振興、[趣]登山・絵画鑑賞、[銘]初心忘るるべからず

やま もと じゅん ぞう **山本順三** 自[無]　愛媛④	自民[無]

A型、[略]川崎製鉄・愛媛県議、[政]農林水産業再生・地場産業再生、[趣]スポーツ・読書

やま もと た ろう **山本太郎** れ　東京④	無所属→自由→れいわ新選組

A型、[略]俳優、[政]積極財政、[趣]サーフィン、[尊]木村英子・舩後靖彦、[銘]金を刷れ、皆に配れ

やま もと ひろ し **山本博司** 公　比例[元]	公明

A型、[略]日本IBM、[政]福祉・情報通信、[趣]スポーツ観戦・映画鑑賞

よこ さわ たか のり **横沢高徳** 立　岩手[元]	国民→立憲(20.9)

O型、[略]バンクーバー・パラリンピック日本代表、[趣]カーリング・パワースポット巡り・体を動かすこと、[尊]原敬、[銘]雨垂れ石を穿つ

よこ やま しん いち **横山信一** 公　比例④	公明

A型、[略]北海道議2期

よし い あきら **吉井章** 自[無]　京都④	自民[無]

B型、[略]京都市議、[政]経済対策・外交安全保障・教育政策・地方創生、[趣]サッカー観戦・ゴルフ、[銘]一念不動

吉川（よしかわ）沙織（さおり） 立　比例[元]	民主→民進(16.3)→立憲(18.5)→立憲(20.9)

AB型、[略]NTT社員、[政]情報通信、[趣]人と会うこと・散歩・吹奏楽

吉川（よしかわ）ゆうみ 自［無］　三重[元]	自民［無］

[略]三井住友銀行、[政]環境・経済、[趣]スポーツ・読書

蓮（れん）舫（ほう） 立　東京④	民主→民進(16.3)→立憲(17.12)→立憲(20.9)

A型、[略]報道キャスター、[政]行革・子ども子育て支援政策

和田（わだ）政宗（まさむね） 自［無］　比例[元]	みんな→次世代(14.11)→こころ(15.12)→無所属(16.11)→自民［無］(17.9)

A型、[略]NHKアナウンサー、[政]震災復興、[趣]マラソン

若林（わかばやし）洋平（ようへい） 自［無］　静岡④	自民［無］

[略]御殿場市長

若松（わかまつ）謙維（かねしげ） 公　比例[元]	公明

O型、[略]衆議員・公認会計士・税理士・行政書士、[政]行財政改革・東日本大震災復興・エネルギー、[趣]マラソン、[尊]上杉鷹山

渡辺（わたなべ）猛之（たけゆき） 自［茂］　岐阜④	自民［茂］

O型、[略]県議、[政]地方創生、森林・林業、国土交通、[趣]釣り、[尊]松下幸之助

衆議院議員親族一覧

（令和6年2月1日現在）

[あ]	あかま二郎	[父][故]あかま一之：県議
	安住　淳	[父][故]安住重彦：元宮城県牡鹿町長
	阿部　司	[父]阿部吉夫：ハイヤー運転手　[母]阿部信子：化粧品店経営　[妻]阿部香織：不動産会社勤務
	逢沢一郎	[父][故]逢沢英雄：衆院議員
	青柳仁士	[父]青柳景一：元警察官
	青柳陽一郎	[曽祖父][故]高碕達之助：元通産大臣、元衆議院議員、東洋製罐㈱創設者　[祖父][故]池田正之輔：元科技庁長官、元衆議院議員
	青山周平	[父]青山秋男：愛知県議会議員
	赤澤亮正	[祖父][故]赤澤正道：自治大臣、国家公安委員長
	東　国幹	[妻]東　みつよ：会社役員　[長男]東　泰民：大学生
	麻生太郎	[父][故]麻生太賀吉：衆院議員、実業家　[母][故]麻生和子：故吉田茂元首相三女　[妻]麻生千賀子：[故]鈴木善幸元首相三女
	甘利　明	[父][故]甘利　正：衆院議員
	荒井　優	[父]荒井　聰：前衆議院議員
[い]	井出庸生	[伯父]井出正一：元衆院議員　[祖父][故]井出一太郎：元衆院議員
	井上信治	[兄]井上賢治：井上眼科病院理事長
	井上貴博	[祖父][故]井上吉左衛門：福岡県議会議員　[父][故]井上雅實：福岡県議会議員
	井上英孝	[祖父]：大阪市会議員　[父]：大阪市会議員　[母]：大阪市会議員　[妻]井上智子　[長男]井上英将　[次男]井上真孝　[三男]井上義英
	井原　巧	[祖父][故]井原岸高：衆議院議員
	伊藤俊輔	[父]伊藤公介：元衆議院議員
	伊藤信太郎	[父][故]伊藤宗一郎：衆議院議長

[衆]親族一覧

	池畑浩太朗	(祖父)(故)大上　司：衆議院議員（自由民主党5期）
	石井　拓	(父)石井和男　(母)石井妙子　(妻)石井香代
	石川香織	(夫)石川知裕：元衆議院議員
	石破　茂	(父)(故)石破二朗：鳥取県知事、自治大臣　(母)(故)石破和子：元宮城県知事金森太郎長女　(妻)石破佳子：元昭和電工取締役中村明次女
	石橋林太郎	(父)(故)石橋良三：広島県議会議員
	石原宏高	(父)(故)石原慎太郎：元衆議院議員、元東京都知事　(兄)石原伸晃：前衆議院議員
	泉　健太	(父)(故)泉　訓雄：石狩市議
	稲田朋美	(夫)稲田龍示：弁護士
	岩谷良平	(弟)岩谷栄成：神戸市議会議員
	岩屋　毅	(父)岩屋　啓：大分県議
う	上田英俊	(父)上田辰三：理容業　(母)上田千恵：理容業　(妻)上田チヨミ：主婦
	梅谷　守	(義父)筒井信隆：農林水産副大臣
	浦野靖人	(妻)浦野雅代　(長男)浦野靖士朗　(次男)浦野慶夏
え	江﨑鐵磨	(父)(故)江﨑真澄：副総理、自治・通産大臣、総務庁・防衛庁長官　(甥)細貝正統：第一屋製パン株式会社代表取締役社長
	江渡聡徳	(父)(故)江渡誠一：青森県議会議員　(叔父)(故)江渡龍博：十和田市議会議員　(従弟)江渡信貴：十和田市議会議員
	江藤　拓	(父)(故)江藤隆美：元建設大臣、運輸大臣、総務庁長官
	衛藤征士郎	(妻)衛藤まり子
	遠藤利明	(伯父)(故)鈴木行男：上山市長、山形県議　(長男)遠藤寛明：山形県議
お	小里泰弘	(父)(故)小里貞利：総務庁長官、震災対策大臣、北・沖開発庁長官、労働大臣、自民党総務会長
	小沢一郎	(父)(故)小沢佐重喜：運輸大臣、衆院議員

※親族について回答のあった議員のみ掲載

小野寺五典	(義父)(故)小野寺信雄：宮城県議会議員、気仙沼市長
小渕優子	(祖父)(故)小渕光平：衆院議員　(父)(故)小渕恵三：内閣総理大臣
尾身朝子	(父)(故)尾身幸次：元財務大臣、元衆議院議員
越智隆雄	(祖父)(故)福田赳夫：内閣総理大臣　(叔父)福田康夫：内閣総理大臣　(父)(故)越智通雄：国務大臣　(従弟)福田達夫：衆議院議員
大島　敦	(父)(故)大島　茂：北本市議（3期）
大塚　拓	(妻)大塚珠代（丸川珠代）：参議院議員
大野敬太郎	(父)(故)大野功統：元防衛庁長官
岡田克也	(義兄)村上誠一郎：衆院議員
奥下剛光	(祖父)奥下幸助：元茨木市議
奥野信亮	(祖父)奥野貞治：県議会議員、町長　(祖父)神奈川県知事　(父)(故)奥野誠亮：衆議院議員、文部大臣、法務大臣、国土庁長官

か

加藤鮎子	(祖父)(故)加藤精三：元衆議院議員　(父)(故)加藤紘一：元衆議院議員
加藤勝信	(義父)(故)加藤六月：元農水大臣、元衆議院議員　(妻の伯父)(故)加藤武徳：元自治大臣、元参議院議員　(義従兄)(故)加藤紀文：元参議院議員
加藤竜祥	(父)加藤寛治：前衆議院議員
河西宏一	(曽祖父)(故)河西嘉一：山川製薬（株）専務　(祖父)(故)河西健一：住友金属工業（株）常務・住金化工（株）会長
海江田万里	(妻)海江田志津子
梶山弘志	(父)(故)梶山静六：衆院議員　(母)梶山春江
金子恵美	(父)(故)金子徳之介：衆議院議員
金子俊平	(父)金子一義：衆議院議員、国土交通大臣、行革大臣　(祖父)(故)金子一平：衆議院議員、大蔵大臣、経企庁長官
金子恭之	(祖父)(故)金子　龍：深田村長、熊本県議（2期）　(父)(故)金子　徹：深田村議会議長

	金子容三	[父]金子原二郎：元農林水産大臣、元長崎県知事　[祖父][故]金子岩三：元農林水産大臣、元科学技術庁長官
	金田勝年	[妻]金田龍子
	亀岡偉民	[父][故]亀岡高夫：衆議院議員、建設・農林水産各大臣
	川崎ひでと	[父]川崎二郎:前衆議院議員　[祖父][故]川崎秀二:元衆議院議員
	菅　直人	[妻]菅　伸子
	菅家一郎	[従兄]菅家一博：村議会議員　[義兄]遠藤和夫：北塩原村村長　[義弟]阿部光國：町議会議員
[き]	木村次郎	[祖父][故]木村文男：衆議院議員、青森県議会議員　[父][故]木村守男：衆議院議員、青森県知事　[兄][故]木村太郎：衆議院議員、青森県議会議員
	城内　実	[父]城内康光：警察庁長官、ギリシャ大使　[義兄]水谷章：オーストリア大使、モザンビーク大使
	菊田真紀子	[父]菊田征治：新潟県議会議員
	岸田文雄	[祖父][故]岸田正記：衆院議員　[父][故]岸田文武：衆院議員
	北側一雄	[父][故]北側義一:元衆議院議員(昭和42～58年)
[こ]	小泉進次郎	[父]小泉純一郎:元衆議院議員　[兄]小泉孝太郎:俳優
	小林茂樹	[祖父][故]小林茂市：奈良市議会議員　[父][故]小林喬：奈良県議会議員
	小林史明	[祖父][故]小林政夫：元参議院議員
	小宮山泰子	[祖父][故]小宮山常吉：参議院議員　[父][故]小宮山重四郎：衆議院議員、郵政大臣
	小森卓郎	[義父]北村茂男：元衆議院議員、環境副大臣
	河野太郎	[祖父][故]河野一郎：農林大臣　[父]河野洋平：衆院議長、副総理兼外相、自民党総裁　[母][故]河野武子
	神津たけし	[伯父]羽田　孜：元首相　[従兄弟][故]羽田雄一郎：元国土交通大臣

※親族について回答のあった議員のみ掲載

高村正大　祖父故高村坂彦：元衆院議員　父高村正彦：前衆院議員

國場幸之助　大叔父故國場幸昌：衆院議員(自民党)　義父西田健次郎：沖縄県議会議員、自民党県連会長

穀田恵二　父穀田良二　叔父戸田龍馬：伊丹市議会元議長　妻穀田誠子：染色家

近藤昭一　父故近藤昭夫:元名古屋市議　弟故近藤高昭:名古屋市議

さ　佐藤公治　父故佐藤守良：農林水産大臣、国土庁長官、北海道・沖縄開発庁長官

佐藤　勉　祖父故佐藤鶴七：栃木県議会議員、壬生町長　父故佐藤昌次：栃木県議会議長、壬生町長　従兄故佐藤三郎：栃木県議会議員　長男佐藤良：栃木県議会議員

斉藤鉄夫　父故斉藤武夫：陸軍中佐　母故斉藤静枝　妻斉藤敏江

坂本哲志　妻坂本晶江

坂本祐之輔　父故坂本守平：元東松山市議会議長

櫻田義孝　長男櫻田慎太郎：柏市議会議員

笹川博義　祖父故笹川良一：元衆議院議員、公益団体会長　義父笹川　堯：元衆議院議員

し　志位和夫　父故志位明義：船橋市議・小学校教諭　母志位茂野：小学校教諭　妻志位孝子：主婦

塩崎彰久　祖父故塩崎　潤:元衆議院議員　父塩崎恭久:元衆議院議員

塩谷　立　父故塩谷一夫：衆議院議員

下条みつ　祖父故下条康麿：元参議院議員、文部大臣　父故下条進一郎：元参議院議員、厚生大臣

下村博文　父故下村正雄　母故下村富子：主婦　妻下村今日子：主婦

新谷正義　祖父故高橋績二：東広島市議会議長、東広島市名誉市民　祖母故新谷房子：世羅町議会議員

新藤義孝　祖父故新藤勝衛：川口市議会議員

[す] 鈴木英敬　[妻]鈴木美保（旧姓：武田）：アーティスティックスイミング・五輪メダリスト

鈴木俊一　[父][故]鈴木善幸：内閣総理大臣

[た] 田中和徳　[子]田中徳一郎：神奈川県議会議員

田中英之　[祖父][故]田中三松：元京都府議会議長　[父][故]田中のぼる：元京都市会議長　[弟]田中崇則：京都市議会議員

田中良生　[父]田中啓一：蕨市市長

田野瀬太道　[実父]田野瀬良太郎：衆議院議員、自由民主党総務会長

田村憲久　[祖父][故]田村　稔：衆院議員　[伯父][故]田村　元：衆院議長

髙木　啓　[祖父][故]高木惣市：東京都北区長　[父][故]高木信幸：東京都議

髙木　毅　[父][故]高木孝一：敦賀市長

髙鳥修一　[父][故]髙鳥　修：元国務大臣、元衆議院議員

竹内　譲　[従兄]三輪昭尚：元内閣情報通信政策監　[従妹]井上和香：女優

武部　新　[実父]武部　勤：自民党幹事長、農林水産大臣、衆議運委員長

橘　慶一郎　[父][故]橘　康太郎：衆議院議員

棚橋泰文　[祖父][故]松野幸泰：国土庁長官、衆院議員　[父]棚橋祐治：通産事務次官

谷　公一　[父][故]谷　洋一：衆議院議員、農水大臣

谷川とむ　[父]谷川秀善：元参議院議員　[兄]谷川正秀：元尼崎市議会議長

[つ] 津島　淳　[父][故]津島雄二：厚生大臣、自民党税制調査会長、衆議院議員　[大伯父][故]津島文治：知事、衆議院議員、参議院議員

塚田一郎　[父][故]塚田十一郎：郵政大臣、自治大臣、新潟県知事　[妻]塚田志保：元アナウンサー

辻　清人　[妻]辻　奈々

土屋品子　[祖父][故]上原正吉：参議院議員　[父][故]土屋義彦：参議院議長、埼玉県知事

※親族について回答のあった議員のみ掲載

堤　かなめ　(夫)堤　明純：北里大学医学部教授

[て] 寺田　学　(妻)寺田静：参議院議員　(父)寺田典城：元知事、元参議院議員

寺田　稔　(祖父)(故)寺田　豊：広島市議会議長、広島県議会議員　(祖父)(故)池田勇人：内閣総理大臣　(伯父)(故)池田行彦：外務大臣、防衛庁長官　(妻)寺田慶子　(長女)石山優子　(次女)寺田聡子

[と] 渡海紀三朗　(父)(故)渡海元三郎：衆議院議員、元建設・自治大臣　(義兄)石見利勝：前姫路市長

[な] 中川郁子　(夫)(故)中川昭一：衆議院議員、農林水産大臣、経済産業大臣、財務大臣　(義父)(故)中川一郎：衆議院議員、農林水産大臣

中島克仁　(父)(故)中嶋眞人：元内閣府副大臣　(母)中嶋ふじゑ　(妻)中嶋美由紀

中曽根康隆　(祖父)(故)中曽根康弘：元内閣総理大臣　(父)中曽根弘文：参議院議員

中谷一馬　(義父)深田慎治：元山口県防府市議会副議長　(義父)藤居芳明：前横浜市会議員

中谷　元　(祖父)(故)中谷貞頼：衆院議員　(妻)中谷美弥子

中司　宏　(父)(故)中司　実：元大阪府議会議員

中野英幸　(父)中野　清：市議、県議、元衆議院議員　(従兄弟)星野光弘：市議、県議、富士見市長

中村喜四郎　(父)(故)中村喜四郎（先代）：参議院議員　(母)(故)中村登美：参議院議員

永岡桂子　(夫)(故)永岡洋治：衆議院議員

長坂康正　(父)(故)長坂悦次：東浦町長

長妻　昭　(祖父)(故)長妻孜一郎：千葉県八街町議会議長

長友慎治　(妻)こみかど綾：延岡市議会議員

[に] 二階俊博　(父)(故)二階俊太郎：和歌山県議

丹羽秀樹　(祖父)(故)丹羽兵助：衆議院議員、労働大臣　(祖父)(故)安藤孝三：衆議院議員

西岡秀子　(祖父)(故)西岡竹次郎：長崎県知事、衆議院議員　(祖母)(故)西岡ハル：参議院議員（全国区）　(父)(故)西岡武夫：参議院議長、衆議院議員

	議員	親族
	西村智奈美	(夫)本多平直：元衆議院議員　(長男)本多宏旭
	西村康稔	(義父)(故)吹田　愰：自治大臣
	西銘恒三郎	(父)(故)西銘順治：元衆議院議員、元沖縄県知事　(兄)西銘順志郎：元参議院議員、(弟)西銘啓史郎：沖縄県議会議員
の	野田聖子	(祖父)(故)野田卯一：建設大臣、衆院議員
	野田佳彦	(弟)野田剛彦：千葉県議会議員（3期）
	野中　厚	(祖父)(故)野中英二：衆議院議員（6期）
は	葉梨康弘	(義父)(故)葉梨信行：元衆議院議員　(義祖父)(故)葉梨新五郎：元衆議院議員
	橋本　岳	(祖父)(故)橋本龍伍：元文相、元厚相、元衆議院議員　(父)(故)橋本龍太郎：元首相、元通産相、元蔵相、元運輸相、元厚相、元衆議院議員　(叔父)橋本大二郎：元高知県知事
	鳩山二郎	(父)(故)鳩山邦夫：衆議院議員
	早坂　敦	(妻)早坂千亜紀：仙台市議会議員
	林　幹雄	(父)(故)林　大幹：環境庁長官、衆院議員　(母)(故)林　ちよ　(妻)林　博子　(長男)林　幹人：林幹雄秘書
	林　佑美	(夫)林隆一：和歌山県議会議員
	林　芳正	(祖父)(故)林　佳介：元衆議院議員　(父)(故)林　義郎：元衆議院議員、元大蔵大臣、元厚生大臣
ひ	平井卓也	(祖父)(故)平井太郎：郵政大臣、参院議員　(父)(故)平井卓志：労働大臣、参院議員
	平沼正二郎	(曽祖父)(故)平沼騏一郎：元内閣総理大臣　(父)平沼赳夫：元衆議院議員、元経済産業大臣
ふ	福島伸享	(大おじ)(故)小平久雄：元衆議院副議長
	福田昭夫	(娘婿)斎藤淳一郎：栃木県矢板市長
	福田達夫	(祖父)(故)福田赳夫：第67代内閣総理大臣　(父)福田康夫：第91代内閣総理大臣
	藤巻健太	(父)藤巻健史：参議院議員　(叔父)(故)藤巻幸夫：元参議院議員

※親族について回答のあった議員のみ掲載

	船田　元	㊗祖父㊗故船田　中：衆議院議長　㊗父㊗故船田　譲：参議院議員、栃木県知事　㊗妻船田　恵：参議院議員
	古屋圭司	㊗曽祖父㊗故古屋善造：国会議員　㊗祖父㊗故古屋慶隆：国会議員　㊗養父㊗故古屋　亨：衆院議員、自治大臣
ほ	穂坂　泰	㊗父穂坂邦夫：第99代埼玉県議会議長、元志木市長
	星野剛士	㊗父㊗故星野尚昭：自由民主党本部職員（国会対策事務部長）
	堀内詔子	㊗義曽祖父㊗故堀内良平：衆議院議員　㊗義祖父㊗故堀内一雄：衆議院議員　㊗義父㊗故堀内光雄：衆議院議員、元通商産業大臣
ま	馬淵澄夫	㊗従兄弟馬淵昌也：千葉県一宮町長
	松野博一	㊗妻松野三千代　㊗長女晶子
	松原　仁	㊗妻松原ひろみ
	松本剛明	㊗父㊗故松本十郎：国務大臣
	松本洋平	㊗母松本るみ子　㊗妻松本幸子　㊗長男松本悠之介　㊗長女松本淑乃
み	三ッ林裕巳	㊗父㊗故三ッ林弥太郎：元国務大臣科学技術庁長官、元衆議院議員、元埼玉県議会議長　㊗兄㊗故三ッ林隆志：元衆議院議員　㊗祖父㊗故三ッ林幸三：元衆議院議員、元埼玉県議会議長、元幸手町長
	美延映夫	㊗祖父㊗故美延重忠：大阪市議会議員　㊗祖母㊗故美延よし：大阪市議会議員　㊗母美延郷子：大阪市議会議員
	御法川信英	㊗父㊗故御法川英文：衆議院議員　㊗母御法川憲子
	宮下一郎	㊗父㊗故宮下創平：衆議院議員
む	村上誠一郎	㊗曽祖父㊗故村上紋四郎：衆院議員　㊗父㊗故村上信二郎：衆院議員　㊗伯父㊗故村上孝太郎：参院議員　㊗義弟岡田克也：衆院議員
も	茂木敏充	㊗父㊗故茂木文男　㊗母茂木和子　㊗妻茂木栄美　㊗子茂木駿介
	盛山正仁	㊗義父㊗故田村　元：元衆議院議長　㊗妻の従兄弟田村憲久：元厚生労働大臣

	氏名	親族
	森　英介	(祖父)(故)森　矗昶：衆院議員　(父)(故)森　美秀：衆院議員、環境庁長官　(伯父)(故)森　清：衆院議員、総務長官
	森田俊和	(祖父)(故)森田新五郎：元埼玉県議会議員
や	谷田川　元	(弟)谷田川充丈：千葉県議会議員　(従兄弟)(故)山村新治郎：元衆議院議員
	屋良朝博	(妻)屋良直美：小学校教諭
	保岡宏武	(祖父)(故)保岡武久：元衆議院議員　(祖父)(故)武田恵喜光：元和泊町町長　(父)(故)保岡興治：元衆議院議員
	柳本　顕	(父)柳本　豊：元大阪市会議員　(叔父)柳本卓治：元衆議院議員、元参議院議員
	山岡達丸	(祖父)(故)山岡荘八：作家　(父)山岡賢次：元衆議院議員
	山口俊一	(父)(故)山口一雄：徳島県会議員
	山口　晋	(父)山口泰明：前衆議院議員、前自民党選対委員長
	山口　壯	(義叔父)(故)中村正三郎：元衆院議員、環境庁長官、法務大臣　(妻)山口牧子　(長女)デュポン洸子　(次女)山口玲子
	山田勝彦	(父)山田正彦：元衆議院議員
	山井和則	(妻)斉藤弥生：大学教員
	山本剛正	(妻)西村正美：元参議院議員
よ	吉川　赳	(父)吉川雄二：元静岡県議
	吉川　元	(いとこ)越　直美：大津市長
	吉田豊史	(父)吉田良三：元富山県会議員　(伯父)(故)吉田清治：元富山県会議員
	吉野正芳	(妻)吉野公子
	米山隆一	(妻)室井佑月：作家
わ	和田義明	(義父)(故)町村信孝：衆議院議長、内閣官房長官、外相、文科相　(義祖父)(故)町村金五：北海道知事、自治相、自民党参議院議員会長
	若林健太	(父)(故)若林正俊：農林水産大臣、環境大臣

※親族について回答のあった議員のみ掲載

渡辺孝一	[父][故]渡辺省一：衆議院議員、国務大臣（科技庁長官）
渡辺　周	[父][故]渡辺　朗：衆院議員、沼津市長
渡辺　創	[祖父][故]渡辺　紀：宮崎県議会議員
渡辺博道	[父][故]渡辺福太郎：松戸市議会議長

参議院議員親族一覧

（令和6年2月1日現在）

	議員名	親族
あ	阿達雅志	㊂妻の祖父㊃故佐藤栄作：元内閣総理大臣　妻の父㊃故佐藤信二：元運輸大臣、通商産業大臣
	青木　愛	父青木岩造：千倉町議会議員　母青木伊久：社会福祉法人櫻の会理事長、ゆうひが丘保育園園長
	青木一彦	父故青木幹雄：内閣官房長官、参議院自民党議員会長他
	青島健太	妻青島みゆき：同志社女子大→日本航空CA　長女青島奈乃：ロンドン芸術大学→スウェーデン在住　長男青島健賢：デンマーク工科大学大学院→デンマーク在住
	青山繁晴	妻青山千春：東京海洋大学特任准教授
	浅田　均	父故浅田貢：元大阪府議
	東　　徹	祖父故東　二三郎：元大阪市会議員、元大阪府議会議員　父故東　武：元大阪府議会議長
	有村治子	父有村國宏:元滋賀県議会議長　兄有村國俊:前近江八幡市議会議員、現滋賀県議会議員　弟有村国知：現滋賀県愛荘町長
い	石井　章	娘根本めぐみ（石井）：取手市議会議員
	石井準一	叔父石井常雄：前茂原市長
	石川博崇	義父風間　昶：元参議院議員、元環境副大臣
	石橋通宏	父故石橋大吉：元衆院議員
	猪口邦子	夫猪口　孝：東京大学名誉教授、中央大学総合研究開発機構上級研究員、前新潟大学学長
	今井絵理子	長男今井礼夢：18才
う	臼井正一	祖父故臼井莊一：元衆院議員、元参院議員　父臼井日出男：元衆院議員、元法相、元防衛庁長官　妻臼井千鶴子：会社役員
	打越さく良	夫村木一郎：弁護士
え	江島　潔	祖父故江島鐵雄：下関市議会議員　大叔父故江藤　智：参議院議員、運輸大臣　父故江島淳：参議院議員、大蔵政務次官
	衛藤晟一	岳父故矢野竹雄：元大分県議会議長　長男衛藤博昭：大分県議会議員

※親族について回答のあった議員のみ掲載

お 小野田紀美　曾祖父故小野田庄市：裳掛村議会議員

尾辻秀久　妹尾辻　義：前鹿児島県議会議員

大椿ゆうこ　夫Fernando Selvaggio Lopez：画家

大野泰正　祖父故大野伴睦：衆議院議長、自由民主党副総裁　父故大野　明：衆・参議院議員、労働大臣、運輸大臣　母故大野つや子：元参議院議員、文教科学委員長

岡田直樹　父岡田尚壯：前北國新聞社社長　妻の伯父森喜朗：元首相

音喜多　駿　妻三次由梨香：江東区議会議員（現職）

か 加田裕之　父故加田正雄　母故加田久美子　妻加田美奈子

加藤明良　父加藤浩一：水戸市議、県議、水戸市長

嘉田由紀子　子嘉田修平：大津市議会議員3期

片山さつき　曾祖父故銀林綱男：埼玉県知事、東京府名誉議員、東京商品取引所理事長　父故朝長康郎：宇都宮大学名誉教授、理学博士　夫片山龍太郎：元マルマン社長、元産業再生機構執行役員

片山大介　父片山虎之助：参議院議員

川田龍平　母川田悦子：元衆議院議員

き 吉良よし子　父吉良富彦：元高知県議　夫松嶋祐一郎：目黒区議

く 倉林明子　父故三瓶　猛：福島県西会津町議2期

こ こやり隆史　妻主婦　長男大学生　長女会社員

上月良祐　義父金子　清：元新潟県知事

さ 酒井庸行　父酒井　博：元刈谷市議会議員

櫻井　充　妻櫻井宏子　長女櫻井亜美　長男櫻井隆正　次男櫻井隼人

山東昭子　曾祖父故山東直砥：神奈川県副知事　大叔父故下村宏（海南）：朝日新聞副社長、NHK会長、国務大臣　祖父のいとこ故山東永夫：紀陽銀行頭取

し 自見はなこ　父自見庄三郎：元参議院議員

塩田博昭　父塩田茂：元市場町議

進藤金日子　父故進藤廣雄：秋田県協和町議会議員

	議員名	親族
	榛葉賀津也	父故榛葉達男：静岡県議会議員、旧菊川町長
す	杉　久武	義祖父故上林繁次郎：元参議院議員　義父上林謙二郎：元船橋市議　義祖父故向後重雄：元飯岡町議（現旭市飯岡）
	杉尾秀哉	父故杉尾秀一郎：元会社員　母故杉尾秀子　妻杉尾美保
	鈴木宗男	長女鈴木貴子：衆議院議員
せ	世耕弘成	祖父故世耕弘一：経企庁長官　父故世耕弘昭：元近畿大学理事長　伯父故世耕政隆：自治大臣、参院議員
	関口昌一	父故関口恵造：参院議員　母関口泰子：歯科医師　息子関口恵太
た	田名部匡代	父田名部匡省：参議2期、衆議6期
	高木真理	夫高木錬太郎：前衆院議員
	高橋はるみ	弟新田八朗：富山県知事
	滝沢　求	父故滝沢章次：県議会議員
て	寺田　静	夫寺田学：衆議院議員　義父寺田典城：元参議院議員、元秋田県知事　祖父故佐藤佐太郎：増田町長（現、横手市）
と	堂故　茂	祖父故堂故敏雄：氷見市長　父故堂故茂一：氷見市議会議員
	友納理緒	伯祖父故友納武人：千葉県知事、衆議院議員
な	中曽根弘文	父故中曽根康弘：内閣総理大臣　長男中曽根康隆：衆議院議員
	長峯　誠	父長峯　基：参議院議員
に	西田昌司	父故西田吉宏：参議院議員3期、議院運営委員長、参自民国対委員長
の	野上浩太郎	祖父故野上資良：元富山県議会議長　父野上徹：元衆議院議員
は	羽田次郎	祖父故羽田武嗣郎：元衆議院議員　父故羽田孜：元衆議院議員、第八十代内閣総理大臣　兄故羽田雄一郎：元参議院議員、元国土交通大臣
	馬場成志	父故馬場三則：熊本県議会議員（6期）
	橋本聖子	義兄故高橋辰夫：衆院議員
ふ	福岡資麿	祖父故福岡日出麿：元参議院議員

※親族について回答のあった議員のみ掲載

藤井一博　[父][故]藤井省三：元鳥取県議会議員（9期）、社会医療法人仁厚会・社会福祉法人敬仁会名誉会長　[母]藤井啓子：社会医療法人仁厚会・社会福祉法人敬仁会会長

藤巻健史　[弟][故]藤巻幸夫：参議院議員　[長男]藤巻健太：衆議院議員　[叔父][故]柳川覚治：参議院議員

舩後靖彦　[従伯父]舩後正道：環境省（庁）事務次官（初代）

船橋利実　[弟]船橋賢二：北海道議会議員

[ほ] 星　北斗　[妻]星　享子

本田顕子　[父][故]本田良一：元参議院議員

[ま] 松下新平　[義父]野辺修光：前串間市長、元宮崎県議会議員　[父][故]松下　渉：元宮崎県議会議員

松野明美　[夫]前田真治　[長男]前田輝仁　[次男]前田健太郎

松村祥史　[父][故]松村　昭：元熊本県議会議長、元県議

松山政司　[父][故]松山　譲：元福岡県議会議員

[み] 三原じゅん子　[夫]中根雄也

宮沢洋一　[伯父][故]宮澤喜一：首相、財務、大蔵、外務、通産相、経企庁長官、官房長官　[父][故]宮澤弘：広島県知事、参議院議員、法務大臣

宮本周司　[父]宮本長興：元辰口町長　[従兄]井出敏朗：能美市長

[や] 山崎正昭　[父][故]山崎正一：福井県議会議長　[母][故]山崎ミヨ：主婦　[妻]山崎澄子：主婦

山下雄平　[曽祖父][故]清水荘次郎：元唐津市長　[祖父][故]山下善平：会社会長、元呼子町議長　[父]山下正雄：会社社長、唐津市議

山谷えり子　[父][故]山谷親平：ジャーナリスト

山本佐知子　[祖父][故]山本幸雄：自治大臣、国家公安委員長　[父]川島信也：長浜市長　[弟]川島隆二：滋賀県議会議員

山本順三　[父][故]山本博通：愛媛県議会議員

内閣(大臣・長官・副長官)副大臣・大臣政務官履歴一覧

凡　例

●現職の内閣（大臣・官房長官・官房副長官）・副大臣・大臣政務官の出生地、学歴、職歴等主な履歴を一覧表にした（**令和6年1月31日現在**）。

●衆議院議員の当選回数のカッコ内の数字は総選挙の回次を示す。参考のため下記に総選挙の回次と期日を記載した。

●参議院議員の当選回数のカッコ内の数字は当選の年次を示す。

自民……自由民主党　［麻］……麻生派
公明……公明党　［茂］……茂木派
［無］……無派閥

衆議院総選挙

総選挙回次	総選挙期日
第35回	昭和54年10月7日(日)
第36回	昭和55年6月22日(日)
第37回	昭和58年12月18日(日)
第38回	昭和61年7月6日(日)
第39回	平成2年2月18日(日)
第40回	平成5年7月18日(日)
第41回	平成8年10月20日(日)
第42回	平成12年6月25日(日)
第43回	平成15年11月9日(日)
第44回	平成17年9月11日(日)
第45回	平成21年8月30日(日)
第46回	平成24年12月16日(日)
第47回	平成26年12月14日(日)
第48回	平成29年10月22日(日)
第49回	令和3年10月31日(日)

参議院通常選挙

選挙回次	選挙期日
第12回	昭和55年6月22日(日)
第13回	昭和58年6月26日(日)
第14回	昭和61年7月6日(日)
第15回	平成元年7月23日(日)
第16回	平成4年7月26日(日)
第17回	平成7年7月23日(日)
第18回	平成10年7月12日(日)
第19回	平成13年7月29日(日)
第20回	平成16年7月11日(日)
第21回	平成19年7月29日(日)
第22回	平成22年7月11日(日)
第23回	平成25年7月21日(日)
第24回	平成28年7月10日(日)
第25回	令和元年7月21日(日)
第26回	令和4年7月10日(日)

内閣総理大臣 岸田文雄（きしだ ふみお） 自民［無］

〈衆議院広島1区〉 S 32.7.29東京都渋谷区生、早稲田大学法学部卒○（株）日本長期信用銀行行員、衆議院議員秘書○建設政務次官、文部科学副大臣、内閣府特命担当大臣（沖縄北方対策・科学技術・国民生活・規制改革）、消費者行政推進担当大臣、宇宙開発担当大臣、外務大臣、防衛大臣○衆議院議院運営委員会理事、同消費者問題に関する特別委員会筆頭理事、同文部科学委員会筆頭理事、同国土交通委員会筆頭理事、同国家基本政策委員会筆頭理事、同厚生労働委員長○自民党青年局長、同政務調査会商工部会長、同消費者問題調査会長、同副幹事長、同経理局長、同団体総局長、同選挙対策局長代理、同広島県支部連合会会長、同国会対策委員長、同政務調査会長○宏池会会長○当選10回（40、41、42、43、44、45、46、47、48、49）

総務大臣　松本剛明（まつもと たけあき）　自民［麻］

〈衆議院兵庫11区〉S34.4.25東京都目黒区生、東京大学法学部卒○株式会社日本興業銀行勤務、国務大臣防衛庁長官秘書官、松本十郎衆議院議員秘書○外務副大臣、外務大臣○旧民主党政策調査会長、党国会対策委員長代理、党幹事長代理、党税制調査会長。自由民主党政務調査会長代理、党行政改革推進本部長代行、党教育再生調査会幹事長、党税制調査会幹事、党新しい資本主義実現本部副本部長、党デジタル社会推進本部長代理、党経済成長戦略本部座長代理、党国際協力調査会長、党外交調査会幹事長、党文化立国調査会長代理、党金融調査会副会長、党情報通信戦略調査会副会長○衆議院財務金融委員会筆頭理事、内閣委員会筆頭理事、議院運営委員長、外務委員長○当選8回（42、43、44、45、46、47、48、49）

総務副大臣　渡辺孝一（わたなべ こういち）　自民［無］

〈衆議院比例北海道〉S32.11.25東京都北区生、東日本学園大学歯学部卒○歯科医師、岩見沢市長○防衛大臣政務官兼内閣府大臣政務官、総務大臣政務官○自由民主党副幹事長○当選4回（46、47、48、49）

総務副大臣　馬場成志（ばば せいし）　自民［無］

〈参議院熊本〉S39.11.30熊本県生、県立熊本工業高校卒、熊本県産業開発青年隊訓練所修了○H3熊本市議2期、H9熊本県議5期、熊本県議会議長、全国都道府県議会議長会副会長○H25.7参議院初当選、予算委理事、平和安全法制特委理事、議院運営委理事、（党）国会対策副委員長○第3次安倍第2次改造内閣厚生労働大臣政務官○厚生労働委員会理事、（党）副幹事長、災害対策特委理事○外交防衛委員長○当選2回（H25、R1）

総務大臣政務官　西田昭二（にしだ しょうじ）　自民［無］

〈衆議院石川3区〉S44.5.1石川県七尾市石崎町生、愛知学院大学商学部卒○衆議院議員秘書、七尾市議会議員（3期）、石川県議会議員（3期）、石川県議会副議長○自由民主党石川県第3選挙区支部長、自由民主党総務、国土交通副部会長、国会対策委員○衆議院農林水産委員、国土交通委員、外務委員、原子力問題調査特別委員、消費者問題に関する特別委員、地方創生に関する特別委員、北朝鮮による拉致問題等に関する特別委員○当選2回（48、49）

総務大臣政務官　長谷川淳二（はせがわじゅんじ）　自民［無］

〈衆議院愛媛4区〉 S 43.8.5岐阜県加茂郡七宗町生、東京大学法学部卒。著書「ようこそ地方財政」○H 3自治省（現総務省）入省、財政課財政企画官、愛媛県副知事、内閣官房内閣参事官、地方債課長、財務調査課長、地域政策課長を経て、R 元年退官○衆議院農林水産委員、倫理選挙特別委員○自由民主党組織運動本部団体総局農林水産関係団体委員会副委員長○当選1回（49）

総務大臣政務官　船橋利実（ふなはしとしみつ）　自民［麻］

〈参議院北海道〉 S35.11.20北海道北見市生、北海学園大学工学部土木工学科卒、北海商科大学大学院商学研究科修士課程修了○家業の建設業に8年間従事。H3北見市議会議員（1期）、北海道議会議員（5期）○H24衆議院議員総選挙にて初当選。H29衆議院議員再選。R2財務大臣政務官就任○R4.7参議院議員通常選挙にて初当選○農林水産委理事、予算委、自民党国対委副委員長、農林水産関係団体副委員長、地方組織・議員総局次長○衆議院当選2回（46、48）○当選1回（R4）

法務大臣　小泉龍司（こいずみりゅうじ）　自民［無］

〈衆議院埼玉11区〉 S27.9.17東京都生、東京大学法学部卒、著書「日本の進路を拓く」○大蔵省勤務、コロンビア大学大学院客員研究員○大蔵省銀行局金融市場室長、大蔵省証券局調査室長○衆議院財務金融委員○当選7回（42、43、45、46、47、48、49）

法務副大臣　門山宏哲（かどやまひろあき）　自民［無］

〈衆議院比例南関東〉 S 39.9.3生、中央大学法学部法律学科卒○弁護士、千葉家庭裁判所家事調停委員、千葉大学大学院専門法務研究所非常勤講師、門山綜合法律事務所主宰○法務大臣政務官○自民党副幹事長○当選4回（46、47、48、49）

法務大臣政務官　中野英幸（なかの ひでゆき）　自民［無］

〈衆議院埼玉7区〉 S36.9.6埼玉県川越市生、日本大学通信教育部法学部政治経済学科中退○埼玉県議会議員（3期）○埼玉県議会企画財政委員長、産業労働企業委員長、経済・雇用対策特別委員長○自由民主党川越支部支部長○自由民主党埼玉県第7選挙区支部支部長○有限会社くらづくり本舗社長○当選1回（49）

外務大臣　上川陽子（かみかわ ようこ）　自民［無］

〈衆議院静岡1区〉 S28.3.1静岡県静岡市生、東京大学教養学部卒、米国ハーバード大学大学院政治行政学修士修了。著書「静岡発かみかわ陽子流視点を変えると見えてくる」「難問から逃げない」○（株）三菱総合研究所研究員、米国民主党ボーカス上院議員政策立案スタッフ（留学中）○法務大臣（3回）、内閣府特命担当大臣（男女共同参画・少子化対策）、公文書管理担当大臣、総務副大臣、総務大臣政務官○自由民主党幹事長代理、女性活躍推進本部長、一億総活躍推進本部長、憲法改正推進本部事務局長、司法制度調査会長○衆議院厚生労働委員長○当選7回（42、43、44、46、47、48、49）

外務副大臣　辻　清人（つじ きよと）　自民［無］

〈衆議院東京2区〉 S54.9.7東京都生、4才でカナダに移住。京都大学経済学部卒、コロンビア大学国際行政大学院修了。株式会社リクルート社員、米国戦略国際問題研究所研究員を経て、自民党の公募により東京都第二選挙区支部長に就任○外務大臣政務官○当選4回（46、47、48、49）

外務副大臣　柘植芳文（つげ よしふみ）　自民［無］

〈参議院比例〉 S20.10.11岐阜県恵那市生、愛知大学卒○郵便局、郵政局に勤務し、H21全国郵便局長会会長。H24全国郵便局長会顧問。H25参議院議員に初当選し、H27自民党副幹事長、H29.9参議院環境委員長、H30.5参議院内閣委員長、R元.9自由民主党人事局長、R元.10参議院内閣委理事、参議院国際経済・外交に関する調査会理事、R2.10自由民主党総務会副会長○当選2回（H25、R1）

外務大臣政務官　高村正大（こうむら まさひろ）　自民［麻］

〈衆議院山口1区〉S45.11.14生、慶應義塾大学商学部卒、慶應義塾大学法学部政治学科卒○国務大臣経済企画庁長官秘書官、外務大臣秘書官、株式会社電通社員○財務大臣政務官○当選2回（48、49）

外務大臣政務官　深澤陽一（ふかざわ よういち）　自民［無］

〈衆議院静岡4区〉S51.6.21静岡県静岡市清水区興津生、信州大学工学部生産システム工学科卒○衆議院議員・原田昇左右代議士、原田令嗣代議士の秘書を経て、静岡市議会議員2期、静岡県議会議員3期○厚生労働大臣政務官○自由民主党青年局次長、女性局次長○決算行政監視委員、国土交通委員、災害対策特別委員、法務委員○当選2回（48補、49）

外務大臣政務官　穂坂泰（ほさか やすし）　自民［無］

〈衆議院埼玉4区〉S49.2.17埼玉県志木市生、青山学院大学理工学部経営工学科卒○志木市議会議員、学校法人医学アカデミー理事、社会福祉法人さくら瑞穂会理事○環境大臣政務官、内閣府大臣政務官○自由民主党青年局次長○当選2回（48、49）

財務大臣
内閣府特命担当大臣（金融）
デフレ脱却担当
鈴木俊一（すずき しゅんいち）　自民［麻］

〈衆議院岩手2区〉S28.4.13東京都杉並区生、早稲田大学教育学部卒○全国漁業協同組合連合会会長秘書、同会調査役。衆議院議員鈴木善幸秘書○衆議院厚生労働委員長、外務委員長、東日本大震災復興特別委員長○厚生政務次官、環境大臣、外務副大臣○自民党水産部会長、社会部会長、社会保障制度調査会長、水産総合調査会長、東日本大震災復興加速化本部副本部長、地方創生実行統合本部筆頭副本部長、財務委員長○当選10回（39、40、41、42、43、44、46、47、48、49）

財務副大臣　赤澤亮正（あかざわりょうせい）　自民［無］

〈衆議院鳥取2区〉S35.12.18東京都生、東京大学法学部卒、米国コーネル大学経営大学院卒業（MBA'91)、著書「テロ等準備罪」○運輸省入省、国土交通省大臣官房秘書課企画官、日本郵政公社郵便事業総本部国際本部海外事業部長○国土交通大臣政務官、内閣府副大臣○自民党国土交通部会長、国会対策副委員長、総務副会長、農林部会畜産・酪農対策委員会委員長、文化立国調査会事務局長、整備新幹線等鉄道調査会副会長、ITS推進・道路調査会副会長○衆議院環境委員会委員長、北朝鮮による拉致問題等に関する特別委員会筆頭理事、議院運営委員会理事○当選6回（44、45、46、47、48、49）

財務副大臣　矢倉克夫（やくらかつお）　公明

〈参議院埼玉〉S50.1.11神奈川県横浜市生、東京大学法学部卒。著書「世界で勝てる日本をつくる」「現場を走り、世界に挑む。」○H12アンダーソン・毛利法律事務所（現アンダーソン・毛利・友常法律事務所）に弁護士として入所○カリフォルニア大学ロサンゼルス校法学修士課程修了後、米国ホランド・アンド・ナイト法律事務所、中国キングアンドウッド法律事務所での出向勤務を経てアンダーソン・毛利・友常法律事務所に再び勤務○H21より経済産業省参事官補佐として中国レアアース輸出規制などWTO紛争処理に関与○予算委理事、ODA及び沖縄・北方特別委理事、公明党青年委員会顧問○当選2回（H25、R1）

財務大臣政務官　瀬戸隆一（せとたかかず）　自民［麻］

〈衆議院比例四国〉S40.8.2香川県坂出市生、大阪府立大学工学部卒、東京工業大学院修了○郵政省入省、熊本県山鹿郵便局長、岩手県警察本部警務部長、総務省大臣官房秘書課調査官、内閣府被災者生活支援チーム企画官、インテル株式会社出向、H24退官○衆議院厚生労働委員○当選3回（46、47、49繰）

財務大臣政務官　進藤金日子（しんどうかねひこ）　自民［無］

〈参議院比例〉S38.7.7秋田県協和町（現大仙市）生、岩手大学農学部卒○S61農林水産省入省、在チリ日本国大使館一等書記官、農村振興局整備部水利整備課長補佐、設計課長補佐、熊本県農林水産部農村計画・技術管理課長、関東農政局整備部設計課長、農村振興局整備部設計課海外土地改良技術室長、首席農業土木専門官、農村政策部中山間地域振興課長、H27農林水産省辞職○H28.7参議院全国比例区より初当選○R元.9総務大臣政務官兼内閣府大臣政務官○環境委員会筆頭理事、決算委員、東日本大震災復興特別委員○全国土地改良政治連盟顧問、全国水土里ネット会長会議顧問○当選2回（H28、R4）

文部科学大臣 盛山正仁（もりやままさひと） 自民［無］

〈衆議院比例近畿〉 S28.12.14大阪市生、東京大学法学部卒、神戸大学大学院法学研究科修了（博士（法学））、神戸大学博士（商学）○S52運輸省入省、H17.8国土交通省総合政策局情報管理部長を最後に退職○H17.9衆議院選挙初当選○法務大臣政務官、法務兼内閣府副大臣○自民党兵庫県第一支部長、自民党法務部会長、国土交通部会長○衆議院厚生労働委員長、衆議院議院運営委員会理事、自民党国会対策副委員長○当選5回（44、46、47、48、49）

文部科学副大臣 あべ俊子（としこ） 自民［無］

〈衆議院比例中国〉 S34.5.19宮城県石巻市生、イリノイ州立大学大学院博士課程卒○日本看護協会副会長、東京医科歯科大学大学院助教授○外務大臣政務官、農林水産副大臣、外務副大臣○衆議院外務委員長○当選6回（44、45、46、47、48、49）

文部科学副大臣 今枝宗一郎（いまえだそういちろう） 自民［麻］

〈衆議院愛知14区〉 S59.2.18愛知県生、名古屋大学医学部卒○医師○JR東京総合病院研修医、新宿ヒロクリニック、大野泌尿器科、新城市夜間診療所○財務大臣政務官○自由民主党内閣第二部会・経済産業部会長代理、国土交通部会・水産部会副部会長、新型コロナ対策医療系議員団本部幹事長、商工中小企業関団委員長、社会保障制度調査会医療委員会事務局長、雇用問題調査会事務局長○衆議院予算委員会理事、厚生労働委員会理事、地方創生特別委員会○当選4回（46、47、48、49）

文部科学大臣政務官 安江伸夫（やすえのぶお） 公明

〈参議院愛知〉 S62.6.26愛知県名古屋市生、創価大学卒、同法科大学院修了。同年司法試験に合格。著書「空き地・空き家をめぐる法律実務」「31歳。明日への挑戦。」○H26愛知県弁護士会に登録。愛知県弁護士会高齢者・障害者総合支援センター委員、愛知中小企業家同友会会員、日本交通法学会会員○公明党学生局長、青年委員会副委員長、愛知県本部副代表、国会対策副委員長、内閣部会副部会長、農林水産部会副部会長。裁判官弾劾裁判所裁判員、消費者特委理事○法務博士、防災士○当選1回（R1）

文部科学大臣政務官
兼復興大臣政務官　**本田顕子**（ほんだ あきこ）　自民［無］

〈参議院比例〉 S46.9.29熊本生、星薬科大学衛生学科卒○薬剤師○医薬品卸や薬局等に勤務。元参議院議員本田良一公設秘書。H28.4熊本地震を経験。熊本県薬剤師会災害対策本部の中で医薬品供給の責務を担当。H29日本薬剤師連盟副会長。H30日本薬剤師会災害対策委員会委員○R1初当選。自民党副幹事長、参議院自民党副幹事長、女性局長代理等を歴任し、R4.8より厚生労働大臣政務官兼内閣府大臣政務官○当選1回（R1）

厚生労働大臣　**武見敬三**（たけみ けいぞう）　自民［麻］

〈参議院東京〉 S26.11.5東京都港区生、慶應義塾大学法学部政治学科卒、同大学法学研究科修士課程修了○S55東海大学政治経済学部政治学科助手、S62助教授、H7教授。その間テレビ朝日CNNデイウォッチ、モーニングショーのキャスター○H7参議院議員初当選。外務政務次官、参議院外交防衛委員長、厚生労働副大臣○自民党コロナ対策本部長代理、国際保健戦略特別委員長、長崎大学、身延山大学客員教授。国連保健従事者の雇用と経済成長に関するハイレベルパネル委員、国連制度改革委員会委員、母子保健改善のための委員会委員、WHO研究開発資金専門家委員会委員を務め、R1WHO親善大使、ハーバード大学公衆衛生大学院研究員○当選5回（H7、13、24、25、R1）

厚生労働副大臣　**濵地雅一**（はまち まさかず）　公明

〈衆議院比例九州〉 S45.5.8福岡県福岡市生、早稲田大学法学部卒○弁護士○外務大臣政務官○公明党福岡県本部代表○当選4回（46、47、48、49）

厚生労働副大臣　**宮﨑政久**（みやざき まさひさ）　自民［茂］

〈衆議院比例九州〉 S40.8.8長野県上田市生、明治大学法学部卒○弁護士○那覇青年会議所理事長、日本青年会議所沖縄地区協議会会長、沖縄弁護士会副会長、更生保護法人沖縄県更生保護協会理事長、内閣府沖縄振興審議会専門委員、沖縄経済同友会常任幹事（安全保障委員会委員長）。弁護士法人那覇綜合代表弁護士、大同火災海上保険株式会社社外取締役○法務大臣政務官○自由民主党政調会長補佐、司法制度調査会事務局長、法務部会長代理、国土交通部会長代理、経済産業部会長代理、憲法改正推進本部幹事、情報調査局次長、ネットメディア局次長○衆議院法務委員会理事○当選4回（46、47、48繰、49）

厚生労働大臣政務官　**塩崎彰久**（しおざき あきひさ）　自民［無］

〈衆議院愛媛1区〉 S51.9.9山口県下関市生、東京大学法学部卒○弁護士○内閣官房長官秘書官○当選1回（49）

厚生労働大臣政務官　**三浦　靖**（みうら やすし）　自民［茂］

〈参議院比例〉 S48.4.9島根県大田市生、神奈川大学法学部卒○衆議院議員秘書○大田市議会議員○衆議院議員○衆議院総務委員、環境委員○自民党青年局次長○参議院総務委員、議院運営委員○参議院資源エネルギー調査会理事○総務大臣政務官○衆議院当選1回（48）○当選1回（R1）

農林水産大臣　坂本哲志（さかもと てつし）　自民［無］

〈衆議院熊本3区〉S25.11.6熊本県菊池郡大津町生、中央大学法学部卒、著書・寄稿「九州のアジア戦略」「郵政改革の未来」「九州政府出現」○新聞記者、熊本県議会議員当選4回○総務大臣政務官、総務副大臣兼内閣府副大臣、内閣府特命担当大臣○党国会対策副委員長、党総務部会長代理、党野菜・果樹・畑作物等小委員長、党畜産・酪農対策小委員長、党副幹事長、党税制調査会幹事、党地方組織・議員総局長○衆議院農林水産委員長、総務委員会筆頭理事、予算委員会筆頭理事、農林水産委員会筆頭理事○当選7回（43、44補、45、46、47、48、49）

農林水産副大臣　**鈴木憲和**（すずき のりかず）　自民［茂］

〈衆議院山形2区〉 S57.1.30東京都中野区大和町生、東京大学法学部卒○農林水産省入省、内閣官房「美しい国づくり」推進室出向、農林水産省消費・安全局表示・規格課法令係長、同総務課総括係長○外務大臣政務官○自民党農林部会長代理、水産部会長代理、外交部会長代理○当選4回（46、47、48、49）

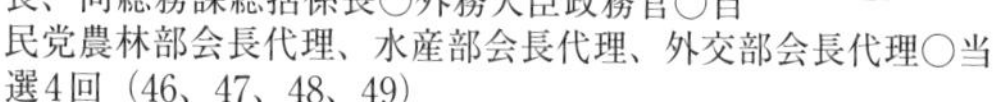

農林水産副大臣　武村展英（たけむら のぶひで）　自民［無］

〈**衆議院滋賀3区**〉S47.1.21滋賀県生、慶應義塾大学商学部卒○在学中より衆議院議員政策担当秘書○H15公認会計士第二次試験に合格、新日本監査法人東京事務所入所。H18日本公認会計士協会東京実務補習所修了、公認会計士○H24衆議院議員に初当選、自由民主党副幹事長、内閣府大臣政務官○当選4回（46、47、48、49）

農林水産大臣政務官　高橋光男（たかはし みつお）　公明

〈**参議院兵庫**〉S52.2.15兵庫県宝塚市生、大阪外国語大学（現大阪大学）在学中に外務省専門職試験に合格し中退、中央大学法学部卒。著書『世界を駆けた、確かなチカラ』○H13外務省入省○在アンゴラ日本大使館三等書記官、在リオデジャネイロ日本総領事館副領事、語学指導官補佐（ポルトガル語）、在ブラジル日本大使館一等書記官、ポルトガル語通訳担当官として総理通訳など○R1参議院議員選挙（兵庫選挙区）に初当選○公明党青年委員会副委員長、学生局長代理、国際局次長、労働局次長○国土交通委員会理事○当選1回（R1）

農林水産大臣政務官　舞立昇治（まいたち しょうじ）　自民［無］

〈**参議院鳥取・島根**〉S50.8.13鳥取県日吉津村生、東京大学経済学部卒○H11自治省入省。以後、福岡県庁、厚生労働省介護保険課、下関市財政部長、新潟県地域政策課長、財政課長、消防庁消防・救急課、総務省市町村税課、企画課、準公営企業室などを歴任○議院運営委員会理事、農林水産委員会筆頭理事、内閣府大臣政務官、党副幹事長、党水産部会長○行政監視委員会筆頭理事、参議院自由民主党国会対策副委員長○当選2回（H25、R1）

経済産業大臣
原子力経済被害担当
ＧＸ実行推進担当
産業競争力担当
ロシア経済分野協力担当
内閣府特命担当大臣
（原子力損害賠償・廃炉等支援機構）

齋藤健（さいとう けん）　自民［無］

〈**衆議院千葉7区**〉S34.6.14東京都新宿区生、東京大学経済学部卒、ハーバード大学修士、著書「転落の歴史に何を見るか」○経済産業省電力基盤整備課長、埼玉県副知事○環境大臣政務官、党副幹事長、農林部会長、農林水産副大臣、農林水産大臣○衆議院予算委員会理事○衆議院厚生労働委員会筆頭理事○当選5回（45、46、47、48、49）

経済産業副大臣
兼内閣府副大臣 **岩田和親**（いわた かずちか） 自民［無］

〈衆議院比例九州〉S48.9.20佐賀県佐賀市出身、九州大学法学部卒○（株）九州恵商会代表取締役、大前研一事務所勤務、（株）セレモニージャパン副社長、佐賀県議3期○経済産業大臣政務官兼内閣府大臣政務官兼復興大臣政務官。元防衛大臣政務官○自由民主党国防部会長代理、国交部会長代理、建設関係団体副委員長○衆議院国土交通委員会理事、原子力問題調査特別委員会理事○当選4回（46、47、48、49）

経済産業副大臣
兼内閣府副大臣 **上月良祐**（こうづき りょうすけ） 自民［茂］

〈参議院茨城〉S37.12.26兵庫県神戸市生、東京大学法学部卒○S62自治省入省。青森県庁、鹿児島県庁学事文書課長・高齢者対策課長・財政課長、内閣官房中央省庁等改革推進本部事務局、総務省自治政策課課長補佐・地方債課課長補佐、総理官邸内閣官房副長官秘書官などを経て、H17茨城県庁へ赴任、総務部長、副知事歴任。第23回参議院議員通常選挙にて初当選。参議院内閣委筆頭理事、農水大臣政務官、参議院農水委員長、参議院自民党国会対策副委員長などを歴任○参議院内閣委理事、自民党副幹事長、自民党農産物輸出促進対策委員長、自民党孤独・孤立対策特命委事務局長○当選2回（H25、R1）

経済産業大臣政務官
兼内閣府大臣政務官 **石井　拓**（いしい たく） 自民［無］

〈衆議院比例東海〉S40.4.11愛知県碧南市生、立命館大学法学部卒○碧南市議会議員、愛知県議会議員○当選1回（49）

経済産業大臣政務官
兼内閣府大臣政務官
兼復興大臣政務官 **吉田宣弘**（よしだ のぶひろ） 公明

〈衆議院比例九州〉S42.12.8熊本県荒尾市生、九州大学法学部卒○福岡県議会議員○公明党国会対策副委員長、九州方面本部青年局次長○当選3回（47、48繰、49）

国土交通大臣
水循環政策担当
国際園芸博覧会担当

斉藤鉄夫（さいとう てつお） 公明

〈衆議院広島3区〉 S 27.2.5島根県邑智郡邑南町（旧羽須美村）生、東京工業大学大学院修士課程修了、工学博士、技術士○清水建設(株) 技術研究所主任研究員、同宇宙開発室課長、日本原子力研究所外来研究員、米プリンストン大学プラズマ物理研究所客員研究員○科学技術総括政務次官、環境大臣○公明党幹事長、税制調査会長、広島県本部代表○衆議院文部科学委員長○当選10回（40、41、42、43、44、45、46、47、48、49）

国土交通副大臣

國場幸之助（こくば こうのすけ） 自民［無］

〈衆議院比例九州〉 S48.1.10沖縄県那覇市生、日本大学文理学部哲学科中退後、早稲田大学社会科学部（比較政治学専攻）卒、雄弁会幹事長。著書「われ、沖縄の架け橋たらん」「『沖縄保守』宣言」○会社員の後、沖縄県議会議員（2期）○外務大臣政務官、自由民主党青年局次長、同国会対策委員会副委員長、同副幹事長、同沖縄県支部連合会会長○当選4回（46、47、48、49）

国土交通副大臣
兼内閣府副大臣
兼復興副大臣

堂故　茂（どうこ しげる） 自民［茂］

〈参議院富山〉 S27.8.7富山県氷見市生、慶應義塾大学経済学部卒○S54トナミ運輸株式会社入社、衆議院議員綿貫民輔秘書、H3富山県議会議員（2期）、H10氷見市長（4期）、観光カリスマ○H25.7参議院議員に初当選、総務・文教科学・農林水産各委員会理事、文部科学大臣政務官、自由民主党副幹事長、農林水産委員長○農林水産委筆頭理事、参議院自由民主党政策審議会副会長○当選2回（H25、R1）

国土交通
大臣政務官

石橋林太郎（いしばしりんたろう） 自民［無］

〈衆議院比例中国〉 S53.5.2広島市安佐南区出身、大阪外国語大学（現大阪大学外国語学部）中退○広島県議会議員（2期）○自由民主党広島県衆議院比例区第2支部長、自由民主党広島県第3選挙区支部長内定者○当選1回（49）

国土交通
大臣政務官　**こやり隆史**（たかし）　自民［無］

〈参議院滋賀〉S41.9.9滋賀県大津市生、京都大学大学院物理工学専攻修了、インペリアル・カレッジ・大学院修了○H4.4通商産業省入省。H21.6ジェトロ・ヒューストンセンター次長。H26.2内閣参事官（日本経済再生本部事務局）退職○H26滋賀県知事選挙に立候補。同11月東京工業大学特任教授○H27.9第24回参議院選挙初当選○厚労委理事、消費者特委筆頭理事、外交・安保調査会理事、情報監視審査会委員、党副幹事長、内閣第二部会長代理、総合エネルギー戦略調査会事務局次長、中小企業・小規模事業者政策調査会副幹事長、知的財産戦略調査会事務局次長、党改革実行本部幹事、観光立国調査会幹事○当選2回（H28、R4）

国土交通大臣政務官
兼内閣府大臣政務官
兼復興大臣政務官　**尾﨑正直**（おざき まさなお）　自民［無］

〈衆議院高知2区〉S42.9.14高知市生、東京大学経済学部卒、著書「至誠通天の記」○大蔵省入省、外務省在インドネシア大使館一等書記官、主計局主査、理財局計画官補佐、内閣官房副長官秘書官、高知県知事（3期）○組織運動本部地方組織議員総局長、地方創生実行統合本部本部長補佐、デジタル社会推進本部事務局次長○当選1回（49）

環境大臣
内閣府特命担当大臣
（原子力防災）　**伊藤信太郎**（いとうしんたろう）　自民［麻］

〈衆議院宮城4区〉S28.5.6東京都生、慶應義塾大学経済学部卒、慶應義塾大学大学院法学研究科修士課程修了、ハーバード大学大学院修士課程修了。著書「福祉と文化」（共著）「文化芸術基本法の成立と文化政策」（編著）○国務大臣防衛庁長官付秘書官（政務）、衆議院議員秘書、ニュースキャスター、玉川大学大学院講師、東北福祉大学教授、大阪大学大学院客員教授、東北福祉大学客員教授○外務大臣政務官、外務副大臣○衆議院環境委員長、東日本大震災復興特別委員長○自由民主党政務調査会長代理、農林食料戦略調査会副会長、中山間地農業を元気にする委員長○当選7回（42補、43、44、46、47、48、49）

環境副大臣　**八木哲也**（やぎ てつや）　自民［無］

〈衆議院愛知11区〉S22.8.10愛知県豊田市高橋町生、中央大学理工学部卒○小島プレス工業株式会社勤務、豊田市議会議員（4期）、豊田市議会議長○自民党副幹事長、環境大臣政務官○当選4回（46、47、48、49）

環境副大臣兼
内閣府副大臣　**滝沢　求**（たきさわ もとめ）　自民［麻］

〈参議院青森〉S33.10.11青森県八戸市生、中央大学法学部卒○衆議院議員中曽根康弘秘書を経て、H10青森県議会議員に初当選（5期）、県議会副議長○H25.7青森県選挙区より参議院議員に初当選、参議院環境委員会筆頭理事、自民党組織本部団体総局環境関係団体委員長○外務大臣政務官、自民党環境・国土交通部会長代理、副幹事長、広報副本部長、環境部会長、環境温暖化対策調査会副会長○参議院環境委員長○当選2回（H25、R1）

環境大臣政務官　**朝日健太郎**（あさひ けんたろう）　自民［無］

〈参議院東京〉S50.9.19熊本生、法政大卒、早稲田大学社会人修士課程修了○サントリー株式会社入社、五輪日本代表、NPO法人理事長○H28参議院議員初当選、国土交通委員会理事、国土交通大臣政務官○予算委員会委員、環境委員会理事、外交・安全保障に関する調査会理事、政府開発援助等及び沖縄・北方問題に関する特別委員会委員、党青年局顧問、党国土交通部会長代理、党環境関係団体委員長、党参議院政策審議会副会長○当選2回（H28、R4）

環境大臣政務官兼
内閣府大臣政務官　**国定勇人**（くにさだ いさと）　自民［無］

〈衆議院比例北陸信越〉S47.8.30東京都千代田区神保町生、一橋大学商学部卒○総務省課長補佐、三条市長○当選1回（49）

防衛大臣　**木原　稔**（きはら みのる）　自民［茂］

〈衆議院熊本1区〉S44.8.12熊本市生、早稲田大学教育学部卒○日本航空（株）社員○内閣総理大臣補佐官、財務副大臣、防衛大臣政務官○自民党政務調査会副会長（兼）事務局長、選挙対策委員会副委員長（兼）事務局長、教育再生本部副本部長、行政改革本部長補佐、青年局長、文部科学部会長、安全保障調査会事務局長○衆議院憲法審査会幹事、文部科学委員会理事、北朝鮮による拉致問題等特別委員会理事○当選5回（44、46、47、48、49）

防衛副大臣兼
内閣府副大臣　**鬼木　誠**（おにき　まこと）　自民［無］

〈衆議院福岡2区〉S47.10.16福岡県福岡市生、九州大学法学部卒○銀行員、福岡県議会議員、福岡県議会警察常任委員会委員長○環境大臣政務官、防衛副大臣○自由民主党青年局次長兼学生部長、財務金融部会長代理、税制
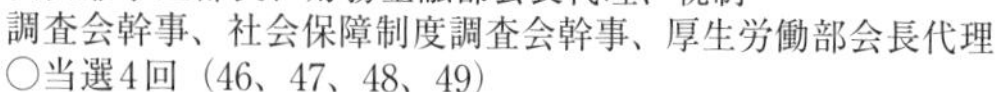
調査会幹事、社会保障制度調査会幹事、厚生労働部会長代理○当選4回（46、47、48、49）

防衛大臣政務官　**松本　尚**（まつもと　ひさし）　自民［無］

〈衆議院千葉13区〉S37.6.3石川県金沢市生、金沢大学医学部卒○救急・外傷外科医、英国アングリア・ラスキン大学経営管理学修士（MBA）取得○日本医科大学救急医学教授、同大千葉北総病院副院長・救命救急センター長、千葉県医師会理事、産経新聞「正論」執筆メンバー○当選1回（49）

防衛大臣政務官兼
内閣府大臣政務官　**三宅伸吾**（みやけ　しんご）　自民［無］

〈参議院香川〉S36.11.24香川県さぬき市出身、早稲田大学政治学科卒、米コロンビア大学留学、東京大学大学院法学政治学研究科修了。著書「知財戦争」、「乗っ取り屋と用心棒」、「市場と法　いま何が起きているのか」、「Googleの脳みそ―変革者たちの思考回路」○日本経済新聞社入社、企業や経済産業省、法務省、金融庁など中央官庁を取材。編集委員として経済成長を促す様々な制度改革を提案。経済法制ジャーナリストという新しい地平を拓いた○H25.7参議院議員初当選○参議院外交防衛委員長、外務大臣政務官など歴任○当選2回（H25、R1）

内閣官房長官
沖縄基地負担軽減担当
拉致問題担当　**林　芳正**（はやし　よしまさ）　自民［無］

〈衆議院山口3区〉S36.1.19生、東京大学法学部卒、著書『国会議員の仕事』ほか○三井物産（株）、サンデン交通（株）、山口合同ガス（株）の勤務を経て、H3渡米。米国上院ウィリアム・ロス議員の下、マンスフィールド法案を手がける。ハーバード大学ケネディ行政大学院修了○H7参議院当選。大蔵政務次官、内閣府副大臣、防衛大臣、内閣府特命担当大臣（経済財政政策）、農林水産大臣、文部科学大臣、R3衆議院当選、外務大臣○自民党行政改革推進本部事務局長、参・政策審議会会長、政務調査会会長代理、農林水産戦略調査会会長、知的財産戦略調査会会長○参議院外交防衛委員長、ODA特別委員長、TPP特別委員長、憲法審査会会長○参院当選5回（H7、H13、H19、H25、R1）○当選1回（49）

内閣官房副長官　村井英樹（むらい ひでき）　自民［無］

〈衆議院埼玉1区〉S55.5.14埼玉県さいたま市生、東京大学教養学部卒、ハーバード大学大学院修了○財務省主税局参事官補佐○内閣総理大臣補佐官（国内経済その他特命事項担当）、内閣府大臣政務官（経済再生・金融庁担当）、自民党国会対策副委員長、自民党副幹事長、自民党年金委員会事務局長、自民党競争政策調査会事務局長、自民党司法制度調査会事務局長○当選4回（46、47、48、49）

内閣官房副長官　森屋宏（もりや ひろし）　自民［無］

〈参議院山梨〉S32.7.21山梨県都留市生、北海道教育大学教育学部卒、山梨学院大学大学院修了○都留青年会議所理事長、学校法人ひまわり幼稚園園長・理事長○H11山梨県議会議員に当選（4期）、山梨県議会議長。山梨県ドクターヘリ研究会会長として県内運航を実現○H25.7参議院議員に当選○総務大臣政務官、参議院内閣委員長、参議院総務委員会・財政金融委員会・決算委員会理事、自民党副幹事長、自民党組織運動本部副本部長、自民党選挙対策委員会副委員長、参議院自民党国会対策副委員長○参議院内閣委員会理事、自民党政務調査会内閣第1部会長、参議院自民党政策審議会副会長、自民党山梨県連会長○当選2回（H25、R1）

デジタル大臣
デジタル行財政改革担当
デジタル田園都市国家構想担当
行政改革担当
国家公務員制度担当
内閣府特命担当大臣（規制改革）
河野太郎（こうの たろう）　自民［麻］

〈衆議院神奈川15区〉S 38.1.10生、神奈川県平塚市出身、米国ジョージタウン大学（比較政治学専攻）卒○会社員○外務大臣○防衛大臣○国務大臣（行政改革、国家公務員制度）○国家公安委員会委員長、内閣府特命担当大臣（消費者及び食品安全、規制改革、防災）○国務大臣（行政改革、ワクチン接種）○内閣府特命担当大臣（規制改革、沖縄及び北方対策）○衆議院外務委員長○当選9回（41、42、43、44、45、46、47、48、49）

デジタル副大臣
兼内閣府副大臣
石川昭政（いしかわ あきまさ）　自民［無］

〈衆議院比例北関東〉S47.9.18茨城県日立市生、國學院大学大学院修了○自由民主党本部職員となり幹事長室、選挙対策本部で勤務○自由民主党茨城県第5選挙区支部長○経済産業大臣政務官・内閣府大臣政務官・復興大臣政務官○自由民主党総務会総務、党政務調査会経済産業部会長○当選4回（46、47、48、49）

デジタル大臣政務官
兼内閣府大臣政務官

土田　慎（つちだ　しん） 自民［麻］

〈衆議院東京13区〉H2.10.30神奈川県茅ケ崎市生、京都大学経済学部卒○株式会社リクルートライフスタイル、衆議院議員秘書、参議院議員秘書、参議院参事議長秘書○当選1回（49）

復興大臣
福島原発事故再生総括担当

土屋品子（つちやしなこ） 自民［無］

〈衆議院埼玉13区〉S27.2.9東京都新宿区生、聖心女子大学文学部卒。著書「ブルーミングフォーシーズン」「ブレスオブミャンマー」○料理研究家、フラワーアーティスト、短大・大学客員教授○厚生労働副大臣、環境副大臣、外務大臣政務官○自由民主党副幹事長、総務会副会長、政務調査会副会長、広報副本部長兼広報戦略局長、女性活躍推進本部長○衆議院外務委員長、消費者問題に関する特別委員長、環境委員会筆頭理事、科学技術・イノベーション推進特別委員会筆頭理事、女性政治指導者グローバルフォーラム（WPL）サミット日本実行委員長兼国会議員団長。党食育調査会長○当選8回（41、42、43、44、46、47、48、49）

復興副大臣

高木宏壽（たかぎひろひさ） 自民［無］

〈衆議院北海道3区〉S35.4.9北海道札幌市生、慶應義塾大学法学部卒○北海道議会議員、北海道警察本部統括官、北海道都市計画審議会委員。北海道拓殖銀行行員、朝日監査法人社員、KPMG FASディレクターを経て、学校法人幌南学園理事長○内閣府大臣政務官・復興大臣政務官○当選3回（46、47、49）

復興副大臣

平木大作（ひらきだいさく） 公明

〈参議院比例〉S49.10.16長野県長野市生、東京大学法学部卒○シティバンクに入社し、リスク管理、デリバティブ商品の開発・販売、およびプライベートバンキング事業部の閉鎖業務などに従事○H20スペインイエセ・ビジネススクールで経営学修士号取得○戦略系コンサルティング会社ブーズ・アンド・カンパニー株式会社、および株式会社シグマクシスで経営コンサルタントとして企業の再生と新規事業の創出、海外展開などを支援○経済産業・内閣府・復興大臣政務官などを歴任○党核廃絶推進委員会事務局長、党デジタル社会推進本部事務局長○当選2回（H25、R1）

国家公安委員会委員長
国土強靱化担当
領土問題担当
内閣府特命担当大臣
（防災、海洋政策）

まつ むら よし ふみ
松村祥史 自民［茂］

〈参議院熊本〉 S39.4.22熊本県球磨郡上村生、専修大学経営学部卒○H11熊本県商工会青年部連合会会長、丸昭商事（株）代表取締役社長、全国商工会青年部連合会会長（2期）、全国商工会連合会顧問○経済産業委員会理事、参議院環境委員長、参議院議院運営委員長、参議院決算委員長、経済産業大臣政務官、経済産業副大臣、自民党水産部会長、自民党幹事長代理○自民党総務会長代理、自民党熊本県参議院選挙区第一支部長○当選4回（H16、22、28、R4）

内閣府特命担当大臣
（こども政策、少子化対策、若者活躍、男女共同参画）
女性活躍担当
共生社会担当
孤独・孤立対策担当

か とう あゆ こ
加藤鮎子 自民［無］

〈衆議院山形3区〉 S54.4.19山形県鶴岡市生、慶應義塾大学法学部卒、米国コロンビア大学院修了○株式会社ドリームインキュベータ（経営戦略コンサルティング）、日本国際交流センター、ピープルフォーカス・コンサルティング株式会社（組織開発支援事業）、衆議院議員秘書○環境大臣政務官、内閣府大臣政務官、自民党副幹事長、女性局次長、青年局次長、農林部会副部会長○国土交通大臣政務官○当選3回（47、48、49）

経済再生担当
新しい資本主義担当
スタートアップ担当
感染症危機管理担当
全世代型社会保障改革担当
内閣府特命担当大臣
（経済財政政策）

しん どう よし たか
新藤義孝 自民［茂］

〈衆議院埼玉2区〉 S33.1.20埼玉県川口市生、明治大学文学部卒。著書「先送りのない日本へ～私が領土・主権問題に取り組む理由～」○総務大臣、地域活性化担当大臣、国家戦略特区担当大臣、経済産業副大臣、外務大臣政務官、総務大臣政務官○自民党政調会長代理、憲法改正実現本部事務総長、税調副会長、宇宙・海洋開発特別委員長、地方創生筆頭本部長代理、国防部会長、経済産業部会長、広報戦略局長、ネットメディア局長○裁判官訴追委員長○衆議院憲法審査会筆頭幹事、決算行政監視委員長○超党派・領土議員連盟会長、硫黄島問題懇話会・幹事長○当選8回（41、42、44、45、46、47、48、49）

経済安全保障担当
内閣府特命担当大臣
（クールジャパン戦略、知的財産戦略、科学技術政策、宇宙政策、経済安全保障）

たか いち さ なえ
高市早苗 自民［無］

〈衆議院奈良2区〉 S 36.3.7生、神戸大学経営学部卒○（財）松下政経塾卒塾。近畿大学経済学部教授。通商産業政務次官、経済産業副大臣（三回任命）、内閣府特命担当大臣（三回任命）、総務大臣（五回任命）○衆議院文部科学委員長、衆議院憲法調査会小委員長、衆議院議院運営委員長○自由民主党広報本部長、自由民主党遊説局長、自由民主党政務調査会長（三期）等○当選9回（40、41、42、44、45、46、47、48、49）

内閣府特命担当大臣
（沖縄及び北方対策、消費者及び食品安全、地方創生、アイヌ施策）
国際博覧会担当

自見（じみ）はなこ 自民［無］

〈参議院比例〉 S51.2.15長崎県佐世保市生、筑波大学第三学群国際関係学類卒、東海大学医学部卒○東京大学医学部小児科入局、東京都青梅市立総合病院小児科、虎の門病院小児科～現在（非常勤）、認定内科医、小児科専門医、日本医師会参与、日本医師連盟参与○厚生労働大臣政務官、参議院厚生労働委員会理事、参議院財政金融委員会委員、自由民主党女性局長○内閣府大臣政務官、参議院内閣委員会委員○当選2回（H28、R4）

内閣府副大臣 井林辰憲（いばやしたつのり） 自民［麻］

〈衆議院静岡2区〉 S51.7.18静岡県榛原郡川根本町生、京都大学環境工学科卒、京都大学大学院工学研究科修了。著書「キセキ～四百万円からの選挙戦」「外から見た静岡」○H14より国土交通省勤務、H22自由民主党静岡県第二選挙区支部長、H25より京都大学非常勤講師を務める○環境大臣政務官兼内閣府大臣政務官○自由民主党財務金融部会長○衆議院財務金融委員会理事、国土交通委員、農林水産委員、総務委員、環境委員等歴任○当選4回（46、47、48、49）

内閣府副大臣 工藤彰三（くどうしょうぞう） 自民［麻］

〈衆議院愛知4区〉 S39.12.8愛知県名古屋市熱田区生、中央大学商学部卒○名古屋市会議員○国土交通大臣政務官○自由民主党内閣第一部会長○衆議院災害対策特別委員会理事、国土交通委員、経済産業委員○当選4回（46、47、48、49）

内閣府副大臣 古賀篤（こがあつし） 自民［無］

〈衆議院福岡3区〉 S47.7.14福岡県福岡市生、東京大学法学部卒○H9.4大蔵省入省、H24.5財務省退職○H27.10総務大臣政務官兼内閣府大臣政務官○R元.3保育士資格取得○R3.10厚生労働副大臣○当選4回（46、47、48、49）

内閣府大臣政務官 神田潤一（かんだじゅんいち） 自民［無］

〈衆議院青森2区〉S45.9.27青森県八戸市生、東京大学経済学部卒、米国イェール大学院修了（国際開発経済専攻）○日本銀行職員（金融機構局考査運営課市場・流動性リスク考査グループ長）、金融庁出向（総務企画局信用制度参事官室企画官）、日本生命出向（リスク管理統括部調査役）○マネーフォワード執行役員、フィンテック協会常務理事○当選1回（49）

内閣府大臣政務官 古賀友一郎（こがゆういちろう） 自民［無］

〈参議院長崎〉S42.11.2生。本籍長崎県諫早市、東京大学法学部卒。著書「地方自治法講座財務」○H3自治省入省後、栃木県庁、環境庁、和歌山市財政部長、自治大学校教授、岡山県財政課長、北九州市財政局長、総務省公務員部高齢対策室長、長崎市副市長などを歴任○H25初当選。環境委員長、議院運営委員会理事、予算委員会理事、憲法審査会幹事、総務大臣政務官兼内閣府大臣政務官、党政務調査会副会長、党総務部会長代理、党少子化対策調査会事務局長、党税調幹事、党参院副幹事長、党参院国対副委員長、党参院政審副会長などを歴任○内閣委員長、消費者特委委員、党中央政治大学院副学院長○当選2回（H25、R1）

内閣府大臣政務官
兼復興大臣政務官 平沼正二郎（ひらぬましょうじろう） 自民［無］

〈衆議院岡山3区〉S54.11.11岡山県岡山市生、学習院大学経済学部卒○ソニーマーケティング株式会社退職後、IT関連会社リブート設立、代表取締役○当選1回（49）

衆議院・参議院案内図

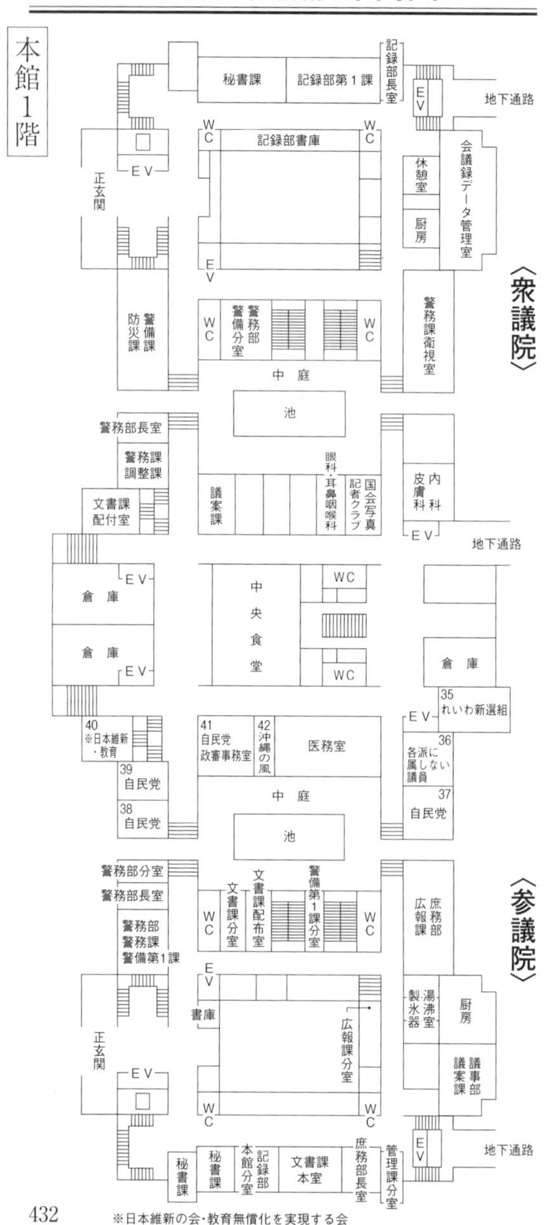

※日本維新の会・教育無償化を実現する会

衆議院・参議院案内図

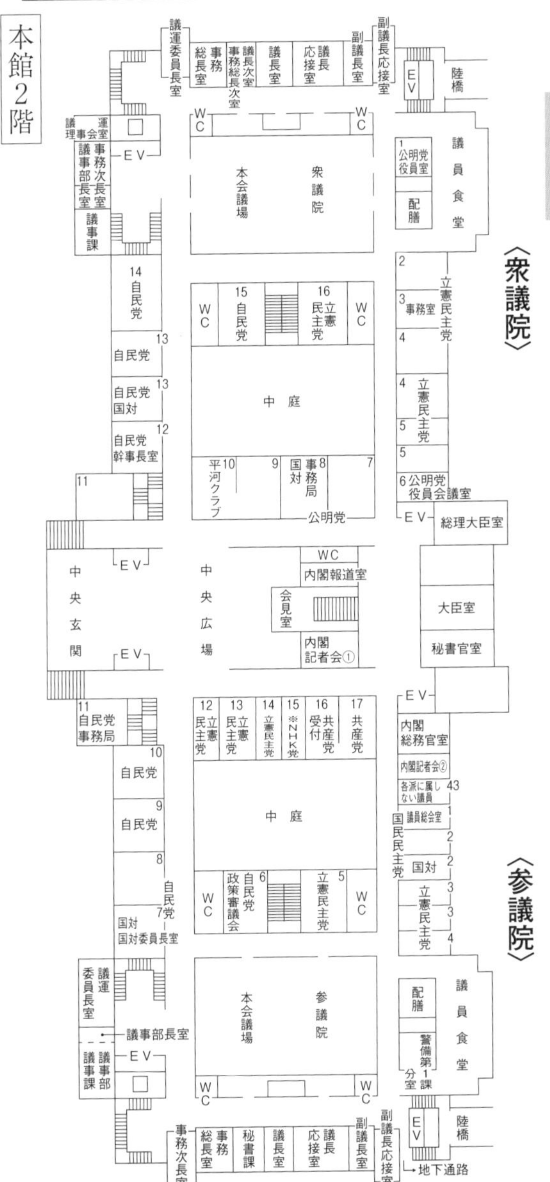

※NHKから国民を守る党

衆議院・参議院案内図

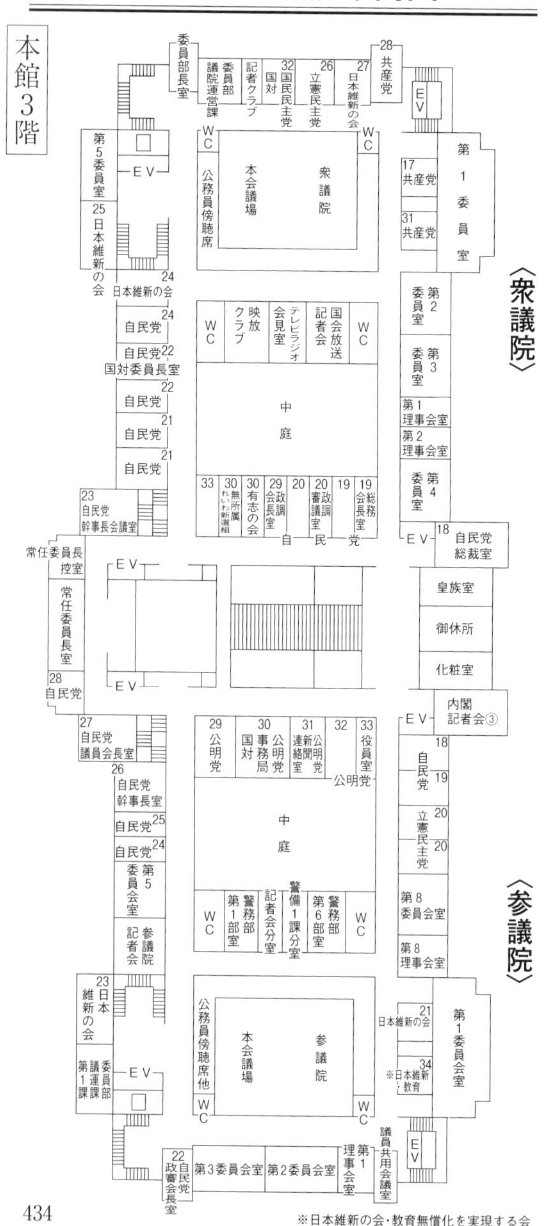

本館3階
〈衆議院〉
〈参議院〉
委員部長室
委員部議院運営課
記者クラブ
国対
32 国民民主党
26 立憲民主党
27 日本維新の会
28 共産党
EV
WC
本会議場
衆議院
公務員傍聴席
第5委員室
25 日本維新の会
24 日本維新の会
17 共産党
31 共産党
第1委員室
第2委員室
第3委員室
WC
映放クラブ
テレビラジオ会見室
国会放送記者会
24 自民党
22 自民党
国対委員長室
22 自民党
21 自民党
21 自民党
中庭
第1理事会室
第2理事会室
第4委員室
33
30 無所属 れいわ新選組
30 有志の会
29 政調会長室
20
20 政調審議室
19
19 総務会長室
自
民
党
23 自民党幹事長会議室
常任委員長控室
常任委員長室
28 自民党
18 自民党総裁室
皇族室
御休所
化粧室
内閣記者会③
27 自民党議員会長室
29 公明党
30 公明党事務局 国対
31 公明党新聞連絡室
32
33 役員室
公明党
26 自民党幹事長室
25 自民党
24 自民党
18 自民党 19
20 立憲民主党 20
第5委員会室
参議院記者会
第8委員会室
第8理事会室
警務部第1部室
記者会分室
警備1課分室
警務部第6部室
23 日本維新の会
21 日本維新の会
34 ※日本維新・教育
第1委員会室
委員部議運課第1課
公務員傍聴席他
参議院
22 自民党政審会長室
第3委員会室
第2委員会室
第1理事会室
議員共用会議室
※日本維新の会・教育無償化を実現する会

衆議院・参議院案内図

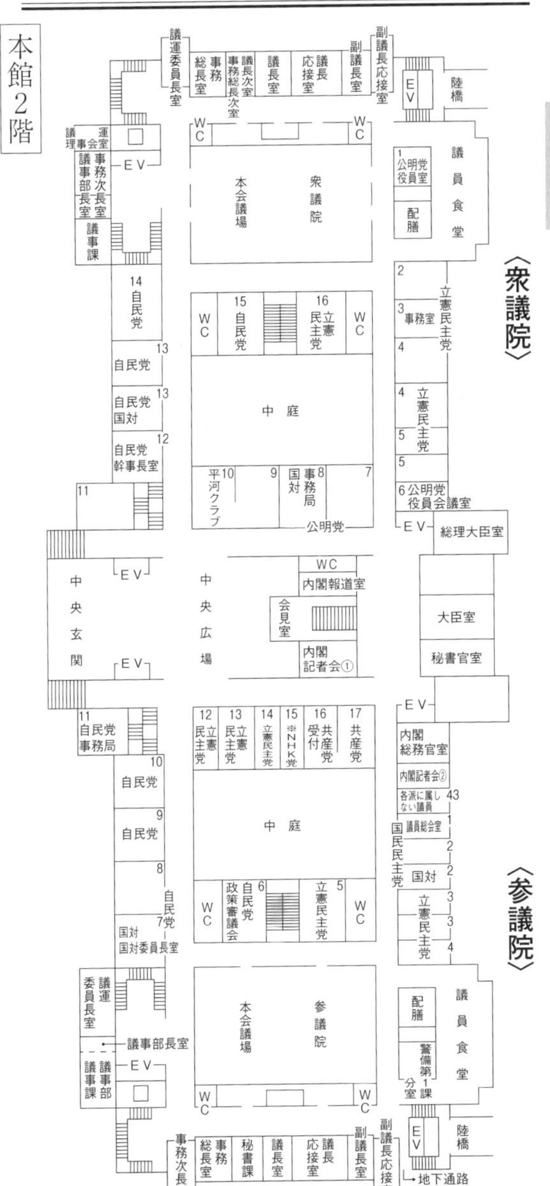

※NHKから国民を守る党

衆議院・参議院案内図

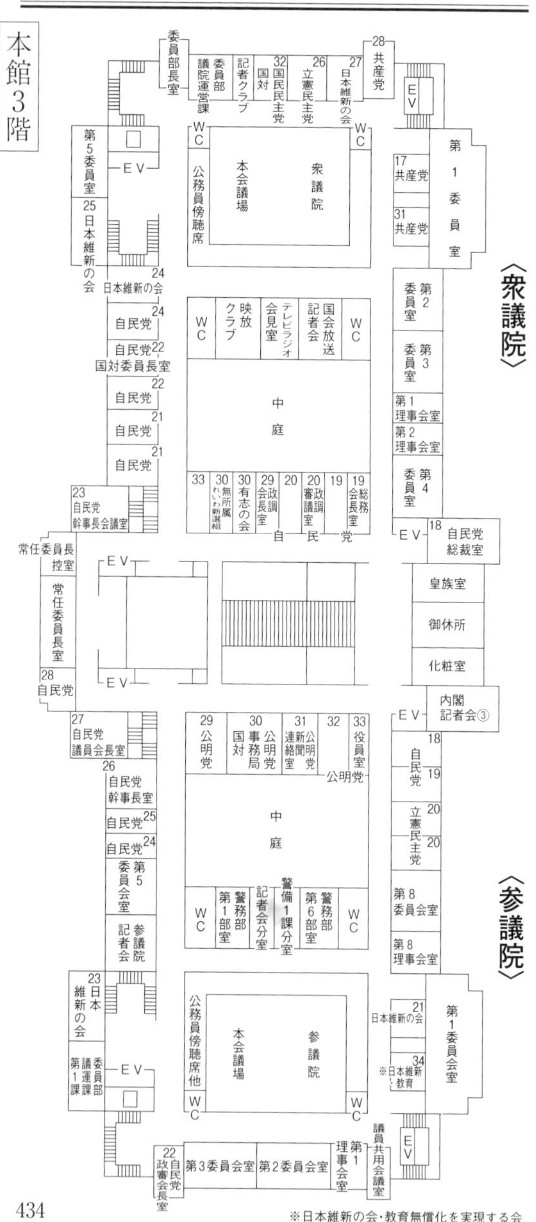

※日本維新の会・教育無償化を実現する会

衆議院別館・分館案内図

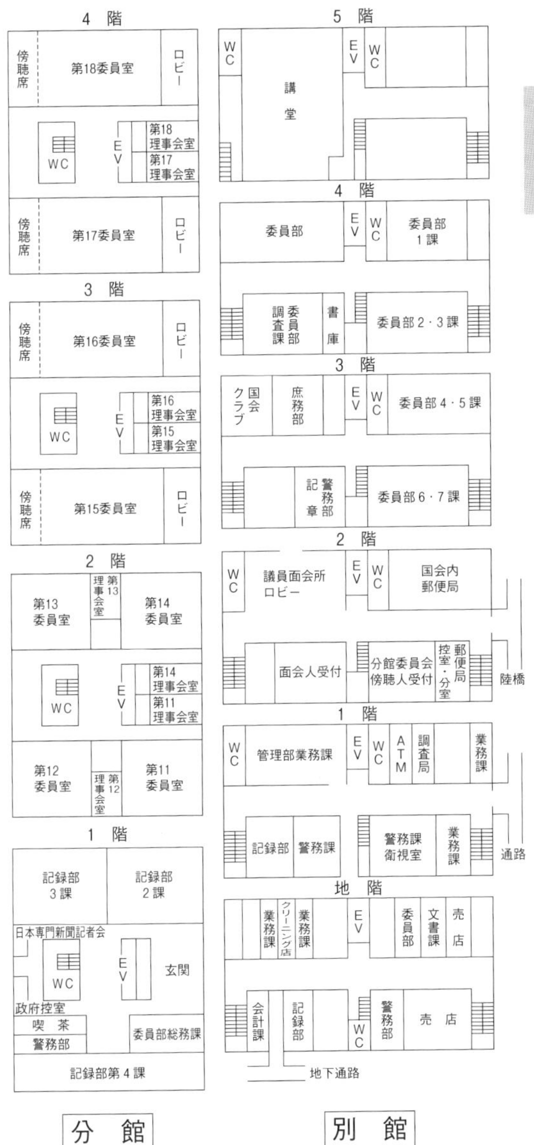
4 階
傍聴席
第18委員室
ロビー
WC
EV
第18理事会室
第17理事会室
傍聴席
第17委員室
ロビー
3 階
傍聴席
第16委員室
ロビー
WC
EV
第16理事会室
第15理事会室
傍聴席
第15委員室
ロビー
2 階
第13委員室
第13理事会室
第14委員室
WC
EV
第14理事会室
第11理事会室
第12委員室
第12理事会室
第11委員室
1 階
記録部3課
記録部2課
日本専門新聞記者会
WC
EV
玄関
政府控室
喫茶
警務部
委員部総務課
記録部第4課
分館
5 階
WC
講堂
EV
WC
4 階
委員部
EV
WC
委員部1課
委員部調査課
書庫
委員部2・3課
3 階
国会クラブ
庶務部
EV
WC
委員部4・5課
記章
警務部
委員部6・7課
2 階
WC
議員面会所ロビー
EV
WC
国会内郵便局
面会人受付
分館委員会傍聴人受付
控室・分室
郵便局
陸橋
1 階
WC
管理部業務課
EV
WC
ATM
調査局
業務課
記録部
警務課
警務課衛視室
業務課
通路
地 階
業務課
クリーニング店
業務課
EV
委員部
文書課
売店
会計課
記録部
WC
警務部
売 店
地下通路
別館

参議院別館・分館案内図

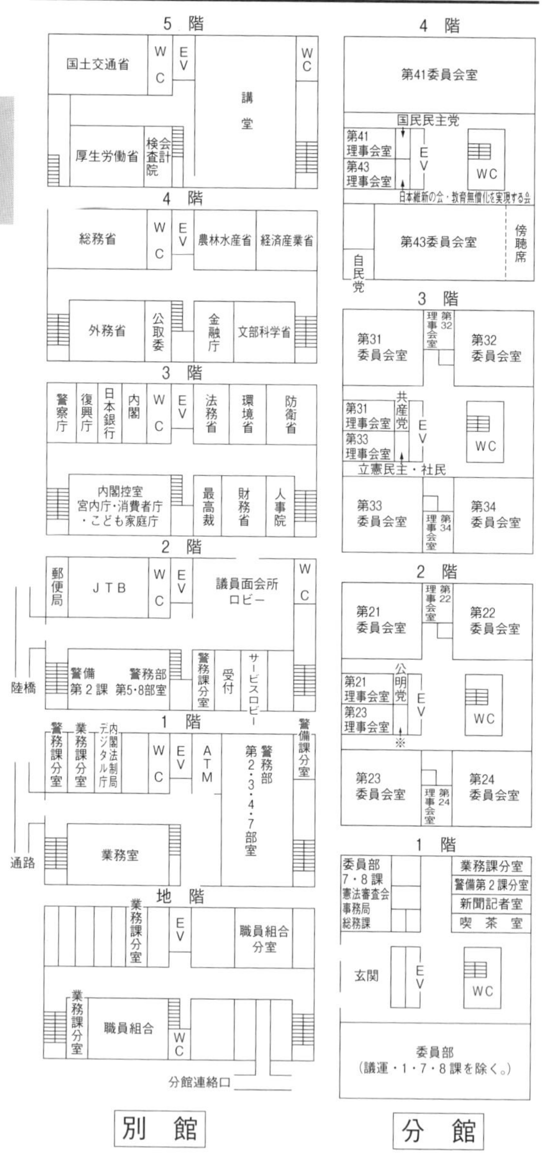

※れいわ新選組、沖縄の風、NHKから国民を守る党、各派に属しない議員

衆議院第１議員会館２階案内図

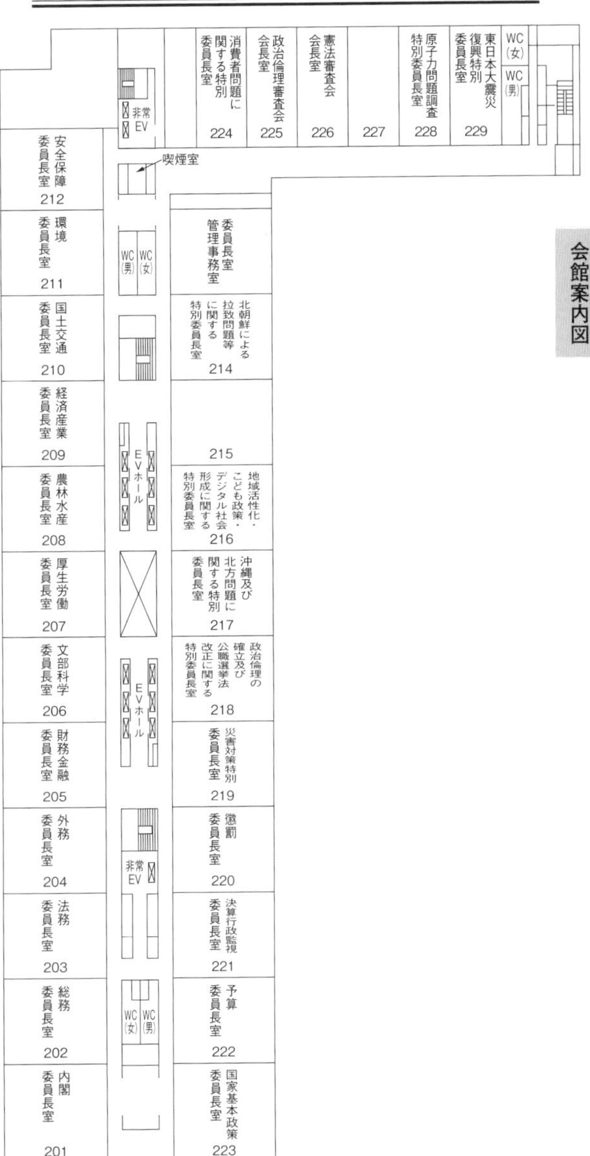

衆議院第１議員会館１階案内図

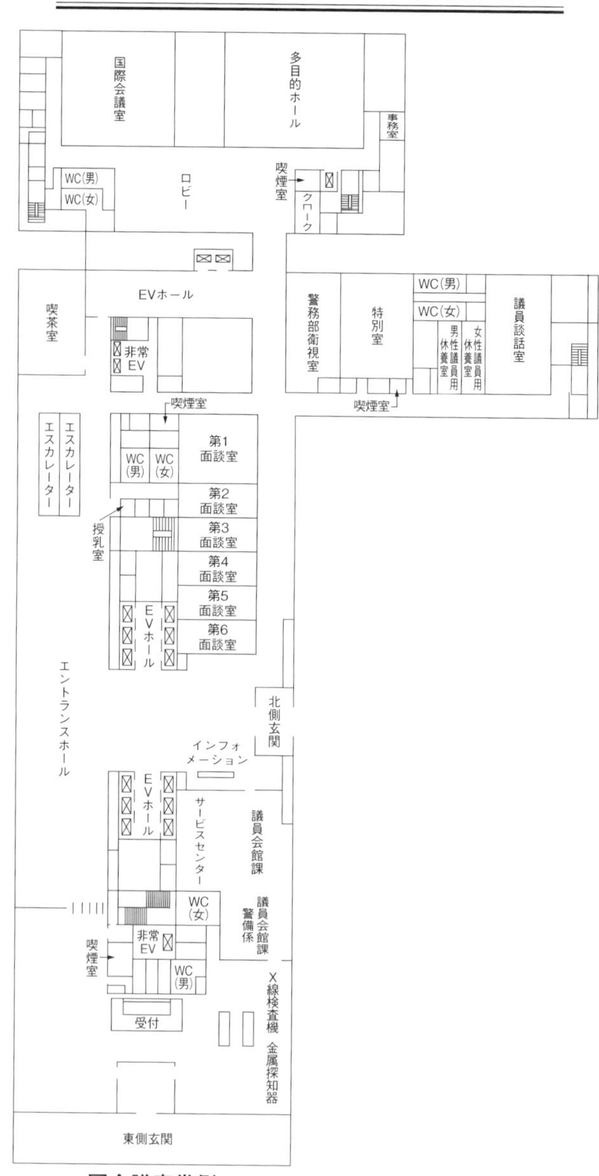

国会議事堂側

衆議院第１議員会館地下１階案内図

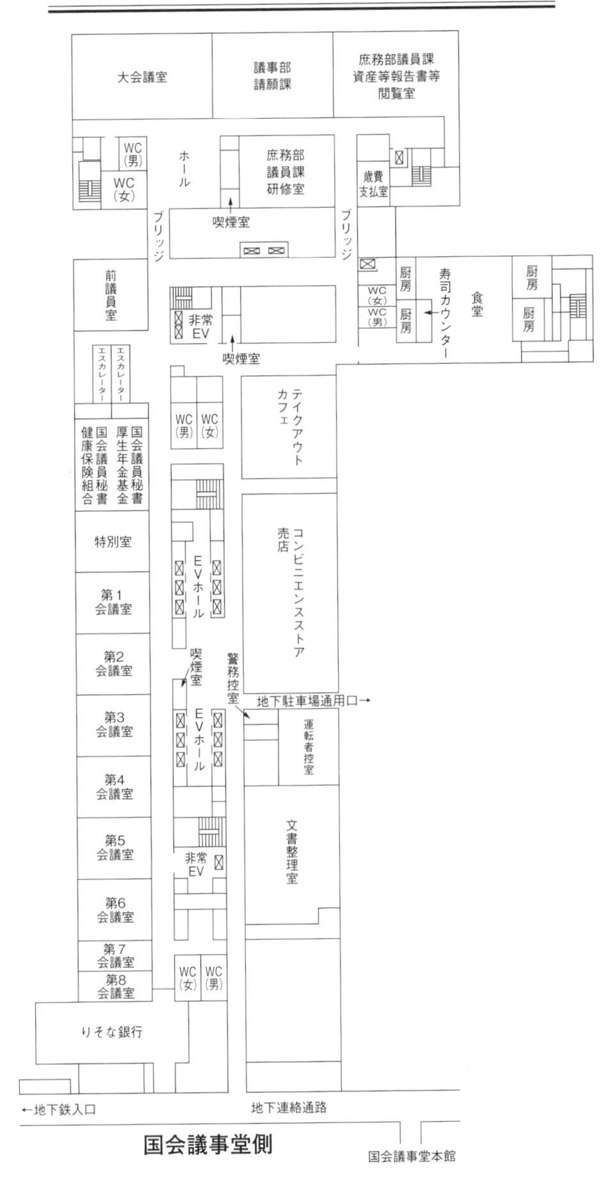

衆議院第１議員会館地下２階案内図

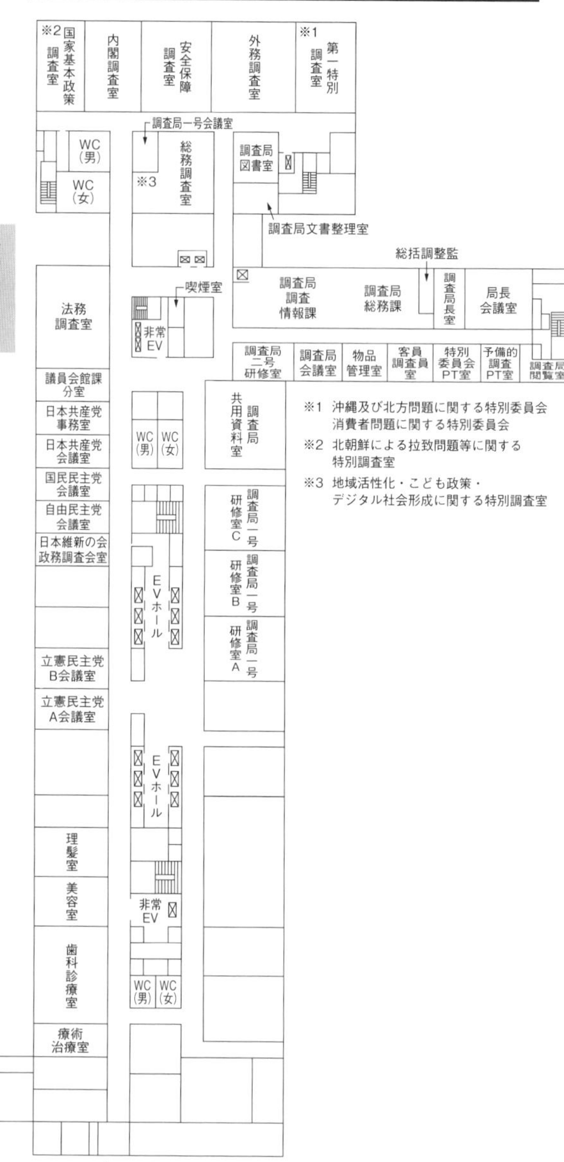

※1 沖縄及び北方問題に関する特別委員会
消費者問題に関する特別委員会

※2 北朝鮮による拉致問題等に関する特別調査室

※3 地域活性化・こども政策・デジタル社会形成に関する特別調査室

衆議院第１議員会館地下３階案内図

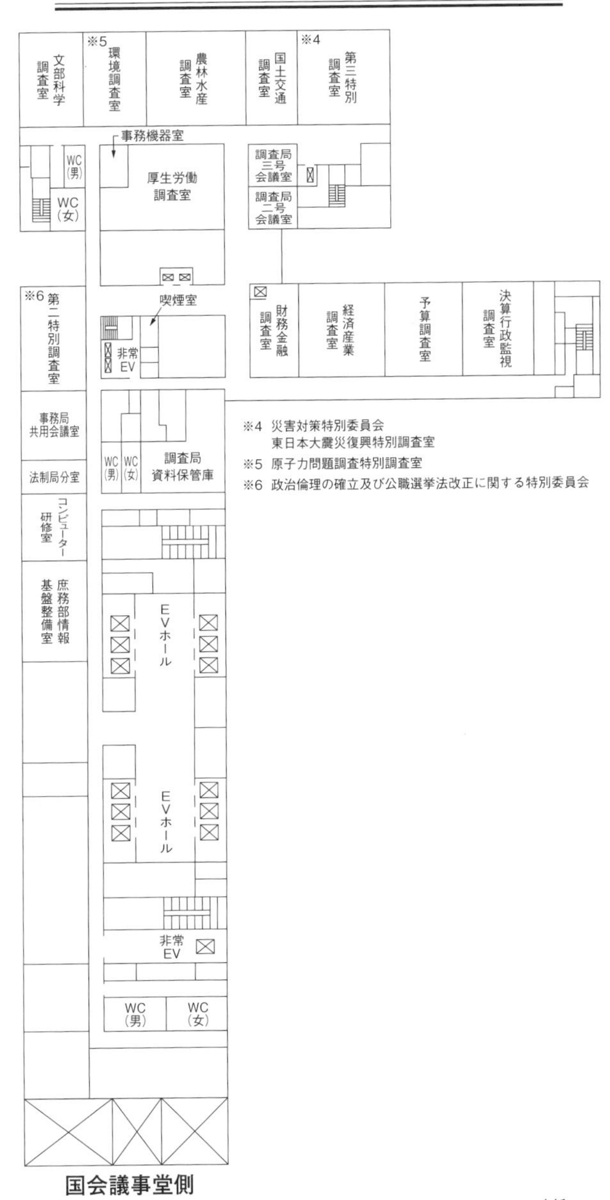

※4　災害対策特別委員会
　　東日本大震災復興特別調査室
※5　原子力問題調査特別調査室
※6　政治倫理の確立及び公職選挙法改正に関する特別委員会

衆議院第２議員会館１階案内図

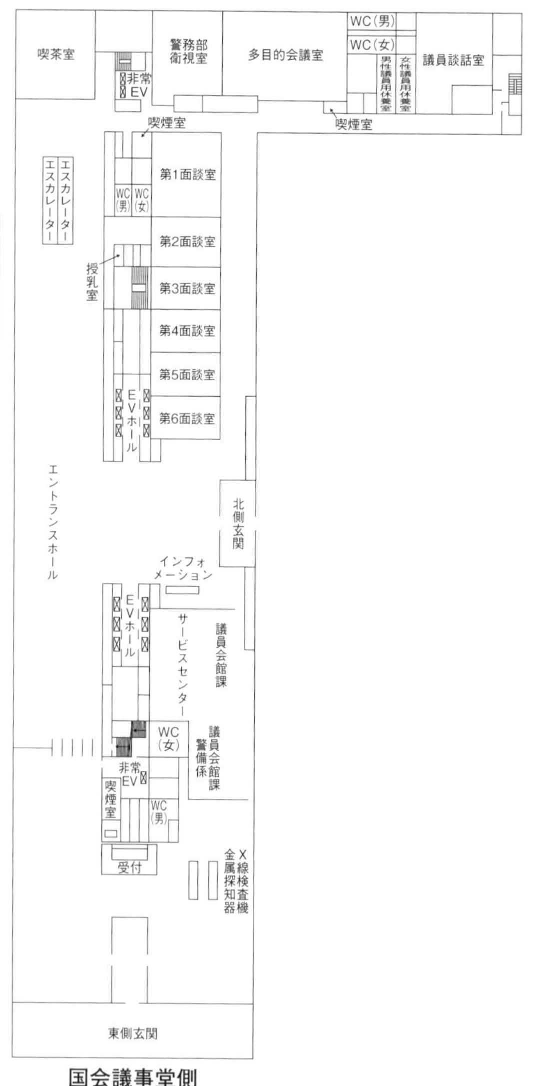

国会議事堂側

衆議院第２議員会館地下１階案内図

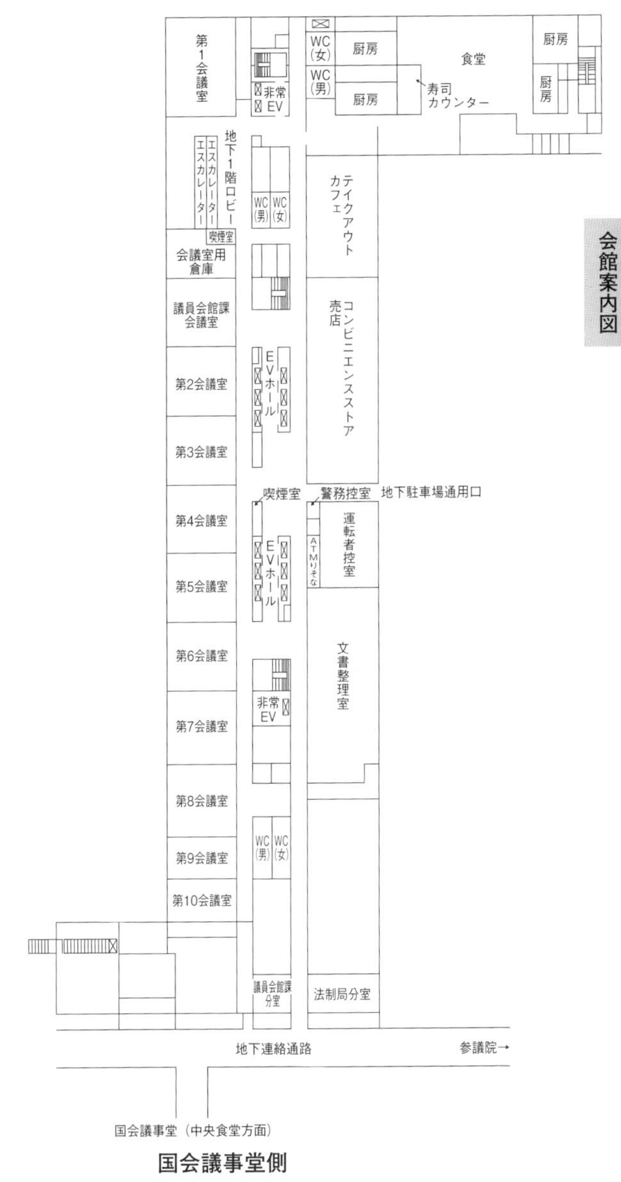

衆議院第２議員会館地下２階案内図

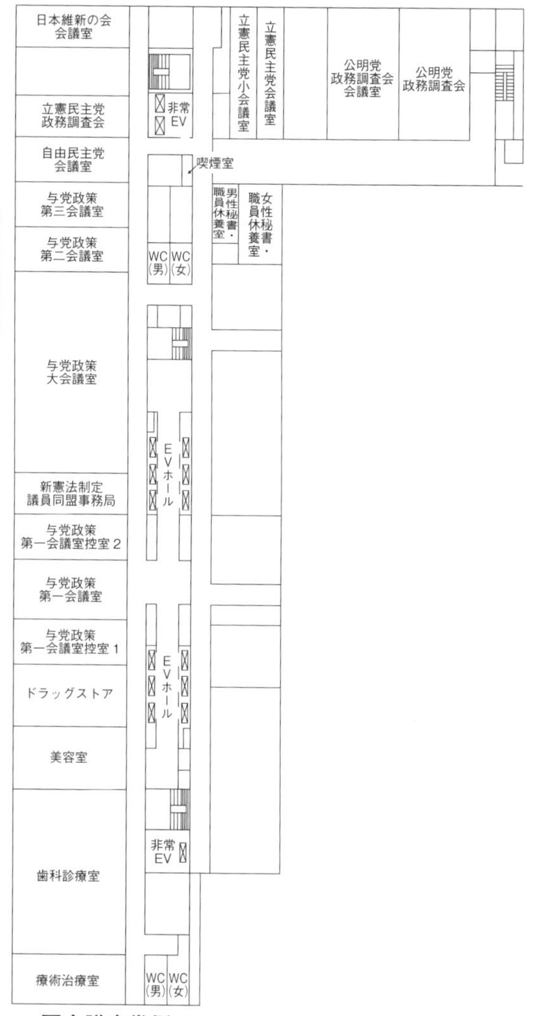

国会議事堂側

参議院議員会館２階案内図

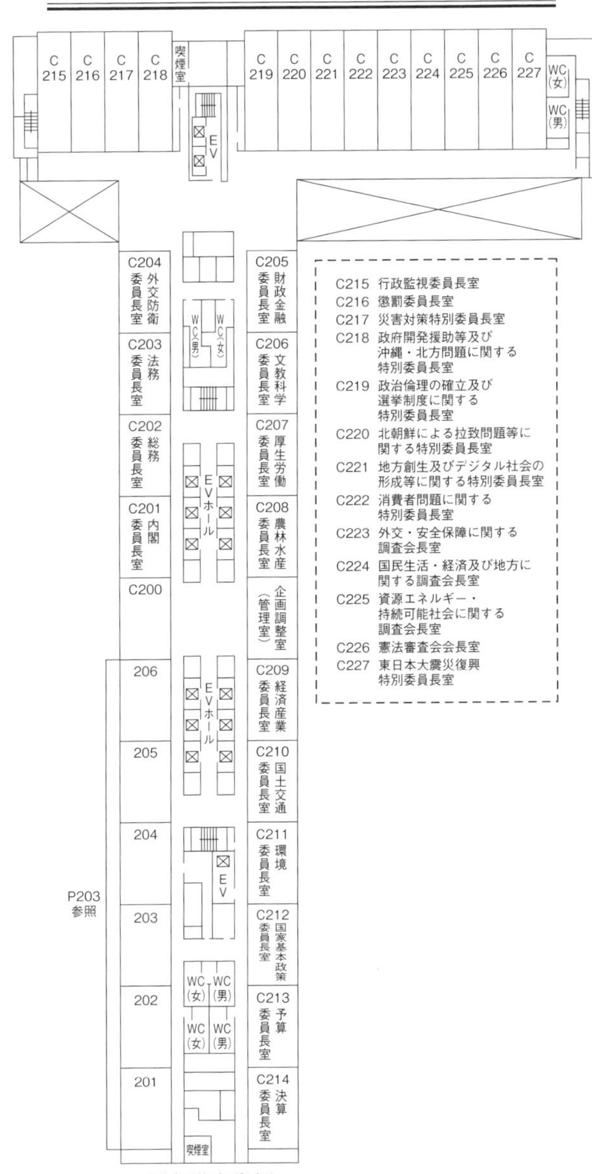

参議院議員会館１階案内図

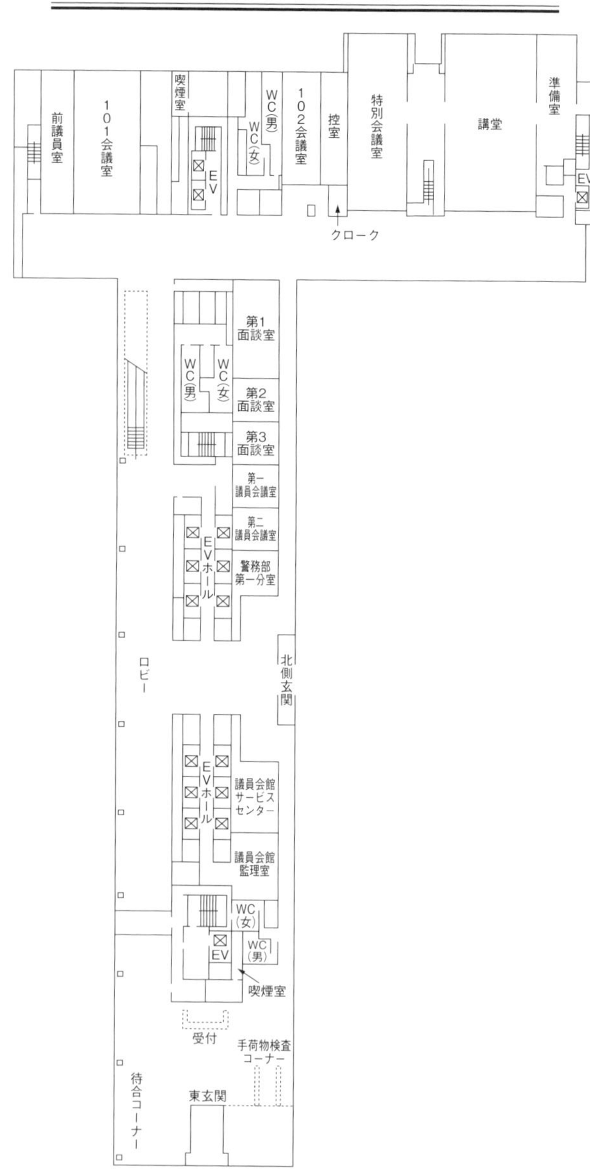

参議院議員会館地下１階案内図

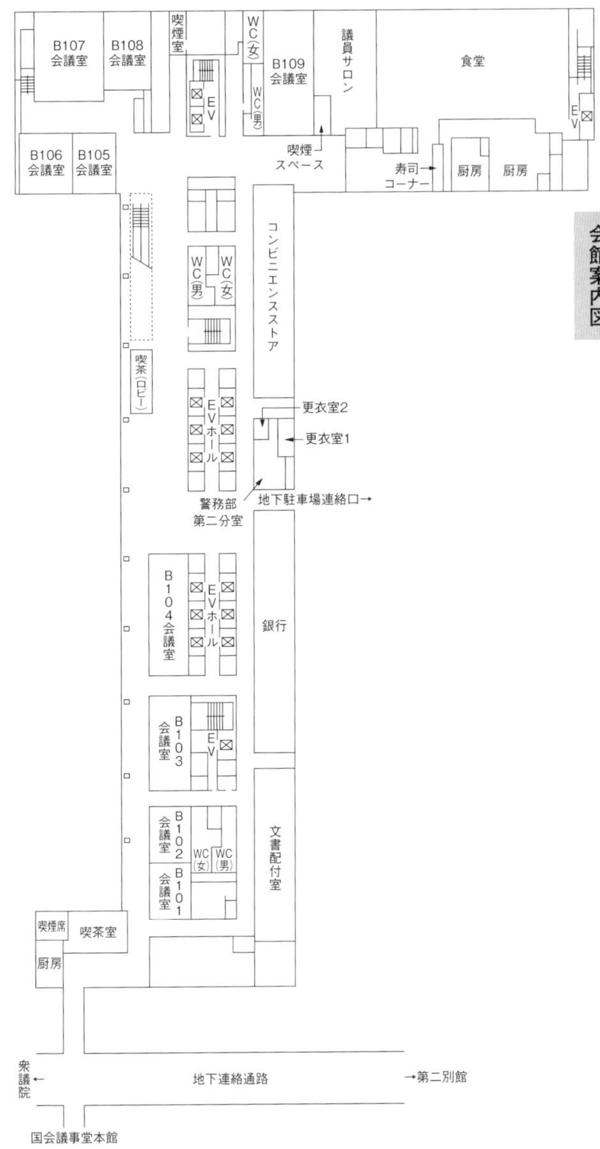

国会議事堂側

参議院議員会館地下２階案内図

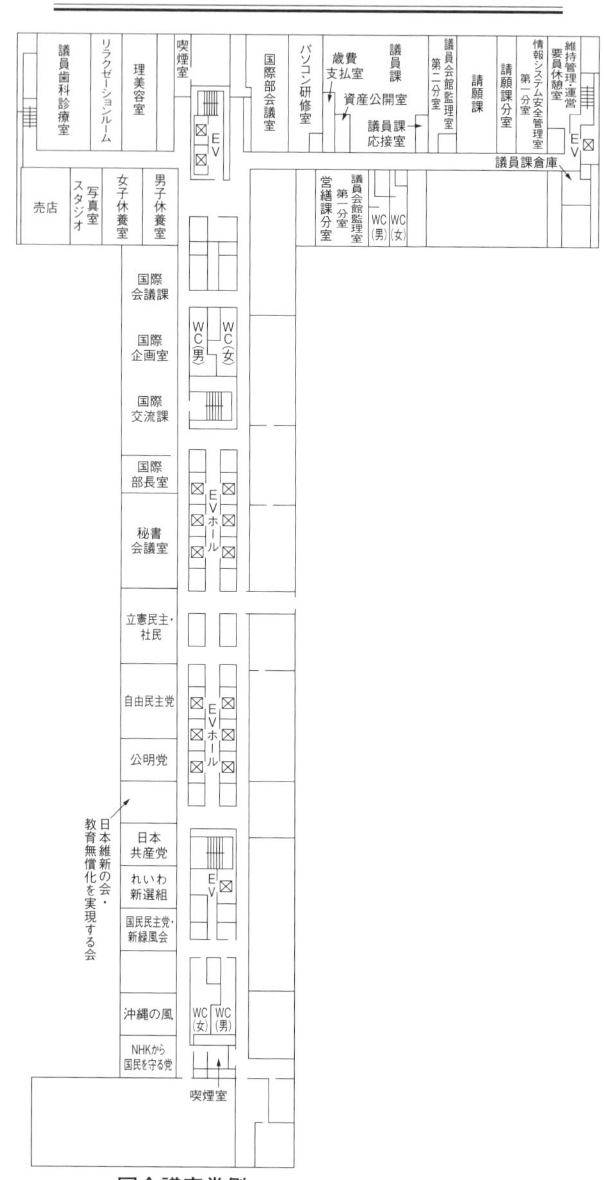

ドント方式による比例代表選挙当選順位

	A党	B党	C党
	1500票	900票	720票
1で割る	1500①	900②	720④
2で割る	750③	450⑥	360
3で割る	500⑤	300	240
4で割る	375⑦	225	180
5で割る	300	180	144

（日本経済新聞より）

各党の得票数を1、2、3……と整数（各党に割り振る議席）で割っていき、商の大きい順に当選を決めていく。左の図は7議席を配分した例。当選順位を決定していく作業はどの政党の何人目の候補に議席を与えれば有権者の投票を最も反映するかを判断するとともに、各党の1議席当たりの得票数をなるべく公平にする意味がある。

第49回衆議院選挙（令和3年10月31日施行）

【北海道】（8人）
（P57参照）

自民党　4人

÷1	①	863,300
÷2	③	431,650
÷3	⑥	287,766
÷4	⑧	215,825

立憲民主党　3人

÷1	②	682,912
÷2	④	341,456
÷3	⑦	227,637

公明党　1人

÷1	⑤	294,371

【東北】（13人）
（P66参照）

自民党　6人

÷1	①	1,628,233
÷2	③	814,116
÷3	④	542,744
÷4	⑦	407,058
÷5	⑨	325,646
÷6	⑪	271,372

立憲民主党　4人

÷1	②	991,504
÷2	⑤	495,752
÷3	⑧	330,501
÷4	⑬	247,876

公明党　1人

÷1	⑥	456,287

共産党　1人

÷1	⑩	292,830

日本維新の会　1人

÷1	⑫	258,690

【北関東】（19人）
（P78参照）

自民党　7人

÷1	①	2,172,065
÷2	③	1,086,032
÷3	⑤	724,021
÷4	⑧	543,016
÷5	⑪	434,413
÷6	⑬	362,010
÷7	⑮	310,295

立憲民主党　5人

÷1	②	1,391,148
÷2	⑥	695,574
÷3	⑨	463,716
÷4	⑭	347,787
÷5	⑱	278,229

公明党　3人

÷1	④	823,930
÷2	⑫	411,965
÷3	⑲	274,643

日本維新の会　2人

÷1	⑦	617,531
÷2	⑯	308,765

共産党　1人

÷1	⑩	444,115

国民民主党　1人

÷1	⑰	298,056

【南関東】（22人）
（P92参照）

自民党　9人

÷1	①	2,590,787
÷2	③	1,295,393
÷3	⑤	863,595
÷4	⑧	647,696
÷5	⑪	518,157
÷6	⑬	431,797
÷7	⑰	370,112
÷8	⑲	323,848
÷9	㉒	287,865

立憲民主党　5人

÷1	②	1,651,562
÷2	⑦	825,781
÷3	⑨	550,520
÷4	⑮	412,890
÷5	⑱	330,312

日本維新の会　3人

÷1	④	863,897
÷2	⑫	431,948
÷3	㉑	287,965

公明党　2人

÷1	⑥	850,667
÷2	⑭	425,333

共産党　1人

÷1	⑩	534,493

国民民主党　1人

÷1	⑯	384,481

れいわ新選組　1人

÷1	⑳	302,675

【東京都】（17人）
（P102参照）

自民党　6人

÷1	①	2,000,084
÷2	③	1,000,042
÷3	⑦	666,694
÷4	⑨	500,021
÷5	⑫	400,016
÷6	⑯	333,347

立憲民主党　4人

÷1	②	1,293,281
÷2	⑧	646,640
÷3	⑩	431,093
÷4	⑰	323,320

日本維新の会　2人

÷1	④	858,577
÷2	⑪	429,288

公明党　2人

÷1	⑤	715,450
÷2	⑭	357,725

共産党　2人

÷1	⑥	670,340

÷2　⑮　335,170

れいわ新選組　1人

÷1　⑬　360,387

【北陸信越】(11人)

(P110参照)

自民党　6人

÷1　①　1,468,380
÷2　③　734,190
÷3　④　489,460
÷4　⑥　367,095
÷5　⑨　293,676
÷6　⑪　244,730

立憲民主党　3人

÷1　②　773,076
÷2　⑤　386,538
÷3　⑩　257,692

日本維新の会　1人

÷1　⑦　361,476

公明党　1人

÷1　⑧　322,535

【東海】(21人)

(P123参照)

自民党　9人

÷1　①　2,515,841
÷2　③　1,257,920
÷3　④　838,613
÷4　⑧　628,960
÷5　⑨　503,168
÷6　⑪　419,306
÷7　⑯　359,405
÷8　⑱　314,480
÷9　⑳　279,537

立憲民主党　5人

÷1　②　1,485,947
÷2　⑥　742,973
÷3　⑩　495,315
÷4　⑮　371,486
÷5　⑲　297,189

公明党　3人

÷1　⑤　784,976
÷2　⑬　392,488
÷3　㉑　261,658

日本維新の会　2人

÷1　⑦　694,630
÷2　⑰　347,315

共産党　1人

÷1　⑫　408,606

国民民主党　1人

÷1　⑭　382,733

れいわ新選組　1人

÷1　－　273,208

※れいわ新選組は1議席分の票を獲得したが、名簿登載者2人(重複立候補)がいずれも小選挙区で復活当選に必要な得票数(有効投票総数の10%)に満たなかった。このため、次点だった公明党に1議席が割り振られた。

【近畿】(28人)

(P141参照)

日本維新の会　10人

÷1　①　3,180,219
÷2　③　1,590,109
÷3　⑦　1,060,073
÷4　⑨　795,054
÷5　⑪　636,043
÷6　⑮　530,036
÷7　⑰　454,317
÷8　⑲　397,527
÷9　㉓　353,357
÷10　㉕　318,021

自民党　8人

÷1　②　2,407,699
÷2　④　1,203,849
÷3　⑧　802,566
÷4　⑫　601,924
÷5　⑯　481,539
÷6　⑱　401,283
÷7　㉔　343,957
÷8　㉗　300,962

公明党　3人

÷1　⑤　1,155,683
÷2　⑬　577,841
÷3　⑳　385,227

立憲民主党　3人

÷1　⑥　1,090,665
÷2　⑭　545,332
÷3　㉒　363,555

共産党　2人

÷1　⑩　736,156
÷2　㉑　368,078

国民民主党　1人

÷1　㉖　303,480

れいわ新選組　1人

÷1　㉘　292,483

【中国】(11人)

(P149参照)

自民党　6人

÷1　①　1,352,723
÷2　②　676,361
÷3　④　450,907
÷4　⑥　338,180
÷5　⑨　270,544
÷6　⑩　225,453

立憲民主党　2人

÷1　③　573,324
÷2　⑦　286,662

公明党　2人

÷1　⑤　436,220
÷2　⑪　218,110

日本維新の会　1人

÷1　⑧　286,302

【四国】(6人)

(P154参照)

自民党　3人

÷1　①　664,805
÷2　②　332,402
÷3　⑤　221,601

立憲民主党　1人

÷1　③　291,870

公明党　1人

÷1　④　233,407

日本維新の会　1人

÷1　⑥　173,826

【九州】(20人)

(P167参照)

自民党　8人

÷1　①　2,250,966
÷2　③　1,125,483
÷3　⑤　750,322
÷4　⑦　562,741
÷5　⑩　450,193
÷6　⑫　375,161
÷7　⑮　321,566
÷8　⑰　281,370

立憲民主党　4人

÷1　②　1,266,801
÷2　⑥　633,400
÷3　⑪　422,267
÷4　⑯　316,700

公明党　4人

÷1　④　1,040,756
÷2　⑨　520,378
÷3　⑭　346,918
÷4　⑳　260,189

日本維新の会　2人

÷1　⑧　540,338
÷2　⑲　270,169

共産党　1人

÷1　⑬　365,658

国民民主党　1人

÷1　⑱　279,509

(小数点以下は切り捨て)

第25回参議院選挙(令和元年7月21日施行)

(P223参照)

自民党 19人		
÷1	①	17,712,373
÷2	②	8,856,186
÷3	⑤	5,904,124
÷4	⑧	4,428,093
÷5	⑩	3,542,474
÷6	⑬	2,952,062
÷7	⑮	2,530,339
÷8	⑲	2,214,046
÷9	㉒	1,968,041
÷10	㉓	1,771,237
÷11	㉗	1,610,215
÷12	㉚	1,476,031
÷13	㉛	1,362,490
÷14	㉞	1,265,169
÷15	㊱	1,180,824
÷16	㊶	1,107,023
÷17	㊹	1,041,904
÷18	㊼	984,020
÷19	㊿	932,230
立憲民主党 8人		
÷1	③	7,917,720
÷2	⑨	3,958,860
÷3	⑭	2,639,240
÷4	㉑	1,979,430
÷5	㉘	1,583,544
÷6	㉜	1,319,620
÷7	㊴	1,131,102
÷8	㊺	989,715
公明党 7人		
÷1	④	6,536,336
÷2	⑫	3,268,168
÷3	⑳	2,178,778
÷4	㉖	1,634,084
÷5	㉝	1,307,267
÷6	㊷	1,089,389
÷7	㊾	933,762
日本維新の会 5人		
÷1	⑥	4,907,844
÷2	⑯	2,453,922
÷3	㉕	1,635,948
÷4	㉟	1,226,961
÷5	㊽	981,568
共産党 4人		
÷1	⑦	4,483,411
÷2	⑱	2,241,705
÷3	㉙	1,494,470
÷4	㊵	1,120,852
国民民主党 3人		
÷1	⑪	3,481,078
÷2	㉔	1,740,539
÷3	㊲	1,160,359
れいわ新選組 2人		
÷1	⑰	2,280,252
÷2	㊳	1,140,126
社民党 1人		
÷1	㊸	1,046,011
NHKから国民を守る党 1人		
÷1	㊻	987,885

(小数点以下は切り捨て)

第26回参議院選挙(令和4年7月10日施行)

(P234参照)

自民党 18人		
÷1	①	18,256,245
÷2	②	9,128,122
÷3	⑥	6,085,415
÷4	⑦	4,564,061
÷5	⑨	3,651,249
÷6	⑭	3,042,707
÷7	⑯	2,608,035
÷8	⑱	2,282,030
÷9	㉑	2,028,471
÷10	㉓	1,825,624
÷11	㉗	1,659,658
÷12	㉛	1,521,353
÷13	㉜	1,404,326
÷14	㉟	1,304,017
÷15	㊴	1,217,083
÷16	㊷	1,141,015
÷17	㊺	1,073,896
÷18	㊽	1,014,235
日本維新の会 8人		
÷1	③	7,845,995
÷2	⑧	3,922,997
÷3	⑮	2,615,331
÷4	㉒	1,961,498
÷5	㉙	1,569,199
÷6	㉞	1,307,665
÷7	㊹	1,120,856
÷8	㊾	980,749
立憲民主党 7人		
÷1	④	6,771,945
÷2	⑪	3,385,972
÷3	⑲	2,257,315
÷4	㉖	1,692,986
÷5	㉝	1,354,389
÷6	㊸	1,128,657
÷7	㊿	967,420
公明党 6人		
÷1	⑤	6,181,431
÷2	⑬	3,090,715
÷3	⑳	2,060,477
÷4	㉚	1,545,357
÷5	㊳	1,236,286
÷6	㊼	1,030,238
共産党 3人		
÷1	⑩	3,618,342
÷2	㉔	1,809,171
÷3	㊵	1,206,114
国民民主党 3人		
÷1	⑫	3,159,625
÷2	㉘	1,579,812
÷3	㊻	1,053,203
れいわ新選組 2人		
÷1	⑰	2,319,156
÷2	㊶	1,159,578
参政党 1人		
÷1	㉕	1,768,385
社民党 1人		
÷1	㊱	1,258,501
ＮＨＫ党 1人		
÷1	㊲	1,253,872

(小数点以下は切り捨て)

※ 各党の得票数を1、2、3…の整数で割り、その「商」の大きい順に議席が配分されます。各党の得票数を1、2、3…の整数で割った「商」を掲載しています。丸なか数字はドント式当選順位です。

年齢早見表

（令和6年・西暦2024年・紀元2684年）

生まれ年	年齢	西暦	十干	十二支
昭和 9	90	1934	甲	戌
10	89	1935	乙	亥
11	88	1936	丙	子
12	87	1937	丁	丑
13	86	1938	戊	寅
14	85	1939	己	卯
15	84	1940	庚	辰
16	83	1941	辛	巳
17	82	1942	壬	午
18	81	1943	癸	未
19	80	1944	甲	申
20	79	1945	乙	酉
21	78	1946	丙	戌
22	77	1947	丁	亥
23	76	1948	戊	子
24	75	1949	己	丑
25	74	1950	庚	寅
26	73	1951	辛	卯
27	72	1952	壬	辰
28	71	1953	癸	巳
29	70	1954	甲	午
30	69	1955	乙	未
31	68	1956	丙	申
32	67	1957	丁	酉
33	66	1958	戊	戌
34	65	1959	己	亥
35	64	1960	庚	子
36	63	1961	辛	丑
37	62	1962	壬	寅
38	61	1963	癸	卯
39	60	1964	甲	辰
40	59	1965	乙	巳
41	58	1966	丙	午
42	57	1967	丁	未
43	56	1968	戊	申
44	55	1969	己	酉
45	54	1970	庚	戌
46	53	1971	辛	亥
47	52	1972	壬	子
48	51	1973	癸	丑
49	50	1974	甲	寅
50	49	1975	乙	卯
51	48	1976	丙	辰
52	47	1977	丁	巳

生まれ年	年齢	西暦	十干	十二支
昭和53	46	1978	戊	午
54	45	1979	己	未
55	44	1980	庚	申
56	43	1981	辛	酉
57	42	1982	壬	戌
58	41	1983	癸	亥
59	40	1984	甲	子
60	39	1985	乙	丑
61	38	1986	丙	寅
62	37	1987	丁	卯
63	36	1988	戊	辰
(昭64) 平成元	35	1989	己	巳
2	34	1990	庚	午
3	33	1991	辛	未
4	32	1992	壬	申
5	31	1993	癸	酉
6	30	1994	甲	戌
7	29	1995	乙	亥
8	28	1996	丙	子
9	27	1997	丁	丑
10	26	1998	戊	寅
11	25	1999	己	卯
12	24	2000	庚	辰
13	23	2001	辛	巳
14	22	2002	壬	午
15	21	2003	癸	未
16	20	2004	甲	申
17	19	2005	乙	酉
18	18	2006	丙	戌
19	17	2007	丁	亥
20	16	2008	戊	子
21	15	2009	己	丑
22	14	2010	庚	寅
23	13	2011	辛	卯
24	12	2012	壬	辰
25	11	2013	癸	巳
26	10	2014	甲	午
27	9	2015	乙	未
28	8	2016	丙	申
29	7	2017	丁	酉
30	6	2018	戊	戌
(平31) 令和元	5	2019	己	亥
2	4	2020	庚	子
3	3	2021	辛	丑
4	2	2022	壬	寅
5	1	2023	癸	卯
6	0	2024	甲	辰

國會要覧® 第七十七版

令和6年3月5日発行　　**定価：3,123円**(本体＋税10%)

編集・発行人　中島孝司　　※定期購読の場合は送料は当社負担と致します。

発行所　**国政情報センター**

〒150-0044 東京都渋谷区円山町5-4 道玄坂ビル

電話 03（3476）4111

FAX 03（3476）4842

郵便振替 00150-1-24932

ISBN978-4-87760-350-2 C2531 ¥2839E

政党／省庁 住所・電話番号一覧

名称	郵便番号	住所	電話番号
自由民主党	〒100-8910	千代田区永田町1-11-23	☎03(3581)6211
立憲民主党	〒100-0014	千代田永田町1-11-1	☎03(3595)9988
日本維新の会	〒542-0082	大阪市中央区島之内1-17-16 三栄長堀ビル	☎06(4963)8800
公明党	〒160-0012	新宿区南元町17	☎03(3353)0111
日本共産党	〒151-8586	渋谷区千駄ヶ谷4-26-7	☎03(3403)6111
国民民主党	〒100-0014	千代田区永田町2-17-17 JBS永田町	☎03(3593)6229
れいわ新選組	〒102-0083	千代田区麹町2-5-20 押田ビル4F	☎03(6384)1974
教育無償化を実現する会	〒100-0014	千代田区永田町2-17-17-272	
社会民主党	〒104-0043	中央区湊3-18-17 マルキ榎本ビル5F	☎03(3553)3731
参政党	〒107-0052	港区赤坂3-4-3 赤坂マカベビル5F	☎03(6807)4228
衆議院	〒100-8960	千代田区永田町1-7-1	☎03(3581)5111
参議院	〒100-8961	千代田区永田町1-7-1	☎03(3581)3111
国立国会図書館	〒100-8924	千代田区永田町1-10-1	☎03(3581)2331
内閣	〒100-0014	千代田区永田町2-3-1 総理官邸	☎03(3581)0101
内閣官房	〒100-8968	千代田区永田町1-6-1	☎03(5253)2111
内閣法制局	〒100-0013	千代田区霞が関3-1-1 ㊎4号館	☎03(3581)7271
人事院	〒100-8913	千代田区霞が関1-2-3 ㊎5号館別館	☎03(3581)5311
内閣府	〒100-8914	千代田区永田町1-6-1	☎03(5253)2111
宮内庁	〒100-8111	千代田区千代田1-1	☎03(3213)1111
公正取引委員会	〒100-8987	千代田区霞が関1-1-1 ㊎6号館B棟	☎03(3581)5471
警察庁	〒100-8974	千代田区霞が関2-1-2 ㊎2号館	☎03(3581)0141
個人情報保護委員会	〒100-0013	千代田区霞が関3-2-1 霞が関コモンゲート西館32F	☎03(6457)9680
カジノ管理委員会	〒105-6090	港区虎ノ門4-3-1 城山トラストタワー12F・13F	☎03(6453)0201
金融庁	〒100-8967	千代田区霞が関3-2-1 ㊎7号館	☎03(3506)6000
消費者庁	〒100-8958	千代田区霞が関3-1-1 ㊎4号館	☎03(3507)8800
こども家庭庁	〒100-6090	千代田区霞が関3-2-5 霞が関ビル	☎03(6771)8030
デジタル庁	〒102-0094	千代田区紀尾井町1-3 東京ガーデンテラス紀尾井町19F・20F	☎03(4477)6775
復興庁	〒100-0013	千代田区霞が関3-1-1 ㊎4号館	☎03(6328)1111
総務省	〒100-8926	千代田区霞が関2-1-2 ㊎2号館	☎03(5253)5111
消防庁	〒100-8927	〃	〃
法務省	〒100-8977	千代田区霞が関1-1-1 ㊎6号館	☎03(3580)4111
出入国在留管理庁	〃	〃	〃
公安調査庁	〒100-0013	〃	☎03(3592)5711
最高検察庁	〒100-0013	〃	☎03(3592)5611
外務省	〒100-8919	千代田区霞が関2-2-1	☎03(3580)3311
財務省	〒100-8940	千代田区霞が関3-1-1	☎03(3581)4111
国税庁	〒100-8978	〃	☎03(3581)4161
文部科学省	〒100-8959	千代田区霞が関3-2-2	☎03(5253)4111
スポーツ庁	〃	〃	〃
文化庁	〃	〃	〃
厚生労働省	〒100-8916	千代田区霞が関1-2-2 ㊎5号館本館	☎03(5253)1111
農林水産省	〒100-8950	千代田区霞が関1-2-1 ㊎1号館	☎03(3502)8111
林野庁	〒100-8952	〃	〃
水産庁	〒100-8907	〃	〃
経済産業省	〒100-8901	千代田区霞が関1-3-1	☎03(3501)1511
資源エネルギー庁	〒100-8901	〃	〃
特許庁	〒100-8915	千代田区霞が関3-4-3	☎03(3581)1101
中小企業庁	〒100-8912	千代田区霞が関1-3-1	☎03(3501)1511
国土交通省	〒100-8918	千代田区霞が関2-1-3 ㊎3号館	☎03(5253)8111
観光庁	〃	〃	〃
気象庁	〒105-8431	港区虎ノ門3-6-9	☎03(6758)3900
海上保安庁		国土交通省内	☎03(3591)6361
環境省	〒100-8975	千代田区霞が関1-2-2 ㊎5号館本館	☎03(3581)3351
原子力規制庁	〒106-8450	港区六本木1-9-9	☎03(3581)3352
防衛省	〒162-8801	新宿区市谷本村町5-1	☎03(3268)3111
防衛装備庁	〃	〃	〃
会計検査院	〒100-8941	千代田区霞が関3-2-2 ㊎7号館	☎03(3581)3251
最高裁判所	〒102-8651	千代田区隼町4-2	☎03(3264)8111

※㊎＝中央合同庁舎

第2次岸田第2次改造

内閣官房副長官
村井英樹

内閣官房副長官
森屋宏

デジタル副大臣兼内閣府副大臣
石川昭政

内閣府副大臣
工藤彰三

内閣府副大臣
古賀篤

総務副大臣
渡辺孝一

外務副大臣
柘植芳文

財務副大臣
赤澤亮正

財務副大臣
矢倉克夫

厚生労働副大臣
宮﨑政久

農林水産副大臣
鈴木憲和

農林水産副大臣
武村展英

国土交通副大臣兼
内閣府副大臣兼復興副大臣
堂故茂

環境副大臣
八木哲也

環境副大臣兼内閣府副大臣
滝沢求

内閣副長官·副大臣

復興副大臣
高木宏壽

復興副大臣
平木大作

内閣府副大臣
井林辰憲

総務副大臣
馬場成志

法務副大臣
門山宏哲

外務副大臣
辻　清人

文部科学副大臣
あべ俊子

文部科学副大臣
今枝宗一郎

厚生労働副大臣
濵地雅一

経済産業副大臣兼内閣府副大臣
岩田和親

経済産業副大臣兼内閣府副大臣
上月良祐

国土交通副大臣
國場幸之助

防衛副大臣兼内閣府副大臣
鬼木　誠

第2次岸田第2次改造

デジタル大臣政務官兼
内閣府大臣政務官
土田　慎

内閣府大臣政務官
神田潤一

内閣府大臣政務官
古賀友一郎

総務大臣政務官
船橋利実

法務大臣政務官
中野英幸

外務大臣政務官
高村正大

財務大臣政務官
進藤金日子

文部科学大臣政務官
安江伸夫

文部科学大臣政務官兼
復興大臣政務官
本田顕子

農林水産大臣政務官
舞立昇治

経済産業大臣政務官兼
内閣府大臣政務官
石井　拓

経済産業大臣政務官兼
内閣府大臣政務官兼復興大臣政務官
吉田宣弘

環境大臣政務官
朝日健太郎

環境大臣政務官兼
内閣府大臣政務官
国定勇人

防衛大臣政務官
松本　尚